VERA F. BIRKENBIHL

VOM GEHIRN-BESITZER ZUM GEHIRN-BENUTZER

»Das innere Archiv«
und
»Stroh im Kopf?«

mvgverlag

Bibliografische Information der Deutschen Nationalbibliothek
Die Deutsche Nationalbibliothek verzeichnet diese Publikation in der Deutschen Nationalbibliografie. Detaillierte bibliografische Daten sind im Internet über http://dnb.de abrufbar.

Für Fragen und Anregungen:
info@m-vg.de

Diese Sonderausgabe entspricht der letzten von Frau Birkenbihl freigegebenen Fassung vor ihrem Tod, und wurde inhaltlich nicht überarbeitet. Aus diesem Grund wird hier beispielsweise nicht durchgehend gegendert.

7. Auflage der Sonderausgabe 2025

Türkenstraße 89
80799 München
Tel.: 089 651285-0

Die Originalausgabe von Das innere Archiv. Steigern Sie Ihre Intelligenz durch nachhaltiges Gehirnmanagement ist 2019 in der 8. Auflage erschienen. Die 1. Auflage ist 2002, die zweite 2005 im GABAL Verlag erschienen. © 2019 by mvg Verlag.

Die Originalausgabe von Stroh im Kopf? Vom Gehirn-Besitzer zum Gehirn-Benutzer ist 2021 in der 60. Auflage erschienen. 1.-7. Auflage in der GABAL-Schriftreihe (und dort auch weiterhin erhältlich). Lizenzausgabe mit freundlicher Genehmigung der GABAL-Verlag GmbH © ab der 36. Auflage 2000 by mvg Verlag. © 1983 by GABAL-Verlag, Speyer

Umschlaggestaltung: Isabella Dorsch
Umschlagabbildung: Vera F. Birkenbihl
Satz: Helmut Schaffer, Hofheim a. Ts.
Druck: Florjancic Tisk d.o.o., Slowenien
Printed in the EU

ISBN Print 978-3-7474-0371-6
ISBN E-Book (EPUB, Mobi) 978-3-96121-758-8

VERA F. BIRKENBIHL

DAS INNERE ARCHIV

Steigern Sie Ihre Intelligenz durch nachhaltiges Gehirnmanagement

mvgverlag

Inhalt

Hier geht's los ... 11
Zur er-WEIT-erten Auflage dieses Buch-Seminars 13
Aufbau des Buches 13

Kapitel 1 – Wichtige Ergebnisse der Gehirn-Forschung 15
Das innere Archiv 15
Lernbare Intelligenz? (Nach Dave PERKINS, Harvard) 18
PERKINS 1: NEURONALE GESCHWINDIGKEIT 19
PERKINS 2: ERFAHRUNGEN UND WISSEN 20
PERKINS 3: WIR KÖNNEN WÄHLEN! 21
SPIEGELNEURONEN 22
DER LERNBERG 28
1. Das GRUNDMODELL 28
2. Den Lernberg hochheben 31
Ball-im-Tor-Effekt (I und II) 31
Spiegelneuronen (IV) 33
METHODEN-MIX (III) 38
NEUROGENESE 39

Kapitel 2 – Das ABC als Grundlage des inneren Archivs 45
Warum 15 bis 25 Listen nötig sind 48
Die Ausbeute 50
Die Übungs-Zeit 53
Schummeln erlaubt? 55

Modul 1 – ABC-Listen-Paradox 57
Zu 1: Patent-Rezepte sind immer (zu) einfach (oberflächlich) 57
Zu 2: Einfaches kann nichts taugen 58

Modul 2 – AbRUF-Reiz 62
SEMONs Vermächtnis 63
ABC-LISTEN 65
Assoziatives Denken 66
Bruchteile reichen! 66
RE-KONSTRUKTION 72
Unbewußtes 72
Fragen 75
Reiz 75

Modul 3 – Assoziatives Denken 77

Modul 4 – COUVERT-TECHNIK 83
Fallbeispiel: Grammatik 86

Modul 5 – Denk-LUST 90
ABC-Techniken des inneren Archivs 93

Modul 6 – Denk-Technik: Mit LISTEN-Denken zum Erfolg 94
Teil I: LISTEN erstellen 95
1. Assoziatives Denken 96
Assoziatives Denken ist der goldene Schlüssel! 99
Technik 1: Listen erstellen 99
1. Erinnerung 102
2. Eine weitere kleine Quizaufgabe 102
Zwischenspiel 103
Liste möglicher Listen 105
Mini-Fallstudie: Kleines Listen-Farbenspiel 110
Aufgabe 1: Die Liste erstellen 110
Aufgabe 2: Die Liste sortieren 111
Aufgabe 3: Die Liste hierarchisieren 111
Aufgabe 4: Die Liste beurteilen 112
Aufgabe 5: Wie sehen andere das? (Forschung) 113
Checklisten-Varianten 114
Variante 1: Check-Liste verwendeter Farben (Wunsch-Liste) 114
Variante 2: Liste verwendeter Farben (Beobachtung) 114
Variante 3: Farb-Liste definiert Bild-Charakter 115
Variante 4: Listen Sie Fach-Infos! 116
Eine spezifische Listen-Variante: ABC-Listen 117
Training: Einfaches LISTEN-Denken 119
Teil II: Kombinatorisches Listen-Denken 122
Sechs Farben und Lesen & Lernen: Thema mit Variationen 131
Runde Listen – LULL'sche ROTAE: eine runde Sache! 135
Probleme lösen 136
1. Nie Zeit … zum Listen-Lesen und -Üben? 136
2. Mit nur einer Liste zwei LULL'sche Leitern? 137

Modul 7 – Exformation 139
Der Begriff „Exformation“ 141
1. Numerierte Witze? 143
2. Anspielungen auf gemeinsame Erlebnisse 143
3. Warum Exformation so wertvoll ist 144
4. Warum wir Serien lieben 144
5. Wenn Leute über Leute reden 144
Exformation = Voraus-Wissen 148
Wiederholungen, die keine sind! 151
Tiefe 151
„Gute Infos“? 152

Modul 8 – Forschungsergebnisse über das Lernen 153
Irrige Annahmen 153
Grundlagen 153
Experiment: Eine neue Sportart lernen 156
Experiment: Die Piano-Lektion 159
Experiment: Kann ein Text gehirn-gerecht sein? 161
Konzentration 163
Kleines Experiment zur Konzentration 164
Experiment: POSTER-WALK 166
Experiment: Knopf bei Verschwinden drücken! 168
Experiment: Lesen im Zug 169
Geduld 175
Auswendig lernen 175
Antidote zum Pauken: Differenziert wahrnehmen, differenziert denken! 177
Experiment: Exposure-Effekt 182
Experiment: Musik und American Football 183
Experiment: Kunst-Betrachtung 184
Experiment: Engagement 185
Aber so geht das doch nicht? Wirklich nicht?! 189
Experiment: Verringert Wissen Kreativität? 193

Modul 9 – Gedächtnis-Paradox 195
Wie sicher sind Zeugenaussagen? 196
1. Kryptomesie: Pseudo-Erinnerungen 197
2. Quellen-Amnesie – so entstehen Gerüchte! 198
2.1 Ideenklau (Plagiat)? 199
2.2 Irrtümer! 200

Modul 10 – Gehirn-gerecht Machen von neuen (Lern-)Infos 201
Überblick und neue Erkenntnisse 201
KONSTRUKTION = SAAT 201
Phase 1: Die Planung 202
Phase 2: Hilfsfäden festlegen bzw. spinnen 203
Erste Hilfsfäden erzeugen 204
Phase 3: Einstieg in die eigentliche Lern-Arbeit 205
Phase 4: Fragend denken – Fragen stellen! 206
Phase 5: Virtual Reality (V.R.) 208
Fallbeispiel: Die Ratte 208
Howard LEVINEs Seh-Duktion 209
Mentale V.R. als letzter Lernschritt 211

Modul 11 – Geniales Denken – Oder: Denken GENIES anders? 213
GENIE(-ale) Studien! 213
Geniale Ungleichheit? 215
Multiplikatorische Ideen-Explosion? 221
AQUIN oder EINSTEIN? 223

Modul 12 – Informations-Flut? 225
1. Fisch 225
Sufi-Story: Fische auf der Suche 225
2. Bedeutung 226
3. Wahrnehmung 228
4. Bedeutung entsteht 230
Oder: konkave Kreativität 230
It takes two to tango 231
5. Die Info-Flut beherrschen 233
Drei Arten von Informationen 234
Kategorie (Info-Typ) 1 und 2: Wesentlich oder Info-Müll? 234
Gegen den INFO-Terror beim Fernsehen 236
Kategorie (Info-Typ) 3: Update-Wissen 239

Modul 13 – Kreatives Schummeln 242
1. ABC-Listen, um schwierige Buchstaben zu „füllen" 242
2. KaWa.s: Der Buchstabe, den wir suchen, fehlt 244

Modul 14 – Lehrer-Modul 246
Die Noten 248
Assoziatives Denken in der Schule! 250

Modul 15 – LULL'sche Leitern und ROTAE 256
Attribute Gottes 260
Leitern 262
ROTAE 263
Die spezielle „Denke" von LULLs LEITERN und ROTAE 264

Modul 16 – PICASSO et al. 267
Beispiel Nr. 1: Insektenart „Büffel"? 267
Zwischenspiel vor dem nächsten Beispiel 268
Beispiel Nr. 2: Bildauffassung bei den äthiopischen Me'em 269
Beispiel Nr. 3: Der Hühnerfilm 269
Beispiel Nr. 4: Die Frau von PICASSOs Mitreisenden 271

Modul 17 – Tapeten-Effekt 272
1. Ver-BIND-ung = innerer Kontext 272
2. Ein-BIND-ung in den äußeren Kontext 273
Trockentraining konktra-produktiv? 275
8 Praktische Tips 278

Modul 18 – Unterschwellig? 283
Doppel-Konsequenz für unser inneres Archiv 287
Auf- und Ausbau des inneren Archivs 287
Praktische Nutzung des inneren Archivs 287
Das Unbewußte bewußt nutzen? 287
Fallbeispiel 1: Der Name liegt mir auf der Zunge 288
Fallbeispiel 2: Das kaum registrierte Büro 289
NØRRETRANDERs Fazit 290
Mein Fazit 291

Modul 19 – Das ZEIT-Paradox 294
Wodurch wird ein Vortrag langweilig? 294

Vorwort zu den Merkblättern 299

Merkblatt Nr. 1: Analograffiti für Quer-Einsteiger 300
Analograffiti 300
1. KaWa© (Wort-Bild) 300
Mini-Experiment 301
Noch eine Mini-Übung gefällig? 302
Stadt, Land, Quantenphysik! 302
ABC-Listen sind auch KaWa.s 303
2. KaGa© (Denk-Bild) 304
Oft verbindet ein Analograffiti KaWa.s mit KaGa.s 305

Merkblatt Nr. 2: 11 km contra 15 mm? 308

Merkblatt Nr. 3: Inneres Archiv 311
Das innere Archiv und die Schule 311

Merkblatt Nr. 4: Subliminale Wahrnehmungen 313
Mini-Abriß der geschichtlichen Entwicklung und Forschung 313
Europa 314
Amerika 315
Nochmal Europa 317
PLÖTZL-Effekt 318
Amerika: 1957 – die Atombombe der Psychologie! 321
Die Atombombe und ihr Fallout 323

Merkblatt Nr. 5: Von Mr. Rechts und Mr. Links zum analografischen Denken 328

Merkblatt Nr. 6: ABC-Listen (alphabetisch sortiert / deutsch) * 330
Zwei Bilinguale Listen 363

Merkblatt Nr. 7: Eingangstor in dieses Buch (früher Kapitel 1) 365

Literaturverzeichnis 382
Stichwortverzeichnis 384

---

* Überblick: Alle ABC-Listen werden im Stichwortverzeichnis aufgeführt

Hier geht's los

Dies ist wieder ein Buch-Seminar. So führe ich die Tradition fort, die ich in den letzten Jahren begonnen habe. Sie entscheiden: Wollen Sie den Seminar-Charakter dieses Buches nutzen? Dann nehmen Sie bitte zur Kenntnis: Es gibt nur ein einziges erstes Mal.

Anläßlich der 1. Auflage (Herbst 2002).

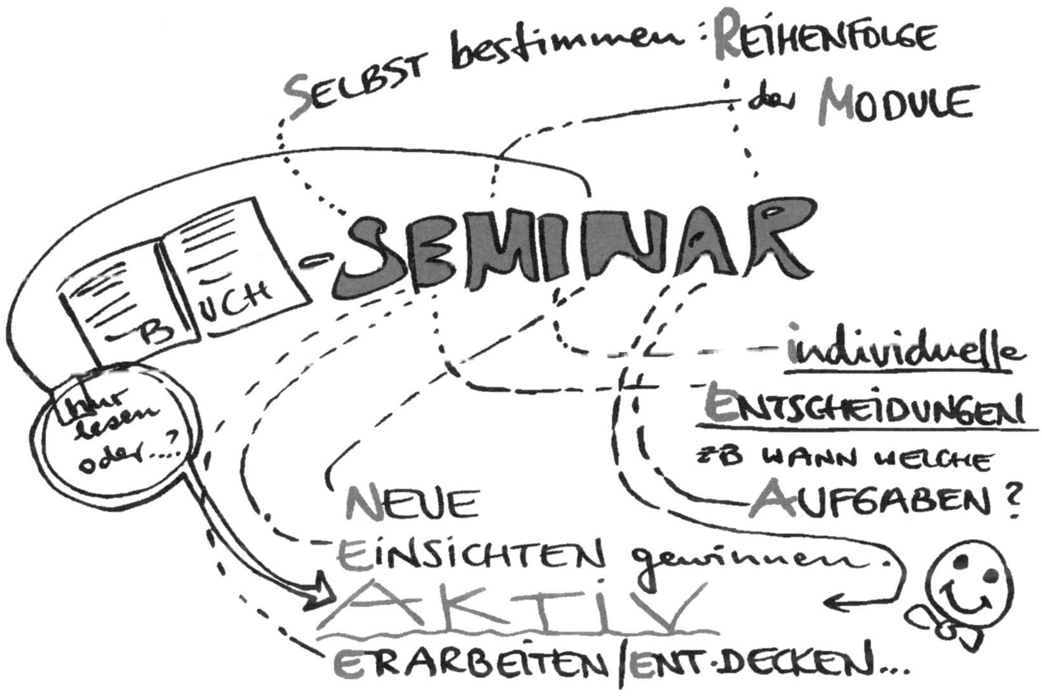

Sämtliche Experimente und Aufgaben in diesem Buch haben mindestens **Inventur-Charakter**, viele können danach auch als **Trainings-Aufgaben** weitergeführt werden (wie NACH DEM Seminar)! Sie sollen also nicht meinen „hehren Worten" glauben, sondern Ihren eigenen Erfahrungen! Wichtig ist, daß Sie mit den in diesem Buch vorgestellten Techniken Ihre Lernfähigkeit, Intelligenz und Kreativität maßgeblich erhöhen können!

Wenn ich „die Schule" sage, meine ich **Regelschulen** (in Industrie-Nationen). **Das System verhindert intelligentes und kreatives (geniales) Denken weitgehend.** Wer die Aufgaben in diesem Buch aufgreift, kann einigen typischen Effekten des Schulsystems entgegenwirken.

Das doppelte Leitmotiv dieses Buch-Seminars lautet:

1. **Wie „bauen" wir unser inneres Archiv auf/aus? (Stichwort: Lernen)**
2. **Wie nutzen wir es optimal? (Stichwort: Gedächtnis bzw. ZUGRIFF auf unser vorhandenes Wissen)** Dies ist die Voraussetzung für Intelligenz und Kreativität, sogar Genialität (vgl. Modul 11, S. 213 ff.).

Das Ziel: Stärkung und (dramatische) Verbesserung unserer Fähigkeit zu denken, Probleme zu lösen, kreative neue Ideen zu entwickeln etc.

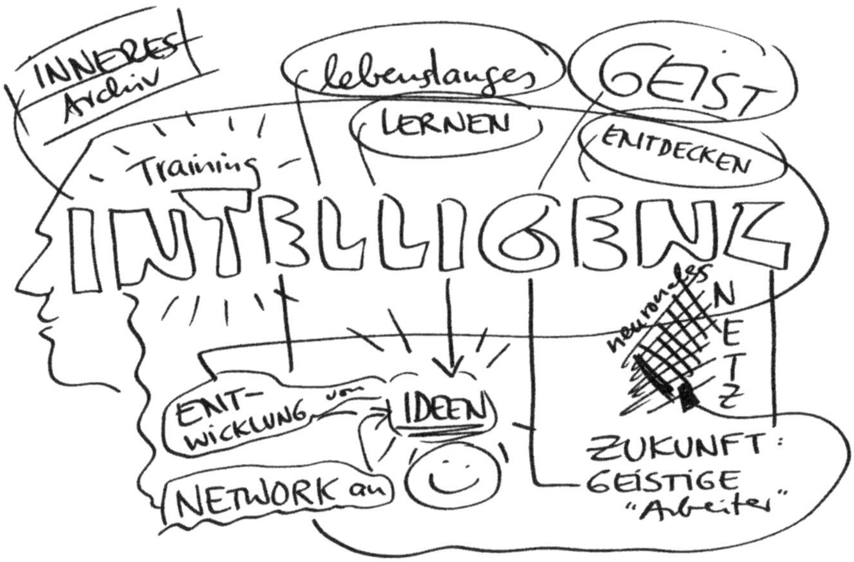

Schon mehrmals einige Minuten pro Tag bewirken einiges. Es ist wie beim Muskeltraining: Von nix kommt nix! Oder: Wer nichts tut, kann keine Fitneß erwarten, weder körperliche noch geistige.

Wer lernt, sein „inneren Archiv" anzuzapfen, verbessert den **Zugriff auf das eigene Wissen**! Dieses Buch bietet **sowohl** Infos (aus der Forschung) als auch konkrete Techniken, um das Denken „anzukurbeln" (analytisch wie kreativ) bzw. um besser zu lernen (vgl. z.B. Modul 8: **Forschungsergebnisse über das Lernen**, S. 153 ff.) und Prüfungs-Situationen (vgl. Modul 17: Tapeteneffekt, S. 272 ff.). Modul 8 ist übrigens eines der längsten und wichtigsten in diesem Buch, und auch heute, vier Jahre nach Erstveröffentlichung, sind diese Experimente (aus den 1970er und 1980er Jahren!!!) den meisten Lehrkräften noch immer unbekannt.

Aber die Forschung geht weiter. Da ich mich seit den 1960er Jahren für das Thema Lernen/Denken interessiere, liegt der Beginn meiner eigenen Lernkurve zu dieser Thematik weit zurück. Parallel dazu begann die Gehirnforschung in den 1990er Jahren regelrecht abzuheben, so daß auch hier die Wachstums-Kurve (Studien und Forschungs-Ergebnisse) steil anstieg. Ich lese neurophysiologische Neuigkeiten meist schon in dem Stadium, da sie „in der Fachpresse mehr versteckt als veröffentlicht werden" (wie Wolfgang SCHMIDBAUER es einmal so brillant ausdrückte). Hatte ich neben ersten einfachen Lern- und Lehr-Techniken zwei Jahrzehnte lang primär an meiner Sprachlern-Methode gearbeitet (Vokabel-Pauken verboten) und diese erstmals 1986 veröffentlicht, so wuchs das „Lern-Thema" auf mehreren Gebieten kontinuierlich weiter. Deshalb mußte „Stroh im Kopf?" in der 3., 6. und 36. Auflage stark überarbeitet werden. Inzwischen entstanden weitere Bücher (z.B „Intelligente Wissens-Spiele", „Trotzdem LEHREN" und „Eltern-Nachhilfe") sowie viele DVD-Live-Mitschnitte für Seminare im Wohnzimmer bzw. Büro zum Preis einer Kinokarte.

Forschung geht weiter

Zur er-WEIT-erten Auflage dieses Buch-Seminars

Jetzt sind **einige Ergänzungen** fällig. Da dieses Buch jedoch von vielen Kursleitern eingesetzt wird, baten mich diese, den Aufbau weitgehend so zu belassen, damit man alle Auflagen PARALLEL verwenden kann. Nun, das geht, und zwar wie folgt: Ich stelle einen Teil, der „ausgelagert" werden kann, ins Internet und **fülle die** (in der gekürzten Einleitung und im gesamten ersten Kapitel) **frei werdenden Seiten mit den ERWEITERUNGEN**.

Aufl.

Aufbau des Buches

Das **alte Kapitel 1** bot eine Reihe von Quiz-Aufgaben, die ins Buch führten. Sie befinden sich jetzt im Merkblatt 7 (S. 365 ff.). Das neue Kapitel 1 enthält wichtige Ergebnisse aus der aktuellen Gehirn-Forschung.

Bitte lesen Sie dieses **INTRO** plus **Kapitel 1** und **2 linear** (chronologisch, der Reihe nach). **Es folgen die Module**; den **MODULAREN Teil des Buches** können Sie **in jeder gewünschten Reihenfolge** angehen. Wenn Sie heute viel Zeit haben, nehmen Sie sich ein langes Modul vor. Andernfalls finden Sie viele Module, die man in einer kurzen „Sitzung" erarbeiten kann. Merke:

> **Versuchen Sie, jede vorgestellte Technik, mindestens 10 Tage lang so oft wie möglich zu trainieren oder einzusetzen, damit Sie praktische Erfahrungen sowie ein Gefühl dafür entwickeln können.**

Wir neigen leider dazu, die berühmte **Katze im Sack** vorschnell abzulehnen. Praktisches Experimentieren erlaubt es uns, die „Katze" ein wenig kennenzulernen, ehe wir entscheiden, was wir von der Technik halten und ob wir sie ernsthaft einsetzen wollen.

Der Anhang enthält **Merkblätter**, auf die im Text verwiesen wird. Es steht Ihnen frei, sie zu lesen oder auszulassen; sie enthalten Material für Menschen, die etwas mehr in die Tiefe gehen möchten. Und zuletzt: **Literatur** und **Stichwortverzeichnis**.

Viel Ent-DECK-ungs-Freude und Faszination wünsche ich Ihnen!

PS: Nun, da die Marschrichtung klar ist, erhebt sich folgende Frage: Hoffen Sie auf eine Sänfte, in der Sie durch das Buch-Seminar „getragen" werden (indem Sie nur lesen), oder sind Sie bereit, aktiv mitzumachen? Beweisen Sie es, indem Sie sicherstellen, daß Sie Schreibzeug griffbereit haben, ehe Sie umblättern.

Wichtige Ergebnisse der Gehirn-Forschung Kapitel 1

Für alle, die Einleitungen prinzipiell überspringen: Machen Sie eine Ausnahme, es ist wirklich wichtig!*

Das innere Archiv

Beginnen wir mit der **Wahrnehmung**. Wie NØRRETRANDERS (in „Spüre die Welt") aufzeigt, haben Gehirne einen raffinierten Trick entwickelt, um die meisten Wahrnehmungen vom Bewußtsein fernzuhalten: Sie lassen die meisten Dinge, die gesehen, gehört, gerochen etc. werden, ins Unterbewußte „fallen". Denn wenn alle Wahrnehmungen bewußt verarbeitet werden müßten, bliebe keine Energie übrig, um im Hier und Jetzt zu handeln. Faßt man die Sinneswahrnehmungen aller Sinnesorgane zusammen und berechnet den statistischen Durchschnitt, kann man als Denkmodell sagen: **Auf 15 mm bewußte kommen 11 km unbewußte Wahrnehmungen.**

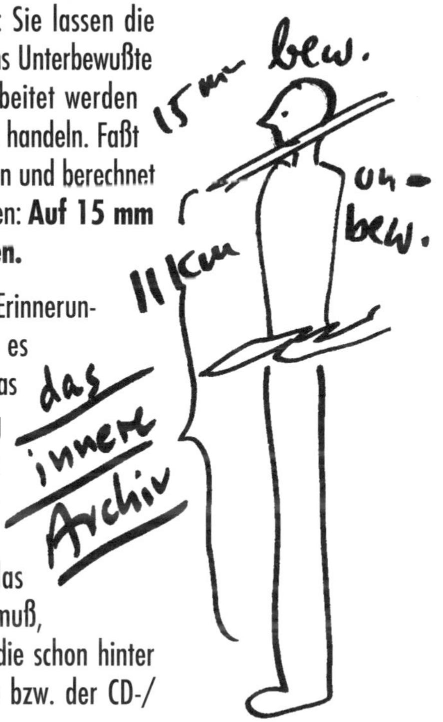

Wir können eine ähnliche Berechnung für Gedanken und Erinnerungen anstellen. Denken Sie ans Autofahren: Einst schien es unmöglich, alle Vorgänge **im** Wagen (Kupplung treten, Gas geben, bremsen, den Wagen in der Spur halten, rechtzeitig blinken etc.) und **außerhalb** (wird der rote Wagen vor uns ohne zu blinken abbiegen?) zu koordinieren. Neben alledem muß man als FahrerIn die Richtung registrieren (wo kann ich abbiegen?). Vielleicht denkt man auch über das Gespräch nach, das man am Zielort mit jemandem führen muß, oder man lässt eine Situation im Geiste Revue passieren, die schon hinter einem liegt. Überdies läuft vielleicht auch noch das Radio bzw. der CD-/Mp3-Player etc. und/oder man telefoniert.

Mit unseren **Erinnerungen** ist es ähnlich, und das soll dieses Denk-Bild symbolisieren: Stellen Sie sich eine Figur vor, deren Kopf 15 mm klein und deren Körper 11 km lang ist. Diese 11 km repräsentieren das **Innere Archiv**: 11 km unbewußte KATAKOMBEN, angefüllt mit Kisten, Kästen, Schubla-

* Zur Zeit der **1. Auflage** galt „Stroh im Kopf?" (ab der 36. vollkommen überarbeiteten Auflage) als **Grundlage**. Inzwischen sollten man das Lern- und Lehr-Thema aber chronologisch rückwärts „aufrollen", indem man zunächst „**Trotzdem LEHREN**" liest (auch wenn man sich selbst „be-LEHREN" will) und erst dann zu „Stroh im Kopf?" (derzeit 46. Auflage) übergeht. Das vorliegende „Innere Archiv" kann separat oder **parallel** gelesen werden.

das innere Archiv: die KATAKOMBEN

den etc., die unsere Erinnerungen enthalten. Und nun stellen wir uns tausende von „Mitarbeitern" vor, deren Aufgabe es ist, all diese Behältnisse **geschlossen** zu halten. Warum? Weil wir keine Straße überqueren könnten, wenn alles, was wir wissen, gleichzeitig präsent (= bewußt) wäre. Also hat die Natur einen Riegel „dazwischengeschoben" und quasi 2 Kammern geschaffen: eine klitzekleine für das unmittelbare Verarbeiten eines Bruchteils unserer Wahrnehmungen, inkl. Gedankengängen und Erinnerungen, die hierzu nötig sind, sowie eben jene unbewußten KATAKOMBEN, in denen alle Gedächtnisinhalte lagern. Wollen wir darauf zugreifen, muss ein ABRUF erfolgen. Erst dann werden die metaphorischen Mitarbeiter aktiv. Wir sprechen im Buch an vielen Stellen über den Prozeß des Einspeicherns, den wir landläufig LERNEN nennen (wobei stupides **Pauken nicht gehirn-gerecht** ist). Aber wir sprechen auch darüber, daß die ART des **ABRUFS** (= die Art, wie wir versuchen, an Infos im Archiv „heranzukommen") den Unterschied machen kann, s. Modul 2: Abruf-Reiz, S. 62 ff.).

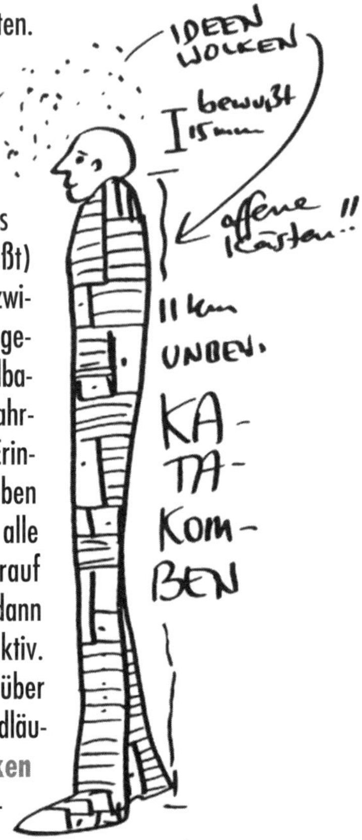

Wer länger nicht gespielt hat, merkt sehr wohl, daß die Aufgabe dieser Mitarbeiter darin besteht, die Schubladen geschlossen zu halten – man muß sie erst dazu bewegen, sie zu öffnen.

Wollen wir unser **11-km-Archiv** optimal nutzen, sollten wir etwas verstehen (es folgt ein kleiner, aber er-WEIT-erter Vorgriff auf das folgende Kapitel): Stellen Sie sich vor, Sie spielen **Stadt-Land-Fluß**: Jedesmal, wenn Sie spielen, zwingen Sie die Mitarbeiter, die für die Schubladen STÄDTE, LÄNDER und FLÜSSE zuständig sind, diese zu ÖFFNEN. Solange wir spielen, bleiben die Schubladen offen, nach dem Spiel gehen sie wieder zu. Fragen Sie sich: Wie lange dauert es, bis sich die Schublade wieder schließt? Ihre Annahme?

❍ 3 Jahre	❍ 3 Monate	❍ 3 Wochen
❍ 30 Stunden	❍ 3 Stunden	❍ 3 Minuten

Dieser Neuro-Mechanismus ist übrigens der Grund, warum Leute „dümmer" aus dem Urlaub zurückkommen: Es waren zu viele Schulbladen zu lange geschlossen (daraus ersehen Sie bereits, daß die Antwort wohl kaum 3 Jahre oder 3 Monate lauten kann, so lange dauern Ferien nicht). Bleiben 3 Wochen bis 3 Minuten – was meinen Sie? Wie lange bleibt die Schublade auf, wenn wir aufgehört haben, zu spielen oder über ein Thema nachzudenken?

Wieviele Stunden?

Wenn ich Ihnen jetzt sage, daß auch die „Montagsautos" durch diesen Neuro-Mechanismus ausgelöst werden, dann fallen auch die 3 Wochen weg. Somit ist klar, daß die Lösung ca. 30 Stunden lautet. Das ist ein statistischer Schnitt. Die genaue Zahl hängt u.a. davon ab, wie „geölt" die Schublade ist: Wer regelmäßig Stadt-Land-Fluß spielt (bzw. über ein bestimmtes Thema nachdenkt), bekommt die Schublade schneller „auf", und sie bleibt auch etwas länger offen. Wer hingegen nur einmal im Jahr spielt (z.B. immer am Kindergeburtstag), hat mehr Probleme, sie zu öffnen (muß also einige Runden spielen, ehe das Ziel erreicht ist). Und die Schublade schnappt schnell wieder zu, so daß ein Spielen am Folgetag ebenfalls „mühselig" beginnt. Hierzu gleich ein praktischer Tip: Wer die ABC-Technik (s. Kap. 2, ab S. 45) zum regulären Denk-Tool macht, kann folgenden Schubladen-Trick einsetzen:

Erinnerung: Die Quiz-Aufgaben befinden sich jetzt in Merkblatt 7.

Wenn Sie wollen, daß bestimmte Schubladen länger aufbleiben, legen Sie zwischendurch ein schnelles ABC an (1 Minute reicht!).

Wenn Sie diesen Trick anwenden, zwingen Sie den Mitarbeiter, die Schublade zu öffnen. Wer ein Thema auf diese Weise zwischendurch immer mal kurz „andenkt", macht echtes Nachdenken viel ergiebiger. Bedenken Sie auch, daß Sie dadurch **die Menge der Assoziationen vergrößern**. Und unsere **Assoziationen sind die Magnete, die weitere Schubladen** (quasi per Fernbedienung) **öffnen**, so daß wir **immer mehr Ideen produzieren können**.

Noch ein guter Rat: **Selbst die besten Kreativitäts-Techniken können nur dann funktionieren, wenn unsere Assoziations-Fertigkeit trainiert ist.** Deshalb beginnen wir (im nächsten Kapitel) mit dem einfachen ABC. Später lernen Sie Möglichkeiten kennen, mit vorhandenen Listen zu spielen (z.B. im Sinne der LULL'schen Leitern, S. 256 ff.), aber das ist schon eine fortgeschrittene Übung.* Wer damit anfangs Probleme hat, ist in guter Gesellschaft. Aber auch hier gilt: **Übung macht den Meister, wenn man bereit ist, die berühmte Katze im Sack** (s. S. 14, oben)

* Zu diesem Thema gibt es inzwischen übrigens auch ein DVD-Seminar. Titel: „Genialitäts-Training mit ABC-Listen".

kennenzulernen. Deshalb hierzu noch eine Zahl: Manchen fällt es leichter, eine bestimmte Anzahl von Tagen hintereinander zu trainieren (s. Merksatz S. 14), während andere eine konkrete **Zahl an Experimenten** angenehmer finden, um eine neue Technik zu lernen, mit der man sich eingangs noch „schwertut". Gehören Sie zu letzteren, hier mein Vorschlag: Legen Sie eine Checkliste an und machen Sie 30 Versuche. Dann haben Sie das Schlimmste hinter sich, sehen erste Fortschritte, die zum Weitermachen motivieren.

Lernbare Intelligenz? (Nach Dave PERKINS, Harvard)

In den ersten 3 Auflagen gab es nur eine sehr kurze Schilderung.

Dave PER-KINS' 3 Fak-toren

Ursprünglich stellte man die Frage nach der Intelligenz meist so: „**Ist sie angeboren** oder **erworben**?" Man postulierte zwei Faktoren – **Genetik** und **Umwelt**. Der amerikanische HARVARD-Professor Dave PERKINS jedoch kam (nach 40 Jahren Forschung) zu einer faszinierenden neuen Erkenntnis: Wir brauchen **drei Aspekte**, um Intelligenz „fassen" zu können. Dabei ist der erste **angeboren** und unveränderlich (solange wir keine Drogen nehmen), aber die beiden anderen können wir **lebenslang beeinflussen** und **verändern**, d.h., **wir können unsere Intelligenz lebenslang nachhaltig verbessern**. Deshalb nennt PERKINS sein bahnbrechendes Konzept **LERNBARE INTELLIGENZ**. Diese hat mit dem, was der sogenannte I.Q.-Test mißt, nichts zu tun (beim I.Q. geht es um „Schulfähigkeit", also darum, ob man pauken und gute Noten schreiben kann).*

PERKINS ist gegen dieses enge Konzept von Intelligenz, darum nannte er sein Buch (das leider nie ins Deutsche übersetzt wurde): „**OUTSMARTING I.Q.**" (Das könnte man mit „Den I.Q. austricksen" übersetzen.) Sehen wir uns seine drei Faktoren an und fragen uns, wie intensiv wir bereit wären, an Faktor 2 und 3 zu „drehen".

---

* In diesem Zusammenhang sei daran erinnert, daß z.B. Einser-Abiturienten zwar bevorzugt Medizin studieren dürfen, diese Leute aber nicht unbedingt die besten Haus- oder Klinikärzte werden. Es gibt auch Stimmen, die die zunehmende Apparatemedizin nicht zuletzt darauf zurückführen, daß man zu viele Leute mit hohem „I.Q." Medizin studieren ließ. Ein guter Arzt und Heiler muß mehr „draufhaben", als Leute von einem Test zum nächsten zu schicken und dann mechanisch aufgrund irgendwelcher „Werte" zur Diagnose und/oder zum Rezept zu schreiten.

PERKINS 1: NEURONALE GESCHWINDIGKEIT

Es geht um die angeborene neuronale **Geschwindigkeit**, um das Tempo, mit dem unsere Neuronen feuern. Neuronal **langsame** Menschen tun sich **mit NEUEM** schwer (können aber, aufgrund des zweiten Faktors, später genauso schnell denken wie neuronal schnelle). Wir müssen zwei Dinge bezüglich des ersten Faktors verstehen, damit wir von PERKINS' Erkenntnis profitieren können:

Es gibt zeitweise Eingriffsmöglichkeiten durch Chemie, aber langfristig ändern sie nichts.

1. **Das neuronale Tempo ist ANGEBOREN, kann also nicht verändert werden.** Dieser Faktor ist nur teilweise identisch mit der sogenannten „Reaktionszeit" (wie schnell können Sie z.B. einen Knopf drücken, wenn die Lampe aufleuchtet?). Es geht hierbei vor allem um die Geschwindigkeit, mit der wir NEUES verarbeiten. Nun gibt es zwei Arten von NEUEM: a) NEU-NEU und b) NEU-ANDERS. Damit meinen wir ÄNDERUNGEN, die sich ergeben, wenn jemand uns z.B. kurzfristig mitteilt, daß er unseren Termin stornieren oder verschieben will, oder wenn wir den Umgang mit einem neuen Textverarbeitungsprogramm lernen müssen, bei dem sich gegenüber dem alten nur einige Aspekte geändert haben. Die NEU-ANDERS Aspekte sind immer dann besonders störend, wenn sie ALTE AUTOMATISMEN (d.h. vorhandene Nervenbahnen) „angreifen", die nun UMGELERNT werden müssen.
2. **Wir schließen immer von uns auf andere, deshalb können Eltern, Lehrkräfte und Chefs hier viel kaputtmachen.** Wer von der neuralen Geschwindigkeit nichts weiß, hält in der Regel sein eigenes Tempo für „gottgegeben" („normal") und kann andere verrückt machen, die mit Neuem langsamer **oder** schneller umgehen, als man selbst. Egal ob die Kinder eigene oder SchülerInnen sind, die uns anvertraut wurden (bzw. später im Leben MitarbeiterInnen): Lernen Sie, **das TEMPO anderer zu respektieren**!

Bevor wir zum 2. Faktor kommen, eine kleine Quizfrage: **Wann können neuronal Langsame schneller denken als neuronal Schnelle?** Was glauben Sie?

Bitte denken Sie mit: Wenn neuronal Langsame **bei** Neuem langsam/er werden, müßten sie bei bereits Bekanntem schneller werden, richtig? Richtig. Hierin liegt das Geheimnis, warum es neuronal Langsame gibt, die (wie ich) trotzdem sehr schnell sprechen können. Aber das Tempo spiegelt immer auch die **Vertrautheit** mit dem Thema wider (wie lange/oft man davor bereits in Ruhe darüber nachgedacht hat). Jetzt können wir PERKINS' 2. Faktor angehen.

PERKINS 2: ERFAHRUNGEN UND WISSEN

Hier geht es um Dinge, die wir gelernt haben, und zwar sowohl im Sinne von Wissen (das wir im „Kopf" spazierentragen) als auch im Sinne von Fertigkeiten (d.h. HAND-lungen und Verhalten wie Ball- oder Klavierspielen, kochen, Englisch sprechen, eine LAN-Party planen etc.). Es gelten zwei Regeln:

1. Je mehr wir wissen und können, desto SCHNELLER können wir denken, sprechen, reagieren. Das heißt, desto intelligenter wirken wir.
2. Je mehr wir wissen und können, desto LEICHTER können wir hinzulernen. Wer schon etwas über Biologie weiß, tut sich mit Chemie leichter als jemand, der noch gar nichts weiß (und umgekehrt). **Was immer wir lernen, ist Teil unseres Wissens-Netzes und hilft, NEUES „einzuhaken".**

Da viele Menschen LERNEN mit PAUKEN verwechseln, lassen Sie uns unmißverständlich klarstellen:

- PAUKEN = stures Büffeln gewisser Informationen, die uns entweder nicht interessieren und/oder nicht einleuchten (die wir nicht kapiert haben). Wir kennen das von der Schule: von isolierten Daten, Fakten, Informationen (wie z.B. Vokabeln) über Definitionen bis hin zu Formeln (Mathe, Chemie, Physik), die man nie begriffen hat.
- LERNEN = intelligente Auseinandersetzung mit dem Neuen, z.B. indem wir uns und andere fragen (statt daß die Lehrer uns Pseudo-Fragen stellen) oder indem wir ohne Angst herumprobieren dürfen (Versuch und Irrtum, ohne Bestrafung oder Ächtung der Irrtümer) bzw. indem wir das Neue in Beziehung zu ALTEM setzen und unsere Erfahrungen bzw. früher Gelerntes mit dem Neuen vergleichen etc. Am meisten hilft uns für den Rest unseres Lebens, was wir einmal begriffen haben. Das heißt: **Wer Kinder** (in der Schule oder zu Hause) **möglichst viele Fakten PAUKEN läßt, tut ihnen keinen Gefallen.** Im Gegenteil, man erzieht sie zur Dummheit...

Nur was wir begriffen haben, kann uns helfen, etwas (die Welt, ein Thema, ein Gedicht etc.) zu „durchdenken" und zu verstehen. Und nur Verstandenes wird langfristig **Teil unseres Wissens-Systems**. Alles andere (z.B. gepaukte Infos) kann nicht in unser inneres Archiv „eingebunden werden" und ist vergebliche Liebesmüh. Es mag kurzfristig reichen, um eine Prüfung zu bestehen, aber **später wissen wir nichts**, weil es nie Bestandteil unseres Wissens-Netzes wurde. Wie gesagt:

> **Je mehr wir wissen, auf desto mehr Infos (Daten, Fakten, Erfahrungen etc.) können wir zurückgreifen, wenn wir denken wollen. Deshalb macht mehr Wissen uns intelligenter!**

Das ist das Hauptanliegen dieses Forschers, deshalb spricht PERKINS von lernbarer Intelligenz! Die neue Gehirnforschung zeigt: Es ist nie zu spät. Wir können auch im hohen Alter noch beginnen, zu lernen, und das ist es, was unser Gehirn auf Trab bringt (vgl. NEUROGENESE, S. 39 ff.).

PERKINS 3: WIR KÖNNEN WÄHLEN!

PERKINS nennt den dritten Aspekt reflexive Intelligenz. Damit meint er unsere Fähigkeit, über unsere eigenes Denken zu reflektieren, also über die Methoden Strategien, Techniken (wie wir denken, lernen, Probleme lösen etc.) nachzudenken! Dies ist sein großer Geniestreich: **Indem wir die Methode ändern, ändern wir die Ergebnisse!**

Interessanterweise tut man das in allen Bereichen des Lebens, mit Ausnahme des Schulsystems. Wenn jemand erfährt, daß ein Nachbar einen Trick gefunden hat, mit dem man besser GRILLEN kann, will er diesen Trick ebenfalls LERNEN und anwenden, er will also INTELLIGENTER GRILLEN. Hört jemand von einem Kollegen, der etwas geschafft hat, das ihm bisher nicht gelungen ist, dann möchte er wissen, wie der Kollege das gemacht hat (und hofft, daß dieser es ihm verraten wird). Bekommen Sie mit, daß eine Freundin nach der Birkenbihl-Methode Fremdsprachen lernt und daß dabei Vokabel-Pauken VERBOTEN, Grammatik jedoch erlaubt (aber nicht nötig) ist, könnte Sie das doch interessieren? Insbesondere wenn Ihnen die Freundin verrät, daß sie **in der Schule immer dachte, sie hätte absolut kein Sprachtalent**. Nun sind Sie neugierig, richtig? Es ist auch sinnvoll, neugierig zu werden. Überall, auch im Geschäftsleben, wollen Leute erfahren, wie andere Dinge besser machen. Dementsprechend ist das Hauptziel der meisten Seminare, geeignete Patent-Rezepte (Techniken, Methoden, Strategien etc.) anzubieten... Diese Neugier führt sogar dazu, daß Firmen neue Methoden, Technologien, Erfindungen etc. absichern (Patente) und regelrecht verstecken (Pläne im Safe) müssen, **weil die Konkurrenz sie sonst nachahmen und ähnlich erfolgreich werden würde**.

Und die **Schule**? Da kümmert sich kaum jemand darum, was an Privatschulen oder in Pilotprojekten so gut „funktioniert", daß sogar sogenannte SchulversagerInnen es zum Abitur bringen. Man beachtet nicht, daß SchülerInnen, die ein Instrument spielen, in allen Fächern besser werden, weil das regelmäßige Üben eine positive Wirkung auf die Lernfähigkeit im allgemeinen hat (vgl. NEURO-GENESE, S. 39 ff.). Hinzu kommt, daß das Spielen im Orchester die soziale Kompetenz stärkt. Ebenso kümmert es im Schulbereich niemanden, daß sich Theater-Projekte international bewährt haben. Hier können die „Stillen" im Hintergrund wirken (z.B. als Beleuchter, Kulissenmaler, Kostümdesigner, Regieassistenten etc.), während andere kleinere oder größere Rollen auf der Bühne übernehmen, das Drehbuch erarbeiten, das später zu druckende Programm erstellen etc. Auch hier lernen SchülerInnen einmal pro Jahr, wie es ist, Teil eines großen Projekts zu sein. Und auch diese Aktivitäten strahlen auf die Lernleistungen im allgemeinen aus. Sie stärken das Wir-Gefühl der SchülerInnen und LehrerInnen, das Wir-Gefühl aller Schulmitglieder (gegen die Welt da draußen), das Wir-Gefühl von Schule und Eltern etc. Ich könnte das ganze Buch mit Ideen füllen, die Schulen bei uns **NICHT** aufgreifen, weil sie **PERKINS 3** nicht kapiert haben: **Wechsle die Methode und werde INTELLIGENTER!** Oder in diesem Fall: Wechsle die Methoden und mache Kinder, SchülerInnen, MitarbeiterInnen intelligenter...

SPIEGELNEURONEN

Denken Sie an SPAGHETTI:

1. Sie **bestellen** Spaghetti im Restaurant.
2. Sie **essen** Spaghetti. Frage: Wie essen Sie diese? Wickeln Sie die Spaghetti auf einem Löffel, direkt auf dem Teller oder essen Sie sie anders?
3. Sie **beobachten** einen Mitmenschen, der Spaghetti genauso ißt, wie Sie das immer tun. Oder Sie beobachten eine Person, die keine Ahnung hat, wie sie mit den Spaghetti umgehen soll.

Nun stellen Sie sich vor, was in Ihrem Gehirn passiert: Es gibt bestimmte Neuronengruppen, die immer dann aktiviert werden, wenn wir etwas TUN,

SEHEN oder an etwas DENKEN. Nennen wir sie unsere SPAGHETTI-NEURONEN-Gruppe. **Sie begann zu entstehen, als wir zum ersten Mal in unserem Leben jemanden Spaghetti essen sahen,** auch wenn wir uns daran nicht mehr erinnern können. Bei uns zu Hause mochten alle Spaghetti, und zwar ausschließlich die lange Variante. Diese wurden ohne Löffel gewickelt, also muß ich meine Eltern schon als kleines Kind immer wieder beim Spaghetti-Wickeln beobachtet haben. Zu diesem Zeitpunkt bekam ich selbst vielleicht noch Brei oder man schnitt meine Spaghetti noch klein – ich erinnere mich nicht. Aber irgendwann muß ich begonnen haben, meine Spaghetti selbst zu wickeln. Die Variante ohne Löffel ist zunächst schwieriger, weil die Gabel gerne auf dem glatten Teller herumrutscht, insbesondere wenn man Spaghetti con burro ißt, die ja sehr glatt sind. Das ist schon eine Leistung, wenn man das als Kind lernt. Von diesem Lernprozeß habe ich allerdings keine Ahnung, weil ich zu klein war.

Spaghetti-
Neuronen

Einmal angelegt, werden diese SPAGHETTI-NEURONEN Zeit meines Lebens feuern, wenn ich Spaghetti esse. Zudem werden sie auch jedesmal dann aktiviert, wenn (s. oben) ich eine Person beobachte, die Spaghetti ißt, oder wenn ich nur daran denke (beim Lesen der Speisekarte). Und sie feuern, wenn jemand das Wort „Spaghetti" erwähnt. Aber was passiert, wenn jemand eine andere Variante „spielt"? Wenn wir also jemanden sehen, der seine Spaghetti auf dem Löffel wickelt? Einerseits feuert unsere SPAGHETTI-NEURONEN-Gruppe, weil Spaghetti im Spiel sind, andererseits reagieren wir mit einer gewissen ... Ist es Neugierde? Frust? Verwirrung? Überraschung? Faszination? Es kann **alles** sein. Frage: Wovon hängt das ab? Antwort: Von verschiedenen Faktoren, beispielsweise unserer ERWARTUNG (aufgrund früherer Erfahrungen), unserer heutigen STIMMUNG oder inwieweit wir vorher bereits INTERESSIERT oder FRUSTRIERT **waren**, als es passierte.

Nun nennt man diese Neuronen in Wirklichkeit nicht Spaghetti- sondern SPIEGEL-NEURONEN. Sie erlauben es uns, die Welt zu „spiegeln", und das beginnt direkt nach der Geburt: Beobachten Sie eine Mutter, die ihr Kind anlächelt, und Sie sehen erste „Lächel-Bewegungen" im Gesicht des Neugeborenen. Bald kann es einen weit aufgerissenen Mund nachahmen, wenig später beherrscht es die Mimik, dann die Gestik, letztlich ganze Verhaltensweisen. Deshalb heißen sie Spiegel-Neuronen. Man fand sie durch Zufall Anfang der 1990er in einer wissenschaftlichen Einrichtung in PARMA, Italien, als man überprüfte, wann welche Neuronen-Gruppen bei Menschenaffen „aufleuchten". Man hatte eine Neuronen-Gruppe etabliert, die aktiviert wurde, wann immer der Affe eine Nuß nahm, als man zufällig bemerkte, daß diese Nuß-Gruppe ebenfalls leuchtete, als der Affe einem (menschlichen) Versuchsleiter ZUSAH, wie dieser die Nuß an eine andere Stelle bewegte (für das nachfolgende Experiment). Das widersprach allen Erwartungen (im letzten Abschnitt sehen wir ein weiteres Thema, bei dem man jahrzehntelang an einer völlig falschen Vorstellung über das Gehirn festgehalten hatte). Die Wissenschaftler (RIZZOLATI und sein Team) begannen dem Effekt sofort systematisch nachzugehen und lernten dabei das, was wir oben schon gesagt haben: SPIEGEL-NEURONEN feuern, wenn wir etwas selbst **tun**, wir jemanden **beobachten**, der es tut, aber auch wenn wir nur daran **denken** bzw. wenn jemand es **erwähnt**. Das hat gravierende Konsequenzen für den Alltag:

- Wiewohl **LERNEN DURCH ZUSEHEN** (Spiegel-Neuronen anlegen) **und NACHAHMEN zu den besten LERNWEGEN** gehört, gibt es in der Schule nur wenig, was auf diese Weise gelernt werden kann. Warum? Draußen, außerhalb der Schule lernen Kinder immens viel auf diesem Weg, auch komplexe Dinge. Warum also nicht auch im Klassenzimmer?
- Alle **Menschen sind füreinander Vorbilder und Modelle**, ob sie wollen oder nicht. Chefs, die ihre Mitarbeiter anschnauzen, gleichzeitig aber einen höflichen Tonfall gegenüber Kunden fordern (!!!), **wirken nicht nur unglaubwürdig**, sondern **erzwingen** durch ihr VERHALTEN genau den „Anbau" jener Spiegel-Neuronen, die sie eigentlich gar nicht wollen.

- Wenn die Natur diese SPIEGEL-NEURONEN „erfunden" hat, um es uns zu erleichtern, unser Verhalten an dem der anderen auszurichten (für **Gruppen-Konsens**), dann ist klar, wie STARK diese Mechanismen sein müssen und daß sie im Zweifelsfall **unbewußt** wirken.

In der Zukunft werden diese speziellen Neuronen einige der „alten" Fragen in Physiologie, Psychologie, Soziologie und Marketing in einem anderen Licht erscheinen lassen. Die Forschung steht hier noch am Anfang, aber für unseren Alltag können wir bereits einige wichtige Infos ableiten. Übrigens unterscheide ich zwei Arten von SPIEGEL-NEURONEN. Zwar werden sie im allgemeinen noch in „einen Topf" geworfen, aber ich postuliere zwei verschiedene Typen:

1. **EMPATHIE: sich in jemanden ein(=em)fühlen(pathie) können**
2. **HAND-lungen (Verhalten, Fertigkeiten, Kompetenz-Bereiche)**

Kinder, in deren Zuhause niemand ANTEIL NIMMT, FREUDE AUSDRÜCKT, „LIEB IST", TRÖSTET etc., werden wenig EMPATHIE erleben und demzufolge wenig Empathie-Spiegel-Neuronen anlegen. Und wenn niemand LIEST, SCHREIBT, MUSIZIERT, MALT, TANZT, BILDHAUERT, RECHNET, PROBLEME LÖST etc., werden Kinder abertausend mögliche SPIEGEL-NEURONEN **NICHT** entwickeln.

EM-PA-THIE

Ich plädiere dafür, SPIEGEL-NEURONEN für **Emotionen** (die den Grad an E.Q. oder sozialer Kompetenz bestimmen) und die für Verhaltensweisen zu TRENNEN (zumindest gedanklich). Lassen Sie mich dies anhand einer Szene aus einem Roman (den ich gerade schreibe) illustrieren (der SPÄHER führt das Interview).

SPÄHER Würde diese Fähigkeit zum Spiegeln ... die soziale Kompetenz einer Spezies bzw. einer Gruppe verbessern?

NOBODNY Genau. Allerdings halten viele Forscher die **emotionale** Komponente für die einzige bzw. für die wichtigere. Dabei wird die Fähigkeit, Verhalten zu spiegeln, gern als weniger wichtig eingestuft, aber ich meine, **man muß beide Spiegeltypen parallel** und **getrennt sehen**.

SPÄHER Wieso?

NOBODNY Erstens, weil ich davon ausgehe, daß es eine genetische Disposition geben kann, die jemanden eher in die eine oder die andere Richtung „prädestiniert". Zweitens, weil ich glaube, daß beide **separat trainierbar** sind. Ein Kind aus einem emotional armen Elternhaus kann dort möglicherweise viele Tätigkeiten und Fertigkeiten lernen oder viele Aspekte einer komplexen Kunst, ohne emotional gute Vorbilder zu haben...

SPÄHER ... wenn z.B. ein emotional armer Mann ein bedeutender Kunsthandwerker wäre und der Sohn viel durch Zuschauen und Nachahmen lernt und letztlich durch selbständiges Handeln in die nächste Generation trägt.

NOBODNY Richtig. Und das Gegenteil ist genauso denkbar. Es kann ein emotional sehr differenzierter Mensch ziemlich unfähig sein zu handeln, d.h. nur emotional den SPIEGEL-NEURONEN seines Kindes Reaktionen bieten, die imitiert werden können.

SPÄHER Dann würden Sie also NICHT sagen, daß Familienmitglieder Emotionen und Handlungsvorschläge normalerweise in einem Verhältnis von etwa 50:50 bieten?

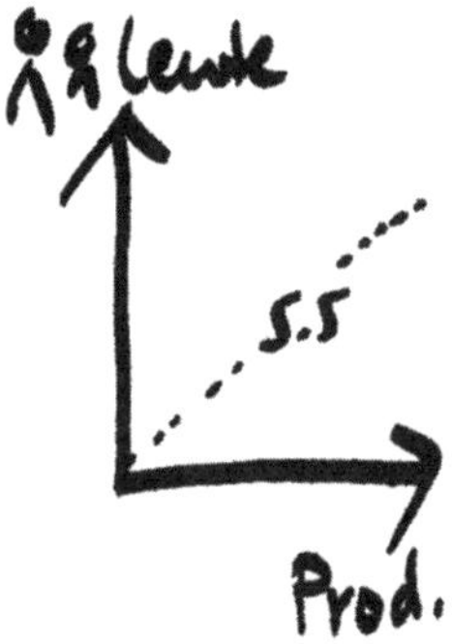

BLAKE & MOU-TON (USA)

NOBODNY So ist es. Ich weiche hier von der herrschenden Meinung ab. Aber es gibt ein Modell aus der Management-Theorie, das dies illustrieren kann. Kennen Sie BLAKE und MOUTON's Management-GRID?

SPÄHER Vor langer Zeit einmal gelesen, bitte frischen Sie meine Kenntnisse auf.

NOBODNY Gerne. Denken Sie an ein Quadrat, das aus 9 Quadraten besteht. Können Sie sich das vorstellen?

SPÄHER Ja.

NOBODNY Jetzt denken Sie sich die linke senkrechte Linie als einen Pfeil nach oben. Oben stehen Leute. Verstehen Sie, was ich meine?

SPÄHER Ja, ich beginne mich auch wieder zu erinnern. Je weiter nach OBEN in dem Modell wir kommen, desto wichtiger werden LEUTE, d.h. die BEZIEHUNGEN zu anderen Menschen. Aaah, ich sehe die Parallele: es ist die EMOTIONALE Komponente.

NOBODNY Genau. Und wenn wir die untere Linie nach RECHTS fortführen, bewegen wir uns in Richtung PRODUKTION oder LEISTUNG.

SPÄHER Also das, was wir vorhin als Tätigkeit, Fertigkeiten etc. beschrieben haben. Konkretes Handeln irgendeiner Art.

NOBODNY Richtig. Nun gibt es 9 Quadrate, und das Modell wurde ursprünglich (in den 1970er Jahren) als Management-Modell erarbeitet. Der perfekte Manager wäre dann...?

SPÄHER 9.9. Höchster Wert für emotionale und höchster Wert für Handlungs-Kompetenz.

NOBODNY Ganz genau. Und extrem rar.

SPÄHER Leuchtet ein. Und die Norm läge bei 5.5?

NOBODNY Aber nur rein theoretisch. Vergleichbar mit der Tatsache, daß ein Ehepaar statistisch gesehen 1,3 Kinder bekommt. Aber es gibt kein 0,3-Kind im realen Leben.

SPÄHER Verstehe. Und was ist REAL? Gibt es da Studien?

NOBODNY Was die Zahlen eindeutig zeigen, ist, daß so gut wie jeder Mensch zu der einen oder anderen Seite neigt, manche nur wenig, manche mehr, manche extrem. Man ist also entweder eher Leute-orientiert oder eher auf Handlungen, Tätigkeiten, Leistung angelegt. Je ausgeprägter die eine Richtung, desto schwächer die andere.

SPÄHER Gibt es dafür eine Erklärung?

NOBODNY Keine offizielle, aber ich hege seit langem den Verdacht, daß es eine Menge von 100% gibt, die verteilt werden kann. Braucht jemand mehr als, sagen wir einmal 60% auf der einen Seite, hat er eben nur noch weniger als 40% auf der anderen.

60%
40%
100%

SPÄHER Leuchtet ein.

NOBODNY Nun, mit den SPIEGEL-NEURONEN haben wir möglicherweise **die neurophysiologische Basis meiner Hypothese**. Nehmen wir an, es gibt eine fest definierte Menge an möglichen Spiegelneuronen. Nehmen wir weiter an, diese Menge sei **genetisch** festgelegt. Dann würde es doch einleuchten, daß sämtliche Spiegel-Neuronen, die, sagen wir EMOTIONAL genutzt werden, für HANDLUNGEN nicht zur Verfügung stehen und umgekehrt...

Was ich damit sagen will, ist u.a.: Es gibt Menschen, die emotional eher auf Menschen ausgerichtet sind. Inwieweit dies eine angeborene Disposition darstellt oder den Entwicklungen im Mutterleib vor der Geburt zuzuschreiben ist, sei dahingestellt. Nun hat der Mensch seine Präferenzen entwickelt. In meinem Buch „Birkenbihl on Service" berichte ich im letzten Kapitel über eine Altenpflegerin, die mit den von den Gesundheitsreformen erzwungenen Maßnahmen nicht klarkommt. Die Idee, für das „Verfüttern" eines Tellers Suppe laut Liste maximal 3 Minuten benötigen zu dürfen (und später 90 Sekunden für das Eintragen dieser Tätigkeit vergeuden zu müssen), ist für sie einfach entsetzlich. Sie ist mehr in Richtung „Leute" gepolt, und deshalb ist ihr die Fließband-Mentalität jener Reformer zuwider. Das spricht gegen alles, was sie einst motivierte, Altenpflegerin zu werden. Im Gegensatz dazu hat einer meiner Coaching-Klienten, ein Programmierer, der am liebsten in seinem Mini-Büro sitzt und von niemanden angesprochen wird, das umgekehrte Problem: Andauernd wollen seine Kollegen (seit man aus Kostengründen die Telefonzentrale wegrationalisiert hat) ihre Telefone auf seinen Apparat umstellen, wenn sie außer Haus Termine wahrnehmen. Er ist so verzweifelt, daß er einen „nervösen Magen" entwickelt hat und sein Arzt ihm dringend rät, das Problem zu lösen, wenn er wieder gesund werden will.

Disposition
⇓
Präferenzen

Wenn also Chefs, Eltern, Kundenberater, Lehrkräfte etc. mehr von diesen Dingen wissen, können sie bessere Strategien entwickeln, so daß im täglichen Miteinander weniger Leute verlieren und mehr gewinnen...

Wissen = wichtig!

Der LERNBERG

Dieses Denk-Modell gehört zu den grundlegendsten der letzten Jahre (ich habe das Grundmodell anläßlich der 3. Auflage von „Trotzdem LEHREN" erstmals schriftlich erwähnt). Es besteht aus zwei Stufen: Das Grundmodell ist extrem einfach und leuchtet sofort ein, der zweite Teil ist eine methodische Hilfestellung für Lehrende.

1. Das GRUNDMODELL

Der Lernberg beschreibt eine Art des Lernens, nämlich den Erwerb von **Fertigkeiten**, d.h. die zunehmende Fähigkeit, bestimmte **HAND**-lungen auszuführen. Von einfachen Tätigkeiten (Spiegelei braten) über komplexe (Tennis, Bogenschießen, Skilaufen oder das Spielen eines Musikinstruments) bis hin zu hochkomplexen Tätigkeiten aller Art (z.B.: dem „Lesen" eines Röntgenbildes). Nun wird in der Schule das Erwerben von HAND-lungen oft mit Theorie verwechselt: Wir lehren Naturwissenschaften als theoretisches Wissen und Fremdsprachen über isoliertes Vokabel-Pauken und Grammatik-Regeln. Leider erhöht dies die Fähigkeit, fremdsprachlich zu agieren (verstehen, sprechen, lesen, schreiben, diskutieren, verhandeln, telefonieren etc.) nur minimal. Dies löst das Gefühl aus, man sei für das Fach nicht besonders geeignet oder begabt.

Nach-hilfe

In diesem Zusammenhang sollte man registrieren, daß im deutschen Sprachraum mit Abstand das meiste Geld für **Nachhilfe in** SPRACHE/N (= Muttersprache und Fremdsprachen) ausgegeben wird. Leider „versagen" die meisten SchülerInnen, die sitzenbleiben, in mindestens einem **sprachlichen** Fach. Sie bekommen also für den Rest ihres Lebens einen unnötigen Versager-Stempel aufgedrückt. Nicht weil sie das Fach nicht hätten meistern können, sondern weil das Schulsystem viele **TÄTIGKEITEN** so lehrt, als handle es sich um theoretisches Wissen. Studien zeigen: Sitzenbleiber haben im Folgejahr KEINE BESSEREN NOTEN in den Fächern, deretwegen sie „zurückgestellt wurden" (angeblich, um in diesen Fächern aufholen zu können). Deshalb sollte man sich wirklich fragen, was noch alles passieren muß, bis man das System hinterfragt, statt die Schuld den Opfern zu geben.

Das Grundmodell des Lernbergs möchte zwei Dinge ein für allemal klarstellen:

1. **Das Erlernen von Tätigkeiten ist grundsätzlich etwas anderes als das von theoretischem Wissen.** Deshalb illustrieren wir die einzelnen SCHRITTE mit dem Bild eines (Lern-)BERGS, den es zu erklimmen gilt. Unten befinden sich die EINSTEIGER (Anfänger), dann folgen diverse FORTGESCHRITTENEN-Level, gefolgt von PROFI- und/oder EXPERTEN-Leveln, und ganz oben in der Spitze finden wir echte MEISTER!
2. **Das Erlernen von Tätigkeiten aller Art muß immer im untersten Level („Erdgeschoß") beginnen.**

Leider neigen viele Lehrer jedoch dazu, im 1. Stock „einzusteigen". Das heißt, der Anfänger sitzt alleine im Erdgeschoß, während oben, „über seinen Kopf hinweg", unterrichtet wird. Und wenn er/sie den Stoff nicht versteht, scheint er/sie auch noch „schuld" zu sein! **Das muß aufhören!** Fallbeispiel: Heute möchte die Lehrkraft eine **Grammatik-Übung zum Genitiv** durchführen. Die Kinder bekommen Wortgruppen (z.B. Vater + Hut) und sollen Genitive (des Vaters Hut) bilden. Kinder aus bildungs-NAHEN Familien können das auch, was bei Lehrern den irreführenden Eindruck weckt, die Aufgabe sei **lösbar** – also muß an den Kindern, die nicht mithalten können, etwas „falsch" sein. Hat ein Kind zu Hause außer „dem Vater sein Hut" noch nie etwas anderes gehört, bedeutet diese Art von Unterricht, daß man wieder einmal im 1. Stock unterrichten will und damit die so wichtigen ERSTEN SCHRITTE der Kinder aus weniger bildungsfreundlichen Milieus (und das sind leider die MEISTEN) **verhindert**. Es ist erschreckend, wie viele Lehrer (von denen, die in unsere Seminare kommen) dies als echte „Neuigkeit" empfinden!

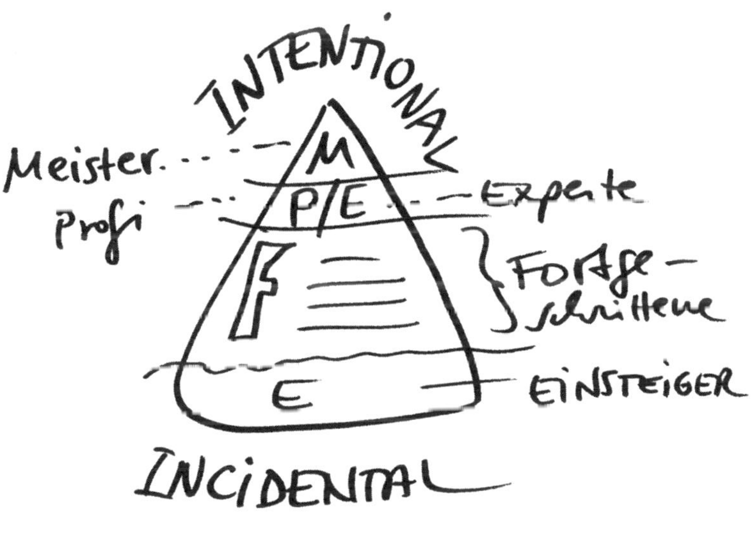

Also lehrt das Grundmodell **erstens**, den Lern-BERG als Modell für SCHRITTWEISES VORGEHEN zu nutzen, und **zweitens**, daß jeder Versuch, „zu hoch" einzusteigen, für viele Kinder tödlich ist. Ein weiterer dadurch ausgelöster Fehler betrifft Kritik: Im Einsteigerbereich darf **KEINERLEI KRITIK** stattfinden! Erst ab dem FORTGESCHRITTENEN-LEVEL kann man VORSICHTIG KRITISIEREN. In höheren Leveln schließlich wird jede **KRITIK WILLKOMMEN** sein, denn inzwischen weiß der Lernende genug, um die Kritik einordnen zu können, ohne daß sie sein Selbstwertgefühl angreift.

Mache ich z.B. meine ersten krakeligen Versuche chinesischer Schriftzeichen und es bemängelt jemand jedes Fehlerchen, dann verliere ich bald die Lust. Beherrsche ich aber die ersten 200 Zeichen, habe ich bereits genug Erfahrung gesammelt und kann differenzierte **KRITIK** sehr wohl **WERTSCHÄTZEN**. Wenn Sie mir JETZT erklären, daß ich beim Zeichen für „Ich" den oberen linken Anstrich immer zu lang mache, wird mir EIN KURZER Blick auf die Vorlage sofort ZEIGEN, was Sie meinen. Leider versuchte jemand, mir dies zu erklären, als ich noch ganz am Anfang stand. Ich begriff damals absolut nicht, worauf er hinauswollte (und verlor darüber beinahe die Lust). Deshalb habe ich mich später dann lieber alleine weitergebildet! Ich konnte damals die Unterschiede, von denen er sprach, noch gar nicht wahrnehmen!

So ist es mit allen Dingen: Wir müssen ein erstes **Gefühl**, einen **Blick**, ein **Gespür** etc. entwickeln, und das geschieht im **Einsteiger-Bereich**. Erst danach können wir in die **Fortgeschrittenen-Level** aufsteigen. Und weil es so schwierig ist, UNTEN einzusteigen, habe ich hierzu die folgende Ergänzung entwickelt: **Wir heben den LERNBERG gedanklich HOCH** und schauen, was sich darunter befindet, da wir ja UNTEN EINSTEIGEN müssen. Merke:

> **Ein SPIEL-erischer Einstieg „unten" wird auch von jenen, die schon etwas mehr wissen, nicht übelgenommen.**

Aber an einem Einstieg zu hoch oben leidet die **Mehrzahl der SchülerInnen**, und das löst den Streß aus, unter dem die **LehrerInnen** dann ebenfalls leiden, und so schaukelt es sich hoch. LehrerInnen erwarten zuviel von SchülerInnen, die dumpf ahnen, daß sie die Hilfe, die sie benötigen, nicht erhalten – was sie den nicht helfenden LehrerInnen irgendwann verübeln. Ab diesem Zeitpunkt beginnt das GEGENEINANDER und der Streß im Klassenzimmer. Wenn wir aber lernen, UNTEN einzusteigen, haben alle eine faire Chance. Und: Es macht Freude (lehren wie lernen), also eine **Win-win-Situation**!

2. Den Lernberg hochheben

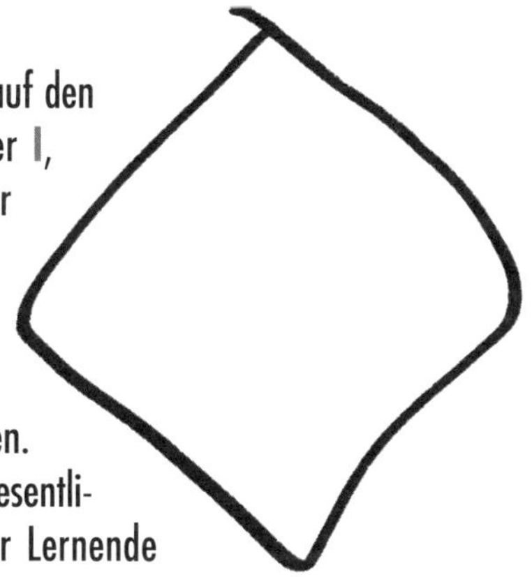

Stellen wir uns vor, wir heben den Lernberg hoch und blicken auf den „Abdruck im Sand". Wir sehen OBEN („Norden") die Nummer **I**, UNTEN („Süden") die Nummer **II**; RECHTS („Osten") die Nummer **III** und LINKS („Westen") die Nummer **IV**.*

Wenn Sie ein wenig AKTIV ARBEITEN möchten, legen Sie ein Blatt an, zeichnen Sie die Raute des „Abdrucks im Sand" in die Mitte und notieren peu à peu Infos zu den einzelnen Aspekten. Indem Sie die Abbildung selbst erstellen, merken Sie sich das Wesentliche besser und können den Prozess der AKTIVEN MITARBEIT für Lernende testen...

BALL-IM-TOR-EFFEKT (I und II)

Es gibt inzwischen zwei BALL-IM-TOR-EFFEKTE (in „Trotzdem LEHREN" wurde nur einer vorgestellt, es ist Typ I). Was meine ich damit? Wenn Sie lernen, einen Elfmeter ins TOR zu schießen, denn SEHEN Sie bei jedem Schuß, ob der Ball im Tor landet. Das gleiche gilt für andere Ballspiele (ist der Basketball im KORB bzw. der Golfball im LOCH?) sowie für viele andere Sportarten (ist der Pfeil im ZIEL?). Unser Gehirn ist neurologisch darauf vorbereitet, sehr schnell zu registrieren, was bei einem derartigen Lernprozeß geschieht. **Für optimales Lernen ist es deshalb wichtig, innerhalb von ca. 3 Sekunden Feedback zu erhalten** (s. Rand). Denken Sie z.B. an das RECHNEN (von den vier GRUNDRECHENARTEN über BRUCHRECHNEN bis hin zum INTEGRALRECHNEN). Es bietet in der Regel **keinen** BALL-IM-TOR-EFFEKT **(Typ I)**, deshalb fällt das Erlernen dieser Tätigkeit vielen Kindern schwer. Also sollten wir überlegen, ob es eine Möglichkeit gibt, einen BALL-IM-TOR-EFFEKT **zu schaffen**. Gute Lehrkräfte müssen in Zukunft auch BALL-IM-TOR-EFFEKT-DESIGNER sein. Dies bringt uns zu **BALL-IM-TOR-EFFEKT (Typ II)**: Hier hilft ein Coach, die ersten zaghaften Schritte zu machen, indem ein **künstlicher BALL-IM-TOR-EFFEKT** geschaffen wird.

SchülerInnen erlernen natürlich lieber **BALL-IM-TOR-EFFEKT-Tätigkeiten** (inkl. Computerspiele), bei denen das **unmittelbare Feedback Erfolgserlebnisse** schafft, als typische Lern-Tätigkeiten ohne **BALL-IM-TOR-EFFEKT**.

Am leichtesten funktioniert das mit Spielen, die darauf basieren, daß ein Coach dem Lernenden durch Signale (wie HEISS, KALT etc.) hilft, die richtigen

* Der Grund dafür, daß die Nummern genau diese Anordnung haben, hat damit zu tun, daß dieses Modell an andere Denk-Modelle anschließt, die den Rahmen dieses Buches jedoch sprengen würden.

Eine Person wird hinausgeschickt, die Gruppe versteckt einen Gegenstand, den der Spieler nach dem Hereinkommen suchen muss, gelenkt durch die Worte „heiß“ bzw. „kalt“ der MitspielerInnen.

Schritte zu gehen, ähnlich wie Heiß/Kalt-Spiele in Ihrer Jugend. Bei einem Heiß/Kalt-Lernspiel gibt nur eine Person Hinweise; sie ist der Coach. Das kann ein/e Erwachsene/r sein oder ein anderes Kind...

Mit HEISS/KALT-Spielen kann man fast jede Tätigkeit schrittweise „beibringen“. Wichtig ist, daß man als Lernende/r innerhalb von 3 Sekunden FEEDBACK erhält und deshalb gut vorankommen kann. Allerdings gilt es, folgendes zu beachten:

- **Beim BALL-IM-TOR-EFFEKT (Typ I) hat der/die LERNDENDE VOLLE KONTROLLE.** Man kann stundenlang einen Elfmeter üben, ohne daß jemand dabei hilft. Wir sehen sowohl, ob der Ball im Tor ist, als auch, ob wir vielleicht dazu neigen, zu sehr nach rechts oder zu hoch zu zielen, so daß wir ohne fremde Hilfe korrigieren können. **Lernende lieben diese Art zu lernen,** bei der sie selbst die KONTROLLE haben und demzufolge allein bestimmen können, wann sie **(wie lange, wie intensiv** und **in welchem Tempo) wieviel lernen wollen**. Diese Art von Lernen ist an Regelschulen fast nicht gegeben. Das ist auch einer der Gründe, warum viele Schüler die Schule regelrecht **hassen**. Wenn man ständig von Lehrkräften **abhängig** ist, ergibt sich eine Art von „Sklaven-Mentalität“, über die die Lehrkräfte wiederum klagen. (Die SchülerInnen machen nur das, was man ihnen explizit aufträgt; sie fragen ständig „Kommt das in der Prüfung dran?“ und interessieren sich nicht fürs Thema.) Ist es ein Wunder, daß die Lernenden sich wie Abhängige benehmen, wenn man sie ständig gängelt und ihnen kaum Möglichkeiten gibt, autonome Lernprozesse zu erleben?
- **Beim BALL-IM-TOR-EFFEKT (Typ II) liegt die KONTROLLE zwar eingangs beim COACH** (Lehrer, Ausbilder, Trainer etc.), **aber sie „wandert“ zunehmend zum Lerner.** Wenn ich die Grundzüge eines chinesischen Zeichens kapiert habe, landet es „oben“, und ab jetzt kann ich selbst sehen, ob ich es korrekt gemalt habe, weil ich inzwischen den nötigen Blick entwickelt habe, um die Vorlage gut abzeichnen zu können. Ab jetzt kann ich mit einem BALL-IM-TOR-EFFEKT (vom **Typ I**) WEITERMACHEN. Im Klartext: Lehrkräfte (als Coach) unterteilen den Stoff in kleinste Module, die per **BALL-IM-TOR-EFFEKT (Typ II)** vermittelt werden, so daß die Lernenden dieses Modul bald allein weiter trainieren können. So wandert die KONTROLLE in der Abbildung senkrecht nach oben zum Lernenden.

Dieselben Regeln gelten, wenn wir uns selbst unterweisen wollen: Je mehr unmittelbare Kontrolle durch Feedback wir erleben, desto leichter wird es und desto mehr „Spaß" macht es.

Wenn das, was wir unterweisen wollen, weder mit einem BALL-IM-TOR-EFFEKT **(Typ I)** noch mit einem BALL-IM-TOR-EFFEKT **(Typ II)** möglich ist, suchen wir **weitere** Möglichkeiten (s. S. 34 ff.).

Genaugenommen sollten wir den BALL-IM-TOR-EFFEKT-II mit VERSUCH und IRRTUM überschreiben – oder auch mit PROBIEREN OHNE ANGST (wovon viele Schüler träumen). Heiß/Kalt-Spiele sind Varianten von VERSUCH-und-IRRTUM-SPIELEN, aber wenn wir es nicht als Heiß/Kalt-Spiel aufziehen können, gibt es auch noch andere Varianten: Können wir einfach „herumprobieren" lassen (wie Forscher)? Sie werden überrascht sein, wieviel so „lehrbar" wird. Derzeit laufen wunderbare Projekte mit Kindergartenkindern. Da dürfen die Kleinen endlich OHNE ANGST PROBIEREN und lernen als 4- bis 6jährige die Grundlagen der Naturwissenschaften! Natürlich geht das auch mit älteren Kindern!

Die Fußnote (S. 31) wies bereits darauf hin, daß die Reihenfolge einen bestimmten Sinn hat. Deshalb registrieren Sie jetzt bitte, daß wir geistig von II zu IV „wandern", wenn wir uns fragen, wie wir eine Tätigkeit „vermitteln" können.

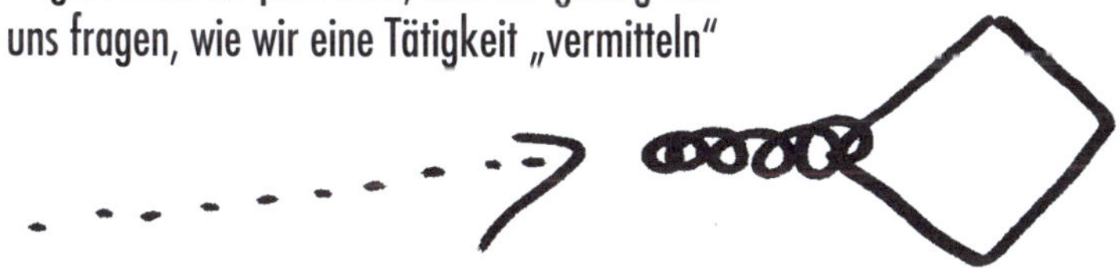

Spiegelneuronen (IV)

Der Abschnitt (S. 22 ff.) hat Ihnen das Konzept bereits vorgestellt. Es geht um **Lernen** durch **Zuschauen** – **Mitmachen** – **Nachmachen**. Früher saßen Schüler jahrelang zu Füßen ihres Meisters und lernten so, die nötigen Nervenbahnen für Spiegel-Neuronen anzulegen. Und wenn sie zu handeln begannen, wurden sie in kürzester Zeit zu Fortgeschrittenen, die sich stetig weiterentwickelten und später selbst zu (großen) Meistern heranwuchsen. Heute glauben Lehrer, durch Erklärungen ÜBER die Tätigkeiten „unterweisen" zu können. Diese Ansicht wurde ihnen in der Ausbildung „gegeben", sie haben sie nur nie hinterfragt. Denken Sie doch einmal darüber nach, was man alles über VORMACHEN – NACHMACHEN lernen/lehren könnte... Beginnen wir gleich mit jenen, die sich selbst „belehren" wollen: Suchen Sie sich Material auf Video/DVD, das Sie nachahmen können, und benutzen Sie dieses als Vorbild. Denken Sie dabei nicht nur an offensichtliche Möglichkeiten (von Aerobic-Übungen über bestimmte Tänze bis zu Pilates, Yoga oder Tai Chi), sondern suchen Sie ruhig auch in Spielfilmen oder Dokumentationen gezielt nach Szenen, die Tätigkeiten enthalten, die Sie interessieren. Oder bitten Sie jemanden, der das, was Sie lernen wollen, bereits beherrscht. Heutzutage ist es keine große Mühe mehr, seine Aktivitäten „fest-

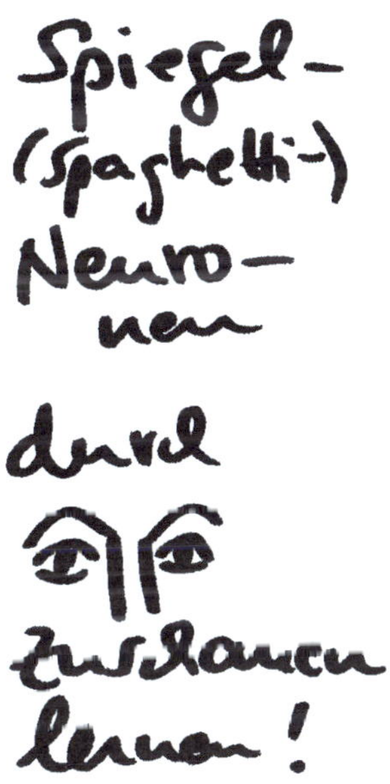

zuhalten" (oft genügt schon ein Handy) und mithilfe des PC auf eine DVD zu brennen. (Im Zweifelsfall fragen Sie bei den 15jährigen in Ihrer Nachbarschaft herum, die kennen sich da sicher aus.) Denken Sie immer auch daran, daß Sie den Video-Clip verlangsamt abspielen können, um erste Nervenbahnen (SPIEGEL-NEURONEN) anzulegen...

Ich möchte Ihnen im folgenden einige Beispiele für Lehrende geben, die auf sehr positive Resonanz gestoßen sind, um Ihre Phantasie anzukurbeln:

- **KOCH-KURS/VHS:** Ein Bekannter gibt VHS-Kochkurse für Männer, die plötzlich kochen lernen „müssen" (z.B. weil ihre Partnerschaft überraschend endete). Er verlor jedoch viele Teilnehmer, weshalb er das Problem mit mir besprach. Einige meiner Fragen führten zu der Einsicht, daß auch er die jeweiligen Tätigkeiten (z.B. Gurkenschneiden) immer zu kurz vorführte und die Lernwilligen dann mit den Worten „So, jetzt probiert das mal aus" alleine ließ. Wir verabredeten folgendes **Experiment**: Er würde im nächsten Kurs das Gurkenschneiden mit seinem Foto-Handy als Video-Clip aufnehmen, ihn in seinen PC laden, dort eine WIEDERHOLUNGS-SCHLEIFE einrichten und diesen PC in das Regal der VHS-Küche oberhalb des Tisches auf dem die Gurken geschnitten werden sollen, stellen. So könnten die Teilnehmer selbst entscheiden, wie lange sie zusehen bzw. ab wann sie es selbst probieren wollten; sie hätten 10 Minuten Zeit. Nun, Sie ahnen es – es machte den Männern viel Spaß, und er stellte voller Erstaunen fest, wie unterschiedlich ihr Verhalten war: **Einige probierten sehr schnell, einige erst nach 9 Minuten.**
- **DÜBELN:** Ein Mann wollte seiner Freundin das Dübeln beibringen. Idee: Mithilfe eines Videoclips auf ihren Computer kann sie sich das Vorgehen so oft ansehen, wie sie will – auch in Zeitlupe. Sie kann sogar allein üben, was sowohl neuronal Langsame gern tun als auch Frauen, wenn sie etwas lernen wollen, das Männer in der Regel besser können. Da Männer aber nicht so gut gleichzeitig sprechen und handeln können, sollte er jeweils einen Bewegungsablauf ANSAGEN (z.B. „Setze den Bohrer senkrecht auf die Wand. Bitte prüfe, ob er im rechten Winkel auf der Wand steht, ehe du die Bohrmaschine anschaltest und sie LANGSAM und sanft gegen die Wand drückst...). Dann führt er genau diese Bewegung aus, ehe er den nächsten Schritt erklärt. Da man sowieso nichts hört, wenn die Bohrmaschine Krach macht, ist dies eine sehr gute Übung für Männer, um das lineare Vorgehen (sprechen – handeln – sprechen – handeln) zu üben.

Übrigens: Da Männer in Hand-Auge-Koordination meist besser als Frauen sind, können sie die Probleme ihrer Freundinnen nur schwer nachvollziehen und neigen zu Ungeduld. Dasselbe gilt für viele männliche Mathematik- und EDV-Lehrer im Umgang mit Schülerinnen!

- **KNOPF ANNÄHEN FÜR MÄNNER:** Das gilt auch umgekehrt. Wenn eine Frau einem Mann beibringen soll, wie man einen Knopf annäht, könnte auch er für einen Videoclip, mit dem er **autonom** lernen kann, sehr dankbar sein. Im übrigen fällt es Frauen leichter, bei der Arbeit jeden Schritt zu kommentieren, als Männern. Da Männer jedoch Schwierigkeiten haben (bzw. es ihnen unmöglich ist), **gleichzeitig** eine Anweisung zu **hören** und sie **auszuführen**, wäre es auch für Frauen gut, die lineare Vortragsweise zu pflegen. Aber im Zweifelsfall kann man den Videoclip ja so oft sehen, wie man will, so daß das gleichzeitige HÖREN und SEHEN der Anweisung nicht so schlimm ist. Im Gegensatz zum Unterricht im Klassenzimmer, wo LehrerInnen Anweisungen geben, meist nur EIN EINZIGES MAL (die sie oft kein Mal VORMACHEN), und erwarten, daß man sie GLEICHZEITIG HÖRT und AUSFÜHRT. **Mädchen können das, Jungen nicht.** Und schon wieder haben wir den falschen Eindruck, Jungen seien weniger bereit, motiviert etc., was darauf zurückzuführen ist, daß **Unterschiede in der Gehirn-Architektur nach wir vor unbekannt sind oder sogar vehement geleugnet werden** (vgl. mein Buch „Jungen und Mädchen: wie sie lernen"). Wir haben uns lange darum bemüht, mehr Fairness für Mädchen und Frauen in dieser Gesellschaft zu erreichen, dabei aber die Jungen und die jungen Männer vergessen. Es wird Zeit, daß wir dafür sorgen, daß nicht länger 80% aller angeblich Lernbehinderten männlich sind. Dieses Problem ist nämlich kein „natürliches", sondern eines, das das Schulsystem erst geschaffen hat!

- **MIT ANHÄNGER RÜCKWÄRTS FAHREN:** Ein Lebenspartner war am Verzweifeln, weil seine Partnerin es nicht schaffte, mit dem Anhänger rückwärts zu fahren, da man hier immer genau entgegengesetzt steuern muß (im Vergleich zu den bekannten Steuer-Manövern beim Rückwärtsfahren). Er rief in meiner monatlichen Hotline an und klagte mir sein Leid. Wir einigten uns darauf, daß seine Partnerin die nächste Demonstration mit einer Video-Kamera vom Beifahrersitz aus filmen sollte, so daß die LENK-BEWEGUNGEN gut zu sehen wären, und daß er jeweils ansagen sollte, was er gerade tut. Er sollte ruhig innehalten, wenn Lenken und gleichzeitiges Sprechen ihm schwer fielen. Diese Aufzeichnung könnte seine Partnerin dann **so oft sie wollte anschauen**, um die ersten SPIEGEL-NEURONEN zu entwickeln. Anschließend könnte sie (auch mit einer Freundin) IN ZEITLUPE üben (z.B. auf dem Parkplatz eines Ladens, der geschlossen hat), bis sie ein GEFÜHL für diesen „widersinnigen" Lenkvorgang entwickelt hätte. Danach sollte sie weiterhin den Video-Clip gucken und ab und zu jeweils **wenige Minuten lang üben**. Der Urlaub (in dem man das Auto mit Hänger abwechselnd fahren wollte) lag noch einige Monate in der Zukunft, weshalb wir hier den „Schongang" einlegen konnten. Dieser Weg, gewisse Tätigkeiten **immer wieder kurz** anzugehen, sollte auch an **Schulen** genutzt werden, denn durch dieses INTERVALL-TRAINING lernt man eine neue Tätigkeit am besten.

- **HAN-JI (= chinesische Schriftzeichen) MALEN:** Im Zuge der Vorbereitungen zu meinen Vortrag (inzwischen auf DVD erhältlich) und meinem gleichnamigen Buch („Von null Ahnung zu etwas Chinesisch") testete ich das Anlegen von SPIEGEL-NEURONEN für das Schreiben von **Han-Ji** mit Versuchspersonen, die davon tatsächlich null Ahnung hatten. Dabei stellten wir fest: **Wenn die Menschen die ENTSTEHUNG eines Zeichens mehrmals beobachten konnten, taten sie sich um ein Vielfaches leichter.** Sogar eine 75 Jahre alte Dame, die ein wenig „Schiß" vor dem Experiment hatte, schnitt vorzüglich ab. Ich bereite derzeit eine DVD vor, mit der man diesen Prozeß (für diverse Schriften) nachvollziehen kann. Man kann sie auch mittels Beamer im Klassenzimmer einsetzen und **zuschauen**, wie SchülerInnen jedes Alters Freude daran finden... Unsere TeilnehmerInnen wurden jedenfalls aufgrund der **Glückshormone** (Dopamine), die bei erfolgreichem Lernen ausgeschüttet werden, regelrecht „high". Da diese Dopamine nur bei **NEUEN** Lerninhalten ausgeschüttet werden, sollten wir uns öfter einmal an Neues heranwagen (s. auch Neurogenese, S. 39 ff.)...

- **ARABISCHE SCHRIFT:** Für ein ähnliches Projekt im Mai 2007 machte ich einen **Parallelversuch** mit arabischer Schrift. Diese läuft „verkehrt herum", weshalb ich sehen wollte, ob es den Versuchspersonen schwerer fiele, von RECHTS nach links zu schreiben. Ich weiß, daß Menschen, die (wie sonst üblich) **nur fertige Vorlagen** erhalten, sich eingangs meist „sehr schwer tun". Aber in unserer Gruppe waren die Leute so **glücklich über ihre unerwarteten Erfolge**, daß einige jetzt sogar weitermachen! Dopamin motiviert zum Weitermachen; das hat die Natur klug eingefädelt. Nur leider erleben die wenigsten SchülerInnen etwas davon, weil in der Schule **Neues** oft mit so viel **Angst** oder **Frust** einhergeht, daß es nicht zur Ausschüttung jener „Glückshormone" kommt. Schade!

- **CHORGESANG:** Ein Chorleiter klagte mir sein Leid über einige neuronal langsame SängerInnen in seinem Chor. Die Lösung ist einfach: Wenn man allen Beteiligten **vorab** Aufzeichnungen anbietet (heute digital via Computer, Inter- oder Intranet sehr einfach), können die Langsameren diese Lieder zu Hause, unterwegs etc. so oft hören, wie sie wollen, um sich mit den neuen Melodien vertraut zu machen. Es gibt nämlich auch **Spiegel-Neuronen für** TÖNE. Deshalb lernen Kinder die Sprache, die sie umgibt, perfekt (inkl. Tonfall, Sprachmelodie, regionaler „Färbungen"). Merke: Neuronal Langsame merken früh im Leben, daß sie länger brauchen; sie möchten vermeiden, daß andere ihnen zusehen, wenn sie Neues zum **ersten Mal** lernen (müssen). Daher ergreifen sie solche Möglichkeiten, sich **vorab** zu informieren, gern. Dieser Umstand erklärt z.B. auch, warum im Unterricht oder in einem Seminar niemals alle Teilnehmer, die angewiesen wurden, einen Text vorab zu lesen, dies auch tun. Die neuronal Langsamen sind froh um diese Möglichkeit, sich in einem selbstgewählten Tempo dem Neuen nähern zu können, die neuronal Schnellen vertrauen auf ihre Fähigkeit, mitzukommen, wenn das Material später präsentiert wird. Statt als Lehrkraft oder SemianrleiterIn „sauer" zu werden, sollten wir diesen Umstand bewußt nutzen...

- **KUMULIERTE KOMPETENZ:** Beginnen wir mit einer **Party-Spiel-Variante**, die wir vom Kaffeetisch (Bartresen) kennen: Einer macht irgend etwas vor, andere probieren es nachzumachen. Wenn der nächste es kann, übernimmt er die Leitung, bis der dritte es kann, etc. Ich habe diese Idee etwas abgewandelt und nenne sie **KUMULIERTE KOMPETENZ**: Im **Unterricht** wird eine Sache so lange vorgemacht, bis die ersten fünf sie können. Danach dürfen diese als Coach wirken (die Lehrkraft kann derweil etwas für die nächste Lektion vorbereiten). Kinder lernen viel lieber voneinander als von Erwachsenen. Immer wenn andere meinen, es zu können, entscheiden die als Coach fungierenden MitschülerInnen, ob es schon richtig ist. Nach einer Weile gibt es weitere SchülerInnen, die als Coach wirken können. Man arbeitet in **Kleingruppen**, jede mit ihrem eigenen Coach. Geben Sie am Anfang ein Zeitlimit vor (z.B. 10 Minuten für eine relativ EINFACHE Tätigkeit). Nach Ablauf dieses häufigen Vormachens und ersten Trainings ist sichergestellt, daß die neuronal Schnellen es können und die neuronal Langsamen zumindest wissen, was sie zu Hause üben sollen. (Oft kommen die Kinder bildungsarmer Familien nach Hause und **würden gerne üben**, wenn sie nur genug verstanden hätten, um zu wissen, was sie üben sollen!) Wenn man im Klassenzimmer öfter KUMULIERTE KONPETENZ spielt, zeigt sich bald, daß z.B. Peter in

Mathe Coach wird, beim Lesen aber Hilfe braucht, während es bei Paula genau umgekehrt ist; bald sind viele Kinder bei bestimmten Aufgaben Coach; das macht Spaß und gleicht Tätigkeiten aus, bei denen man Hilfe benötigt... Manche Lehrkräfte haben jedoch Probleme damit, daß Schüler sich gegenseitig unterweisen. Dabei wußten schon die alten Römer, daß wir LEHREND am besten LERNEN können (das erklären wir der Klasse natürlich auch). Deshalb wies ich bereits 1985 (in „Stichwort Schule – trotz Schule lernen") darauf hin, daß SchülerInnen lieber von anderen SchülerInnen lernen als von Erwachsenen (Stichwort PAIRING). Inzwischen bin ich zwar nicht mehr der einsame Rufer in der Wüste, aber noch immer sträuben sich zu viele Lehrkräfte, denen man in der Ausbildung eingeredet hat, sie müßten in jeder Sekunde des Schultags 100prozentige Kontrolle besitzen. **Diese Kolonialmachtshaltung kann keine mündigen Menschen schaffen.** Oder glaubt jemand allen Ernstes, jemand könnte nach dem letzten Schultag über Nacht als mündiger Bürger erwachen, nachdem er vorher in vielen Schuljahren ständig gegängelt wurde?

METHODEN-MIX (III)

Die meisten Tätigkeiten (also das, worum es im LERNBERG-Modell geht) können über die Wege I, II oder IV vermittelt (bzw. autodidaktisch erlernt) werden. Wenn wir aber meinen, **keinen der drei Wege beschreiten zu können**, dann können wir uns in die rechte Ecke („Osten") begeben und **sämtliche Techniken prüfen, die ich in den letzten Jahren publiziert habe** (in „Intelligente Wissens-Spiele", „Stroh im Kopf?" und vor allem in „Trotzdem LEHREN" – plus natürlich „Sprachenlernen leicht gemacht", das als Buch oder gleichnamiger DVD-Live-Mitschnitt erhältlich ist).

Eines der Hauptprobleme im Alltag ist aber nicht, die richtige Methode zu finden, sondern daß Lehrerkräfte immer wieder Theorie und Praxis verwechseln (Ergebnis der Schul- und Ausbildungszeit!). Deshalb ist das folgende Beispiel so typisch:

Ich erklärte einem Trainer-Kollegen (einem ehemaligen Lehrer) das Modell „LERNBERG HOCHHEBEN" am Telefon und bat ihn, sich eine Tätigkeit vorzustellen, die er lehren möchte, mir aber nicht zu sagen, woran er denkt. Bei jedem Abschnitt fragte ich: Könnte er „es" mit **BALL-IM-TOR (Typ I)**, später mit **BALL-IM-TOR (Typ II)** bzw. über **IV**, **SPIEGELNEURONEN** (d.h. per Imitations-Lernen), vermitteln? Jedesmal dachte er ein wenig nach und antwortet dann mit NEIN. „Gut", sagte ich, **„im Zweifelsfall schauen wir bei III nach"** und bat ihn, die Liste in „Trotzdem LEHREN" durchzugehen (das er griffbereit hatte). „Na, findest du eine Technik?" Nach kurzer Pause: „Ja, ich mache ein WQS!" Nun, diese Technik ist ideal, um Leute auf THEORETISCHES WISSEN vorzubereiten, das wir anschließend im Vortrag, Unterricht oder im Rahmen einer Kundenpräsentation etc. vermitteln wollen (müssen), aber es ist kein guter Weg, um in ein neues **VERHALTEN** einzuführen. Diese **Verwechslung von WISSEN (Theorie) und KÖNNEN (Praxis)** ist typisch, denn in der Lehrer-Ausbildung wurde hier oft sehr viel Un-Sinn erzählt. Wer also umzudenken bereit ist, wird für sich und seine SchülerInnen, TeilnehmerInnen, MitarbeiterInnen etc. reiche Ernte einfahren. Und das ist Er-FOLG – die FOLGE (Ernte) dessen, was vorausgegangen ist.

> **Mit den richtigen Methoden kann jeder lernen, und wenn eine Methode bei einem Lernenden nicht funktioniert, probieren Sie eine andere.**

Im Zweifelsfall kann nicht jede Methode für ALLE gleich gut sein, deshalb sollten Sie ja gerade viele Methoden kennen, um als Lehrender eine Wahl zu haben. Das gibt Ihnen die **Freiheit**, zu entscheiden, und macht Sie im Sinne von **PERKINS 3** (s. S. 18 ff.) wiederum intelligenter und Ihre Schüler fähiger. Also bestens für alle Beteiligten, oder?

NEUROGENESE

NEURO-GE-NE-SE

Beginnen wir mit einer Frage: Wurden Sie **vor** oder **nach** **1975** geboren?

❍ davor ❍ danach

Wenn Sie vor 1975 geboren wurden, haben Sie höchstwahrscheinlich in der Schule noch gelernt, daß es **eine** Art von Zellen im menschlichen Körper gibt, die sich **nicht erneuern** – und das sind die **Gehirn-Zellen**. Man ging davon aus, Nervenzellen könnten nur einmal im Leben, und zwar während der Entwicklung im Mutterleib, wachsen und dann nie wieder. Das ist eine der vielen „Lehrmeinungen", die man inzwischen aufgeben mußte. Deshalb ist es viel wichtiger, in der Schule DENKEN zu lernen, statt zu PAUKEN. Denn nur denkende Wesen haben keine Angst vor einem Wissen, das wächst, sich wandelt, umgedacht werden muß etc.

Inzwischen wissen wir, daß tatsächlich ständig neue Nervenzellen nachwachsen. Wird dieser Prozeß gestört, reagieren wir mit Depressionen. Betrachten wir den Begriff NEUROGENESE: Er besteht aus zwei Teilen – **NEURO** (Neuron = Gehirnzelle) und **GENESE** (= Schöpfung, Wachstum). Denken Sie an den **Namen** des 1. Buches des Alten Testaments (GENESIS = die Schöpfungsgeschichte) oder an den **Begriff GENETIK**; beide enthalten die Idee von Etwas, das **geschaffen** wird. Früher hatte der Begriff NEUROGENESE nur **eine** Bedeutung, jetzt **zwei**:

1. **EMBRYONALE NEUROGENESE:** das NERVEN-WACHSTUM des Embryos (= Baby im Mutterleib). Im Gegensatz zur neu-entdeckten zweiten Art:
2. **ADULTE NEUROGENESE** (vgl. englisch **adult** = Erwachsene/r): Sie haben den Begriff wahrscheinlich schon in Zusammenhang mit **Stammzellen** gehört (auch hier gibt es **embryonale** und **adulte**).

Es gibt zwei Regionen im Gehirn, in denen ständig **neue Nervenzellen** gebildet werden (s. unten). Man nennt sie (wie neue Mönche) NOVIZEN. Im gesunden Hirn existieren jeweils einige **tausend NOVIZEN**, die den **Milliarden** „alter" Zellen helfen müssen, wenn wir etwas lernen sollen/wollen.

Novi-zen

Was die Forschung ebenfalls ergeben hat, ist, daß ohne ERREGUNG kein Lernen stattfinden kann. Warum? Weil Milliarden ALTE Nervenzellen „stur" an alten Bahnen festhalten wollen. Deshalb hat die Natur NOVIZEN erfunden, die sehr ERREGBAR sind. Ist etwas (z.B. Unterricht, eine PowerPoint-Präsentation, ein Meeting) **langweilig**, dann erzeugt es **NULL ERREGUNG**. Demzufolge **aktiviert** es auch genau **NULL NOVIZEN**. Sie sehen hier eine **direkte Analogie** zum SEX. Wie bitte? Aber sicher! LERNEN kann genau wie SEX nur „funktionieren" wenn wir erregt sind. Ist es zu langweilig, erleben wir „tote Hose". Aber auch das Gegenteil ist wahr: Bei **zu hoher Erregung** (z.B. Prüfungsangst oder Streß) kann sich weder LERNEN noch SEX ereignen.

Im Klartext: Wenn Schüler, Studenten, SeminarteilnehmerInnen oder TeilnehmerInnen Ihres Meetings (z.B. Kunden) sich langweilen, dann werden sie nichts aufnehmen (sich nichts merken). Ohne die richtige Menge an Erregung (genügend, aber nicht zuviel) läuft nichts. Diese Erregung kann durch gute DIDAKTIK erzeugt werden (vgl. mein Buch „Trotzdem LEHREN" mit der DOPPEL-CHECKLISTE, s. Rand).

Mit der Doppel-Checkliste können TÄTER (Lehrkräfte, Dozenten, Ausbilder) wie OPFER (SchülerInnen, Studenten, Auszubildende ab ca. 14 Jahren, MitarbeiterInnen, KundInnen) selbst feststellen, ob der erlebte (geplante) Unterricht gehirn-gerecht war/ist.

Nun behaupten einige Kritiker ja schon lange, Lernen sollte mit Erregung einhergehen, weshalb (in den 1990er Jahren) **Infotainment** erfunden wurde (wobei ich das seit Jahrzehnten als „gehirn-gerechtes" Vorgehen bezeichne). Aber nun liefert die NEUROGENESE die **neurophysiologischen Grundlagen für diese Annahme**:

> **Da die NOVIZEN Erregung benötigen, um aktiv zu werden, und da ohne NOVIZEN keinerlei Lernen möglich ist, darf beim Lernen keine Langeweile aufkommen!**

LERNEN ist also **nur möglich**, solange die **(adulte)** NEUROGENESE stattfindet. Hört sie auf (egal, ob man 19 oder 91 Jahre alt ist), wird LERNEN UNMÖGLICH. **LERNEN ist also kein LUXUS**, auf den wir verzichten können. Deshalb ist meine alte Unterscheidung zwischen LERNEN und PAUKEN (oft unsinniger isolierter Infos) so wichtig, denn **LERNEN** bedeutet jedes Sich-Einstellen auf NEUES, also auch auf UNTERWARTETES. Personen, deren NEUROGENESE gestoppt wurde (z.B. Demenz-Patienten, Depressive bzw. Krebskranke nach der Bestrahlung), reagieren hilflos, wenn etwas Unerwartetes passiert. **NEUROGENESE** erlaubt uns, uns auf NEUES einzustellen – sei dies **NEU-ANDERS** oder **NEU-NEU** (s. S. 19). Im Klartext:

> **Wer lebenslang Neues hinzulernt, sorgt für seine NEUROGENESE und somit für höchstmögliche geistige Gesundheit.**

NEURO-GENESE ist gesund & macht KLUG

Besonders günstig ist **Sprachenlernen** oder das **Spielen eines Instruments**. Aber es ist noch etwas notwendig, damit NEUROGENESE stattfinden kann, und das ist **BEWEGUNG**: Findet zuwenig Bewegung statt, wird die Neurogenese träge und hört auf. **Wir bewegen uns heutzutage ganz allgemein viel zuwenig.** Dies gilt in besonderem Maße für SchülerInnen, so daß gerade Schulen (die ja eigentlich Orte des Lernens sein sollten) das **LERNEN auf Dauer ver-UNMÖGLICH-en**, weil SchülerInnen sich nicht bewegen dürfen.

Hört die NEUROGENESE auf, werden wir durch **DEPRESSION** gewarnt. Sie ist ein SYMPTOM eines unter der Oberfläche ablaufenden Prozesses. Deshalb sollte man schnell „hellhörig" werden. **DEPRESSION** äußert sich als allgemeine Lustlosigkeit („Null Bock auf nix") und wird von „ewigem Herumhängen" begleitet. Das Gegenteil ist der sogenannte **UNTERNEHMUNGSGEIST**, der nur **bei aktiver NEUROGENESE** entstehen und aufrechterhalten werden kann. Bleibt der Zustand von „NULL BOCK" einige Tage lang erhalten, dann ist dies ein ernstes Anzeichen, daß etwas nicht stimmt.*

* Gewisse Anti-Depressiva (wie Prozac) können helfen, das Problem zu lösen, weil sie die NEUROGENESE wieder ankurbeln. Sie dürfen aber nur unter ärztlicher Aufsicht eingenommen werden.

Aggressivität an Schulen?

DEPRESSION bei Mädchen kann sich u.a. in Ess-Störungen, Selbst-Verletzungen oder in Alkohol- bzw. Drogenkonsum äußern. **DEPRESSION bei Jungen** schlägt, aufgrund des hohen **Testosteron**-Pegels in der **Pubertät** (bis zum Alter von ca. 25 Jahren), oft in **Aggressivität** um. Je mehr **Aggressivität an Schulen**, desto mehr „tote Gehirne" gibt es dort (das gleiche gilt für **Firmen mit hoher Mobbing-Rate**). Verbessert man das **Lernklima**, verringert sich **sofort** die Aggressivität (vom Zerstören der Toilettenanlagen über Graffiti bis zum Verprügeln von Mitschülern oder Lehrern). Hinzu kommt das **Bedürfnis nach BEWEGUNG**, das **besonders Jungen** umtreibt. Da sie für ca. 40% Muskelmasse tausende von Nervenverbindungen „anbauen" und trainieren müssen, **müßten sich Jungen vom Kindergartenalter bis zur Pubertät täglich stundenlang BEWEGEN** – was bei allen Naturvölkern auch stattfindet (vgl. mein Buch „Jungen und Mädchen: wie sie lernen"). Außerdem kurbelt BEWEGUNG die NEUROGENESE an. Man könnte überall etwas tun (sowohl in der Schule, in der Firma als auch zu Hause), z.B. regelmäßig aufstehen und 5 Minuten herumgehen. Hilfreich sind auch **Stehpulte** (oder **Stepper** vor dem Fernseher – jede Stunde 5 Minuten steppen).

über 100 ++

Wie wichtig NEUROGENESE für die geistige Gesundheit ist, können wir in **Japan** beobachten. Dort gibt es nicht nur die meisten Menschen über 95 (derzeit sind mehr als 20.000 Personen über 100 registriert), sondern: Diese „agilen Alten" sind körperlich wie geistig ungemein wach und flexibel. In einem TV-Bericht konnte ich einige dieser wachen Alten bewundern. Es ist sehr beeindruckend:

日本人

Einer der alten Herren ist 96 Jahre alt. Im Alter von 64 begann er seine erste **Fremdsprache** zu lernen, um geistig agil zu bleiben (Koreanisch), mit 93 die zweite (Chinesisch). Nach nur einem Jahr begann er ein **Journal auf Chinesisch zu schreiben**, um täglich mehrmals kurz zu üben. Sein **Beruf** besteht darin, Lernspiele für geistig behinderte Kinder zu entwickeln. Deshalb reiste der 96jährige kürzlich nach China, um dort auf einem Kongress für Betreuer von behinderten Kindern über seine Arbeit zu berichten – auf Chinesisch (zwar mußte man stellenweise seine Aussprache „übersetzen", aber inhaltlich konnte er seine Ideen sehr wohl „rüberbringen"). Er war bereit, sich von einem **Gehirnforscher** untersuchen zu lassen, und dieser war **fassungslos**, denn das Gehirn des fast Hundertjährigen entspricht dem eines „gut erhaltenen" Endfünfzigers oder Anfangsechzigers. (Ich erkläre gleich, worin diese besondere Gehirn-Fitneß genau besteht.)

Ein anderer der alten Herren ist 102 und hält sich vorwiegend mit BEWEGUNG fit. Er berichtete, daß er **in seinen späten Achtzigern** (nach dem Tod seiner Frau) eine depressive Phase hatte (die NEUROGENESE muss damals aufgehört haben). Nachdem ihn seine erwachsenen Kinder motivieren konnten, sich wieder zu bewegen, täglich zwei Spaziergänge zu unternehmen (im Film imitiert er, wie er damals mit trippelnden, kleinen Schritten sehr langsam vorankam), **ging es ihm ständig besser**. Die Depression verschwand und er fühlt sich mittlerweile wieder pudelwohl. Daraus können wir schließen, daß die NEUROGENESE wieder angekurbelt wurde.

Zwischenfazit: Die beste Möglichkeit, **die eigene NEUROGENESE „am Laufen" zu halten**, ist LERNEN (plus ein gewisses Minimum an Bewegung). Wer aber nicht Lernen will, KÖNNTE mit viel BEWEGUNG einen ähnlichen Effekt erzielen, wie das Beispiel des zweiten **wachen Greises** zeigt. Er geht noch heute täglich joggen (natürlich langsamer als früher, als er noch Marathon lief) und nahm in dem Jahr vor Entstehung dieser Aufnahmen sogar an einem „Senioren-Marathon" von 6 Kilometern teil. Welchen 102jährigen kennen Sie, der das kann?

Lernen = die beste Strategie

Eine der gezeigten Damen (Alter 103) ist Musiklehrerin, und sie gibt noch immer Unterricht für ein sehr kompliziertes Saiteninstrument (wobei der Gehirn-Scan zeigt, daß sie eine Menge Extra-Neuronen für das Instrument entwickelt hat, weil eine Hand stets sehr komplexe Bewegungen macht). Aber sie unterrichtet nicht nur, sondern spielt auch in einer Art Kammerorchester (3 Personen, die beiden anderen Damen fast ebenso alt wie sie). Darüber hinaus nimmt sie selbst Stunden und übt täglich. **Auf die erstaunte Frage des Journalisten** (wohl ein typisches Produkt von Regelschulen), **wieso sie als Lehrerin noch lernen wolle**, lächelte sie ihn entwaffnend an: „Es wird immer Dinge geben, die man hinzulernen kann, egal wie gut man zu sein glaubt." Recht hat sie. Außerdem ahnt sie wohl intuitiv, daß dieses LERNEN ihr gut tut und die NEUROGENESE aktiv hält!

Fazit: Alle diese Leute weisen in ihren Gehirnen Besonderheiten auf, die zeigen, was NEUROGENESE tatsächlich „bedeutet". Es gibt, wie oben erwähnt, zwei Regionen im Gehirn, in denen NOVIZEN auftauchen. Man kann sich das so vorstellen: Wenn der Gehirn-Besitzer sein Gehirn nicht nur besitzt, sondern es tatsächlich benutzt, dann entstehen ständig neue NOVIZEN. In dem Maß, in dem diese gebraucht werden, **verlassen sie den Ort ihrer Geburt,** und unter ihren „Füßen" **wachsen neue**. Sollten

NACH-wachsen, wenn NOVIZEN gebraucht werden.

die NOVIZEN jedoch stehenbleiben und den Platz nicht räumen, können auch keine neuen nachwachsen, und die **NEUROGENESE kommt zum Erliegen**. Da **Lernen** und **Bewegung** (am besten beides) vorhandene NOVIZEN dazu bringt, ihren Geburtsort zu verlassen, sollten wir zeitlebens lernen und uns bewegen, insbesondere wenn wir **geistig klar alt** werden wollen. Es müssen keine „wilden" Bewegungen sein, regelmäßiges **Gehen** (sogar Stehen, deshalb hatte man früher Stehpulte), aber auch **Schwingen** (im Gegensatz zu Springen) auf einem Trampolin, also **einfachste** Aktivitäten, bringen sehr viel.

Das Lernen jedoch bietet einen Doppel-Vorteil: Es sorgt nicht nur dafür, daß NOVIZEN nachwachsen und wir lernfähig bleiben, sondern wir können als „Sahne auf dem Kuchen" mit dem Gelernten später einiges anfangen. Dieser Gedanke leuchtet umso weniger ein, je mehr man einst vom Schulsystem „verseucht" wurde und deshalb nicht zu schätzen weiß, was wir mit GELERNTEN Infos anstellen können (im Gegensatz zu hirnlos Ge-PAUK-ten Infos, die unser Denken nicht „anregen")!

Sonst: Gehirn-sklerose!!

Nun weiß man inzwischen einiges über **die beiden Orte im Gehirn**, an denen NOVIZEN „wachsen": Der **erste** ist das **FRONTALHIRN**; es gibt noch Rätsel auf. Der zweite Ort ist der sogenannte **HIPPOCAMPUS**. Er ist (wie die meisten Teile des Gehirns) doppelt angelegt und sehr klein (**fingerkuppengroß**), d.h. bei gesunden jungen Leuten. Früher meinte man, der HIPPOCAMPUS würde im Alter automatisch schrumpfen (so wie im Alter die Ohrläppchen automatisch wachsen), aber die hundertjährigen Japaner zeigen, daß das **nicht** stimmt: Bei ihnen war der HIPPOCAMPUS noch ebenso so groß wie in jungen Jahren, und der Gehirnforscher konnte sich gar nicht „einkriegen", in einem so alten Körper ein so „junges" Gehirn zu finden. Zwar ist der Jugendwahn bezüglich Äußerlichkeiten hirnrissig, aber innerlich sollten wir durchaus danach trachten, möglichst „jung" zu bleiben; hier ist es ein Zeichen von Gesundheit und Lernfähigkeit!

Seit man weiß, daß im Hippocampus NOVIZEN entstehen, kann man begreifen, daß nur HIPPOCAMPI schrumpfen, in denen zu wenige NOVIZEN nachwachsen. Da aber mit dem Nachlassen der NEUROGENESE alle möglichen Probleme (wie Depression u.a.) einhergehen, könnte **lebenslanges Lernen die Volksgesundheit verbessern**. Nun leuchtet auch ein, warum **so viele Japaner betroffen sind**: Sie (wie Asiaten überhaupt) schätzen Bildung wesentlich höher als wir im Lande der Dichter und Denker. LeserInnen dieses Buches sind natürlich eine Ausnahme. Gratuliere!

Das ABC als Grundlage des inneren Archivs Kapitel 2

Vorbemerkung: Die analografischen **Denk-Techniken (Wort-Bilder = KaWa©.s** und grafische Denk-Bilder = **KaGa©**.s), werden jenen LeserInnen, die sie noch nicht kennen, in Merkblatt Nr. 1 (S. 300 ff.) vorgestellt. Der Schwerpunkt des vorliegenden Buches liegt im Denk-Werkzeug der ABC-Listen (Wissens-ABC.s).

Wenn Sie **Quizaufgabe Nr. 12** angegangen sind, dann kennen Sie inzwischen Ihre erste AUSBEUTE. Falls Sie lieber alle Quizaufgaben nur ausführen, wenn Sie direkt darum gebeten werden (wenn die Diskussion unmittelbar folgt), dann ist dies hier zum ersten Mal in diesem Buch der Fall. Befassen Sie sich bitte kurz mit Quizaufgabe Nr. 12 (es kostet Sie, inklusive Anweisung lesen und ausführen, garantiert unter vier Minuten!).

Vgl. auch Quizaufgabe Nr. 12: Tier-ABC (S. 379 f.).

Wieviele Tiere fielen Ihnen beim ersten Mal spontan ein? ______ Tiere.

Im Seminar lasse ich die TeilnehmerInnen gerne vorab raten, **wieviele** Tiere sie wohl innerhalb von 2 Minuten **finden werden**, ehe wir die Aufgabe konkret durchführen. Das sieht dann so aus:

Geraten (vorab): ________ Tatsächlich aufgeschrieben: ________

Nun möchten Sie vielleicht vergleichen? Die Erfahrungen für TIERE sehen wie folgt aus: Geraten (vorab) werden im statistischen Durchschnitt 19, tatsächlich aufgeschrieben jedoch nur 8. Wie ist es Ihnen ergangen?

Wenn Sie besser geraten haben, dann gratuliere ich Ihnen, aber wenn Sie später mit Freunden in ähnlicher Weise spielen wollen, dann erklären Sie diesen immer, wie die statistischen Durchschnittswerte aussehen. Das ist für all jene, die sich ebenfalls verschätzt haben, sehr hilfreich.

Es mag uns im ersten Ansatz erstaunlich erscheinen, daß so viele Leute dermaßen „dramatisch danebenraten". Aber bitte fragen Sie sich:

Wann hatten Sie denn Gelegenheit, assoziatives Denken zu trainieren? Bis auf wenige Spiele (wie z.B. *Stadt-Land-Fluß*) gab es in der Regel nicht sehr viel. Da aber das Denken assoziativ abläuft, bedeutet das: Je besser Sie Ihre „assoziativen Muskeln" spielen lassen können, desto günstiger für Sie, denn:

1. **Es fällt Ihnen mehr ein, wenn es darauf ankommt** – Sie werden intelligenter (zumindest wirken Sie so!).
2. **Sie können** unter mehr Gedanken/Ideen **wählen, ehe** Sie sich äußern, damit erhöht sich die Wahrscheinlichkeit **„guter"** (intelligenter) **Gedanken.**

3. **Je mehr Gedanken/Ideen Sie zur Auswahl haben**, desto mehr (neue) **Kombinationen** können Sie ausprobieren, wodurch Sie **kreativer** werden (zumindest wirken Sie so!).
4. **Je mehr Auswahl Sie haben**, desto **(selbst-)sicherer** fühlen Sie sich. Das ist gut fürs **Selbstwertgefühl**! So macht Denken Spaß!
5. **Je mehr Freude es Ihnen macht**, desto **mehr Lust** haben Sie, **öfter** zu denken (**Warnung:** Das kann eines Tages zum Hobby werden!). Dadurch kommen Sie dem Ideal des Menschen, für das wir einige Jahrtausende zu früh die Bezeichnung HOMO SAPIENS wählten, ein wenig näher …

Homo (= Mensch) sapiens (= weise, wissend)

Womit wir bei einem Aspekt angelangt sind, den ich **Stadt-Land-Fluß-Effekt** nenne. Wer in seiner Kindheit dieses Spiel spielte, weiß, daß geübte SpielerInnen natürlich weit besser abschneiden.

In der Schweiz ist das Spiel auch als „Geografie-Spiel", in den „neuen" Bundesländern als „Stadt-Land-Spiel" bekannt.

Es gilt, zu einem willkürlich ausgelosten Buchstaben so viele **Städte, Länder** und **Flüsse** zu notieren, wie man kann. Dabei arbeitet man gleichsam quer, denn das Blatt wird in Spalten unterteilt, die man füllt. Oft gilt die Regel: Wer seine Zeile zuerst gefüllt hat, schreit „fertig" und alle müssen zu schreiben aufhören. Aber man kann hier natürlich auch absprechen, daß man pro Buchstaben 30 Sekunden Zeit läßt, so daß man mehr als eine Lösung pro Spalte eintragen kann. Wenn man den Wettbewerb liebt, kann man am Ende jeder Runde Punkte für gefundene Lösungen vergeben.

Vgl. auch das Modul „Denk-Lust" (S. 90 ff.).

z.B.	Stadt	LAND	Fluß
A	Amsterdam	Albanien	Aller
I	Ingolstadt	Island	Isar
…	….	….	….

Ich schlage gerne vor, das Spiel ein wenig zu variieren, und eine neue Kategorie einzuführen. Angenommen, wir sitzen mit einer Gruppe eingefleischter Stadt-Land-Fluß-Spieler beisammen und wir sind nicht soooooooo gut, dann könnten wir eine Kategorie vorschlagen, in der wir uns gut auskennen, weil unser Wissens-Netz hierzu viele Fäden besitzt. Das würde die Sache schön ausgleichen. Probieren Sie es aus; spielen Sie doch demnächst einmal Stadt-Land-Quantenphysik, wobei Sie für „Quantenphysik" ein Gebiet einsetzen, auf dem **Sie** kompetent sind! Übrigens kann man auch alleine spielen. Aber:

1 A ________
2 B ________
3 C ________
4 D ________
....
.....

Ob alleine oder als Gruppe, Sie haben immer zwei Möglichkeiten: Entweder Sie spielen „quer" (wie im klassischen Stadt-Land-Fluß-Spiel) oder Sie spielen senkrecht, indem Sie pro Stichwort (= Thema) ein komplettes Wissens-ABC anlegen.

Sie müssen ja nicht gleich drei ABC.s schreiben, je eins für Stadt, Land und Fluß (bzw. Quantenphysik oder Ihren Kompetenz-Bereich), es reicht **ein** Stichwort, zu dem Sie **ein ABC** anlegen. Das geht allein oder als Gruppe! Wenn Sie in Kapitel 1 mitgespielt haben, dann haben Sie sich im Anlegen einer Tierliste versucht und auf Seite 379 Ihr Ergebnis eingetragen.

Vergleichen Sie dies nun mit der Ausbeute einer anderen Person. Als „Ausbeute" wollen wir **den (geistigen) REICH-tum** bezeichnen, der in unserem Wissens-Netz darauf **wartet, aktiviert zu werden**. Dabei gilt die alte Regel:

Je häufiger wir bestimmte Gedanken- (und Nerven-)Ver-BIN-DUNG-en bereits geknüpft und verstärkt haben, desto schneller schießen uns die dazugehörigen Assoziationen in dem Kopf.

Vgl. das Wort-Bild (KaWa©) zum Begriff „assoziativ", S. 78, 79, 82.

Fallbeispiel: Tierliste Nr. 1

1. Affe B - ???? C ?????? D - ???? 2. Esel 3. Fuchs G - ??? 4. Hund I - ???	J - ?? 5. Katze 6. Löwe 7. Maus N - ??? O - ??? 8. Papagei Q - ??? 9. Rind	10. Schwein T - ??? U - ??? 11. Vogel 12. Wild-schwein X - ????? Y - ??? Z - ???

Dem einen fallen **Tiere** leichter als einem anderen, der sich mit **Pflanzen** oder **Städten** „leichter tut"; aber **je mehr wir trainieren**, desto **besser** werden wir – gleichgültig wie unser Ausgangspunkt aussieht. Jemand, der beim ersten Durchgang nur wenige Assoziationen findet, mag denken, er wisse nicht viel (zu diesem Stichwort), aber er irrt. Denn: Unser passives Wissen übersteigt unser aktives (zu jedem Thema) um einen Faktor von mindestens 5 bis zu einem Faktor 50 oder mehr. Wir können also z.B. mindestens 5-mal so viele Wörter erkennen (passives Wissen) wie wir aktiv einsetzen! Viele SeminarteilnehmerInnen klagen manchmal, sie würden sich gerne gewählter ausdrücken, aber sie haben nicht viel zu wählen.

Wir kommen vor allem im Modul „COUVERT-TECHNIK" (S. 83 ff.) hierauf zurück.

Nun, passiv haben sie weit mehr Informationen als sie aktiv (bewußt) wissen, **und ABC-Listen geben uns die Möglichkeit, dieses passive (unbewußte, implizite) Wissen anzuzapfen**. Wiederholen Sie ABC-Listen zu bestimmten Themen und Sie stellen fest:

Wer **regelmäßig** ABC-Listen zu einem bestimmten Thema schreibt, **produziert** nach ca. 15 bis 25 Listen (siehe unten) weit mehr Begriffe **aktiv**, als am Anfang – auch wenn er in der Zwischenzeit absolut nichts zum Thema gelesen, gehört oder gelernt hat!

Warum 15 bis 25 Listen nötig sind

Stellen wir uns unser **passives Wissen** als zum Grunde sinkend vor. Es bleibt Teil unseres Wissens (und unseres Wissens-Netzes), ist aber **nicht mehr sofort greifbar** und wird umso schwerer zugänglich, je länger es nicht benutzt wird!

Und umgekehrt: **Was häufig aktiviert wird, bleibt weit oben.** Was lange nicht aktiviert wurde, kann sehr weit nach unten „abtauchen". Es befindet sich in den berühmt-berüchtigten metaphorischen 11 km unseres **unbewußten Wissens**. Wenn eine Information nur ein wenig abgesunken ist, genügen die ersten, sagen wir **15 ABC.s** (zu diesem Stichwort), und wichtige Ideen beginnen wieder nach oben zu wandern. Da jede mit vielen weiteren Assoziationen vernetzt ist, erhalten auch jene ein Signal und beginnen langsam wieder **aufzutauchen**. War dieses Thema aber schon sehr weit abgesunken, dann kann es sein, daß wir

erst nach 20 oder 25 ABC-Listen die Wirkung zu spüren beginnen! Wobei diese Zahlen das Denk-Modell illustrieren sollen, im Einzelfall sehen wir ja, wie schnell es geht ...

Wenn wir also **wiederholt über ein Thema nachdenken** (am leichtesten bringen schnelle Wissens-Listen zwischendurch unser abgesunkenes Wissen wieder in Bewegung nach oben), dann senden wir gleichsam **Such-Sonden** los. Nun können wir uns Abertausende von „Mitarbeitern" in unserem Geist sitzend vorstellen, einige sind **Archivare** des **inneren Archivs**. Diese erhalten nun die Botschaft: „Achtung, der **Gehirn-Besitzer** will in einem weiteren Bereich seiner Geistes-Tätigkeit **Gehirn-Benutzer** werden und abgesunkenes Wissen wieder nutzen. Achtung, dieses Thema unbedingt wieder aktivieren!" Daraufhin beginnen diese Helfer Kasten und Schubladen zu öffnen, so daß mehr und mehr Perlen unseres Schatzes nach oben zu floaten beginnen.

Vgl. Listen-Beispiele ab S. 330 ff.

Wenn Sie die Listen anderer Menschen sehen und ein wenig anlesen, werden Sie immer wieder feststellen, daß Sie automatisch in Ihrem Wissens-Netz „nachzusehen" beginnen, was Sie dort „finden". Dieser Mechanismus ist genauso automatisch wie der, auf eine Frage **antworten** zu wollen. Bei diesem inneren Vergleich (was hätte ich gewußt?) stellen Sie automatisch fest: Erstens welche Begiffe Ihnen jetzt beim Lesen einfallen, die in der Liste **fehlen**, sowie zweitens, welche Begriffe Sie gerade lesen, die **Ihnen heute nicht** (vielleicht sogar niemals) **eingefallen wären. Somit hat das Lesen einer ABC-Liste einer anderen Person Inventur-Charakter.** Es ist ein ähnlicher Effekt wie beim Beobachten einer Quiz-Show und genau darin liegt auch der Reiz, im wörtlichen Sinne: Es reizt uns tatsächlich, weil etablierte neuronale Ver-BIND-ungen **aktiviert** (also gereizt) werden, wenn wir assoziativ denken! Es folgt die fünfte Liste derselben Person:

Fallbeispiel: Tierliste Nr. 5

1. Ameise	J - ??	12. Rind (vgl. Liste Nr. 1)
2. Biene	7. Katze (vgl. Liste Nr. 1)	13. Schwein (vgl. Liste Nr. 1)
C - ???	8. Laus	14. Taube (vgl. Liste Nr. 1)
D- ???	9. Maus (vgl. Liste Nr. 1)	U- ?????
3. Esel	N - ???	15. Vogel (vgl. Liste Nr. 1)
4. Fuchs (vgl.Liste Nr. 1)	O- !??	16. Wildente
5. Geier	10. Pferd	X- ???
6. Hund (vgl. Liste Nr. 1)	Q- ???	Y- ???
I - ???	11. Raubvogel	Z- ???

Die Ausbeute

Inventur

Wenn wir assoziativ denken wollen, stellt jede Aufgabe, die wir uns stellen, immer eine Inventur dar. Wir sehen, daß die Aufgabe **dieser** Person **beim fünften Mal bereits etwas leichter fällt** (**Ausbeute: 17**), als beim ersten Mal (**Ausbeute: 12**), wobei in der nachfolgenden Liste Nr. 17 bereits **27 Tiere** auftauchen. Daran sehen wir den **Trainings-Effekt**!

Vgl. dazu auch Modul „COUVERT-TECHNIK", S. 83 ff.

Bedenken Sie, daß wir bei ABC-Couvert **jedesmal** den fertigen Bogen sogleich „weg-stecken" (z.B. in ein Couvert) und bis zur Konsolidierung am Ende nicht mehr ansehen werden. Wir beginnen also bei jeder Übung „neu", wir lernen die Ergebnisse unserer Ausbeute von den vorherigen Übungen nicht etwa auswendig, wir spicken auch nicht, wenn wir arbeiten. Wir profitieren also nur **unbewußt** von unseren **vorherigen** Bemühungen!

Zum Zeitpunkt der **Konsolidierung** (Zusammenführung und Festigung) der **Listen 1 bis 25** ergaben sich für diese Person **86 Tiere**, was, wenn man die noch sehr magere Ausbeute beim ersten Versuch (**12 Tiere**) bedenkt, gar nicht schlecht ist, oder?

oberflächlich = an der Oberfläche liegend, schnell aktivierbar, aber auch „normal", d.h. bei vielen Menschen ähnlich …

In **Liste Nr. 5** (S. 49) erkennen wir einige **(oberflächliche)** Begriffe aus **Liste Nr. 1** wieder, aber teilweise tauchen bereits **andere** Begriffe auf, weil die Person langsam beginnt, ihr Unbewußtes „anzuzapfen", wie die nachfolgende **Liste 17** zeigt. Sie enthält bereits weit mehr Assoziationen, die **nicht mehr direkt von der Oberfläche** stammen:

Fallbeispiel: Tierliste Nr. 17

1. Affe	9. Hund	17. Pudel	24. Vogel
2. Biene	10. Igel	18. Papagei	25. Wal
C - ???	11. Jagdhund	Q - ???	26. X-beliebiges
3. Dachs	12. Kuckuck	19. Reh	Insekt
4. Elefant	13. Löwe	20. Rebhuhn	Y-???
5. Eidechse	14. Möwe	21. Schwan	27. Zebra
6. Frosch	15. Nashorn	22. Taube	
7. Fisch	16. Ölsardine	23. Unke	
8. Gans	(ha ha)	(Krötenart)	

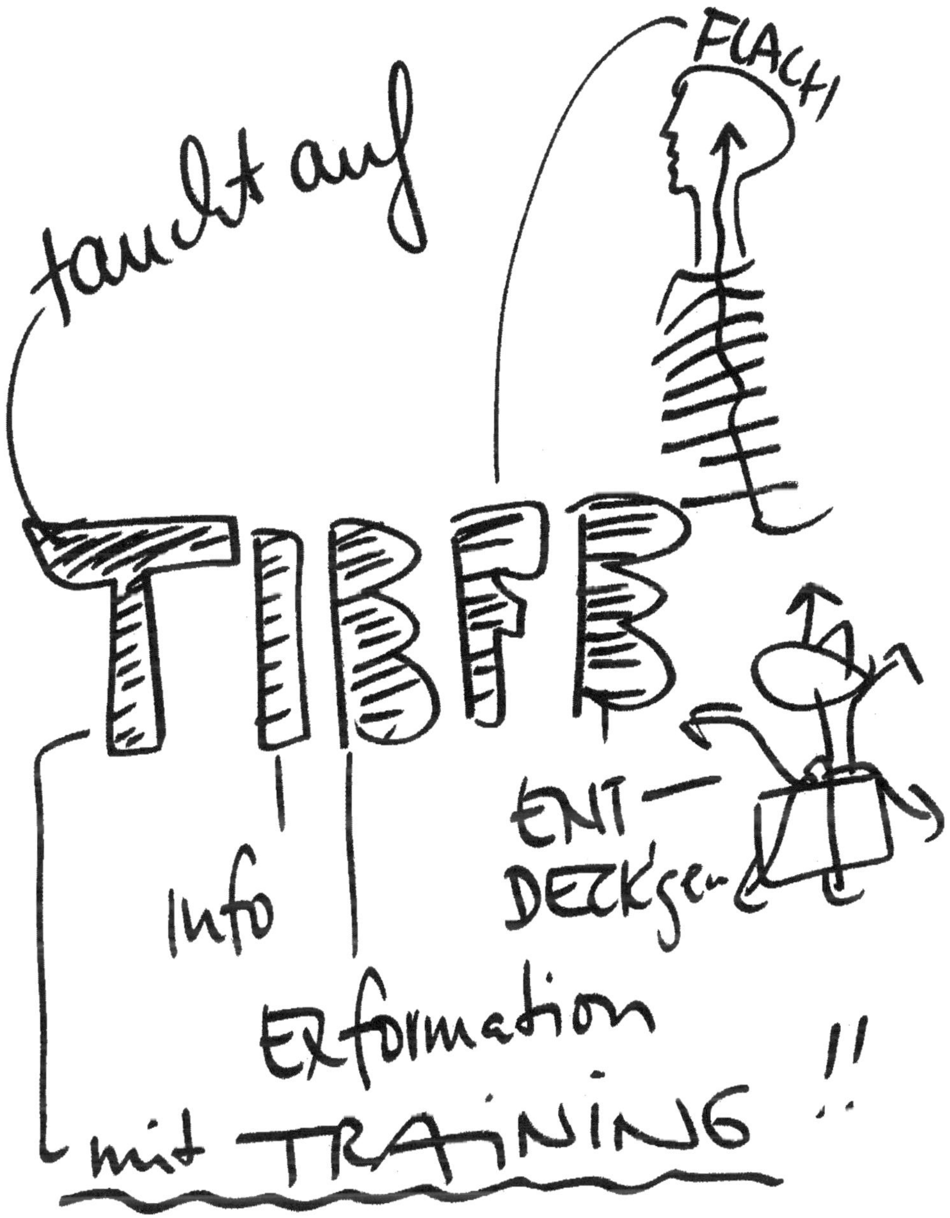

In der folgenden Konsolidierungsliste sehen wir eine Reihe Assoziationen von größerer Seltenheit, die in diesem Denker im Verlauf der ABC-Übungen (im Wortsinn!) **aufgetaucht** waren. Aus großer Tiefe nämlich …

Fallbeispiel Tierlisten: Konsoliderung der Listen 1 bis 25

1. Aal	23. Fisch	45. Lamm	66. Schwein
2. Ameise	24. Fliege	46. Löwe	67. Schwan
3. Affe	25. Gans	47. Marder	68. Skorpion
4. Antilope	26. Geißbock	48. Möwe	69. Siebenschläfer
5. Adler	27. Giraffe	49. Murmeltier	70. Steinbock
6. Bär	28. Hase	50. Maus	71. Thunfisch
7. Bussard	29. Hund	51. Nashorn	72. Tiger
8. Biber	30. Hummel	52. Otter	73. Taube
9. Biene	31. Hahn	53. Ochse	74. Uhu
10. Chamäleon	32. Habicht	54. Ölsardine	75. Unke
11. Dromedar	33. Huhn	(haha)	76. Vogel
12. Drossel	34. Igel	55. Panda	77. Vogelspinne
13. Dachs	35. Iltis	56. Pferd	78. Viper
14. Elch	36. Jaguar	57. Pudel	79. Wal
15. Esel	37. Jagdhund	58. Papagei	80. Wildschwein
16. Ente	38. Katze	59. Qualle	81. Wiesel
17. Elefant	39. Kaninchen	60. Reh	82. X-beliebiges
18. Eber	40. Kuckuck	61. Ratte	Insekt
19. Eidechse	41. Kamel	62. Rind	83. Yak
20. Flamingo	42. Känguruh	63. Rebhuhn	84. Zebra
21. Frosch	43. Koala	64. Seelöwe	85. Zikade
22. Fuchs	44. Luchs	65. Schlange	86. Ziege

Natürlich können Sie jedes Thema wählen – auch aus den vielen Listen hinten im Buch (S. 330 ff.); lassen Sie sich von einer Überschrift inspirieren und vergleichen Sie hinterher …

Falls Sie sich (und wackere Mit-DenkerInnen) testen wollen, könnten Sie eines von zwei Themen auswählen, über die wir normalerweise weniger nachdenken, z.B. **Mathematik und Geometrie** zum einen, oder **Märchen** zum anderen. Zwei Listen zum Vergleich folgen (auf den Kopf gestellt).

Mathematik und Geometrie

A Algebra, Addition
B Binomische Formeln, Brüche
C Chemie (Berechnungen)
D Dreieck, Division
E Euclidische Geometrie
F Formeln, Fasskreis
G Gerade Linien
H Halbierende
I Innkreis
J J
K Konstruieren, Klammern
L Lineal
M Multiplikation, Mittelsenkrechte
N Nachrechnen, nicht-Euclidische Geometrie
O Operationen, erlaubte
P Pythagoras, Primzahlen
Q Quadrate, Quadratzahlen
R Resultate, Raute/Rhombus
S Satzaufgaben, Subtraktion, Skizzen, Seitenhalbierende
T Thaleskreis, Term, Taschenrechner, Trapez
U Ungleichungen, Umkreis
V Vorgehen, Viereck
W Winkel, Wurzel, Winkelhalbierende
X X-Achse
Y Y -Achse
Z Zeichnen

Märchen

A Aberglaube, arm
B Bären, böse, beten, Bauer
C Charakter
D Dornen, Dämon, demütig
E Engel, Eifersucht,
F Feen, fliegen, Frosch, Freundschaft, Flaschenkind, fröhlich
G gut, Gnome, Gott, goldig, Glauben, glücklich, gutmütig, gemein
H Hexen, hübsch, häßlich, Hilfe, Haare, höflich
I intelligent, Idiot, Inbrunst
J Jüngste, Jäger, jammern, jauchzen, Jungfrau, Junggeselle
K Kater, Kräuter, Kutsche, Kinder, König/in
L lustig, Leute, Liebe
M Mondkleider, Müller
N natürlich, Narr
O optimistisch, Oase, Ozean
P Phantasie, Prinz/Prinzessin
Q Quelle, quälen
R Rosen, Riesen, Räuber, reich, Reh
S Streit, Sterne, Sonne, Schuhe, schön, Stiefmutter/-tochter/-vater/-schwester
T Teich, traurig, Tiere, treu, Tochter
U Unterhaltung, unwirklich
V verzaubert, verwandeln
W Wasser des Lebens, Wichte, Waldmännchen, wüst, Wald/-haus, Wirtshaus, Waisenkind, weise
X Xanthippe
Y Yacht
Z Zauberer, zaubern

Die Übungs-Zeit

Ich plädiere ja (zunächst) für sehr kurze Übungszeiten. Einer meiner Beratungs-Brief-Leser fand das nicht so toll und rief deshalb in der monatlichen kostenlosen Hotline an und sagte, er habe zwar mit den ABC-Listen begonnen, aber er bleibe prinzipiell 7 Minuten lang dran (aus dem Telefon-Transkript, mit freundlicher Genehmigung):

Feedback eines Anwenders

Ich bin mein Leben lang in diesen Dingen sehr benachteiligt gewesen, durfte nur bis 14 Jahre in die Schule gehen, mußte dann hart arbeiten und habe erst seit meiner Pensionierung vor einigen Jahren die Muße, meinen Geist zu trainieren. Gottseidank schleppte mich eine gute Freundin zu einem Ihrer Vorträge (nichts für ungut, ha ha) und seither arbeite ich systematisch ein bis zwei Stunden am Tag, indem ich Übungen absolviere (deshalb habe ich ja auch einen Brief abonniert, er bietet immer wieder konkrete Aufgaben). Da ich aber sehr langsam denke und leider sehr wenige Fäden im Wissens-Netz habe, gebe ich mir die doppelte Zeit der „langsamen Denker", also 6 bis 7 Minuten für eine „schnelle" Liste. Manchmal sitze ich auch eine ganze Stunde über einem ABC. Ist das ok?

Warum nicht? Selbstverständlich dürfen Sie alle Übungen immer länger ausführen, wenn Sie wollen. Dagegen spricht nichts. Als ich ihm dies erläuterte, meinte er, er wisse doch dann zu gern, weshalb ich immer auf den Mini-Zeiten „herumhacken" würde, so von wegen 90 Sekunden oder 2 oder 3 Minuten u.ä.

Wer auch nur den geringsten Zweifel hat, lese unbedingt **sofort** das Modul „Das ABC-Listen-Paradox" (S. 57 ff.).

Der Grund, warum ich für **häufige kurze, schnelle Listen** plädiere ist einfach: Zum **Einsteigen** finden die meisten meiner TeilnehmerInnen und LeserInnen eher 90 Sekunden bis 3 Minuten akzeptabel, als gleich mehrere Minuten „opfern" zu müssen, insbesondere da die **Kurz-Trainings** auch **unterwegs** (z.B. an der roten Ampel, an der Kasse im Supermarkt etc.) **gedanklich** durchgeführt werden können.

Wer dann feststellt,

- → was sich alles **im Kopf „zu tun"** beginnt, wer beobachtet,
- → wie **immer mehr Assoziationen** zu einem bearbeiteten Thema **nach oben driften**, wer Zeuge wird,
- → welche **Einsichten** einfachste ABC-Listen gewähren können,
- → welche **gedankliche Entwicklungen** dies auslösen und und und … **findet bald mehr Zeit** und bleibt bald durchaus auch ein Viertelstündchen an einem Thema „dran". Aber als Seminarleiterin oder Autorin muß ich zum **Einsteigen** motivieren. Von denen, die einsteigen, die mindestens 30 ABC-Listen hinter sich gebracht haben, bleiben fast alle am Ball, das haben die Erfahrungen der letzten Jahre eindeutig gezeigt.

Wie lange?

Schummeln erlaubt?

Dies ist ein kleiner Vorgriff auf das Modul „Kreatives Schummeln" (S. 242 ff.).

Wir kommen im Modul „COUVERT-TECHNIK" (S. 83 ff.) hierauf zurück.

Zwei Fragen tauchen immer wieder auf:

1. Was mache ich, wenn ich zu einem Buchstaben absolut nichts finden kann?

Bitte betrachten Sie das ABC am Rand.

1. Aristoteles
2. Beethoven
3. Caesar
4. Dostojewski
5. Eliot
6. Friedrich der Große
7. Ghandi
8. Hermann Hesse
9. Il Rosso Fiorentino
10. Jusepe de Ribera
11. Katharina die Große
12. Leonardo (da Vinci)
13. Michelangelo
14. Nietzsche
15. Otto von Bismarck
16. Platon
17. Quintillian
18. Raphael
19. Sokrates
20. Theresa von Avila
21. Ustinov, Peter
22. Van Gogh
23. Wagner
24. Xanthippe
25. Yokaste
26. Zarah Leander

Den werten Herrn (bei 9) hätten wir genausogut unter „F" auflisten können, notfalls sogar unter „D", auch den guten Leonardo könnte man genauso gut unter „da VINCI" eintragen, aber auch unter „V" oder, wie hier, mit dem **Vornamen** zuerst, da dieser so bekannt ist!

Apropos Vornamen: Wiewohl wir zwar **meistens** den **Nachnamen** „vorschieben", hier und da können wir natürlich den Vornamen zuerst oder sogar alleine notieren, wenn eine Person unter dem Vornamen in die Geschichte eingegangen ist, z.B. die angeblich zänkische Xanthippe (d.h. die Frau von Sokrates). Nutzen Sie die Chance, daß man manche Begriffe mit „J" **oder** „Y" schreiben kann, z.B. „Jak" oder „Yak", „Jacht" oder „Yacht" (hier: Yokaste bei Nr. 25).

2. Muß man jeden Buchstaben „ausfüllen"?

Antwort: Nein. Besonders dann nicht, wenn Sie nur eine besonders **kurze** (90 Sekunden bis wenige Minuten) **Inventur** durchführen wollen, weil Sie Ihre **„Kopf-Mitarbeiter" in der Tiefe wachrütteln** wollen. Hier gilt die Spielregel:

Wandern Sie mit den Augen das ABC „rauf und runter" und tragen Sie spontan ein, was Ihnen einfällt, egal wo.

Wenn Sie mehrmals zum selben Thema arbeiten und später vergleichen, werden Sie bald feststellen, daß es selten dieselben Buchstaben sind, die leer bleiben. (Mit Ausnahme von „X" und „Y", da das Deutsche wenige Begriffe mit diesem Buchstaben anbietet.)

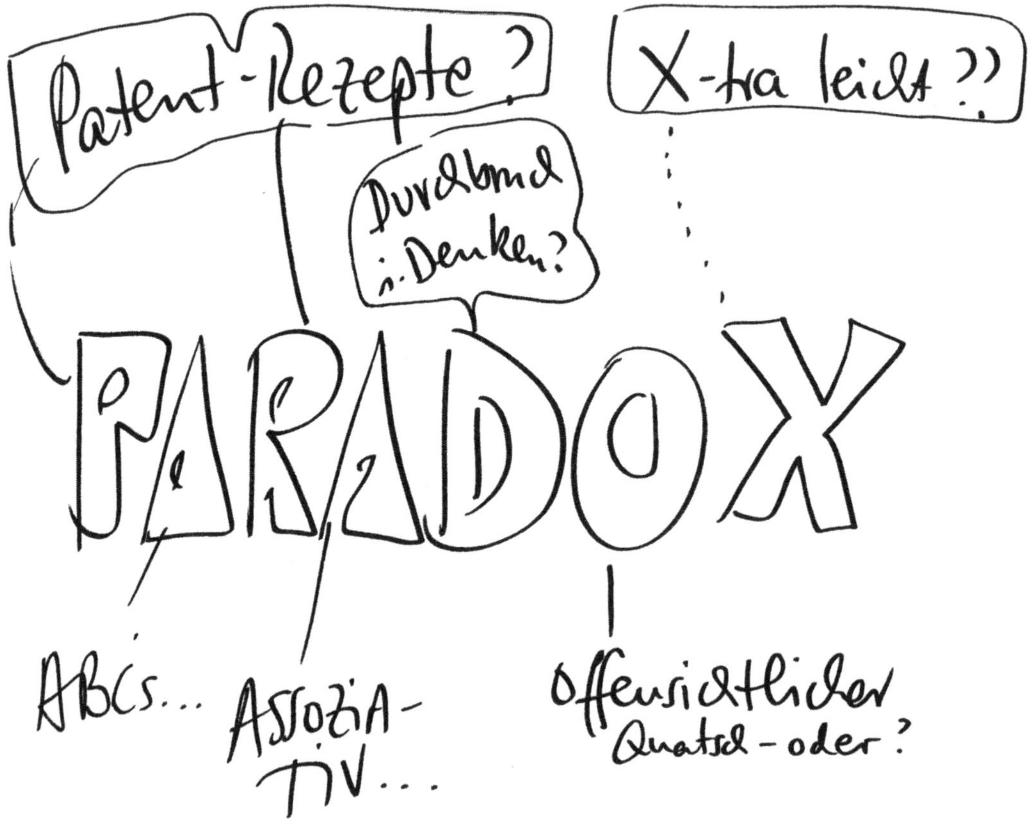
Patent-Rezepte?
X-tra leicht ??
Durchbruch-Denken?
PARADOX
ABCs...
ASSOZIA-TIV...
Offensichtlicher Quatsch – oder?

ABC-Listen-Paradox

M 1

Kennen Sie das große Paradox, das **jeden** Versuch, unser Leben zu verbessern, **erfolgreich boykottieren** kann? Denken Sie mit: Einerseits fragen die TeilnehmerInnen meiner Vorträge und Seminare sowie die LeserInnen meiner Bücher und meines Coaching-Briefes immer wieder nach Patent-Rezepten, andererseits halten sie sich aber oft an folgender Idee fest:

Ist eine Methode/Technik einfach (anzuwenden),
dann kann sie prinzipiell nichts taugen.

Hat man also einen Ansatz gefunden/entwickelt, der sowohl **einfach** anzuwenden als auch extrem **wirkungsvoll** ist, dann muß man sich als Urheber/Autor geradezu rechtfertigen oder entschuldigen, denn im tiefsten Inneren **halten sie selbst jene, die sich eine solche Methode wünschen würden, für unmöglich.**

Deshalb wollen wir über das Paradox vielleicht kurz nachdenken, denn solange es uns „im Weg steht", solange werden wir die beste Technik nicht anwenden. Demzufolge haben wir auch keine Chance zu erfahren, wie sehr dieser Ansatz unser Leben möglicherweise **hätte** erleichtern **können**. Es gilt also, zwei Aussagen daraufhin überprüfen, ob sie in Einklang gebracht werden können, nämlich:

1. **Patent-Rezepte sind immer** (zu) **einfach** (oberflächlich), und
2. **Einfaches kann nichts taugen** (Implikation: alles Wahre/Gute muß die Komplexität der Welt widerspiegeln ...).

Vor vielen Jahren publizierte ich einmal diese Erklärung zum ABC-Listen-Paradox, die ich jetzt wieder „ausgegraben" habe, weil die ABC-Techniken so einfach **scheinen**, daß **gerade** die Leichtigkeit, mit der sie „funktionieren", ihrem Erfolg im Wege steht. Ich finde es außerordentlich bedauerlich, wenn Leute von den „läppischen" („popeligen", „albernen" u.ä) ABC-Listen reden, die sie niemals im praktischen Einsatz getestet haben. Weder, wenn es darum geht, unser inneres Archiv **auf-** oder **auszubauen**, noch wenn wir die gigantischen Schätze in unserem Inneren nutzen wollen.

Zu 1: Patent-Rezepte sind immer (zu) einfach (oberflächlich)

Ich sehe prinzipiell gerne in einem etymologischen Wörterbuch nach, da die Sprachwurzel oft faszinierende Aufschlüsse über Begriffe bietet. Im Duden Nr. 7 (Herkunftswörterbuch) finden wir den Hinweis, daß der Begriff *„patent"* seit über 400 Jahren die Idee der **Ermächtigung** beinhaltet: So hatten die Besitzer eines sogenannten landesherrlichen Briefes (= Patent) Anspruch auf bestimmte Macht-Insignien (mit den verbundenen Rechten), die der Landesherr ihnen per **Brief** zugestanden hatte (analog dem bis heute erhaltene Wort *„Offizierspatent"*).

Inzwischen kennen wir eine daraus hervorgegangene **neuere** (juristische) Bedeutung in Bezug auf geistiges Eigentum, wobei es sich hier darum handelt, daß der Besitzer des Patents auf seine **brieflich verbürgten** Rechte zur Nutzung desselben Wert legt. Die Implikation, daß nur qualitativ hochwertige Ideen „patentierbar" sind, führte schließlich zur einer Übertragung in das umgangssprachliche Adjektiv „patent" mit den Bedeutungen: **geschickt, praktisch, tüchtig, sehr brauchbar, großartig**. So gesehen, müssen Patent-Rezepte hohen Ansprüchen gerecht werden, denn sie sollen qualitativ hochwertig sein, sowie praktisch gut anwendbar und darüber hinaus auch noch einfach zu handhaben (was sie in bedrohliche Nähe zur „eierlegenden Wollmilchsau" bringt).

Patent

Zu 2: Einfaches kann nichts taugen

Diese Idee leitet sich von der doppelten Tatsache her, daß die Welt natürlich von großer Komplexität ist und daß in der Vergangenheit immer wieder versucht wurde, mit einem kleinen einfachen Ansatz diverse Probleme **gleichzeitig** zu lösen. So verkauft man seit Jahrtausenden immer wieder irgendwelche „Wässerchen" oder „Pülverchen", die vom Keuchhusten bis zur Syphilis gegen alles und jedes gut sein sollten. Übrigens wurde einer dieser Händler verhaftet, weil er ein Mittel gegen die Sterblichkeit verkauft hatte. Bei genauerer Überprüfung der Sachlage ergab es sich, daß der Mann bereits dreimal zuvor verhaftet worden war, und zwar für das gleiche Vergehen! Nämlich im Jahre 1655, 1834, 1928 ...

der unsterbliche Scharlatan

Wenn also ein Patent-Rezept für oder gegen alles und jedes angeboten wird, dann ist es sicher gut, vorsichtig zu sein. Aber wir alle kennen natürlich einige phänomenale Patent-Lösungen, die sich inzwischen so großartig bewährt haben, daß uns ein Leben ohne sie fast unvorstellbar erscheint. Sie zeichnen sich dadurch aus, daß sie **ein spezielles** Problem explizit lösen (und nicht alle möglichen Probleme gleichzeitig zu lösen vorgeben). Kreuzen Sie doch bitte gleich einmal an, auf wie viele der folgenden Patent-Ideen Sie sich täglich oder zumindest wöchentlich verlassen:

Checkliste

❒ den **Korkenzieher** (oder den **Flaschenöffner**),
❒ **Filzstifte**,
❒ die genialen **Post-its**,

- ❒ den **Reißverschluß** (der inzwischen teilweise von dem für manche Situationen noch günstigeren **Klettverschluß** abgelöst wird),
- ❒ den **Karabinerhaken** (Wie sonst könnten Sie einen Hund schnell und sicher an die Leine nehmen?),
- ❒ **Büro- und Heftklammern** (aus letzteren leiten sich die **Staple-Guns** ab, mit denen man diverse Materialien „verklammern" kann; im täglichen Gebrauch für viele Handwerker absolut unverzichtbar),
- ❒ **Radiergummi**,
- ❒ **ABC-Listen**,
- ❒ **Alu-** und **Plastik-Folien** (denken Sie nur an die Küche: einfrieren, backen, braten und im Eisschrank aufbewahren),
- ❒ **Tupperware** (oder ähnliche **Plastikgefäße** im Alltag).

Praktische Anwendung s. Module „Denk-Technik" (S. 94 ff.) und „LULL'sche Leitern und ROTAE" (S. 256 ff.).

Jede dieser Technologien zeichnet sich dadurch aus, daß sie **eine** Sache besonders gut machen. Daß ein Könner damit später **viele** verschiedene **Anwendungs-Möglichkeiten** entwickeln kann, ändert nichts an der Tatsache: Ob ich mit einem Post-it die Stelle im Gesangbuch markiere, oder ob ich einem Mitarbeiter eine Anweisung auf seinen Aktenkoffer klebe – die **Situationen**, in denen die Technologie angewendet werden kann sind vielfältig, aber die Technologie hat immer **denselben** Zweck: etwas FESTZUHALTEN, aber so, daß es später wieder gelöst werden kann, also fast ein Paradox: etwas FLEXIBEL FESTZUHALTEN.

Aus diesem Grund hatte der Erfinder bei 3M die Post-its damals erfunden – weil ihm immer die Zettel aus dem Gesangbuch fielen!

Ähnlich sollen ABC-Listen eines erleichtern, nämlich das Anzapfen unseres gigantischen unbewußten (impliziten, geheimen) Wissens!

Damit aber wird eine einfache ABC-Liste zum **Denk-Werkzeug** und wir messen Intelligenz u.a. an der Fähigkeit, mit Tools umzugehen (bzw. neue zu erfinden). Selbst Tiere bedienen sich Werkzeuge, wie inzwischen feststeht, z.B. unsere Verwandten: Manche Affengruppen benutzen Werkzeuge, um z.B. Nüsse zu knacken oder um Ameisen aus Löchern im Ameisenbau zu fischen. Einige nehmen nur Vorhandenes (in Form herumliegender Zweige), andere machen sich ihre „Werkzeuge" selber. Um an ihre Beute zu kommen, müssen jene, die nur ihre Finger benutzen, viele Male in die Löcher greifen, während **Werkzeug-Benutzer** mit den Zweigen als „Angelruten" nach einem **einmaligem** „Fischzug" ihren Zweig in Ruhe abernten können. Im Klartext: Tools machen uns das Leben einfacher, so wir intelligent genug

Übrigens: Affen sind uns zu ca. 98 % genetisch gleich!

sind, sie zu nutzen! Auf der anderen Seite, können Tools uns intelligenter **machen**! Der englische Psychologe Richard GREGORY stellt fest:

> Der Mensch hat nicht nur die Intelligenz, die wir normalerweise meinen, er besitzt auch eine beträchtliche **potentielle Intelligenz** – also eine Intelligenz, die angezapft werden kann, die jedoch bisher **noch nicht aktualisiert** und **noch nicht aktiviert** wurde.

Bezüglich **lernbarer Intelligenz** vgl. das Modul „Geniales Denken" (S. 213 ff.).

Dem fügt Daniel DENNET hinzu: „Jedes mögliche **Denk-Tool** kann unsere Intelligenz sowohl fordern als auch fördern." Da dies so ist, sollten wir uns bezüglich neuer Tools, die wir **noch nicht** nutzen können, unbedingt fragen: Wird uns dieses Werkzeug helfen, unser Denken zu er-**WEIT**-ern? Wird es uns helfen, unsere Möglichkeiten zu **vergrößern**? Kann dieses Tool unsere **potentielle** Intelligenz fördern? Wenn mindestens eine dieser Fragen ein „Ja" als Antwort erhält, dann lohnt es sich.

Wenn Affen lernen können, mit einem Zweig nach Ameisen zu fischen, dann sollten wir lernen können, mit einem Denk-Tool nach Ideen zu angeln, oder?

Besonders interessant kann es sein, uns diese Fragen bezüglich eines Tools zu stellen, das uns eigentlich bekannt zu sein scheint. Zum Beispiel können Millionen von Menschen mit einem Hammer einen Nagel einschlagen, aber nur wenige haben jemals ausprobiert, was geschieht, wenn sie den Hammer an einem Meißel ansetzen. So könnte **mit einiger Übung** vielleicht etwas ganz Neues (z.B. eine Skulptur) entstehen. Das könnte sowohl einer maßgeblichen Er-**WEIT**-erung unserer Fähigkeit (Kompetenz) entsprechen, als auch einer **Vergrößerung** unserer Möglichkeiten und kann demzufolge als Förderung unserer **potenziellen** Intelligenz eingestuft werden.

So ähnlich verhält es sich mit dem Denk-Tool der ABC-Listen. Noch haben die meisten Leute nicht gelernt, mit diesem **metaphorischen Hammer** einen Nagel einzuschlagen, ganz zu schweigen von den „bildenden Künsten" (in metaphorischem Sinn): hier meinen wir natürlich das Bilden neuer Gedanken-Assoziationen etc.

Dieser „Hammer" ist ein großartiges geistiges Werkzeug; er stellt eine Sonderform von KaWa.s dar. Falls Ihnen der Begriff „KaWa" noch nichts sagt, vgl. Merkblatt Nr. 1 „Analograffiti für Quer-Einsteiger" (S. 300 ff.).

M 2 AbRUF-Reiz

Für dieses Modul benötigen Sie Ihre Ergebnisse der Quizaufgabe Nr. 6 (S. 371 ff.), bei der Sie Ihr inneres Archiv in drei Modi „befragten". Sie haben noch eine Chance, dieses kleine Experiment durchzuführen, denn was man dabei lernt ist außerordentlich wichtig. Sie können die Übung auch wiederholen bzw. Ihre Ergebnisse hier eintragen:

1. **Tempo (je leichter etwas und einfällt, desto schneller sind wir!)**
   Aufgabe 1: **Anfangs-Buchstaben** dauerte ____________
   Aufgabe 2: **Silbenzahl** dauerte ____________________
   Aufgabe 1: **End-Buchstaben** dauerte ________________
2. **Spaßfaktor (je leichter uns etwas einfällt, desto mehr Freude macht es uns in der Regel)**
   Auf einer Skala von 0 (mies) **bis 100** (super) **Punkte**:
   Aufgabe 1: **Anfangs-Buchstaben** _______ Punkte
   Aufgabe 2: **Silbenzahl** _______ Punkte
   Aufgabe 1: **End-Buchstaben** _______ Punkte

Wie Daniel L. SCHACTER* in seinem sehr lesenswerten Buch *„Wir sind Erinnerung"* aufzeigt, gab es bis Anfang des letzten Jahrhunderts so gut wie keinen Zweifel an der **Annahme: Gedächtnis kann qualitativ nur so gut sein, wie der ursprüngliche Speicherungsprozeß**, der demzufolge allein für die **Qualität der Erinnerungsfähigkeit** verantwortlich gemacht werden müsse. Deshalb rieten Erinnerungs-Künstler seit der Antike, die Inhalte des „künstlichen Gedächtnisses" in unserem Kopf so an-SCHAU-lich und emotional stark an-REGEND wie möglich zu gestalten.

Mit „künstlichem Gedächtnis" bezeichnete man alles, was man sich „künstlich" aneignen wollte oder mußte, im Gegensatz zu den Erinnerungen, die das Leben uns so bot. Man ging damals noch davon aus, daß man dies automatisch erinnern würde; es war gleichsam unser „natürliches Gedächtnis".

Aber dann publizierte Anfang des letzten Jahrhunderts ein Deutscher, ein gewisser Richard SEMON eine Monografie (*„Die Mneme"*) die jene Annahme in Zweifel zog. Hätte dieser unglückselige Typ sich nicht in die Frau des Professors, unter dem er arbeitete, verliebt, hätte sie ihren Mann nicht „böswillig"

* SCHACTER ist ein begnadeter Wissenschaftler, der auch eigene Forschung betreibt, gleichzeitig ist er aber auch ein „Wissenschafts-Publizist", weil er die Arbeiten der Kollegen und Vorgänger nicht nur beobachtet und in seine eigene Arbeit einbezieht, sondern darüber in seinem sehr lesbaren Stil referieren kann. Die Kombination aus flotter Schreibe unter Angabe der Quellen ist rar (ähnliches finden Sie z.B. bei NØRRETRANDERS, dem preisgekrönten Wissenschafts-Publizisten, auf dessen Arbeit wir in diesem Buch auch immer wieder stoßen).

verlassen, und hätten die beiden nicht gegen alle Widerstände der damaligen Zeit geheiratet, dann hätte seine Theorie vielleicht eine Chance gehabt. Aber so war er ein sozial Geächteter geworden! Wer würde es sich mit dem Herrn Professor zu verscherzen wagen, indem er auf die Gedanken jenes SEMON einging?

SEMON muß die Dame sehr geliebt haben, denn als sie 1918 an Krebs starb, erschoß er sich. Er hatte ihretwegen die Isolation akzeptiert, ohne sie war sein Leben nicht mehr lebenswert.

Deshalb dankt SCHACTER einem einzigen Forscher, der übrigens weit weg in Amerika lebte und der SEMONs Arbeit (kritisch) zur Kenntnis nahm: Henry X. WATT. Dieser verwarf zwar einen Teil von SEMONs Ideen, aber er „rettete" für die Nachwelt den Schlüsselgedanken. SCHACTER nennt ihn:

SEMONs Vermächtnis

SEMON definierte drei „Teile" des Erinnerungs-Prozesses:

1. Die sogenannte **ENGRAPHIE** (wörtlich: hinein schreiben, gemeint: ins Gedächtnis); wird heute als „**Lernen**", von Fachleuten als KODIEREN bezeichnet.
2. Das sogenannte **ENGRAMM** (wörtlich: das Hineingeschriebene, also das Resultat einer erfolgreichen Engraphie).
3. Die sogenannte **EKPHORIE** (wir kommen gleich auf sie zurück).

Dieser Begriff wurde in den 1950er Jahren von LASHLEY übernommen; darüber hatte ich bereits 1984 in einem Artikel (in der *„Enzyklopädie Naturwissenschaft und Forschung"*) berichtet, vgl. auch *„Stroh im Kopf?"*.

SEMON hatte (wie SCHACTER berichtet) anscheinend als erster begriffen, **daß** Gedächtnis-Inhalte **nicht nur** von der Art des **Einspeicherns** abhängen, sondern auch von der **Art der Abruf-Stimulierung (Ekphorie)**, die sie „auslösen" soll. Und jener WATT hatte genau das für so wichtig gehalten, daß er es der Nachwelt erhielt, indem er es publizierte. WATT (zitiert bei SCHACTER):

> Der wertvollste Teil (...) sind die Ausführungen über den **ekphorischen** Stimulus.

Hierzu sagt SCHACTER:

> Die Wahrscheinlichkeit des Erinnerns wird auch vom ekphorischen Stimulus, dem Hinweisreiz, und dessen Beziehung zum Engramm (d.h. der Gedächtnisspur der ursprünglichen Kodierung) beeinflußt.

Durch diese Ideen wurde nun der Schwerpunkt der Untersuchungen **erstmals** auf die *AbRUF*-Situation gelenkt.

AbRUF

SCHACTER lädt uns ein, uns an die aufregendsten Sportereignisse unserer Schulzeit zu erinnern. (Für absolute Sport-Banausen darf es auch etwas anderes sein: Ein Schulkonzert? Ein Abschlußball? Eine besondere Situation ...? Ist Ihnen etwas eingefallen?) Nun stellt SCHACTER fest:

Stichwort:

> **Ohne die Frage, wäre das, was Ihnen jetzt einfiel, nicht aktiviert worden (aber vorhanden gewesen).**

Bei dieser Frage mag es ja relativ egal sein, ob wir das Wissen jetzt im Augenblick aktiviert hätten, aber es gibt natürlich eine Menge Dinge, die wir „drin" haben, die aber im Verborgenen warten, solange die richtigen ekphorischen **AbRUF**-Reize fehlen (wie z.B. eine gute Frage), die sie aktivieren würden. Diese Wissens-Inhalte können wir als „passives Wissen" bezeichnen. (Manche Forscher sprechen von implizitem Wissen.) Es nutzt uns jedoch nichts, wenn es nur passiv „rumliegt".

Zu-RUF
Ab-RUF

Stellen Sie sich ein gigantisches 11 km langes Gebäude vor: Es ist voller Schauspieler (engl.: actors), die wir als Akteure bezeichnen wollen. Millionen von ihnen **warten auf ihren Einsatz, der jedoch nur auf Zuruf erfolgen kann**. In diesem gigantischen Gebäude befindet sich eine **Bühne***, auf der nur jene Akteure erscheinen dürfen, die tatsächlich „gerufen"

* Sie ist eine Analogie zu der Theater-Metapher im Anti-Ärger-Buch (*„Jeden Tag weniger ärgern"*). Neil POSTMAN und andere haben vorgeschlagen, möglichst viele Metaphern zu bilden, wenn wir eine Sache besser begreifen wollen. **Jede** Metapher beleuchtet **einen** Aspekt besonders (und unterschlägt andere). Jede weitere Metapher beleuchtet **andere** Aspekte und so fügt jede dem wachsenden Bild ein Teil hinzu.

wurden. Manche sind Einzelgänger, manche Mitglieder einer Gruppe (ruft man **einen** aus der Gruppe, dann kommen alle).

Nun gibt es ein **ziemlich kleines Spotlicht** auf dieser **großen Bühne** in dem gigantischen Gebäude. Der Spot beleuchtet immer nur jene wenigen **aktivierten** Akteure, die gerade agieren, **weil sie gerufen worden waren**. Nun stellt uns Richard SEMON die Frage: **Was löst das Erscheinen dieser Akteure aus?**

Es hängt, wie er aufzeigt, eben nicht nur davon ab, wie und wann sie einst von uns „eingestellt" worden waren. Wann dürfen sie auftreten? Was **RUFT** sie in das helle Spotlight unserer bewußten Aufmerksamkeit? Im Klartext:

- **Wie können wir unser inneres Archiv besser anzapfen?**
- **Können den AbRUF optimieren?**
- **Und wenn ja, wie?**

Ich habe die wichtigsten Infos und Tips in ein KaWa (S. 76) gepackt: Beginnen wir aber zunächst mit „A" wie ABC-Listen …

ABC-LISTEN

Es folgen die Forschungsergebnisse (zum Vergleich):

1. **In der Regel** fällt es uns am **leichtesten**, Begriffe über ihre **Anfangs-Buchstaben** zu suchen
2. **Relativ leicht** fällt die Suche gemäß **Silbenzahl**. Aber:
3. **Die meisten Versuchspersonen** finden die Suche nach **End-Buchstaben** von Begriffen **sehr schwer** (oft unmöglich).

Wandern Sie 90 Sekunden bis 3 Minuten lang mit den Augen das ABC hinauf- und hinunter und notieren Sie die Begriffe, die Ihnen spontan einfallen (es ist völlig ok, einige Lücken stehen zu lassen, wenn der Timer das Ende der von Ihnen erlaubten Zeit verkündet).

Wir sehen:

Anfangsbuchstaben bieten uns die beste Art **ekphorischer Abruf-Reize!** Bei **ABC-Listen** geht es um die **Anfangs-Buchstaben**, deshalb sind sie so ergiebig ...

Wenn Sie eine ABC-Liste zu einem Thema anlegen, machen Sie eine erste Oberflächen-INVENTUR (im Wortsinn noch sehr oberflächlich, flach). Wenn Sie jedoch kurz hintereinander mehrmals Listen anlegen (jeweils 90 Sekunden bis 3 Minuten lang), dann senden Sie den metaphorischen Mitarbeitern, die Ihre unbewußten (passiven) Wissens-Schätze bewachen, ein Signal nach dem Motto: „Hallo Leute, das Thema interessiert mich!" Daraufhin öffnen diese mehr und mehr der Kisten und Kasten, so daß bei weiteren Versuchen bald immer mehr zum Vorschein kommt.*

Assoziatives Denken

Wir denken natürlich **immer** assoziativ, denn jeder „Faden" in unserem metaphorischen Wissens-Netz ist mit vielen (oft tausenden) von anderen Ideen verbunden! Das wollen wir hier nicht noch einmal diskutieren; es bedeutet aber: Was immer durch einen AbRUF-Reiz ins Licht unseres Bewußtseins getreten ist, kann hunderte von (weiteren) Assoziationen auslösen. Manchmal löst ein Gedanke regelrechte **Denk-Wolken** (vgl. auch „Ideen-Schwärme", S. 123/124) aus ...

Bruchteile reichen!

Das symbolisiert der Knochen im KaWa (S. 76).

Der amerikanische Kognitionsforscher Ulric NEISSER bietet uns eine brillante Metapher an, um den Charakter der Re-KONSTRUKTION eines AbRUFes aufzuzeigen: Unser Denken gleicht oft der Arbeitsweise eines Archäologen:

Aus einem Knochen rekonstruieren wir einen ganzen Dinosaurier in unserer Erinnerung.

---

* Dieses Auftauchen von Informationen wurde in *„Birkenbihls Denkwerkzeuge"* mehrmals angesprochen, vgl. auch im vorliegenden Buch das Stichwort „COUVERT-TECHNIK" (S. 83 ff.).

Sie erinnern sich an Quizaufgabe Nr. 7, in der das Prinzip **DALLI KLICK** (aus einer frühen TV-Rate-Quiz-Show namens **DALLI DALLI** vorgestellt wurde? Haben Sie mitgeraten? (Vgl. S. 373 f.)

Auf Seite 68 und 69 sehen Sie die Auflösung der beiden Quizfragen: Zunächst das Bild (links), zunehmend enthüllt (frei ge-KLICK-t). Merke: **Je vertrauter man mit dem abgebildeten Objekt** (sei dies nun ein Gegenstand, eine Szene, ein Mensch, ein Tier, eine Pflanze etc.) **ist, desto besser kann man er-GÄNZ-en, d.h. im Geiste „ganz machen".**

Andernfalls beweist man lediglich, daß man mit diesem Bild noch nicht vertraut war …

Je vertrauter man mit der Abbildung ist, desto besser gelingt dies und desto schneller kann man demzufolge raten.

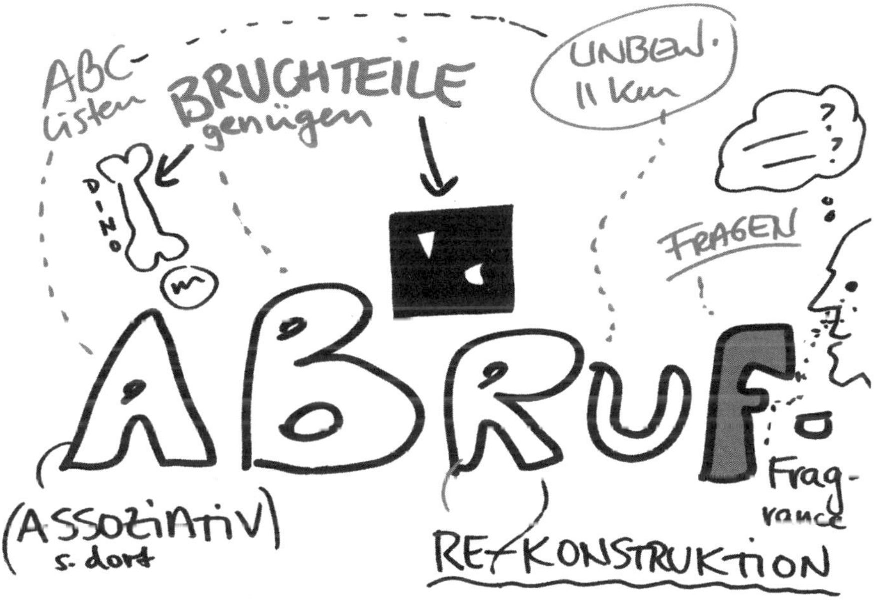

Start: 100 % Abdeckung (hier nicht gezeigt). Dann wird Schritt für Schritt aufgedeckt.

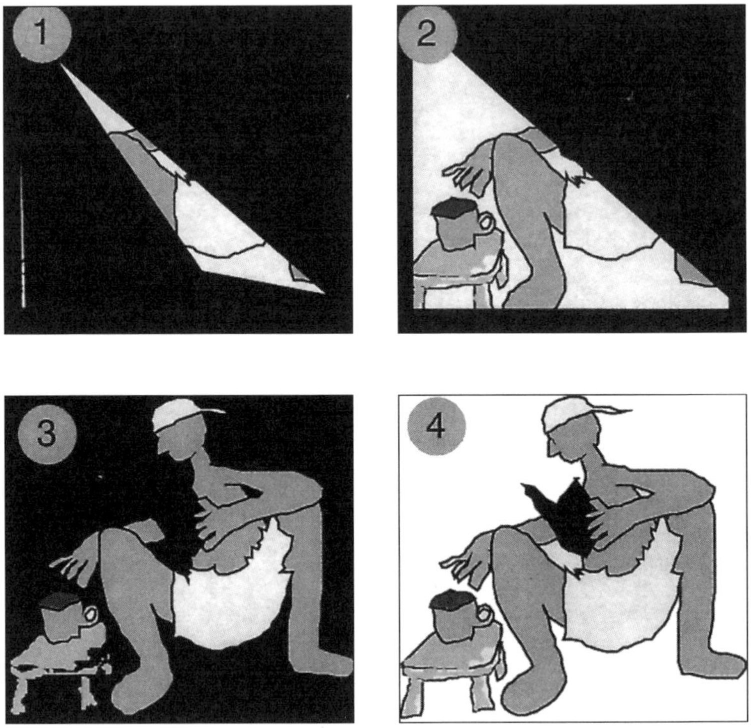

Vielleicht möchten Sie ein paar Bilder (z.B. aus einer Grafik-CD) in ähnlicher Weise aufbereiten und mit Ihren Freunden spielen?

Spiel-Idee

> Legen Sie die (auf der Rückseite numerierten) Bilder in schneller Folge auf den Tisch und lassen Sie raten. Wenn auch ein paar FreundInnen Bilder vorbereiten, dürfen auch Sie sich im schnellen Er-GÄNZ-en versuchen. Es macht wirklich viel Spaß …

Natürlich müssen die freien Stellen nicht zusammenhängen, sie können völlig willkürlich angeordnet werden und auch „wild" über das ganze Bild verteilt sein:

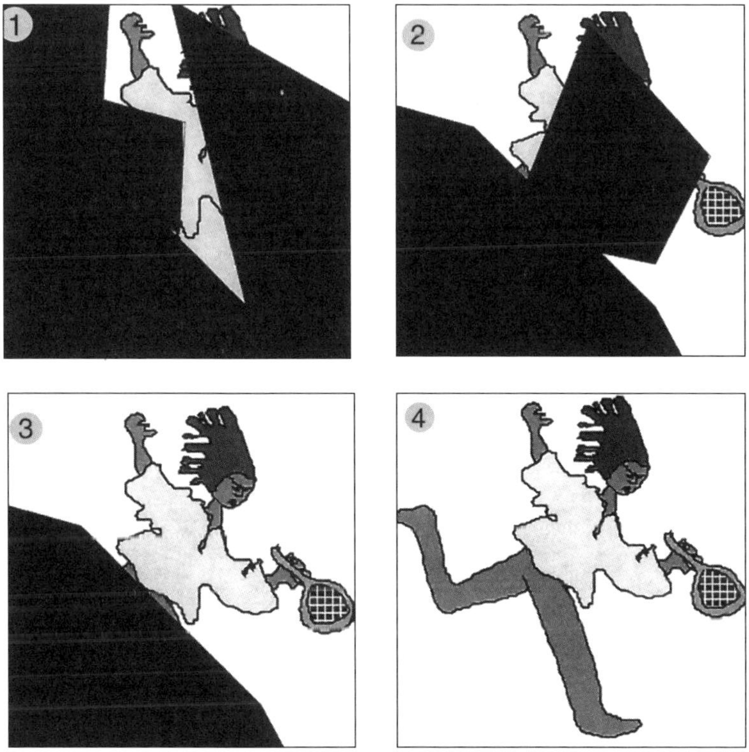

Diesmal wurden die aufgedeckten Stellen über das ganze Bild verteilt.

Es gibt auch andere Kategorien von Bildern, bei denen wir er-GÄNZ-en müssen, wenn die Abbildung zwar vorhanden sind, aber …

Das Bild ist (stellenweise) **schwach**:
So waren frühere Aufnahmen von Sternbildern ferner Galaxien noch sehr schwach (diffus), wie neuere Aufnahmen mit wesentlich besseren Teleskopen zeigen. Ein ähnlicher Effekt stellt sich bei alten Gemälden, Fresken, Höhlenmalereien etc. ein. Nun, da man die GIOTTO-Bilder in Padua restauriert hat, sieht man in der leuchtenden Farbkraft Details, die vorher nie erahnt worden waren!

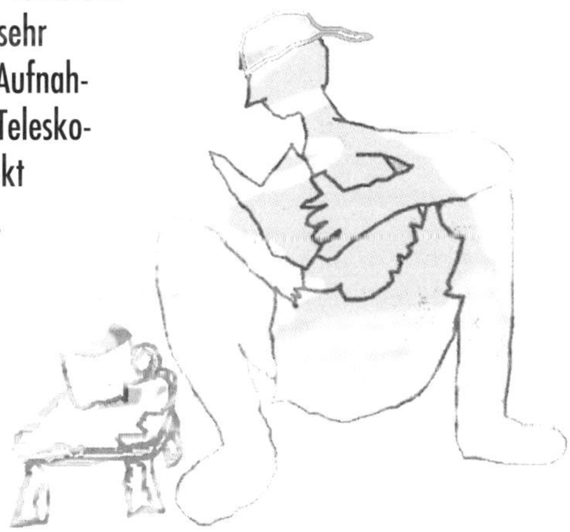

Die GIOTTO-Restaurierung dauerte 14 Jahre, weil man die Gemälde vor einem halben Jahrhundert mit einem luftdichten Lack überzogen hatte, der den Bildern die Farben raubte. Ähnliche Probleme sehen wir bei alten Wandmalereien …

Die Auflösung ist zu grob: Erinnern Sie sich noch, als Sie diese Ansammlung von Rechtecken erstmals gesehen haben? Es war die erste Demonstration (vor Jahrzehnten), aus der hervorging, wie wenig Info unser Geist in Wirklichkeit benötigt, um fehlende Details zu er-GÄNZ-en! Falls Sie das Gesicht noch nicht sehen können, bewegen Sie das Buch weiter vom Gesicht weg und kneifen Sie die Augen zusammen …

Für alle Zweifler: Ja, es ist LINCOLN.

Unabhängig davon, ob wir fehlende Aspekte (Farbe, Auflösung) oder ganze Bild-Teile **er-GÄNZ-en** müssen; möchte ich das Prinzip zu Ehren eines Quizmasters aus meiner Jugend als **DALLI KLICK-Effekt©** (oder **-Prinzip**) bezeichnen, denn dieses **DALLI KLICK-Prinzip©** ist eine wunderbare **Metapher** für einen wichtigen Aspekt der Funktionsweise unseres Gedächtnisses. Es soll uns immer wieder daran erinnern:

> **Wir benötigen oft nur Bruchteile der Information, um zu er-GÄNZ-en.** Dann machen wir uns **ein Bild**; wir **RE-KONSTRUIEREN** aus dem einen Knochen einen ganzen Dinosaurier, indem wir, aufgrund unseres Wissens, Schritt für Schritt **Informationen zusammenfügen** und das **Fehlende er-GÄNZ-en**.

Vgl. KaWa zu „AbRUF" (S. 67).

Allerdings gilt: Das Fehlende war einen Augenblick zuvor **wahrscheinlich nicht** in unserem aktiven Bewußtsein gewesen. Es hatte sich also einen Moment vorher **nicht** im Spotlight auf der Bühne unseres geistigen Lebens-Theaters aufgehalten. Im Klartext:

> **Das Unvollständige wirkt als (ekphorischer) AbRUF-Reiz. Es löst den DALLI KLICK-Effekt© um so effizienter (also schneller, akkurater) aus, je vertrauter wir bereits mit der Sache sind!**

Hier sehen wir einen wesentlichen Aspekt des Vermächtnisses von Richard SEMON: Je vertrauter wir sind, desto **schneller** kann der Stimulus als ekphorischer Reiz fungieren.

So gesehen dienen Rätsel und Quizaufgaben jeder Art (inkl. Fragen) als Inventur: Stellt eine Frage einen guten ekphorischen AbRUF-Reiz dar?

Wenn ja, dann löst die Frage die Antwort aus; dann wissen wir sofort Bescheid. Andernfalls müssen wir keinesfalls gleich aufgeben (was viel zu viele Leute tun!). Sondern: **Wir können den AbRUF-Reiz verbessern.**

AbRUF

Je wichtiger die Angelegenheit für uns ist, desto mehr „lohnt" es sich! Wenn Sie die Art von Quiz-Sendungen* kennen, bei denen die KandidatInnen laut denken dürfen, dann konnten Sie den RE-KONSTRUKTIONS-Prozeß oft live beobachten.

SEMON war der erste, der begriff, wie wichtig die Qualität des AbRUF-Reizes ist, sowie, daß man diesen verbessern kann. Nutzen wir diese Einsicht! Am Beispiel der Bilder (S. 68 f.): Da die Tennisspielerin leichter und schneller anhand des Tennisschlägers identifiziert werden kann, als am Wadenbein, wäre das Wadenbein **ein schlechterer ekphorischer Stimulus** als das Racket!

Zwei Fallbeispiele (der Name eines Komponisten und die Beschaffenheit eines eigentlich nicht bewußt registrierten Büros) finden Sie in Modul „Unterschwellig?" (S. 283 ff.).

Wenn Sie Infos in Ihrem Geist suchen, von denen Sie annehmen, daß die „Akteure" irgendwo in dem 11-km-Gebäude auf ihren Aufruf (= AbRUF-REIZ) warten, dann spielen Sie mit den möglichen Fragen, die Sie stellen können.

Kehren wir zu den Bestandteilen unseres AbRUF-KaWa (S. 76) zurück: Wir hatten festgestellt, daß **ABC-Listen** eine hervorragende „ekphorische Strategie" darstellen, weil sie eine Reihe von Akteuren aufrufen, von denen manche andere kennen, die per **assoziativem** Denken **ebenfalls** auf der (geistigen) Bildfläche erscheinen.

Mehrere ABC-Listen „reißen" eine Menge Infos „an", indem sie viele Akteure „rufen" und so als AbRUF-Reize dienen!

Wir hatten ebenfalls festgestellt, das bereits **Bruchteile von Infos** helfen, wenn wir sie ergänzen können:

---

* Ich glaube, es gibt mehrere Gründe, warum wir Quiz-Sendungen so lieben: Erstens können wir mitraten, d.h. mit unseren eigenen Archiv-Inhalten spielen (das macht Freude, auch daheim vor dem TV-Screen). Zweitens ist es faszinierend, Leuten zuzuhören, die aktiv RE-KONSTRUIEREN! Es erlaubt auch uns beim Zuhören, so manche Info aus den tiefsten Katakomben des 11-km-Gebäudes wieder „aufzurufen" und voller Stolz festzustellen, daß wir das JETZT auch gewußt hätten.

Im Normalfall (wie bei **DALLI KLICK**) sofort und spontan, aber wir können uns diese **Er-GÄNZ-ung** auch schrittweise erarbeiten, indem wir (wie ein Archäologe) aus einem einzigen **Knochen** einen ganzen **Dinosaurier** RE-KONSTRUIEREN, d.h. **er-GÄNZ-en** (nach NEISSER).

RE-KONSTRUKTION

Haben Sie das RE-KONSTRUKTIONS-Experiment (Quizaufgabe Nr. 8) von Seite 374 zur Kenntnis genommen und sich entweder daran erinnert oder es aktiv durchgeführt? Dann haben Sie ja auch die Lehre (auf S. 375) gelesen. Also ist alles klar, wenn wir hier nur sagen:

> **Das „R" in Abruf steht für die RE-KONSTRUKTION. Jeder Abruf stellt immer eine RE-KONSTRUKTION dar.**

Unbewußtes

Allerdings läuft diese RE-KONSTRUKTION oft so schnell ab (4000- bis 2000-mal schneller, als wir bewußt in Worten denken), daß wir sie nicht bewußt registrieren oder gar beobachten können. Nur, wenn der RE-KONSTRUKTIONs-Prozeß **sehr langsam** und **nachdenklich** wird, können wir ihn wahrnehmen. Deshalb sollten Sie ja das kleine Experiment durchführen. Die Ergebnisse von tausenden meiner Seminar-TeilnehmerInnen sind eindeutig:

Erinnern Sie sich noch an die Fragen von Seite 373 f.?

Aufgabe Nr. 1: Monatsnamen „runterrasseln"

Hier wird als Tempo normalerweise von „rasend schnell" bis „sehr schnell" registriert. Bitte beachten Sie, daß die Geschwindigkeit unseres Denken von zwei Faktoren abhängt:

Dies hat katastrophale Auswirkungen auf die akustische Firmen-Indentifikation am Telefon! Die Call-Center-Leute mögen es ja schon tausende von Malen gesagt haben, aber (potentielle) KundInnen würden es gerne **einmal** sauber **zu hören bekommen!!!**

1. Von unserer **genetisch angeborenen neuronalen Grundgeschwindigkeit** (vgl. „Wichtige Ergebnisse der Gehirnforschung", S. 19).
2. Von der **Übung in einer spezifischen Sache** (das ist der zweite Aspekt von Intelligenz bei PERKINS). So sprechen wir einen Begriff, einen Namen oder ganze Sätze umso schneller, je häufiger wir sie in der Vergangenheit bereits gesagt haben. Deshalb nuscheln viele Leute ihren Namen so undeutlich, weil sie durch häufiges Sagen akustisch gleichsam Teile „abgeschliffen" haben. Ebenso erkennen wir bei einem Verkäufer seine

Standard-Aussagen Nr. 117, 223, 400 etc. daran, daß er sie schneller sagt als er eigentlich spricht …

Aufgabe Nr. 2 Monatsnamen rückwärts

Hier beginnen Sie nachzudenken, d.h., Sie werden langsamer. Hier können Sie sich beim Denken fast schon über die Schulter blicken, im Klartext: der RE-KONSTRUKTIONs-Prozeß wird „sichtbar".

Aufgabe Nr. 3 Monatsnamen alphabetisch

Die beiden empfohlenen Textstellen zum Namen des Komponisten und zu dem kaum wahrgenommenen Büro (Modul „Unterschwellig", S. 283 ff.) sind wunderbare Fallbeispiele für so eine nachdenkliche RE-KONSTRUKTION, gleichsam in Zeitlupe!

Was wir nie KONSTRUIERT hatten, können wir auch nicht RE-KONSTRUIEREN. Das sollten wir uns immer sagen, wenn wir etwas nicht wissen.

Wir alle kennen das **Es-liegt-mir-auf-der-Zunge-Phänomen**. Wenn wir uns immer daran erinnern, daß wir, wenn uns etwas (das wir wissen!) nicht unmittelbar eingefallen ist, mit unserer „archäologischen" Arbeit beginnen und langsam RE-KONSTRUIEREN können, dann werden wir viele Situationen in Zukunft weit besser meistern! Das Grundkonzept des **inneren Archivs** ist auf- und ausbauen, aber auch „anzapfen".

Alle Übungsvorschläge und Trainings-Maßnahmen dieses Buches sind darauf ausgerichtet, aber wir sollten uns immer wieder klarmachen: **Wir verdanken unser Gedächtnis einem Überlebens-Mechanismus, den wir teilweise „zweckentfremden".**

Dies gelingt uns die meiste Zeit überraschend gut (sonst hätten wir z.B. nicht das Gefühl, eine „durchgängige" Persönlichkeit zu sein), aber manchmal müssen wir ein wenig „wühlen". Hierbei haben (wie unsere Studien seit ca. drei Jahrzehnten immer wieder gezeigt haben) sich besonders bewährt:

1. **Gehirn-gerechtes Einspeichern** (das entspricht dem „alten" Konzept des gehirn-gerechten Vorgehens seit 1969 und basierte damals sowohl auf der antiken Mnemonik als auch auf ersten bahnbrechenden Forschungs-Ergebnissen aus der modernen Gehirn-Forschung).
2. **Hilfsfäden**, wo keine vorhandenen Wissens-Fäden existieren, um neue Informationen in unser Wissens-Netz „einzubinden" (dies entspricht den in *„Stroh im Kopf?"* angebotenen Strategien von ca. 1984 bis 2000).

Lassen Sie uns dies mit einem Denk-Bild ver-SINN-BILD-lichen! Kennen Sie die Eulenspiegelei, als ihn ein Schneider aufforderte, „die Ärmel an den Rock zu werfen" (gemeint war, die Ärmel hätten an die Jacke **geheftet** werden sollen), aber Eulenspiegel nahm die Leute ja immer gerne wörtlich. Also tat er wie ihm geheißen worden war und verbrachte Stunden damit, die Ärmel an den Rock zu werfen, sie aufzuheben, sie hinzuwerfen etc. Der Schneider kam frühmorgens von einem Gelage zurück, fand ihn mitten in der Nacht bei seinem verrückten Tun und reagierte stocksauer.

Die Ärmel können nur an den Rock geheftet werden (als Vorstufe zum eigentlichen Nähen!), dazu braucht man aber einen **Hilfsfaden**.

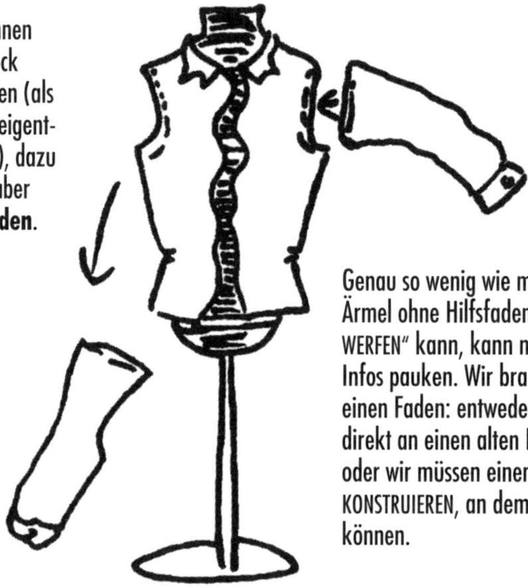

Genau so wenig wie man die Ärmel ohne Hilfsfaden „an den Rock WERFEN" kann, kann man **isolierte** Infos pauken. Wir brauchen immer einen Faden: entweder können wir direkt an einen alten Faden „anbinden" oder wir müssen einen Hilfsfaden KONSTRUIEREN, an dem die Info BIND-en können.

Das vorliegende Buch *„Das innere Archiv"* stellt einerseits die direkte Fortsetzung des neuen *„Stroh im Kopf?"* dar, als auch die Brücke zwischen *„Stroh im Kopf?"* und dem großen *„A-Buch"* (wie die Insider *„Das große Analograffiti-Buch"* – jetzt *„Birkenbihls Denkwerkzeuge"* – sofort getauft haben).

3. **Info gehirn-gerecht machen** (dies entspricht dem neuen *„Stroh im Kopf?"*-Konzept ab der 36. Auflage). Hier publizierte ich (endlich) **nach Jahren** die **Ergebnisse jahrelanger Forschung** mit vielen Versuchspersonen. Ich danke allen, die dabei mitgemacht haben. Wir haben in diesen Jahren nicht nur wahnsinnig viel gelernt, wir lernten auch sehr viel (auf der Meta-Ebene) über das Lernen! Dann dauerte es immer noch über ein Jahr, bis ich in der Lage war, die Ergebnisse auf jene fünf wesentlichen und gleichzeitig nachvollziehbaren Schritte „herunterzubrechen", die **jetzt für alle Wissens-Gebiete** einsetzbar sind. Zur Erinnerung siehe das Merkblatt Nr. 3, S. 311.

Fragen

Wir haben das **Unbewußte** mehrmals erwähnt (die „Katakomben" unseres Geistes), und wir sprachen bereits über **Fragen** als AbRUF-Reiz. Fragen sind enorm wichtig, wenn wir durch sie **Wissen abrufen**. Denn:

Fragen lösen ganz andere Denkprozesse aus als Aussagen!

Erinnerung: Ebenso lösen einzelne, isolierte Wörter **andere** Denkprozesse aus als Aussagen (in ganzen Sätzen oder Satz-Fragmenten). Das nutzen wir ja bei den **ABC-Listen** aus.

Fragen lösen nämlich echte Denk-Prozesse aus; oder sie könnten es, wenn wir es zulassen. So gesehen könnten wir etwas boshaft feststellen, daß Leute, die keine Fragen zulassen, vor ihren eigenen Denk-Prozessen Angst haben, welche jene Fragen „lostreten". Denken Sie nur an die zurückgewiesenen Fragen („Sei endlich still!", „Frag nicht so viel?", „Warum wollen Sie das jetzt wissen?" u.ä.), die Leute gerne stellen würden, wenn man es zuließe ... Fragen von Kindern, SchülerInnen, MitarbeiterInnen, LebenspartnerInnen und nicht zuletzt, von potentiellen KundInnen ...

Fallen Ihnen Personen ein, die Sie persönlich manchmal mit ihren Fragen nerven? Das wären Ihre Trainings-Situationen im Alltag ...

Reiz

Wenn wir einen letzten Blick auf unser KaWa (S. 76) werfen, sehen wir unten rechts ein Unter-KaWa zum Begriff **REIZ**: es steht für das REIZ-abhängige Gedächtnis und soll uns erinnern an ...

1. den **Reichtum** in unserem
2. **Inneren** **Archiv**, sowie
3. die Tatsache, daß wir nicht nur daran denken, wie wir Infos in unser Archiv „hineinbekommen" können, sondern wie wichtig **ekphorische Reize** sind, mit denen wir die Infos wieder re-**aktivieren** können.
4. die Idee von **Zeit**: wieviel Informationen wir pro Zeiteinheit aktivieren können, hängt ja immer davon ab, wie „griffbereit" diese Akteure sind.

RE-KON-STRUKTION

Manche, häufig gerufene Akteure stehen permanent auf der Bühne und müssen nur einige Zentimeter weit in das **Spotlight unseres wachen Bewußtseins** treten, andere stehen am Rand der Bühne und haben einige Meter zu gehen, wieder andere wurden in die **metaphorischen Katakomben** abgedrängt von anderen, die öfter gerufen wurden ...

Diese Katakomben-Bewohner muß man schon ein wenig **reizen** (wir sind ja gerade beim Stichwort REIZ, nicht wahr?). Und wenn unsere jahrelangen Versuchsreihen eines gezeigt haben, dann dies: Eine der besten Methoden ist schnelle, **spontane KaWa©.s und ABC-Listen** anzulegen, pro Thema

(Frage, Problem) **mehrere**, je nach Wichtigkeit ein oder mehrere pro Tage (jeweils 90 Sekunden bis 3 Minuten) lang.

Bitte in diesem Zusammenhang unbedingt das Modul „COUVERT-TECHNIK" berücksichtigen, wenn Sie KaWa-Couvert und ABC-Couvert noch nicht kennen (S. 83 ff.).

Zum Schluß des AbRUF-Moduls möchte ich Ihnen noch eine **Geruchs-Metapher** anbieten: Solche **Wort-Bilder** (= KaWa.s) oder **ABC-Listen** senden gleichsam einen **verlockend**en (metaphorischen) **Duft** in die Katakomben, so daß gewisse Akteure, die diesen spezifischen Duft (= das Thema) wiedererkennen, wieder erwachen … Jedes Thema besitzt seinen eigenen Duft – es gibt so viele Duft-Varianten wie Ideen, über die wir reflektieren können! Ein Thema produziert gleichsam Grill-Düfte, ein anderes erinnert eher an ungarisches Gulasch, ein drittes riecht (metaphorisch) nach frischen Brötchen etc. So locken wir Akteure, die sich vor langer Zeit ausgeklinkt hatten, wieder aus der Tiefe nach oben ins Wachbewußtsein.

Assoziatives Denken

M 3

In diesem Modul werden einige Kerngedanken vorgestellt, die eng mit den wichtigsten Themenkreisen **gehirn-gerechtes** Arbeiten und **inneres Archiv** verbunden sind. Wer schon andere Texte kennt – aus dem neuen *„Stroh im Kopf?"* (ab 36. Auflage) oder aus einem der anderen beiden Analograffiti-Bücher (*„Das große Analograffiti-Buch"* und *„ABC-Kreativ – Techniken zur kreativen Problem-Lösung"*) – oder wer aus anderen Stellen **dieses** Buches hierher „gesprungen" ist (weil Sie modular in selbst gewählter Reihenfolge lesen), sollte bitte registrieren:

Einige Gedanken sind dermaßen grundlegend, daß sie an mehreren Stellen auftauchen **müssen** (sie werden **auch im Seminar** bewußt **mehrmals** angesprochen!). Diese wenigen Wiederholungen sind didaktisch notwendig. Bei einem modularen Prinzip muß der eine oder andere grundsätzliche Schlüsselgedanke **überall dort** auftauchen, wo er **diese** Textstelle erläutert oder erhellt.

Das farbige KaWa zu **Assoziation** ist im *„Das große Analograffiti-Buch"* zwar enthalten, aber das KaWa wurde dort **nicht detailliert** diskutiert; das holen wir hier nach.

Bitte beachten Sie, daß wir bei mehrmaligem Anlegen eines wichtigen KaWa.s **immer wieder die Perspektive verändern** und **andere** Aspekte nach vorne bringen, die uns im **Hier und Jetzt** besonders wichtig, interessant, faszinierend etc. erscheinen. Jedes KaWa stellt immer einen SEELISCHEN SCHNAPPSCHUSS dar, der eine derzeitige INVENTUR bietet. Halten wir das Ergebnis fest, dann ist dies später, ähnlich einem Foto, ein Bild unserer Gedanken, deshalb nennen wir KaWa.s ja auch Wort-BILDER.

Wenden wir uns nun dem Anfang und dem Ende des Begriffes zu: Das *A* und das *V* von **ASSOZIATIV** stehen für **„alt"** und **„Verbindungen"** aus der **„Vergangenheit"**. Dabei gilt:

assoziativ

Je schneller und flüssiger die Assoziationen „fließen", desto mehr alte Verbindungen zu diesem Gedanken (Thema, Problem) gibt es in unserem inneren Archiv bereits.

Deshalb können wir den INVENTUR-Charakter jeder Art von Assoziations-Übung nicht genug betonen. Wir können uns gleichsam in den Kopf schauen, und uns beim Denken beobachten. Wir erfahren, jeweils auf diese Frage (oder auf dieses Thema, Stichwort, Problem) bezogen:

Inhalt	Was weiß ich?
Tempo	Wie leicht fällt es mir?
Menge	Wieviel weiß ich?
Meinung	Was denke ich?

Und da sich dies mit **jedem Stichwort ändert**, ist jede einzelne Assoziations-Übung hilfreich, zumindest im Sinne einer kleinen INVENTUR. Deshalb steht das *O* für OFT **(wie oft haben wir zu diesem Thema bereits nachgedacht?)**, denn die Häufigkeit ergibt eine höhere (An-)ZAHL *(Z)* pro ZEIT-Einheit an Assoziationen! Wenn wir z.B. eine ABC-Liste erstellen und geben uns 3 Minuten Zeit, dann ist die **Menge** an Assoziationen ein guter Indikator: erstens für die (An-)ZAHL von Fäden in unserem Wissens-Netz und zweitens für die (An-)ZAHL an VERBINDUNGEN *(V)* aus der VERGANGENHEIT!

Je ÖFTER wir nachdenken, desto mehr Fäden im Wissens-Netz und VERBINDUNGEN entstehen, aber es geht um mehr: Erste Assoziationen „kommen" von der OBERFLÄCHE, sie entspringen entweder dem erstbesten, das uns einfällt (in der Regel gefärbt vom momentanen Augenblick), und das sind oft **stereotype** Ideen (Antworten), tausendmal gegeben, flach, vorfabriziert (und oft von anderen übernommen). Wenn auf das Stichwort „Blume" die meisten Leute mit „Rose" reagieren, dann liegt diese Rose an der OBER-

FLÄCHE. Wenn wir weiter denken, dann fallen uns weitere Blumen ein, die fast so häufig genannt werden (Tulpe, Nelke). Danach wird es ein wenig INDIVIDUELLER, aber noch immer fallen uns vor allem Assoziationen zu Blumen ein, die mit **häufigen** Erfahrungen verbunden sind, die also schon oft „geübt" wurden, zu denen ZAHL-reiche neuronale Nervenbahnen und VERBINDUNGEN bereits existieren.

Wer Blumen im Garten oder auf der Balkonbrüstung gepflanzt hat, mag nun an diese denken; wer bestimmte Schnittblumen liebt und diese oft in der Vase zuhause stehen hat, wird jene bald nennen oder notieren. Wer einen Schlager kennt, in dem sich „Flieder" auf „wieder" gereimt hat, dem fällt als nächstes der Flieder ein, usw. Erst wenn wir diese häufigen (aber noch relativ flachen) Gedanken notiert haben, um sie gleichsam abzuhaken, kommen Ideen zum Vorschein, die wir langsam „unsere eigenen" nennen können, dann erst wird es persönlich, vielleicht sogar ORIGINELL. Deshalb steht das *A* in ASSOZIATIV auch für die assoziative AUSBEUTE, für die ZAHL

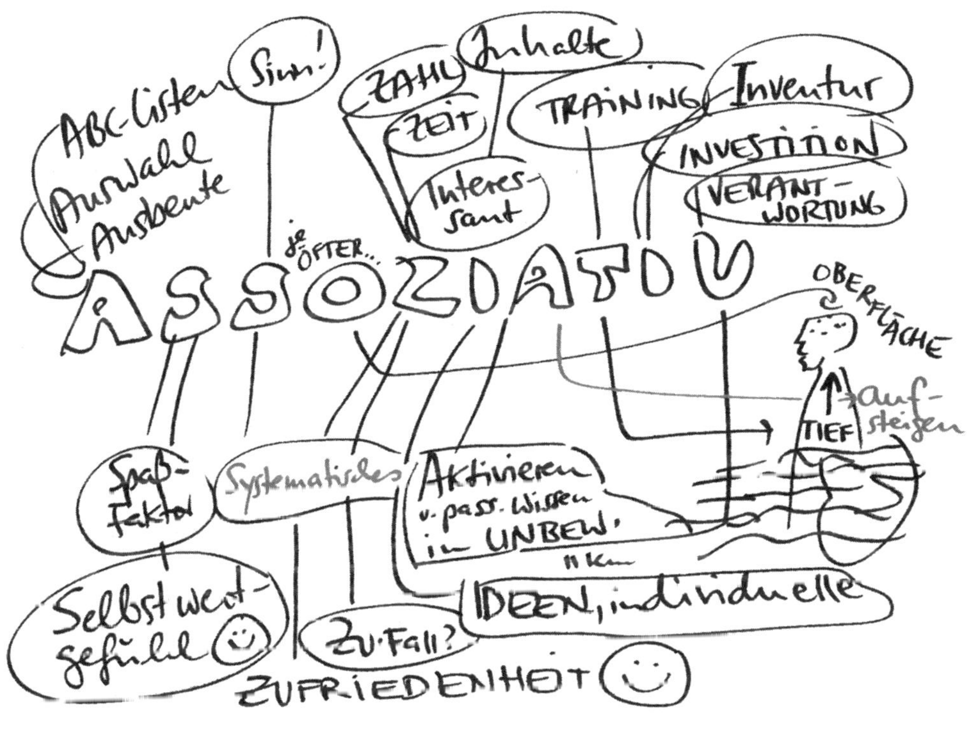

an **IDEEN**, die uns einfallen, denn um sie geht es ja, wenn wir Assoziationen sammeln. Somit hat jede Assoziations-Übung immer auch **INVESTIGATIVEN** Charakter *(Investigation = Untersuchung),* wir untersuchen also unser Wissens-Netz und **entdecken**, wie viele und welche Assoziationen uns wie schnell zu diesem Thema hier und heute „einfallen" …

Jede Liste kostet ca. 60 bis 90 Sekunden (maximal 3 Minuten) Zeit.

Nun halten viele Leute Einfälle ja für mehr oder weniger zufällig, aber wenn wir begreifen, daß stereotype **VERBINDUNGEN** uns **OFT** dieselben Assoziationen „liefern" und daß **nur häufiges Nachdenken** über ein Thema langsam aber sicher unsere 11 km **Unbewußtes „anzuzapfen"** beginnt, denn begreifen wir, daß unsere Einfälle uns immer auch **zu-FALLEN**, so daß wir nicht nur für die ZAHL sondern auch für die **INHALTE** und Mengen **VERANTWORTLICH** zeichnen können, die uns jeweils zu-FALLEN werden. Natürlich steigert sich das im Lauf der ZEIT (mit Training), dann fällt uns zu wichtigen Begriffen sowohl mehr ein, als auch schneller.

Sie können passive Zeit verwenden, z.B. in der Warteschlange an der Kasse, im Stau etc.

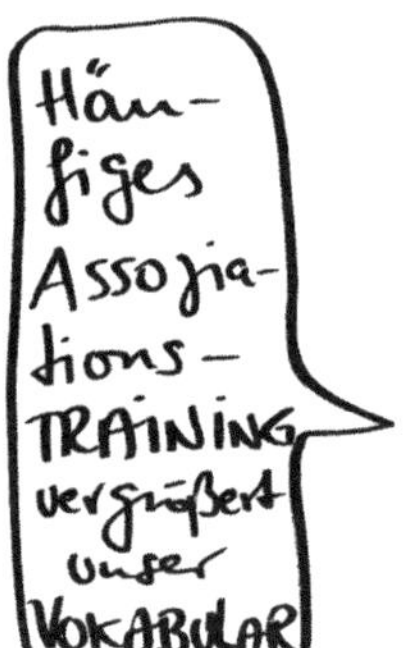

Die meisten Menschen (im assoziativen Denken **nicht** trainiert) produzieren, nur bei wenigen Stichwörtern (Themen, Fragen) einige schnelle, oberflächliche, flache, stereotype Assoziationen. Ansonsten neigen sie eher dazu, am Bleistift zu kauen, wenn assoziatives Denken nützlich wäre. Anders geht es denen, die trainieren: Sie können zu vielen Themen schnell und leicht assoziieren, aber: Die schnellen und leichten Assoziationen derer, die trainieren, sind um vieles origineller als die Assoziationen derer, die nicht trainieren. Wenn ich aufgrund meines Trainings zu einem Begriff relativ mühelos 100 Assoziationen kenne, dann habe ich eine **Auswahl** und kann **die interessantesten heraussuchen**, wenn ich mich (z.B. in einem Gespräch, Meeting etc.) äußern will. Viele meiner Seminar-TeilnehmerInnen klagen oft, sie würden sich ja gerne gewählter ausdrücken, aber sie haben halt zu wenige Worte zum wählen. Das heißt: **Häufiges Assoziations-Training vergrößert unser Vokabular**, selbst wenn wir kein einziges Wort neu hinzulernen würden. Das ist so, weil assoziatives Denken passives und VERSCHÜTTETES Wissen, ALTE Fäden im Netz, halb-VERGESSENe Infos usw. wieder AKTIVIERT! Deshalb behaupte ich:

Angenommen, Sie müßten zwei Monate auf einer einsamen Insel aushalten. Es ist genügend zu essen/trinken vorhanden und Sie wissen, das Überleben ist kein Thema, denn in genau zwei Monaten kommt ein Linienschiff und wird Sie mitnehmen.
Wenn Sie nun täglich einige Stunden damit zubrächten, ABC-Listen zu erstellen (es wurde sogar Schreibzeug gerettet), aber selbst, wenn Sie die Listen nur im Kopf aufbauen (z.B. beim Spazierengehen), kann ich Ihnen garantieren: **Sie kommen um einiges intelligenter und kreativer zurück**, als Sie losgefahren waren, weil Sie **Unmengen von passivem Wissen** in Ihrem 11 km Unbewußten aktivieren und nach Ihrer Reise griffbereit (neudeutsch: *on your fingertips*) haben.

Insel-Effekt

Nur, Sie brauchen gar nicht auf eine einsame Insel zu fahren. Wenn Sie mehrmals am Tag einige Minuten in diese Aufgabe INVESTIEREN würden, wenn Sie also **säen**, dann können Sie immer mehr ernten, d.h. Ihre AUSBEUTE wird immer reichhaltiger, und das alles, weil Sie regelmäßig trainieren, ASSOZIATIV zu denken. Damit aber haben Sie den meisten Mitmenschen einiges voraus! **Wenn** man ein neues Prozedere erst einmal zu üben begonnen hat, wird es VERTRAUT, damit hört es auf, unangenehm zu wirken, dadurch macht es mehr SPASS und Ihre AUSBEUTE wird immer ZAHL-reicher und schneller, was wiederum den SPASS-Faktor erhöht. Dies bedeutet, mehr ZUFRIEDENHEIT mit Ihren INVENTUREN, Sie erweitern **systematisch** Ihre Kompetenz und das ist gut fürs SELBSTWERTGEFÜHL. Sie sehen also, es lohnt sich!

OFT?
TRAINING + TUN
STRATEGISCH
Ausbeute
ASSOZIATIV
ANZAHL in ZEIT
z.B. 25 Wörter in 90 Sek.'s
IDEEN
Verantwortung
INVENTUR!!
*Saat→Ernte!!

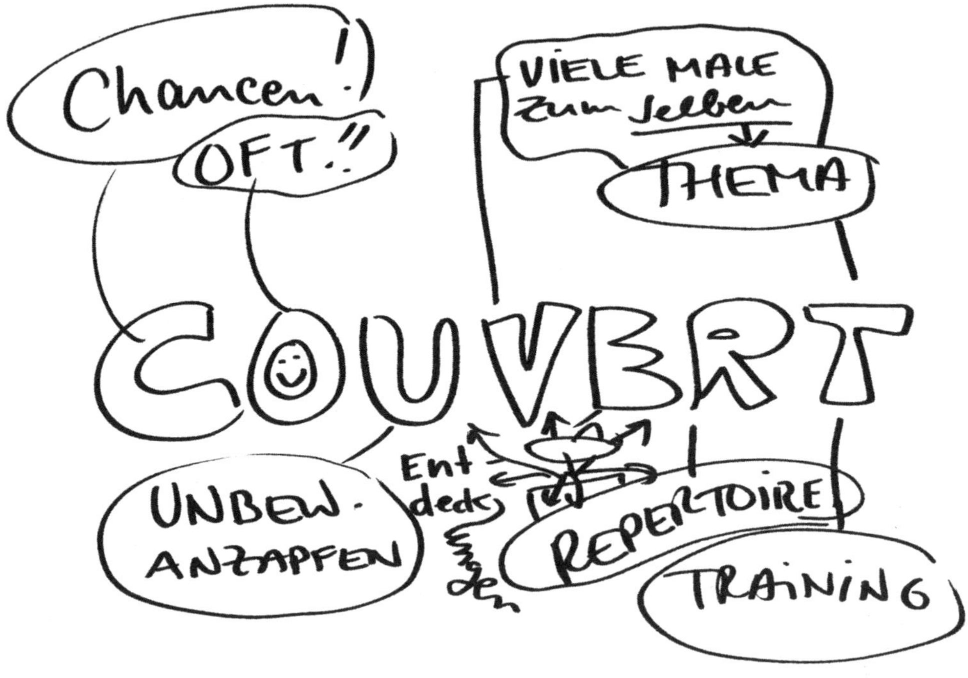
Chancen!!
OFT!!
VIELE MALE zum Selben
THEMA
COUVERT
Ent deckt werden
UNBEW. ANZAPFEN
REPERTOIRE
TRAINING

COUVERT-TECHNIK M 4

Es gilt ein **Denk-Tool** zum Anzapfen unseres unbewußten (passiven, subliminalen) Wissens **mehrmals** einzusetzen, so daß wir **immer mehr** passives (verschüttetes, halbvergessenes) **Wissen aktivieren.** Geeignet ist jede Denk-Technik (von klassischen Stichwortlisten über ABC-Listen, KaWa.s, KaGa.s, selbst „normale MindMaps® etc.), wenn Sie täglich ein- oder mehrmals einen kleinen Aufsatz (von einer Seite) zum **gleichen** Thema schreiben. Wichtig ist hingegen auf alle Fälle das Procedere:

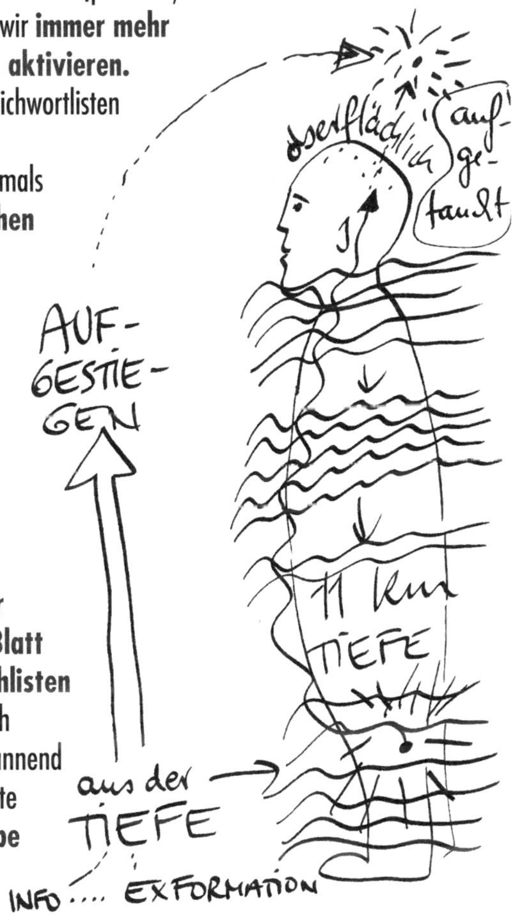

1. **Schreiben/zeichnen und**
2. **sofort wegpacken** (ohne das Ergebnis auch nur anzuschauen oder gar zu lesen!).
3. **Erst nach einigen Wochen wieder hervorholen** und
4. **ab jetzt damit arbeiten.**

Zum Beispiel können Sie die **Bögen miteinander vergleichen** und/oder **alles auf ein riesiges Blatt übertragen**. Dabei bietet es sich an, kleine **Strichlisten** bei **Mehrfach-Nennungen** anzulegen, denn auch Mehrfach-Nennungen können außerordentlich spannend sein. Nehmen wir an, bei den ersten 15-mal tauchte bei einem bestimmten Buchstaben **immer dieselbe Assoziation** auf; es erschien also jedesmal derselbe Akteur, der auf die Bühne „gerufen" wurde, aber ab dem 16. Mal taucht **jener Akteur nie wieder** auf. Dieser Gedanke ruhte also relativ weit „oben" (vgl. „oberflächliche" Ideen) und war deshalb sofort abruf-bereit.

Vgl. Modul „AbRUF-Reiz", S. 62 ff.

Aber durch Ihr stetiges „Bohren" senden Sie Signale an die „administrativen Mitarbeiter", die Ihre unbewußten Schätze hüten. Langsam aber sicher beginnen diese, mehr und mehr Kästen zu öffnen; deshalb tauchen bald immer mehr faszinierende **Ergebnisse aus Ihren eigenen Tiefen** auf.

Im Modul „AbRUF-Reiz" finden Sie eine zusätzliche Geruchs-Metapher für diesen Prozeß (S. 76); außerdem kann das Modul „Unterschwellig?" (S. 283 ff.) erhellend wirken …

Der Grund, warum das so gut funktioniert, liegt in der Funktionsweise unseres Gedächtnisses begründet. Von Natur aus ist es dazu da, unser Überleben abzusichern, so daß seine Haupt-Funktion im Gegenwärtigen liegt. Natürlich müssen wir Gefahren aus der Vergangenheit **schnell wiedererkennen** können, aber diese wirken ja als AbRuf-Reiz und lösen sich selbsttätig aus (wie eine Selbst-Schuß-Anlage). Wenn Sie als Gehirn-Besitzer aber „herumsitzen" und irgendwelche schlauen Ideen „hervorkramen" wollen, dann versteht Ihr Gehirn diesen Wunsch nicht. So wie manche Fachleute Denken für ein Epiphänomen halten (im Klartext: **Sahne auf dem Evolutions-Kuchen**), so ist das Erinnern an Dinge, die keinen direkten Überlebenswert zu haben scheinen, **nicht** die primäre Funktion Ihres Gehirns. Andererseits wurde z.B. der Hund von der Natur weder „erfunden", um Stöckchen zu holen, noch um einem Menschen das Augenlicht zu „ersetzen", aber wenn ein Hund diese Dinge einmal gelernt hat, dann tut er sie gerne.

Ähnlich können wir unser Hirn dazu „verführen", weit mehr Informationen, Erinnerungen, Fakten, Gedanken, Ideen, Schlußfolgerungen etc. zu einem Thema freizugeben, indem wir vorhandene **neuronale Mechanismen nützen.**

Als ich KaWa-Couvert erfand, steckte ich die einzelnen Blätter in ein großes, gerade geleertes Couvert (aus dem Posteingang jenes Tages) und dieses Couvert in eine Schublade. Täglich geschah es nun ein- oder mehrmals: KaWa anlegen, Schublade auf, Bogen ins Couvert, Schublade zu … So kam die Technik zu ihrem Namen. Später wurde mir klar, daß **jedes Denk-Tool** geeignet ist, also neben **KaWa-Couvert** auch **ABC-Couvert** etc.

Dazu gehört die COUVERT-Technik. Zeigen Sie den metaphorischen Mitarbeitern in den **Katakomben Ihres inneren Archivs**, an welchem Thema Sie heute „arbeiten" wollen. Bei den ersten Malen winken diese Typen noch müde ab und sagen: „Die Sowieso-Information ist schon oben, das reicht!" (Damit meinen sie den Gedanke, der sich die ersten 15-mal spontan präsentiert hat.) Wenn Sie als **Gehirn-Besitzer** aber zum **Gehirn-Benutzer** werden, indem Sie weitermachen, wiewohl die ersten Male „langweilig" und sehr ähnlich sein können, dann werden die Katakomben-Leute wach und sagen: „Aufpassen, der Gehirn-Besitzer meint es diesmal ernst! Der will echt mehr …". Jetzt öffnen sie diverse Behälter, so daß die darin enthaltenen Informationen (Gedanken, Ideen, Zitate, Erinnerungen an Erlebnisse etc.) nun doch langsam nach oben driften können. Deshalb „tauchen" sie dann „oben" auf …

Deshalb tauchen erst bei eingehender Beschäftigung **Gedanken aus der Tiefe auf. Da die meisten Leute vorschnell aufgeben („Dazu weiß ich nichts", „Mir fällt nichts ein", „Keine Ahnung", usw.) erfahren Sie nicht, wie es ist,** wenn Ideen aus der Tiefe nach oben zu schweben beginnen. **Natürlich haben auch diese Ideen assoziative Verbindungen mit weiteren Gedanken, so daß hier immer mehr Schätze** offenbar **werden …**

Es lohnt sich. **Probieren Sie es aus:** Wählen Sie ein Thema und legen Sie täglich ein- oder mehrmals eine ABC-Liste (oder ein KaWa©) an, das Sie sofort „wegpacken".

Nun ergab sich eine Frage, die eine Leserin des Birkenbihl-Beratungs-Briefes wie folgt formulierte:

> Einerseits ist mir klar, daß ich schreiben und immer sofort wegräumen soll, andererseits will ich ja später die Reihenfolge wissen. Um aber zu numerieren, muß ich heute wissen, welche Nummer ich gestern vergeben habe. Also muß ich jedesmal ins Couvert schauen. Zwar sehe ich das Blatt nur von der Rückseite, ich spicke also nicht, aber es stört mich doch, und es ist umständlich, ein Blatt herauszufischen und wieder reinzuschieben. Vielleicht bin ich auch nur faul, aber irgendwie nimmt mir das die Freude, weil das Prinzip „schreiben und wegpacken" durchlöchert wird. Gibt es eine bessere Lösung? Oder bin ich überkritisch?

Ein kleiner Trick am Rande: **Numerieren** ist besser als die einzelnen Blätter mit Datum zu versehen: Wenn wir jede Liste numerieren, dann können wir später wesentlich schneller sortieren und/oder die Entwicklung nachvollziehen, als wenn wir Blätter mit Datum bearbeiten wollen.

Meine Antwort:

Schreiben Sie außen auf das Couvert die jeweilige Nummer, die Sie bisher vergeben haben. Wenn ein neues ABC fertig wird, dann werfen Sie einen schnellen Blick auf das **Couvert**, sehen z.B „13" als letzte Zahl und schreiben sofort zweimal die „14": **einmal** auf das Couvert, **einmal** auf Ihr Blatt Papier, dann schieben Sie es ins Couvert …

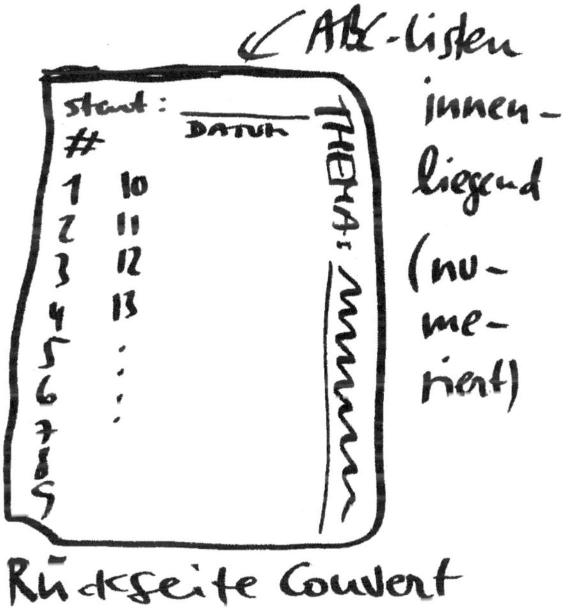

Grammatik Nr. 1

A Artikel
B Begriffsbestimmung
C C - ???
D direkte Rede
E E - ???
F feminin
G Genus
H H - ???
I indirekte Rede, Indikativ
J J - ???
K Konjunktiv
L L - ???
M maskulin
N Nebensatz
O O - ???
P Präposition
Q Q - ???
R reguläre Verben
S Substantive
T Trennung
U unregelmäßige Verben
V Verb
W Wortarten
X X - ???
Y Y - ???
Z Zeiten

18 Begriffe in ca. 4 Minuten

Fallbeispiel: Grammatik

Es ist immer wieder spannend, die Ergebnisse in Relation zu den Fäden in unserem neuronalen Wissens-Netz zu sehen. Bei Themen, die nicht unbedingt täglich aufs Tapet kommen, können wir besonders gut sehen, was sich in unserem Kopf „abspielt", wenn wir uns beim Denken gleichsam über die Schulter schauen. Und das zeigen uns unsere ABC-Listen immer wieder:

Erstversuche sind immer eine INVENTUR (Was weiß ich? Wie schnell kann ich mein Wissen „anzapfen"?). Spätere Versuche, besonders bei systematischen ABC-COUVERT-Übungen, sollten mindestens einige Tage lang durchgeführt werden!

Diese und die nachfolgende ABC-Liste zum Thema „Grammatik" stammen von einer Person, die von sich sagt:

> Obwohl ich nie ein richtiger Grammatik-Fan war, muß ich zugeben, daß ich Grammatik in der Schule niemals schlimm fand (wie die meisten meiner Mitschüler). Manchmal, leider selten, fand ich es sogar spannend.

In der nachfolgenden zweiten Liste derselben Person wurden Begriffe, die mit Liste 1 **übereinstimmen**, **durch Fettdruck** hervorgehoben. Wenn Sie aus Ihren Listen eine Menge über sich lernen wollen, dann markieren Sie z.B. häufig auftretende Begriffe in Ihren Listen farbig. So können Sie sich gleichsam „in den Kopf gucken" und erfahren u.a.:

1. **Wie schwer oder leicht dieses Thema Ihnen fällt** (das erkennen Sie z.B. daran, ob es Ihnen „Spaß macht" oder ob Ihnen die Zeit „lang wird", bis die Liste beendet ist).
2. **Was bei Ihnen so an der Oberfläche „schwimmt"**, also **immer** schnell und spontan abrufbar ist, sowie
3. **Was erst bei mehrmaligem Arbeiten aus den Tiefen aufzutauchen beginnt**, wenn Sie **öfter** zu einem Thema arbeiten. Das sind die **Schätze**, die nur findet, wer bereit ist, ein ABC-Couvert zu diesem Thema anzulegen. Denn ABC-Couverts helfen uns immens, unser unbewußtes Wissen „anzuzapfen"!

Grammatik Nr. 14

A *Apostroph, Akkusativ, Attribute,* ***Artikel,***
B *B - ???*
C *Casus*
D *Demonstrativpronomen, Doppelpunkt,* ***direkte Rede***
E *Exegese*
F *Futur, Form,* ***feminin***
G *Genitiv, Genus*
H *Hauptsatz*
I *Imperativ, indirekte Rede,* ***Indikativ,***
J *Jargon (grammatikalischer)*
K *Komma, konjugieren, Kopula,* ***Konjunktionalsatz,*** *Konjunktiv*
L *L - ???*
M *Modalverben, Modus, maskulin*
N *Nebensatz, Nominalisierung*
O ***Orthographie***
P *Pronomen, Prädikativ, Plusquamperfekt, Perfekt*
Q *Qui? - etc. (alle Fragewörter)*
R *Relativpronomen,* ***reguläre Verben***
S *Syntax, Satzzeichen, Subjekt,* ***Substantive,*** *Satzglieder*
T *Tempus*
U ***unregelmäßige Verben***
V *Verb*
W ***Wortarten***
X *X*
Y *Y*
Z *Zeichen, Zeiten*

20 Begriffe in ca. 4 Minuten

Wie Sie sehen, tauchen inzwischen pro Buchstabe bereits mehrere Ideen auf, das ist typisch, wenn wir eine Weile an einem Thema arbeiten.

Hier sehen Sie die Konsolidierung nach 17 ABC-Listen.

A Akkusativ, ACI (accusativ cum infinitiv) Adjektiv, Adverbialien (Zeit, Ort), Attribute, Artikel,
B Bilanz (z.B. Substantiv-Häufigkeits-Zählung wg. Nominalisierung), Begriffsbestimmung
C Casus
D Dativ, Demonstrativpronomen, Doppelpunkt, direkte Rede
E Etymologie, Exegese
F Futur, Funktion, Fremdwörter, Form, feminin
G Genitiv, Genus
H Hauptsatz, Hilfsverben
I Imperativ, indirekte Rede, Indikativ, irreguläre Verben
J Jargon (grammatikalischer)
K Komma, konjugieren, Konjunktion, Kopula, Konjunktionalsatz, Konjunktiv
L Lehnwörter, lateinische oder deutsche Termini?
M Modalverben, Modus, maskulin
N Nebensatz, Nominalisierung
O Orthographie, Objekte
P Pronomen, Prädikativ, Plusquamperfekt, Perfekt, Präsens, Präposition,
Q Qui? – etc. (alle Fragewörter)
R Relativsatz, Relativpronomen, reguläre Verben, redundante Wörter = Redundanz
S Substantiv, Syntax, Subjekt, Satzzeichen, Satzstruktur, Satzbau
T Tempus, Trennung
U unregelmäßige Verben
V Verb
W Wortarten, Worthäufigkeit (pro Satz)
X X, Y
Z Zeichen, Zeiten

Wenn Sie als **Gruppe** spielen, dann können Sie durch farbiges Markieren der Mehrfach-Nennungen feststellen, **welche Begriffe in** dieser **Gruppe besonders** „präsent" **sind.**

Dies kann faszinierend werden, wenn Sie mehreren Gruppen angehören und bei manchen Themen (Fragen, Problemen) **alle** Mitglieder der diversen Gruppen darum bitten, dasselbe Thema (per schneller ABC-Liste) „anzudenken".

Da eine ABC-Liste nur wenige Minuten in Anspruch nimmt, machen die Menschen in der Regel bereitwillig mit, denn es macht uns Spaß, mit den Fäden in unserem Wissens-Netz zu spielen. Nur schade, daß das in Schule und Ausbildung so selten stattfand ...

Wenn Sie die Bögen hinterher vergleichen, können Sie faszinierende Ent-DECK-ungen machen! Übrigens: Die kleinste Gruppe, die DYADE, besteht aus 2 Personen.

... von hellgelb über mittel- und dunkelgelb, pink, grün etc. – es gibt mindestens 15 verschiedene Papierfarben ...

Ein technischer Tip: Wenn Sie pro Gruppe **andersfarbiges Papier** austeilen, dann fällt es Ihnen später leichter, **jede Gruppe** (innerhalb der Gruppe) im Gegensatz zu den Gruppen untereinander zu vergleichen, wenn Sie das wollen. (Dann dürfen die Bögen auch einmal herunterfallen ...)

Wenn Sie die Aufgabe noch nicht kennen, dann reagieren Sie doch jetzt schnell und spontan: Je Schlüsselreiz **ein einziger** Begriff (das entspricht der **ersten** bzw. erstbesten Assoziation (wenn man mehrere notieren darf).

Dieser Vergleich zwischen verschiedenen Menschen (oder Gruppen) ist deshalb so faszinierend, weil wir zu manchen Begriffen ein relativ starres **oberflächliches** Reaktions-Muster besitzen. Erst wenn wir öfter darüber reflektieren (z.B. durch eine ABC-Couvert-Reihe) tauchen Gedanken und Ideen auf, die zu uns selbst, zu unserer individuellen Psyche (unserem persönlichen Wissens-Netz) gehören. In *„Das große Analograffiti-Buch"* stelle ich einige Begriffe, mit den typischen häufigen Antworten unserer Kultur vor. Erinnern Sie sich an Ihre Antworten?

Ihre erste Reaktion, zu:

1. **BLUME** ______________
2. **WERKZEUG** ______________
3. **FARBE** ______________
4. **(Musik-)INSTRUMENT** ______________

Unsere häufigsten deutschen (inkl. deutschsprachige Nachbarländer) Reaktionen sind: BLUME *(Rose)*, WERKZEUG *(Hammer)*, FARBE *(rot*, den 2. Preis gewinnt *blau)* und MUSIKINSTRUMENT (*Geige* und *Klavier* bis ca. 1980, seither immer häufiger *Gitarre*, seit 2000 immer häufiger *Keyboard*).

Egal, wie häufig Sie ein ABC-Couvert zu einem Thema machen würden, die Wahrscheinlichkeit, daß Ihnen die erstbesten (oberflächlichen) Begriffe **jedesmal wieder einfallen** (auch wenn Sie sie nicht jedesmal notieren wollen), ist sehr hoch. Das heißt:

Innerhalb einer Person, ***intra**-persönlich*	**Dieselben Gedanken kann man sich bezüglich Gruppen-Ergebnissen machen.** Hier lautet der Terminus ***inter**-persönlich*, vgl. Sie den Begriff „international" (das heißt: **zwischen unterschiedlichen** Nationen).
Wenn Sie merken, daß Sie im Lauf der Zeit immer wieder bestimmte (identische) Assoziationen auflisten, dann heißt das:	**Wenn Sie merken, daß innerhalb einer Gruppe zu vielen Themen große Übereinstimmungen herrschen, dann heißt das:**
1. Diese Begriffe „hängen" für Sie an **bestimmten** persönlichen **Erfahrungen**, die Sie mit diesen Begriffen verbunden haben.	1. Die Gruppenmitglieder haben einige **ähnliche Erfahrungen,**
2. Diese **starke Fäden** in Ihrem **Wissens-Netz** repräsentieren aber auch „Datenbahnen" im Hirn!	2. sie haben demzufolge **gleiche Fäden** im Wissens-Netz, was zu ähnlichen Assoziationen führt, d.h.
3. Je häufiger Ihre Assoziationen stereotyp dieselben sind, desto stärker denken Sie (**zu diesem Thema!**) in alten, eingefahrenen, etablierten Bahnen, also immer wieder **sehr ähnlich!**	3. sie **denken sehr ähnlich!**

Das heißt aber auch: Diese Gruppe ist so homogen, daß die Mitglieder sich zwar **hervorragend verstehen**, aber wohl **kaum** gemeinsam **wirklich neue Gedanken** entwickeln werden, eben weil sie sich zu ähnlich sind. Gibt es hingegen Bereiche, in denen die **ABC-Listen** der einzelnen **stark voneinander abweichen**, dann sind **das Themen**, in denen diese Menschen durch Gespräche, Teamarbeit und Diskussionen am meisten **voneinander profitieren könnten** …

M 5 Denk-LUST

Wahr oder falsch?? (Kreuzen Sie alle Aussagen an, die Sie für wahr halten).

❑ JA ❑ NEIN **1.** Alles, was die Chancen für unser Überleben absichert oder optimiert, geht automatisch mit der Ausschüttung sogenannter **Endorphine** einher. Diese bewirken, daß uns die Sache Spaß macht, daß wir länger dabeibleiben und gerne wieder (weiter-)machen wollen. Wir nennen diesen Wunsch nach mehr: „LUST".

❑ JA ❑ NEIN **2.** Diese körpereigenen **Glücks-Hormone stärken** unser **Immunsystem**.

❑ JA ❑ NEIN **3.** Je mehr unser Immunsystem gestärkt wird, desto mehr steigen unsere Überlebens-Chancen insgesamt **wiederum**.

❑ JA ❑ NEIN **4.** Alles, was das **Überleben gefährdet**, geht mit akuten **Unlust-Gefühlen** einher (damit der Organismus sofort davon abläßt und diese Erfahrung in Zukunft meidet).

Schlußfolgerung: Wenn also Milliarden von Menschen weltweit bei Lernprozessen akute **Unlust-Gefühle** erleben, dann **muß** das Lernen dem Überleben abträglich sein! (Halten Sie das für wahr?) Oder? Kommt Ihnen hier etwas spanisch vor? Das sollte es auch! Wir wissen inzwischen, wie ausschlaggebend Intelligenz auf dem Weg zu „höher entwickelten" Lebewesen ist. Auch hat sich inzwischen eindeutig herausgestellt, daß innerhalb einer Bevölkerung die Klügsten (im Schnitt) die besseren Überlebens-Chancen haben. Und es leuchtet doch ein, daß Klügere besser vorankommen in einer Gesellschaft, insbesondere in einer, die sich inzwischen als Informations- oder Wissens-Gesellschaft bezeichnet.

Wir wissen, daß in Zukunft die Kopfarbeiter „siegen" werden und wir können uns ausrechnen: je mehr LUST aufs Denken wir bekommen, desto bereiter sind wir zu Denk-Leistungen (wie z.B. dem Aufbau und der Nutzung unseres inneren Archivs!). Deshalb möchte ich allen Opfern des Systems zurufen: **Wir können immer einen Neu-Anfang machen, auch noch im hohen Alter.** Und da alles, was unser Archiv aufbaut und nutzt **auch** als Anti-Altersheimer-Prophylaxe gesehen werden kann, sollte es doch reizvoll sein, den Versuch zu wagen, mehr LUST ins Denken zu bringen.

Auch als Alzheimer-Vorbeugung

Wenn wir erst einmal sehen, welche großartigen Dinge wir mit ein paar „läppischen" ABC-Listen vollbringen können, dann beginnt der Spaß an der

Sache. Und wenn wir bedenken, daß wir uns die **DENK-LUST** mit einfachen, aber spannenden Spielchen und mittels dynamischer Systeme Schritt-für-Schritt zurück erobern können (jedes Kind denkt noch LUST-voll!), dann macht das doch Mut, oder?

Vgl. dazu „LULL'sche LEITERN und ROTAE" (S. 122 ff.).

Kommen wir uns **DOOF** vor, wird Denken zur **LAST**, andernfalls siegt die **NEUGIERDE**, die den Organismus dazu verleitet, sich **GERNE** mit Neuem auseinanderzusetzen, eben weil diese **LUST** gut für uns ist.

Wichtig ist nicht so sehr, wieviel Denk-Lust Sie **bisher** erlebt hatten, sondern, wie Ihre **Zukunft** aussehen wird. Wenn Sie mit den ABC-Techniken in diesem Buch beginnen, werden Sie bald feststellen, daß diese Ihnen „etwas bringen". Sie haben viele Möglichkeiten, erst einmal vorsichtig (spielerisch) einzusteigen. So können Sie zum Beispiel:

- → **ABC-Listen zu Themen Ihres Interesse erstellen**
- → **Stadt-Land-Fluß spielen** (allein oder mit anderen)
- → **Variante Stadt-Land-Quantenphysik-Gruppe:** Sie (und jede/r MitspielerIn) ersetzen das Thema Quantenphysik durch einen Themenbereich ihrer aller Wahl (denselben für alle) oder
- → **Variante Stadt-Land-Quantenphysik-Solo:** Jede/r MitspielerIn darf einen eigenen Bereich wählen, in dem man selbst sich besonders kompetent fühlt.
- → **Variante Stadt-Land – ohne Stadt-Land.** Es muß überhaupt kein Stadt, Land etc. sein, einigen Sie sich (gern jedesmal auf andere) Themen zu denen Sie **alphabetisch assoziativ denken** wollen. Ob man einen Buchstaben auslost und im Stil von Stadt-Land-Fluß spielt oder gleich ganze Listen anlegt, steht Ihnen frei. Ob man hinterher Begriffe zählt und es Sieger gibt, entscheiden Sie auch (jedesmal). Manchen Leuten macht der Wettbewerbs-Charakter mehr Spaß, andere spielen lieber ohne Punktesieg!
- → **Mit fertigen Listen spielen, indem Sie ...**
  - → **LULL'sche-Leitern basteln** (vgl. Modul „Denk-Technik", S. 94 ff.) oder
  - → **LULL'sche ROTAE anlegen** (vgl. ebenda).

Natürlich sind das nur **Fingerübungen**, aber sie machen eine Menge Spaß. Bald werden Sie automatisch beginnen, „echte Probleme" und Fragen mit den einfachen ABC-Techniken zu durchdenken. Dabei können durchaus auch komplexe Lösungen entstehen, die Technik ist in ihrer Anwendung „einfach", nicht in dem, was inhaltlich dabei herauskommen wird.

ABC-Techniken des inneren Archivs

- **ABC-Listen zu wichtigen Themen anlegen und**
- **wichtige Fragen mit LULL'schen Leitern oder ROTAE „bearbeiten", weil Sie diese als Ideen-Generator oder als Denck=Register verwenden, um neue Ideen (d.h. neue Assoziationen bzw. Bisoziationen) zu erzeugen.**

Der Begriff „Denck=Register" geht auf KEMMERICH zurück (wobei man damals noch „denck" schrieb).

Publiziert anno 1721 (Quelle: RIEGER). Damals schrieb man übrigens das **Gleichheits-Zeichen**, wo wir heute den **Bindestrich** setzen, daher ist die korrekte Schreibweise tatsächlich: „**Denck=Register**".

Natürlich gibt es noch viele Möglichkeiten, Denk-Lust zu erzeugen, so manche finden Sie in diesem und im *„Das große Analograffiti-Buch"*.

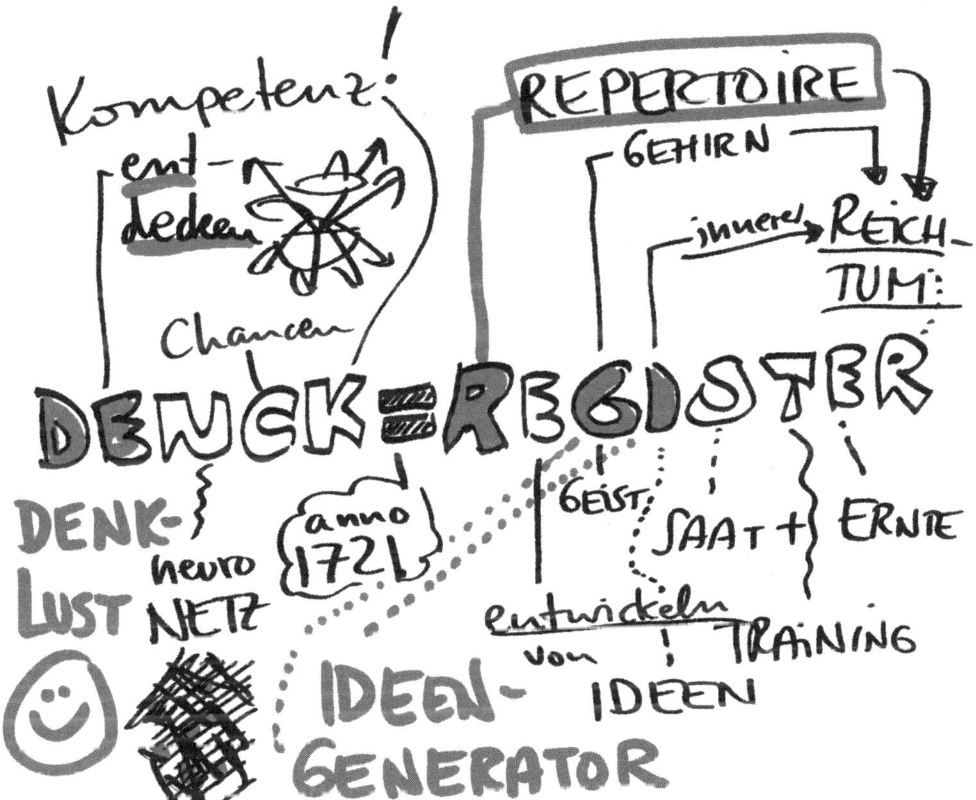

M 6 Denk-Technik: Mit LISTEN-Denken zum Erfolg

Sie können dieses Modul **vorab** lesen (zur ersten Orientierung) oder **später jederzeit** wieder, um sich an die wichtigsten Gedanken zum LISTEN-Denken, inkl. LULLs LEITERN & ROTAE zu erinnern. Dieses Modul wird auch jenen Menschen eine Hilfe sein, die analografische und LISTEN-Techniken in Schule oder offenen Seminaren weitervermitteln wollen.

Vorbemerkung: Dieses Modul enthält den Gesamt-**Überblick zu einem sehr wichtigen Stichwort des Konzeptes vom Inneren Archiv, dem LISTEN-Denken**, daher finden Sie hier **zusammenfassende** Bemerkungen (mit Hinweisen auf andere Module), aber auch **jede Menge Neues** – sowohl in Bezug auf den Rest dieses Buches als auch auf die beiden anderen Titel von diesem.* Das meiste in diesem Modul habe ich vorher noch niemals veröffentlicht (höchstens im Internet, als Vorab-Info zum Erscheinen dieses Buches)!

Schon ARISTOTELES wußte den Wert des LISTEN-Denkens zu schätzen, wobei wir heute sicher mehr Vorteile kennen als er damals. Wir unterscheiden zwei grundlegende Techniken:

1. Einfaches LISTEN-Denken

a) durch das **Anlegen** einer LISTE zum Zwecke des Denkens (Details folgen), sowie

b) einfaches Arbeiten mit einer LISTE (Trainings-Aufgabe)!

* Erinnerung: Das vorliegende Buch ist sowohl die „direkteste" Fortsetzung von *„Stroh im Kopf?"* (ab 36. Auflage) als auch die Brücke zu *„Birkenbihls Denkwerkzeuge"* (Schwerpunkte KaWa/KaGa), wobei im vorliegenden Buch der Schwerpunkt natürlich das gleichnamige innere Archiv ist, bei welchem ein Schwerpunkt das LISTEN-Denken (inkl. der ABC-Listen, COUVERT-TECHNIK, LULLs LEITERN & ROTAE) darstellt!

2. Kombinatorisches LISTEN-Denken

a) LULL'sche Leitern: Verbinden zweier Listen

b) LULL'sche ROTAE (Drehen von „runden Listen"), d.h. systematisches **Auswerten** von LISTEN-Inhalten durch **sukzessives Kombinieren** zweier oder mehrerer Listen.

Teil I: LISTEN erstellen

Wir werden über verschiedenartige Listen sprechen, aber zunächst gilt es festzuhalten: Jede Liste, die wir je anlegen werden, erlaubt uns immer:

- Die Chance für einen **LERNPROZESS** (wenn wir aktiv mitdenken und bewußt beobachten, was wir über unser Wissens-Netz lernen können).
- Eine **INVENTUR**, denn der Prozeß des Anlegens einer Liste entspricht einer Inventur (Was wissen wir? Wie schnell finden wir die Ideen? Was denken wir über die Sache? Nach welchen Kriterien entscheiden wir bei der Auswahl? etc.)!

Desweiteren stellt das LISTEN-Denken eine Denk-**STRATEGIE** und ein Denk-**TOOL** erster Güte dar. Lassen Sie sich keinesfalls davon beirren, daß dieser Denk-Stil von Anfang an **relativ leicht** fällt. Aber nehmen Sie zur Kenntnis, daß Ihre ersten Erfolge kaum ahnen lassen, welch **potentes Instrument** dieses **TOOL** in Wirklichkeit darstellt. Entscheiden Sie sich für praktisches Experimentieren; gehen Sie als ForscherIn an die Sache heran! Nehmen Sie sich vor, einige Wochen lang „brav" so viele Übungen wiemöglich

Investigator = Forscher

zu absolvieren, bevor Sie **ENTSCHEIDEN** werden, ob Sie à la long damit weitermachen. Wer noch nie **systematisch** mit Listen gedacht hat, kann im Vorfeld **nicht** wissen, was diese Technik bringen wird! Es ist die berühmte Katze im Sack, die sich jedoch als **Tiger** erweisen wird. Ein Tiger, der Ihnen doch viel Denk-Erfolg spendieren wird. Aber **Er-FOLG** ist die **Folge** dessen, was wir zuvor getan haben! (Deshalb lautet das Motto meines monatlichen Coaching-Briefes *„Erfolg ist ein Prozeß"*.) Wer bereit ist, zu säen und die kleinen Pflänzchen zu hegen und zu pflegen, damit wir später ernten können, wird in der Tat reich belohnt. Lernen Sie, die immensen Schätze in Ihrem inneren Archiv ge-ZIEL-t zu finden. Wie wir noch sehen werden, entspricht das systematische Erstellen und Arbeiten mit Listen gewissermaßen einem „Sesam öffne dich!" zu unserem eigenen Unbewußten! Und der Schlüssel zu all dem Denk-Glück ist das **assoziative Denken**, welches gleichsam hardwaremäßig in unserer Hirn „verdrahtet" wurde. Es entspricht dem einzigen Denk-Stil, der wirklich als natürlich bezeichnet werden kann.

Katze im Sack

1. Assoziatives Denken

Die Ergebnisse großangelegter **Studien** zum Thema „Was unterscheidet geniales von normalem Denken?" stellten als **einen** wesentlichen Faktor fest: **Geniale Denker** (ob Wissenschaftler, Autoren oder Künstler) **denken assoziativ**, eine Fertigkeit, die unser Schul-System (s. Rand) leider in der Regel (immer noch!) nicht fördert. Über die Vorteile des assoziativen Denkens sprachen wir (im gleichnamigen Modul), daher wollen wir hier nur einen wesentlichen Aspekt erwähnen:

Mit „**Schul-System**" ist das Schul-System aller **industrialisierten Länder** gemeint. Vgl. „Geniales Denken" (S. 213 ff.) und das „Lehrer-Modul" (S. 246 ff.).

Vgl. das Modul „Assoziatives Denken" (S. 77 ff.) wie auch den Abschnitt *Assoziatives Denken in der Schule?* im „Lehrer-Modul" (S. 246 ff.).

Bis zur DENNIS-**Studie** hatte man an eine Art von **kreativer Gleichheit** geglaubt. Man meinte, es müsse sich ähnlich wie bei der Verteilung des **IQ** verhalten, bei dem sich die große Masse als ok erweist, während einige wenige unterhalb und ebenso wenige oberhalb jener „Norm" zu finden sind. Aber dann stellte sich heraus, daß es um die Verteilung bezüglich Genialität (in Wissenschaft und Kunst) völlig anders bestellt ist. Es gibt eine extrem dünne „Schicht" von **Genialität** und eine große Masse von Menschen, die weder kreativ noch genial erscheinen. Dies möchte ich wie folgt kommentieren:

Zu DENNIS vgl. auch das Modul „Geniales Denken" (S. 213 ff.).

1. Viele heutige Menschen erbringen Denk-Leistungen, die früher nur ganz wenigen vorbehalten waren (Lesen, Schreiben und eine minimale Rechenfähigkeit, z.B. um einzukaufen).

Vor einigen hundert Jahren hätte eine Studie zutage gefördert, daß es **nur eine ganz dünne Elite** von Menschen gab, die zu diesen großartigen geistigen Leistungen fähig waren. Heute sehen wir, daß die Ergebnisse von IQ-Tests (die ja gerade jene Schulfähigkeit feststellen sollen, um herauszufinden, wen man des Lesens, Schreibens und Rechnens kundig machen kann!) **weltweit** der GAUß'schen Normalverteilung folgen, nicht aber die Verteilung des **genialen** Denkens großer Forscher, Komponisten, Autoren, Denker etc.

Wollte man im Mittelalter das Dividieren lernen, so mußte man nach Italien reisen, da keine deutsche Universität das Dividieren vermitteln konnte, (vgl. mein Video-Vortrag „Gehirn-gerechtes Rechen-Training).

2. Dieses geniale Denken erfordert einen Denk-Stil, der heute genau so wenig an die Massen weitergegeben wird, wie einst das Lesen, Schreiben und Rechnen.

3. Da in der Zukunft die Geisteskraft ihrer Bürger die einzige Ressource der Staaten im Wettbewerb untereinander ist (sowie der Wettbewerbsvorteil der Einzelnen innerhalb ihrer Gesellschaften), sollten wir hier dringend umdenken.

Als Kaiserin Maria Theresia einen Feldzug für den Schulzwang eröffnete, waren viele noch überzeugt, daß es gefährlich wäre, wenn Hinz und Kunz lesen, schreiben und (bis zu einem gewissen Grad) rechnen könne.

4. Heute hingegen sind sich genügend Entscheidungsträger in Politik und Wirtschaft einig, daß die Zukunft den Denk-Fähigen gehören wird.

Während das **Lesen, Schreiben** und **Rechnen** an den Universitäten und in den Klöstern bereits **bekannt** war und man daher (in allen aufkeimenden Industrie-Nationen) **fast über Nacht** beginnen konnte, den Massen diese Kenntnisse zu vermitteln, sieht es bezüglich eines genialen Denkens noch armselig aus.

Kleine „historische" Randbemerkung: Nun erweitert sich das „alte" Konzept des „gehirn-gerechten" Vorgehens um die analografischen Denk-Stile. Das gehirn-gerechte Denken umfaßte immer weit mehr als nur Lernen, aber darüber publiziere ich erst seit 2001 wieder. Zum analografischen Denken gehören KaGa und KaWa, zu letzterem natürlich auch das LISTEN-Denken. Im neuen *„Stroh im Kopf?"* (ab 36. Auflage) und in *„Birkenbihls Denkwerkzeuge"* wurden die ABC-Listen andeutungsweise vorgestellt, aber das „richtige" LISTEN-Denken wird im vorliegenden Buch erstmals präsentiert.

5. Hier stehen wir an einem Punkt, an dem die Menschheit vor ca. 5000 Jahren stand.

Nachdem die Idee der Schrift erfunden worden war, ging es sehr schnell ... analog können wir sagen, daß wir, bezüglich der Fähigkeit, „genial" zu denken, an einem ähnlichen Punkt stehen! Zwar haben wir den Buchdruck schon, aber wir haben noch immer zu wenige Denk-Techniken, um geniales Denken zu transportieren. Wir stehen in der Erforschung dessen, was uns genial denken „machen kann", erst ganz am Anfang.

Assoziatives Denken ist der goldene Schlüssel!

Assoziatives Denken ist dem Gehirn „angeboren". Im Gegensatz dazu ist unser Gehirn überhaupt **nicht** darauf eingerichtet, mit isolierten Info-Bits umzugehen. Deshalb ist es so schlimm, daß das Schul-System aller industrialisierten Länder den jungen Leuten diesen gehirn-gerechten assoziativen Denk-Stil nie wirklich vermittelt, während sie ihn ganz plötzlich ab der zweiten Studienhälfte an der Hochschule erwartet. Also zu einem Zeitpunkt, da die meisten bereits ausgestiegen sind.

Details über die Denk-Elite im „Lehrer-Modul" (S. 246 ff.) sowie im Modul über „Geniales Denken" (S. 213 ff.), mehr über assoziatives Denken im gleichnamigen Modul (S. 77 ff.).

So entsteht eine extrem dünne Denk-Elite. Das war in der vorindustriellen Ära nicht dramatisch, auch noch im Industrie-Zeitalter, aber es ist extrem **schlecht, wenn wir in der Wissens-Gesellschaft der Zukunft reüssieren wollen!**

In der Annahme, daß die geneigten LeserInnen dieses Buch in dieser Zukunft der Kopf-Arbeiter mitspielen wollen, biete ich Ihnen dieses Buch-Seminar. Machen Sie doch einfach mit, **bevor Sie entscheiden, ob** Sie das LISTEN-Denken **auf Dauer** praktizieren wollen. Denn das geistige **TOOL** des LISTEN-Denkens ist wie ein **Fahrrad**: Auch das beste Buch kann Ihnen die Eindrücke nicht vermitteln, die nur sammelt, wer **selber „fährt"**. Man könnte die Analogie sogar soweit treiben und sagen: Einige der Listen-Aufgaben, die ich vorschlage, enthalten gleichsam noch „Stützräder", damit wirklich jede/r LeserIn, unabhängig von Ihrer Ausbildung, sofort aufsteigen (= einsteigen) kann, wobei wir hier ein faszinierende Phänomen sehen: **Wiewohl das LISTEN-Denken das ideale Einsteiger-Tool ist**, bleibt es trotzdem das bevorzugte Tool für Fortgeschrittene, das ist ungewöhnlich. Es ist wie ein Fahrrad mit 18 Gängen: EinsteigerInnen wissen noch nicht in dem Maß einzuschätzen, wann welcher Gang welchen Vorteil bringt, das ergibt erst die Übung, aber trotzdem kann man auch als EinsteigerIn zu fahren beginnen, auch wenn sich uns die Feinheiten erst mit der täglichen Übung erschließen werden. Und, wie eingangs festgestellt, unterscheiden wir zwischen dem Erstellen von Listen und dem Arbeiten mit fertigen Listen später.

Technik 1: Listen erstellen

Während wir eine Liste schreiben (denken), nehmen wir eine **INVENTUR** vor. **Wir blicken in unser Wissens-Netz** und picken einzelne Fäden heraus, indem wir Stichworte „festhalten". Die ersten Begriffe finden wir

Inventur

noch sehr an der Oberfläche unseres Denkens, so daß wir sagen können: Der Weg zur (tiefen) Offenbarung kann nur beschritten werden, wenn wir das Offensichtliche (das an der Oberfläche schwebt) **loslassen** können!

Ein immer wiederkehrendes Motiv des Inneren Archivs: Die erste „Ausbeute" finden wir an der **Oberfläche** – erst nach längerem, insbesonderem häufigen Nachdenken zum selben Thema **tauchen** Ideen **aus der Tiefe auf** ...

To-Do-Liste
Checkliste
Zeitplan

Jede Liste hilft uns zu **denken**, weil wir uns dem Thema unter verschiedensten Gesichtspunkten nähern können. Es gibt viele Arten von Listen und jede setzt andere Akzente und hilft uns, andere Aspekte des Gegenstandes, über den wir reflektieren wollen, zu registrieren. Eine **To-Do-Liste** enthält Dinge, die wir **erledigen** wollen (von englisch *to do* = tun). Sie kann als eine „Verwandte" der **Checkliste** gesehen werden, noch entfernter (um drei Ecken) verwandt wäre z.B. ein **Zeitplan**, der festhält, wann etwas geschehen soll, wann z.B. Züge fahren oder aber die Post aus dem öffentlichen Briefkasten abgeholt werden soll. Aber diese Art von Listen gehören einer völlig anderen Listen-Familie an als eine **Insider-Liste**, d.h. eine **Liste, in der Insider-Wissen angeboten wird**. Dies wird nun zugänglich für die Mitglieder einer Gruppe bzw. für Leute, die bereit sind, für diese Liste zu **bezahlen**. Wobei wir einen wichtigen Aspekt erkennen:

Gute Listen sind Gold wert!

Mehr Details gibt es im Modul „Exformation" (S. 139 ff.).

Denn eine Liste stellt eine der höchsten Formen der **Exformation** dar. Ich erinnere an die Erklärung im gleichnamigen Modul:

Exformation ist die Arbeit, die ein Sender sich gemacht hat, und die dem Empfänger daher erspart bleibt.

Deshalb sind wir bereit, für gute Listen auch gutes Geld zu zahlen. Dasselbe Prinzip trifft jedoch auch zu, wenn wir später mit eigenen Listen (weiter-) arbeiten wollen. Wir, die Sender, haben (in der Vergangenheit) **Arbeit** investiert, von der wir zu einem späteren Zeitpunkt als Empfänger (im Hier und Jetzt) profitieren können:

Auch eigene Listen können Gold wert sein!

Einladung zu einem kleinen Selbst-Versuch:

Erstellen Sie eine erste **Liste möglicher Listen!** Welche Arten von Listen kennen Sie? Welche setzen Sie oft ein, welche nie? Denken Sie an die

bereits erwähnten Listen-Typen (To-Do, Zeitplan, Insider-Listen).
Was fällt Ihnen noch ein?

1. A ______
2. B ______
3. C ______
4. D ______
5. E ______
6. F ______
7. G ______
8. H ______
9. I ______
10. J ______
11. K ______
12. L ______
13. M ______
14. N ______
15. O ______
16. P ______
17. Q ______
18. R ______
19. S ______
20. T ______
21. U ______
22. V ______
23. W ______
24. X ______
25. Y ______
26. Z ______

Sie wissen ja: Es gibt nur ein erstes Mal! Und dies ist ein Buch-Seminar, dem Sie im Optimalfall ein komplettes Seminar „entnehmen“ können. Im Seminar hat man den Vorteil, daß alle mitmachen, also fällt es leicht, **auch** zu arbeiten. Im Buch haben Sie den Vorteil, daß Sie Zeit, Ort, Tempo etc. selber wählen können, aber Sie brauchen ein wenig mehr Disziplin. Falls Sie die Übung also gerade ausgelassen haben: Meine nachfolgende Liste wird Ihnen mehr Freude machen, wenn Sie die eine oder andere Liste finden, die in meiner Liste FEHLEN wird. Woraus Sie sehen, wie spannend es sein kann, wenn wir hinterher **vergleichen** können.

Vergleich

Deshalb empfehle ich ganz allgemein, suchen Sie sich MitstreiterInnen und laden Sie diese ein, mitzumachen. Heutzutage kann man sich minutenschnell austauschen, selbst mit Leuten, die weit entfernt wohnen (Fax, E-Mail). Es war noch nie so leicht, eine Seminargruppe zu „schaffen“, auch wenn man zuhause bleibt …

So, jetzt entscheiden Sie:

❒ Wollen Sie Ihre Liste oben noch einmal zwei Minuten lang betrachten und sehen, ob inzwischen etwas „hochkommt“, das Ihnen beim ersten Durchgang vorhin noch nicht eingefallen war?

❒ Wollen Sie zumindest einen ersten Durchgang nachholen, wenn Sie diesen vorhin großzügig übersprungen haben sollten?

1. Erinnerung

Haben Sie Ihre Liste der möglicher Listen schon aufgestellt? (Sie wissen ja, dies ist ein Buch-Seminar.) Es wäre schön, wenn Sie wenigstens **2** Minuten lang darüber nachdenken würden. Es sind Ihre Erfahrungen und Einsichten, die Sie dabei gewinnen …

2. Eine weitere kleine Quizaufgabe

Farben?

Welche Farben haben Listen eigentlich? Haben Sie über die Farben von Listen schon einmal nachgedacht? Welche Listenfarben kennen Sie bisher? (Falls Sie die Frage nicht verstehen, notieren Sie dies; auch das ist wichtig: Registrieren, was wir **nicht** wissen, ohne Schuld- oder Schamgefühle! Die Antwort finden Sie in der Marginalie auf der nächsten Seite oben.

Ihre Antworten

____

____

____

____

1. Blaue Listen
2. Bunte Listen
3. Graue Listen
4. Grüne Listen
5. Rote Listen und
6. Schwarze Listen
Details folgen

Zwischenspiel

1. Jede Liste ist immer ein **LERN-PROZESS**, wenn wir wirklich nachdenken,
2. im Sinne eines **INVESTIGATIVEN** Denk-Stils (Detektiv spielen). Sie kann eine mehr oder minder tiefe **INVENTUR** darstellen, das liegt an uns.
3. Sie **SPIEGELT** unsere (derzeitigen/langfristigen) **INTERESSEN**, unser Wert-System etc., sagt also auch eine Menge über uns als Person. Sie ist aber immer auch ein **SCHNAPPSCHUSS**, weil sie unsere **heutige** Befindlichkeit festhält. An manchen Tagen läuft es besonders flott, wir sind „gut drauf", an anderen schleichen sich lauter negative Assoziationen ein, wenn wir traurig, frustriert etc. sind. Täglich eine Liste als Journal-Eintrag sagt Ihnen später genau so viel über Ihre damalige Befindlichkeit, wie Eintragungen üblicher Art („Liebes Tagebuch, ich fühle mich heute so …").
4. Ein Liste anlegen heißt aktiv etwas **TUN** und wird mit zunehmendem Training immer besser. Dies gilt sowohl bezogen auf einzelne Themen (die 5. Liste ist besser als die 1. und die 35. ist besser als die 5.), als auch bezüglich der Technik des Listen-Machens: Training macht uns besser!
5. Wenn wir uns darauf einlassen, können Listen uns zu aufregenden neuen **ENT-DECKUNGEN** führen, d.h. dazu, daß so mancher metaphorische Topf-DECKEL angehoben wird. Das kann regelrecht spannend werden. Deshalb sagte meine maternelle Großmutter oft: „Die schönsten Abenteuer sind die des Geistes."

ANTWORTEN →

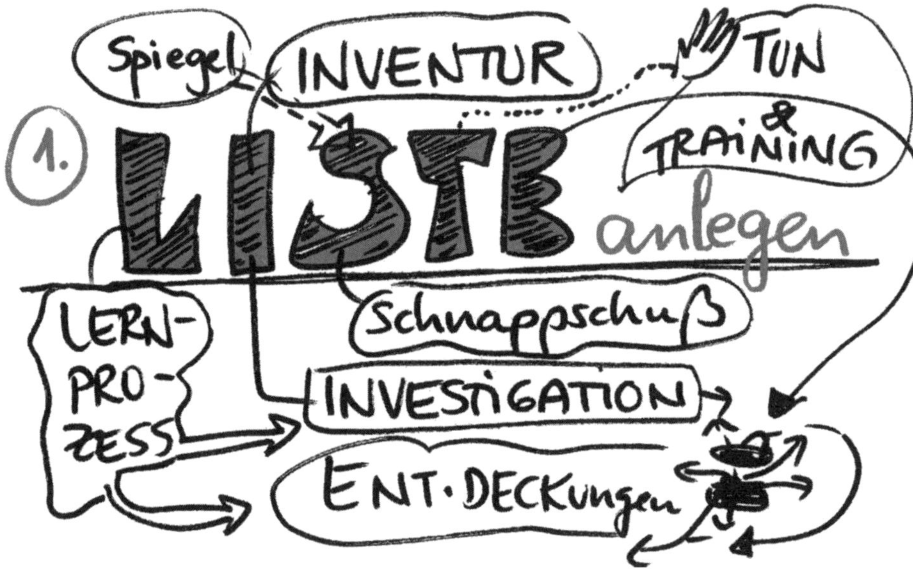

Es folgen meine Antworten auf die Frage nach den Farben der Listen.

1. **Blaue Listen:** Registrierte Drogen (in den angelsächsischen Ländern)
2. **Bunte Listen:** „Bunt gemischt" = ohne differenzierte Klassifizierung, z.B. alle Freunde einer Person, ohne Rücksicht auf alle anderen Aspekte, die man in die Klassifizierung einbeziehen könnte, oder „Männlein und Weiblein" gemischt, wenn man Partygäste auflistet.
3. **Graue Listen:** Ich sehe drei Möglichkeiten – 1. Einerseits werden **homöopathische Medikamente** in grauen Listen „gehandelt" (im Gegensatz zur offiziellen roten Liste); 2. es könnte sich um eine Liste von oder **für graue/n Panther/n** (Senioren) handeln und 3. Listen für Dinge/Mitspieler, die auf einem „**grauen Markt**" mitmischen wollen (z.B. Handwerker, die bereit sind, schwarz zu arbeiten, erweitern ja damit den sogenannten „grauen" Anteil des Arbeitsmarktes).
4. **Grüne Listen:** Listen, die im weitesten Sinne Natur/Bio-Aspekte berücksichtigen (z.B. Bio-Bauern in einer bestimmten Gegend; Kosmetika, für deren Entwicklung keine Tiere sterben mußten etc) .
5. **Rote Listen:** Auch hier gibt es zwei Varianten: Zum einen werden die **Medikamente der Schulmedizin** in einer großen „roten Liste" aufgeführt, zum anderen tragen wir gefährdetes Leben (Tiere wie Pflanzen) in rote Listen ein.

6. **Schwarze Listen:** Listen von Dingen, die vermieden werden sollen (bzw. die sogar verboten sind). Der Name leitet sich von der schwarzen Pool-Kugel (bei Snookers) ab, daher heißt es im Englischen auch „to **blackball** someone" (jemanden wörtlich „schwarz-kugel-n"; jemanden ausgrenzen).

Nun, da wir ein wenig tiefer ins Thema Listen eingestiegen sind, möchte ich Ihnen meine **Liste-möglicher-Listen** anbieten. Es ist meine **erste** Aufstellung, nach einigen Wochen **intensivem** Nachdenkens und Arbeitens über das Thema. Voilá:

Liste möglicher Listen

1. **Adressen-Listen** sind Listen!
2. **ABC-Listen**
3. **Abschuß-Listen** im Sinne von Todeslisten (hoffentlich nur im Krimi)
4. **Buyers' Guides** (Kaufhilfe für Leute, die einbestimmtes Produkt suchen)
5. **Check-Listen** aller Art, wir kommen darauf zurück
6. **Couvert-Listen** entstanden durch die COUVERT-TECHNIK

Vgl. „COUVERT-TECHNIK"-Modul (S. 83 ff).

7. **Chronologische Listen** (z.B. der Tages-Ablauf einer wichtigen Person, oder Tages-, Wochen-, Monats-, Jahres-Listen, die geschichtliche Abläufe festhalten)
8. **Directories** (neudeutsch für wegweisende Listen aller Art), es sind im weitesten Sinne Listen, die uns helfen, eine Richtung (direction) zu wählen. Ursprünglich eher Sight-Seeing-Vorschläge für englische Touristen, weiteten sie sich langsam auf alles aus, was Engländer weltweit brauchen könnten (Hotels, Einkaufsmöglichkeiten, Ärzte/Hospitäler, Schulen etc.), so daß ein *directory* heute so gut wie alles enthalten kann.
9. **Einkaufslisten**
10. **Enzyklopädien** sind große Listen (die über viele Bände laufen können)
11. **Favoriten-Listen** – Menschen, Teams, Vereine (z.B. Toto-Listen), Tiere z.B. Pferde (und anderen Tiere, mit denen Wettrennen oder Wettkämpfe veranstaltet werden, von Hähnen bis Kampfhunde); diese Listen sind die Grundlage für Wetten, sie listen Wahrscheinlichkeiten (u.U. nach Sieg und nach Platz sortiert) auf.

Übrigens halte ich gar nichts davon, Einkaufslisten auswendig zu lernen; unser Gehirn wurde für wichtige, sinnvolle Informationen „ausgelegt", nicht nur Durchzugs-Informationen. Gehen Sie ruhig mit Ihrer Liste einkaufen …

12. **Fremdenführer-Listen** (enthalten z.B. Sehenswürdigkeiten einer Gegend)
13. **Gäste-Listen** (z.B. zur Vorbereitung einer Party, Hochzeit, etc.)
14. **Grammatik-Listen** (mit Konjugationen, Deklinationen, unregelmäßigen Verben, Hilfsverben, Kopulae, Präpositionen usw)
15. **Hitlisten**, deutsch: z.B. Literatur, Sachbuch, Taschenbuch, Musik …
16. **Hitlisten**, englisch: Hier kann eine Hitliste auch eine Todesliste sein.
17. **Insider-Listen** sind Listen
18. **In-&-Out-Listen** – Die meisten gehören zu der Art von Pseudo-Informationen von extrem kurzem (und fraglichen) Wert, insbesondere die in wöchentlichen Magazinen aufgelisteten.
19. **Jubel-Listen** – Versuchen Sie doch einen Monat lang, täglich zwei- bis dreimal 90 Sekunden lang alles aufzuschreiben, worüber Sie jubeln – oder zumindest sehr dankbar sein – könnten.
20. **Katalog-Listen** – Hier hängt die Art der Auflistung stark davon ab, welcher Art der Katalog sein soll. Ist es ein **Museums**-Katalog, der den Besuchern Orientierung beim Durchmarschieren offerieren soll oder ein Katalog, der als Grundlage für eine **Auktion** dienen wird? Ist es ein **Katalog**, der zum **Kaufen** animieren soll? etc.
21. **Kompilations-Listen** (Sammlungen, völlig abhängig von der Kompetenz der kompilierenden Personen!)
22. **Konsumenten-Listen** (besser unter „mailing-Listen" bekannt)
23. **Lese-Listen** (können extrem wertvoll sein und dem Leser enorm viel Zeit und Energie ersparen, deshalb finden Sie ja kaum Sachbücher mit einer anständigen Literatur-Liste im Anhang!
24. **Literatur-Listen** – Man muß nicht nur Bücher schreiben können (das können heute viele!), man muß auch Extra-Service bieten, für jene, die selber weiterforschen wollen, aber dazu gehört eben mehr als 200 Seiten vollschreiben, vor allem, wenn man selbst kaum etwas liest und dann nicht mehr weiß, wo man die besten Ideen „gefunden" hat …
25. **Mailing-Listen** (siehe Adressen und Konsumenten): Eine gut gepflegte Liste mit wenigen sogenannten „Karteileichen" (Adressen von Leuten, die inzwischen verzogen oder gestorben sind) kostet viel Geld! Sowohl für die sogenannte „Pflege" der Liste, als auch, wenn man sie kaufen (exakter mieten) möchte.

Ein Berufskiller ist ein „hit man" und eine Tötung heißt „hit" (wie bei einem Video-Spiel: ein Treffer).

Vielleicht wollen Sie einmal testen, wieviele Ihrer Freunde vier Wochen später noch wissen, was vor einem Monat **IN** oder **OUT** war, um sich von der Unwesentlichkeit zu überzeugen.

Jubel-Listen sind in Zeiten seelischer Not mehr als Gold wert, sie helfen die Dinge, die uns gerade aufregen, zu relativieren …

Vgl. „Literatur-Listen".

26. **Mitglieder-Verzeichnisse** sind Listen
27. **Nachschlagewerke** aller Art sind ebenfalls Listen
28. **Numerierte Listen** (wie diese, damit man mit einem Blick sehen kann, wieviel Einträge diese Liste uns bietet; in diesem Falle 45)
29. **OPERA-Listen** (abgeleitet vom lateinischen *operare* = etwas tun; mit „opera" umschreibt man gern Werke, z.B. Kunstwerke). Manche dieser Listen werden nach dem Kompilierer benannt (z.B. das KÖCHEL-Verzeichnis, indem ein Herr KÖCHEL die Werke MOZARTs aufgelistet hat). Hier hängt der Wert der Liste wieder stark von der **Kompetenz** dessen ab, der sie erstellt: Welche und wieviele Kriterien hat er berücksichtigt? Hat er sie bekannt gegeben? Wissen Sie z.B., woher sich die **Reihenfolge** der Werke MOZARTs im KÖCHEL-Verzeichnis herleitet? Ist es eine **chronologische Liste** (Reihenfolge der Kompositionen)? Oder ist es eine **hierarchische** Rangfolge? Hat Herr KÖCHEL nach einem Maßstab **klassifiziert** (Länge der Stücke?) oder **kategorisiert**? Hat er von „kleinen" Stücken zu „großen" sortiert? Und wenn ja, ist dann die Oper oder eine Sinfonie an die höchste Stelle der Hierarchie zu setzen? Warum? Was spricht dafür? **Sehen Sie, warum eine Liste ein Denk-Tool erster Güte ist? Und warum Sie ein Thema, zu dem Sie „LISTEN-GEDACHT" haben, weit besser erfaßt haben, als mit herkömmlichen, normalem Denken?**

Zum Beispiel: Lieder, kleine Klavierstücke (Menuette, Tänze, Etüden, Sonatinen, Sonaten), Klavierkonzerte, andere Konzerte, Opern, Sinfonien.

30. **Premium-Listen** – Hier handelt es sich um Listen materieller Güter, auch gebrauchte oder Antiquitäten und deren Geld-Wert, z.B. Gebraucht-Fahrzeuge (in gutem Zustand). Solche Listen werden von Versicherungen erstellt, können aber auch eine Hilfe bezüglich einer Untergrenze für die Privatwirtschaft (z.B. einen privaten Auto-Markt tagsüber am Wochenende im Autokino) darstellen.
31. **Performance-Listen** – In diesen Listen werden Hochleistende geführt, z.B. Preisträger (von Bambi oder Oskar über Pulitzer bis zu Nobel) oder Punktesieger in Wettbewerben (z.B. die Weltrangliste im Tennis) etc.
32. **Qualitätslisten** (anderer Name für Performance-Listen)
33. **Rettunglisten** (z.B. SCHINDLERs Liste, die auch ein Beispiel für eine Liste darstellt, die nach ihrem Kompilierer benannt wurde)
34. **Stichwort-Verzeichnisse** in Sach- und Fachbüchern. Ich weigere mich, Bücher zu lesen, deren Autoren sich die kleine Mühe nicht machen (oft verhindern die Verlage diesen wichtigen Service!). Was

man nicht begreift ist dies: Zwar **arbeiten** nur ca. 15 bis 20 % der LeserInnen „ernsthaft" genug mit dem Buch, daß sie ein Stichwort-Verzeichnis zu schätzen wissen (allerdings werden es ständig mehr, weil ich meine Seminar-TeilnehmerInnen in zunehmendem Maß auch auf den Geschmack bringe). Aber diese wenigen sind die wichtigsten LeserInnen für das Buch. Sie werden es im Zweifelsfall weiterempfehlen, rezensieren, an anderen Stellen zitieren etc. Es gilt also ungefähr das PARETO-Prinzip.

Pareto 80:20

Vgl. das Modul „Geniales Denken" (S. 213 ff.).

35. **Top-Listen**, z.B. Top-Ten – Hier unterscheiden wir **1. Leistung** (vgl. Performance-Listen, z.B.: Top Ten im Tennis), die durch ein (relativ) klares Bewertungs-System in die Liste kam von **2.** Listen, die (angeblich) durch den **Verkauf** der Produkte (Bücher, CD.s) entstanden von **3.** Bewertungen via einer kleinen Auswahl von Konsumenten: So entstehen die TV-Ratings, von denen Wohl und Wehe abhängt, weil diese bestimmen, wie teuer die Werbe-Sekunden verkauft werden können.

Schade, es wäre schön, wenn man Sendungen nach ihrem Gehalt beurteilen könnte …

36. **Tip-Listen** – How-To-Listen mit Ratschlägen. So gibt es Stichwort-Listen (mit Kurzerklärungen, zu allen Themen, die Menschen bewegen, von Kindererziehung über Hobbies bis zu Überleben nach dem Atomkrieg etc.
37. **Unveröffentlichte Dokumente (Listen)** – Im Modul über „Raimundus LULLUS" (S. 256 ff.) erwähnte ich, daß ein Großteil seiner Tausende von Seiten zählenden Manuskripte bis heute nie veröffentlicht wurden. Ohne solche Listen, die uns sagen, welche unveröffentlichten Manuskripte in welchen Museen oder Bibliotheken aufliegen, wäre Forschung, insbesondere bezüglich historischer „Randfiguren", unmöglich. Ähnlich wertvoll wäre eine Liste vergriffener Titel …
38. **Verzeichnisse** sind natürlich auch Listen (vgl. das KÖCHEL-Verzeichnis, Punkt 29)
39. **Wegweiser-Listen** (entsprechend weitgehend den *directories*, Punkt 8)
40. **Wort-Listen** – z.B. ABC-Listen.
41. **Wörterbücher** sind genaugenommen „nur" Listen
42. **x-beliebige Auflistungen** sind natürlich ebenfalls Listen
43. **Yin-Yang-Listen** – So nenne ich eine Listenart, die **Gegensätze** auflistet (männlich-weiblich, dunkel-hell, hart-weich, kalt-warm). Auch diese Art von Listen kann uns helfen, unser Denken zu erhellen. Wählen Sie eine Reihe von Begriffen und suchen Sie dann systematisch den

Die ABC-Listen gehören zu den analografischen Denk-Tools, also das Forum: „gehirn-gerecht/Analograffiti" suchen.

Gegenpol. Oft gibt es kein direktes Gegenteil (wie: schwarz-weiß), aber sehr wohl einen Gegenpol, ein anderes Ende eines Spektrums. Aber man kann die Welt nach unterschiedlichsten Kriterien unterteilen. Fragen wie „Was ist der bessere Gegenpol?" können sehr hilfreich sein, um unser Denken zu klären, z.B. logisch-intuitiv, logisch-kreativ, logisch-?

44. **Zeitpläne** sind auch Listen
45. **ZIEL-Listen** können ungemein spannend sein. Erstellen Sie Listen von Ihren Zielen (z.B. eine Liste mit beruflichen Zielen, eine mit privaten) und vergleichen Sie mit einigen FreundInnen, die mitmachen. Reservieren Sie für die Besprechung dieser Listen einen ganzen (Nachmitt-)Tag und Sie werden viel über sich und Ihre FreundInnen lernen!

Wie Sie sehen, gibt es jede Menge potentieller Listen, je nach Problem, Thema, Aufgaben-, Frage- oder Zielstellung. Unabhängig von allem, was wir nachfolgend über Listen sagen werden, denken Sie immer daran:

Eine Liste kann ein Tresor sein, je nachdem, ob Sie auf den Inhalt einer spezifischen Liste derzeit besonders „scharf" sind. Weil aber eine gute Liste minimale Information bei maximaler Exformation darstellt, da sie extrem ver-DICHT-etes Wissen enthält, sollte sie **langsam** gelesen werden. Anders ausgedrückt: Was haben eine gute Liste und ein Ge-DICHT gemeinsam? Antwort:

Gute Listen und gute Gedichte muß man langsam lesen, da das Material so stark ver-DICHT-et wurde, andernfalls kann einem tatsächlich schwindlig werden.

Was haben Listen und Gedichte gemeinsam?

Nun lade ich Sie wieder zum aktiven Handeln ein. Wollen wir eine kleine Liste mit Variationen „basteln"? Wir begnügen uns mit sechs Begriffen, und zwar mit den Farben des Bildes zu diesem Buch (vgl. beiliegende Postkarte bzw. auch Rückseite des Buches).

Mini-Fallstudie: Kleines Listen-Farbenspiel

Aufgabe 1: Die Liste erstellen

Bitte notieren Sie die sechs Farben des Bildes (beginnen Sie von oben und bewegen Sie sich langsam nach unten; bitte bedenken Sie, daß es zwei Blautöne gibt: hellblau und dunkelblau).

1. ______________________
2. ______________________
3. ______________________
4. ______________________
5. ______________________
6. ______________________

Aufgabe 2: Die Liste sortieren

Wenn der Inhalt (einigermaßen) feststeht (jede echte Liste wird mehrmals überarbeitet; wir wollen ja nur das Prinzip aufzeigen), dann fragen wir uns, nach welchen Kriterien wir diesen Inhalt „durchdenken" wollen. Erster Sortiervorgang: Machen Sie eine ABC-Liste daraus (auch wenn der Großteil des Alphabets leer bleibt, es geht nur ums Prinzip; später, bei echten Listen werden Sie oft weit mehr Begriffe sortieren und beim Alphabetisieren könnten Ihnen weitere „Inhalte" ein- und zufallen, aber für den Augenblick reichen die sechs Begriffe).

1. ____________________
2. ____________________
3. ____________________
4. ____________________
5. ____________________
6. ____________________

Die 6 Farben alphabetisch sortieren

Aufgabe 3: Die Liste hierarchisieren

Bitte beachten Sie, daß das ABC keine echte Hierarchie darstellt. Wenn wir ein Thema jedoch ernsthaft „durchdenken" wollen, wenn das LISTEN-Denken **investigativen** Charakter haben soll, wenn wir ein wenig **Detektiv** spielen wollen, dann lernen wir am meisten, wenn wir eine Hierarchie aufbauen. Die Qualität der Hierarchie hängt von der Art der Klassifizierung ab, die wir benutzen. Auf unsere Farben bezogen könnten wir z.B. nach den Frequenzen sortieren (im Sinne der physikalischen Eigenschaften der Farbtöne bzw. bezüglich des Platzes, den sie auf dem elektromagnetischen Spektrum einnehmen würden), oder wir könnten nach Häufigkeit sortieren (z.B. welche Farbe wird wie oft in der Bibel erwähnt?) u.ä. Wir erwähnten bereits, daß die Kompetenz der Kompilierer ausschlaggebend ist für die Qualität der Liste, wie wir bei „Wörterlisten" unter dem Namen „Enzyklopädie" sehen können; da gibt es eben „solche und solche", wobei manche **mehr** Begriffe enthalten, manche die **besseren** Erklärungen, **wenige** **beides**! Aber wir wollen immer noch nur das Prinzip aufzeigen, deshalb versuchen wir eine einfache Hierarchie.

ABC-Listen sind „demokratisch" im Gegensatz zu HIERARCHISCHEN Listen.

Selbst bei den Fahnenkorrekturen sieht man leider nicht die endgültigen Farben. Daher nehme ich heute an, daß gelb **oder** grün die hellsten Farben sein werden. Also, wie „sehen“ Sie die fünf Farben nach schwarz?

Sortieren Sie die sechs Farben nach Helligkeit (von 1 = schwarz bis 6 = hell, gelb oder grün). Falls Sie sich wundern, weshalb ich hier „gelb oder grün“ anbiete, so gilt erstens die Tatsache, daß man über Farbtöne vortrefflich **streiten** kann. Ohne technische Hilfsmittel wird es immer Menschen geben, die **dieses** Gelb als hellste Farbe „sehen“, während andere für dieses Grün (im Bild) plädieren werden. Zweitens weiß ich **heute beim Schreiben** noch nicht, was **beim Drucken** mit den Farben geschieht. Unabhängig von meiner Intention könnte doch etwas anderes dabei „herauskommen“, bis Sie das Buch in Händen halten.

1. *schwarz* ______
2. ______
3. ______
4. ______
5. ______
6. ______

Aufgabe 4: Die Liste beurteilen

Diverse Hierarchien basieren auf Werturteilen

Nur, je mehr Kriterien wir **gleichzeitig** berücksichtigen müssen, desto schwerer ist die Aufgabe und desto mehr Kompetenz verlangt sie. Aber diese Aufgabe ist immer noch sehr leicht.

Natürlich wissen Sie, daß jede Klassifizierung subjektive Wahrnehmungen, Meinungen, Glaubensfragen etc. einbringt. Dies symbolisiert die vierte kleine Aufgabe: Diesmal sollen Sie die Liste hierarchisch sortieren, und zwar gemäß des Grades an Wohlgefallen, das Sie für die einzelnen Farben empfinden. Wir sind also nun bei einer weiteren Frage gelandet, über die man trefflich streiten kann: **Geschmack**. Desweiteren zeigt diese kleine Demonstration Ihnen, daß man manchmal kaum entscheiden kann, welche hierarchische Stufe man „geben“ soll. Am liebsten würde man vielleicht drei Farben auf einer Stufe eintragen. Sehen Sie, was so eine Mini-Liste uns alles zeigen kann? Dieselben Entscheidungen müssen Sie bei anderen Listen später auch treffen. Das ist einer der Gründe, warum das LISTEN-Denken uns lehren wird, in unseren Kopf zu sehen, und uns beim Denken zuzuschauen! Also, nun Ihre Wahl: Ob wir eine „Miss“ wählen, oder Farbtöne nach gewissen Kriterien sortieren – der Denk-Prozeß ist derselbe. Wie gern mögen Sie welche der sechs Farben?

1. ______________________________
2. ______________________________
3. ______________________________
4. ______________________________
5. ______________________________
6. ______________________________

Aufgabe 5: Wie sehen andere das? (Forschung)

Manchmal lohnt es sich, andere (z.B. nicht immer, aber vielleicht auch Experten) zu befragen. Manchmal aber kann es einfach nur interessant sein, im Sinne des investigativen Charakters (Detektiv spielen): Was denken meine FreundInnen, KollegInnen, NachbarInnen, Club-MitgliederInnen etc.? Im übrigen profitieren wir bei einem solchen Austausch in der Regel doppelt:

Erstens lernen wir oft weit mehr über den zu untersuchenden Gegenstand, wenn wir uns genau anhören, wie andere ihre Wahl **begründen** (was bei faszinierenderen Fragestellungen, als unsere kleine Aufgabe im Fallbeispiel, auch viel spannender sein kann). Zweitens lernen wir auch eine Menge über diese Menschen und (wenn die anderen helle sind), diese über uns. Denn unsere Wahl sagt viel über unser Wert-System aus und unser Wert-System viel über uns …

> *Deshalb rate ich Ihnen in diesem Buch (wie auch im Live-Seminar) immer wieder, viele Ergebnisse von Aufgaben mit den Resultaten zu vergleichen, die bei anderen MitspielerInnen „herauskommen", wenn diese entscheiden (in diesem Fall, welche Farbe ihnen wie gut gefällt).*

Falls Sie so eine kleine „wissenschaftliche" Umfrage durchgeführt hätten, könnten Sie die Ergebnisse in Ihre **Forscher-Kladde** eintragen. Dies könnte z.B. so aussehen, daß Sie pro Zeile eine der Farben notieren (z.B. alphabetisch) und dahinter Strichlisten anlegen, bis die gesamte Anzahl an Versuchspersonen eingetragen wurde. Dann erst wandeln Sie die Strichlisten in Zahlen um.

1. Alphabetisch sortiert:		2. Hierarchisch sortiert:
1. dunkelblau (25) 2. gelb (55) 3. grün (32) 4. hellblau (12) 5. rot (52) 6. schwarz (7)	Nun könnten wir dieselbe Liste gemäß der Prioritäten, die sich ergaben, **neu sortieren**:	1. gelb (55) 2. rot (52) 3. grün (32) 4. dunkelblau (25) 5. hellblau (12) 6. schwarz (7)

Checklisten-Varianten

Wollen wir nun anhand einer kleinen Checkliste aufzeigen, welche Aspekte beim Erstellen einer solchen denkbar wären.

Variante 1: Check-Liste verwendeter Farben (Wunsch-Liste)

Angenommen, jede Farbe soll mindestens einmal verwendet werden. Dann könnte eine einfache alphabetische Check-Liste genügen. Dabei würde der Maler dann jede Farbe abhaken, die er zum erstenmal verwendet hat.

Alphabetisch sortiert:

- ❒ dunkelblau
- ❒ gelb
- ❒ grün
- ❒ hellblau
- ❒ rot
- ❒ schwarz

Variante 2: Liste verwendeter Farben (Beobachtung)

Natürlich sortieren wir die Liste jetzt nach **Häufigkeit**, damit wir mit **einem Blick** die **Reihenfolge** erkennen können, ehe wir das „Kleingedruckte" näher studieren (hier die konkreten Zahlen).

Aber angenommen, Sie möchten herausfinden, wie häufig jemand die einzelnen Farben tatsächlich verwendet hat, dann wäre die Strategie, die wir oben eingesetzt haben, intelligenter: Zuerst macht man Strichlisten, am Ende kann man zusammenzählen und das Ergebnis eintragen, z.B. so:

Hierarchisch sortiert:

1. **gelb** (65)
2. **grün** (56)
3. **hellblau** (44)
4. **rot** (42)
5. **dunkelblau** (15)
6. **schwarz** (7)

Variante 3: Farb-Liste definiert Bild-Charakter

Aber vielleicht wollen wir die Liste nach Prioritäten sortieren? Vielleicht wollen wir (ähnlich wie bei manchen Zeit-Management-Systemen) die Listen-Inhalte (hier unsere Beispielfarben) nach Wichtigkeit oder Dringlichkeit sortieren. Dann stünden A, B und C für Prioritäts-Indikatoren. Aber wie bereits schon erwähnt, **ist das Erstellen solcher Listen ein Denk-Tool erster Güte**. Bitte denken Sie selbst ein wenig nach und erstellen Sie mindestens zwei unterschiedliche Listen. Stellen Sie sich vor, Sie möchten im einen Fall, daß der Maler des Bildes ein helles, freundliches, farbenfrohes Bild kreiert (wobei nach wie vor unsere sechs Farben zur Verfügung stehen). Welches sind die Farben mit A-Priorität (viel davon), mit B-Prioritöt (mittel) und mit C-Priorität (so wenig wie möglich)? Und dann entwickeln Sie die gegenteilige Liste für ein Bild, das möglichst düster werden soll. Alles klar? Prioritäten

Liste 1: ein helles, farbenfreudiges Bild

A: ______________________

B: ______________________

C: ______________________

Liste 2: ein düsteres, dunkles Bild

A: ______________________

B: ______________________

C: ______________________

Ein helles, farbenfreudiges Bild
A: rot, gelb
B: grün, hellblau
C: dunkelblau, schwarz
Ein düsteres, dunkles Bild
A: dunkelblau, schwarz
B: grün, hellblau
C: rot, gelb

Nun, fanden Sie die letzte kleine Aufgabe eher

❒ sehr leicht, ❒ mittelschwer oder doch ❒ ziemlich schwierig?

Sie wissen ja, daß diese Bewertung abhängt von den Inhalten Ihres Wissens-Netzes. Je vertrauter Sie mit Farben und Malerei sind, desto schneller konnten Sie die kleinen Listen aufstellen. Je unvertrauter Sie jedoch damit waren, desto langsamer würden Sie nachdenken.

Apropos: Haben Sie wirklich nachgedacht? Oder haben Sie gleich weitergelesen. Sie wissen, dies ist ein Buch-Seminar und die Tendenz, ganz alleine herumzusitzen und „nur" zu lesen ist sehr groß. Sie entscheiden, aber Sie profitieren weit mehr, wenn Sie aktiv mitmachen. (Ja, ja, ich gebe schon Ruhe.)

Stellen wir uns nun eine letzte Variante vor, eine, bei der uns besonders klar wird, wie sehr manche Listen Kompetenz des Kompilierers fordern. Angenommen, wir wollten wissen, welche Farben (dieser hier verwendeten Farbstifte) sich gut übermalen lassen.

Variante 4: Listen Sie Fach-Infos!

Farb-Liste enthält Fach-Informationen

Diese Art von Liste müßte man für jede Marke von Stiften **neu** erstellen. Ich habe das Beispiel auch nur gewählt, um Ihnen zu zeigen, daß hinter manchen Listen eine Menge Arbeit steckt, je mehr, desto ver-DICHT-eter wird die Info in der Liste, so daß wir analog zum Ge-DICHT Exformation pur erhalten. Deshalb sind solche Listen umso interessanter, je mehr eigene Erfahrungen man bereits im eigenen Wissens-Netz besitzt. Wer schon fünf unterschiedliche Filzstift-Marken akribisch getestet hat, dem nutzen solche Listen; wer es noch nie ausprobiert hat, kann mit der Liste auch nicht viel anfangen. Und nur das wollte ich Ihnen zeigen. Damit können wir unsere Fallstudie über das Erstellen von Listen beenden.

Eine spezifische Listen-Variante: ABC-Listen

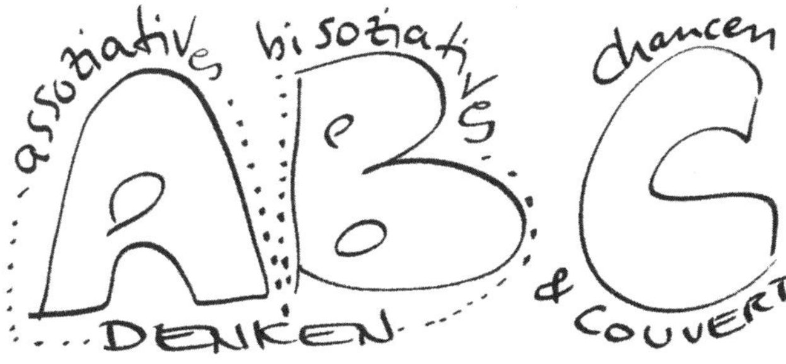

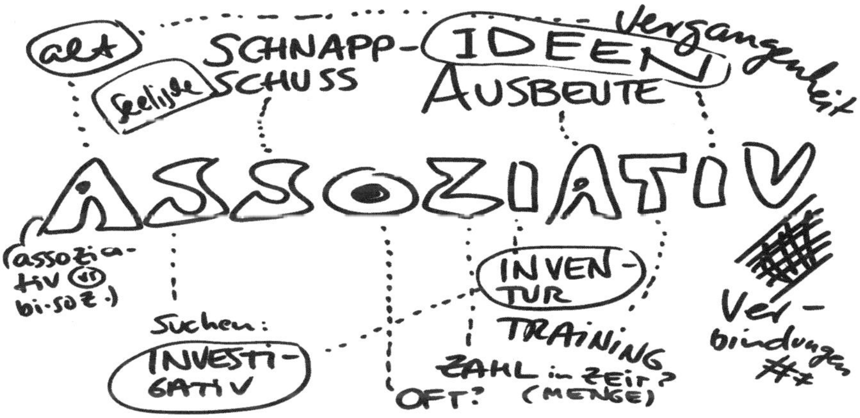

Das „A" steht für Assoziatives Denken, mit all seinen Vorteilen (vgl. gleichnamiges **Modul** S. 77 ff.). Das „B" soll uns an das **ungeheure kreative Potenzial** der Bisoziation (nach KOESTLER) erinnern. Das „C" steht sowohl für die COUVERT-TECHNIK als auch für die enormen Chancen, die ABC-Listen uns bieten!

Listen bieten wunderbare **Chancen**, unser Denken zu verbessern, was wir in dem KaWa auf der nächsten Seite klar sehen können: LISTE„S" für Suchen & Finden, also für den „**Inneren REICH-tum**", für die wunderbaren Schätze, die wir („E") entdecken, wenn wir („T") in die Tiefe gehen, weil wir ein („T") **Thema wiederholt per ABC-Listen „bearbeiten"!** Das „S" steht auch für Strategie und für Serendipity (= eine zufällige glückliche Entdeckung!). Es ist Serendipity, wenn uns ein **großer** oder ein **innovativer Gedanke** oder eine Erfindung gelingt.

Allerdings stellte PASTEUR schon vor langer Zeit fest, daß das Glück wohl eher den **vorbereiteten Geist** zu treffen pflegt. Recht hat er!

Das „L" erinnert uns sowohl an die **erhöhte** Denk-Leistung, als auch an die vielen Lernprozesse, die durch ABC-Listen ausgelöst werden (können).

Insbesondere durch **wiederholte** ABC-Listen zu einem Thema.

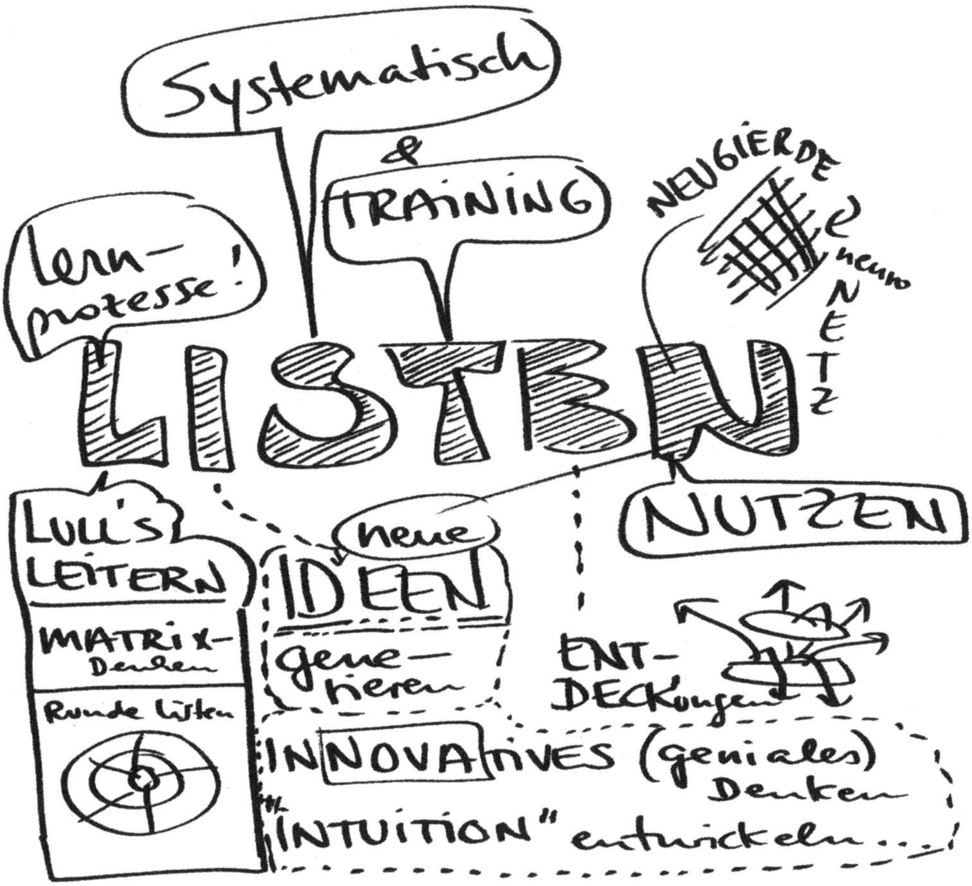

Wie im Modul „LULL'sche Leitern und ROTAE" (S. 256 ff.) angedeutet, können Sie mit den **vorhandenen Listen** im Buch bereits experimentieren. Aber erst wer zu den **eigenen** Themen, Fragen, Problemen auch **eigene** Listen anlegt, kann vom vollen Nutzen der zweiten Technik profitieren, über die wir gleich sprechen werden.

Damit haben wir uns einen guten **Einstieg** in das **Anlegen** von Listen goschaffon. Dio COUVERT Tochnik ist oino Brückon Form, woil wir längor am Thema bleiben (vgl. gleichnamiges Modul, S. 83 ff.). Somit können wir uns jetzt zum nächsten Schritt begeben und uns fragen: Wie „arbeitet" man mit vorhandenen Listen? Listen schreiben, Listen lesen, Listen „durchdenken" oder gar mit mehreren Listen zu „arbeiten" – davor drücken sich viele Menschen, denn diese Art zu denken ist **ungewohnt**, und **Ungewohntes mögen wir nicht**.

Sie kennen vielleicht das kleine **Experiment** hierzu: Falten Sie Ihre Hände schnell und spontan wie zum Gebet und stellen Sie dann fest, welcher Zeigefinger oben liegt. Dann ändern Sie bewußt die Fingerhaltung, indem Sie diesmal den „falschen" Finger nach oben nehmen.

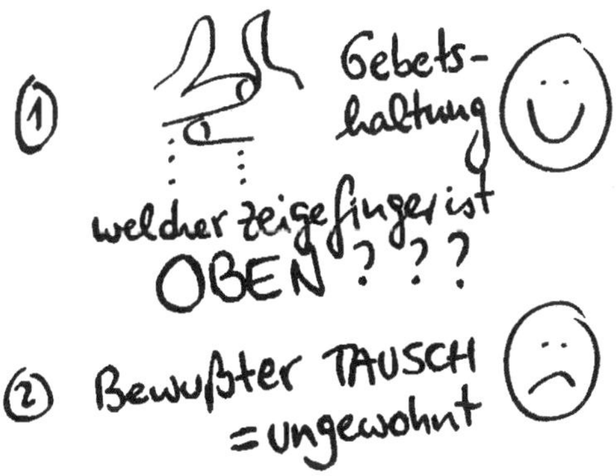

Es fühlt sich mehr oder weniger **unangenehm** an, und zwar nur, weil es **ungewohnt** ist!

Diese Art des **Unangenehmen-weil-Ungewohnten** erleben wir auch, wenn wir die **Art, wie wir denken** verändern wollen (sollen).

Es denken beispielsweise wirklich nur die wenigstens Leute kreativ, aber wenn man ihnen zeigt, wie sie ihre Kreativität dramatisch erhöhen können, dann zögern sie, denn: Je ungewohnter diese Art zu Denken ist, desto nötiger wäre es, daß man sie lernt, will man die Denk-Leistung erfolgreich verbessern. Weil es sich aber ungewohnt-unangenehm „anfühlt", gibt man schnell wieder auf, und so schließt sich der Teufelskreis. Hierzu bemerkt MICHALKO:

Vgl. auch das Modul „Geniales Denken" (S. 213 ff.).

> Ein Hauptmerkmal schöpferischer Menschen ist die **Fähigkeit, eine Vielzahl von Assoziationen und Beziehungen zu verschiedenartigen (Ideen, Themen) herzustellen.** Den meisten Menschen fällt es schwer, dies bewußt zu tun, weil sie (dies) **nicht gelernt** haben (...) Dies trifft (zu) auf: Erfinder, Künstler, Schriftsteller, Wissenschaftler ...

Michael MICHALKO: *„Erfolgsgeheimnis Kreativität – Was wir von Michelangelo, Einstein & Co. lernen können"* (Hervorhebungen meine, Anm. d.A.).

Testen Sie sich mit folgender Trainings-Aufgabe, ehe Sie sich den (schwierigeren) Aufgaben im zweiten Teil (kombinatorisches LISTEN-Denken) zuwenden ...

Training: Einfaches LISTEN-Denken

Beginnen wir mit einer **kleinen Trainings-Aufgabe**, die man **schreibend** oder **sprech-denkend** absolvieren kann. Beim **Sprechen** geben wir uns **60 Sekunden**. Diese Übung stellt ein klassisches **kleines Rhetorik-Training** dar, das unter dem Stichwort „Sprech-Denken" bekannt ist. Sie können **alleine** (z.B. mit Diktiergerät üben, oder „nur **denkerisch**") aber auch mit anderen in der Gruppe (reden vor „Publikum"). Es gilt **spontan** zu einem Stichwort zu **assoziieren**, mit einem einzigen Unterschied:

Wann immer Sie **schreibend üben** wollen: geben Sie sich 90 Sekunden bis 2 Minuten pro Stichwort in der Liste. Die Zeit hängt auch davon ab, wie schnell Sie schreiben, denn es geht jeweils um kurze Assoziations-Zeiten.

Das klassische Spiel wurde früher gespielt, indem man **jeden** einzelnen Begriff **ausgelost** hat (z.B. durch das Stechen einer Nadel in einen Text, um ein Zufalls-Wort zu finden). Unsere Variante aber geht von einer **Liste** aus, die Sie **bewußt** „bearbeiten" wollen (gern auch mehrmals), indem Sie zu jedem Begriff in der Liste **60 Sekunden Sprech-Denken** (oder schreibend assoziieren, s. Rand) und dann zum nächsten Begriff übergehen. Wichtig dabei ist:

Es besteht ein innerer Verband dieser Stichworte, weil Sie ja mit einer thematischen (ABC-)Liste arbeiten, um einen Gegenstand tiefer zu ergründen.

Dabei gilt es, die zunächst gehäuft auftauchenden **oberflächenlichen** Erst-Assoziationen zu „durchlaufen", bis (bei wiederholtem Üben) langsam die tiefer liegenden Schätze aus Ihrem Unbewußten aufzutauchen beginnen. Deshalb bot ich Ihnen ja schon die Metapher vom „Sesam-öffne-dich":

Die Schatzkammern unseres Unbewußten sind großartig, nur finden die meisten Menschen nie hinein ...

Wer noch keine eigenen Listen angelegt hat, findet im Listen-Teil (S. 330 ff.) genügend. Wählen Sie eine, deren Überschrift (Thema) Sie interessiert.

Es gilt, zu den einzelnen Begriffen der **Liste** **frei zu assoziieren**! Im Modul „Assoziatives Denken" (S. 77 ff.) sagen wir: **Jede** Assoziations-Übung stellt immer (auch) eine **Inventur** dar (Was weiß ich? Wie schnell/leicht fließen die Assoziationen?). Dies gilt in besonderem Maße für thematisch zusammenhängende Assoziationen, wie in dieser Übung.

Wenn Sie ein Thema tiefer erforschen wollen, wiederholen Sie die Übung, vgl. die COUVERT-TECHNIK im gleichnamigen Modul (S. 83 ff.).

Wenn Sie es einmal ausprobieren wollen, wählen Sie eine Liste und notieren Sie schnell und spontan Ihre ersten Assoziationen zu **jedem** (minimal: zu einigen) der Begriffe in der Liste. Schreiben Sie Stichwörter und (zumindest) Halbsätze, damit Sie später wissen, was Sie sagen wollten. (Es dürfen aber natürlich auch ganze Sätze sein), sonst besteht die Gefahr, daß Sie in der Zukunft nicht mehr wissen, was Sie heute meinen, daher: mindestens Halbsätze. (Bei der gesprochen Variante der Übung müssen Sie ja auch eine Mini-Rede halten, also in ganzen Sätzen sprechen.)

Diese Übung ist ausgezeichnetes Denk-Training, und zwar aus mindestens sechs Gründen:

1. **Jede** Übung trainiert das „**Anzapfen**" unseres **Wissens-Netzes**.
2. Sie stärkt den **angeborenen** im Gehirn „verdrahteten" **Denk-Stil** des **assoziativen** Denkens, der in der normalen Schul-Bildung unterdrückt wird

Vgl. „Lehrer-Modul" (S. 246 ff.) und Modul „Geniales Denken" (S. 213 ff.).

3. Sie hilft uns, unsere eigenen Denk-Prozesse **bewußt zu registrieren**, d.h. uns beim Denken gleichsam über die Schulter zu sehen (Selbst-Erkenntnis).
4. Dies trainiert unsere Fähigkeit, auch bei anderen Menschen bewußter auf deren Assoziationen zu achten. Jede Assoziation sagt eine Menge über die Person aus (Menschenkenntnis),
5. sie stellt immer auch eine **Inventur** dar (zu welchen Stichworten fällt uns besonders viel/wenig ein?) und
6. sie **trainiert** „flüssiges" **Denken** und **Reaktionsfähigkeit**.

Mit diesen Einsichten können wir uns der kombinatorischen Arbeit mit Listen zuwenden. Jetzt wird es richtig spannend!

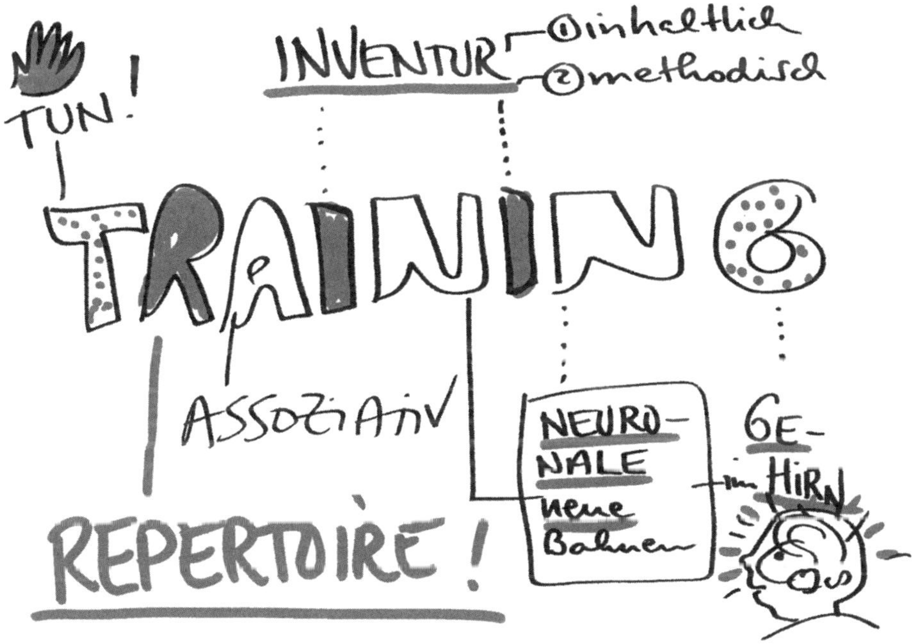

Teil II: Kombinatorisches LISTEN-Denken

Im Modul über Raimundus LULLUS (S. 256 ff.) lernen wir von zwei Möglichkeiten, spielerisch mit LISTEN umzugehen, um völlig neue Denk-Prozesse anzuregen. **Zur Erinnerung:**

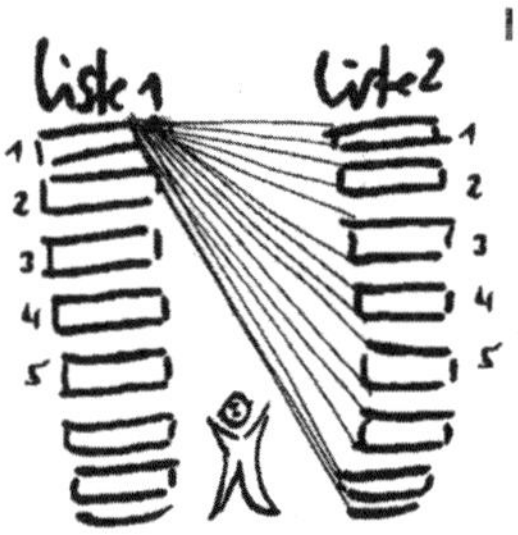

1. **LEITERN:** LULLs Listen waren weitgehend hierarchische „Leitern“, die man hinauf- und hinunter-„gehen“ konnte. Und: **er arbeitete mit Parallel-Listen** (das war neu!); er stellte **zwei LEITERN nebeneinander**, um der Reihe nach systematisch jeden Begriff mit jedem zu verbinden.

Und:

2. **ROTAE:** LULLUS brachte nun (im Wortsinn) Bewegung in die Sache, indem er bewegliche Scheiben benutzte. So kann man durch Drehen die unterschiedlichsten Kombinationen schaffen. Diese Technik bringt dermaßen viel und macht so viel Spaß, daß wir sie Ihnen wärmstens ans Herz legen.

Im „LULLUS“-Modul hatte ich Ihnen auch vorgeschlagen, vielleicht ein erstes Experiment zu wagen, indem Sie zwei Listen miteinander zu verbinden versuchen, und sei es auch nur eine Tier- und eine Berufeliste.

Es gibt mehrere Gründe, warum diese Art von Verbindung unser Denken weit „fruchtbarer“ machen kann, als nur mit einer Liste zu arbeiten, wobei ich Ihnen folgende Metapher anbieten will:

Stellen Sie sich vor, wir sollen ein Seil überqueren, indem wir uns Handgriff um Handgriff vorwärts hangeln. Das metaphorische „**Seil**“ besteht aus **Gedankenketten** zum jeweiligen Thema, je „massiver“ diese sind, desto schneller und sicherer werden wir vorwärts kommen können.

Wir bleiben natürlich die ganze Zeit am Thema (Seil) „hängen“, sonst würden wir ja hinunterfallen, was bei zu **dünnen Gedankenketten** passieren kann: **sie reißen ab!**

Nun bedenken Sie bitte: **Normale Assoziationen „leben" von alten Verbindungen**. Wenn wir eine thematischen Liste „durchdenken" (wie im ersten Teil beschrieben), dann hangeln sich unsere Assoziationen „am Thema entlang".

Vgl. Modul „Assoziatives Denken" (S. 77 ff.).

Aber nun stellen wir uns vor, daß wir an einem ROTEN Seil hängen und plötzlich schwingt uns ein BLAUES Seil entgegen – wir können „aufspringen" **und damit ROTE und BLAUE Gedankenketten verbinden!** Dann hängt es von unserem Wissens-Netz und von unseren Nervenbahnen aus der **Vergangenheit** ab, ob die Verbindung, die nun entsteht, assoziativ ist **oder** aber ob auf diese Weise eine **Bisoziation*** geschaffen wurde.

Der Grund, warum es inzwischen **einige** Bezeichnungen für die Denk-Wolke gibt, ist der, daß meine Seminar-TeilnehmerInnen das Bild geradezu „gierig" aufgegriffen haben, es aber mit **verschiedenen Etiketten** versahen, die alle dieselbe Idee ausdrücken. Warum sollte ich stur auf meiner ursprünglichen Bezeichnung beharren …?

Dieser Begriff (nach KOESTLER) beschreibt eine **Gedanken-Verbindung, die normalerweise nie stattgefunden hätte** (von *bi* = zwei und *soz* … – verbunden hergeleitet). Sie kennen ja wahrscheinlich schon meine Metapher von der **Denk-**, **Gedanken-** oder **Ideen-Wolke** (auch Ideen-Schwarm). Nun gilt:

Solange wir assoziativ denken, bleiben wir innerhalb einer Gedanken-Wolke. Je kleiner diese ist, desto weniger Assoziationen bietet sie. Umgekehrt „liefern" große Wolken viel und schnell – das ist der REICHtum des inneren Archivs!

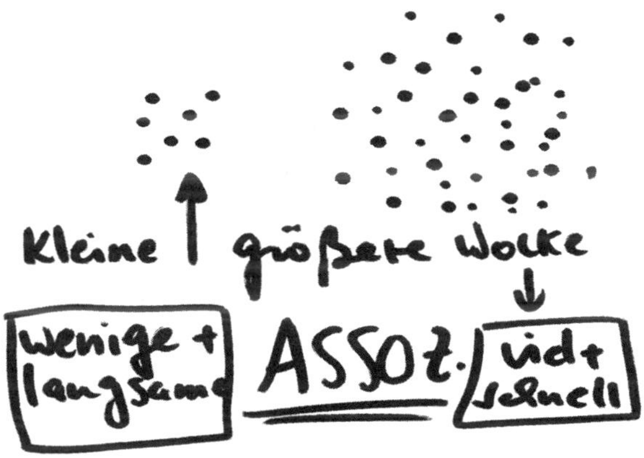

Wird unser Denken aber **bisoziativ**, dann wurden (mindestens) **zwei** solche Wolken miteinander **verbunden** (in unserem Beispiel eine ROTE und eine BLAUE Gedankenkette). Dies löst zwei Dinge aus:

* Bezüglich BISOZIATION, am besten KOESTLER selber lesen (siehe Literaturverzeichnis, S. 382), vgl. auch mein Buch *„Humor – an Ihrem Lachen soll man Sie erkennen"* und *„Birkenbihls Denkwerkzeuge"*; in beiden wird die Bisoziation erklärt.

Zum einen werden wir jetzt mit einem sogenannten Aha-Erlebnis beschenkt, einem Eureka, denn: Jede Bisoziation trifft uns wie ein Blitz (daran erkennen wir die Bisoziation!). Sie löst immer eine überraschte Reaktion aus, die von einem scharfen **Aha!!** über ein schrittweises Begreifen (Aaaaaaaaaaah) bis zu einem ebenso scharfen **Ha ha!** führen kann. Für KOESTLER sind das alles Teile desselben Spektrums; der gemeinsame Nenner ist WITZ. Entweder indem wir „den Witz einer Sache" erkennen, oder indem wir es „witzig" (im Sinne von „lustig") finden. Deshalb stellt KOESTLER fest, daß der Narr und der Forscher sich weit näher stehen, als man gemeinhin annehmen würde; beide können nur durch ihren Witz erfolgreich sein und dieser Witz basiert immer auf Bisoziationen, denn ohne Überraschungs-Element gibt es weder neue tiefe Einsichten noch Gelächter!

Die Bisoziation ist umso stärker, je überraschter wir sind!

Zum anderen erschließen sich uns jetzt, da sie plötzlich verbunden wurden, die Welten beider Ideen-Wolken, so daß wir plötzlich weit mehr Möglichkeiten haben, über das ursprüngliche Thema (oder Problem) nachzudenken!

Und: **Je größer die beiden Wolken, desto mehr Ideen stürzen jetzt auf uns ein.**

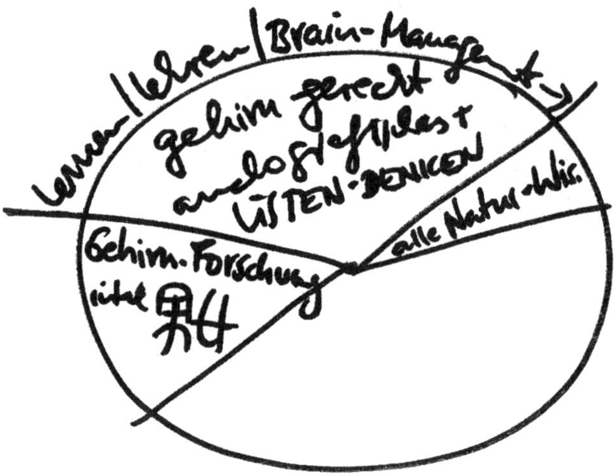

Es lohnt sich übrigens, die eigenen größten Denk-Wolken zu erfassen; vielleicht wollen Sie ein KaGa (vgl. Merkblatt Nr. 1, S. 300 ff.) anlegen oder es als **Torten-Chart** zeichnen, in welchen Sie einige Ihrer größten Denk-Wolken (Wissens-Gebiete, Ideen-Schwärme) eintragen? Es reichen auch Teil-Zeichnungen (in diesem Fall lassen Sie den Rest der sogenannten **Kategorien-Torte** ruhig leer).

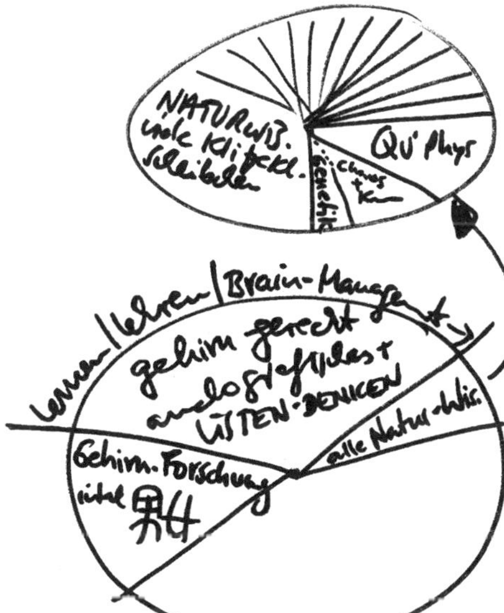

Hier sehen Sie das kleine „Tortenstück" meiner äußerst bescheidenen Kenntnisse naturwissenschaftlicher Art nach oben „herausgeführt" und als kleine Detail-Torte etwas genauer ausgeführt.

Dieses Vorgehen lohnt sich immer, wenn im Hauptbild keine Möglichkeit besteht, Details, die uns gerade wichtig sind, einzutragen.

Es geht übrigens bei der Abbildung weniger um Inhalte (Text zum Inhalt folgt), sondern darum, uns ein Bild von einem KaGa unserer Wissens-Gebiete (die immer auch Denk- oder Ideen-Schwärme darstellen), zu machen.

Wir können den Gedanken verbundener Denk-Wolken* auch auf die Seil-Metapher übertragen: Wir flechten (mindestens) zwei Seile zusammen. Je dicker eines oder jedes der beiden, desto mehr Fasern (Fäden im Wissens-Netz) bietet uns die Verknüpfung und desto mehr Auswahl haben wir jetzt.

Sie sehen wieder einmal, wie das Spielen mit mehreren Metaphern unser Verständnis für ein Thema oder eine Situation (hier: die Bisoziation) weit schneller erhellt und vertieft als lange theoretische Abhandlungen darüber! Außerdem zeigt uns dies, wie **hilfreich** es sein kann, **mit mehr als einer Gedankenkette zu arbeiten**, denn:

> **Jede neue Metapher stellt gleichsam eine eigene „Denk-Wolke" dar.**

---

* So ist meine Denk-Wolke Lernen/Lehren/Gedächtnis (der große Be-GRIFF lautet bei mir „Brain-Management" und/oder „gehirn-gerechtes Vorgehen" plus „analografisches Denken") ziemlich **groß**, so daß **selbst ganze Bücher** (wie *„Stroh im Kopf?"* oder *„Birkenbihls Denkwerkzeuge"* oder das vorliegende *„Innere Archiv"*) immer noch **nur Teile** davon darstellen können. Im Vergleich dazu ist meine Denk-Wolke zum Thema Quantenphysik so klein, daß mein Video-Vortrag hierzu ca. 30 % anbietet, so daß ich hierzu zwar den einen oder anderen Artikel schreiben könnte, aber nie wagen würde, ein Buch anzugehen (außer, ich würde mich erneut intensiv damit auseinandersetzen). Desweiteren ist meine quantenphysikalische Denk-Wolke relativ isoliert, in ihrer Nähe „schwimmen" nur einige kleinere mit anderen naturwissenschaftlichen Themen. Die einzigen naturwissenschaftlichen „Tortenstücke", die einigermaßen voluminös wurden, sind a) die Chaos- und Komplexitäts-Theorie, die schon vor Jahren zu einem verschmolzen (vgl. meinen Video-Vortrag hierzu) und b) die Genetik, mit der ich mich im Zuge meiner Forschungen zur Architektur des männlichen und weiblichen Gehirns zwangsläufig beschäftigen „mußte" (und es ist mir stellenweise sehr schwer gefallen!).

Wenn wir mehrere Metaphern, Gedankenketten oder Ideen-Wolken verbinden und konsultieren, gewinnen wir. So entsteht innerer REICH-tum in unserem Denken und so bauen wir ein REICH-es inneres Archiv auf, auf das wir dann zurückgreifen können, wenn es darauf ankommt. Deshalb sollte man zu seinen Kern-Themen im Vorfeld möglichst häufig mit Gedanken „spielen“, damit wir möglichst viel besitzen, auf das wir zugreifen können, wenn wir es brauchen (z.B. in einem wichtigen Gespräch, einem Meeting, einer Präsentation oder weil wir tiefergehend nachdenken wollen).

In ähnlicher Weise profitieren wir, wenn wir mehrere Listen miteinander verbinden. Jede Liste entspricht in etwa einer Gedankenkette, also einem (kleinen?) Auszug aus einer Denk-Wolke!

Bei **eigenen** Listen ist es unsere eigene Gedankenkette, die wir beim Anlegen der Liste entwickelten (als wir in unserer Denk-Wolke zum Thema stöberten). Bei Listen **anderer** sehen wir, welche Gedankenketten diese Menschen zu dieser Frage entwickelt haben. Dies läßt uns einiges von ihrer Denk-Wolke erahnen, aber jede Liste repräsentiert ja immer nur einen (oft winzigen) Ausschnitt aus einem (großen?) Ideen-Schwarm. Dieser Ausschnitt kann „mikroskopisch“ sein, insbesondere bei einem sehr großen Schwarm.

Der Minimum-Nutzen des Verbindens von (mindestens zwei) Listen ist, daß unser assoziatives Denken „ange-REICH-ert“ wird. Der Maximum-Nutzen, daß wir auf diese Weise weit mehr Bisoziationen erzeugen, als mit normalem Denken!

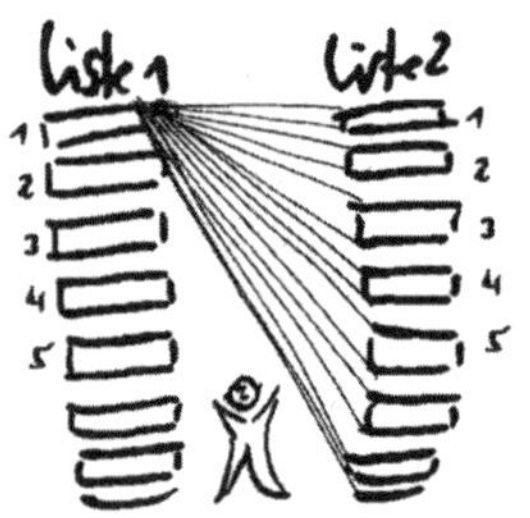

13. Jahrhundert

Deshalb ist die Idee von Raimundus LULLUS, zwei LISTEN wie Leitern nebeneinander zu stellen und nun systematisch die „Sprossen“ der beiden miteinander zu verbinden, so großartig. Es gab zu jener Zeit zwar schon kombinatorische Buchstabenspiele, bei denen man Buchstaben mehrerer Alphabete systematisch einen nach dem anderen verband, um Worte zu generieren, aber das war eher ein „Nebenthema“ bezüglich der geistigen Denk- und Merk-Techniken. Als LULLUS im 13. Jahrhundert jedoch begann, ganze Wortlisten miteinander zu kombinieren, wurde aus einem kleinen „Spielzeug“ ein mächtiges Denk-Tool. Bei LULLUS ging es (wie im Modul „Raimundus LULLUS“ erwähnt) vorrangig darum, Gottes Namen, Attribute etc. mit Fragen, über die man reflektieren wollte, zu verbinden. Aber wir wollen uns die Idee zunutze machen und unser Denken dadurch immens anreichern, weil wir mindestens weit mehr Assoziationen produzieren werden, aber auch mehr Bisoziationen als „normal" wäre!

Beginnen wir mit einem ganz einfachen Beispiel, indem wir auf unsere Farben aus dem ersten Teil zurückgreifen. Stellen wir den sechs Farbwörtern (hier alphabetisch sortiert) sechs Begriffe entgegen, die sich in einem Workshop einer Trainerkollegin (als wichtige Lebensbereiche) ergeben haben, dann sehen wir zwei LEITERN nebeneinander stehen.

So daß dies die zehnte Aufgabe ist, durch welche Sie die Vorteile und Techniken des LISTEN-DENKENS Schritt-für-Schritt nachvollziehen können.

Nun könnten wir beide im Sinne der LULL'schen LEITER-TECHNIK systematisch miteinander verbinden: Die erste Frage (dunkelblau) mit a) Arbeiten/Job, b) Einkaufen, c) Hobby/Interessen, d) Hygiene/Putzen, e) Lesen & Lernen und zuletzt f) Spielen. Dann würden wir in der linken Leiter eine „Sprosse" absteigen (gelb) und wiederum mit allen Begriffen der rechten Leiter verbinden. Danach käme die nächste „Sprosse" (grün) usw., bis wir alle Begriffe in der linken Leiter mit allen in der rechten Leiter verbunden haben. Dabei sollte uns zweierlei klar sein:

1. **Nicht jede Ver-BIND-ung wird eine brillante Verschmelzung zweier Gedanken ergeben, aber jede Ver-BIND-ung ist ein hervorragendes Training für assoziatives Denken, welches dem Gehirn ja angeboren ist.**
2. **Manche Ver-BIND-ungen sind brillant! Wenn nur jede 100. Ver-BIND-ung „genial" wird, kann man mit ein wenig Fleiß und Schweiß jede Menge „Inspiration" fauler Denker ausgleichen!**

Vgl. die Module „Geniales Denken" (S. 213 ff.) und das „Lehrer-Modul" (S. 246 ff.).

Bei dieser Übung kommen wir auf 36 mögliche Ver-BIND-ungen, wenn wir wie alle „brav abarbeiten". Dies kann mündlich geschehen oder schriftlich.

Im ersten Teil zu LISTEN-DENKEN hatten wir bereits festgestellt, warum jede assoziative Übung ein ausgezeichnetes Denk-Training darstellt; wollen Sie versuchen, die wichtigsten Gründe zu Re-KONSTRUIEREN? Wir hatten sechs Gründe postuliert:

1. ____________________________
2. ____________________________
3. ____________________________
4. ____________________________
5. ____________________________
6. ____________________________

1. **„Anzapfen"** unseres **Wissens-Netzes.**
2. Stärkung des **assoziativen** Denkens, der in der normalen Schul-Bildung unterdrückt wird
3. Eigene Denk-Prozesse **registrieren**, d.h. uns beim Denken zuzusehen (**Selbst-Erkenntnis**):
4. Dies trainiert unsere Fähigkeit, auch bei anderen Menschen bewußter auf deren Assoziationen zu achten. Jede Assoziation sagt eine Menge über die Person aus (**Menschenkenntnis**) ...
5. Es stellt eine **Inventur** dar (zu welchen Stichworten fällt uns besonders viel/wenig ein?) und
6. **Training:** „flüssiges" **Denken & Reaktionsfähigkeit.**

Dasselbe gilt für das Ver-BIND-en zweier Leitern, nur daß dies schon eine Fortgeschrittenen-Übung darstellt. Wenn Sie sich an die Metapher vom 18-Gang-Rad erinnern: Jetzt wird das Gelände ein wenig hügelig und man sollte schon eine erste Ahnung vom Schalten haben.

Wem die folgenden Aufgaben also zu schwer erscheinen, der/die sollte noch ein Weilchen mit der einfachen Sprech-/Schreib-DENK-Übung aus dem ersten Teil (S. 119 f.) arbeiten.

Es folgen zwei Beispiele aus solchen Übungen; und zwar die Kombination **Dunkelblau** **mit allen Begriffen der rechten Leiter**. Übrigens: Es gibt Menschen, die profitieren sehr, wenn sie solche Fallbeispiele lesen können. Deshalb wird sich bei uns in den Foren zu diesem Buch sicher einiges tun, so daß Sie Fallbeispiele finden bzw. eigene beisteuern können. Auf der anderen Seite trifft dies nicht für alle LeserInnen zu (weshalb ich nur wenige Beispiele bringe; gerade genug zum Starten, für die, die ohne Beispiel nicht so recht wissen, wie es aussehen könnte)

Fühlen Sie sich also selbstverständlich frei, die Fallbeispiele zu überspringen.

DUNKELBLAU – Versuchsperson Nr. 1, weiblich, 49 Jahre

Arbeit/Job	*blaumachen: Abscheu vor der Arbeit, vgl. Schule schwänzen (weil diese so unangenehm war). Traurig.*

Einkaufen *Blaubeeren, Obst, Gemüse, gesund und Vitamine etc. Vor dem Einkaufen etwas essen, damit man weniger Chips etc. kauft ...*

Hobby/Interessen *blau, Farbe, malen ... spiele schon lange mit dem Gedanken, wieder anzufangen. Hatte aufgehört, weil angeblich keine Zeit, aber ich glaube, man vertut viel mehr Zeit mit Unwesentlichem und könnte sehr wohl überlegen ... ich glaube, ich werde es versuchen ...*

Hygiene/Putzen *blau-grün, die Flüssigkeit zum WC-Reinigen, Wasser = blau; Wieviel Trinkwasser vergeuden wir durch wegspülen? Warum gibt es noch immer keine praktikablen Systeme, um dafür gebrauchtes Wasser zu verwenden (z.B. Badewasser)? Da hat man einerseits Schuldgefühle, wenn man so richtig Anti-Streß entspannt baden möchte, aber keine, Trinkwasser zum WC-Spülen zu verwenden ...*

Lesen & Lernen *blau, farbige Lese-Notizen machen, blau ist für DENKEN (darüber möchte ich mehr wissen oder tiefer nachdenken), z.B. Themen, die ich später mittels ABC-Listen weiter erschließen möchte. Wenn ich also Lust auf ABC-Listen und gerade kein Thema habe, schaue ich in eines der Bücher, die ich vor kurzem gelesen habe und suche blaue Stichwörter ...*

Spielen *blau – Frisbee-Scheiben; meine war immer blau, Koordination, laufen, zielen, gemeinsam als Familie spielen. Haben wir auch schon lange nicht mehr gemacht ... Sollten wir mal wieder, jetzt kommt ja Pfingsten, da sind wieder alle im Hause. Gute Idee.*

Fazit: Diese Dame konnte sich durch das Assoziieren selber beim Denken „zusehen" (zuhören), aber auch wir können das: Wir erfahren eine Menge über eine Person (inklusive uns selbst!), wenn wir **bewußt auf ihre Assoziationen achten** – dies gilt auch für normale Gespräche. Was immer jemand hört, löst bei ihm oder ihr vollautomatisch Assoziationen aus. Wenn wir wirklich zuhören, lernen wir eine Menge über die SprecherInnen.

DUNKELBLAU – Versuchsperson Nr. 1, männlich, 23 Jahre (Sohn von VP Nr. 1)

Arbeit/Job — *Blaumann contra blauer Anzug, weißes Hemd, Schlips ...*

Einkaufen — *Blaue Preisschilder ... blauäugig – bin schon oft auf die flotten Sprüche auf der Verpackung hereingefallen und habe Ramsch gekauft. Vorsicht ist also geboten ...*

Hobby/Interessen — *blau ... hm, da fällt mir nix ein ... blau und Hobby ...? Blau und Interessen ... Ich interessiere mich besonders für Astrophysik, Weltall, Raumfahrt etc. Ah ja, unser Planet ist ja „blau", aus dem Weltraum gesehen. Na, das hat ja gerade noch geklappt (grins).*

Hygiene/Putzen — *blau, Rasierwasser, Morgentoilette, da plane ich immer den Tag, positive Assoziationen ...*

Lesen & Lernen — *blau, hell, Filz-Highlighter-Stifte: anstreichen beim Lesen. Blau ist für Kritisches, was mir nicht einleuchten will, was ich anzweifle, für mich ist Blau eine Zweifler-Farbe; ich glaube, ich habe mal ein Gemälde gesehen, indem der ungläubige Thomas ein blaues Gewand trug ...*

Spielen — *blau: Spielfiguren. Meine Mutter hatte immer blau, ich hatte immer rot (das Kind will rot!). Hm. Das waren schöne Zeiten. Und die Gespräche, die sich um das Spielen herum immer ergaben. Ich werde ja bald Vater und ich finde, wir sollten mindestens zwei fernsehfreie Tage pro Woche einführen und Spiele spielen, in den Zoo fahren (eben nicht unbedingt am Wochenende) etc. Ich werde gleich mit Margot darüber reden ....*

Fazit: Beide Schreiber gewannen Einsichten, die sie interessant und „gut" fanden. Und sie trainierten das assoziative Denken!

Übrigens werden erste große Assoziationen bei mir in einer Art Privat-Steno geschrieben und später, falls ich die Gedanken weiterverwende, erst „ausgeschrieben", so auch hier.

Nun hatten beide ja zu dunkelblau „gearbeitet". Wollen wir uns nun das Gegenteil ansehen: Eine kleine Finger-Übung, bei der ich als Fallbeispiel den Spieß umdrehe und alle sechs Farben zur fünften „Sprosse" (Lesen & Lernen) in Ver-BIND-ung setze:

Sechs Farben und Lesen & Lernen: Thema mit Variationen

1. *DUNKELBLAU: eines meiner Lieblingsbücher früher hatte einen dunkelblauen Deckel, jetzt erinnere ich mich an den Inhalt ... hatte ich jahrelang nicht mehr daran gedacht ... interessant!*
2. *GELB: eines meiner Lieblings-T-Shirts ... Lernen und „draußen" – Tapeten Effekt – muß unbedingt ins „Innere Archiv" hinein!*
3. *GRÜN: Rasen, Garten, Gras ... mein Versuch vorletzten Sommer, im Gras liegend zu lesen, als die Ameisen mich „überfielen", was zum Kauf der Gartenliege führte ... hmmm.*
4. *HELLBLAU: Himmel, Wolken, in den Wolken „lesen", man kann ja auch Bilder „lesen" ... EINSTEIN wird nachgesagt, in den Wolken besonders viel „gesehen" zu haben ...*
5. *ROT: Wenn Lehrer die Arbeit von SchülerInnen lesen, die diese oft hart „erkämpft" hatten, dann streichen sie Fehler ROT an. Wir Erwachsene streichen uns farbig an, was wir uns merken wollen. Kein Wunder, daß sich dann das „Dicktat" besonders gut einprägt ... Und Lehrer müssen Aufsätze lesen, oft ist es eine lästige Pflichtübung für sie – (sicher auch, weil in unserem Schulsystem wenige Aufsätze brillant sind, aber nur SchülerInnen, die denken dürfen, können brillante Aufsätze verfassen, ohne Angst vor Zensur) ... Zeit ist abgelaufen.*
6. *SCHWARZ: Trauer; Briefe und Karten, die mitteilen, daß jemand gestorben ist, Kondolenzbriefe (als Antwort), schwarz und Lesen im Gesangs- oder Gebetbüchlein, kann Trost spenden ...*

Jener **Tapeten-Effekt** ist inzwischen „drinnen" (S. 272 ff.).

Ich arbeite oft mit einem klaren Zeitlimit pro assoziativer Verbindung zweiter Leiter-Elemente, so auch hier!

Es kann sehr spannend werden, wenn wir hinterher nachsehen, was wir geschrieben haben. Das wissen wir nämlich oft gar nicht und deshalb sagen wir ja bei der COUVERT-TECHNIK, daß wir es, wenn wir COUVERT betreiben, hinterher nicht anschauen (sondern gleich wegstecken) sollen.

Vgl. gleichnamiges Modul zu COUVERT-TECHNIK (S. 83 ff.).

Bei normalen Übungen können wir hinterher natürlich lesen – bei der vorangegangenen Übung (mit Zeitlimit) stellte ich fest, daß ich bei einem Thema **vom Timer ausgebremst** wurde (da hätte ich mehr schreiben können), bei den anderen fünf war ich jeweils „fertig" geworden.

Nun, sagen Sie jetzt vielleicht, das ist ja ganz nett, aber doch etwas „seicht", ich würde lieber – im Sinne von LULLUS – mit echten Werten jonglieren. Hatte er nicht versucht, alles zu Gottes Namen/Attributen etc. in Ver-BIND-ung zu setzen? Was würde dabei z.B. herauskommen, wenn wir das mit diesen beiden Leitern probierten? (Die Frage stellte mir in der Manuskript-Phase eine der Testpersonen.) Also gut, ich verteilte die Aufgabe gleich an einige unserer „Versuchs-Kaninchen" und biete Ihnen hier je drei Beispiele zu zwei Begriffen an:

1: Gottes GÜTE plus die ersten drei Farben der **linken** Leiter

2: Gottes GRÖSSE plus die ersten drei Begriffe der **rechten** Leiter

Beispiel 1: Gottes GÜTE und drei Farben (Mann, 37 Jahre)

1. *DUNKELBLAU: Unser Planet, blau, viel Wasser (auch in unserem Körper), und das verunreinigen wir ohne Rücksicht und versündigen uns gegen das, was Gott uns in Seiner Güte gegeben hat ...*
2. *GELB: Sonne, Wärme, Herzenswärme. Gottes Güte läßt die Sonne auf alle scheinen, auch auf die angeblich „Bösen", sogar auf Verbrecher. Und wir glauben, Menschen ausgrenzen zu können. Ein wenig mehr Güte würde uns auch gut anstehen.*
3. *GRÜN – wie der Neid. Gestern abend etwas Neid empfunden, aber sofort die BIRKENBIHL-Strategie aus dem Beratungs-*

Brief angewandt und es ihm gegönnt – solange, bis es wahr wurde. Dauerte ca. 3 Minuten, das sollte schneller werden, aber ich bin es los. In Zukunft werde ich dabei an Gottes Güte denken, dann geht es sicher noch schneller ...

Dann fügte der Brief-Leser noch schnell ein KaWa hinzu, das er mir mit seinem Text faxte.

Da es schlecht durchkam, habe ich es neu gezeichnet.

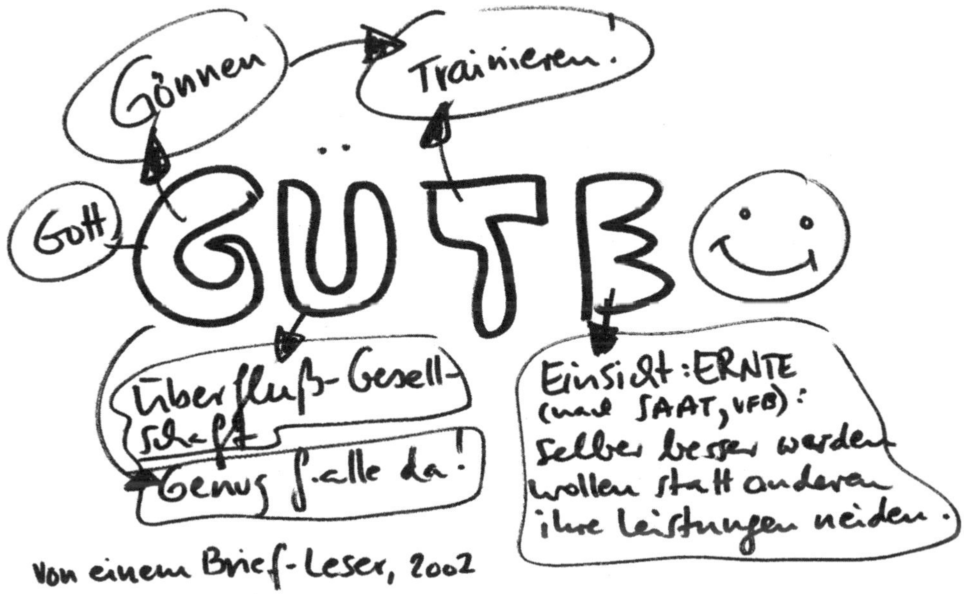

Beispiel 2: *Gottes GRÖSSE und drei Lebensbereiche (Frau, 42)*

1. *ARBEIT/JOB: Gott ist GROSS und hier rege ich mich andauernd über Krimskrams auf. Die reinste Erbsenzählerei. Werde in Zukunft öfter an Gottes Größe denken, der die Unendlichkeit des Alls schuf und überhaupt an seine Schöpfung denken: Endlose Savannen, Eiswüsten, Regenwälder usw., ich glaube, das wird (wie Frau B. immer sagt) die Dinge einigermaßen relativieren!*
2. *EINKAUFEN: Ich hasse es, wenn ich an der Kasse warten muß (so gut wie jedesmal). Werde in Zukunft diese Zeit Gott schenken; eigentlich schenke ich sie mir und werde an Gottes Größe denken, solange ich warten muß, bzw. wann immer ich warten muß und mein Geist sich mit Haß über das Warten zu füllen droht, dann werde ich an Gottes Größe denken und dar-*

an, worüber ich eigentlich dankbar sein könnte. Haß macht uns klein, Dank läßt uns wachsen.

Solche Einsichten tauchen bei derartigen Übungen relativ häufig auf.

3. *HOBBY/INTERESSEN:*
Habe vor vielen Jahren im Kirchenchor gesungen. Ich habe das geliebt, aber als die Kinder kamen, habe ich aufgehört. Ich vermisse diese Musik. Werde die CD.s und Kassetten herauskramen und öfter wieder hören. Bei einem Gregorianischen Lied sehe ich ***die Kathedralen wie Finger auf Gottes Größe deuten und mein Herz weitet sich*** *... Ja, das werde ich tun!*

Fazit: Wenn Sie die beiden schönen Bilder von der Kathedrale als Fingerzeig auf Gott und das sich weitende Herz registrieren – das ist eine Person, die von sich sagt, sie „könne absolut überhaupt nicht schreiben". Ich konnte sie nur zu solchen Übungen bewegen, weil das reines Gedankentraining war und mit Schreiben angeblich gar nichts zu tun hat ...

Wenn Sie anfangen selbst zu üben, egal, ob mündlich als Rhetorik-Training oder schriftlich, dann registrieren Sie bitte auch jeweils, bei welchen VerBIND-ungen es Ihnen schwerer oder leichter fällt. Strömen viele Gedanken schnell auf Sie ein, dann haben Sie eine Auswahl (und können sich „gewählter" ausdrücken) oder finden Sie nur ein Rinnsal vor, das auch noch langsam tropft ...? Merke:

> **Je schwerer uns das assoziative Denken fällt, desto genauer gilt es festzustellen, woran es liegt.**

Ist es nur dieses Thema, dann haben wir hierzu noch zu **wenige Fäden** im Wissens-Netz (zu **kleine Denk-Wolken,** zu **dünne Seile** in unserem Archiv). Hier sollten wir entscheiden, ob das Thema für uns wichtig ist. Wenn ja: Unternehmen wir etwas! Lesen wir mehr darüber, reden wir mit anderen, sehen wir ge-ZIEL-t auch hierzu fern etc.

Stellen wir aber fest, daß wir zwar **einiges zum Thema wissen**, daß jedoch nur das „freie" assoziative Denken „zäh" verläuft, dann sind wir in besonderem Maße **Opfer des Schul- und Ausbildungs-Systems**. Da das assoziative Denken ins Gehirn „verdrahtet" (also völlig gehirn-gerecht!) ist und sich gerade diese Fähigkeit als wichtigster gemeinsamer Nenner genialer Denker herausgestellt hat, und da sich diese Fertigkeit besonders schnell **durch Training wiedergewinnen** läßt, wollen wir uns fragen: Möchten wir unsere Fähigkeit vielleicht verbessern? Egal, wie gut Sie jetzt schon sind, mit Training werden Sie besser! Wenn wir mit den Übungen dieses Buches, insbesondere mit den Aufgaben dieses LISTEN-Denken-Moduls trainieren, werden wir bald feststellen, wie gut uns dieses Training tut und daß wir schnell (noch) besser werden! Und selbst die, die den Mut schon weitgehend verloren haben, können sich dramatisch verbessern, denn:

> **Es ist weit leichter, zu einem gehirn-gerechten Verfahren zurückzufinden als umgekehrt.**

Deshalb braucht das Schulsystem ja einige Jahre, um uns zu verbiegen, wir können die größten Schäden aber innerhalb einiger Wochen wieder ausgleichen, wenn wir trainieren. Das ist sowohl wichtig, wenn aufgeweckte LehrerInnen endlich etwas verändern wollen – sie werden schon sehr bald erste Früchte ernten, auch im Schulsystem. Und es ist wichtig für alle, die im Schulsystem „gelernt" haben, sie seien wenig intelligent, lernfähig, kreativ oder was immer. Diese Übungen werden auch Opfer des Systems bald ermutigen, sich mehr zuzutrauen!

Runde Listen – LULL'sche ROTAE: eine runde Sache!

Es gibt noch eine ausgesprochene „runde Sache" bei Raimundus LULLUS, und zwar hat er (wie bereits angedeutet), aus runden sogenannten ROTAE (d.h. **bewegliche** Scheiben) ein **dynamisches** System geschaffen. Im Klartext bedeutet das: Wir basteln uns Scheiben-Modelle, dann beschreiben wir die einzelnen „Räder" (ROTAE) und können anschließend durch **Drehen** derselben jede mögliche Kombination herstellen. Das ist ein tolles System, mit dem man ebenso spielerisch üben wie ernsthaft „arbeiten" kann. Vier Beispiele für Scheiben (ROTAE):

INNEN: die sechs Farben.
MITTE: die sechs Lebensbereiche.
AUSSEN: die 7 Intelligenzen nach Howard GARDNER (gelb) und (grün), dazwischen meine Addition: Die LERNFÄHIGKEIT als solche!

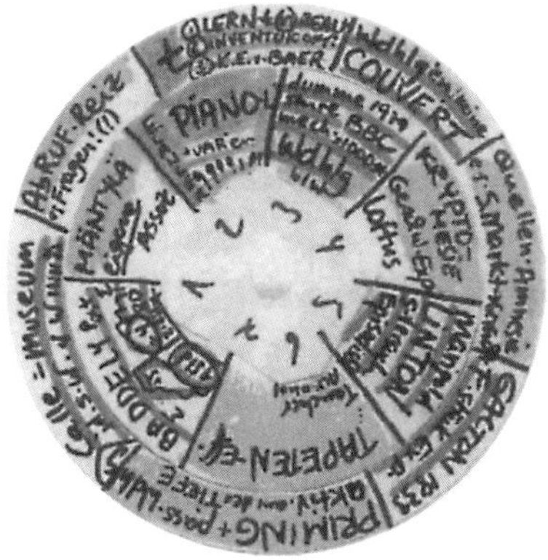

Hier, **links oben**, sehen Sie eine weitere Scheibe: Sie enthält viele der Experimente von Ellen J. LANGER. Mehr dazu im Kapitel „Forschungsergebnisse über das Lernen" (S. 153 ff.).

Jede Scheibe kann ganz anders aussehen **links unten**: Diese Scheibe enthält zwei ABC-Listen (außen und Mitte) plus (ebenfalls Mitte) ein 6-Aspekte Modell (Mitte) und innen die drei Arten von Info (vgl. Info-Flut). Das Rad **rechts** ist dem Thema BRAIN gewidmet.

Bei meinen Seminar-TeilnehmerInnen und Brief-LeserInnen tauchten zwei Standard-Probleme auf, die immer wieder zur Sprache kamen. Lassen Sie mich daher gleich darauf eingehen, vielleicht hilft es Ihnen ja?

Probleme lösen

1. Nie Zeit ... zum Listen-Lesen und -Üben?

FAQ's

Bei einem Leser des BIRKENBIHL-Beratungs-Briefes ergab sich in der monatlichen Hotline am Telefon: Er würde ja gern mehr üben, aber er hat so gut wie nie Zeit. Auf meine Fragen erfuhr ich, daß er wöchentlich ca. 18 Stunden im Auto verbringt und daß er davon die Hälfte der Zeit im Stau steckt. Er meinte: „Ich habe auch schon daran gedacht, diese Zeiten zu nutzen, da höre ich z.B. inzwischen Hörkassetten (also Sprache), aber ich kann keine Listen-Übungen durchführen, denn im Winter ist es sowohl früh als auch abends, wenn ich im Werksverkehr stecke, noch dunkel; zum Lesen zu dunkel ..." Da andere LeserInnen ähnliche Probleme haben (eine Dame sagte z.B. sie würde liebend gern vor dem Einschlafen solche Übungen machen, statt Schäfchen zu zählen), entwickelte ich folgende Variante:

Ich sage immer: „Warum soll sich nicht wenigstens der Geist bewegen, wenn schon der Wagen (fast) steht?" Aber auch für das Joggen (Gassigehen), oder für langweilige Hausarbeiten (von Kartoffelschälen bis Auto waschen) etc.

1. Auf einem Tonträger, der in diesen Situationen leicht abspielbar ist (z.B. Kassetten, MP3) „lesen" Sie die Liste, aber zwischen den einzelnen Worten lassen Sie 60 Sekunden **Bedenkzeit** (wenn Sie wollen mit Musik).
2. Nun können Sie mit diesen Tonträgern üben, **wann immer Sie wollen.** Erste Erfahrungen sind hervorragend, nicht nur im Stau bzw. zähfließenden Verkehr.

Über ein ganz besonderes Zeit-Problem berichtete eine Seminar-Teilnehmerin:

Variante – Das große Haus. Diese Dame lebt in einem sehr großen Haus und meinte zunächst, ausschließlich an ihrem Schreibplatz in der Wohnzimmerwand (herausklappbarer Sekretär) arbeiten zu können. Sie dachte daher, sie hätte nicht genügend Zeit, weil sie ja auch die Zeit rechnen mußte, 30 Meter weit zum Schreibplatz zu gehen und hinterher wieder 30 Meter zurück. Als sie mir die Situation schilderte und ich sie fragte, warum sie nur dort schreiben könnte, merkte sie plötzlich, daß sie wohl einer riesigen Denk-Blockade aufgesessen war. Seither hat sie Listen und Schreibzeug strategisch im ganzen Haus verteilt. Immer wenn sie merkt, sie hat ein paar Minuten „Luft", geht sie zum nächstgelegenen Schreibplatz (sie hat jetzt elf!!) und assoziiert zu einigen Stichpunkten. Auf diese Weise „schafft" sie mit Leichtigkeit das tägliche Minimum, das sie sich vorgenommen hat, und jetzt macht es ihr große Freude ...

2. Mit nur einer Liste zwei LULL'sche LEITERN?

Wenn wir nur eine ABC-Liste zur Hand haben, aber lieber LULL'sche Leitern trainiert hätten und nicht extra eine zweite Liste schreiben wollen, weil deren Ideen dann zu frisch im Kopf wären, können wir einen Trick anwenden und eine **U-Liste** daraus machen, indem wir die eine einfach „umknicken" und den **Anfang** mit dem **Ende** paarweise zusammenführen.

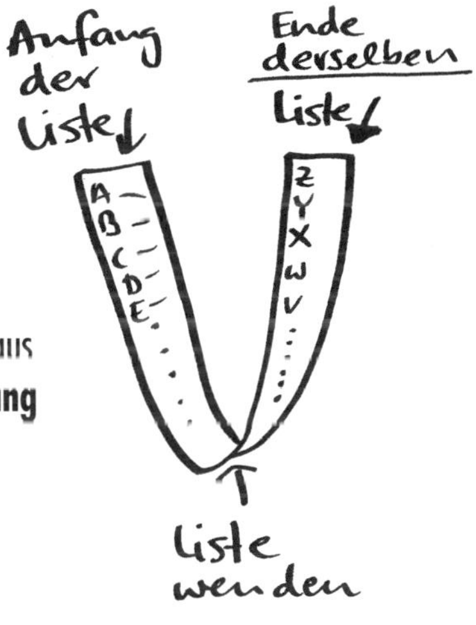

Ich beschrieb dieses Verfahren bereits in meinem Humor-Buch* als **eine der gängigen Techniken, die Comic-Schreiber benutzen, um Gags zu „produzieren"**, wenn sie paarweise Assoziationen zu einer Liste herbeiführen. Zum Beispiel sind das erste und das letzte Wort der **Auge-Liste** *Auge* und *Zahnbürste*. Bei einer meiner „Fingerübungen" ergab sich diese Kombination:

AUGE-Liste

Diese Liste kennen einige LeserInnen; es reicht jedoch zu wissen:

1. A = AUGE

26. Z = Zahnbürste

Auge – Zahnbürste

Auge um Auge, Zahn um Zahn. Wird oft als rachsüchtig hingestellt. Was aber, wenn es eine Vereinbarung wäre, die leicht adjustiert, fair und gerecht wäre? Dann würde das ***Verursacher-Prinzip*** *darunterfallen und man müßte die Umweltschäden (oder die Straßenschäden), die etwas verursacht, von Anfang an in den Preis hineinrechnen. Dann kostet* ***eine einzelne Erdnuß****, die man von* ***Hamburg*** *nach* ***Sizilien*** *fährt, um sie dort aus der Schale zu holen und zu salzen, ehe man sie in* ***Portugal*** *in Dosen füllt und wieder nach* ***Hamburg*** *in den Supermarkt zurückzuschickt, eben 1 Euro! Jede einzelne Erdnuß! Und das Steak eines Tieres, das man 700 km weit zum Schlachten gefahren hat (weil es EU-Gelder bringt) und wieder 700 km zurücktransportiert, kostet dann eben auch 2 Euro pro 100 Gramm* ***mehr*** *als heute. Ebenso müßte ein Produkt, das man in einem* ***Billiglohnland auf der anderen Seite der Welt*** *(!!) produziert, mindestens 10 Euro mehr kosten, wenn man (neben den Kosten durch Vergeudung der Ressource Öl) die* ***Gefahren der gigantischen Umweltschäden bei Öl-Unfällen im Meer*** *mit einkalkulieren würde (Zeit vorbei).*

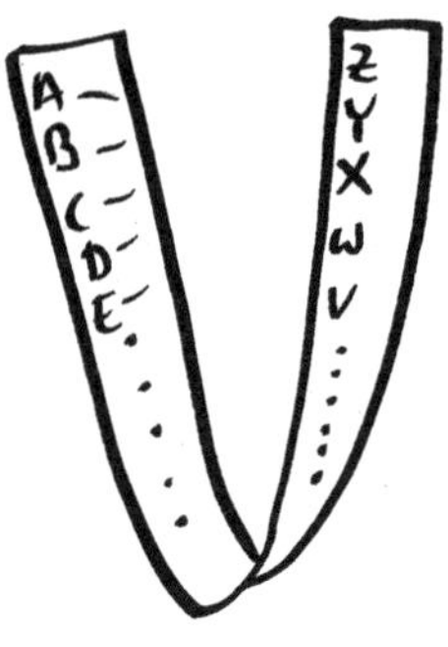

* Vgl. mein Buch „*Humor – an Ihrem Lachen soll man Sie erkennen*".

Exformation

M 7

In diesem Modul möchte ich Ihnen eine brillante Idee aus dem wunderbaren Buch von Tor NØRRETRANDERS *(„Spüre die Welt")* vorstellen, angereichert und ergänzt von eigenen Überlegungen sowie Gedanken anderer Autoren (z.B. Wolf SCHNEIDER und Neil POSTMAN).

Es lohnt sich auf alle Fälle, die in diesem Abschnitt zitierten Autoren selbst zu lesen! Insbesondere den Erfinder des Begriffes „Exformation", Tor NØRRETRANDERS, als auch Neil POSTMAN.

Wenn wir den Grundbegriff der Informatik zugrunde legen, dann beschreibt der Begriff „Information" diejenigen Aspekte einer Botschaft (Kommunikation), die wir **zählen** können, z.B. **Buchstaben** (Redakteure zählen Anschläge, wobei alle Zeichen und Abstände zwischen den Wörtern mit einkalkuliert werden). Wir könnten natürlich auch **Silben** zählen, **Wörter** (vgl. Telegramme) oder **Sätze, Absätze, Seiten** (wie bei Buchmanuskripten) oder Druckbogen etc. Im Telegramm kostet die Information Geld. Beispiel: Angenommen wir haben ausgemacht, daß Sie mich am Freitag besuchen, wir wissen aber noch nicht: Werden Sie mit dem **Flugzeug** oder mit dem **Zug** kommen? Ebenso wissen wir bis jetzt weder die genaue **Zeit** noch die **Flug-/Zugnummer.** Nun könnten Sie mir ein Fax schicken und schreiben:

Wir haben jetzt alles geklärt. Ich werde am Freitag mit dem Flugzeug kommen, die Flugnummer ist SAS 3654, ich komme um 15:40 an. Holen Sie mich bitte ab.

Im Fax können wir Informationen verschwenden, wir können regelrecht schwafeln, was viele Menschen auch tun, ohne Rücksicht auf die Zeit der Empfänger, die sie vergeuden, **weil sie sich Arbeit sparen wollen**. Sie kalkulieren, daß so ein Blatt Papier und das bißchen Telefongebühr heutzutage nichts kostet, ohne die Lesezeit des Empfängers einzubeziehen (wir kommen auf diesem wichtigen Aspekt zurück).

Ich habe dieses Beispiel gewählt, da Wolf SCHNEIDER anhand eines sehr ähnlichen Beispieles (in: *„Wörter machen Leute"*) aufzeigt, was passieren würde, wenn man Null Redundanz anstrebte. Solange man „Redundanz" als „unnötige Information" definiert, könnte das große Probleme hervorrufen.

Wenn Sie aber in Alaska säßen und über einen teuren Satelliten pro Wort 50 Euro zahlen müßten, dann würden Sie sich sicher vorher etwas genauer überlegen, was Sie tatsächlich „senden" wollen. Vielleicht lassen Sie **den ersten Satz** („Wir haben jetzt alles geklärt") ganz weg (**250 Euro** gespart)? Sie könnten auch „**ankomme**" verwenden, statt „Ich werde ... kommen" (wieder 2 Worte = **100 Euro** gespart); ebenfalls könnten Sie „**Freitag**" auslassen, da wir beide den Reisetag kennen (wieder **50 Euro** gespart). Wichtig ist ja nur, was vorher unklar war: Also Zug oder Flugzeug, Identifikations-Nummer und Uhrzeit. Auch ist die **Bitte um Abholung**

redundant, denn Sie senden diese Informationen ja nur, **damit** ich Sie abholen kann. Also sparen Sie weitere fünf Wörter **(250 Euro)**. Fazit: Sie sparen **650 Euro!** Wolf SCHNEIDER zeigt in seinem Beispiel auch, daß wir die Information nicht allzu sehr verringern dürfen. Beispiel für zuviel Einsparung von eigentlich redundanten Informationen:

Bei Montag oder Mittwoch müßten wir „Mo" oder „Mi" sagen.

Wäre **nur der Wochentag** unbekannt, dann würde theoretisch ein „F" für **Freitag** reichen, **wenn wir Null Redundanz anstreben**. Sollte aber im Zuge der Übertragung nur ein einziger Buchstabe wegfallen, dann wäre die Gesamtinformation verloren. Deshalb ist Null Redundanz kein sinnvolles Ziel für die tägliche Praxis, also wäre „Frei" besser als „F". Im Gegensatz dazu enthält der ursprünglich erste Satz („Ich werde am Freitag ankommen") eine ganze Menge unnötiger (redundanter) Info-Einheiten.

Ankomme Freitag – Flugnummer SAS 3654, 15:40

Wenn Sie Ihre ursprünglich lange Botschaft dramatisch verkürzen würden (vgl. Rand), dann haben Sie mich nicht schlechter „informiert". Allerdings bitte ich Sie zu registrieren:

Es hat Sie mehr Zeit und Energie gekostet, diese kurze Botschaft zu konstruieren, als die schnell hingeworfene lange! Deshalb ist die Tendenz zum Schwafeln ja so groß …

Merken wir uns vorläufig, daß weniger Info-Einheiten besser „informieren" können; wir kommen auf diesen wichtigen Punkt zurück. Im Moment wollen wir kurz über die Begriffe reflektieren, in denen wir denken.

Im alltäglichen Sprachgebrauch sagen wir „Information" und meinen Botschaften, Aussagen, Ideen etc., die jemand (ein **Sender**) gesagt/geschrieben hat und die wir nun hören/lesen (als **Empfänger**). Verbinden Sie dabei ruhig zwei Bilder durch **Überlagerung**: Erstens zwei Apparate, Sender und Radio-Empfänger (was muß im Empfänger wie „laufen", damit er empfangen kann – von Strom über Frequenzen bis Bandbreite …?) und zweitens zwei Menschen, von denen der Empfänger ebenfalls „empfangsbereit" sein muß. Wir sagen ja auch gerne, wir lägen „auf einer Welle" mit jemandem, wenn wir uns gut verstehen (wenn also das Senden und Empfangen gut „klappt").

Nun haben wir gesehen, daß die kurze Nachricht genügend Info-Einheiten senden konnte. Fragen wir uns jetzt, wie wir jenes „Etwas" nennen können, das wir bei der **kurzen** Nachricht **eindeutig gesendet haben**, trotz der Tatsache, daß wir **weniger Info-Bits** sagen/schreiben mußten: Wieso

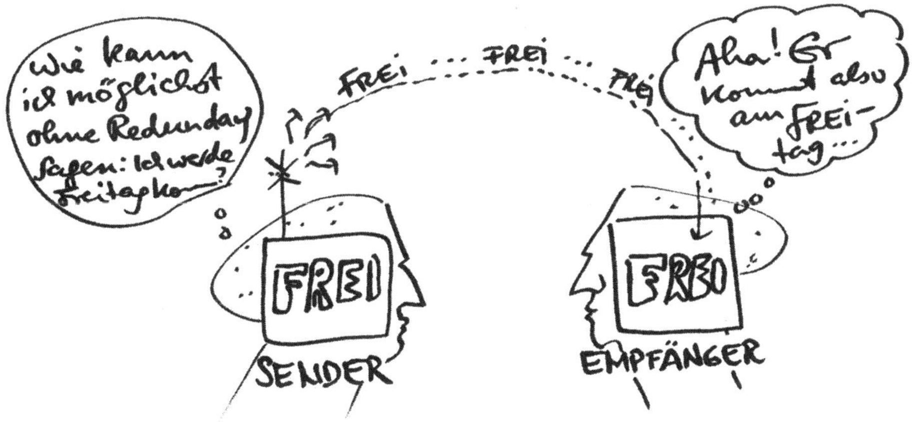

konnten wir unseren Empfänger mindestens genau so **gut informieren** (im Sinne des alltäglichen Sprachgebrauchs von „informieren")? Um diese Unterscheidung klar treffen zu können, schlägt NØRRETRANDERS den Begriff der „**Exformation**" vor. Jetzt sind wir beim Kernpunkt dieses Moduls angelangt!

Tor NØRRETRANDERS: *„Spüre die Welt";* eines der besten Bücher, die ich je über bewußte wie unbewußte Wahrnehmung durchgearbeitet habe. Diese Aussage gilt immer noch, wiewohl ich inzwischen einige weitere Titel zu diesem wichtigen Thema las.

Der Begriff „Exformation"

Exformation ist das, was „außen vor" bleibt (Lat. *ex* = außen, außerhalb) und beschreibt somit alles,

- was **nicht gesagt** oder **geschrieben wird**,
- was **ausgelassen** wurde,
- was **zwischen den Zeilen** zu uns „spricht",
- was die EmpfängerInnen **ergänzen** müssen.

Exformation:
- **nicht gesagt/ geschrieben**
- **zwischen den Zeilen**
- **muß ergänzt werden**

Wenn Sie an unser kleines Telegramm-Beispiel zurückdenken, dann ist klar:

1. Exformation setzt **Wissen** voraus.
2. **Je mehr** Voraus-Wissen wir beim Empfänger vermuten können, desto mehr Info-Einheiten können wir weglassen und werden trotzdem noch verstanden. Dies bedeutet im Klartext, daß der Empfänger **ergänzen** muß (und, bei richtigem Voraus-Wissen, auch kann!).
3. Etwaige Probleme oder **Mißverständnisse** im Alltag müßten demnach auf **zwei Ursachen** zurückzuführen sein: Entweder es **fehlt** an nötigem Voraus-Wissen, so daß gar nicht ergänzt werden kann (Gefahr: Empfänger kommt sich „doof" vor), oder es existiert ein Voraus-Wissen,

das mit dem des Senders aber nicht übereinstimmt. Dann kann man bildsauber aneinander vorbeireden …

Um dieses „Ergänzen-Müssen“ zu illustrieren, erzähle ich seit Jahrzehnten ein Mini-Fallbeispiel, das sofort absolut einleuchtet: Sie sitzen in einem Lokal mit sechs Personen (Familienfeier), jeder hat sein Getränk, man wartet gemütlich aufs Essen (angeregte Unterhaltung), dann kommt der Ober und sagt „Schwein?“ und Ihr Sitznachbar antwortet „Das bin ich.“ **Es merkt kein Mensch**, was da gerade gesprochen wurde. Warum? Weil alle anderen ebenfalls ergänzen. Sie **kennen** die Situation (verfügen also über Voraus-Wissen!) und wissen deshalb, worum es geht. Sie ergänzen allesamt blitzschnell den hingeworfenen 1-Info-Bit-Brocken („Schwein?“) in die Botschaft, die tatsächlich gesendet wurde, nämlich: „Wer ist die Person, die das Schweinefleisch bestellt hat?“ Diese ergänzte Frage beantwortet Ihr Sitznachbar folgerichtig mit „Das bin ich“ und niemand findet etwas dabei. Die ergänzte Information ist die ausgelassene, **nicht** gesagte Information, und das nennen wir ab jetzt (nach NØRRETRANDERS) **Exformation**.

Solange alle Beteiligten **dieselbe Exformation** besitzen, ist eine Kommunikation **wesentlich reicher** als man meinen könnte (würde man nur die gesendeten Informationen beachten). Allerdings müssen Menschen auch auf **ähnliche Erfahrungen** zurückgreifen können, damit sie den Info-Einheiten, die offiziell gesendet werden, dieselbe Exformation „hinzufügen“, um das Gespräch so angenehm zu „be-REICH-ern“.

Im Falle des Obers, der „Schwein?“ gesagt hatte, kommunizierte er nur ca. 10 % der Botschaft; der Rest wurde von allen Beteiligten vollautomatisch ergänzt. Nehmen wir an, Sie wären in Ihrem Leben noch nie in einem Restaurant gewesen und der Ober sagte: „Schwein?“ Würden Sie dann vielleicht erschrecken? So manch einer würde mit Sicherheit sagen (oder denken): „Selber Schwein!“

Weil die Tatsache, daß wir gemäß unseres **Voraus-Wissens** ergänzen, so wichtig ist, möchte ich Sie einladen, über folgende Beispiele zu reflektieren:

1. Numerierte Witze?

Man erzählt sich von einer Männerrunde im Zugabteil (Pendler, die jeden Tag miteinander fahren), die nach jahrelangem Erzählen immer derselben Witze diese katalogisierten und sich jetzt nur noch die Nummern zurufen, **was die gleichen Lachsalven auslöst, wie einst der erzählte Witz**. Eines Tages möchte ein fremder Mitreisender mitspielen, widerwillig nickt man, er sagt: „16" und keiner lacht. Er probiert mehrere Nummern, bei denen die anderen zuvor in lautes Lachen ausgebrochen waren, aber er löst nur ungerührtes Schweigen aus. Schließlich verzweifelt er: „Warum lachen Sie denn jetzt nicht?", woraufhin einer sagt: „Man muß einen Witz auch erzählen können."

Im Klartext: Diese Männer verbindet jahrelanges gemeinsames Zugfahren, die Erfahrung, daß immer wieder dieselben Witze gemeinsam belacht wurden, die gemeinsame Entscheidung, diese Witze zu katalogisieren, die gemeinsame Arbeit an diesem Katalog, usw. All das fehlt, wenn einer, der nicht zu diesem Kreis gehört, einfach „eine Nummer" sagt. Natürlich erzählt er den dazugehörigen Witz nicht wirklich, er kann ihn nicht erzählen, er kennt ihn ja nicht einmal!

2. Anspielungen auf gemeinsame Erlebnisse

Als ich ca. zehn Jahre alt war, schickten mich die Erwachsenen zum Zigarettenholen. Dabei hatte mir auch Alex, einer der Gäste, Geld für eine Packung seiner Lieblingsmarke gegeben. Als ich zurückkam, legte ich (**wie immer**) die diversen Zigarettenpäckchen in die Tischmitte und nahm wieder Platz (denn es war immer sehr spannend, diesen Unterhaltungen zu lauschen). Einige Stunden später fragte jener Alex, auf eine Schachtel Zigaretten deutend: „Darf ich?", woraufhin mein Vater entgegnete: „Sind ja eh deine!", woraufhin Alex beinahe einen Kollaps bekam.

Wenn ich die Story hier beenden würde, könnten Sie nicht ergänzen, warum der gute Alex beinahe einen Kollaps bekam. Es fehlt Ihnen das gemeinsam Erlebte, das alle Anwesenden kannten, die sowohl verstanden, warum er so geschockt war und sich gleichzeitig alle auf die Lippe beißen mußten, um nicht laut loszulachen. Warum? Was war geschehen?

Nun, bei uns lagen die Zigaretten immer frei herum und es war selbstverständlich, daß unsere Gäste neben essen und trinken auch rauchen durften.

Manchmal legten auch Gäste ihre Päckchen auf den Tisch. Alex hingegen trug seine Zigaretten **normalerweise** in seiner Brusttasche und schnorrte sich durch, so daß er nur im Notfall seine eigenen rauchen mußte. Aber **an jenem Tag**, als er auf eine Schachtel deutete, **aus der alle mitgeraucht hatten**, und „Darf ich?" sagte, weil er wieder mal eine Zigarette schnorren wollte, und nun begriff, daß seit Stunden alle **seine** Zigaretten mitgeraucht hatten (er vergaß sie in die Brusttasche zu stecken), da flippte er beinahe aus. Seit jenem Tage war die Redewendung „Sind ja eh deine!" eine jener „geflügelten Redewendungen", die allen damals Anwesenden in Zukunft „etwas sagte", Fremde aber „außen vor" ließ. Manchmal löste diese Formulierung lautes Gelächter aus (vor allem wenn Alex **nicht** anwesend war), manchmal Nachdenklichkeit, je nachdem in welcher Situation jemand es sagte, aber immer dachten wir an den armen Alex zurück und an seinen totalen Schock, als er merkte, was los war …

3. Warum Exformation so wertvoll ist

Quelle: HUBERMAN und HOGG, zitiert bei NØRRETRANDERS.

Es gibt eine wunderbare Definition von Exformation: **Exformation ist die Menge an Arbeit, die der Sender einst investierte und die nun dem Empfänger erspart wird.** Vom banalen Beispiel eines Rezeptes, das jemand stunden-, tage- oder jahrelang ausgetüftelt hat und welches nun in 30 Zeilen vorliegt und von jedem nachgekocht werden kann bis zu einer großen Idee, die das Lebenswerk eines Wissenschaftlers oder sogar einer Generation von Wissenschaftlern sein mag!

4. Warum wir Serien lieben

Wir lieben eine Mischung aus Vertrautem und Neuem. Bei TV-Serien kennen wir die Hauptcharaktere und ihre Rollen, Ziele etc. nach einigen Sendungen. Neu ist jeweils die heutige Story und die (zunächst unklare) Rolle, die durch Gäste gespielt wird. Hier bringen übrigens prominente Gäste höhere Einschaltquoten als Unbekannte (vgl. nächster Punkt).

Bei **Null** kennen wir die Leute, über die geredet wird gar nicht; bei **100** kennen wir sie sehr wohl, bzw. wir glauben, sehr viel über sie zu wissen! Bei 50 haben wir schon mal von ihnen gehört, aber uns ist klar, daß wir noch recht wenig über sie wissen.

5. Wenn Leute über Leute reden

Beobachten Sie, wie Menschen reagieren, wenn Anwesende (oder Leute im Fernsehen, z.B. in einer Talkshow) **über Leute reden**! Hier ergibt sich ein interessantes Spektrum (auf einer Skala von Null bis 100 …).

Wenn Sie tatsächlich einige Wochen lang gut aufpassen, wenn man über unsere Mitmenschen spricht, dann werden Sie feststellen: Je weniger wir über diese Menschen wissen, desto langweiliger finden wir das Thema. Dazu einige Beispiele:

1. Kinder langweilen sich ohne Ende, wenn die „Großen" über andere „Große" reden, die sie nicht kennen. Spricht man aber von der Oma, dem Opa, der Nachbarin oder der Mutter des Spielkameraden, dann lauschen sie genauso interessiert wie die „Großen".
2. Erwachsene machen es genauso. Versuchen Sie, in Gruppen über Menschen zu sprechen, die den Anwesenden unbekannt sind. Wichtig ist, daß Sie über die Leute reden, nicht über faszinierende Abenteuer dieser Menschen, die wiederum auf Interesse stoßen könnten. Aber Bemerkungen darüber, in welcher Stadt die Leute leben, welchen Job sie haben, auf welche Diät sie möglicherweise vor kurzem umgestellt haben, wohin sie ihre Kinder in den Ferien schicken, usw. – solche Infos sind umso interessanter, je bekannter uns die Personen sind!
3. Deshalb nutzen Fernsehmacher und Werbetreibende den „Promi-Bonus". Prominente sind vor allem deshalb so „faszinierend", weil viele Leute sie auf der Skala höher als 60 einordnen und sich deshalb dafür interessieren, was diese Pseudo-Bekannte essen und trinken, womit sie sich waschen, duschen und Haare waschen, was für Kleidung und Schuhe sie tragen etc. Psychologisch empfinden wir bekannte Menschen als zu unserem „Stamm" (Dorf) gehörig, deshalb erleben wir eher ein Wir-Gefühl als in Bezug auf Fremde, und deshalb funktioniert der Promi-Bonus so gut.

Warum der *Promi-Bonus* funktioniert

Diese Beispiele zeigen: Immer, wenn ein Empfänger die Informationen wörtlich nehmen „muß", weil er nicht weiß, was zu ergänzen ist, besitzt er dazu kein Voraus-Wissen und kann mit dem Wahrgenommenen nichts oder nur sehr wenig anfangen. Dies ist insbesondere möglich bei:

- **Metaphern:** Es spricht jemand über Atome sowie über die Prozesse innerhalb derselben, und wir verstehen gar nicht, daß alle Begriffe, in denen man darüber berichtet, zwangsläufig Metaphern sind, ob von Elektronen-**Partikeln** (d.h. von Teilchen) die Rede ist oder von Wahrscheinlichkeits-Wellen (das sind Wellen, die eine gewisse Wahrscheinlichkeit haben, in die Existenz zu treten), von Quarks (ein Name aus einem Roman von James JOYCE) oder den Dingen, aus denen Quarks zu existieren scheinen **(Strings)** – das alles sind Metaphern, mit denen wir versuchen, das Unfaßbare zu (er-)**fassen** oder zu (be-)**greifen**!

- **Gleichnisse:** Alle großen Meister sprachen in Gleichnissen, weil sie so die Exformation ihrer Zuhörer nutzen konnten. Jesus erzählte den **Fischern** von Menschenfischern, den **Hirten** vom verlorenen Lamm und den **Bauern** vom Saatkorn, welches auf unterschiedlichen Böden ein unterschiedliches Schicksal erfährt. So muß er nur wenig sagen, aber das wenige hat viel „Gehalt". Im Klartext: Es enthält viel, das die Zuhörer er-GÄNZ-en (= GANZ machen); das ist der Grund, warum Exformation eine Story spannend macht, nicht Information! Faszinieren kann uns nur, was **in uns** mitschwingt, wenn wir Informationen hören, die wir mit Exformation aus **unserer** Vergangenheit, **unserer** „Insel", **unserer** eigenen Erfahrung an-REICH-ern können.
- **Analogien:** Eine Analogie ist ein Vergleich – wenn ich aber mit etwas vergleiche, das in Ihrem Geist nicht existiert, fehlt Ihnen die notwendige Exformation. Spreche ich davon, daß Hormone quasi Boten sind (Namensgeber war der griechische Götterbote Hermes), dann ist das eine Analogie, die jeder begreifen kann, der die Funktion eines Boten kennt. Sagen wir also „Botenstoff", dann beherbergt dieses „normale" Wort in Wirklichkeit eine Analogie; auch der Begriff „be-HERBERGE-n" ist analog zu verstehen, Sie müssen also wissen, daß eine Herberge eine Art von Hotel ist, in dem man wohnen kann …

- **Redewendungen:** In meinem *„Das große Analograffiti-Buch"* finden Sie ein sehr farbenfreudiges Modul mit KaGa.s (Denk-Bildern) von Redewendungen. Dort vergleiche ich z.B. (deutsch) „Jemandem ein Loch in dem Bauch reden"mit (englisch) „To talk someones head off" (englisch).

- **Fach-Chinesisch:** Mit Fachjargon können sich Fachleute untereinander schnell und zielsicher unterhalten, aber der beste Fach-Spanier wird den Fach-Chinesen nicht verstehen und umgekehrt. Ich betrachte Fachsprache als eine Art von Stenographie-Sprache.
- **Insider-Bemerkungen:** In den meisten Familien, Freundeskreisen, Firmen gibt es neben Redewendungen, hinter denen gemeinsame Erlebnisse stehen, auch einzelne Namen oder Wörter, deren Bedeutung nur Menschen mit Zusatz-Wissen (mit der passenden Exformation also) verstehen. So bilden wir oft Sätze, die ein Zuschauer zwar Wort für Wort zu begreifen scheint, die aber (als Satz) trotzdem unverständlich bleiben, z.B.:

- **Der X-27 muß da rüber** (Firma, Mitarbeiter zu seinem Kollegen).
- **Das Käsebrot will ein Bier** (im Biergarten, Kellner zum Buffett-Kellner).

Das Käsebrot will ein Bier.

- **Die Niere will aufstehen** (im Krankenhaus, Krankenschwester zum Arzt).
- **Da bin ich ja schon!** (Bei Brettspielen, wenn man feststellt, daß die erwürfelte Punktzahl auf ein Feld führt, auf dem man bereits Spielsteine plaziert hatte, insbesondere wenn man neue Felder besetzen wollte, wie bei Go oder Backgammon).

Bei Erwachsenen erwarten wir automatisch jenen Ergänzungs-Vorgang (manchmal ohne Rücksicht auf mangelnde Exformation), aber besonders wichtig ist die Tatsache, daß Kinder und Lernende einer neuen Sprache Wörter solange wörtlich nehmen (müssen), wie sie über das nötige Voraus-Wissen noch nicht verfügen, um die Exformation ergänzen zu können. Dies ist übrigens einer der Gründe, warum ich empfehle, Sprachen zu lernen; wir gewinnen nicht nur höchst faszinierende Einsichten in die Denke jenseits von Sprachbarrieren, sondern wir gewinnen gleichzeitig spannende Erkenntnisse über unsere eigene Sprache. Beispiele:

- Die Redewendung „**Er sagte sich**, daß …" bedeutet im Arabischen wörtlich: „**Er erzählte seiner Seele**, daß …". Ich frage mich dann, mit wem wir eigentlich zu reden glauben, wenn wir „uns" etwas „sagen".
- Erfahre ich, daß es im Japanischen kein Konzept von Einzahl/Mehrzahl gibt, daß also jedes Hauptwort automatisch immer **ein oder mehrere** bedeuten kann (so heißt **HON** „Buch" – „Bücher"), dann begreife ich, warum japanische Führungskräfte in Deutschland mir ihr Leid klagten, weil sie die Rechthaberei ihrer deutschen Mitarbeiter nicht nachvollziehen konnten. Klar, ohne Einzahl-/Mehrzahl-Konzept bedeutet HONTO „Wahrheit" – „Wahrheiten", dasselbe gilt für Begriffe wie

  本 = Buch Bücher

  → eine/mehrere **Wirklichkeit/en**,

  → eine/mehrere **Meinung/en**,

  → eine/mehrere **Idee/n**,

  → eine/mehrere **Theorie/n**, usw.

  Da kann man freilich nicht auf seinem Standpunkt beharren, denn es gibt immer eine/mehrere **Standpunkt/e**, nie nur einen, daher auch nicht nur meinen eigenen. Alles klar?

Sie sehen, wie interessant es wird, wenn wir beginnen, **nackte Info-Bits** (Buchstaben, Wörter, Sätze) inklusiver aller Zeichen und Sonderzeichen (von Plus- oder Minuszeichen über Noten in der Musik bis zu wissenschaftlichen Notationen) von Exformationen zu trennen, die den Info-Bits erst ihre Bedeutung verleihen können.

* Vgl. S. 152.

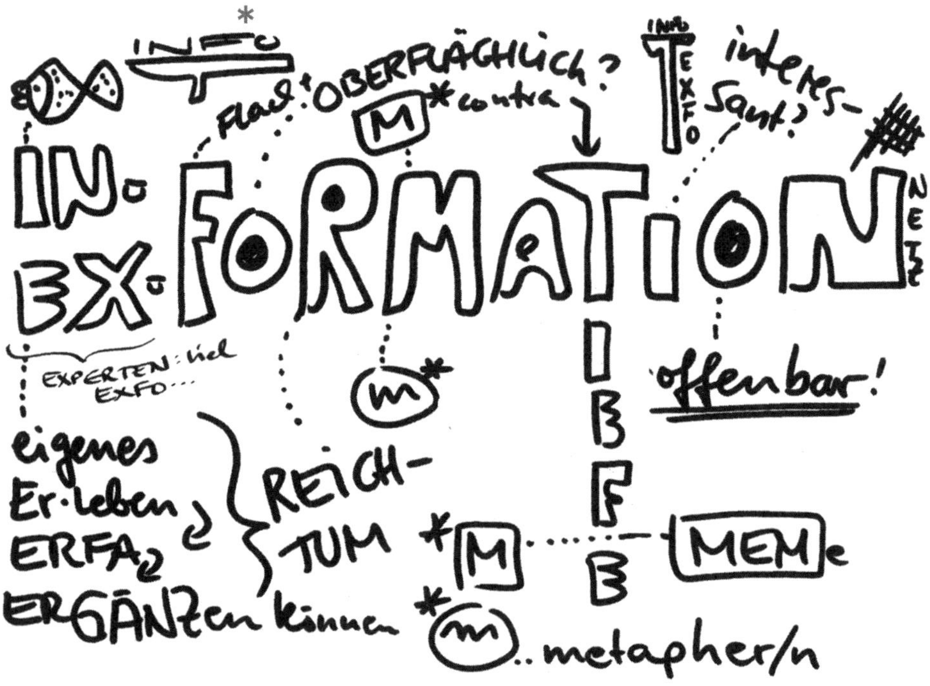

Exformation = Voraus-Wissen

Till Eulenspiegel (wie auch der Mullah Nasruddin im persisch-türkisch-arabischen Kulturraum) liefert viele Stories, aus denen hervorgeht, was passiert, wenn man die nackten Info-Bits mit dem eigentlichen Gehalt der Botschaft verwechselt.

Exformation beschreibt **sowohl** alle unsere **vergangenen Erfahrungen** (unser **Voraus-Wissen**, das wir – als Teil unserer „Insel" – in jede Situation hineintragen), **als auch** unsere **gegenwärtigen Assoziationen**, mit denen wir das Wahrgenommene ergänzen oder anreichern (das, was der Sender uns gerade sagte oder was er uns geschrieben hatte). Somit meinen wir mit „Information" normalerweise beides, aber das Wort löst in uns so starke Assoziationen an den **Sender** aus, daß wir regelmäßig sagen/denken, der andere könne „schuld" sein, weil er uns mißverstanden habe, statt zu begreifen: Jeder Mensch wird unsere Botschaften immer mit seinen spezifischen Assoziationen an-REICH-ern, das können wir niemals verhindern. Wenn wir Glück haben, dann ergänzt er in unserem Sinne und „hat uns verstanden" (im Klartext, so wie wir selbst die Botschaft gemeint hatten). Andernfalls ist er natürlich schuld, weil er uns mißversteht!

NØRRETRANDERS stellt u.a. fest: Genaugenommen ist Information völlig uninteressant, **nur Exformation ist interessant für uns**. Da wir keine Roboter sind, können wir nackte Informationen weder wahrnehmen noch begreifen, speichern (= merken) und später in unsere Überlegungen einbeziehen. Das ist dramatisch.

Nur Exfo ist interessant!

Infos ohne Exformationen ergeben keinerlei Sinn für uns!

Genaugenommen „wohnt" die **Exformation** immer **in uns**. *Suppose I were to continue in the English language now.* Wer Englisch kann, konnte den letzten Satz „ganz normal" lesen, weil die nötige Exformation zur Information bereits **in uns** ruht. Andernfalls hätten Sie hier 10 Wörter (Informations-Bits) gesehen, zu denen Sie vielleicht keine oder nur teilweise Exformation anbieten können? *En als ik nu in het nederlandse taal verder gaa?* Aha, ganz langsam können Sie diesen Satz wahrscheinlich **„entschlüsseln"**, das heißt, Sie stellen fest, daß Sie ja **doch** genügend Exformation besitzen, daß diese aber nicht so „griffbereit" ist, daß das ganze so schnell abläuft, wie üblich. Es ist das normale Tempo, das **normalerweise verhindert**, daß wir begreifen was abläuft, wenn wir „Infos aufnehmen". Denn wir verarbeiten Infos mit einem 400- bis 2000mal schnelleren Tempo als wir bewußt denken können.

Vgl. RE-KONSTRUKTION, im Modul „AbRUF-Reiz" (S. 67 ff.).

Nur wenn der Prozeß extrem verlangsamt wird, können wir ihn wahrnehmen, z.B. wenn wir rätselhafte Informationen „ent-SCHLÜSSEL-n". Im Klartext: wenn wir bewußt und in Zeitlupe nach dem richtigen Schlüssel suchen, um diesen dann anzuwenden.

Bei einem Satz in einer fremden Sprache sausen wir mit den Augen erst einmal hin und her, um zu sehen, ob wir Teile der Botschaft begreifen können, ehe wir den Satz Wort für Wort betrachten. Diesen Prozeß nutzt die BIRKENBIHL-Methode, Fremdsprachen zu lernen* (bei der isoliertes Vokabel-Pauken verboten ist).

Stellen Sie sich ein Spektrum vor: Am linken Ende „sitzen" nackte Informationen, am rechten finden wir reiche, vielschichtige, tiefe Exformation pur.

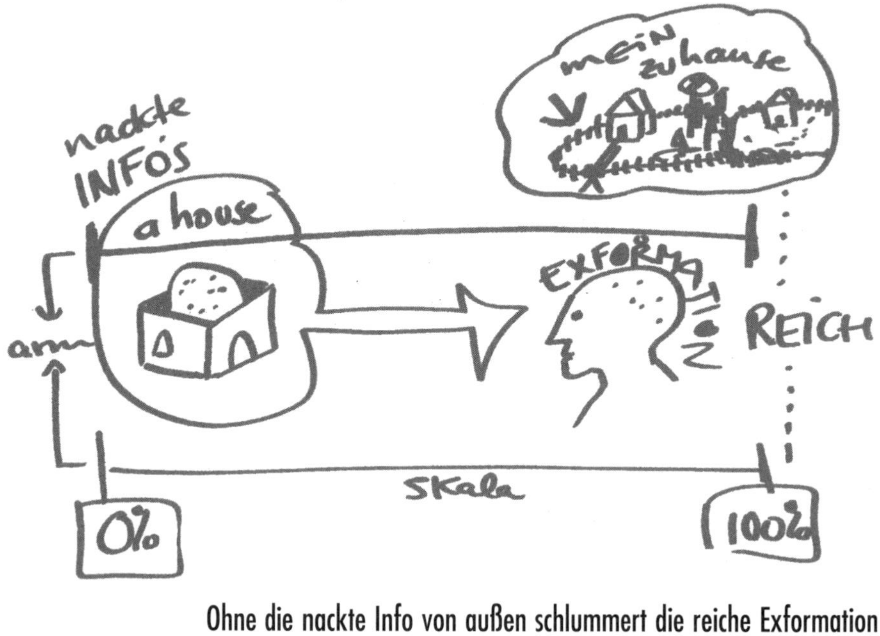

Ohne die nackte Info von außen schlummert die reiche Exformation so vor sich hin, erst die Info von außen aktiviert sie: Je mehr sich in uns „tut", als desto wervoller empfinden wir die Info, die diesen Prozeß in uns ausgelöst hat. **In uns!** Nicht „da draußen" irgendwo …

* Zu meiner Fremdsprachen-Methode gibt es inzwischen einige Materialien: 1. Das Buch: *„Sprachen lernen leicht gemacht"*; 2. einen didaktischer Dialog (gut für unterwegs) mit dem gleichen Titel (dies ist jedoch keine vorgelesene Buchversion, sondern ein eigenständiges Hörspiel); 3. diverse Sprachkurse (Wieder-Einsteiger, voll durch-de-kodiert, wodurch die Lektion vom ersten Wort an transparent wird); 4. Einen DVD-Live-Mitschnitt mit ausführlichem Bonus-Material.

Wiederholungen, die keine sind!

NØRRETRANDERS gibt uns ein sehr gutes Beispiel: Denken Sie an ein **Märchenbuch**. Nun gilt: Je mehr Exformation es in uns „anzureißen" vermag, desto besser gefällt es uns. Wir können es gut vortragen, wir tun dies auch gerne viele Male. Übrigens wollen Kinder (und Erwachsene) gewisse Texte immer wieder hören, solange sie ahnen, daß sie ihnen noch nicht alles „entnommen" haben, z.B. weil sie täglich hinzulernen. Dadurch aber können sie als Empfänger täglich mehr „einbringen", wenn sie den Text wieder und wieder hören – es ist also genaugenommen gar nicht „derselbe" Text (in dem Sinne, wie wir das normalerweise meinen).

Dasselbe gilt für ein Textstück „guter Literatur", das wir wieder und wieder lesen (oder hören) können: immer entdecken wir neue Aspekte. Ein solcher Text ist so REICH-haltig, daß man in ihm ständig Neues entdeckt, weil unser bewußter Wahrnehmungsstrom extrem klein ist. Dies symbolisiere ich seit Jahren mit der Metapher, daß auf 15 mm bewußte Wahrnehmung und Verarbeitung von Infos ca. 11 km unbewußte Verarbeitung kommen. Dort ruhen die Exformationen, bis sie durch eine Info von „draußen" aktiviert werden ... Jetzt verstehen wir besser, warum man gute Texte immer wieder lesen, gute Literatur immer wieder hören, gute Filme immer wieder sehen und gute Vorträge immer wieder goutieren kann! Und: Je mehr wir selbst seit dem letzten Hören/Lesen erlebt haben, desto mehr NEUE ASSOZIATIONEN können wir zum Gehörten/Gelesenen aufbauen, desto REICHer wird uns die Information **erscheinen**.

Nach Tor NØRRETRABDERS

Die Verantwortung für eine gute Botschaft ist also geteilt:
Erstens ist **„gute" Info mit Exformation ange-REICH-ert** und trägt daher „zwischen den Zeilen" einen gewissen Anteil an Exformationen mit sich. Zweitens nützt das alles nichts, wenn im Empfänger nicht **ähnliche Erfahrungen, Vorlieben, Kenntnisse etc. „liegen"**, die durch die Botschaft angerissen (**aktiviert**) werden können.

Verantwortung

Tiefe

NØRRETRANDERS stellt klar, daß es die **Exformation** ist, die einer Kommunikation **Tiefe** gibt. Nackte Infos sind superflach, erst Exformation kann uns interessieren, faszinieren, berühren etc. Nur eine gute Info (angereichert mit Exformation) kann uns „ansprechen"; sie bringt in uns etwas zum Klingen oder Schwingen, wir spüren etwas. Und so „wissen" wir, daß wir wesentliche Dinge hören, lesen ODER erleben. Es „packt" uns, es hält uns gefangen, es beeindruckt uns! Merken Sie es? Sie sehen:

Deshalb heißt das geniale Buch von Tor NØRRETRANDERS auch: *„Spüre die Welt"!*

Es handelt sich um lauter SINN-liche Beschreibungen für angeREICH-erte Informationen, die wir als bedeutungsvoll empfinden.

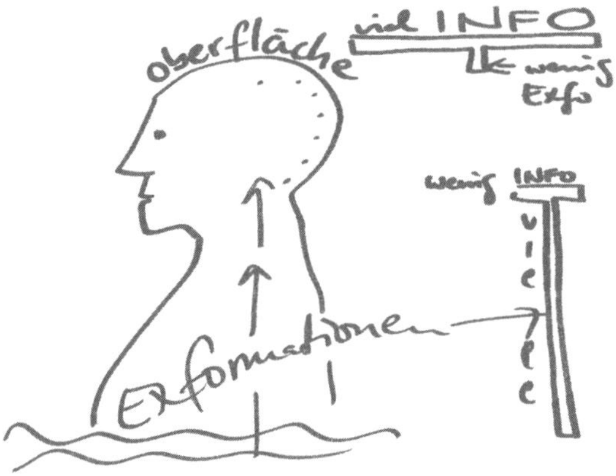

„Gute Infos"?

Nackte Infos schweben sozusagen an der Oberfläche; der Volksmund spricht von banalen, oberflächlichen (oder flachen) Gedanken. **Je mehr Exformation im Spiele ist, desto tiefer wird die Botschaft.** Das geht, wie wir gesehen haben, nur, wenn **beide** (Sender **und** Empfänger), **ihren Teil beitragen!**

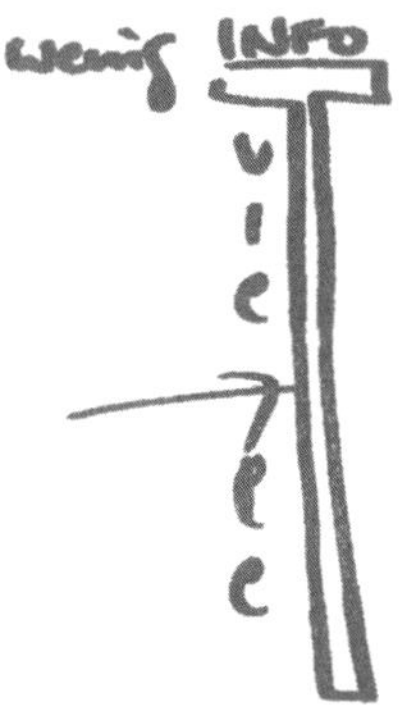

Wie Sie sehen, wenn wir den Buchstaben „T" als Symbol für den Grad an Tiefe nutzen wollen, dann soll der **Querbalken** die (oberflächliche) Information symbolisieren, der **senkrechte** Teil des Buchstabens hingegen die **Tiefe**. Hier noch einmal die beiden wesentlichen Elemente in Großaufnahme:

Übrigens habe ich die Idee der Exformation in meinem Video-Vortrag *„Gehirn-gerechte Einführung in die Komplexitäts-Theorie"* erstmals vorgestellt. Denn das oberflächliche „Geschwafel" ist „einfach", in der Tiefe aber finden wir komplexe Gedanken – und sie sind es, die uns wirklich „ansprechen" …

Forschungsergebnisse über das Lernen M 8

Irrige Annahmen

Dieses Modul berichtet von einer doppelten Suche über mehr als 4 Jahrzehnte: **Erstens** führte die eminente **Harvard-Forscherin Ellen J. LANGER** seit den 1970er Jahren faszinierende Experimente durch bzw. publizierte mit, was ihre StudentInnen und KollegInnen herausgefunden hatten.

Zwar war ich in all den Jahren immer wieder auf LANGER gestoßen, allerdings in anderen Zusammenhängen (z.B. Geriatrie), erst neulich entdeckte ich, daß sie sich auch mit Lernen intensiv befaßt und auch hierüber publiziert hatte, z.B. in einem leicht lesbaren Buch *„The Power of Mindful Learning"*.

Zweitens beschäftigte ich mich seit Ende der 1960er Jahre mit der Frage: Wie bringe ich Infos in den Kopf? Meine Suche wurde seit Ende 1969 mit Workshops, Seminaren und Publikationen öffentlich (nachdem ich mich seit meiner Jugend intensiv mit diesen Fragen beschäftigt hatte, da ich das System Schule schon damals furchtbar fand).

Ellen J. LANGER gehört zu den wenig wirklich originellen ForscherInnen mit einem sehr breiten Spektrum. So erfand sie bahnbrechende Experimente zu unterschiedlichsten Themenstellungen. Um nur zwei zu nennen: Pädagogik und Geriatrie. Ich kann ihre publizierten Arbeiten wärmstens empfehlen, da sie überdies auch noch flott geschrieben sind (siehe Literaturverzeichnis).

Grundlagen

Im Merkblatt „Eingangstor in dieses Buch" (ehemals Kapitel 1), Seite 367 ff., stellte Ellen J. LANGER vier Fragen zur Schul-Bildung. Betrachten wir im folgenden zu welchen Antworten die Harvard-Professorin kommt.

1. Frage: Die Grundlagen muß man so gut lernen, daß sie zur zweiten Natur werden? (Beispiel: Einmaleins, oder: es muß zur zweiten Natur werden, daß SchülerInnen beim Zuhören automatisch Notizen machen.)

Hypothese: Die Grundlagen muß man so gut lernen, daß sie zur zweiten Natur werden!

Aus den vielen Studien von LANGER und ihren StudentInnen und Kollegen geht eindeutig hervor, daß „blindes" Lernen enorme Nachteile mit sich bringt. Nun fällt „blindes Lernen" in zwei Kategorien, das sture PAUKEN von Daten, Fakten, Informationen (dazu kommen wir ab S. 177 ff.) und Verhaltensweisen, die wir solange geübt haben, bis sie zur zweiten Natur wurden. Beginnen wir gleich damit!

So mußte unsere Generation früher nicht nur lernen, beim Schalten (im Auto) die Kupplung zu treten, wir lernten auch, nur mit Zwischengas herunterzuschalten.

Die Redewendung, daß die neue Tätigkeit **zur zweiten Natur** werden soll, impliziert, daß sie, ähnlich einem angeborenen **Reflex** ablaufen soll.

Im Prinzip scheint es optimal zu sein, wenn wir diese Verhaltensweisen „blind" (automatisch, mechanisch wie ein Roboter) ohne zu Denken ausführen können, aber diese „zweite Natur" birgt auch große Nachteile (nach LANGER). Diese habe ich in ein KaWa zum Begriff „**Natur**" gepackt:

N = **Normal?** Viele Verhaltensweisen, die wir als „normal" einstufen, wurden einst „blind" übernommen; dies gilt für **Einstellungen** wie für **Verhalten**. Sie kennen vielleicht mein Denk-Modell, vom menschlichen POTENZial, das sich theoretisch optimal entfalten könnte …

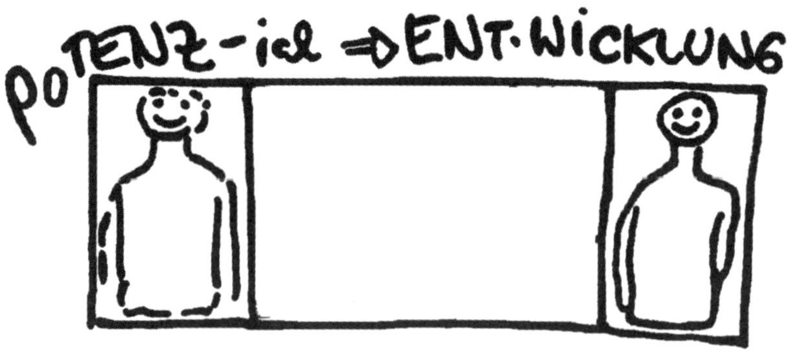

... wenn da nicht dazwischen käme, was wir als „**Erziehung**" bezeichnen. Sie soll uns zu der in unserer (Sub-)Kultur akzeptierten **Norm** **hinziehen**. Einerseits ist dies notwendig, damit sich der kleine Papua wie andere Papuas oder die kleine Berlinerin „akzeptabel" entwickeln werden, andererseits kann diese „Programmierung" zur Norm hin uns eines Teils unseres POTENZ-ials regelrecht berauben, insbesondere wenn der Kulturkreis, in den wir hineinwachsen, besonders „engmaschig" und intolerant angelegt ist. So hat eine Frau in einer modernen Gesellschaft ganz andere Möglichkeiten, ihr POTENZ-ial entfalten zu dürfen, als eine Frau in einer fundamentalistischen Umwelt (egal, welcher Couleur der Fundamentalismus ist).

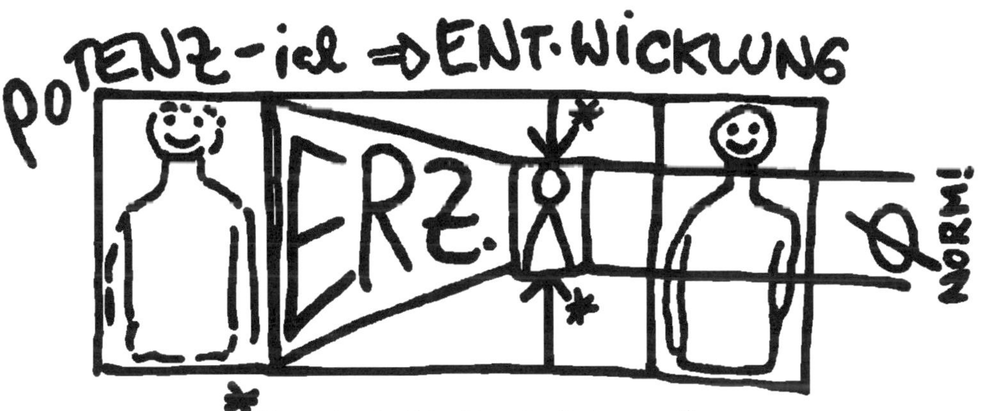

* Hier wurden wir „kleiner" („weniger") als wir gemäß unseres angeborenen POTENZ-ials sein könnten!

Ist die Angleichung der gesellschaftlichen an die „eigenen" Grund-Meinungen (die oft als „Fakten" verkauft werden) gelungen und haben wir die „richtigen" Ge- und Verbote verinnerlicht, dann erscheinen uns diese Glaubenssätze und Verhaltensweisen als „**natürlich**". Meist lehnen wir dann alles andere als „**unnatürlich**" ab.*

𝔄 = **Automatismen** können sogar gefährlich sein! LANGER macht uns darauf aufmerksam, daß diese zweite Natur sich vehement gegen Änderungen sperren kann: Je „natürlicher" es uns erscheint, auf der einen Seite der

* So wurde z.B. Onanie und Homosexualität jahrzehntelang verteufelt, weil beide angeblich nicht „normal seien", ungeachtet der Tatsache, daß beides in der Natur ständig vorkommt – bei vielen Lebewesen, insbesondere bei den Primaten (zu denen auch wir Menschen gehören). Vgl. mein DVD-Seminar *„Viren des Geistes – Gehirn-gerechte Einführung in die neue Wissenschaft der MEMetik"*.

Straße zu fahren (gehen), desto schwerer wird es, wenn wir in andere Länder reisen, in denen unser Verhalten kontra-„natürlich" (und regelrecht lebensgefährlich für uns und andere) werden kann.

Vgl. auch das nachfolgende Experiment „Eine neue Sportart lernen".

T = **Tennis-Beispiel:** Tennis (wie alle Sportarten) zeigt uns: Kein Profi spielt so, wie man es lernt. Die uns Anfängern vorgestellten Bewegungen entsprechen einem Durchschnitt, einer statistischen Durchschnittsbewegung, die jede/r einzelne SpielerIn auf seine Arm- und Beinlänge **abstimmen** muß, wie auch die Größe seiner Schritte etc. Trainiert man aber **diese** Durchschnittsbewegung solange, bis sie zur zweiten Natur wird, dann hat man später kaum eine Chance, sie jemals zu ändern.

Wir werden noch faszinierende Experimente betreff der **Formulierung** von Anweisungen und/oder Lernstoff kennenlernen (*fest, sicher, starr* im Gegensatz zu *fließend, konditionell, flexibel*)!

U = **Unsicherheiten** werden **normalerweise** **nie als normal** in den Raum gestellt. Das sollte aber so sein – **Zweifel** müssen nicht nur erlaubt, sondern sogar **erwünscht** sein. Deshalb entwickelte ich (ca. 1995) mein Konzept des intelligenten Lücken-Managements.

R = **Richtig?** Die (manchmal schon fast krankhafte) Suche nach der einen (einzigen!) richtigen Antwort (Lösung oder Methode) kann unser Denken und unsere Kreativität enorm hemmen! Deshalb brauchen wir den Mut zur Lücke und zu Fehlern!

Wollen wir uns nun das versprochene Experiment ansehen:

Experiment: Eine neue Sportart lernen

Lori PIETRASZ und Ellen J. LANGER

Was (Frage): Inwieweit unterscheiden sich Lernende männlichen und weiblichen Geschlechtes beim Erlernen von HAND-lungen? Man ging dabei von folgenden zwei Gedankengängen aus:

Erstens: Wenn wir Neues lernen und wenn wir es **exakt so einüben, wie es uns vermittelt** wurde, und wenn wir dann „brav" (weiter-)üben, bis die neue Handlung zur zweiten Natur geworden ist, dann werden wir diese Handlung später **weniger gut** als es möglich wäre ausführen.

Vgl. Sie Ihre Antworten auf Seite 377: Wie groß ist Ihre Fehlertoleranz?

Besser wäre es, sofortige Angleichungen zwischen Anweisung und unserer persönlichen Situation vorzunehmen, um auf unsere subjektive Eigenheiten einzugehen. Zum Beispiel: Bei Sportarten ist die „Durchschnittsbewegung", die man uns zunächst vermittelt, auf die statistische Durchschnittsperson abgestimmt, die es **nicht** gibt. Nun muß jede/r Handelnde (bzw. SpielerIn) diesen mittelmäßigen Bewegungsablauf an seinen eigenen Körper angleichen.*

Zweitens: Während Mädchen und Frauen bei Anweisungen dazu neigen, diese möglichst exakt auszuführen, neigen Jungen und Männer eher sehr schnell zu persönlichen Abweichungen. LANGER sagte dazu:

> **Unsere Hypothese: Einer** der Gründe, warum männliche Athleten (im statistischen Schnitt) bessere Leistungen bringen als weibliche, könnte in der unterschiedlichen Art liegen, wie sie Anweisungen verarbeiten. Normalerweise werden Mädchen eher dazu erzogen, „gute kleine Mädchen" zu sein, d.h.: „Tu, was man dir sagt!" Aber ein richtiger Junge zu sein impliziert Unabhängigkeit von Autoritäten, also: „Tu **nicht** alles, was dir gesagt wird." Dieser Unterschied sollte z.B. im Sport sichtbar werden. Unsere Hypothese besagte, daß die Motivation, ein gutes Mädchen zu sein, zu mehr (mechanischem) sturem Pauken/Lernen führen müßte. Ähnlich würde eine gewisse Fähigkeit zur Rebellion zu flexiblerem (offenerem) Lernen führen.

Wie (Durchführung): Für das Experiment **erfand man eine neue Sportart** (der man den Namen **Smack-it-Ball** gab).

Spieler tragen an BEIDEN Händen eine Art Baseball-Handschuh mit großer flacher Innenseite, zum Schlagen des relativ kleinen Balles.

Diese Variante ist interessant, denn: Wer vorher jemals mit echten Baseball-Handschuhen gespielt hatte, kannte sie nur als FANG-INSTRUMENT (während sie nun zum Schlagen des Balles verwendet wurden). Somit war die Konstellation für alle Spieler neu! Nachdem die Spieler die Grundidee verstanden hatten, begann das eigentliche Experiment …

* Zum Beispiel habe ich sehr kleine Hände. Als ich mit dem Klavierspiel begann, hatte ich eine Lehrerin, die immer meine Hand von unten nach oben hochschlug, wenn diese nicht die vorgeschriebene Krümmung aufwies: „Du mußt die Hand so halten, als versteckest du einen Tennisball darunter." Die Tatsache, daß meine Hand jemals höchstens einen Ping-Pong-Ball hätte verstecken können, ging an der guten Frau vorbei. Also entschied ich mich dafür, mir das Klavierspielen selber beizubringen: Je weiter die Tasten auseinanderliegen, die ich schnell hintereinander anschlagen muß, desto mehr muß ich die Hand (flach) strecken – ein Problem, das übrigens Mozart auch hatte!

Flexible (= **konditionelle**) Anweisungen benutzen den Konjunktiv und arbeiten mit „könnte", „würde", „möglicherweise" u.ä. Begriffen. Im Gegensatz dazu stehen normale Anweisungen, die knapp und autoritär sagen, was getan werden muß (bzw. bei Faktenübermittlung, „was Sache ist"). Wir werden dieser Variante in den Experimenten von LANGER (und Kollegen, Schülern etc.) immer wieder begegnen!

Die SpielerInnen werden in zwei Gruppen unterteilt:

Gruppe 1 erhält sehr **konkrete** Anweisungen im üblichen Stil: „Tun Sie das, in der und der Weise ..."

Gruppe 2 erhält **flexible** Anweisungen: „Sie können es mal so probieren ... oder testen Sie mal, wie sich (dies und das) anfühlt oder bewährt ..."

Besonderheit: Nachdem die SpielerInnen ein wenig „klarzukommen" begannen, **vertauschte man heimlich die Bälle**. Die neuen Bälle sahen zwar identisch aus, waren aber etwas schwerer als die ersten. Der Gewichtsunterschied war nicht so hoch, daß die SpielerInnen es **bewußt** registriert hätten, aber genug, daß die bisher eingeschliffenen Durchschnittsbewegungen nicht mehr richtig funktionierten. Dies erforderte **kleine** Anpassungen (adjustments) von **allen** SpielerInnen. Man ging davon aus: Wenn die Hypothese stimmte, daß Jungen und Männer ihr Verhalten sowieso sehr schnell änderten, würden diese ihre **Lernerfolge trotz der neuen Konditionen** verbessern, denn sie gingen **ja immer flexibel** vor. Mädchen und Frauen hingegen würden einigermaßen „stur" am Gelernten festhalten und deshalb mit den neuen Bällen schwächere Ergebnisse erzielen.

Ergebnis: Genau das zeigte sich bald: Alle männlichen Lerner adjustierten ihre Bewegungen schnell auf die neuen Bälle, unabhängig davon, ob sie mit autoritären oder flexible (konditionellen) Anweisungen eingewiesen worden waren. Aber bei den Damen zeigten sich große Unterschiede:

Gruppe 1 Spielerinnen aus der autoritären Hälfte versuchten tatsächlich „krampfhaft" das bisher Gelernte weiterzuführen, wiewohl es mit den neuen Bällen nicht gut gelang ... Sie waren bald frustriert.

Gruppe 2 Spielerinnen aus der flexiblen Gruppe waren durch die Art der Erst-Einweisung „frei" zu experimentieren, denn die Aufgabe lautete ja, selbst herauszufinden, was sich am besten „machte", und genau das taten sie dann auch – mit sehr gutem Erfolg!

Fazit: Mit offenem „freien" flexiblen Unterricht sind weibliche Spielerinnen genau so gut wie ihre männlichen Kollegen!

Kann Lernen also verbessert werden, indem man die **erste Phase**, in der **eine grobe Annäherung stattfindet**, verändert? Hierzu gibt es eine weitere wunderbare Studie. Stellen Sie sich vor, Sie gewinnen eine kostenlose Klavierstunde, auch und besonders für Einsteiger, in einem Shopping-Center in Ihrer Nähe. Wären Sie neugierig genug? Dann lesen Sie, was mit einer Gruppe von Einsteigern in ihrer Klavierstunde passierte.

Experiment: Die Piano-Lektion

Piano

Was (Frage): Kann **Lernen verbessert** werden, indem man die **Einstiegs-Phase** verändert?

Wie (Durchführung): Zwei Gruppen erhielten unterschiedliche Anweisungen: Man fand ein kleines Musikstück, das ihrem Anfänger-Status entsprach und zeigte ihnen, „wie es geht". Ab hier unterschieden sich die Anweisungen für beide Gruppen von Versuchspersonen:

Diese Studie wurde von Ellen J. LANGER, Paul WHITMORE und Douglas DeMAY durchgeführt.

Gruppe 1 wurde eingeladen, zu üben (also ganz **normal**).

Gruppe 2 wurde gesagt: „Seien Sie kreativ! Finden Sie so viele Variationen wie möglich, das Stück zu spielen!" Man lernt also hier von der ersten Stunde an, nicht nur den Anregungen des Komponisten Folge zu leisten, sondern frei zu experimentieren, also gänzlich **un-normal**!

Nun wurden die Übungs-Sessions aufgezeichnet und anschließend von einer unabhängigen Jury begutachtet. Da alle Leute Einsteiger von vergleichbarer (Un-)Kenntnis waren, hätten die Übungsbänder einigermaßen ähnlich sein können. Sie waren es aber nicht. Raten Sie: Was glauben Sie, **könnte** passiert sein?

Z.B. laut, leise, mit Tempowechseln, eher mechanisch, härter, weicher …

Ergebnis: Es gab zwei spannende Ergebnisse.

Erstens: Gruppe 1 klang „normal", wie Einsteiger halt klingen, aber Gruppe 2 wirkte weit kompetenter und kreativer!

Zweitens: Gruppe 2-Leuten hatte aber auch das Üben/Spielen weit mehr **Spaß** und **Freude** gemacht; sie beurteilten die Piano-Lektion weit positiver als die Mitglieder der reinen Trainings-Gruppe. Ich könnte mir vorstellen, daß von diesen Leuten weit mehr bereit wären, weiterzumachen, wenn diese kostenlose Lektion eine PR-Aktion eines Klavier-Studios gewesen wäre …

Es ist unglaublich, wie be-FREI-end es wirken kann, ein Stückchen (und sei es noch so einfach) auf verschiedene Weise zu spielen. Wer kein Musikinstrument kann, könnte es einmal mit summen, pfeifen oder singen probieren! Es macht wirklich Spaß! Aber darüber hinaus geschieht hier ein enorm wich-

Tja, das wäre doch eine **Geschäftsidee** für alle Musik-LehrerInnen, die zahlende Kunden anziehen wollen: Wiederholen Sie das Experiment (Variante Gruppe 2), indem Sie einige kostenlose Stunden vergeben und aus den Leuten, denen es wider Erwarten dann doch viel Spaß macht, neue Kunden rekrutieren. Das wäre die beste „Werbung", a) weil diese Kunden sich selber überzeugen konnten, b) weil Leute, die es schaffen, etwas Neues zu lernen, das dann auch gerne weitererzählen (also Mund-Werbung machen).

tiger Lern-Prozeß, der nicht unterschätzt werden darf. Wir sehen hier eine erste Manifestation einer enorm wichtigen „Spielregel":

Flexible Anweisungen bringen weit mehr als exakte (autoritäre) „Befehle". Je mehr Freiheit zum Probieren, Entdecken und Erleben die Lernenden haben, desto mehr Spaß macht es ihnen (von der ersten Minute an!). Wir kommen noch mehrmals darauf zurück.

Auch ich habe das festgestellt: In meiner Jugend hatte ich mich entschlossen, mir selbst ein wenig Klavierspielen beizubringen, weil das, was mir als Unterricht angeboten wurde, mir die Freunde am Spielen ganz vergällt hatte (ich lernte also nicht wegen, sondern trotz dieses Unterrichtes). Ich begann mit 13 Jahren, aber als ich etwa 16 war, mußten meine Eltern das Klavier zurückgeben (es war geliehen). Mit 19 ging ich in die USA, wo ich ebenfalls viele Jahre nicht spielen konnte, bis ich mir, zurück in Europa, ca. 1976 das erste Keyboard leisten konnte (die Dinger hießen damals noch „Hammond-Orgel" und ich zahlte gebraucht ca. Euro 1500 für einen Kasten, den ich heute in halber Größe, mit einem Viertel des Gewichts, zu einem Achtel des Preises und in weit besserer Qualität kaufen kann). Darüber hinaus brachte das Ding einen prima Pseudo-Orgelklang, und so begann ich neben eigenen Kompositionen (mit Rhythmus etc.!) hier und da mal vorsichtig das eine oder andere klassische Stückchen zu probieren, das natürlich mit diesem Pseudo-Orgelklang eine völlig andere Qualität anzunehmen begann … Später kamen weitere Keyboards hinzu; heute besitze ich auch einige, auf denen ich „echt Klavier" spielen kann, aber ich habe nie damit aufgehört, **dieselben** Stücke mal im Modus Orgel, mal Flöte etc. zu spielen. Es ist faszinierend: Immer wieder entdecke ich Aspekte und Details, die ich normalerweise nie gehört hätte. Und dann, wenn ich sie wieder im Modus Piano spiele, hat das Stück plötzlich eine gewisse zusätzliche Qualität gewonnen, was ohne diesen „Umweg" nie passiert wäre! Natürlich experimentiere ich nicht nur mit dem Klang des Instruments, ebenso viel Freude macht es mit Tempo, Anschlag, Lautstärke etc. zu experimentieren. Immer gewinne ich dabei ein viel tieferes Gefühl und Verständnis für das Stück.

Weil diese Keyboards auch den Anschlag registrieren (z.B. piano, forte) …

Daher wunderte mich eine Einsicht von Ellen J. LANGER überhaupt nicht: „Viele Musiker stellten immer wieder fest, daß das Lernen auf einem anderen Instrument das erste verbessert. Große Pianisten waren oft Orgelspieler, als sie Piano-Virtuosen wurden (MOZART, BEETHOVEN, SCHUMANN und Glen

GOULD). Ähnlich stellte Yehudi MENUHIN fest, daß scin Geigenspiel wesentlich besser wurde, als er begann, Viola zu spielen!" Tja, kein Wunder.

Ich möchte Sie einladen, es einmal selber auszuprobieren, und wenn Sie ein Kinderlied in 20 Variationen auf einem Kamm blasen, nur um den Effekt selbst zu erleben!

Wir sahen gerade zum ersten Mal, daß **freie, flexible Anweisungen** den Lernenden „mehr bringen", aber nun meinen viele Lehrkräfte: „Na ja, schön und gut, das ist Musik (sowieso nicht soooooooo wichtig)! Aber ich lehre klare Fakten, Naturwissenschaft (Jura, Medizin), da geht das nicht."

Wirklich nicht? LANGER berichtet von einem bahnbrechenden Experiment, in dem man Texte aus Lehrbüchern (Wissenschaft und Jura) nahm und sie **einer** Gruppe so anbot, wie sie im Lehrbuch standen, während man sie für eine **zweite** Gruppe umschrieb. Der **Urtext** war autoritär, eindeutig, mit der üblichen Sicherheit solcher Textbuchautoren formuliert (also wieder ganz normal). Der neue Text wurde konditionell (böse Zungen würden sagen „wischi-waschi") aufgebaut. Statt „ist" konntc man lesen „ist oft" („kann sein", „hat eine Neigung zu" und ähnliche „weiche" Formulierungen). Das kann doch nicht wahr sein, denken wir jetzt. Was soll das denn bringen? Nun, lesen Sie weiter!

Experiment: Kann ein Text gehirn-gerecht sein?

Man lud beide Gruppen ein, sich mit dem jeweiligen Text zu befassen, woraufhin die meisten ihn mehr oder weniger zu pauken versuchten, weil sie ja nichts anderes kannten. Später gab es sowohl einen kleinen Test (um zu klären, wieviele Fakten den Weg ins Gedächtnis der StudentInnen gefunden hatten), aber dann kam ein weit wichtigerer Teil der Studie.

Man ließ die Studenten an Gesprächen teilnehmen, bei denen sich zeigte, inwieweit sie den Text überhaupt **begriffen** hatten. Diese Diskussionen wurden aufgezeichnet und hinterher sehr genau ausgewertet. Und nun kommt es: Die Leute in der Gruppe, die den **autoritären** Text gelesen hatten, redeten zwar frisch darauf los, aber das meiste war Unsinn. Sie machten **nur zu 35 % korrekte** Aussagen (diese aber im Brustton der Überzeugung!). Das meiste, was sie von sich gaben, war einfach falsch!

Nun, dreimal dürfen Sie raten, zu wieviel Prozent der Aussagen bei den Teilnehmern aus der Gruppe korrekt waren, die einen „wischi-waschi"-Text gelesen hatte. Was glauben Sie, wieviel Prozent ihrer Aussagen war sachlich korrekt?

_______________ %

Bitte bedenken Sie, was diese „unsauberen" (konditionellen) Aussagen bewirken. LANGER:

> Wenn man uns erklärt, etwas **könnte** sein, dann begreifen wir sofort, daß es auch **anders** sein **könnte**. Wenn wir eine wichtige Information **lehren** (z.B. über Gesundheit, oder wie man ein Flugzeug steuert), dann müssen wir **Ausnahmen einplanen**. **Nur so** werden SchülerInnen und StudentInnen **offen für Faktoren**, die in einem **anderen Zusammenhang** wichtig werden können.

Wir kommen auf diesen eminent wichtigen Zusammenhang zurück, wenn wir uns fragen, warum die wenigsten modernen Ärzte gute Diagnosen stellen können.

Also sehen wir, daß die weiche, flexible, „wischi-waschi"-Ausdrucksweise das Gehirn reizt, mehr als eine Möglichkeit in Betracht zu ziehen, und zwar von Anfang an. Dies löst echte Denk-Prozesse aus und verhindert stures mechanisches Pauken. Deshalb wundert es Sie jetzt vielleicht nicht mehr so sehr, wenn Sie das zweite Ergebnis dieser Studie erfahren.

35 % korrekter Fakten und Schlußfolgerungen bzw. Antworten schafften die Pauker von **absoluten** Fakten; im Gegensatz dazu schafften die TeilnehmerInnen, die von Anfang an eingeladen (um nicht zu sagen, verleitet) worden waren, selber zu denken, **100 %** richtige Aussagen, Schlußfolgerungen und Antworten bei dem kleinen Test. Dies geschah, wie gesagt, sowohl bei einer Studie mit einem **juristischen** Text als auch bei einem Experiment mit einem **naturwissenschaftlichen**.

Fazit: StudenInnen begreifen konditionelle Texte wesentlich besser. Begreifen aber ist Vorbedingung für intelligentes, mitdenkendes (echtes) Merken (Gedächtnis!). Daher können sie später mit diesen Gedanken weit besser „arbeiten" und nachdenken, z.B. um intelligent darüber zu reden, um mögliche Anwendungen in Betracht zu ziehen, bzw. um gute Fragen zu stellen!

Konzentration

2. Frage: Eines der großen Probleme unserer Zeit sind Menschen mit Konzentrations-Problemen; dies betrifft gleichermaßen Erwachsene wie auch junge Leute, die sich nur kurz auf Unterricht oder Hausaufgaben konzentrieren können …

Hypothese: Man soll sich richtig konzentrieren!

Wir neigen dazu, uns über Leute aufzuregen, die unaufmerksam oder unkonzentriert sind. Bei Erwachsenen nehmen wir es gerne „persönlich", aber bei Kindern, SchülerInnen und StudenInnen meinen wir, deren Konzentration **einfordern** zu dürfen. In diesem Zusammenhang sagt LANGER jedoch:

> **Unaufmerksame Personen gibt es nicht, sie beachten gerade etwas anderes, das eine höhere Priorität für sie hat.**

Sie erinnert uns an den berühmten „zerstreuten Professor", dem wir zugestehen, andere Dinge wichtiger zu finden, als aufzupassen, ob die rechte Socke die gleiche Farbe hat wie die linke. Nur, fragte LANGER, warum erlauben wir es nur dem Professor, zerstreut zu sein? Warum dürfen wir selbst nicht etwas anderes wichtiger finden? Warum dürfen Kinder ihre Aufmerksamkeit nicht von den Dingen anziehen lassen, die sie anziehen? Denn: Wenn wir uns mit Dingen befassen (dürfen), die uns interessieren, dann haben wir ja kein Konzentrations-Problem, oder?

Hier stellt uns Ellen J. LANGER zwei Metaphern vor, wenn sie fragt, wie wir uns **konzentrierte Aufmerksamkeit** vorstellen. Viele Lehrkräfte und SchülerInnen wurden gefragt:

a ❐ eher wie ein **stehendes Bild** (analog einem Foto) Oder:
b ❐ eher wie ein **bewegtes Bild** (analog einem **Video-Clip**)

Neugierig? Die Antwort finden Sie auf S. 165.

Nun, wie haben Sie die Frage beantwortet?

- ❒ Ja, auch ich habe die erste Möglichkeit (a) angekreuzt.
- ❒ Nein, ich habe mich für die zweite (b) entschieden.
- ❒ Ich habe leider nicht nachgedacht und werde daher nie wissen, was meine erste, spontane Reaktion gewesen wäre.

Vielleicht testen Sie die Frage mit möglichst vielen Freunden und vergleichen Sie, ob auch hier die meisten a) wählen werden. Die meisten Lehrkräfte wie SchülerInnen wählten die erste Möglichkeit. Sie auch?

LANGER erinnert uns daran, daß bereits 1898 der große amerikanische Psychologe William JAMES festgestellt hatte, wie schwierig es ist, konzentriert auf einen Finger zu starren. Erinnern Sie sich an die Übungs-Anweisung in der dritten Quizfrage auf Seite 368?

Kleines Experiment zur Konzentration

1. **Konzentrieren** Sie sich auf einen Ihrer Finger (oder, wenn Ihnen das lieber ist, auf ein Bild Ihrer Wahl).
2. **Bleiben** Sie am Finger (oder einer Stelle im Bild) „hängen", ohne die Augen wandern zu lassen: **fokussieren** Sie!
3. **Testen** Sie, **wie lange** Sie das durchhalten.

William JAMES lernte in einer Reihe von Eigenversuchen, wie schwer (genauer: unmöglich) die Aufgabe ist. Wenn Sie es ernsthaft versucht haben, dann wissen Sie es inzwischen auch:

Das Objekt verschwindet ohne Augenbewegung. Heute wissen wir, daß **ein bewegliches Auge die Aufgabe hat, unbewegte Objekte sichtbar zu machen** und daß **wir das Unbewegte nicht mehr sehen können, wenn wir diese Bewegung bewußt stoppen** (was schwer fällt) . So geht es dem Frosch immer; für ihn ist ein still stehender Baum nur sichtbar, solange er sich **in Relation zum Baum** bewegt (also während er springt), weshalb er nicht in stehende Objekte hineinhüpft. Sitzt er aber dann regungslos, sieht er nur noch, was sich bewegt: Freßfeinde (z.B. einen Storch) und Opfer (Insekten).

Ein wundervolles Buch hierzu ist Eknath EASWARANs *„Mantram – Hilfe durch die Kraft des Wortes"*, aber lassen Sie bitte das fast 20seitige Vorwort von Professor A. (zumindest eingangs) weg, denn er greift dem Autor in unzulänglicher Weise vor und das auch noch inhaltlich auf sehr fragwürdige Art, was zunächst mehr verwirrt als erhellt.

Im Klartext: Unserem Geist geht es ähnlich. Es muß sich immer etwas bewegen, wenn wir allzu lange an **einem** Gedanken „kleben bleiben" sollen, dann setzt geistige „Lähmung" oder „Blindheit" ein (wir nennen sie u.a. „gähnende Langeweile"), z.B. bei Aufgaben in Schule und Ausbildung, die uns **anöden** … LANGER erwähnt auch die Probleme, die viele vom Meditieren her kennen. Auch hier versuchen wir uns auf einen Gedanken zu konzentrieren, z.B. ein Klangbild (sogenanntes Mantram).

Wenn wir nun zurückdenken, an die **beiden Metaphern** von LANGER (Konzentration als feststehendes Bild oder als bewegter Video-Clip?), dann muß die Antwort lauten: **bewegter Clip.**

Stellen wir uns Schlittschuhläufer vor: Der eigentliche Sinn liegt in der Bewegung, natürlich, während der Moment, indem man sitzt, um sich die Schuhe anzuziehen, nur einen Augenblick darstellen sollte. Nur bleiben manche ständig sitzen und wundern sich, daß ihnen alles „einfriert".

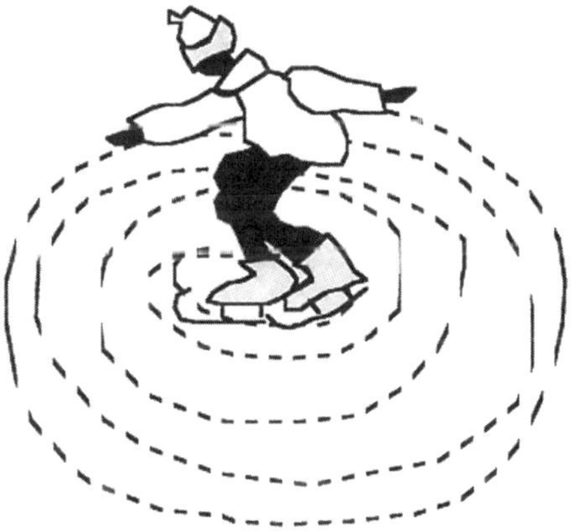

Stures Pauken entspricht einem statischen Prozeß: Man zieht immer nur die Schuhe an und fängt nie an zu laufen! Wenn wir hingegen einer Gedankenkette „nachjagen", müssen wir **einer geistigen Bewegung „folgen"**.

> **Eine Idee entsteht** (oder wird uns angeboten)**; sie beginnt sich zu entwickeln und wir werden Zeuge dieser (bewegten) Entwicklung. Das geht natürlich nur, wenn wir nicht auf unserem metaphorischen Hintern sitzenbleiben ...**

„**Gutes**" Denken (mindful, gehirn-gerecht) ist a priori **bewegtes** Denken, das fällt leicht, das erlaubt uns, lange „bei der Stange" zu bleiben. Auch die Redewendung „bei der Stange bleiben" stammt aus einer bewegten Szene (Ballettänzer halten sich an der Stange fest, während sie ihre **Bewegungen** durchführen!) Wie hilfreich bereits rein physische Bewegung sein kann (wenn wir auf geistige Beweglichkeit verzichten wollen), zeigt der folgende faszinierende Versuch.

LANGERs Ausdruck „mindful" entspricht dem, was ich als „gehirn-gerecht" bezeichne.

Shelley CARSON und Ellen J. LANGER

Experiment: POSTER-WALK

Was: Ein Poster mit historischen Daten sollte betrachtet werden.

Wie (Durchführung): Bei der Betrachtung wird Bewegung und Stillstand variiert.

Aufgabenstellung: Drei Gruppen erhielten unterschiedliche Anweisungen.

Entspricht dem normalen Drang nach Bewegung im Raum.

Gruppe 1 sollte sich hinter der Linie auf und ab **bewegen** und das Poster betrachten!

Entspricht dem „braven" Sitzen in der Schule.

Gruppe 2 sollte hinter der Linie auf einer Bank sitzen und das Poster aufmerksam betrachten. Merken Sie es? Autoritär und fester, stehender Status-Quo **unbewegter** Standpunkt!

Kontrollgruppe

Gruppe 3 sollte sich ebenfalls auf die Bank setzen, aber mit den Füßen scharren (um sicherzustellen, daß es nicht die Muskel-Bewegung der Geh-Gruppe war, welche die positiven Auswirkungen ausgelöst hätte). Somit entspricht auch Gruppe 3 einem statischen Standpunkt, das Füße-Scharren schafft keinerlei Neuigkeits-Vorteil und ändert die „bewegungslose" Position von Gruppe 2 NICHT.

Ergebnis: Die **Gruppe der Geher**, die sich bewegte, schnitt mit Abstand am besten ab! Sowohl in punkto Gedächtnis als auch in Bezug auf echtes

Verstehen der so präsentierten Fakten auf dem History-Poster. Die **Fuß-Scharr-Gruppe** schnitt besser als die **Stillsitzer** ab, aber nur unmerklich.

Fazit: Bewegung schafft neue Aspekte, während wir „dasselbe" betrachten. Solange wir noch keine geistige Beweglichkeit lehren konnten, können wir mit physischer Bewegung die Lern-Situation bereits dramatisch verbessern. Bitte bedenken Sie, daß Kinder, wenn man sie läßt, regelmäßig umhergehen (z.B. in Montessori-Schulen), weil dies das Denken (und die Konzentration) fördert.

Ähnlich Erwachsene: Viele Menschen können im Gehen besser denken als im Sitzen.*

Neben **Bewegung** ist es enorm wichtig, immer wieder **Neues** zu entdecken; halten wir fest: Neuroforscher predigen seit den 1970er Jahren mit zunehmender Lautstärke, daß unser Gehirn stets **Neues** benötigt und daß es sich im Zweifelfall Neues schafft (sogenannte Halluzinationen), wenn wir ihm Neues vorenthalten.**

Dieses Neue kann sich in der **externen** Welt befinden. Aber das Neue kann uns auch **intern** begegnen, vorausgesetzt, daß ein Minimum an äußeren Reizen gewährleistet ist (im Gegensatz zu der **Pool-Situation**, vgl. Fußnote **). Wenn wir also wissen, wo wir uns befinden (Körperhaltungs-Orientierung, inkl. ob wir stehen, sitzen oder liegen etc.) und wenn wir einige Basisdaten (z.B. Raumtemperatur) aus der Umwelt empfangen, dann können die Neuheits-Reize durchaus interner, also auch **geistiger Natur** sein.

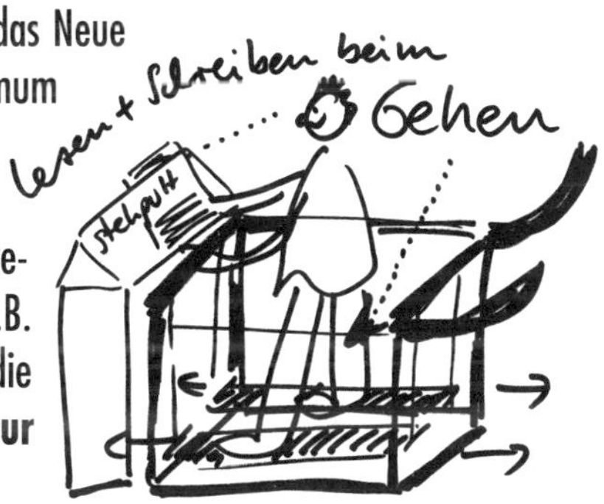

Unser Gehirn freut sich über neue, faszinierende Ideen oder über neue Aspekte zu alten Gedanken (interne Welt) genau so, wie über neue Tatsachen in der externen Welt!

* Mir geht es ebenso; da meine großen Denk-Zeiten eher nachts stattfinden, habe ich wenig Lust draußen spazierenzugehen, deshalb habe ich eine „Geh-Maschine" (ein besonderes Skywalker-Gerät) im „Denk-Zimmer", auf dem ich bereits über 2000 Meilen absolviert habe. Dabei denke ich nach, lese, entwickle KaWa.s, ABC-Listen etc.

** Erste Zeichen hierfür ergaben „heimliche" Experimente in den sechziger Jahren in der UdSSR, über die ich 1975 bereits in meinem Buch *„Freude durch Streß"* berichtete, Stichwort, Stimulus-Deprivation (Reiz-Entzug); das waren die Vorläufer der Meditations-Tanks, bei denen man Menschen in einen Pool „hängte", mit einem dicken Tauchanzug, Watte auf den geschlossenen Augenlidern, dicken Handschuhen etc., so daß sie fast keine Reize mehr aus der Außenwelt erhielten. Schon damals zeigte sich ganz klar: völligen Entzug an Reizen überleben wir nicht, es kommt sehr schnell zu Halluzinationen, danach kommt es zu einer Art Kurzschluß im Gehirn.

Deshalb ist es ausgesprochen leicht, das Gehirn auch über längere Zeit mit einem Thema zu „befassen", solange wir ihm **Variationen**, neue Aspekte, neue Fragestellungen etc. anbieten. Dies zeigt ein weiteres spannendes Experiment, bei dem Leute sich darauf konzentrieren sollten, einen Knopf zu drücken.

Experiment: Knopf bei Verschwinden drücken!

Nach Ellen J. LANGER

Was: Konzentration

Wie (Durchführung): Am Computer-Screen tauchen Figuren auf. Wenn eine Figur verschwindet, soll man einen Knopf drücken. Also eine Art von Reaktions-Test.

Aufgabenstellungen: Drei Gruppen erhalten unterschiedliche Anweisungen.

Gruppe 1 **Fokussieren** Sie, konzentrieren Sie sich auf die Figuren, die am Bildschirm auftauchen werden und drücken Sie den Knopf, sowie eine Figur **verschwindet**.

Gruppe 2 Auf dem Screen erscheinen einige Figuren. **Zeichnen** Sie ihre Umrisse auf dem Bildschirm nach (mit Finger) und drücken Sie den Knopf, wenn die Figur **verschwindet**.

Gruppe 3 **Denken** Sie über die Formen, die hier auf dem Screen erscheinen **nach. Entdecken** Sie so viele verschiedene Aspekte wie möglich, bei jeder einzelnen Form. Drücken Sie den Knopf, wenn eine dieser Formen **verschwindet**.

Ergebnis: Ausgewertet wurden die Gedächtnisleistung, der Schwierigkeitsgrad und die Frustrationserfahrung.

1. **Gedächtnis: Gruppe 3** schnitt bei weitem am **besten** ab.
2. **Auf die Frage, wie schwierig die Versuchspersonen die Aufgabe fanden**, beurteilten die Teilnehmer von **Gruppe 3** sie am **wenigsten** schwer.
3. **Auf die Frage, wie sehr die Aufgabenstellung frustrierte,** zeigten sich die Teilnehmer der **Gruppe 3** am **wenigsten** frustriert!

.... wiewohl Gruppe 3 genaugenommen am härtesten „arbeiten" mußte!

Langweilen sich Experten, wenn sie sich immer und immer wieder mit demselben Thema befassen?

Erinnern Sie sich an die **Quizfrage Nr. 4**? Was findet ein Briefmarkensammler an Briefmarken so spannend? Was ein Insektenforscher? Was kann uns selbst wirklich faszinieren?

Antwort: Wenn wir ständig **neue Aspekte** finden, wenn sich unserem inneren Archiv (Wissens-Netz) immer wieder neue Fakten/Aspekte hinzufügen, wenn wir immer wieder neue Verbindungen entdecken etc., dann wird und bleibt die Sache spannend und faszinierend!

Zwischenbilanz:

> Während autoritäre Status-Quo-Aussagen oder Anweisungen einen **geistigen Stillstand** produzieren, öffnen **konditionelle** Formulierungen (bei Texten oder Anweisungen) unseren Verstand. Sie erlauben uns an viele Möglichkeiten zu denken, d.h. sie schaffen **Bewegung im Geist**.

Der beste Weg, unsere Konzentrations-Fähigkeit zu stärken ist es, immer wieder nach **Neuheiten** Ausschau zu halten:

- ❐ **extern**: in der Welt oder
- ❐ **intern**: innerhalb der Information, um die es gerade geht.

Der Begriff „Neuheit" bedeutet: „in **diesem** Zusammenhang neu"; es kann also auch ein neuer Aspekt an einer Sache sein, auf den wir **achten**. Oder **drei** Aspekte, oder **sechs** ...? Auch hierzu gibt es ein spannendes Experiment:

Experiment: Lesen im Zug

Was (Frage): Verändert die **Art der Anweisung zum Lesen** die Auswirkungen auf das Erinnern des Gelesenen?

Nach Ellen J. LANGER

Wie (Durchführung): Pendler, die täglich mit dem Zug reisen, werden gebeten, an einem Lese-Experiment teilzunehmen. Es handelt sich um kleine Kurzgeschichten. Man liest die Stories und wird später gebeten, an einem kleinen Quiz zu den Stories teilzunehmen. Es galt, anhand einer Stichpunkt-Liste aufzuschreiben, woran man sich erinnerte.

Aufgabenstellungen: Drei Gruppen erhalten unterschiedliche Anweisungen.

Gruppe 1 **Lesen** Sie, wählen Sie **3 Aspekte** aus und konzentrieren Sie sich beim Lesen auf diese drei Aspekte der Geschichte. — *3 Aspekte*

Gruppe 2 **Lesen** Sie, wählen Sie **6 Aspekte** aus und konzentrieren Sie sich beim Lesen auf diese sechs Aspekte der Geschichte. — *6 Aspekte*

Gruppe 3 **Lesen** Sie die Story. — *nur Lesen*

Variation Nehmen Sie beim **Lesen** unterschiedliche **Standpunkte** ein und ziehen Sie auch andere mögliche Endungen der Stories in Betracht.

Ergebnis: Je größer die **persönliche „Verwicklung"** bzw. das Engagement (**involvement**) der einzelnen, desto mehr wußten sie, ohne im eigentlichen Sinne irgend etwas „gelernt" zu haben:

Gruppe 1 **Auf 3 Aspekte achten:** schon besser

Gruppe 2 **Auf 6 Aspekte achten:** wesentlich besser

Gruppe 3 **Nur lesen:** mit Abstand die miesesten Ergebnisse

Variation Aber die besten Ergebnisse gab es, **wenn die Leute** mit **den** Inhalten „spielten".

Mit „spielen" meinen wir, das Einnehmen unterschiedlicher Standpunkte bzw. das Erfinden anderer Endungen der Stories (nach dem Motto: Was wäre, wenn ...?). Ich wiederhole: Bei größter geistiger Anstrengung (pardon: Aktivität) ergaben sich mit Abstand **die besten Ergebnisse**! Die Leute in der Gruppe hatten die Stories wirklich begriffen und in ihr inneres Archiv (Wissens-Netz) integriert. Außerdem konnten sie die Fakten der Stories hinterher aktiv in ihr Denken einbeziehen.

Info-Integration

Fazit: Persönliches INVOLVEMENT führt zu Info-INTEGRATION! Das Prinzip ist immer dasselbe: Ob wir eine Kurzgeschichte oder einen Abschnitt eines Textbuches lesen (müssen), ob wir Figuren an einem PC-Bildschirm beobachten oder einen Kundenbrief lesen (sollen), es gilt die Spielregel:

> **Indem wir selbst nach neuen Aspekten suchen, übernehmen wir Verantwortung für unseren Lese- oder Lern-Prozeß.**

Auch das predige ich seit drei Jahrzehnten. Manchen hat mein Rat in der Vergangenheit nicht gefallen, deshalb kann ich heute ich mit Genugtuung feststellen, daß die Harvard-Professorin, nach drei Jahrzehnten brillanter Experimente und Studien-Reihen nachgewiesen hat: Es ist einfach der beste Weg! Merke:

> **Suchen Sie das Neue im (Lern-)Stoff! Das ist die wertvollste Lektion für unsere Kinder, denn es erlaubt ihnen, relativ unabhängig von anderen zu werden und vom physischen Umfeld.**

Und genau das war immer mein Ziel gewesen: autonome Lerner.*

LANGER erinnert uns auch daran, daß wir **mit der richtigen Frage** auf interessante **Zusammenhänge** stoßen. Aber auch in diesem Punkt versagen unsere Schulen. Wenn Sie mal beiläufig am Kaffeetisch in gemischter Runde das Thema eröffnen, indem Sie von jemandem erzählen, der/die in der Schule regelmäßig aneckte, weil er/sie Fragen stellte, die aus ehrlichem Interesse erwuchsen, aber von Lehrkräften als Angriff gewertet wurden (vgl. Rand), dann lehnen Sie sich gemütlich zurück und lauschen. Sie werden selten enttäuscht, weil so gut wie immer mindestens eine Person anwesend ist, die (oder deren Kind) ähnliches ebenfalls (regelmäßig) erlebt hat.

So flog ich z.B. im Religionsunterricht regelmäßig „hinaus" (und mußte vor der Türe auf das Ende der Stunde warten), sodaß ich mit dem Rektor meines Gymnasium gut bekannt wurde, da er um die Zeit zum Mittagessen strebte. Die ersten zwei, drei Male sagte er nichts, aber dann fiel ihm auf, daß immer dieselbe Schülerin draußen stand und er fragte, was los sei. Ich berichtete ihm und ab da konnte ich meine ernst gemeinten Fragen mit ihm diskutieren.

Wenn wir darüber nachdenken, daß es manchen recht schwer zu fallen scheint, aufmerksam zu bleiben, dann können wir fragen: „Warum ist es so schwer?" Beispiel (nach LANGER):

Wir erklären einer neuen Reitschülerin den neuen Reitpfad und warnen sie vor überhängenden Zweigen. Wir bitten sie, ja gut aufzupassen, daß die Zweige sie nicht verletzen. Sie wird **krampfhaft** auf Zweige achten, diese Art der **verengten Konzentration** ist aber **anstrengend** und **ermüdend**, und bald wird sie Konzentrations-Probleme bekommen.

Wir bitten Sie nämlich, Ihre Aufmerksamkeit zu ver-ENG-en und nur auf einen Aspekt zu achten (Zweige).

Das entspricht dem **Starren auf den unbeweglichen Finger** oder dem „festen Bild" (siehe Seite 164). Wenn wir sie aber einladen, die wunderbare Landschaft zu genießen, auch das Reitgefühl, die Harmonie mit dem Pferd und die Bäume, an denen wir vorbeireiten werden, dann **WEITen wir das Bewußtseins-Spektrum**. Wir lassen **Bewegung** im Geiste zu (von der Landschaft zum Pferdekontakt zu den Bäumen etc.), damit aber wird es leicht, „bei der Sache" zu bleiben und auch die Zweige wahrzunehmen!

Bei LIBERMAN habe ich eine wunderbare Übung gefunden, die uns hilft, die Kombination von offenem Geist und offenem Blick zu entwickeln, er nennt diese paradoxe Art zu sehen „**offener Fokus**":**

* Deshalb habe ich eine spezielle gehirn gerechte Sprachenlern Methode für Selbstlerner entwickelt (vgl. *„Sprachenlernen leicht gemacht"*, Buch oder Hörspiel), endlich beginnen einige wenige LehrerInnen, mit der Methode zu arbeiten.

** LIBERMAN, Jacob: *„Natürliche Gesundheit für die Augen – Sehstörungen beheben, die Sehkraft verbessern"*. Integral, 1997 (S. 72 ff.).

Offener Fokus heißt, **nach nichts zu suchen und alles zu sehen**. Diese Sehweise löst die Diskrepanz auf zwischen dem, was wir zu suchen meinen, und dem, wonach wir **nicht** suchen. Sie gestattet es unseren Augen, sich wie von selbst von dem Bereich unseres Gesichtsfelds anziehen zu lassen, der in **diesem** Augenblick der Aufmerksamkeit **bedarf**. Normalerweise handelt es sich dabei **nicht** um das Objekt, auf das wir unsere Augen **sonst** scharf einstellen würden.

Entledigen Sie sich Ihrer Brille oder Ihrer Kontaktlinsen …

Testen Sie, wie gut Ihnen diese Seh-Übung tut (eine von vielen wunderbaren Übungen), sie verbindet das optische Sehen mit Sehen im übertragenen Sinne:

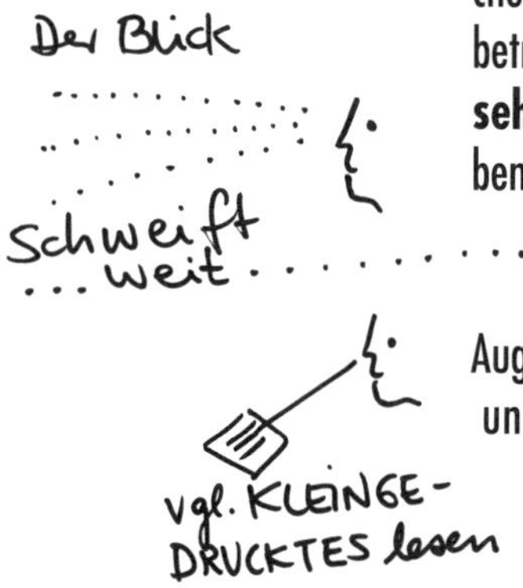

Blicken Sie (auf) und suchen sich einen **Punkt**, auf den Sie Ihre Augen ausrichten. Einen Moment lang **fixieren** Sie diesen Punkt und versuchen, ihn wirklich scharf zu sehen. Dann entspannen Sie Ihren Blick und betrachten den Punkt ganz weich. Achten Sie darauf, **daß Sie weniger sehen, je mehr Sie sich auf den Punkt konzentrieren**. Vielleicht bemerken Sie, indem Sie den Punkt angestrengt fixieren, daß Ihr peripheres **Sehvermögen trüber wird und sich einengt**. Jetzt blicken Sie den gleichen Punkt oder das Objekt an, ohne Ihre Augen darauf auszurichten oder zu fixieren. Machen Sie sich Ihren Atem und Ihren Körper bewußt. Achten Sie darauf, wie sich ihre Augen anfühlen – müde, angespannt, taub? Atmen Sie tief ein und aus, und **lassen** Sie alle Anspannung in Ihrem Körper los. Gestatten Sie Ihrem Blick, weicher und weiter zu werden, bis Sie nicht mehr nur das eigentliche Objekt, sondern auch alles in seiner Umgebung sehen. Dann beobachten Sie, wie Sie Ihren Blick noch weiter ausdehnen können, bis Sie alles in Ihrem Gesichtsfeld wahrnehmen, noch immer ohne sich auf ein bestimmtes Objekt zu konzentrieren und ohne den Bewegungen Ihrer Augen Zügel anzulegen.

Spiel oder Arbeit?

Nun fragt es sich, wenn Sie die Übung tatsächlich (öfter) durchführen, ob Sie sie als „**Spiel**" oder als „**Arbeit**" definieren. Wußten Sie, daß es für Ihr Ergebnis von ausschlaggebender Bedeutung ist, wie Sie es nennen werden? LANGER berichtet von einer **Reihe von Studien**, deren Ergebnisse eindeutig sind:

1. Wird **ein und diesselbe Tätigkeit** einmal als „**Arbeit**" (Pflicht, ernsthafte Aufgabe) und einmal als „**Spiel**" vorgestellt, so macht sie durch das Etikett „Arbeit" **weit weniger Spaß** als in der Spiel-Variante.

2. Wird **vorher** angekündigt, daß es später eine **Prüfung** geben wird, machen **selbst als „Spiel"** vorgestellte Aufgaben **nicht mehr viel Spaß**.
3. Und, genau so wichtig: Je **näher** man der **Spiel-Definition** kommt, **desto mehr wissen die Ausführenden hinterher**. Somit hat der **Spiel-Charakter** eindeutig positive Auswirkungen auf die **Merkfähigkeit**. Dies aber ist Vorraussetzung dafür, daß man mit den Gedächtnis-Inhalten (also Inhalten unseres Wissens-Netzes in unserem **inneren Archiv**) denken und handeln kann!

   Also ist es kontra-produktiv, wenn wir „ernsthaftes Lernen" fordern, wodurch wir die eigentlich lustvolle Tätigkeit des Lernens zur (leidigen) Arbeit deklarieren! Denn die Ergebnisse bei „Arbeit" sind um vieles schlechter als bei „Spiel"!

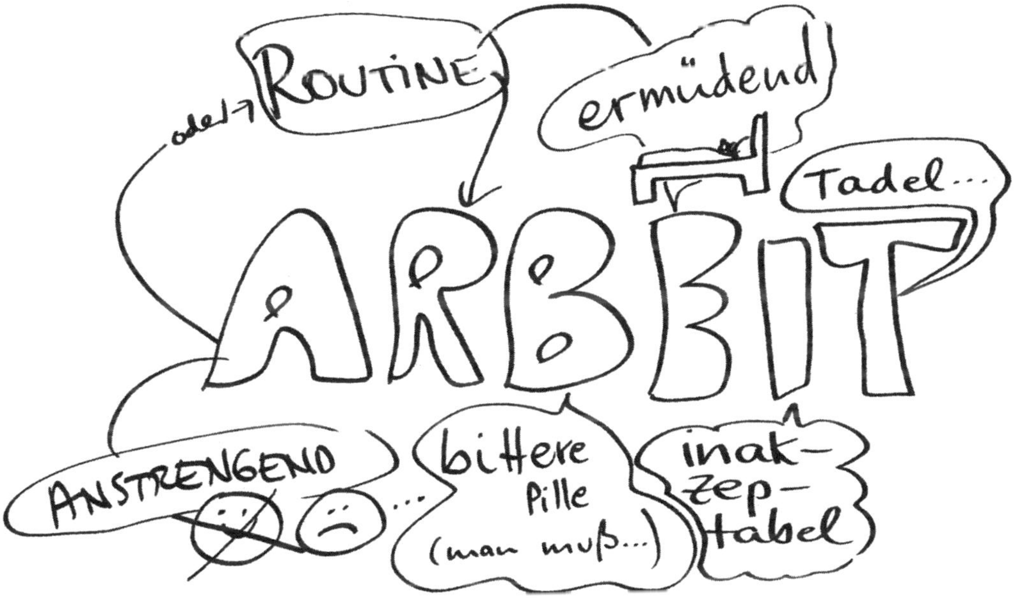

Das sollten all jene sich hinter die Ohren schreiben, die sich immer noch gegen das Konzept von **infotainment (edutainment** u.ä.) wehren. Ich mußte nach der Rückkehr nach Deutschland (1972) meinen in den USA entwickelten „leichten" **gehirn-gerechten Unterrichtsstil** oft verteidigen …

Für deutsche „zahlende Seminar-TeilnehmerInnen" (bzw. die zahlenden Führungskräfte bei firmeninternen Veranstaltungen) hatte Lernen damals noch eine (bier-)ernste Angelegenheit zu sein (wo kämen wir denn da hin?!).

Seit Mitte der 80er Jahre aber übernahmen immer mehr meiner KollegInnen den Begriff „gehirn-gerecht" (meist ohne Bindestrich!), weil man inzwischen begriffen hatte, daß selbst zahlende KundInnen doch **lieber** (und weit erfolgreicher) **entspannt** und stellenweise **erheitert** lernten.

infotainment
edutrainment
edutainment

Inzwischen ließen sich immer mehr TeilnehmerInnen geistig und emotional gerne involvieren, was das Gedächtnis dramatisch verbesserte. Nach einem Vierteljahrhundert begannen immer mehr meiner Wettbewerber den amerikanischen Begriff **infotainment** einzuführen und sich plötzlich zu rühmen, **interessante** und kurzweilige Vorträge und Seminare* zu zu veranstalten. Tja … Nun, nur was uns persönlich (intellektuell und/oder emotional) einbezieht, kann uns interessieren oder gar faszinieren. Je aktiver die Rolle, die wir als Lernende einnehmen **dürfen**, desto größer sind unsere Chancen, leicht (fast nebenbei) zu lernen! Und umgekehrt: Je passiver die Rolle, die wir einnehmen (oder die man uns einzunehmen **zwingt**, wie beim klassischen Schulunterricht), desto weniger wird hängen bleiben.

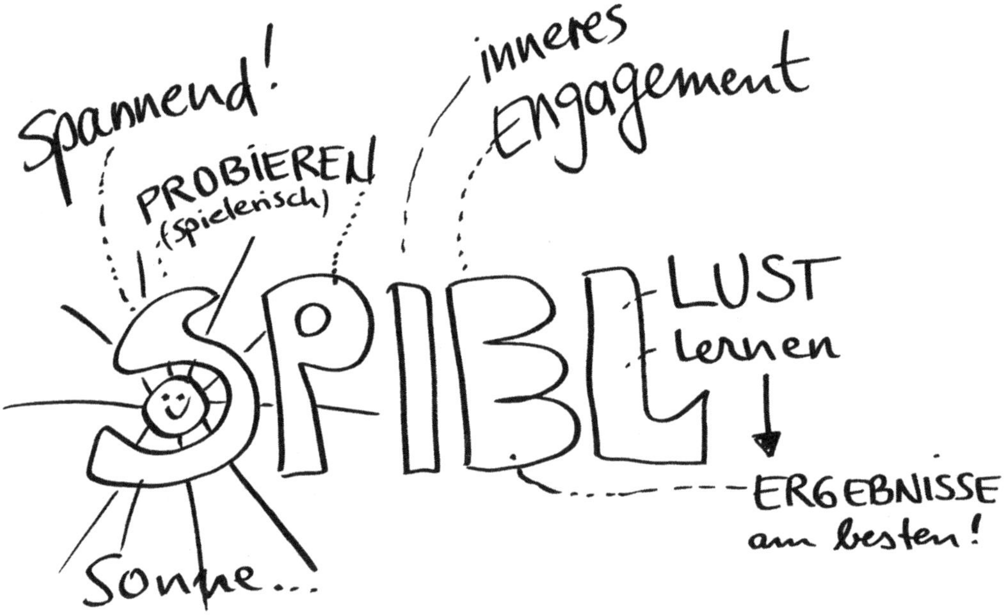

* Das ganze wurde letztlich so turbulent, daß einige Kollegen meinten, das Herumhüpfen, Schulterklopfen etc. könne ernsthafte Inhalte ganz ersetzen, weil sie infotainment nie wirklich begriffen hatten: Es besteht aus **INFORMIEREN** plus Entertainment (d.h. informieren plus Unterhaltung). Bei manchen Seminarveranstaltern wurde reines Entertainment daraus, Das ist natürlich legitim, wenn man das wünscht, sollte aber nicht mit echten infotainment (im Sinne eines gehirn-gerechten Unterrichts) verwechselt werden.

Es hat mir schon in der Schulzeit nicht eingeleuchtet, warum wir Kinder die Hauptlast des Lernens zuhause bei den Hausaufgaben tragen sollten, insbesondere da wir ja **keine guten Spielregeln für erfolgreiches autodidaktisches Lernen erhielten**. Später begriff ich in zunehmendem Maße, daß Lernende aktiv am Lernprozeß mitwirken **müssen** und daß Pauken die passivste Maßnahme ist, die man sich vorstellen kann. Trotzdem hatte ich enorme Hemmungen, die Idee zu überwinden, daß jemand es dem Lernenden „beibringen" müsse. **Bis ich begriff, daß alles Lernen letztlich (teilweise) autodidaktisch sein muß!** Ab dann bestand ich bewußt auf der **aktiven Mitarbeit des lernenden Geistes**, als ich (1969) begann, mein Konzept des gehirn-gerechten Lernens zu entwickeln.*

Deshalb freut es mich ungemein, daß eine Reihe von Experimenten der eminenten Harvard-Professorin (und ihrer MitarbeiterInnen und SchülerInnen) immer wieder zeigen: **es ist der einzige Weg.**

Geduld

3. Frage: Man muß ein wenig warten können (Kinder und unreife Erwachsene wollen ihren Spaß immer gleich). Unterricht kann nun einmal nicht von der ersten Lektion an zu einem neuen Thema immer sofort interessant und/oder unterhaltsam sein, wie es diese TV-zapping-Generation erwartet …

Hypothese: Wenn man Lernen zu einem aktiven Prozeß macht, hat jeder seinen Spaß – das ist wie mit der Konzentration …

Betrachten wir die Fragen 3 und 4 (von Seite 368 f.) gemeinsam.

Auswendig lernen

4. Frage: Man kommt nicht umhin, gewisse Dinge stur auswendig zu lernen; es ist einfach notwendig (ob es uns paßt oder nicht); deshalb ist dieser modische Hang, alles (aber auch alles!) mit infotainment und edutainment unterhaltsam, sinnvoll, spannend etc. machen zu wollen, absolut kontraproduktiv für **ernsthaftes** Lernen.

Hypothese: Warum ist Lernen unlustvoll? Antwort: Lernen ist umso unlustvoller, je näher es dem PAUKEN kommt. LANGER:

> **Stures Pauken ist eine nervtötende Art, sich auf ein Examen vorzubereiten …**

* Für diese Einstellung war ich in der Vergangenheit so oft angegriffen worden, daß ich noch 2000 anläßlich der völligen Überarbeitung von *„Stroh im Kopf?"* (zur 36. Auflage) eine (fast entschuldigende) Erklärung abgeben zu „müssen" meinte.

Es lohnt sich also, die Frage zu stellen, ob es einen effektiveren und angenehmeren Weg gibt! LANGER bringt die Misere des Schul-Lernens durch eine herrliche Metapher auf den Punkt:

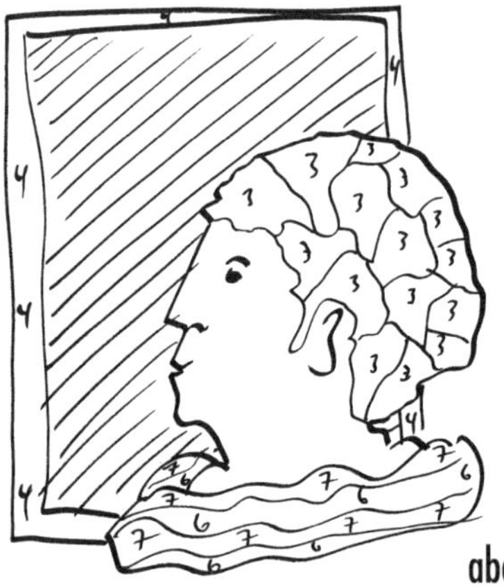

Unterricht entspricht oft einem **Malen-nach-Zahlen-Schema**: Lehrkräfte geben de facto „numerierte" Anweisungen und die SchülerInnen sollen gleichsam brav „nach Zahlen malen", weil Lehrkräfte von der Annahme ausgehen, sie wüßten die richtige Lösung (sie kennen also das Ziel) und nun gälte es, ihre SchülerInnen in kleinstmöglichen Schritten dorthin zu bringen.

Mit dieser Einstellung aber wird der **wache Intellekt** der SchülerInnen auf dem **Altar der korrekten Lösungen** geopfert! LANGER: „Wenn wir als Lehrkräfte diese Ziel-fixierte Orientierung loslassen können, dann werden wir vielleicht fähig, zu entdecken, daß die Freiheit, einen Prozeß selbst zu finden, wichtiger sein kann, als ein konkretes vorausberechnetes Ziel zu erreichen, das den Betroffenen absolut nichts sagt (und das außerhalb des Klassenzimmers keinerlei Bedeutung hat)."

Genau das ist das Ziel meines Konzeptes vom gehirngerechten Vorgehen: **Hilfe zu Selbsthilfe – Em-POWER-ment von Feinsten!!**, wie beim Ball-im-Tor-Effekt (vgl. mein Video-Vortrag und CD-ROM: „Gehirn-gerechtes Rechen-Training").

Und sie zitiert die beiden Forscher-Kollegen Ann BROWN und Joseph CAMPIONE: „Entweder man lehrt eine spezifische Fertigkeit (die in einem **engen** Zusammenhang wertvoll sein soll) oder aber man lehrt die **Fähigkeit, Fertigkeiten zu erwerben**."

LANGER bedauert die Misere: Der Unterricht ist so schlecht, weil Lehrkräfte nie gelernt haben, gut zu unterrichten. Sie glauben **auch heute noch weitgehend**, ihre Hauptaufgabe bestehe darin, Informationen aufzubereiten und zu präsentieren bzw. komplexere Informationen in leichtere Info-Päckchen zu zerkleinern und diese dann (wie gehabt) linear anzubieten, aber das ist eben **nicht** der optimale Weg …

Das erinnert mich doch stark an das Zwangsfüttern (Löffel für Löffel) entmündigter Lernender, die man wie Gänse behandelt …

Antidote zum Pauken: Differenziert wahrnehmen, differenziert denken!

Ein Gedanke, der bei LANGER immer wieder auftaucht ist der, daß wir mehr und besser (sowie leicht) lernen, wenn wir **eingeladen werden, möglichst viele (feine) Unterschiede wahrzunehmen**. Dieser Gedanke geht einher mit der Einsicht, wie hilfreich das **Engagement** ist, welches nur aktive Mitarbeit unsererseits schafft. Verglichen mit Pauken, sehen wir den Unterschied: Pauken heißt null Engagement, stures Herunterleiern von Fakten (ohne Einschalten des intelligenten Geistes). Deshalb sagt LANGER auch:

Vgl. Expriment „Lesen im Zug", S. 169 f.

Pauken ist für Lernstoff ohne persönliche Bedeutung.

Wer pauken kann, kann zwar Prüfungen bestehen, ist aber in der Regel unfähig, das Material in einen neuen Zusammenhang **anzuwenden** oder einzusetzen. Das ist der **größte** Nachteil des mechanischen Lernens.

Dem stimmt Robert J. **STERNBERG** zu, der ebenfalls feststellt: In den ersten Schuljahren siegen die sturen Pauker, sie haben die besten Noten und scheinen für große Karrieren prädestiniert, sie mögen jahrelang besonders intelligent wirken, sowohl auf Lehrkräfte als auch auf MitschülerInnen und ihre eigenen Familien. Aber je weiter die Schulbildung (die in den USA die Universität mit einschließt), desto weniger kommt man mit sturem Pauken klar und **auf einmal haben die einst „schlechten" Schüler gute Chancen:**

STERNBERG, Autor von *„Erfolgsintelligenz"*

„school" umfaßt jede Bildungseinrichtung von Kindergarten bis zum Doktoranden-Programm.

Gerade intelligentere Kinder haben besondere Probleme „dumm" zu lernen und tun sich in den ersten Schuljahren dementsprechend schwer. Dadurch aber könnten sie vor

Vgl. 3 Arten von Intelligenz (S. 18 ff.) nach PERKINS.

allem auf Lehrkräfte, die das sture Pauken bevorzugen, „zurückgeblieben" oder „dumm" wirken.

Ist das nicht absurd? Weil sie nicht rein mechanisch, also „dumm", lernen können, ist es möglich, daß sie einige Jahre lang dumm **wirken**. Schon interessant, gell?

Hier wurde und wird noch immer viel kaputt gemacht, und zwar von allen: Eltern, Lehrkräfte und MitschülerInnen!

Allerdings muß man berücksichtigen, daß leider so manche SchülerInnen durch jahrelange negative Botschaften zu glauben gelernt haben, sie seien ziemlich dumm und daher, aufgrund der Bremse im Kopf, zum späteren Zeitpunkt nicht mehr „aufwachen" können. Ellen J. LANGER zieht eine interessante Analogie:

Diese Metapher ist brillant. Sie beschreibt die **Nachteile des Paukens** ganz hervorragend!

Undifferenziertes, mechanisches Pauken entspricht dem Übernehmen von verschlossenen Info-Paketen.

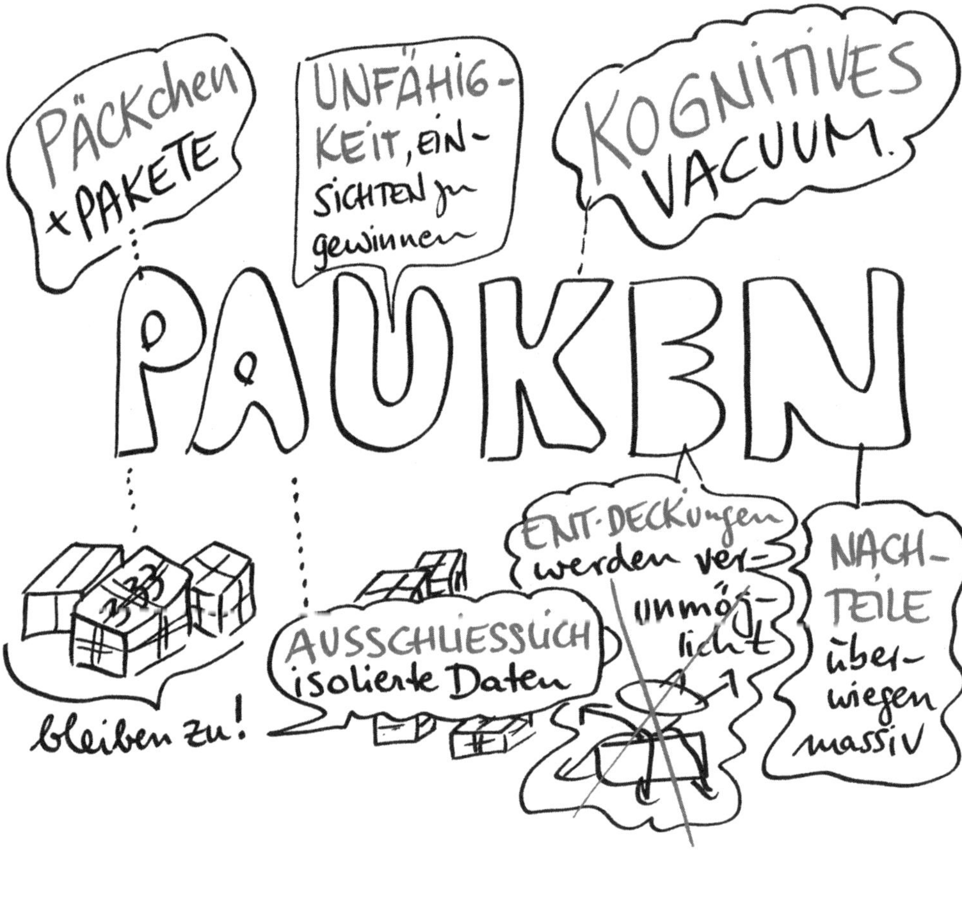

Wollen wir uns die Hauptgedanken näher betrachten:

P

P = **Päckchen bleiben verschlossen** (wir erfahren nichts von Inhalt, von der Bedeutung; inkl. von der Bedeutung, die sie für uns hätten haben können). LANGER weist darauf hin, daß verschlossene Info-Pakete wie Fakten wirken (wir kommen gleich darauf zurück). Und sie bringt ein hervorragendes Beispiel: Als sie selbst noch viel auswendig lernte, mußte sie als Studentin einmal einen Artikel zweier Autoren lesen (ROCK und HARRIS). Kurz darauf fragte sie jemand, was sie von der Arbeit von HARRIS hielt und sie sagte, sie hätte nie von HARRIS gehört. Sie stellt fest: Hätte man nach ROCK und HARRIS gefragt, so hätte es bei ihr sofort „geklickt", aber da sie mit ihrem mechanischen Pauken nie wirklich in das Paket hineingesehen hatte, konnte sie einzelne Elemente des Paketes nicht erkennen ...

A

A = **ausschließlich isolierte Daten wirken wie Fakten** und sind doch kaum lernbar, nicht für ein **organisches** Gehirn, das Verbindungen (für assoziatives Denken) und Bedeutungen benötigt. **Sinnloses kann nun einmal nicht gelernt werden.** In England ist es **the Battle of Hastings (1066)**, in den USA der **Bürgerkrieg** (der ja angeblich ausschließlich gefochten wurde, damit die Sklaven im Süden befreit werden konnten).

Bei uns:
„333 – bei Issos Keilerei".

> **Dieses Paket bleibt in der Regel ebenso verschlossen wie unser Issos-Keilerei-Päckchen.***

LANGER schlägt vor, **das Paket zu öffnen**. Zum Beispiel, indem man sich fragt, aus welchem Blickpunkt die sogenannten **drei Gründe für die Schlacht von Hastings** (wie sie im Unterricht vorgetragen werden) eigentlich gesehen werden? Oder, indem wir untersuchen, aus welchem Blickwinkel man uns vom Bürgerkrieg erzählt: Aus dem eines 50jährigen weißen Südstaatlers? Aus dem eines 50jährigen schwarzen Sklaven im Süden? Aus dem eines befreiten Sklaven im Norden, oder dem einer jungen Nordstaatlerin? LANGER unterstreicht einen ganz wichtigen Gedanken: Läßt man die Standpunkte einfach weg, bzw. erklärt man nie genau, wessen

* Ich benütze das Beispiel seit fast zwei Jahrzehnten im Seminar und habe abertausende von Menschen gefragt, ob auch nur eine/r jemals im Unterricht gelernt hatte, über die Bedeutung solcher Daten nachzudenken. Zum Beispiel durch „Was wäre, wenn ...?-Fragen", wie Fachleute sie ja auch zu stellen pflegen. Was wäre wenn Alexander der Große jene Schlacht bei Issos **nicht** gewonnen hätte? Dann wäre ganz Europa unter die Herrschaft von Persien geraten und was hätte das für uns bedeutet? Es gibt einen spannenden Zweig der sf-Literatur, sogenannte „alternative fiction", in der solche alternativen Geschichts-Szenarios romanartig verarbeitet werden.

Standpunkt man beschreibt, dann behandeln Texte (oder Lehrkräfte) die Info als FAKTen, unabhängig von möglicher Wertigkeit, Bedeutung etc. Selbst wenn man zwei Blickpunkte anbietet, pauken Lernende einfach beide Standpunkte, ohne die beiden Päckchen zu öffnen, wenn sie dazu nicht angeleitet werden. Dadurch fehlen selbst bei zwei Standpunkten Möglichkeiten zu echten Einsichten für die Lernenden.

Neil POSTMAN: *„Das Ende der Erziehung"*

Neil POSTMAN bemängelt ebenfalls zwei Dinge am klassischen Schulsystem: Erstens, daß die Schüler nie erfahren, **wer** die **Begriffe** bzw. ihre **Definitionen**, die ständig benutzt werden, **erfunden** hat – und zu welchem Zweck. Es wäre unbedingt notwendig, daß wir lernen, **wer** ein „Kampf gegen …" als „Rebellion" oder als „Terrorakt" verkaufen will, und warum er das tut. Das begreifen Lernende aber so gut wie nie, weshalb die meisten Erwachsenen davon keine Ahnung haben und von den Medien und anderen „Autoritäten" wunderbar des-informiert werden können. Zweitens betont POSTMAN, daß Schüler das wichtigste Denk-Tool, das es gibt, im Schulbetrieb in der Regel nicht lernen, nämlich das Stellen von **Fragen**. Damit meint er vor allem, das Denken in Fragen! Fragen wie „Wer hat diese Definition ins Textbuch geschrieben?" sind genau so wichtig wie die berühmten „Was wäre wenn … ?-Fragen", beide Fragetypen öffnen unseren Geist! Und bei beiden Fragetypen gilt: Je weniger sie auftauchen, desto verschlossener bleibt der Geist. Das aber ist der Kern der Kritik von LANGER: Verschlossene Info-Pakete = verschlossener Geist!

Fragen öffnen das Denken

U

U = Unfähigkeit, Einsichten zu gewinnen und die Information dem eigenen Wissen einzuverleiben. Demzufolge auch die Unfähigkeit, von diesen Infos **später** in irgendeiner Form zu **profitieren** …

K

K = Kognitives Vakuum: Pauken verhindert echtes Begreifen. Da wir verschlossene Info-Pakete für Fakten halten, können wir nicht lernen, eine fragende, denkende Haltung einzunehmen, weil wir glauben, Fakten als „real" unveränderlich hinnehmen zu müssen. Auch Neil POSTMAN bedauert außerordentlich, daß wir in der Schule das wichtigste Denk-Tool nicht lernen, nämlich: intelligente Fragen zu stellen.

E

E = Ent-DECK-ungen werden verunmöglicht, denn, wie das Wort schon sagt, Ent-DECK-ungen können ja nur stattfinden, wenn man den DECKEL liftet (vgl. auch engl.: dis-COVER, oder franz.: de-COUVRIR). Wer aber verschnürte Pakete als ganzes „runterwürgt", kann keinerlei Einsichten über Inhalte gewinnen …

N

N = **Nachteile überwiegen massiv!**

1. Durch **Pauken entstehen so gut wie keine notwendigen Neuro-Verbindungen.** Es entstehen keine echten (notwendigen) bevorzugten Nervenbahnen, welche die neuen Infos mit möglichst vielen anderen Informationen in unserem Wissens-Netz im inneren Archiv verbinden würde.
2. **Pauken ist langweilig.** Bei Langeweile aber sind wir biologisch auf Abbrechen programmiert. Deshalb ist Pauken extrem schwierig: Bei maximalem Zeit- und Energieaufwand erhalten wir nur minimale Ergebnisse, also ein mieses Preis-Leistungs-Verhältnis.
3. **Pauken verhindert eigenständiges Denken!** Man kann also selbst Daten, die man endlich „halbwegs drin" hat, denkerisch nicht einbeziehen. Dies ist einer der Gründe, warum man man gepaukte Daten auch bald wieder verliert. Leuchtet doch ein, nicht wahr?

Letztlich halten Klangbilder (z.B. bei Vokabeln) oder irgendwelche Vorstellungen (z.B. bei Eselsbrücken) die Daten vordergründig und kurzfristig (mit etwas Glück, bis zur Prüfung) fest.

Die Antidote zu Pauken ist **gehirn-gerechtes Lernen mit Verständnis**. Das zeigen die Studien von LANGER u.a. immer wieder: Wenn Geschichts-SchülerInnen die Rolle von recherchierenden Junior-Geschichts-Experten einnehmen, oder wenn SchülerInnen im Bio-Unterricht ein Brettspiel basteln, mithilfe dessen sie sich mit den Namen der Knochen **vertraut** machen, **ehe** sie anfangen, mit diesem Fakten zu denken – wann immer wir den **Geist einschalten**, bauen/erweitern wir unser **inneres Archiv**. Nun haben Lehrkräfte grundsätzlich zwei Möglichkeiten, wie Infos für Lernende **relevant** gemacht werden können:

1. **Wir können versuchen**, den Lehrstoff so zu präsentieren, daß er die meisten SchülerInnen irgendwie berührt. Das ist sehr schwierig und zeitintensiv! Darüberhinaus kann man Infos niemals so aufbereiten, daß man das Interesse **jedes** einzelnen Schülers trifft. Oder:
2. **Wir ändern unsere eigene Lehrer-Einstellung**, die man uns einst eingebleut hat, nämlich: Lehrer (Eltern, Führungskräfte) seien von Natur aus Wissens-VermittlerInnen und müßten dies in alle Ewigkeit bleiben! Nur wenn LehrerInnen (Eltern, Führungskräfte) es schaffen, diese alte Einstellung loszuwerden, können sie neue Wege beschreiten, auf daß die Lernenden die **Erlaubnis** erhalten, sich die Infos selbst näherzubringen.

Auch Eltern und Führungskräfte können an dieser Lehrer-Einstellung leiden!!

Was viele Menschen nicht wissen, ist die Tatsache, daß die Aufgabe von Lehrern ursprünglich idealerweise eher mit der eines Fremdenführer verglichen werden konnte, der den Schüler „sokratisch" auf seiner Reise begleitete, ihn aber selbstständig denken ließ. Lehrkräfte als Zwangsfütterungs-Gehilfen, die ihren armen Opfern das Wissen Teelöffelweise eintrichtern, sind eine neuere Entwicklung. Also suchen wir eigentlich eine **Rückkehr** zum alten Ideal eines **Edukators**.

„Edukators" leitet sich her von *educare: e* = heraus und *ducare* = führen; es gilt also, das sich im (in der) Lernenden Befindliche herauszuführen!

Der zweite Weg ist wesentlich spannender und zwar für beide Parteien, also für die Lernenden und ihre „sokratischen Helfer" – und im übrigen sehr erfolgreich für alle! Wußten Sie übrigens, daß Sokrates zwei Metaphern für seine Rolle in der Gesellschaft anbot? Erwachsenen gegenüber sah er sich als **Schmeißfliege**: klein und schwach, aber lästig! Bezogen auf Lernende und Denker sah er sich als **Hebamme**, als **Dienstleister**, der hilft, die Geisteskinder anderer ans Licht der Welt zu bringen, also im Sinne des Herausführens (educare)!

Die „Schmeißfliege" mußte den Schierlingsbecher trinken ...

Ich weiß, daß so manche meiner LeserInnen an dieser Stelle den Kopf schütteln oder zumindest tief seufzen und sagen: „Ach, wenn das alles nur so leicht wäre!", oder: „Na ja, ganz nett, aber doch letztlich unrealistisch!", oder ähnlich. Deshalb möchte ich Sie einladen, uns wieder ein bahnbrechendes Experiment anzusehen. Diesmal geht es darum, was passiert, wenn Lernende mit Wörtern einer Sprache konfrontiert werden, die ihnen vollkommen unbekannt sind. Ich hoffe, Sie sind festgeschnallt, denn diese Studie könnte Sie wirklich „vom Hocker reißen", aber lesen Sie selbst!

Experiment: Exposure-Effekt

Nach ZAJONC, R.: „Attributional Effects of Mere Exposure", In: Journal of Pers. and Social Psych. 9, suppl. No. 2, part 2, 1968.

Was (Frage): Würde man unbekannte Wörter negativer einschätzen als solche, die einem langsam vertraut(er) wurden?

Wie (Durchführung): Den amerikanischen Versuchspersonen wurden **türkische Wörter** (deren Bedeutung ihnen unbekannt waren) gezeigt. Sie wurden gebeten, für diese Begriffe eine **Definition zu erfinden**. Das Experiment wirkte wie eine **Kreativitäts-Übung**.

Wenn Sie das Modul „Unterschwellig?" (S. 283 ff.) gelesen haben, dann sehen Sie hier natürlich sofort eine spannende Verbindung.

Später wurden jedoch Begriffe in Listen „gepackt", neue und solche, die schon vorgekommen waren. Würden die Versuchspersonen diese Begriffe wiedererkennen?

Im folgenden geht es um den Begriff „**Exposure**", der so gut wie nicht einzudeutschen ist, denn er bedeutet vieles. Jede dieser Bedeutungen wirft ein gewisses Licht, keine kann den Begriff adäquat umfassen (vgl. Rand).

Exposure heißt „ausgesetzt sein", aber auch „erhellt" (exposed) werden. Auch Fotos werden be-LICHT-et (exposed), aber wenn jemand einen anderen gegen seinen Willen „outet", hat er ihn ebenfalls dem Licht der öffentlichen Meinung ausgesetzt (exposed). Somit ist **eine** der Bedeutungen von Exposure neben dem „Ausgesetzt-Sein" auch das „Ausstellen" (vgl. **Exposition**) und so nutze ich die Kurzform dieses bekannten Begriffs (**Expo**) für den Transfer des Exposure-Effects ins Deutsche.

Ergebnis: **Expo-Effekt erhöht positive Einschätzung!** Je bekannter die Begriffe wurden, desto positiver wurden die ausgedachten Definitionen.

Erhöhtes „Ausgesetztsein" (**exposure**) erhöht den Grad des „Mögens", insbesondere bei komplexen Stimuli.

Hierzu gibt es vier spannende Parallelen in LANGERS Beschreibung der folgenden Experimente:

1. Zum einen geht es um die Frage: Kann man Menschen **Musikstücke** nahebringen, indem man sie dieser Musik „aussetzt", auch wenn sie sie **zunächst** nicht mögen? Könnte man reinrassige Liebhaber von Rock und Pop für klassische Musik „aufschließen" und umgekehrt?
2. Im selben Doppel-Experiment stellte man sich diesselbe Frage bezüglich Fußball (genauer American **Football**): Kann man total desinteressierte Versuchspersonen durch den **Expo-Effekt** soweit „reizen", daß sie es nicht mehr ganz so furchtbar finden?
3. In einer weiteren Studie sehen wir, was passiert, wenn man **Kunstbanausen** per **Expo-Effekt** zwei Gemälden „aussetzt".
4. Und in der letzten Studie werden wir sehen, ob das **sogar mit Menschen** machbar ist. Kann man einer Menschengruppe durch den **Expo-Effekt** ein wärmeres Willkommen schaffen, als das „normale"?

Beginnen wir mit der Doppelstudie:

Experiment: Musik und American Football

Lori PIETRASZ und Ellen J. LANGER

Was (Hypothese): Was uns langweilt, nervt.

+ Football

Wie (Durchführung): Man lud Versuchspersonen ein, sich dem auszusetzen, was sie NICHT MOCHTEN, also z.B: Wer Musik mochte, aber kein Fan von klassischer Musik war, bekam gerade die zu hören. Liebhaber von klassischer Musik wurden mit Rap-Songs „traktiert", etc., ähnlich: Sport-Muffel „durften" ein Spiel (Football) sehen, auf das sie „Null Bock" hatten. Eine spannende Ausgangs-Situation, finden Sie nicht?

Vgl. unsere ABC-Listen als Inventur unseres inneren Archivs.

Vgl. unsere Unterscheidung zwischen einer stehenden (autoritären) Anweisung im Gegensatz zu einer bewegten bzw. dem stehenden contra bewegten Bild (S. 163 f.)

Aufgabenstellungen: Drei Gruppen erhalten unterschiedliche Anweisungen.

Gruppe 1 Diese Leute wurden lediglich instruiert, **zuzuhören** (bzw. **zuzuschauen**), sie erhielten also die **normale** Anweisung (für das stehende „Bild").

Gruppe 2 wurde instruiert, beim Hören (Schauen) **3 neue Aspekte** zu entdecken, die sie bei dieser Sache in der Vergangenheit noch nie wahrgenommen hatten. Dies ist eine „bewegtes Bild" Anweisung, die den **Geist in Bewegung** bringt!

Gruppe 3 wie Gruppe 2, nur mit dem Unterschied, daß sie **6 neue Aspekte** finden sollten. Noch mehr Bewegung für den Geist!

Es gibt Studien über Fremden-Feindlichkeit, die ähnliches zeigen (weshalb wir ja auch von Fremden-Feindlichkeit sprechen und nicht von Bekannten-Feindlichkeit). Je bekannter und vertrauter wir werden, desto schwieriger ist es, abzulehnen. Umgekehrt; es ist leicht zu hassen, was man nicht kennt!

Ergebnis: Je mehr **Unterscheidungen** (z.B. durch das Finden neuer Aspekte) die Versuchspersonen machten, desto mehr Dinge nahmen sie wahr, **desto mehr wußten sie hinterher bei vorab nicht angekündigten Tests**. Aber das ahnten wir schon, aufgrund der bereits beschriebenen Aspekte. Was hier zusätzlich herauskam ist **bahnbrechend**, denn es beweist, was manche Forscher schon lange behauptet haben, anhand von empirischen Resultaten: Je mehr (feine) Unterschiede man wahrnehmen sollte, desto stärker änderte sich das „mag nicht" in ein „ich mag" …

Die folgende Studie zeigt ein sehr ähnliches Ergebnis, bezogen auf Kunstwerke, aber sie geht noch einen Schritt weiter, denn sie zeigt: Wir werden nicht nur in höherem Maße von Dingen angezogen, die wir besser kennengelernt haben, sondern: Durch unser tieferes Wissen sind wir auch (weitgehend) gegen Gruppen-Druck gefeit. Eigentlich einleuchtend: Eine eigene Meinung kann nur bilden, wer etwas weiß!

Kunst

Andreas MARCUS und Ellen J. LANGER

Experiment: Kunst-Betrachtung

Was (Hypothese): Was wir wirklich kennenzulernen beginnen, **wird Teil von uns**: wir mögen es (mehr) und wir bilden **eine echte eigene Meinung***, die uns weit stabiler gegen Gruppen-Druck macht, als oberflächliche erste Eindrücke über eine Sache …

* Ich unterscheide ja seit Jahren zwischen einer aktiv selbst erarbeiten eigenen MEIN-ung (die zurecht die Silbe „mein" enthält) und oberflächlich gewonnenen ANDER-ungen, die **andere** Leute uns eingeredet haben.

Wie (Durchführung): Versuchspersonen wurden eingeladen, sich zwei Gemälde anzusehen und sich dann zu entscheiden, welches Ihnen besser gefiel.

Aufgabenstellungen: Zwei Gruppen erhalten unterschiedliche Anweisungen.

Gruppe 1 Diese Leute wurden nur angewiesen, sich die Bilder anzusehen.

Gruppe 2 Diese Leute sollten in den Bildern Neues entdecken (was, wie wir inzwischen wissen, ein gewisses **Engagement** voraussetzt) und sich tiefer mit dem Objekt auseinandersetzen (wodurch man es besser kennenlernt).

Später wurden sie gebeten, **ihre Unterschrift** unter das Gemälde zu setzen, das ihnen besser gefiel. Zum einen stellte sich heraus, daß die Versuchspersonen, die Neues entdecken sollten, **mehr über das Bild wußten**, aber – viel interessanter: Diejenigen, die sich intensiv befaßt hatten, waren in ihrem Urteil so sicher, daß sie sich **nicht** umstimmen ließen, wenn das Bild, das ihnen weniger gut gefiel, mehr Unterschriften (von angeblich anderen Testpersonen) aufwies.

Die anderen Gruppen-Mitglieder hingegen ließen sich relativ leicht umstimmen, wenn das von ihnen nicht präferierte Bild mehr Unterschriften aufwies.

Fazit: Gehirn-gerechtes Vorgehen macht um einiges unabhängiger von der Meinung anderer.

Experiment: Engagement

Engagement
Benzion CHANOWITZ, Richard BASHNER und Ellen J. LANGER

Was (Frage): Ist es möglich, Kinder auf den Kontakt mit **behinderten** Kindern vorzubereiten?

Wie (Durchführung): Man zeigte (6- bis 7jährigen) Schulkindern Dias von diversen Behinderten und stellte ihnen Fragen. Später wurde den Kindern mitgeteilt, ein behindertes Kind würde bald in die Schule kommen.

Dabei wurde folgende Frage gestellt: Hättet ihr Lust auf ein Picknick mit diesem Kind, bzw. auf andere Aktivitäten?

Aufgabenstellungen: Das Experiment fand **zweimal** mit unterschiedlichen Anweisungen statt.

1 Antwort

Gruppe 1 Die Kinder sollen pro Frage **eine einzige Antwort** finden.

4 Antworten

Gruppe 2 Die Kinder sollen pro Frage **mindestens 4 Antworten** finden.

Beispiel: Sie sehen das Dias eines **hörgeschädigten** (tauben) **Menschen**. Die Frage lautet: Wie könnte so jemand einen Job besser ausführen als ein normal hörender Mensch? Eine mögliche Antwort könnte z.B. lauten: *So jemand könnte konzentriert arbeiten, wo viel Krach ist, weil er ihn ja nicht hört.*

Ergebnis: Die Kinder aus **Gruppe 2** waren weit offener für das behinderte Kind. Sie wurden im Anschluß an die Dias mit Diskussion informiert, daß bald ein behindertes Kind in ihre Klasse käme. Auf die Frage, ob sie mit ihm gewisse Aktivitäten, Spiele etc. durchführen wollten, antworteten sie sehr differenziert, z.B. bezüglich eines **blinden** Kindes: Für ein Picknick wäre dieses Kind sicher ein guter Spielpartner, nicht aber für ein Rollstuhl-Rennen. Das heißt, sie konnten die Vor- und Nachteile einer konkreten Behinderung sehr wohl einschätzen und überlegen, inwieweit diese hilfreich oder hinderlich wäre. Sie behandelten die Behinderung nun nicht mehr wie etwas, worüber man lacht, sondern sie sahen sie jetzt wie jede andere Charaktereigenschaft eines Menschen.

Expo-Effekt

Das sind typische Auswirkungen des **Expo-Effekts**: „Sich-Aussetzen" (exposure) **positiviert die Grundeinstellung**, und durch das Beantworten von Fragen (vgl. auch Experiment Exposure-Effekt, S. 182 f.) wurde **Engagement** erzeugt und das positive Klima verstärkt. Beim Suchen von **vier** möglichen Antworten pro Frage wurde dieses anfängliche Engagement noch **vertieft** und demzufolge auch die sich entwickelnde positive Einschätzung Behinderter … Außerdem sehen wir hier auch Auswirkungen eines **Effektes**, den das Exposure-Experiment ebenfalls aufzeigte:

> Je mehr **Unterscheidungen** wir wahrnehmen/finden, desto positiver empfinden wir gegenüber der Angelegenheit (von einem Lernthema bis hin zu einer Menschengruppe). Somit hilft die Fähigkeit, (feine) Unterschiede wahrzunehmen gleichzeitig zu lernen, die Sache oder Person mehr zu mögen!

Dieses Mögen wird ausgelöst, wenn etwas **mehrmals kurz** auftaucht und ist umso stärker, je höher unsere Toleranz für Mehrdeutigkeiten ist. In anderen Worten:

mehrmals kurz

Je mehr jemand darauf beharrt, immer sofort „alles" wissen und verstehen zu wollen, desto weniger können der **Exposure-Effekt** bzw. das differenzierte Wahrnehmen als Maßnahme **greifen**, denn für solche Personen ist das Ausgesetzt-Sein voller Streß. Können wir hingegen eine innere abwartende Haltung einnehmen, dann kann jeder dieser beiden Effekte greifen (einzeln oder gemeinsam).

Abwartende Haltung: Na, mal sehen, was kommt ... oder: Na, mal sehen, was sich später ergeben wird ...

Wenn wir der Natur (oder der Evolution) Zweckhaftigkeit unterstellen würden, würde auch dies sehr viel Sinn ergeben, nach dem Motto: Begegnet mir eine unbekannte Sache nur ein einziges Mal, besteht absolut kein Sinn darin, diese Sache **sofort** mögen zu wollen. Erstens, weil ich sie beim ersten Anblick nicht gut genug einschätzen kann, um positive Gefühle zu entwickeln, und zweitens, weil sie mir **vielleicht nie wieder** begegnen wird (dann könnte ich sie vermissen). Taucht diese Sache in meinem Leben aber immer wieder auf, dann sind positive Gefühle in Verbindung damit sehr sinvoll: Erstens, weil diese mich veranlassen, mich näher zu befassen, um sie besser kennenzulernen (alles, was häufig auftaucht, sollte man einigermaßen einschätzen können), und zweitens, weil weitere Wiedersehen positive Gefühle auslösen werden. Und im Zweifelsfall zieht die Natur Lustgefühle etwaigen Unlustgefühlen immer vor.

Fazit: Der **Expo-Effekt** bewirkt, daß Dinge, die uns häufiger begegnen, langsam aber sicher immer angenehmere Gefühle in uns auslösen ... Wenn wir dies mit der Idee des PRIMING verbinden, so heißt das:

PRIMING

> Setzen Sie sich (oder Lernende, die Sie betreuen) **vorab** einige Male der neuen Info aus, **ehe** Sie offiziell gelernt werden soll, so schaffen Sie ein **erstes Vertrautheits-Gefühl**. Dies löst später positivere Gefühle aus und verstärkt den Wunsch, sich näher damit zu befassen. Welch bessere Plattform für einen **zukünftigen Lernvorgang** könnte es geben??

Fallbeispiele:

Zu REM könnten wir dann REMoulade assoziieren, ohne Rücksicht darauf, was REM tatsächlich heißt. Die REMoulade können wir in ein Bild „packen" (z.B. läuft jemandem REMoulade über das Gesicht). **Später** lernen wir, was **REM** tatsächlich heißt (**REM**ARK, ab hier achtet der Computer auf nichts, was in der Zeile steht, so können Menschen Kommentare für Menschen in Computer-Programme einbetten).

1. In *„Stroh im Kopf?"* (ab 36. Auflage) zeige ich einen **Zugang zu einer unbekannten** **Computersprache**, indem man im Vorfeld mit den häufigsten Begriffen (Termini, Befehlswörtern) spielt (vgl. Rand). Am Ende verbinden wir die Bedeutung mit dem inzwischen „vertrauten" (in diesem Fall: Vorstellung zu REMoulade) und so verbindet sich der **neue** Computer-Befehl mithilfe des **Expo-Effektes** mit bereits **Vertrautem**. Der **Expo-Effekt** hilft uns, durch Vertrautheit angenehme Gefühle zu entwickeln, das „alte" Bild hilft uns, die neue Info ins Wissens-Netz (innere Archiv) einzubringen! Ähnliches ist mit Fachausdrücken jeden Wissensgebiets möglich.
2. Wenn wir wissen, daß wir uns **zukünftig** mit einem neuen Thema befassen wollen (oder müssen), können wir **im Vorfeld den Expo-Effekt für uns arbeiten lassen**, indem wir uns einen Text über die neue Dinge besorgen und ihn auf Band lesen (lassen). Unabhängig davon, wie viel oder wenig wir im ersten Ansatz begreifen, hören wir diese Aufnahme mehrmals – aktiv und passiv. (**Aktiv** bedeutet z.B. beim Spazierengehen oder in der Küche beim Kartoffelschälen; **passiv** heißt „leise und nebenbei", während Sie andere Dinge bewußt tun, arbeiten, lesen, schreiben, fernsehen.) Auf diese Weise **setzen Sie sich dem neuen Stoff mehrmals aus** und erzeugen jenen **Expo-Effekt**.
3. Für einige Seminar-Teilnehmer erfand ich vor einigen Jahren ein **Fremdwort-Spiel**, das an deren Institution (einer Schule) seither zum „Standard" wurde. Wenn Sie es einmal ausprobieren wollen, **es hilft Ihnen, neue Fremdwörter in Ihr inneres Archiv einzugliedern.**

   Spielregeln: **1.** Wählen Sie Wörter, deren Bedeutung Sie **noch nicht** kennen; **2.** benutzen Sie diese in Beispielsätzen wie Begriffe, die sie kennen; **3. später**, wenn die wahre Bedeutung nachgeschlagen wurde, werden diese Sätze vorgetragen, oft unter lautem Gelächter. Denn **jetzt** kann die **ausgedachte Bedeutung** äußerst **witzig** wirken. Dies erinnert uns an das Experiment von Seite 182 (Definitionen für türkische Begriffe ausdenken).

Ich kam darauf, weil in einer *Golden Girl*-Szene Rose (natürlich, wer sonst?!) einen Begriff falsch gebraucht, in etwa so: „Ja und dann hypothetisiere ich mich gerne abends nach dem Duschen."

Aber so geht das doch nicht? Wirklich nicht?!

Wir haben aus den Experimenten gelernt: Allein die Tatsache, daß wir einer Sache mehrmals „ausgesetzt" sind, löst eine gewisse Vertrautheit aus, die wiederum mit positiven Gefühlen einhergeht **(Expo-Effekt)**. Ebenso bewirkt die Fähigkeit, feine(re) **Unterschiede wahrzunehmen**, eine tiefere Vertrautheit mit der Sache, die wir nun **differenzierter sehen** (hören, schmecken etc.) können als zuvor. Nun sorgt Mutter Natur dafür, daß uns das Material (sogar Menschen!) dadurch sympathischer wird, weil wir uns **engagiert haben**. Außerdem wissen wir inzwischen, daß wir uns auf diese Weise wesentlich **mehr merken** – und zwar, ohne bewußt einen Lern-Versuch unternommen zu haben!

Für alle, die sich jetzt fragen, was passieren würde, wenn eine Lehrkraft **allen** ihren SchülerInnen volle Freiheit über einen Lehrstoff geben würde, möchte ich einige konkrete praktische Anregungen anbieten.

Wenn Sie testen wollen, was passieren würde, wenn Sie sich darauf einließen, schlage ich folgendes Vorgehen vor. Wollen wir es am Beispiel einer **Geschichtsstunde** aufhängen, und zwar am Einstieg in eine für die Klasse ganz neue Thematik:

Vgl. dazu auch das „Lehrer-Modul" (S. 246 ff.).

Die Lehrkraft könnte der Klasse einen kleinen Einstieg in den Stoff vortragen, nachdem sie jedem freigestellt hat, sich **einen Aspekt** herauszupicken, der einem besonders interessant erscheint. Dies könnte im Prinzip **alles** sein – und so werden kaum zwei SchülerInnen denselben Aspekt herauspicken. Nun lädt die Lehrkraft die SchülerInnen ein, darüber in einer Kleingruppe kurz zu reden.

Hier nutzen wir einen bisher noch nicht besprochenen Effekt, auf den Wolf SCHNEIDER bereits vor Jahrzehnten hinwies: Sprache hat beileibe nicht nur die Funktion, daß wir mit Worten Gedanken mitteilen können (Kommunikation), sondern wir brauchen Sprache auch, um **Dinge in Worte zu fassen**, damit sie **faßbar** werden – insbesondere neue Dinge!

Wolf SCHNEIDER: „Wörter machen Leute"

Seit ich das begriffen habe, lade ich in meinen Seminaren regelmäßig ein, in Kleingruppen kurz über das eben Besprochene zu reden. Dies hilft den TeilnehmerInnen, das Neue zu verarbeiten: Manche haben jetzt ein ausgeprägtes Bedürfnis zu reden, andere profitieren davon, daß mehrere Leute, die sie kennen, über das Neue sprechen und sie zuhören können.

Wenn die SchülerInnen sich dann in Kleingruppen austauschen, werden sie erstaunt feststellen, was andere MitschülerInnen **auch** interessant an diesem Text fanden. Ganz automatisch registrieren sie vieles von dem, was die anderen MitschülerInnen sagen. Danach könnte man sie einladen, dazu stichpunktartig zu notieren, was das Interesse jedes Gruppenmitgliedes zu packen vermochte. Diese Listen (pro Kleingruppe eine) können anschließend an die Wand geheftet werden. Nun könnten die SchülerInnen herumwandern und die Kleingruppen-Ergebnisse betrachten. Dabei werden sie (die ersten Male) erstaunt sein, was die MitschülerInnen in den anderen Gruppen alles beachtet hatten. So lernen junge Leute, wie gut, ideenreich, kreativ, clever sie selbst sind, statt immer nur passiv zu sitzen und zu staunen, was die Lehrkräfte alles wissen! Sie merken, wie viele Details sie selbst wahrgenommen hatten und zudem, wie ergiebig eine Ideensammlung im Kreise Gleichgesinnter ist!

Welch bessere Vorbereitung für gute Teamarbeit in der Arbeitswelt später könnte es geben?

Ich weiß aus Seminaren, daß Lehrkräfte jetzt laut zu stöhnen beginnen, mit den Köpfen wackeln und unisono rufen: „Dafür haben wir die Zeit nicht!" Nun, ich muß Sie enttäuschen (hoffentlich angenehm): Die ganze Aktion dauert nicht mehr Zeit als die Art von Diskussionen, die Lehrkräfte unter der Überschrift „Lehrgespräch" zu führen pflegen.

Angenommen, die Kleingruppen tauschen sich 5 Minuten lang aus und angenommen, die SchülerInnen brauchen 2 Minuten, um die Kleingruppen-Ergebnisse an die Wand zu heften und angenommen, sie wandern weitere 5 Minuten lang herum, dann haben sie sich **12 Minuten** lang **intensiv** mit dem Stoff beschäftigt. So erzeugen Sie:

Überdies bewirkt die Übung, daß den SchülerInnen **das neue Thema sympathischer** wird, was für **Sie als Lehrkraft** auch kein Nachteil sein dürfte, oder??

a) Den **Expo-Effekt** zum einen, sowie
b) die Fähigkeit, das neue Thema **weit differenzierter zu sehen** als zuvor.

Nun folgt der nächste Einwand (ich kenne sie alle, seit den frühen 1970er Jahren): „Ja ist denn das nicht alles sehr oberflächlich?!" Richtig. Es mag zunächst so sein – und das verursacht jenen Lehrkräften „Bauchweh", die sich nie erinnern können, wie das war, einst, vor Jahrhunderten, als ihnen selbst dieses Thema noch gaaaaaaaaaaaaaaaanz neu gewesen war!

LehrerInnen neigen (wie alle Menschen) dazu, ihren **heutigen** Standpunkt für „normal" und für erstrebenswert für SchülerInnen zu halten. Daher fällt es ihnen schwer, SchülerInnen einen **leichten Einstieg** zu erlauben, der

kurzfristig **oberflächlich** sein mag, aber: Da dieser Weg den **Expo-Effekt** erzeugt und da dieser Weg eine erste Sympathie für den Stoff sowie ein erstes inneres aktives Engagement der SchülerInnen **erzeugt**, haben wir doch das Klassenziel erreicht! Denn das ist eine „flache" Basis, eine erste Grundlage, auf der Sie **aufbauen** können. Vier Wochen später sind Sie um einiges tiefer in die Sache eingetaucht, aber mit **willigen** SchülerInnen, die inzwischen auch reif sind für mehr Tiefe!

Ah, Sie meinen, die ganze Schilderung sei doch vielleicht etwas blauäugig, so aus der Warte einer Management-Trainerin, die den täglichen Schulalltag gar nicht kennt? Nun, dann muß ich Sie schon wieder enttäuschen (ich hoffe, positiv): Eine Seminar-Teilnehmerin ist Geschichtslehrerin, und sie entschloß sich, diesen Weg einige Wochen nach dem Seminar auszuprobieren. Nicht etwa (wie sie mir später gestand), weil sie mir geglaubt hatte, sondern, weil sie **sich selbst beweisen wollte**, daß mein Vorschlag „Quatsch" war – nur um sicherzugehen, daß **ihre instinktive** **Ablehnung** aufgrund ihrer **vielen Jahre als Lehrerin gerechtfertigt** war. An jenem Montag war nämlich der Einstieg in ein Thema fällig, das sie mit einer Parallelklasse bereits vier Wochen vorher durchgenommen hatte. Sie hielt einen kurzen **einführenden** Vortag von 5 Minuten, spielte den Rest (wie beschrieben) mit der Klasse durch (weitere 12 Minuten) und dann bat sie anschließend um erste ABC-Listen zum Thema. Sie war sehr erstaunt, daß die Listen dieser Gruppe, die vor 25 Minuten in den neuen Themenbereich eingestiegen waren, direkt vergleichbar waren mit ABC-Listen der anderen Klasse, nachdem diese bereits **einen Monat** lang an diesem Stoff „drangewesen" war. Sie rief mich an und war fassungslos.*

ABC-Listen hatte sie gleich nach dem Seminar bereits einzusetzen begonnen und sehr erstaunt festgestellt, wie gut sie sich inzwischen in **allen** Klassen bewährt hatten.

Die eben geschilderte Maßnahme ist natürlich nur **eine** Möglichkeit, SchülerInnen, die das selbständige Denken ja meist nicht gewohnt sind, langsam von den autoritären Strukturen der Vergangenheit zu befreien. Sämtliche Experimente zeigen Ihnen weitere Möglichkeiten auf. Deshalb habe ich sie ja so ausführlich geschildert, nach dem Motto: Nachahmung empfohlen!

* Ich muß hier wieder einmal feststellen, daß meine TeilnehmerInnen oft sehr erstaunt sind und dann immer meinen, ich müsse ähnlich überrascht sein. Ich bin es natürlich **nicht**; ich weiß ja, daß die Techniken funktionieren, sonst würde ich sie ja nicht anbieten! Trotzdem freue ich mich immer sehr über Fallbeispiele.

Vgl. S. 179.

Ähnliches passiert, wie ich seit drei Jahrzehnten betone, beim **Vokabelpauken**: Sie speichern mit einem Riesenaufwand eine Kombination ein, die sich als Pseudowort in Ihr Wissens-Netz einhängt, z.B. „Tischtable" oder „Nachtnight". Deshalb „kleben" die beiden Hälften ähnlich aneinander, wie für LANGER die Kombination ROCK und HARRIS nur als Kombi-Info existierte.

Übrigens zeigen Ellen J. LANGERs Studien eine weitere Schwachstelle des PAUKENS: „Informationen scheinen und bleiben absolut, d.h. man kann mit ihnen nicht flexibel denken." Bei isolierten Fakten, die wir für eine Prüfung büffeln, mag das ja nur ein kleiner Nachteil sein, da wir diese Infos sowieso bald vergessen (wollen). Aber wenn angehende **Juristen** oder **Mediziner** später **unfähig** sind, Gelerntes in ihre Gedanken in der täglichen beruflichen Praxis einzubeziehen ...? Erinnern Sie sich an das Beispiel von LANGER, als sie den Artikel von ROCK und HARRIS gelesen hatte und hinterher nicht merkte, daß jemand mit ihr über HARRIS reden wollte, weil sie ja nur die Kombination ROCK und HARRIS gepaukt hatte.

"Tischtable"
"Nachtnight"
"Rockandharris"

Wenn wir als Lehrkräfte die **Lernenden** oder uns selbst (in der Rolle als Lernende) **zum Denken einladen** wollen, so können wir dies sehr einfach erreichen, **z.B. indem wir mit konditionellen Aussagen arbeiten** (bzw. aus autoritären Statements konditionelle Aussagen machen). Diese Erlaubnis **zum Denken** beinhaltet natürlich auch die **Ermächtigung**, feststehende Aussagen zu hinterfragen. Dies bewirkt eine ungeheure Befreiung des Geistes. Ich wiederhole LANGERs Aussage:

> Wenn man uns erklärt, etwas **könnte** sein, dann begreifen wir **sofort**, daß es **auch anders sein könnte**. Wenn wir eine wichtige Information lehren (z.B. über Gesundheit, oder wie man ein Flugzeug steuert), dann **müssen wir Ausnahmen einplanen**. Nur so werden SchülerInnen und StudentInnen offen für Faktoren, die (später erst) in einem **anderen** Zusammenhang wichtig werden können.

Nun folgt ein weiterer LANGER-Satz, den wir auf ein Poster schreiben und uns täglich vor Augen halten sollten:

> **Wer nur die bekannte Vergangenheit paukt, bereitet sich nicht für die noch unbekannte Zukunft vor.**

So zeigt eine weitere LANGER-Studie: Erstens entsprechen Diagnosen von Medizinern weitgehend den früher gepaukten Fällen, und zweitens tun sich Ärzte schwer mit a) selteneren Fällen (die nicht mechanisch gelernt wurden) sowie b) mit neueren Konstellationen, auf die sie nicht vorbereitet wurden. Durch das jahrelange Pauken wurde das Denken so vernebelt, daß Routine am bequemsten ist.

Desweiteren zeigt sich ein gefährlicher Effekt, der ebenfalls schon lange bekannt ist, nämlich **daß Wissen Kreativität stark beeinträchtigen kann:** Die folgende Studie liefert den Beweis:*

Wer die Antworten zu kennen glaubt (z.B. Lehrkräfte), sucht selten nach wirklich neuen Wegen, Aspekten, Fakten.

Experiment: Verringert Wissen Kreativität?

Itiel DROR und Ellen J. LANGER

Was (Hypothese): Vorkenntnisse schränken die Möglichkeiten ein, neue Ideen zu schaffen, weil es schwer ist, Wahrgenommenes zu vergessen und Neues zu schaffen.

Wie (Durchführung): Es galt aus „Baumaterial" (z.B. Lego) eine Brücke zu bauen.

Aufgabenstellungen: Die Testpersonen wurden in zwei Gruppen eingeteilt und bekamen verschiedene Anweisungen.

Gruppe 1 Sah vorher Bilder, wie die Brücke aussehen **könnte**.
Gruppe 2 Sah **keine** Bilder.

Ergebnis: Gruppe 1 erfand nur zwei neue Brücken-Typen, 92 % aller Teilnehmer bauten die Brücken nach, die sie gesehen hatten. Nur 8 % probierten Abweichungen. Ganz anders sah das Ergebnis der anderen Versuchspersonen aus: **Gruppe 2 erfand 10 neue Lösungen!**

Wenn wir um die Gefahr wissen und mit Methoden der künstlichen Bisoziation neue Verbindungen in unserem Wissens-Netz anregen (z.B. mit LULL'schen Leitern, ROTAE etc.), dann haben wir eine gute Chance, trotz Wissen neue Ideen zu generieren!

* Deshalb kommt es ja immer wieder zu bahnbrechenden Durchbrüchen von Laien in Wissenschaft und Technik. Wir verdanken diesen „Nicht-Wissern" viel! Natürlich weiß man anfangs, wenn jemand eine neue Idee, Technik (oder ein neue Verfahren für den Unterricht) vorstellt noch nicht, ob es funktioniert. Aber solange man sich standhaft weigert, dem neuen Prozedere wenigstens eine faire Chance zu geben, wird man nie erfahren … Schade, gell? Vielleicht hilft ja die folgende Studie, insbesondere wenn Sie andere überzeugen, die noch stur auf dem beharren, was sie schon wissen …

D = **Differenzierte Wahrnehmung**, Schlüssel zu differenziertem Denken

E = **Engagement** = Pforte zum inneren Archiv

N = **neuro-Mechanismen** (z.B. assoziatives und flexibles Denken)

K = **Kognitive Leistungen** (z.B. Kategorienbildung)

E = **Ent-DECK-ungen**

N = **Neues finden** und **BE-merken** (Grundvoraussetzung für **MERKEN**)

Gedächtnis-Paradox

M 9

Daniel L. SCHACTER: *„Wir sind Erinnerung"*.

Auch die Erkenntnis dieses Moduls verdanken wir dem prominenten Gehirn- und Gedächtnisforscher sowie wissenschaftlichem Autor Daniel L. SCHACTER. Er stellt fest:

> **Einerseits** wissen wir genau, daß unser Gedächtnis alles andere als perfekt ist, **andererseits** schwören wir Stein und Bein, daß die Inhalte in unserem Kopf die absolute „Wahrheit" darstellen.

Das kann man laut sagen! Wieviel **Streitgespräche** im Familien- und Freundeskreis haben nur damit zu tun, **wer sich besser erinnert**? Allerdings sprechen die Menschen hier nicht (bewußt) von den **Erinnerungen** in ihrem Kopf, sondern sie meinen tatsächlich, sie sprächen von der „Realität da draußen". Beispiel:

Er: Weißt Du noch, damals, als wir den ersten Fiat 1800 gekauft hatten, das war ein Wagen …

Bis hier ist beiden völlig klar, daß sie von einer Erinnerung reden („Weißt du noch …?"). Aber dies ändert sich nun dramatisch:

Sie: Ah ja, das war toll, als wir mit offenem Verdeck durch die Gegend gedüst sind …

Er : Der Fiat hatte kein offenes Verdeck. Du verwechselst das mit …

Sie: Quatsch doch nicht, Heinrich! Das war der hellblaue Fiat, mit dem wir damals von Hamburg nach Italien gefahren sind, weitgehend mit offenem …

Er: Du erinnerst dich falsch! Dieser Fiat kann kein offenes Verdeck gehabt haben. Den Wagentyp des 1800 hat es nie als Cabrio gegeben!

Sie: Papperlapapp …

Weil er seine Aussage für eine Tatsache hält, begreift er nicht, daß sie **beide** über Gedächtnis-Inhalte reden. Und so geht es dann weiter. Solange er nicht in irgendwelchen Unterlagen nachschlagen kann, mag er meinen, es hätte diesen Wagentyp nie in der offenen Variante gegeben; er mag sogar recht haben, aber darum geht es nicht! Solange er nicht nachsieht, gilt:

Er „wühlt" genauso in seinem Gedächtnis wie sie. Nur glaubt man immer, man selber habe die „wirkliche Wirklichkeit", der andere aber nur eine fehlerhafte Erinnerung …

Schon spannend, gell? Wie viele Male haben wir selbst im letzten Jahr irgendwelche Behauptungen aufgestellt? Wie oft waren wir uns unserer Sache schon „absolut sicher"? Meine Mutter pflegte zu sagen: „Ich wette meinen Kopf!" (den hat sie aber leider oft „verloren"), wenn sie „ganz sicher" war …

Wie sicher sind Zeugenaussagen?

In den USA kann man bei einem Indizien-Prozeß zwar zu lebenslang, nie aber zum Tod verurteilt werden, weil man dort davon ausgeht, **ein Urteil ohne Zeugen sei weniger wert, als eines mit Zeugen**. Hier sei die Gefahr eines Fehlurteils um so viel größer, daß ein Todesurteil nicht verhängt werden darf. Gibt es aber nur einen einzigen Zeugen, dann darf man zum Tode verurteilen, weil die Wahrscheinlichkeit eines gerechten Urteils weit höher sei. So meinten es die Männer (damals waren Politiker und Richter prinzipiell männlich), die diese Regelung verabschiedeten. Tja, gut gemeint nützt nicht viel.

In Wirklichkeit ist die Gefahr eines Fehlurteils bei einer Zeugenaussage mindestens genauso groß (vielleicht sogar größer).

Natürlich weiß das heute jeder Film-Fan. Es ist heutzutage nicht mehr so einfach wie früher, **Gegenstände** (Indizien sind Gegenstände oder Spuren derselben) zu Ungunsten eines Verdächtigen zu manipulieren, wie es in der Zeit, aus der das Gesetz stammt, noch war.

> **Krimi-Aufgabe:** Angenommen Sie schieben das Blatt mit dem angeblichen Abschiedsbrief ihres Opfers in seine Schreibmaschine (die seine Fingerabdrücke hat) und schaffen es, mit einem Stöckchen zu tippen, so daß Sie seine Abdrücke nicht durch Ihre ersetzen, und angenommen das würde später bei der Spurensicherung niemand merken, dann könnte es immer noch sein, daß Sie vergessen, an die Fingerabdrücke auf dem Papier zu denken und schon merkt jemand etwas und beginnt alles detailliert zu überprüfen (wie in einem *Columbo*-Krimi).

Aber es ist kinderleicht, sich zu Ungunsten des Angeklagten zu irren, auch im bestgemeinten Falle, weil jemand wirklich „die Wahrheit und nichts als die ganze Wahrheit" erzählen will. Das können wir gar nicht. SCHACTER berichtet von zahlreichen Fallbeispielen und Studien, die belegen, was da alles „schief gehen" kann, um nur zwei Beispiele zu nennen:

1. Kryptomesie: Pseudo-Erinnerungen

Das Opfer glaubt, eine Handlung, von der es erfahren hat (gehört/gelesen), sei ihm selbst widerfahren. So meinte Präsident REAGAN immer, er habe einen jungen Flugingenieur im Zweiten Weltkrieg heroisch gerettet, während man später herausfand, daß der Dialog, den er mit dem jungen Soldaten zu haben meinte (von dem er oft erzählte), Wort für Wort in einem Drehbuch stand, das er einst gelesen hatte.

Weit gefährlicher sind in diesem Zusammenhang **Pseudo-Erinnerungen, die bei Verhören entstehen**. Wer seinen *Perry Mason* brav gelesen hat oder die neueren spannenden US-Anwalts-Serien kennt (von *L.A. Law* über *Murder One* bis zu *Practice – die Anwälte*) weiß, daß Suggestivfragen vor Gericht verboten sind. Da heißt es dann gleich „Einspruch!" und diesem Einspruch wird immer stattgegeben! Aber im Vorfeld ist niemand da, der darauf achtet, was passiert. So kann der Staatsanwalt so viele **„leading questions"** stellen wie er will und **damit regelrechte Erinnerungen erzeugen**. Wohlgemerkt, wir unterstellen hier keinen bösen Willen, nur „intuitive" Ausnutzung der Erfahrung von Fachleuten für Verhöre ... Besonders gefährlich jedoch wird dies, wenn Kindern oder Jugendlichen suggeriert wird, jemand habe sich sexuell an ihnen vergangen. Wir wollen Fälle, in denen es tatsächlich geschehen ist, nicht wegdiskutieren, aber SCHACTER zeigt

Alle guten Krimis mit Szenen vor Gericht bieten hervorragende Fallbeispiele.

mehrere Fälle auf, in denen Menschen durch solche falschen Erinnerungen (ihrer eigenen Kinder) jahrelang ins Gefängnis mußten, was natürlich ihr gesamtes (professionelles) Leben abrupt beendete.

2. Quellen-Amnesie – so entstehen Gerüchte!

Amnesie ist das **Gegenteil von Gedächtnis**. Dabei ist die Wortbildung interessant: Gedächtnis (griech. *mneme*), eine häufige Verneinung finden wir durch ein vorgestelltes *a*- (vgl. *a*nemisch, *a*sozial etc.). Wenn wir also vor die erste Silbe *mne* das *a*- setzen, haben wir *a-mne*..., den Anfang des Wortes „AMNE-sie".

Beginnen wir mit einem sehr ähnlichen Problem. SCHACTER berichtet von einem australischen Psychiater: Eine Zeugin, die sich zu 100 % sicher „war", „dichtete" ihm an, von ihm vergewaltigt worden zu sein. Tatsache ist, daß es – hätte er kein Alibi gehabt – 100 %ig zur Verurteilung gekommen wäre. Aber er hatte ein brillantes unumstößliches Alibi: Er saß zu jener Zeit in einem Fernsehstudio (in einer Live-Sendung und sprach pikanterweise mit Vergewaltigungsopfern). Frage: Hatte die Dame sich geirrt? Ja. Frage: Wie konnte sie ihn identifizieren? Antwort: Weil sie ihn Minuten vor der Vergewaltigung **im Fernsehen gesehen** hatte, sich aber dann nicht mehr daran **erinnern** konnte, wo sie ihn gesehen hatte. Sie wußte mit absoluter Sicherheit (korrekt!) nur, daß sie ihn an jenem Abend gesehen hatte und schloß (unbewußt) darauf, er müsse daher ihr Vergewaltiger sein! Die Dame ist weder verrückt noch unglaubwürdiger als Sie und ich – sie ist ein Opfer eines bestimmten Erinnerungs-Problems, das offiziell nach dem fehlenden Faktor benannt wurde. Das ist die **Quelle** der Information (**Quellen-Amnesie**).

Eine weitere Variante der Quellen-Amnesie sind **Gerüchte**. SCHACTER schildert ein wundervolles Beispiel: Sie stehen an der Kasse im Supermarkt und lesen in einer Zeitung (die im Ständer hängt, damit man sie leicht mitnehmen kann).

Hier „erfahren" Sie nun, daß der Sowieso (ein Politiker, Schauspieler, Prominenter, den Sie kennen) dies und das getan haben soll. Natürlich sagen Sie innerlich sofort: „Unsinn, diese Räuberpistole will doch nur Zeitungen verkaufen! Das glaube ich von dem nie und nimmer!" Nun, „nie" dauert hier etwa sechs Wochen. Dann hören Sie den Namen jener Person vielleicht in einem Partygespräch und sofort fällt Ihnen ein, was er Furchtbares getan haben soll – diesmal aber **ohne Quelle**.

Deshalb dürfen Politiker nie dementieren. Alle, die ihr Dementi hören oder lesen wissen zwar **heute**, daß sie dementieren, aber in einigen Tagen oder Wochen weiß man nur noch den Inhalt des Dementis, nicht aber die Situation (entspricht hier der Quelle). Desweiteren kommt hinzu, daß wir VerNEIN-ungen nicht so wahrnehmen können, wie wir wollen: Wenn ich Sie bitte, 14 Sekunden lang keinesfalls an eine Maus auf einem roten Fahrrad zu denken, woran denken Sie dann? Wenn der Dementi-Text also sagt: „Wir hatten ... nicht...", können Sie sich ausrechnen, was übrigbleibt.

Da Sie nicht mehr wissen, daß Sie die Nachricht einer Quelle entnommen hatten, der Sie **nicht vertrauen**, halten Sie es jetzt für wahr! Und genau das ist die große Gefahr des Gedächtnis-Paradoxes.

Sie halten Ihre eigenen Kopf-Inhalte im Zweifelsfall immer für wahr. Ohne Rücksicht auf fehlende Quellen sowie die Tatsache, daß Sie zu anderen Zeiten sehr wohl wissen, daß Ihr Gedächtnis fehlerhaft sein kann.

Die Natur „erfand" Gedächtnis als hilfreiche Überlebens-Funktion, damit wir Leute, Tiere, Pflanzen, Gegenstände, Orte und Verhaltensweisen wieder erkennen können. Dabei war es unerheblich, woher man sie kannte. Daher bestehen zwei große Gefahren für alle, die nicht bewußt die Quellen „mitlernen" (wie ForscherInnen):

2.1 Ideenklau (Plagiat)?

- **In der Wissenschaft:** Wir könnten aus Versehen Ideen anderer klauen. Gerade meine Berufs-KollegInnen kümmern sich fast nie darum, wessen Gedanken sie als ihre eigenen weitergeben, weil die meisten von ihnen leider nie gelernt haben, **wissenschaftlich** zu arbeiten. Hier lernt man nämlich, die Quelle mitzuspeichern. Dies hat zwei Gründe: Erstens, damit man möglichst keine Gedanken stiehlt (Plagiat) und zweitens, weil es ja für einen Experten auch wichtig ist, ob man dieser Quelle besonders gut trauen kann. Also wäre es für eine/n WissenschaftlerIn weniger wahrscheinlich, daß sie/er im Supermarkt ...? Nein! Nur, wenn eine Person die Botschaft mit kritischen Forschergeist liest. Liest sie den Text aber in einer anderen Rolle (als Normalmensch, Partner, Freund, Nachbar, Kollege), die man auch als ForscherIn inne hat, dann könnte auch sie der Quellen-Amnesie im Supermarkt zum Opfer fallen
- **In der Musikszene:** Aber nicht nur Wissenschaftler und Autoren laufen Gefahr, un-WISSENT-lich zu plagiieren, auch Komponisten kann das pas-

sieren. So wurde George HARRISON, Ex-Beatle, vor vielen Jahren verurteilt, weil einer seiner Songs einem anderen, der in der Jugend von HARRISON sehr populär gewesen war, zu sehr ähnelte. Wir dürfen seiner Versicherung, dies un-WISSENT-lich getan zu haben, sicher Glauben schenken.

Boshafter Kommentar (anonym):
Wenn uns ein neuer Gedanken begegnet:
Beim ersten Mal sagen wir: „So ein Schmarrn!"
Beim zweiten Mal: „Na ja, soooooo schlimm ist es nicht."
Beim dritten Mal: „Ja, dooooooch, gar nicht so dumm."
Beim vierten Mal: „Könnte fast von mir sein."
Beim fünften Mal: „Das ist von mir!"

- **Im Büro:** Wie viele MitarbeiterInnen haben festgestellt, daß ihre Ideen oft von ihren Vorgesetzen (KollegInnen) geklaut worden seien. Wir können davon ausgehen, daß in über 90 % dieser Fälle die Quellen-Amnesie zu un-WISSENT-lichem Ideenklau geführt hat.

2.2 Irrtümer!

Ob wir nun offiziell als Zeuge „gerufen" werden (wie in den bereits erwähnten Beispielen), oder ob wir im Alltag in einer Zeugen-ähnlichen Funktion agieren: Wann immer wir im Brustton der Überzeugung etwas behaupten, **stützen wir uns auf Gedächtnis-Inhalte**. Wir kennen den Spruch: „Vier Zeugen – fünf Schilderungen!"

Das sollten wir im Alltag vielleicht öfter berücksichtigen. Wenn Menschen sich in ihrer Funktion als „Zeuge" irren, dann dürfte dies in der **Mehrzahl** der Fälle weder geschehen, weil sie böse sind noch weil sie uns belügen (wollen), sondern **weil die Inhalte unseres Gedächtnisses weit fragiler sind, als wir normalerweise wahrhaben wollen**. Alles klar?

Gehirn-gerecht Machen von neuen (Lern-)Infos

M 10

Überblick und neue Erkenntnisse

Vorbemerkung: Wiewohl ich inhaltliche Überschneidungen zwischen meinen Büchern weitgehend vermeide, so daß es nie mehr als 10 bis 20 % sind, stellt dieses Modul eine Weiter-Entwicklung (mit partiellen Überschneidungen) zu dem gleichnamigen Modul in *„Stroh im Kopf?"** dar.

Die nachfolgend aufgeführten 5 Schritte sind *„Stroh im Kopf?"* entnommen. Dieses Modul bietet jedoch den Überblick** (zur ersten Orientierung bzw. zur Erinnerung) plus weiterführende Gedanken.

Die Leute meckern an ihrer (Ernte) Gedächtnis-Leistung herum, statt mit der Saat zu beginnen! Wie können wir neue Informationen so gehirn-gerecht „aufbereiten", daß sie sich schnell & leicht in unser Wissens-Netz ein-BIND-en lassen?

KONSTRUKTION = SAAT

In *„Stroh im Kopf?"* stellte ich fest, daß es um die **Qualität der ursprünglichen KONSTRUKTION** (Einspeicherung) geht, welche die **Qualität** der späteren **Re-KONSTRUKTION** (Gedächtnis-Leistung) maßgeblich mitbestimmt. Inzwischen wissen wir aber mehr; nämlich erstens, wie wichtig der AbRUF-REIZ (vgl. das „AbRUF-Reiz"-Modul, S. 62 ff.) sein kann, als auch zweitens, wie dramatisch sich die automatische Mitspeicherung des Kontextes auswirken kann. Der innere Kontext (und Sinn-Zusammenhang) ergibt sich automatisch aus dem **gehirn-gerechten Lernen**, aber der äußere Kontext wurde bisher immer völlig vernachlässigt.

Sie finden phänomenale Erkenntnisse und Praxis-Tips zum äußeren Kontext im Modul „Tapeten-Effekt" (S. 272 ff.).

* Mit *„Stroh im Kopf?"* ist immer das neue *„Stroh im Kopf?"* (ab der 36. Auflage) gemeint.

** Detaillierte Fallbeispiele (z.B. Medizin und Jura) bitte bei *„Stroh im Kopf?"* nachlesen.

Phase 1: Die Planung

Wieviel Sorgfalt verwenden wir auf die Planung eines Urlaubs, einer Weihnachts- oder Geburtstagsfeier. Aber wenn wir in ein für uns **neues** Wissens-Gebiet einsteigen wollen, das planen wir **nicht**!

Planen Sie, wie sie vorgehen wollen! Dabei **familiarisieren** Sie sich (noch **oberflächlich**). mit dem neuen Lernstoff, Thema, Wissensgebiet …

Einige Fragen nach Erscheinen des (neuen) *„Stroh im Kopf?"* zeigten, daß ich einen Gedanken anscheinend nicht klar genug herausgearbeitet hatte. Ich dachte, er sei selbstverständlich, aber das war er für manche nicht. Daher jetzt überdeutlich:

> Es geht um das Lernen von **neuen** (= bisher unbekannten !) Informationen. Natürlich wird es immer leichter, weil Sie ja ständig Fäden zu diesem Wissensgebiet (Thema) in Ihr Wissens-Netz einfügen.

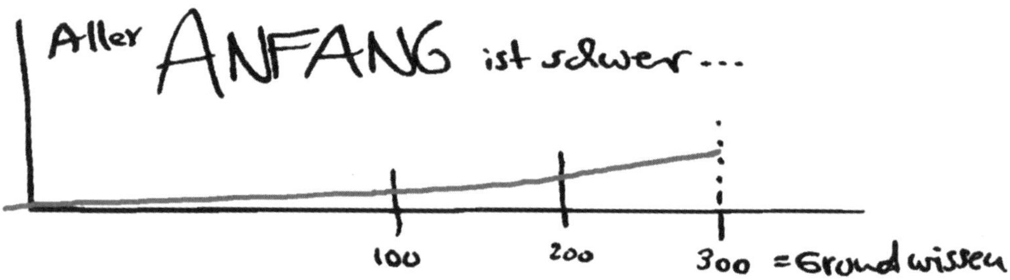

Weil das Pauken so furchtbar kontra-produktiv ist, habe ich ein ganzes Modul dieser heißen aber heiklen Thematik gewidmet. Wer Angst hat, Vorurteile (MEMe) gegen das Pauken zu verlieren, soll das Modul „Forschungsergebnisse über das Lernen" (ab S. 153) keinesfalls lesen!

Am Anfang ist der Weg extrem flach ansteigend, man macht wenig Fortschritte, es ist frustrierend. Deshalb spricht der Volksmund ja vom schweren Anfang (in vielen Sprachen!). Aber bedenken Sie:

> Je weniger Sie Ihren Einstieg planen und je weniger gehirn-gerecht Sie vorgehen bzw. je mehr Klassisches „Schullernen" (also Pauken) Sie anwenden, **desto schwerer wird es.**

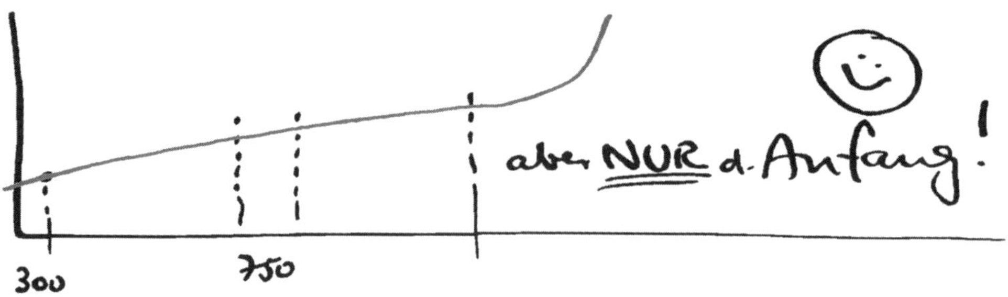

Und umgekehrt: Wenn Sie die ersten beiden Schritte gehen (**1.** die **Planung** und **2.** die **Vorbereitung**), dann können Sie das Sprichwort vom schweren Anfang Lügen strafen.

Es muß nämlich nicht schwer sein. Denn es ist ja gerade das **herkömmliche Lernen, das es schwer „macht"** – und wir akzeptieren das, als sei es eine Naturgewalt. Das ist es nicht! Deshalb lohnen sich die beiden ersten Schritte tausendfach: Sie sparen nicht nur Zeit und Nerven, sondern erlauben eine **intelligente Annäherung** an das neue Thema!

Das heißt: Wenn ich sage, daß Sie **nach den ersten Vorbereitungen** von den fünf (5!!) Schritten nur mehr **3 bis 5** weitergehen, dann bedeutet das: Beim **Einsteigen** handelt es sich um eine **5-Schritt**-Methode. Zum **Weiterlernen** sind jedoch nur noch **3 Schritte** nötig, nämlich die Schritte 3, 4 und 5, mit jeweils einer Handvoll Informationen (Daten, Fakten, Ideen etc.). Alles klar?

Phase 2: Hilfsfäden festlegen bzw. spinnen

Nehmen wir an, Sie wollen (sollen, müssen) sich in das Thema der Quantenphysik einarbeiten, und nehmen wir an, Sie hätten Null Vorkenntnisse. Nehmen wir weiter an, Sie hätten in **Phase 1 entschieden**, einen ersten Einstieg über **Wortspiele** vorzunehmen, da diese Ihnen „liegen", dann würden Sie jetzt in Phase 2 einige erste Begriffe sammeln (indem Sie im **Inhaltsverzeichnis** des Textes „herumschnüffeln" und z.B. **Bildunterschriften** und Begriffe im **Stichwortverzeichnis** lesen, um etwa **10 bis 20 Begriffe und Namen** zu finden, die **immer wieder** auftauchen). Manchmal sehen Sie auch schon gleich, daß der eine oder andere Begriff automatisch mit einem Namen verbunden ist (hier durch ein „&" gezeigt), z.B. Aspekte, Bosonen, Fermionen, implizite/explizite Welt(en) & David BOHM; Komplementaritäts-Prinzip & Niels BOHR; Max PLANK & das Quantum, Quantensprung, Quarks; Unschärferelation & HEISENBERG, usw.

Jetzt gilt es, mit diesen Begriffen/Namen zu spielen – unabhängig davon, was sie tatsächlich bedeuten. Es gilt, eine erste (oberflächliche) Familiarität herzustellen, z.B. indem wir uns an Klangbild und Schreibweise gewöhnen. Erst danach wollen wir uns damit befassen, wofür Sie stehen (das wäre dann **in Phase 3** der **Beginn** des **eigentlichen Lernens**). Also könnte jemand, der Wortspiele liebt, einfach zu spielen beginnen. Ein faszinierendes Spiel ist es, sich Definitionen zu neuen, unbekannten Wörtern auszudenken.

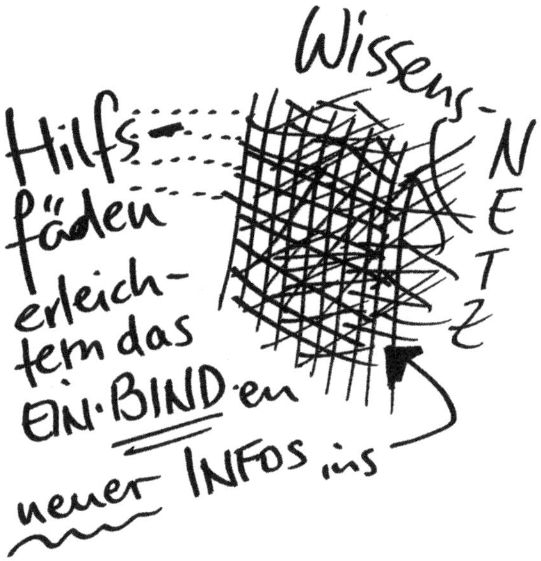

Erste Hilfsfäden erzeugen

Je konkreter, desto leichter wird es, auch Absurdes ist erlaubt! Dies sind Vorbereitungen zum eigentlichen Lernen (ab Phase 3).

Zum Beispiel können wir Wortspiele mit den wichtigsten neuen (Fach-)Begriffen machen, so wurde (im Computer-Beispiel in *„Stroh im Kopf?"*) aus dem **Computerbefehl** REM erst einmal **REMoulade** (die jemandem über das Gesicht läuft ...). Lächeln, Grinsen, Amüsieren erlaubt.

Fazit:

Phase 1: Nur planen (z.B.: ich arbeite **über Wortspiele**, ausgedachte Definitionen, die später, im Vergleich zu den echten, viel Heiterkeit auslösen können, oder indem ich die Infos an meine tollen Kenntnisse des Start Trek-Universums „hängen" werde etc.)

Phase 2: Erste Hilfsfäden vorbereiten, indem wir „spielen" (und spielerisch eine erste Vertrautheit mit dem Neuen herstellen. Dies erlaubt es unserem Gehirn, die ersten Nervenbahnen aufzubauen; Grundvoraussetzung für echtes **Lernen** ab dem **folgenden Schritt**.)

Phase 3: Einstieg in die eigentliche Lern-Arbeit

Nun besteht die Aufgabe darin, erste Fakten/Infos an diese in Phase 2 vorbereiteten Hilfsfäden zu „hängen". Dabei ist es wichtig, besonders **langsam** vorzugehen.

Wobei Sie bitte bedenken, daß Ihre Grund-Geschwindigkeit **genetisch** festgelegt ist. Wir sprechen also jeweils von relationalen Tempi (d.h. schneller **für Sie persönlich**), nicht von absoluten Lerngeschwindigkeiten. Mehr dazu finden Sie bei „Wichtige Ergebnisse der Gehirn-Forschung", unter dem Stichwort „Lernbare Intelligenz?" (S. 18 ff.).

Das Anlegen von Nervenbahnen braucht eine gewisse Zeit, das ist physiologisch vorgegeben. Deshalb wollen Sie sich gerade am Anfang besonders **Zeit lassen** (Stichwort: SLOW MOTION).

Solange Sie noch keine Fäden im Netz haben, ist SLOW „der Weg".

Dies ist ein Denkmodell – wir tun einfach so, als könnten wir die Daten, Fakten, Informationen des neuen Wissensgebietes sauber abgrenzen und zählen … Je mehr **Zeit** Sie sich bei **den ersten 100 Fakten** lassen, desto leichter können Sie die **nächsten 100 Fakten** in Ihr Wissens-Netz einhängen und desto leichter werden die nachfolgenden 100 Fakten. Ab dann verfügen Sie bereits über ein kleines aber feines Grundwissen, auf das Sie zukünftig „nur noch" aufbauen.

Jetzt wird die Lernkurve schon **schräg**, nach

Jetzt wird die Lernkurve schräg …

750 Fakten, wird Sie **sehr schräg** und **ab 1000 geht sie EXPONEN-TIELL** (ganz steil) nach oben. Ab jetzt macht es Ihnen Spaß, immer neue „Töpfe" zu finden, deren **DECK**-el sie „heben" wollen; jetzt erst kommt große Ent-**DECK**-er-**FREUDE** auf, wenn Sie auf etwas Neues zu „Ihrem" Thema/Gebiet stoßen!

Phase 4: Fragend denken – Fragen stellen!

MELLANDERs Buch *„Power-Learning"* (inzwischen auch auf deutsch erhältlich) ist übrigens eines der besten Bücher zu Lernen im Berufs-Alltag, vgl. den orig. Untertitel „fostering employee growth" (= Mitarbeiter-Wachstum fördern).

Beispiel: Fragen Sie sich (im Fallbeispiel „Medizin", in *„Stroh im Kopf?"*), wozu die Natur all diese Teile „erfunden" hat, die Sie gerade lernen wollen (sollen, müssen).

Klaas MELLANDER schlägt (zum Abschluß eines Lesestückes) ein Vorgehen vor, das wir in (fast) jeder Lern-Situationen anwenden können:

Denken Sie fünf Minuten lang über verschiedene konkrete Situationen nach, in denen das neue Wissen hilfreich wäre.

Eines der wichtigsten Denk-Tools wird ja in Schule, Ausbildung und Berufsleben, nicht nur ungenügend gefördert, sondern zum Teil **aktiv unterdrückt**, ja sogar **verboten** bzw. von Machtinhabern regelrecht pervertiert. Bis die Kinder in die Schule kommen, haben sie ihre Fähigkeit, Fragen zu stellen, stetig weiterentwickelt (hier ist das Elternhaus und das Kindergarten- oder Tagesmutter-Umfeld) maßgeblich verantwortlich dafür, wie häufig dieses Denk-Werkzeug trainiert werden darf. Hört man ständig „Frag nicht so viel!", „Gib endlich Ruhe!", „Weil ich das so gesagt habe!" und ähnliches, dann versiegt eine der wichtigsten Quellen allen Forschens und Lernens. Aber viele Kinder schaffen es bis zur Schule einigermaßen, weil ihre Umwelt genügend Fragen zuläßt und/oder beantwortet. Mit der Schule ändert sich dies nun (in der Regel!) dramatisch, denn:

In der Schule dürfen die Kinder kaum Fragen stellen. Hier stellen sie perverserweise die LehrerInnen.

Diese Befragung der Kinder dient aber nicht etwa einem ehrlichen Bedürfnis, Neues zu erfahren oder gemeinsam fragend nachzudenken, sondern es sind rhetorische Fragen, die fast immer vor allem aufzeigen (sollen), wer was (nicht) weiß. Also im Sinne einer Quiz-Show, nur nicht so lustig! Denn es gibt ja Noten! Bei einer Quiz-Show bin ich vielleicht einen Preis los, mit dem ich sowieso nicht wirklich gerechnet hatte – es ist ja nur ein Spiel. In der Schule aber werden falsche Antworten nach wie vor bestraft – wie soll das **Ent-DECK-er-Freude** und **Lust am Lernen** erzeugen? Deshalb müssen größere Kinder, SchülerInnen, StudentInnen sowie alle lernwilligen Erwachsenen erst wieder üben, denn allzu oft war ihre Fähigkeit zu fragen auf unwichtige administrative Details im Haus („Ist noch Butter da?") oder des Tagesablaufs beschränkt („Gehen wir zum Chinesen zum Essen?"). Ist dies der Fall, fällt es zunächst schwer, Fragen zu stellen. Bei unserem Spezial-Fragetechnik-Seminar dauert es bei ersten Ratespielen oft eine Stunde, bis die TeilnehmerInnen innerlich von Aussagen („Das ist ein X") zu Fragen („Ist das ein X?") umschalten können. Es ist unglaublich, wie schwer es fällt, eine regelrechte Kette von Fragen (einer nach der anderen) zu denken.

Vgl. Sie mein Hörspiel *„Fragen Sie sich zum Erfolg"* sowie mein Taschenbuch *„Fragetechnik schnell trainiert"* (ein Vorläufer des direkten Buch-Seminars – viele Übungen, wenig Theorie).

Daher tun sich manche anfangs mit diesem Lernschritt so schwer. Notfalls bitte möglichst viele Rate-Spiele spielen, wobei Sie kaum Probleme haben werden, Freiwillige zu finden, die als „Spielleiter" fungieren und die Antworten geben. Denn Sie wollen ja trainieren, eine gewisse Zeit lang eine Frage nach der anderen zu stellen!

Also, wenn Ihre Fähigkeit Fragen zu stellen, (wieder) für diesen Lernschritt aktiviert wurde, gilt, **auf die neuen Inhalte bezogen: Lernen Sie, wichtige Fragen zu stellen!**

Und:

Diese Fragen sind wichtiger als die Antworten, denn:

1. **Das Ausdenken intelligenter Fragen** ist ein extrem wichtiger Teil Ihres Trainings (egal, was Sie gerade **lernen** wollen).
2. **Inhaltlich ist für Sie momentan wichtig, ob** Sie eine Antwort wissen **und ob Ihre** Antwort **von einem aufgeweckten 10jährigen Kind verstanden werden könnte**. Wenn ja, dann haben Sie dieses Detail wahrscheinlich ganz gut begriffen.

Phase 5: Virtual Reality (V.R.)

Klaas MELLANDER fügt seinem Vorschlag einen Gedanken hinzu, indem er uns erinnert, wie wichtig das Vorausdenken ist. Wenn wir heute lernen, wie man Löcher für Schrauben (vor-)bohrt, dann sollten wir uns hier und heute fragen, in welchen Situationen wir dies später tatsächlich tun wollen (müssen):

(Durch) unsere Vorstellungskraft simulieren wir die Zukunft und nehmen (sie) mental voraus.

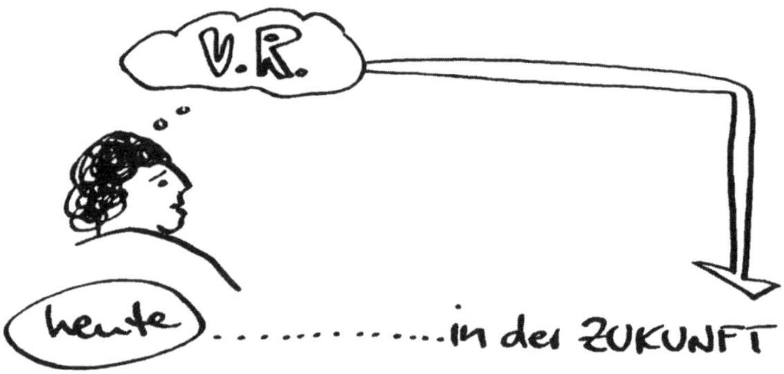

Sie bezog sich auf meinen langjährigen Trainerkollegen Paul SMITH, mit dem man so wundervoll „albern-ernst sein" oder „ernst herumalbern" kann.

Auch ich hatte diese Erfahrung vor Jahrzehnten bereits gemacht und schon im „alten" *„Stroh im Kopf?"* (= vor der 35. Auflage) finden Sie dieses Prinzip mehrmals, besonders spannend war eine Stelle (die in der Überarbeitung leider entfallen war): Das Fallbeispiel mit der Ratte! Wenn Sie die Quizaufgaben (S. 376 ff.) durchlaufen haben, haben Sie dort notiert, wie Ihre Strategie aussieht, nun geht die Story weiter …

Fallbeispiel: Die Ratte

Zur Erinnerung: Ich hatte einen Termin mit (ihm) ausgemacht. Dieser Zeitpunkt lag (…) **in der Zukunft**, als Paul mich aus London anrief und mich bat, ihn bei unserem nächsten Treffen daran zu erinnern, daß er mir etwas erzählen wolle. **Stichwort: *Ratte*.** Nun, wie würden Sie vorgehen?

Würden Sie eine Notiz im Terminkalender machen, sich einen Zettel schreiben, oder sollten wir nicht versuchen, gehirn-gerecht vorzugehen? Wollen Sie Ihre Antwort zum Vergleich (S. 376 f.) hier eintragen?

Ihre Antwort: ____________________

Ich ging visuell vor: Ich stellte mir nämlich vor, wie er das nächste Mal käme ... (da mein Büro damals im ersten Stock war, sah ich jeden Gast die Treppe heraufkommen; also erst den Kopf und die Schultern ...). Ich stellte mir also vor, wie er die Treppe heraufkäme: Ich visualisierte *seinen Kopf*, mit einer fetten *Ratte*, deren *Schwanz* ihn im Gesicht *störte*. Er machte eine ungeduldige Handbewegung, um sie *loszuwerden* ...

So verband ich das Wort *Ratte* mit dem Bild der Ratte **in dieser spezifischen Situation mit Paul!** Danach vergaß ich den ganzen Vorfall. Ich war mitten im Schreiben eines Buches unterbrochen worden, kehrte also zu meinen Gedankengängen zurück. **Die folgenden sechs Wochen habe ich kein einziges Mal daran gedacht!** Aber als Paul dann kam, „sah" ich sofort die Ratte auf seinem Kopf und fragte ihn danach.

Howard LEVINEs* Seh-Duktion

Vor 2500 Jahren erfand die Menschheit die **De-Duktion**; man lernte **aus vorhandenen Informationen**, also aus **Prämissen** zu **schlußfolgern** und man lernte weiterhin, daß es solche **De-Duktionen** waren, die einen großen Vorteil hatten:

PRÄMISSE (*prä* = vor, *misse* = gegeben), also: vorgegebene Informationen. *DE-DUKTION* (Her-Leitungen, Heraus-Führungen).

Sofern alle Prämissen wahr sind, muß es auch die (sauber gezogene) Schlußfolgerung sein. Dies ermöglichte es bereits den Denkern im alten Griechenland **logisch** zu schließen, daß die Welt aus Atomen bestehen müsse, daß die Erde rund sein müsse, daß sie nicht im Zentrum des Universums stehen könne. Der letzte Gedanke war politisch so inkorrekt, daß man ihn ca. 2000 Jahre lang verneinen konnte, bis er dann bewiesen wurde.

Vor ca. drei Jahrhunderten erfand der Mensch die **In-duktion**. Er lernte **analogisch** (nicht logisch!) **von wenigen Beispielen** auf den Rest zu

* Hier muß ich gleich noch einmal zitieren, und zwar aus einem **e-book** (eigentlich sollte man „e-Artikel" sagen, dieses hat nur sieben Seiten!): Titel: „Virtuelle Realität (VR)", bei **www.active-books.de**. Genaugenommen zitiere ich jedoch nicht mich, sondern einen amerikanischen Professor namens Howard LEVINE (adjunct professor of mathematics at the California College of Arts and Crafts), der wiederum von RHEINGOLD (vgl. www.Rheingold.com) zitiert wurde ...Allerdings habe ich für dieses Buch zusätzliche Zeichnungen geschaffen ...

schließen, von einer **Teilmenge** auf das Ganze und **dies beschleunigte das Tempo wissenschaftlicher Findungen (!) um einiges!** Diese Art, nicht logisch, sondern **a-logisch** zu denken stellte einen weiteren Riesenschritt für die Menschheit dar, denn er erleichterte die Schöpfung der sogenannten „wissenschaftlichen Methode" (beobachten, Hypothesen bilden, weiter beobachten, Hypothesen in Thesen umwandeln etc.).

In Klartext: Mit der **De-Duktion** gelangt dem Menschen nach vielen hunderttausend Jahren ein geistiger Quantensprung, der blühende Entwicklungen (wissenschaftlicher, kultureller, ja sogar wirtschaftlicher Art) nach sich zog.

Diese Art zu schließen erlaubte ein gigantisches Sprießen in alle Richtungen (wissenschaftlich, kulturell und wirtschaftlich). Aber nachdem wir hunderttausende von Jahren brauchten, bis zum ersten **Giga-Denk-Schritt** und gute 2000 für den nächsten, liegt der letzte de facto noch in unserer Gegenwart:

Vor einigen Jahrzehnten erfand der Mensch die Seh-Duktion, also was heute unter **virtual reality** verstanden wird. Davor konnten wir nur mental so manches in einer **geistigen „Simulation"** vorwegnehmen (vom genauen Pläneschmieden bis zur Vorfreude).

Ende Prof. LEVINE

Soweit Professor LEVINE. Vielleicht möchten Sie sich einmal fragen: **Warum wird in unserer Kultur so wenig Wert auf dieses mächtige Denk-Tool gelegt?**

Bei uns ist Tagträumen verpönt, und erwachsene „Traumtänzer" findet man ja (z.B. auf einer Party) vielleicht „ganz nett", sie werden aber im allgemeinen (und besonders im Business) **nicht** ernst genommen.

Der Begriff „Vorstellungs-Kraft" zeigt uns aber, was wir nicht mehr wissen dürfen, nämlich: Welche **Kraft** in der Fähigkeit liegt, sich die Zukunft konkret „ausmalen" zu können. Nicht nur im Sinne des letzten Schrittes, wenn Sie neue Dinge lernen. Aber zurück zur Aufgabenstellung:

Mentale V.R. als letzter Lernschritt

Stellen Sie sich vor, welche **praktischen Handlungen** Sie (Sie persönlich, nicht irgendwelche anderen Leute!) später **mit diesem neugelernten Wissen vollziehen** werden! In welcher Weise **Sie** später mit diesem Wissen **arbeiten** werden. Bei Medizin wäre dies z.B. als **Arzt/Ärztin**, als **KrankenpflegerIn**, als **Pharma-ReferentIn** oder als **ForscherIn** (usw). Bei Jura – welche Art von praktischen Fertigkeiten wollen Sie mit diesem Wissen hinterher ausüben? Welche Art von Fähigkeit soll dieses Wissen Ihnen später geben? **Diese Fragen und die Vorstellung (V.R.) beziehen sich zunächst immer nur auf die jeweilige letzte „Lerneinheit"**, die von Phase 3 zu Phase 5 „wandert", aber am Ende, wenn Sie mehrere Lektionen koordinieren, verbinden Sie in Ihrer Vorstellung mehr und mehr des neuen Wissens-Gebietes.

Vgl. die Ratten-Story von S. 208 f.; diese Art von V.R. empfehle ich meinen HörerInnen seit über zwei Jahrzehnten!

Merke: **Wenn Sie außer der Prüfung keinerlei Vorstellungen haben, was mit diesem Wissen jemals angefangen werden kann**, dann orientieren Sie sich **außerhalb** der Klasse, Schule, Institution (z.B. in Bibliotheken, im Internet). Für fast jede Art von Wissen gibt es faszinierende Anwendungsgebiete, auch wenn die fälschlicherweise als „Vermittler" (dieses Wissens) bezeichneten oft leider unfähig sind, dies zu **vermitteln**. **Lehrkräfte,**

die Begeisterung für Ihr Fach „vermitteln" können, können wir mit der Lupe suchen. Leider ...

Diese Methode ist auf so gut wie jedes Lern-Gebiet übertragbar. Je intensiver Sie über die **Transfer-Möglichkeiten** nachdenken (z.B. indem Sie lernen, intelligente Fragen zum Thema zu stellen!), desto klarer wird es Ihnen.

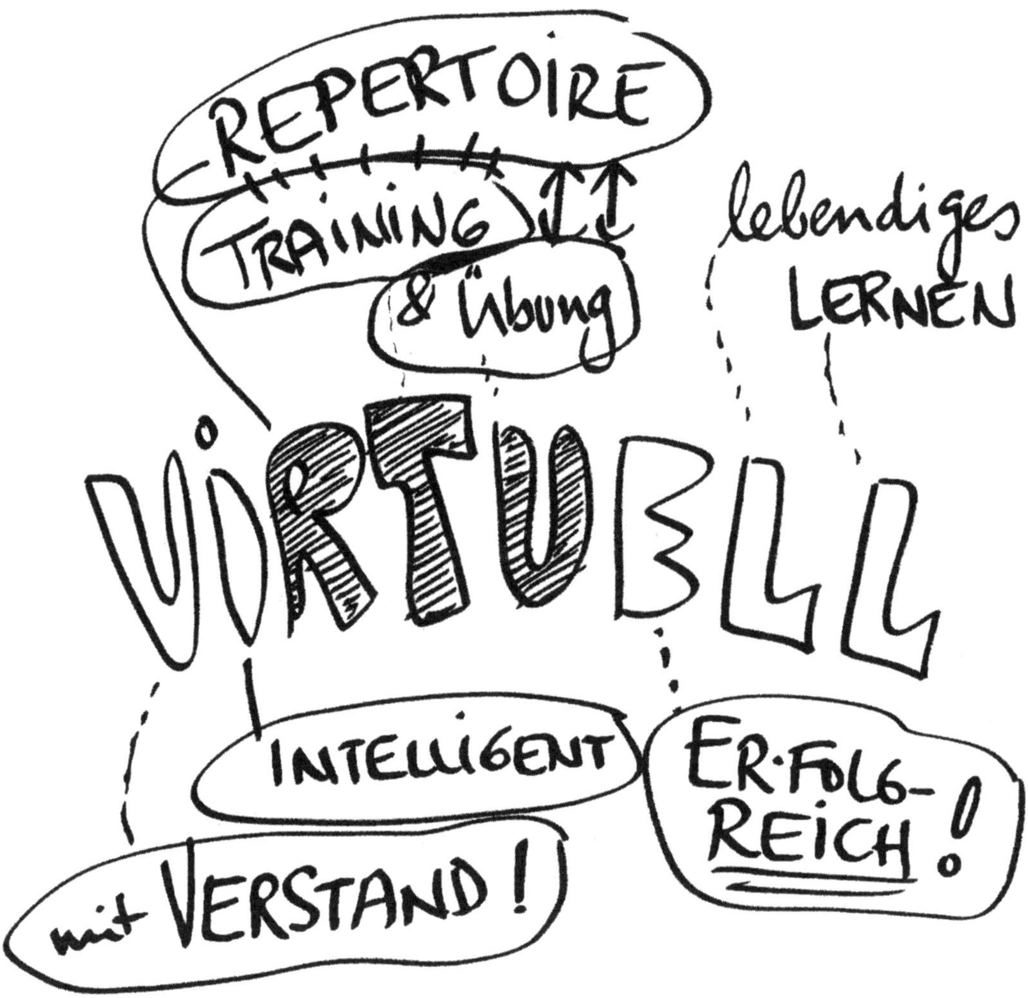

Geniales Denken
Oder: Denken GENIES anders?

M 11

In seinem äußerst praxisorientierten Kreativitäts-Buch *„Erfolgsgeheimnis Kreativität"* erwähnt Michael MICHALKO, daß sehr frühe Versuche, gemeinsame Nenner bei kreativen Denkern zu finden (wie eine großangelegte Studie von Ellis HAVELOCK im Jahre 1904) zum Scheitern verurteilt waren. Zwar hatte man eine Vielzahl von Daten gesammelt, konnte aber zu keinem klaren Ergebnis kommen. Wahrscheinlich ist sowohl die Möglichkeit, große Datenmengen per Computer auszuwerten, eine Voraussetzung, als auch neuere Rechen-Verfahren. SIMONTON zeigt, wie erfolgreich diese Versuche seit Mitte der 1950er Jahre waren, wobei die Studien von Wayne DENNIS zu den frühesten gehören, deren Ergebnisse wirklich erstaunlich waren (Quellen siehe Rand).

Quellen s. Literaturverzeichnis (S. 382 f.): Wayne DENNIS (zitiert von SIMONTON), KEITH, Michael MICHALKO, PERKINS, SIMONTON, ZUCKERMAN: „Genius, Creativity and Leadership in Historiometric Inquiries". 1984 und überarbeitet 1999.

GENIE(-ale) Studien!

Bis ca. 1950 glaubte man, die Verteilung aller menschlichen Fähigkeiten entwickle sich statistisch gemäß der berühmten glockenförmigen Kurve.

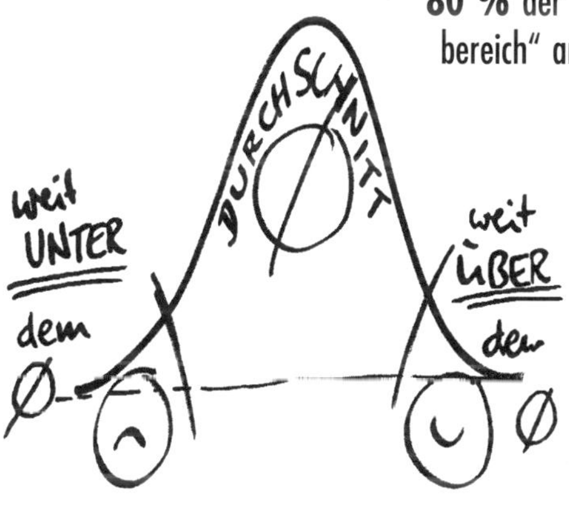

Die „übliche" Verteilung sieht so aus, daß **80 %** der „breiten Masse" im „Normalbereich" angesiedelt sind (mittig), dann egalisiert es sich aus und ganz **am Rand** finden wir die jeweils ca. 10 % „völlig anders" gelagerten. Hier kann man sich schön irren, wenn man die Elite in der „Spitze" der Kurve „sucht", denn dort finden wir stattdessen die höchste, „normalste" Normalität!

Diese Kurve nennen wir Europäer nach einem unserer Mathematiker „Gauß" (GAUß'sche Kurve), der die Formel zur Berechnung der sogenannten Normalverteilung 1794 fand, während die Angelsachsen sie als BELL's Kurve bezeichnen. Dies ist besonders interessant, weil die Form der Kurve einer Glocke ähnelt (BELL = Glocke).

Bei der Verteilung der Ergebnisse von Intelligenz-Tests (die ja in Wirklichkeit nicht Intelligenz messen, sondern „Schul-Fähigkeit"!!) heißt das: Die Glockenspitze enthält die Masse (IQ = 100), an den Rändern finden wir **links** subnormal (unter 80) und **rechts** die Elite (bis **240**). Somit sind

Idioten genau so selten wie geistige Giganten. Aber damals dachte man auch: **Analog müßten extrem unkreative Menschen genauso rar sein wie besonders kreative.** Dann kam Wayne DENNIS und zeigte, daß die Annahme völlig falsch war, denn die Verteilung entspricht eindeutig nicht der Gauß'schen „Normalverteilung".

GOETHE wird ein IQ von 240 zugeschrieben.

1. **Komponisten** des 18. Jahrhunderts (damals wurde die Musik geschrieben, die wir heute als „klassisch" bezeichnen)
2. **Bücher**, die in die Elite vorgestoßen waren. Dies war daran erkennbar, daß diese Titel in der LIBRARY OF CONGRESS zu finden waren (Stand 1942)
3. **Forschungsergebnisse** über Gerontologie und Geriatrie, die es in die Fachzeitschriften mit dem höchsten Prestige geschafft hatten
4. **Forschungsergebnisse** über nordamerikanische Geologie (von 1929–1939)
5. **Forschungsergebnisse** über infantile Paralyse-Erscheinungen (von 1789–1944)
6. **Chemiker**, die es in die Top-Gruppe derer geschafft hatten, von deren Arbeiten Kurzfassungen in „**Chemical Abstracts**" aufgenommen wurden (1937–1947)

Die normale (= vorgefundene) Norm bezüglich **Kreativität & Genialität** ist definitiv äußerst „unnormal". Wie bitte?

DENNIS analysierte in dieser ersten Studie (der später weitere folgten) sechs Gebiete (s. Kasten). Dabei sollten wir beachten: Den kreativen Forscher erkennt man an der originalen und intelligenten, der „genialen" Art, wie er eine Studie erfindet und durchführt. Indem DENNIS einige Gebiete wählte, dessen Genies **nicht allgemein bekannt sind**, mußte er objektive und objektivierbare Kriterien finden. Und indem er das **Zeitspektrum** teilweise über 10 Jahre (1929–1939) und teilweise über 150 Jahre (1789–1939) wählte, vermied er viele mögliche Fallstricke einer solchen Untersuchung. Außerdem wählte er ein Gebiet, auf denen die größten Genies allgemein bekannt sind und fünf, in denen nur andere Fachleute das geringste Interesse an den Arbeiten der ForscherInnen haben, die möglicherweise genial sein könnten. Ein Forschungsanteil führte quer durch alle Wissens-Gebiete, denn die LIBRARY OF CONGRESS ist eine extrem exklusive Staatsbibliothek, die sehr genau auswählt, welche Titel sie aufnimmt. Auf diese Weise wurden auch Bücher in die Studie aufgenommen (im Gegensatz zu den anderen Bereichen, in denen es um die Publikation von Fachartikeln in Fach-Journalen ging).

Geniale Ungleichheit?

Nun zeigte sich jedoch, daß GENIALES Denken das Ergebnis einer eklatanten kreativen Ungleichheit war: Einige wenige Ergebnisse von DENNIS:

Referiert von SIMONTON.

Die Ungleichheiten waren auf allen Gebieten gleich überwältigend. Ein typisches Beispiel liest sich wie folgt:

- **Komponisten: 64 %** aller Arbeiten waren von **10 %** sehr produktiver Menschen komponiert worden. Der produktivste schuf **11 %** aller Kompositionen ganz alleine (im Gegensatz zu 46 % der Komponisten, die je nur 1 Stück produziert hatten).
- **Bücher/LIBRARY OF CONGRESS:** Die **Top 20 Autoren** hatten **53 %** der Bücher in diesem prestigeträchtigen Katalog geschrieben.

Und so könnte man jetzt weiterfahren. Auf allen Gebieten gilt folgender Schnitt:

- **10 %** der Kreativen leisteten **50 %** der gesamten Arbeit.
- **61 %** der Leute schaffen nur je 1 Arbeit.

In einer späteren Studie zeigte DENNIS denselben Trend unter Psychologen:

- **10 %** publizierten **37 bis 47 %** aller Forschungs-Ergebnisse, die am wenigsten produktiven hingegen nur knapp **15 %**. Im Klartext: **10 % der produktiven Elite arbeitet 3-mal so viel wie die 50 % in der unteren Hälfte zusammengenommen!** Die allermeisten publizierten gar nichts. Das verändert die **Relationen** massiv zugunsten der wenigen in der Elite.

Inzwischen haben auch andere Forscher großangelegte Studien unternommen, und auch sie kommen zu vergleichbaren Ergebnissen. Einer, der die Ergebnisse von DENNIS und anderen näher analysiert (MOLES, 1958) hatte, stellte fest:

> Wiewohl die Anzahl klassischer Komponisten in die Tausende geht, haben **nur 250 von ihnen** alle Arbeiten komponiert, die **regelmäßig** aufgeführt werden ... nur **36 von ihnen** komponierten **drei Viertel** all dieser Arbeiten und **nur 16 Komponisten** schufen **50 %** dieser Musikstücke. Anders besehen, „sagen" uns die Zahlen: **die TOP TEN** schufen **40 %** der Musikstücke, und: **die TOP THREE** schufen **20 %**.

Dreimal dürfen Sie raten, wer die Top Three waren:

1. ______________________________
2. ______________________________
3. ______________________________

Antwort: Bach, Beethoven und Mozart

Im Klartext haben **weniger als 1 %** all der vielen Komponisten fast die gesamte sogenannte klassische Musik geschaffen!

Wir sehen also eine völlig andere Verteilung als die „Normalverteilung" der Gauß'schen Kurve. Diese Relationen haben eine Reihe von **Mathematikern berechnet** und sie alle kommen auf sehr ähnliche Ergebnisse, egal ob sie Menschen berechnen oder Prozentpunkte von Investmentfonds:

> Die Anzahl von **veröffentlichenden Wissenschaftlern**, die genau 100 Arbeiten publizieren, ist ungefähr **proportional** zu $1/n^2$, wobei die Proportionalität sich in den einzelnen Disziplinen leicht verändert.

LOTKA (1926), der Vater der demographischen Analyse (und selber Autor von 95 wissenschaftlichen Arbeiten und von sechs Büchern) formulierte eine Formel, die inzwischen nur minimal verändert werden mußte (s. Kasten).

SIMONTON erklärt, daß LOTKA.s Gesetz sehr dem PARETO-Gesetz (80:20) ähnelt (wobei es hier um **Investitionen** ging). Inzwischen hat man festgestellt, daß sich diese Art der Relation **weltweit quer durch alle möglichen Gebiete zieht.**

80:20

Zum Beispiel: **20 % der Kunden kaufen 80 % der Waren; 20 % der Mitarbeiter machen 80 % der Arbeit, aber eben auch: 20 % der Kreativen in einer Bevölkerung schaffen 80 % der wichtigen Entwicklungen, Erfindungen, wissenschaftlichen Theorien, Kunstwerke, Ideen etc.**

SIMONTON:

> Es gibt einen provozierenden Isomorphismus zwischen **kultureller Kreativität** und **ökonomischer Führung**, so daß die **intellektuelle** Hegemonie eines EINSTEIN mit der **materiellen** Hegemonie eines ROCKEFELLER verglichen werden kann.

Isomorphismus (iso = gleich, *morphe* = Form) bedeutet demnach: *Formen-Ähnlichkeit*)

Insgesamt können wir festhalten: Die Hälfte aller wissenschaftlichen Beiträge quer durch alle Fachrichtungen wurden von einer Anzahl von Forschern geleistet, die der Wurzel entsprechen:

Von 100 Forschern einer Disziplin werden nur 10 für 50 % aller Veröffentlichungen sorgen!

Das beantwortet die Frage, ob es eine **Korrelation** zwischen **Quantität** und **Qualität** gibt, eindeutig mit „JA". Das darf zwar nicht so interpretiert werden, daß jede Person, die nur fleißig genug ist, unbedingt auch Qualität generieren wird, aber umgekehrt wird ein Schuh daraus:

Alle Kreativen, alle Genies, alle großen Wissenschaftler, Künstler, Schriftsteller etc. haben überproportional viel geschaffen.

In der LISTE (rechts) sehen Sie **einige** dieser Namen; jeder in der Liste schuf weit mehr als 80 % aller Mitbewerber auf seinem Gebiet.

ASIMOV **über 350 Bücher**, davon die Hälfte wissenschaftliche (Fach- und Sachbücher), der Rest sf.

BACH **über 1000 Werke** (Sie füllen 46 Bände; noch auf dem Totenbett diktierte er eine Komposition. Sein absolutes Minimum war eine Kantate pro Woche – egal, ob er krank war oder sonstig sehr unter Zeitdruck mit anderen Arbeiten.)

DARWIN, **119** (davon sind einige dicke Bücher und über eines davon reden wir heute noch!)

EDISON, **1092 Patente**

EINSTEIN, **248 Arbeiten**

FREUD (**330 Arbeiten** auf dem Gebiet der Psychologie, weitere zu anderen Themen)

GALILEO entdeckte den Isochronismus des Pendes mit 17

GALTON, **227 Arbeiten**

LEONARDO DA VINCI hat zwar vieles unbeendet gelassen und vieles erfunden, was seinerzeit nicht realisiert werden konnte, aber allein seine Notizbücher entsprechen gigantischen Mengen an Erkenntnissen: naturwissenschaftlich wie kulturell.

MOZART, **600 Werke** (viele davon entstanden auf Reisen in Kutschen auf schlechten, ungepflasterten Wegen)

PASCAL (erste wissenschaftliche Publikation mit 16 oder 17 Jahren)

PICASSO, **20.000 Werke**

POINCARÉ, **500 Arbeiten**

REMBRANDT, **650 Gemälde, 300 Radierungen und 2000 Zeichnungen**

SCHUBERT, **über 500 Werke**

US-Nobelpreisträger publizierten im Schnitt über **20 Arbeiten vor dem Alter von 30!**

Ich stelle immer wieder fest, daß die meisten Menschen „total überrascht" sind, wenn sie etwas über die Relation zwischen Genialität und vielem Schaffen erfahren. Zwar hat man schon mal gehört, daß da jemand (es war EDISON) gesagt haben soll, **Genialität** bestehe aus **1 % Inspiration und 99 % Perspiration** (also 99 % Schweiß & Fleiß), aber dann fallen einem eher irgendwelche Workaholics ein, die man kennt, deren lange Arbeitsstunden nicht gerade Geniales produziert haben, und man zuckt die Schultern und denkt nicht weiter darüber nach. Schade! Dadurch kann man nämlich nicht herausfinden, was diese genialen Forscher, Erfinder, Ingenieure, Schriftsteller, Komponisten, bildenden Künstler (meist intuitiv) begriffen haben (denn die wenigsten von ihnen wurden ja im Denken unterwiesen, im Gegenteil):

> **Das Schaffen dieser Menschen stellt eine Denk-Form dar. Geniale Leute „schaffen" nicht des „Schaffens" willen, sondern weil sie aktiv nachdenken.**

Vgl. Merkblatt Nr. 1 (S. 300 ff.) und mein Buch *„Birkenbihls Denkwerkzeuge"*.

Es gibt eine interessante **Parallele**: Schon die alten Römer stellten fest, daß die beste Art zu Lernen das Lehren ist *(docendo discimus)*. So kann man sagen: **Die beste Form des Denkens** ist das Notieren, wobei das analografische Notieren das Schreiben und Zeichnen miteinander verbindet. Auch ich brauchte ca. 30 Jahre, bis mir klar wurde, daß meine Art zu Denken einen **Denk-Stil** repräsentiert, den andere erlernen können, und wodurch sich die Qualität ihres Denkens sehr schnell maßgeblich erhöht. Früher vermittelte ich den von mir entwickelten Lern-Stil, aber daß auch meine Art zu

Denken vermittelbar ist, erkannte ich in zunehmendem Maß erst in den letzten Jahren.

Davon haben sogenannte normale Menschen in der Regel leider nie etwas „mitbekommen", weil unser Schul-System kreatives Denken nicht nur **nicht lehrt**, sondern weitgehend verhindert! **Denkende Menschen aber wissen, daß nur beim Denken Neues entsteht.** Wollen wir dies kurz am Beispiel **Schreibkrampf** erläutern:

Mit „Schul-System" und Lehrkräften meinen wir das Schul-System **der industrialisierten Länder**! Aber an der Schwelle zum **Wissens-Zeitalter** müssen wir unseren **Traum wiederfinden**! (Vgl. „Lehrer-Modul", S. 246 ff.)

Der Normalmensch hat in der Schule* gelernt, er solle nur etwas schreiben, wenn er etwas zu sagen habe. Solange seine Gedanken noch nebulös ums Thema kreisen, solange meint er demzufolge, sei es leider noch „zu früh" zum Schreiben. Falsch. Indem er zu schreiben beginnt (wohl wissend, daß die ersten 17 Seiten auf die große „Rundablage" zielen könnten), **beginnt sich sein Denken zu entwickeln**: Man **entdeckt** Neues, **entwickelt** neue Gedanken, verfolgt neue **Kombinationen** von Ideen, die „einfach so" nicht verbunden worden wären, man **gewinnt** die eine oder andere **Einsicht**, die **ohne das Schreiben nie entstanden wäre.** So halten es alle, die viel publizieren; sie haben ein Vielfaches dessen geschrieben, was sie letztlich publizieren, aber bei diesen „Schreib-/Denk-Übungen" entstanden auch jene Werke, die es dann wert waren, publiziert zu werden!

Gottseidank können wir heute mit den LISTEN-TECHNIKEN, die dieses Buch anbietet, weit schneller **schreibend denken**, indem wir nur noch **Stichwörter** notieren und gemäß verschiedener möglicher Spielregeln **LISTEN** kreieren. Das vereinfacht die Sache sehr, entspricht aber immer noch der Maxime, daß man **schreibend besser denken kann** als „still".

Manche Lehrkräfte nehmen meine Schul-Bemerkungen gerne übel, weil sie noch nicht eingesehen haben, daß das gleiche Schul-System in fast allen industrialisierten Ländern ähnlich schlecht ist. Deshalb folgt eine weitere **Schul-Information** aus den **Genie-Studien**. Wir alle haben ja oft genug gehört, daß die meisten Genies die Schule haßten ... Stimmt das eigentlich?

Vgl. „Kombinatorisches Listen-Denken", S. 122 ff., im Modul „Denk-Technik" (S. 94 ff.).

* Die Schule will uns ja auch weismachen, man dürfte nur sprechen, wenn man die Lösung wisse. Mit „die Lösung" ist die sogenannte einzig richtige Lösung gemeint (d.h. die, die von der Lehrkraft akzeptiert wird). Wenn ich Menschen ermuntere, im Zuge eines Gespräches Dinge zu **erforschen**, tun viele sich eingangs „unendlich schwer". Man kann doch nicht gleichsam gemeinsam laut denken ... doch, man kann lernen, genau das zu tun!

Wollen Sie raten? Bei EINSTEIN wissen wir, daß es stimmt, aber sonst …?

SIMONTON gibt uns einen interessanten Vergleich: OPPENHEIMER hatte weit bessere Schulnoten als EINSTEIN, aber EINSTEIN transformierte die Physik.

- ❐ 100 % der genialen Denker haßten die Schule.
- ❐ 60 % der genialen Denker haßten die Schule.
- ❐ 40 % der genialen Denker haßten die Schule.
- ❐ 10 % der genialen Denker haßten die Schule.

Und, so könnte man hinzufügen: In Los Alamos zeigte sich, daß OPPENHEIMER doch wohl mehr Politiker als Physiker war.

Noch ein Gedanke, ehe wir zur Auflösung der Frage schreiten: Nobelpreisträger geben das hohe Denkniveau und ihre Art zu denken weiter. **Nobelpreisträger züchten in der Regel 6,2 weitere Nobelpreisträger** (im statistischen Schnitt).

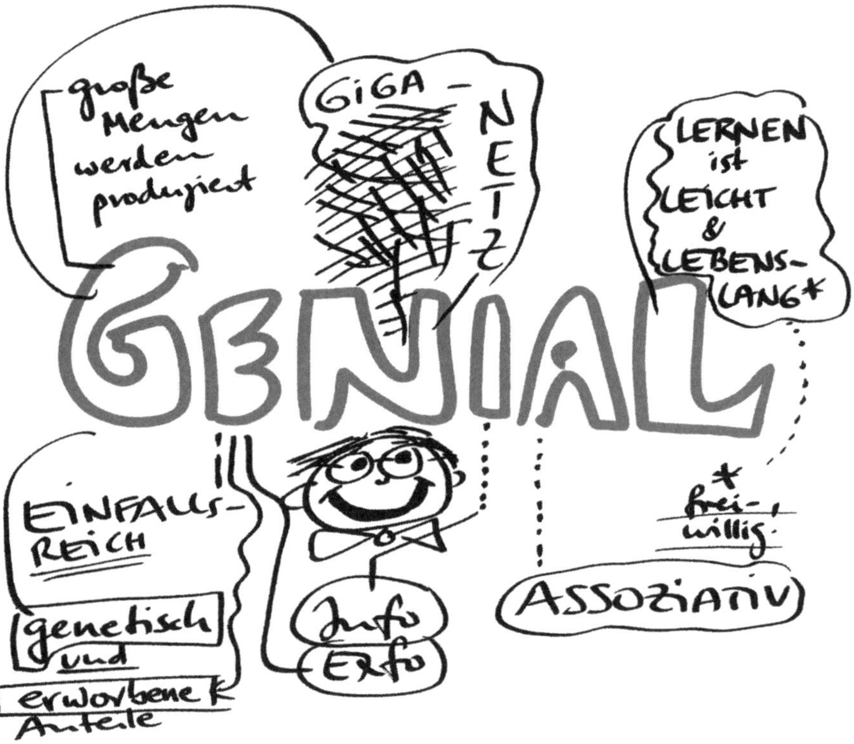

Nun, die Ergebnisse: **60 %** der TOP Wissenschaftler **haßten die Schule, nur 30 % mochten sie**, (10 % waren neutral bzw. man konnte ihre Einstellung nicht mehr feststellen).

Von den Wissenschaftlern, die die Schule mochten, wurde ein relativ hoher Prozentsatz (in den angelsächsischen Ländern) Politiker, während bei uns in Deutschland ein ähnlich hoher Anteil von Politikern einst LEHRKRÄFTE waren! Viele jener, die die Schule nicht liebten, **lernten extrem viel**, aber **autodidaktisch**! Sie waren gezwungen, sich das, was sie brauchten, selber beizubringen (z.B. EINSTEIN).

Übrigens berichtet SIMONTON auch: Die meisten dieser Leute lesen pro Jahr im Schnitt gleichsam fast nebenbei 50 (non-fiction) Bücher und sie schaffen weit mehr in weniger Zeit als normale Leute ihres Faches.

Multiplikatorische Ideen-Explosion?

Es gibt noch einen gemeinsamen Nenner aller besonders kreativen Denker (und in zunehmenden Maß auch Denkerinnen), nämlich das **assoziative Netzwerk** dieser Personen. Dies ist besonders in Zusammenhang mit einer faszinierende Frage wichtig, nämlich: **Vermehren** sich Ideen **additiv** (kumulativ, arithmetisch) oder **multiplikatorisch** (geometrisch, exponentiell)? Nun, Sie ahnen es: Letzteres ist der Fall! SIMONTON bezüglich des Generierens von Ideen in einem assoziativen Netzwerk:

> Je höher die Anzahl an Ideen/Konzepten und je verbreiteter ihre Verbindungen (innerhalb des Netzwerks), desto größer ist das potentielle Angebot an neuen Kombinationen.

Allerdings (vermehrt) sich die Anzahl möglicher Ideen (bzw. Variationen) nicht linear, sondern „explosiv" (exponentiell)

Mit der Anzahl der Elemente steigt die Menge an potentiellen Gedanken, die generiert werden können, explosionsartig (multiplikatorisch)!

Damit wächst der potentielle REICH-tum den uns unser inneres Archiv bieten kann mit der Menge der möglichen Assoziationen:

> **Je mehr wir wissen, desto mehr Ideen können wir produzieren oder generieren.**

Aber wir müssen auch **Zugriff auf die Fakten** in unserem Wissens-Netz haben, um dieses Wissen in unserer normalen alltäglichen Denk-Prozesse einzubeziehen, wenn wir tun, was man früher einmal „nachdenken" genannt hat. Kennen Sie den Ausspruch von Georg Bernhard SHAW bezüglich (echten) Nachdenkens?:

Im Gegensatz zu Selbstgesprächen wie „Es ist keine Marmelade mehr im Haus!"

> **Die meisten Menschen denken zwei- bis dreimal pro Jahr. Ich aber habe Weltruhm erlangt, weil ich ein- bis zweimal pro Woche denke.**

Dabei gilt: Genau die Techniken, die uns den Zugriff erlauben, durften die meisten Menschen in der Vergangenheit nie trainieren. In der Schule lernten wir **nicht nur** keine Ideen-produzierenden und wissensvermehrenden Denk-Techniken (vom intelligenten Fragen ganz zu schweigen), sondern wir lernten auch Angst vor unseren eigenen Assoziationen zu haben. Zum Beispiel sollte man den Mund erst aufmachen, wenn man die Lösung wußte, allerdings wurden in der Regel keine Techniken zum **Finden** von **nicht-mathematischen Lösungen** angeboten. (Bitte beachten Sie die **Randspalte**). Aber dieses Buch bietet sie, insbesondere das LISTEN-DENKEN, inkl. ABC-Listen, sowie der LULL'schen LEITERN und ROTAE! Im „Lehrer-Modul" erwähne ich einen wichtigen Gedanken von STERNBERG, nämlich:

Ich **wiederhole**: Mit „**Schul-System**" meinen wir das System **der Industrie-Länder**! (Vgl. „Lehrer-Modul", S. 246 ff.)

Wir erwarten die Art zu Denken, die sich in den Genie-Studien als „genial" herausgestellt hat, erst in der zweiten Hälfte des Hochschul-Studiums, d.h. zu einem Zeitpunkt, da die meisten vom System völlig „verseucht" sind. Deshalb schaffen es nur so wenige in die elitäre Elite jener, die wirklich denken können! Dies war in den vor-industriellen Epochen wie auch noch im Industrie-Zeitalter günstig, denn man regiert nun mal leichter, wenn die Masse der Bürger nicht wirklich gut denken kann. Aber im neuen Zeitalter des Wissens (also in der zweiten post-industriellen Ära, jetzt, da wir uns von einer Informations-Gesellschaft in eine Wissens-Gesellschaft wandeln) – jetzt kommt es darauf an: **Die Ressource der Zukunft ist die Geistes-Leistungsfähigkeit ihrer Bürger.** Diejenigen Staaten werden im Staaten-Wettbewerb obenauf sein, die **mehr denkfähige Menschen** (die wir früher als Genies zu bezeichnen pflegten) „produzieren". Und innerhalb der Gesellschaft werden diejenigen reüssieren, die die Art von Denke, wie dieses Buch (und seine angrenzenden „Brüder und Schwestern") sie beherrschen. Es ist wirklich wesentlich leichter, als die meisten Menschen je für möglich gehalten hätten.

Vgl. Modul „Denk-LUST", (S. 90 ff.) und das „Lehrer-Modul" (S. 246 ff.).

Wir brauchen auch nur wenige Stunden Trainings-Zeit, die wir gerne auf kleine Minuten-Einheiten verteilen können. Mehrmals täglich einige Minuten, gern auch zwischendurch (an der roten Ampel, beim Gemüseputzen, beim Gassigehen, in der Badewanne oder unter der Dusche, vor dem Einschlafen, etc.). Es fühlt sich nur eingangs ungewohnt und fremd an, aber wenn wir sehr schnell merken, was es bringt, und zu wieviel mehr unseres Wissens wir immer leichter Zugang finden, dann beginnt es Spaß zu machen.

Für manche ein komischer Gedanke: Spaß beim Denken (ha ha)

AQUIN oder EINSTEIN?

Nach Mary CARRUTHERS kann man **zwei** grundsätzliche Denk-Stile unterscheiden, wobei **geniale** Denker eher zum **zweiten** Typ (in der Abbildung auf der rechten Seite) gehören:

Mary CARRUTHERS: *„The Book of Memory"* (zitiert bei SIMONTON).

AQUIN war ein großer Befürworter der klassischen (griechischen) Gedächtnis-Traditionen. **EINSTEIN** dachte Dinge, die vor ihm noch niemand gedacht hatte.

Der **Denk-Stil Thomas von AQUINs** möchte vor allem vorhandenes Wissen bewahren. Gedächtnis-Inhalte sind etwas, das bewahrt werden soll. Gedächtnis-Inhalte sind aber für **geniale Denker Ausgangspunkte** für die Vermehrung von Ideen bzw. für die **Generierung** neuen Wissens **und** neuer Ideen.

Vgl. „LULL'sche LEITERN und ROTAE" (S. 256 ff.) sowie „Kombinatorisches Listen-Denken" (S. 122 ff.) im Modul „Denk-Technik" (S. 94 ff.).

Thomas von AQUIN (13. Jahrhundert) hielt das Memorieren für eine notwendige Pflichtaufgabe, damit man wußte, was **andere** Denker vorher bereits zu einem Thema/Problem gedacht hatten. Wir wissen nicht, ob er verhindern wollte, daß man das Rad mehrmals erfinden müßte oder ob er einfach große Ehrfurcht vor den früheren Denkern hatte. Böse Zungen meinen, es sei wohl eine gewisse Faulheit, selbst zu denken, aber da das klassische Memorieren eine Menge Zeit beansprucht, ist dies wohl eher nicht anzunehmen.

EINSTEIN entwickelte einen entgegengesetzten Denk-Stil. Es interessierte ihn nur sehr bedingt, was „man" über eine Frage vorher gedacht hatte. Er stellte Fragen, die vor ihm noch niemand gestellt hatte (z.B. „Was wäre, wenn ich auf einem Lichtstrahl durch das Universeum reisen könnte?", „Was wäre, wenn ein Zwillingsbruder mit Lichtgeschwindigkeit durchs All rasen würde, während der andere hier bliebe, wenn der Astronaut nach – für ihn – kurzer Zeitspanne zurückkehrte? Wieviel Zeit wäre inzwischen auf der Erde vergangen?"). Er dachte sich Antworten aus, die vor ihm ebenfalls noch niemand gedacht hatte.

Der **Denk-Stil Thomas von AQUINs** möchte vorhandenes Wissen primär **bewahren**. Gedächtnis-Inhalte sind hingegen für **geniale Denker Ausgangspunkte** für neue Gedanken sowie für die **Vermehrung von Ideen** bzw. für die **Generierung neuen Wissens** aus dem eigenen Wissens-Netz heraus.

Je mehr der assoziativen Trainings-Aufgaben Sie regulär angehen, desto mehr **Möglichkeiten für Wissens-Vermehrung** durch Ihre **eigenen Assoziationen** schaffen Sie. Wenn Sie diesen Trick erst einmal heraus haben, dann macht es Ihnen wirklich bald Spaß, immer „genialer" zu denken!

Informations-Flut?

M 12

Vorbemerkung: Manches in diesem Modul mag Ihnen bekannt sein, wenn Sie schon öfter bei Brain-Tagen dabei waren oder *„Das große Analograffiti-Buch"* sehr intensiv durchgearbeitet haben. Daher darf ich Sie erinnern: Dieses Buch ist modular aufgebaut, das bezieht sich selbstverständlich auch auf einzelne Teile von Modulen. Wenn Sie meinen, manches schon zu kennen, dann schauen Sie, lesen Sie quer, und stürzen Sie sich auf jene Teile, die Ihnen noch neu sind. Zum Beispiel befassen wir uns in diesem Modul mit:

1. FISCH (eine uralte Story und eine Analogie)
2. BEDEUTUNG (wie „erhalten" Informationen eigentlich Bedeutung?)
3. WAHRNEHMUNG (warum nehmen wir das „für wahr", **was wir wahrnehmen**? Dies führt uns noch einmal zu
4. BEDEUTUNG (oder: konkave **Kreativität**)
5. INFO-FLUT? (3 Arten von INFORMATION).

1. Fisch

Bevor ich Ihnen die Fisch-Analogie serviere, möchte ich Sie bitten, Ihre ersten Assoziationen zu dem Begriff „Fisch" zu notieren – ganz schnell:

Fisch:

Sufi-Story: Fische auf der Suche

Zwei Fische hatten gehört, es gäbe eine Substanz, genannt „Wasser", und sie wollten gerne herausfinden, was es damit auf sich hätte. Also schwammen sie zu dem ältesten Fisch in ihrer Nachbarschaft und fragten ihn, ob er wisse, was denn dieses Wasser sei. „Oh", meinte er, „Wasser ist enorm wichtig, immens wichtig, in der Tat …" Ob er denn nun wisse, was es sei? „Nein, aber ich kenne einen Fisch, noch älter und weiser als ich, der weiß es vielleicht …" Und nun begaben sich die beiden Fische auf eine Odyssee, jeder Fisch bestätigt die enorme Wichtigkeit von Wasser, keiner weiß aber, was es ist, bis sie letztlich, nach langer Suche, zu einem uralten Fisch in einer versteckten Grotte gelangten. Es ist ihre allerletzte Chance. Wenn er es nicht weiß, gibt es keinen. Sie sind müde, frustriert, haben kaum noch Hoffnung und befürchten, daß die ganze Suche umsonst gewesen war. Als sie dem uralten weisen Fisch ihre erste Frage stellen, stimmt auch er zu, aber auf die zweite Frage, ob er wisse, **was** dieses geheimnisvolle Wasser denn eigentlich sei, sagte er: „Ja!" Sie konnten es nicht glauben. Sie wiederholten ihre Frage und er bejahte wieder. Natürlich wisse er, was Wasser sei. Sie waren überglücklich, konnten es kaum fassen und baten um die Erklärung. Er begann: „Als erstes müßt Ihr begreifen, daß alles, was euch umgibt, Wasser ist …" Da schaute der eine den anderen traurig an und sagte: „Er weiß es auch nicht!" Der zweite nickte und völlig enttäuscht schwammen sie davon …

Der Sufismus ist eine uralte philosophisch-religiöse Bewegung im persisch-arabisch-türkischen Raum. Er bietet drei Wege zur Weisheit (BaRaKa): 1. der Weg der Ekstase (vgl. die tanzenden Derwische), 2. der entgegengesetzte Weg (Meditation, Stille) und 3. der Weg des Intellektes. Hierher gehören die bekannten Sufi-Lehrgeschichten, welche ähnlich den Gleichnissen aller großen Meister eine Lehre enthalten, aber nur für die, die sie ihr entnehmen können. Eine der Hauptfiguren ist Mullah Nasrudin, aber, wie man sieht, gibt es auch Sufi-Geschichten ohne den Mullah.

Scherzfrage: Warum ersäuft der Fisch im Wasser nicht?

Antwort: Weil er Kiemen hat. Kiemen verhindern das Ertrinken gesunder Fische.

Kiemen stellen ein raffiniertes Filter-System dar, mit dessen Hilfe der Fisch überlebt. Nun ist das Lebens-Elixier des Fisches das **Wasser**, das er wahrscheinlich genau so wenig „bewußt" versteht, wie wir Menschen bisher begriffen haben, daß wir von einer Informations-Flut umgeben sind.

Deshalb gilt es, unsere metaphorischen Kiemen sauber zu halten (wir kommen hierauf zurück).

Damit meine ich nicht nur die stetig wachsenden Medien-Ergüsse, sondern zunächst einmal die Tatsache, daß wir von einer gewaltigen Flut von Stimuli umgeben sind, die wir alle möglicherweise wahrnehmen könnten, aber wir picken uns ein extrem schmalbandiges Rinnsal heraus, das wir als Realität bezeichnen und aus dem wir uns das „maßschneidern", dem wir **„Bedeutung"** zu geben pflegen.

2. Bedeutung

Oder: wie „erhalten" Informationen eigentlich Bedeutung?

Früher glaubte man, die Bedeutung einer Sache liege **innerhalb** derselben. Heute gehen wir davon aus, daß der **Wahrnehmende** das Wahrgenommene durch den Akt des Wahrnehmens (Deutens) verändert.

Schließlich leitet sich der Begriff „Bedeutung“ vom Deuten her, also davon, daß wir unsere Aufmerksamkeit auf eine Sache lenken.

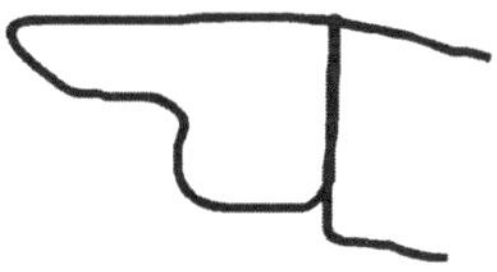

Wir können uns auch vorstellen, daß die Hand nicht nur „deutet“, sondern daß sie unsere berühmte Taschenlampe hält, mit der wir die Welt untersuchen, indem wir mit dem Spotlicht unseres Bewußtseins in der Dunkelheit herumleuchten und den Strahl auf Dingen ruhen lassen. Je vertrauter wir mit einer Situation sind, desto genauer wissen wir vorab, wohin wir das Licht lenken wollen. Je fremder eine Situation für uns noch ist, desto wichtiger wird die Frage: Welchen Aspekt einer Sache **sollen** wir eigentlich **bewußt** registrieren (= beleuchten)? **Was ist denn bitte das Wesentliche an dieser Sache?**

Vgl. Modul „PICASSO et al.“ (S. 267 ff.).

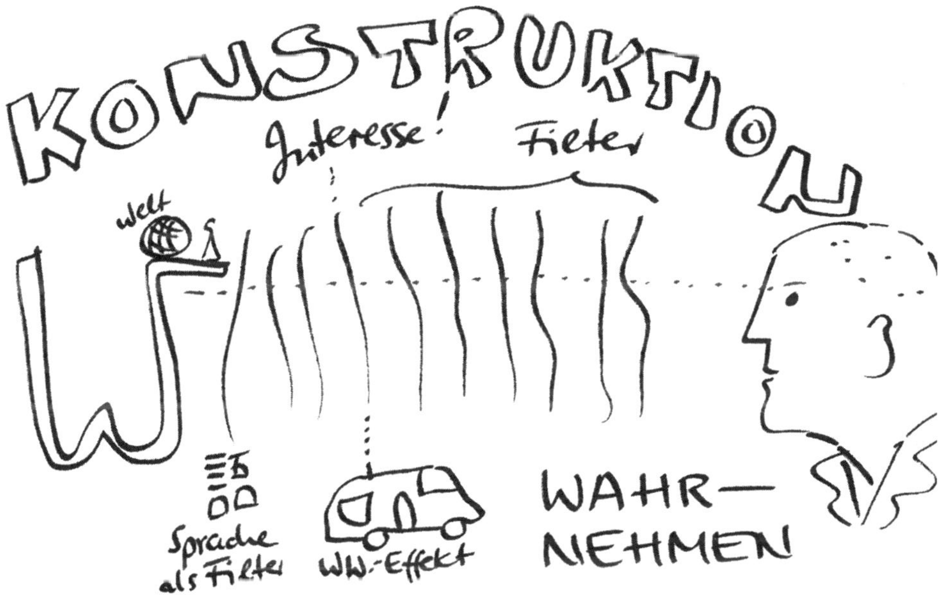

Links sehen wir die **Welt (Wirklichkeit)** inkl. Weltall, Universen, subatomarer Welt, aller Lebewesen; rechts einen wahrnehmenden Geist. Nur ist es eben nicht so einfach, daß man seine Sinnesorgane einfach auf diese Welt „wirft“ (vgl. die Redewendung „Ein Auge auf etwas/jemanden werfen“) und dann weiß, was Sache ist. Wahrnehmung ist anders …

3. Wahrnehmung

Oder: warum nehmen wir das „für wahr", was wir „wahr-nehmen"?

Wir selektieren einen minimalen Ausschnitt aller möglichen Reize, die wir zu einem Bündel zusammenschnüren, das Sinn ergibt (für uns). So „finden" (eigentlich „erfinden") wir, jeder von uns, ständig unsere eigene subjektive Wirklichkeit. **Lassen Sie mich dies an drei bekannten Beispielen „aufhängen"**.

Wahrnehmungen durch unterschiedliche Filter

Beispiel 1: Drei Männer besteigen einen Berg: ein Architekt, ein Kunstmaler und ein Schürzenjäger. Wiewohl sie **gemeinsam** gehen und die Welt aus fast demselben Blickwinkel sehen, besteigt jeder von ihnen einen „ganz anderen" Berg. Der **Architekt** sieht vornehmlich potentielles **Bauland** und **Gebäude** (von der Almhütte über eine alte Scheune, die man zum Partylokal herrichten könnte, bis zu Grundstücken, die zum Bebauen geeignet wären). Er sieht also keine Wiese, keinen Hügel, keine Lichtung – er sieht Grundstücke. Seine Interpretation, der kleine Taschenlampenkegel seines Bewußtseins, sucht und findet Bauland …

Vgl. dazu auch Merkblatt 2, S. 308, **15 mm** (Bewußtsein = „Licht") in **11 km** (unbewußter) „Dunkelheit".

Der **Schürzenjäger** sieht **alle** (und wir meinen wirklich alle!) **Frauen**, die sich auf dem Bergweg hinauf- oder hinunterbewegen …

Der **Kunstmaler** sieht vor allem **Farben und Formen**; er sieht zwar einige der „Grundstücke“ (des Architekten), aber er sieht sie als **Licht und Schatten**. Er bemerkt auch einige der Damen (die er gerne malen würde), die anderen weiblichen Wesen sind für ihn so unerheblich, daß sie genau so gut unsichtbar sein könnten.
Fazit: Jeder der drei nimmt einige Aspekte wahr (nämlich jene, auf die das Licht ihres Bewußtseins „hinfällt“), ohne zu merken, daß er aus diesen wenigen Aspekten seine ganze (Berg-)Welt konstruiert. Hinterher hat jeder ein Gefühl, mehr über Berge zu wissen, als vorher …

Beispiel 2: Mehrere blinde Männer (in Indien) studieren den ersten Elefanten, der ihnen begegnet. Der erste hat ein **Bein** zu pakken bekommen, der zweite den **Rüssel**, der dritte den **Bauch**. Bald stellt der erste belehrend fest. „Also, ein Elefant ist säulenartig!“, woraufhin der zweite vehement widerspricht: „Quatsch. Ein Elefant ähnelt einer Schlange, weich und biegsam und vorne ein Maul …“ Daraufhin bricht der dritte in wieherndes Gelächter aus und hält seine Deutung (des Bauches) für die einzig mögliche.

Fazit: Jeder sieht **einen** Aspekt und glaubt, das Ganze „erfaßt“ zu haben (man beachte die begriffliche Nähe zwischen „be GREIF en“ und „er FASSEN“).

Beispiel 3: Ein Mann kniet im Kegel der Hauslaterne vor dem Eingang und sucht verzweifelt etwas. Ein zweiter kommt vorbei und fragt, ob er ihm helfen kann.

„Ich habe meinen Schüssel verloren!" – „Gut, ich helfe dir." Und nun suchen sie zusammen, lange Zeit. Endlich fragt der zweite Mann: „Sag mal, bist du sicher, daß du ihn **hier** verloren hast?" – „Nein," meint der andere, „verloren habe ich ihn da drüben in der Dunkelheit, aber hier ist es hell und darum suche ich hier."*

Fazit: Dieser Suchende tut, **was wir alle tun** – in einem Meer von Dunkelheit (unsere 11 km Unbewußtsein) konzentrieren wir uns auf den kleinen Lichtkegel (15 mm Bewußtsein) und suchen nach dem **Schlüssel** (im übertragenen Sinn) **zur Bedeutung**, während wir die gigantische Dunkelheit „außen vor" lassen.

Auch eine alte Sufi-Story

4. Bedeutung entsteht

Oder: konkave Kreativität

Die Tatsache, daß Bedeutung nicht von vorneherein in die Welt „eingebaut" ist, sondern erst durch den Akt der Wahrnehmung **geschaffen** wird, ist von zentraler Wichtigkeit. Wollen wir deshalb diesen Akt der Entstehung von Bedeutung verfolgen, der gleichsam **zwischen** dem Objekt und seinem Betrachter entsteht. Dies beschreibt Alberto MANGUEL, als er den Prozeß des Lesens in Worte faßt:

Alberto MANGUEL: *„Eine Geschichte des Lesens"*, rororo 1999 (original: *„A History of Reading"*, USA, 1995); Hervorhebungen meine.

* Auch dies ist eine berühmte Sufi-Lehrgeschichte, bei uns im Westen gerne als Besoffenenwitz kolportiert, aber der Mann in der Original-Story ist weder betrunken noch dumm. Vgl. auch das Merkblatt Nr. 4 **„Sublimale Wahrnehmung"** (S. 313 ff.).

HIER, **zwischen Sender** (ob persönlich oder per Aufzeichnung bzw. Buch) **und Empfänger ensteht die Bedeutung.**

(So) „bearbeiten die Leser den Text. Sie **erschaffen** Bilder, verbale Umwandlungen, um seine Bedeutung zu **erfassen**; (die) sie **erschaffen**, indem sie beim Lesen Beziehungen herstellen zwischen ihrem Wissen und ihren Erfahrungen und dem Text …

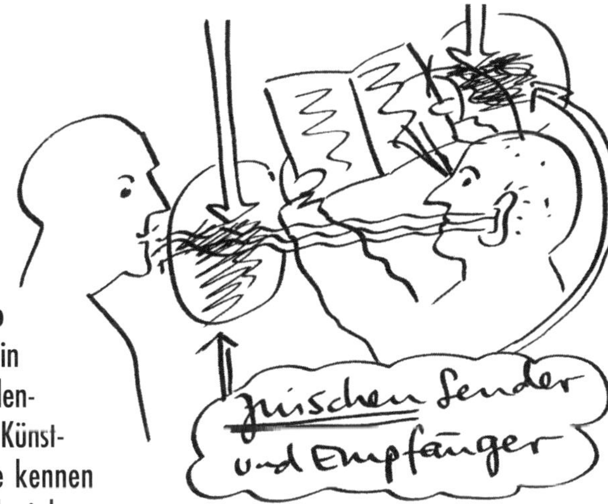

So wie man **alleine keinen Tango tanzen** kann, so ähnlich ist es, wenn ein Kunstwerk entsteht. „Nun", mögen Sie denken, „ein Kunstwerk entsteht, wenn der Künstler es erschaffen hat!" Fein. Aber Sie kennen vielleicht die alte Frage: „Wenn im Wald mit lautem Krachen ein Baum umfällt und niemand ist Zeuge, hat es dann gekracht?"

Diese Frage ist Jahrhunderte alt.

Sie impliziert, daß ein Signal von (mindestens) einem Empfänger (der die Bedeutung des Signals begreift) wahrgenommen werden muß.

Im Klartext: **Ohne Gehirn eines Empfängers gibt es kein Signal.** So entsteht Bedeutung erst im Zusammenspiel zwischen etwas Gesendetem und jemandem, der es wahrnimmt, indem er es „für wahr nimmt" und interpretiert.

It takes two to tango

In ähnlicher Weise verläuft der Prozeß des **gemeinsamen Schaffens** von Kunstwerken zwischen **Künstler** (auf der einen Seite) und **Betrachter** auf der anderen.

Ich nenne dies die **konvexe &** die **konkave Kreativität**.

(Vgl. auch Modul „PICASSO et al.", S. 267 ff.)

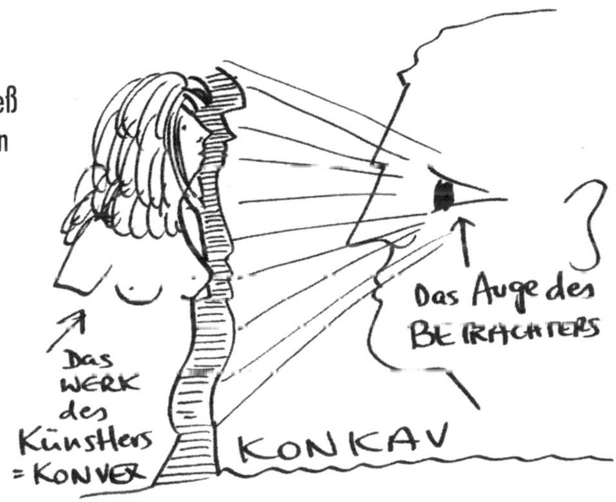

Ganz ähnlich verläuft der Prozeß des **Hörens**. Auch hier entsteht die Bedeutung ebenfalls „auf dem Weg" vom Sender zum Empfänger.

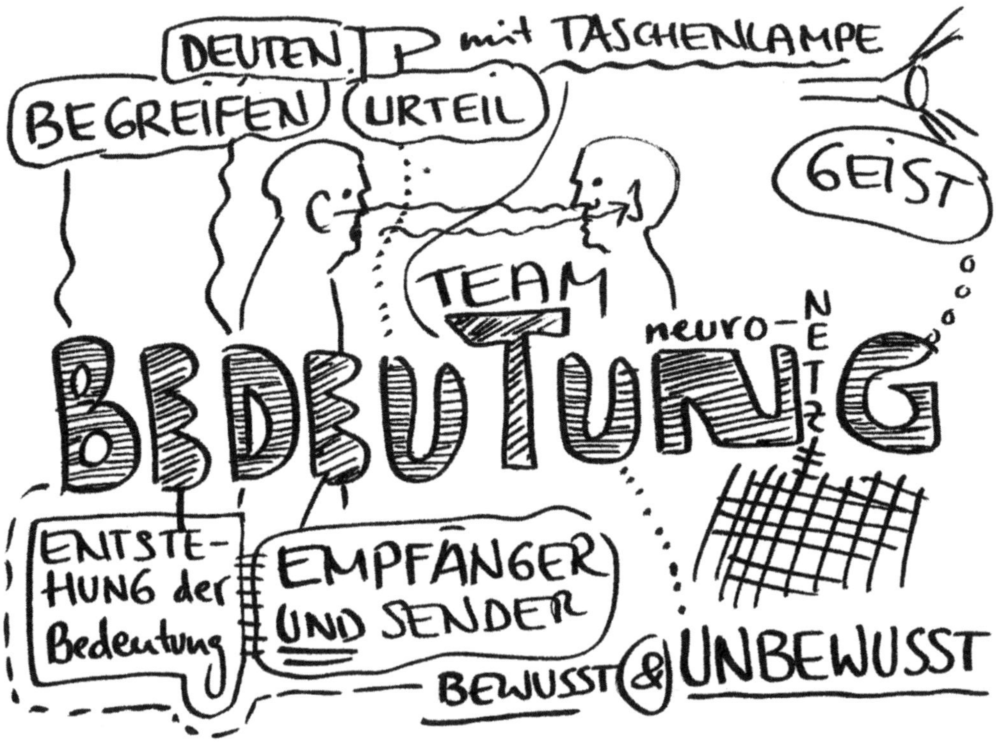

Leider gibt es für den englischen Begriff „Mind" keine Übersetzung ins Deutsche, weshalb er seit einigen Jahren in immer mehr Übersetzungen aus dem Englischen als „Mind" übernommen wird. Es bedeutet u.a. Bewußtsein, Geist, Verstand ... – alles, was **eine wache Intelligenz** beschreibt, die z.B. etwas wahrnehmen und interpretieren kann ...

Weder der Sender noch der Empfänger alleine könnten Bedeutung schaffen, denn die Bedeutung kann erst entstehen, wenn mindestens zwei **Minds** (Lebewesen mit Verstand) zu kommunizieren beginnen.

Fazit: Jede Botschaft ist wie ein Kunstwerk. Der **Empfänger** muß **mithelfen**, die Nachricht zu **erschaffen**, indem er sie (mit all seinen Filtern) wahrnimmt und interpretiert.

Wenn wir im Licht des Gesagten über die **Informations-Flut** nachdenken, wird uns klar: **Es gibt keine Info-Flut da „draußen" in der Welt – nur in den Köpfen von Menschen, deren Filter verstopft sind**. Sie haben kranke Kiemen (jetzt schließt sich der Kreis zu unser Fisch-Scherzfrage). Wer unter der Info-Flut leidet, ist **unfähig zu entscheiden**, was für ihn wesentlich sein soll und was nicht. Merke: **Nur wenn man alles für gleich wichtig hält, kann man sich „überflutet" fühlen.**

Deshalb möchte ich Ihnen mein Modell anbieten, Informationen in drei Gruppen zu unterteilen. Wenn Sie eine Info klar zuteilen können, ist das Wichtigste gelungen.

5. Die Info-Flut beherrschen

Solange wir zu viele einzelne Posten gleichzeitig im Kopf jonglieren müssen, ist es hilfreich, Dinge in **Kategorien** einzuteilen. Ich entwickelte hier eine besondere Variante, eine Art gezeichnetes Torten-Diagramm, welches sich gut bewährt hat, wenn wir 100 % von etwas aufteilen wollen; solche Zeichnungen (**Kategorien-Torten**) sind **KaGa**.s und gehören zum **Analograffiti-Konzept.***

Natürlich müssen wir nicht automatisch Kreise zu zeichnen beginnen, wenn wir bildlich nachdenken wollen. Im Falle der drei Arten von Informationen habe ich eine Art Kegel unterhalb des Fisches gewählt, den ich in drei Teile unterteile. Wichtig ist nur, daß die Technik, „in Kategorien zu denken" uns oft aus mentalen Sackgassen herausführen kann. Wenn wir in ein Thema „kategorien-denkend" einsteigen, spielen interessanterweise die Art der Kategorien noch gar keine so große Rolle, wie die **Tatsache, daß** wir so denken. Nun mögen Sie meinen: „Ja, aber was ist, wenn jemand mit schwachen Kategorien anfängt?" Antwort: Keine Sorge, wir merken es bald selbst, daß wir unsere „Inhalte" so nicht (gut) sortieren können; dies löst neue Gedanken aus und schon bald beginnen wir uns gleichsam automatisch in notwendige gedankliche Korrekturen hineinzuentwickeln.

Die Spielregel.

Lieber mit „falschen" (schwachen) Kategorien beginnen als ohne, weil dadurch **wichtige Denk-Prozesse ausgelöst werden**; in deren Verlauf wir uns selbst zu korrigieren beginnen. Verbesserungen, **die ohne den schwachen Anfang nie stattgefunden hätten.**

---

* Vgl. Merkblatt Nr. 1, S. 300, „Analograffiti für Quereinsteiger" und *„Stroh im Kopf?"* (ab 36. Auflage). In diesem Buch möchte ich kein eigenes Modul hierzu anlegen.

Deshalb biete ich Ihnen im folgenden **meine** drei Kategorien für Informationen an. Fühlen Sie sich frei, diese zu verändern, aber es ist ein Ausgangspunkt:

Drei Arten von Informationen

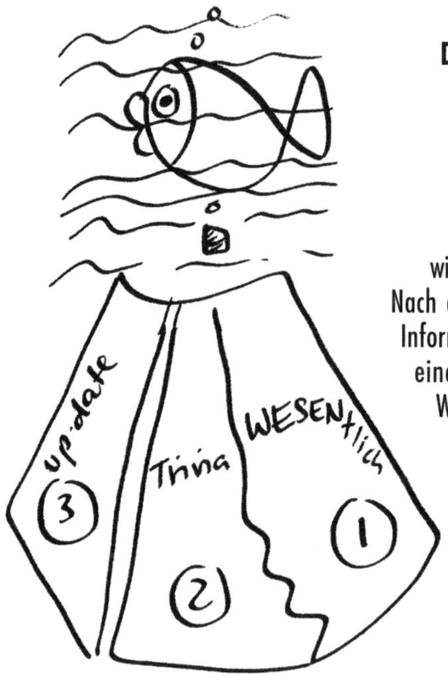

Die Qualität der Informationen, die Sie erhalten.

Kategorie 1 ist wertvoll, wichtig und vor allem: **wesentlich.*** Nach d'AVIS* sagen uns „**wesentliche** Informationen etwas über das **Wesen** einer Sache" (z.B. das **Wesen** der Welt, das Wesen anderer Menschen, unser eigenenes **Wesen**).

Kategorie 3: **Update Wissen**, kann **bedingt wertvoll** sein, unter gewissen Umständen; (analog: Modell-Politik), Details im Text.

Kategorie 2: Info-Müll: isolierte Infos, Daten, Fakten **ohne Wert** – es ist die Art von „Kreuzworträtsel-Wissen", der Quiz-Shows. Nett zu wissen, aber es ist weder notwendig noch wesentlich; davon lassen viele sich terrorisieren.

Kategorie (Info-Typ) 1 und 2: Wesentlich oder Info-Müll?

Wir müssen lernen, **Kategorie 2** und **3** von **Kategorie 1** zu unterscheiden. Es gibt keine Info-Flut an wesentlichen Informationen! Dazu sagt d'AVIS: **Wesentliche Informationen ändern sich nicht über Nacht.** Wenn Sie eine gute Allgemeinbildung haben und wissen etwas über die Schwerkraft oder darüber, wie Atome zu Moleküle werden usw., dann werden Sie durch neue Forschungs-Ergebnisse nicht **andauernd** verunsichert. Wir lieben es, Ergänzungen unseres vorhandenen Wissens zu erhalten. Und: Wesentliches Wissen ist nicht über Nacht „out", auch wenn man das manchmal meinen

* Quelle: Die Definition von „wesentlich" verdanke ich d'AVIS (s. Literaturverzeichnis).

könnte. So hat die Quantenphysik die klassische NEWTON'sche „Mechanik" **nicht ungültig** gemacht, denn es ist NEWTON, der uns zum Mond gebracht hat. Aber die Quantenphysik hat unseren geistigen Horizont **erweitert!**

Ab und zu gibt es einen sogenannten Paradigmenwechsel, aber das geschieht in Abständen. Darum hat Max PLANCK gesagt: „Die Wissenschaft schreitet nicht etwa voran, weil die alten Wissenschaftler umdenken, sondern weil sie aussterben und dann kann die nächste Generation mit dem nächsten Paradigma anfangen."

Nun müssen wir berücksichtigen, daß die Grenze zwischen Kategorie 1 und 2 diffus ist. Für einen Quantenphysiker kann es von großem Wert (und äußerst wesentlich) sein, daß wir (gemäß) HEISENBERG'scher Unschärfe-Relation entweder die Geschwindigkeit oder den Ort oder den Spin eines Teilchens bestimmen können, nie alle. Für Sie mag das die Art von Info sein, mit der Sie in einem Fernseh-Quiz eine Stufe weiter kommen. Das heißt:

> **Kein Außenstehender kann bestimmen, welche Art von Info für Sie wertvoll sein wird, das muß jede/r von uns alleine entscheiden.**

Jede Info **kann** trivial oder wertvoll sein, es hängt vom Zusammenhang ab, vom vorhandenen Wissens-Netz und von unseren Prioritäten.

In diesem Zusammenhang sei bedacht: Je unterschiedlicher die Prioritäten zweier Menschen (oder Parteien), desto unterschiedlicher wird ihre Bewertung und Beurteilung von Info (und Wissen) ausfallen. Also halten Schulbuchautoren und Lehrkräfte viele Infos für wesentlich, aber wenn sie den SchülerInnen nicht nahebringen können, über welches/wessen Wesen sie mit dieser Info mehr erfahren können, dann bleibt es Info-Müll und Kreuzworträtselwissen für jene! Merke:

Zu Informations-Müll, Kreuzworträtselwissen, Trivial etc. zähle ich z.B., welche Boygroup gerade in ist, welcher Song in den Pop-Charts ganz oben rangiert u.ä.

> **Wesentlich an unwesentlichen Infos ist, daß sie sich laufend ändern.**

Wenn Sie nicht gerade beruflich in der Branche sind, in der diese Art von Wissen zu Ihrem Profi-Wissen gehört, dann ist diese Art von Info für Sie vielleicht „ganz nett" oder, wie die Angelsachsen sagen „nice to know" (nett zu wissen), aber sie ist eben **nicht wesentlich**. Mit Info-Müll und Trendy „In"-Information schaffen wir es nie, up-to-date zu werden/bleiben. Diese Art von Informationen **bereichern uns nicht**. Sie verstopfen unsere Filter, sie machen unsere Kiemen „krank" und plötzlich kann unser eigentliches Lebens-Elixier, die Information, zur **Bedrohung** für uns werden. **Dann reagieren wir die Fische**, die um das Wesen von Wasser nicht genug wußten ... Eine Doppel-Frage, die in diesem Zusammenhang immer auftaucht, lautet:

Können wir verstopfte Kiemen erkennen? Und wenn ja, woran?

Vgl. auch meinen Video-Vortrag *„Gehirn-gerechte Einführung in die Komplexitäts-Theorie"*.

Antwort: Beobachten Sie Ihr eigenes **Medien-Konsum-Verhalten** und beurteilen Sie es selbst. Ich will es am Beispiel Ihres **Fernsehverhaltens** verdeutlichen. (Natürlich gilt ähnliches für Radiohören, häufige Kinobesuche etc., aber die meisten können es am TV-Verhalten am besten nachvollziehen.)

Gegen den INFO-Terror beim Fernsehen

Sitzen Sie vor dem Fernseher und **zappen** von einer Sendung in die andere, dann sind das lauter flache Sendungen, denn aus einer Sendung, die Tiefe anbietet, zappen Sie auf keinen Fall weg. Merke:

Wesentliche Infos haben automatisch Tiefe (weil sich tief in uns etwas „angesprochen" fühlt), falls nicht, ist es keine wesentliche Info für den Betreffenden gewesen.

Interessanterweise hat es sich mit dem Handy auch eingebürgert, daß man schnell zwischendurch mal die eine oder andere kurze Frage stellt, eine Form des gesprochenen e-mails sozusagen. Früher begannen fast alle Telefonate mit Höflichkeits-Ritualen („Wie geht's?" – auch wenn man gar kein Interesse daran hatte). Heute beginnt man oft mit: „Ganz kurz, eine Frage ..." ohne Floskeln.

Selbst wenn der Werbeblock kommt, dann bleiben Sie gedanklich lieber bei diesem Inhalt, denken nach, sprechen vielleicht mit Anwesenden darüber oder schicken schnell ein e-mail an einen Freund, mit **einem Gedanken**. So haben Menschen früher **wesentliche** Gedanken verarbeitet: sie schrieben Briefe und tauschten sich aus. Sie mußten oft Wochen warten, um einen Dialog fortsetzen zu können (wenn der Briefpartner weit weg wohnte). Heute können wir mit Handy schnell mal zwischendurch telefonieren und mit e-mail schriftlich kommunizieren. Ganz abgesehen davon, daß wir ein Journal führen könnten, in dem wir wesentliche Infos und Reaktionen festhalten.

Nach einer Sendung mit Tiefgang, wollen Sie darüber reflektieren, mit ihrem Partner diskutieren, ein paar Gedanken aufschreiben – Sie sagen eben nicht: „Na, mal sehen, was jetzt kommt." Das sagen Sie nur, wenn Sie **fastfood for the mind** angeschaut haben (seelische „Hamburger").

Das Schlimme an flachen unwesentlichen Informationen (der Info-Kategorie 2): sie hinterlassen Menschen, die **ständig hungrig** (nach Informationen) sind. Deshalb schauen sie mehr und mehr fern und werden immer unzufriedener, sie werden dauernd aggressiver, sie haben immer mehr Schlaf- und Konzentrationsprobleme – das kommt alles nicht von ungefähr. **Wenn wir uns ständig flaches Zeug reinziehen** (egal, auf welchem Wege, Fernsehen ist der bequemste), dann erhalten wir **nicht**, was wir als Mensch, als geistiges Wesen, **brauchen**.

Unser Lebens-Elixier sollte aus **wesentlichen** Informationen bestehen, Informationen, die **für uns wertvoll** sind, aber nicht aus diesem Ramsch, damit **vergiften viele ihr System**. Und dann leiden sie an der sogenannten Info-Flut, sie leben permanent in der Angst, übermorgen könnte eine andere Boygroup in sein und sie wissen nicht Bescheid. Entsetzlich! Sie sind ständig **out of date**, ständig daneben. Da kennt jemand eine neue Salatsauce, die sie noch nicht probiert haben, da redet jemand von einem Popstar, von dem sie noch nichts gehört haben, da fragt sie jemand nach ihrer Meinung zu einem jener Bücher, die Prominente von Ghostwritern schreiben lassen, Bücher, die nach einer Saison schon wieder out sind, aber in der Zwischenzeit meinte man, man „müsse" es kennen.

Früher warnte man uns vor den **Konsum-Terroristen**, jetzt müssen wir uns die **Info-Terroristen** vom Leib (genauer, aus dem Geist!) halten. Allerdings kann man sich gegen diese wehren! Neil POSTMAN hat in seinem Buch *„Wir amüsieren uns zu Tode"* festgestellt: Als das Telegrafieren begann, wurde Information erstmalig in der Menschheitsgeschichte zur Ware. Und wenn Information zur Ware wird, dann ist völlig egal, was der Empfänger am Ende damit macht. Da geht es nur noch um die Frage, wer mit der Info verdient. Und das sind jene, die damit **handeln**. Er bringt ein brillantes Beispiel: Sie sehen fern, eine Sendung, die sich „Nachrichten" (news) nennt, was den Eindruck erweckt, hier würden wertvolle Neuigkeiten vermeldet. Nun, sagt POSTMAN, sehen Sie eine brennende Lagerhalle. Frage: Welchen Informationswert hat das für Sie?

Info als Ware

Antwort: Null. Es hätte nur einen, wenn es Ihre **eigene** Lagerhalle wäre, aber das würden Sie auch ohne Fernsehnachrichten erfahren. Die meisten Informationen, die mit dem Mäntelchen „Nachrichten" eingekleidet sind, sind ähnlicher Müll. Flammen fotografieren sich gut, das sieht gut aus, das bietet sich an.

Deswegen rate ich schon lange: Schauen Sie **Nachrichten von Video** (eine halbe Stunde später). Das ist immer noch früh genug, und nun benutzen Sie Ihre **Fernbedienung**. Nicht zum **Zappen – das ist Müll-Info-Verhalten** – sondern lernen Sie mit der „FF-Taste" zu spielen. Das ist viel wertvoller als die Programm-Tasten zu bedienen. Sie sehen eine brennende Lagerhalle:

„FF" (mit Bild, wenn es aufhört zu brennen, lassen Sie den „FF-Knopf" los). Was ist die Meldung danach? Aha, ein Flugzeugunglück: „FF" … Autobahnunglück: „FF" … usw.

Für mich bleiben von einer halbstündigen Nachrichtensendung in der Regel etwa 8 bis 12 Minuten übrig. Wer täglich einmal „richtig" Nachrichten gesehen hat, gewinnt mit einem Schlag jeden Tag 20 Minuten, ein Zeit-Geschenk.

Diese Zeit könnten Sie nutzen, um zu lesen, zu meditieren, zu joggen, zu zeichnen, ABC-Listen anzufertigen, Trainingsaufgaben für Ihren Geist zu absolvieren – all die Dinge, für die Sie angeblich nie Zeit haben.

Studien zeigen übrigens, daß Menschen heute viel mehr Angst vor dem Fliegen haben als vor 15 Jahren. **Statistisch ist Fliegen um keinen Deut gefährlicher geworden als vor 15 Jahren** – es ist nach wie vor weit gefährlicher, mit dem Auto zum Supermarkt zu fahren. Aber die Art der Berichterstattung in den Medien hat zunehmend den Eindruck geschürt, Fliegen müsse doch sehr gefährlich sein.
Und das passierte in Dokumentar- und Nachrichtensendungen!

Und Sie **lernen fast nebenbei, auf das Wesentliche zu achten**. Ein Lern-Effekt, der sich bald auf andere Gebiete (z.B. beim Lesen) **überträgt**. Sie lernen auch (wieder), wie (er-)füllend wesentliche Informationen sind, kein „fastfood for the mind". Picken Sie sich die wenigen Rosinen in einer Nachrichtensendung heraus. Z.B. will ich durchaus wissen, ob und wie die Friedensverhandlungen in Palästina weiterlaufen. Was immer Sie **wichtig und wesentlich** finden, das schauen Sie selbstverständlich **vollbewußt** an. Aber:

Sie lassen sich nicht länger betrügen und sich brennende Lagerhallen und den anderen Müll als Informationen von hohem Wert andrehen.

Dachten wir früher, Nachrichten hätten a priori einen hohen Wert – weit mehr als z.B. eine Sitcom-Sendung oder ein Krimi –, dann gilt dies schon lange nicht mehr. Übrigens können wir in einer guten Sitcom (z.B. *Golden Girls*) oder einem guten Krimi (*Columbo, Quincy, Dr. Samantha Ryan*) teilweise weit mehr (über Menschen mit Problemen und Ängsten, über ihre Versuche mit dem Alltag oder dem Altern fertig zu werden) lernen als in vielen Nachrichtensendungen.

Wenn Sie lernen selbst zu unterscheiden, welche Informationen echten Nachrichten-**WERT** besitzen (**Qualität**) und was Ramsch ist, dann treffen Sie die Entscheidung: Brauche ich das? Ja oder Nein. Meistens Nein. Dann können Sie **Info-Müll** rausschmeißen, das ist intelligentes Info-Management.

Kategorie (Info-Typ) 3: Update-Wissen

Update-Wissen ist spannend. Angenommen eine ältere **Schriftstellerin** arbeitet immer noch höchst zufrieden auf ihrer alten IBM-Kugelkopfschreibmaschine und jemand kommt und sagt: „Du kannst **noch viel schneller** mit einer Textverarbeitung arbeiten. Du kannst Fehler problemlos korrigieren, es ist extrem leicht, Texte umzuschreiben, Wörter oder Sätze ausschneiden und kopieren."

Sie entscheidet sich für dieses System, weil sie damit angeblich so viel Zeit sparen soll. Das ist natürlich nur sehr bedingt wahr. Versetzen Sie sich in ihre Situation:

Die ersten drei Monate lernen Sie das Programm, da sparen Sie überhaupt keine Zeit. Andauernd sind Sie heimlich mit Ihrer alten IBM zugange, wenn Sie schnell arbeiten wollen. Irgendwann kommt der Zeitpunkt, da Sie das alte Arbeitstempo mit der Textverarbeitung erreicht haben, jetzt können Sie genau so gut arbeiten, wie vorher. Und jetzt, wenn der Zeitpunkt naht, an dem Sie zum ersten Mal tatsächlich etwas schneller und effizienter arbeiten **könnten** als in der IBM-Zeit, jetzt – Sie erraten es – jetzt kommt das Update. Und so fängt das Ganze von vorne an.

Update-Wissen ist Wissen, daß ständig hinten herunterfällt, weil alle Nase lang ein neues Update kommt.

Wenn nicht von Ihrer Textverarbeitung, dann von Ihrem Fax- oder e-mail- oder Kalkulations-Programm. Und wenn alle gleichzeitig vier Wochen lang genutzt werden können, dann kommt garantiert ein System-Update!

Seit ich das kapiert habe, weigere ich mich, ca. alle halbe Jahre das System abzudaten. Ich nutze ca. 16 verschiedene Anwender-Programme, es dauert im Schnitt mindestens 8 Wochen, bis alle wieder einigermaßen laufen (das eine druckt mit dem neuen System nicht, das andere stürzt ab).

Wie konnte es dazu kommen, daß diese Info-Terroristen uns weismachen, wir bräuchten ständig diese Updates?

Weil sie mit jeder Version Geld verdienen, klar. Das ist **deren** Vorteil. Und wo ist **unserer**? Sie erhalten 117 neue Befehle, von denen Sie maximal 4 ab und zu benutzen werden. Viele Dinge gehen nicht mehr wie gewohnt, d.h. Sie müssen sich ständig auf die PC-Programme konzentrieren, statt auf Ihre eigentliche Arbeit. Wenn man sich das einmal überlegt, es ist unglaublich!

Wann immer Sie ab heute mit einem Update **bedroht** werden (das meine ich wörtlich!), fragen Sie sich: **Brauche** ich dieses Update? Brauche ich **es heute**?

Lernen Sie zu entscheiden: Ist es wichtig? Brauche ich das? Die meisten Programme bieten Ihnen viel Müll an, denn Sie gar nicht benötigen, z.B. Befehle, die Sie nie brauchen.

Da kommt z.B. das neue Programm mit einer phänomenalen Farbseparierung. Die brauchen Sie aber nicht, wenn Sie **nicht** mit Farbe arbeiten. Die brauchen Sie **auch nicht**, wenn Sie nur mit Ihrem alten Tintenstrahldrucker arbeiten, der die neuen Befehle sowieso nicht „verstehen" wird. (Man nennt dies „fehlende Rückwärts-Kompatibilität"!) Die neue Farbseparierung brauchen Sie nur, wenn Sie professionell DTP betreiben. Aber selbst hier könnte es sein, daß Sie diesen letzten Teil der Druckvorstufe auslagern wollen (outsourcing), wenn das nur ab und zu anfällt. Denn selbst wenn Sie diese phänomenale Farbseparierung beherrschen – wenn die meisten Ihrer KundenInnen nur schwarz-weiß mit Grautönen (600 dpi) wollen, dann nützt es Ihnen auch nicht viel.

Zum Schluß noch zwei Bemerkungen:

1. Was die **Update-Politik** bei Software ist, ist die **Modell-Politik** bei Hardware. Wenn ich ein paar tolle Schuhe entdecke, die leicht einzulaufen waren (ohne daß man sich die Fersen aufgerieben hat), dann bestelle ich sofort drei weitere Paare. Wenn meine neuen Schuhe nämlich kaputtgehen, kann ich sie nicht nachkaufen, weil es sie nicht mehr geben wird. Dito ein Sony-Walkman oder Diktiergerät (alle 6 Monate neue Modelle; da ist man bei Sony auch noch stolz darauf!).

Übrigens ist das Teil des Problemes: Leute beurteilen Texte (z.B. Fach-Redakteure), die sich überhaupt nicht in die LeserInnen hineinversetzen können, denen die nötigen Fäden noch fehlen (besonders bei Schul- und Handbüchern!).

2. Was die **Hand- und Schulbücher** angeht: Es gibt große Studien, die zeigen, daß Verbraucher (und Lernende) sich häufig die Schuld geben, wenn sie die Handbücher nicht verstehen. 65 % der Betroffenen meinen, sie seien „zu blöd"! Tatsache aber ist: Die meisten Hand- und Schulbücher sind auch heute noch (nachweislich) **nicht gehirn-gerecht**. 65 % der Betroffenen erhalten den bitteren Eindruck, daß sie zu wenig begreifen (also dumm sind) bzw. daß ihr Gedächtnis nicht ok sei, weil sie sich leider nichts merken können. Tatsache ist: **Informationen, die nicht gehirn-gerecht sind, müssen erst vom Empfänger gehirn-**

gerecht gemacht werden, falls er nicht bereits so viele Fäden im Netz hat, daß er sie verstehen kann – nicht wegen, sondern trotz der Art der Darstellung. (In diesem Fall braucht er die Info ja kaum noch.)

Lernen Sie zu fragen:

1. Ist es wesentlich?

2. Ist es gehirn-gerecht?

Nur so können wir uns **auf lebenslanges Lernen freuen!** Dann können wir weiter wachsen und immer wieder neue, spannende, faszinierende, wesentliche Infos in unser inneres Archiv integrieren, die uns Freude bereiten.

Verheißung?
Lebenslanges Lernen kann eine magische Wandlung erfahren: von einer Drohung zu einer Verheißung. Keine Pflanze beendet ihr Wachstum, solange sie **lebt**! Warum sollte unser Geist damit aufhören …?

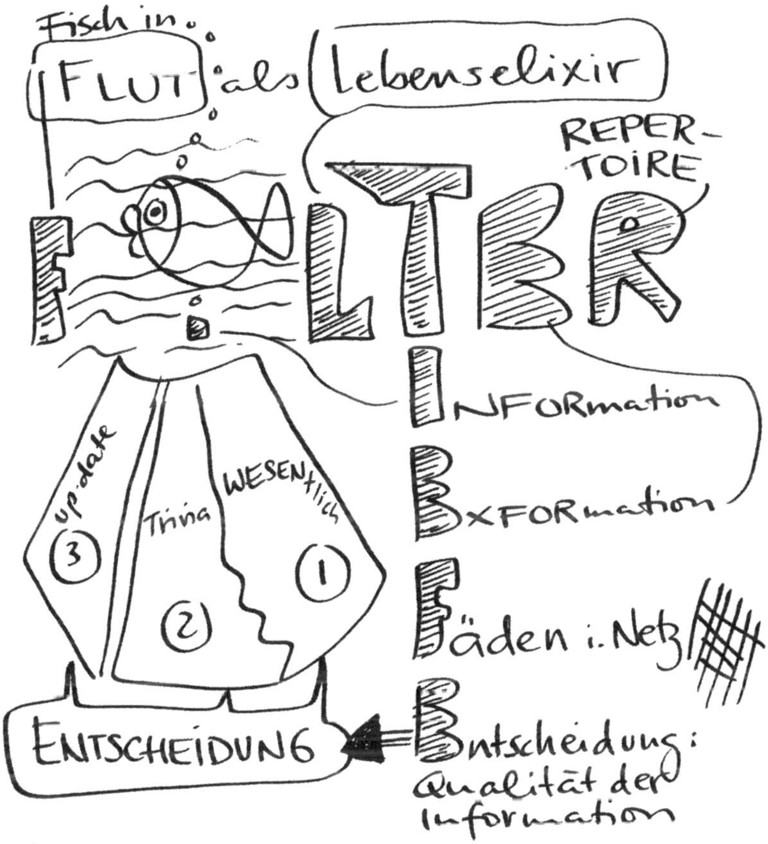

M 13 Kreatives Schummeln

Vgl. dazu auch die Module „Listen-Denken" (S. 94 ff.) und „LULL'sche Leitern und ROTAE" (S. 256 ff.).

Wann immer wir einen Buchstaben mit einem Begriff „verheiraten" möchten, kann es sein, daß wir manche Kombinationen „schwierig" finden. Schwierig sind aber nur Dinge, für die noch Fäden in unserem Wissens-Netz fehlen, sei es, weil es bestimmte Kombinationen einfach kaum gibt (z.B. deutsche Wörter, die mit „Y" beginnen), sei es, weil wir die fehlende Info noch nicht gelernt haben (wie bei „schwierigen" Themen). Konkret: Wenn wir ein Wort-KaWa oder eine ABC-Liste anlegen wollen, gibt es vor allem zwei Situationen, in denen wir „Probleme" haben könnten – hier gilt es, kreativ zu schummeln! Zum Beispiel:

1. ABC-Listen, um schwierige Buchstaben zu „füllen"

Lassen Sie mich einige Beispiele für die beiden schwersten Buchstaben im Deutschen geben: X und Y.

X: So „bastelte" ich bei meiner ersten Tierliste bei „X" nach einigem Nachdenken „**eXtinct**": Dino. Später benutzte ich auch öfter „X" für „eXtra" oder auch „eXtraordinary" (im Sinne von „besonders"), auch „eXtrem" oder „eXzellent", z.B. bei einer Liste von Eigenschaften/Fertigkeiten von Leonardo da VINCI trug ich bei „X" ein: „eXzellentes Beobachtungsvermögen". Manchmal benütze ich das „X" aber auch als Kreuz. Zum Beispiel, wenn ich das Wort **Kontext** „bearbeite", dann dient mir das „X" in seiner „**Kreuz**"-Funktion als Erinnerung dafür, daß kontextuell (unbewußt) eingespeicherte Infos in der Regel als passives Wissen vorhanden sind, auch wenn wir sie nicht bewußt RE-KONSTRUIEREN können, aber wir können sie erkennen, z.B. in einem Multiple-choice-Test, in dem wir die richtigen Antworten nur an-**KREUZ**-en müssen.

Eine Trainerkollegin, Claudia MONNET, schlug vor, mit dem Begriff „**x-beliebig**" zu operieren*, z.B. in einer Tierliste (**x-beliebiges** Insekt) oder in einer Pflanzen-Liste (**x-beliebige** Grasart) etc. Auch eine feine Variante.

* Das geschah übrigens in einem Kurz-Seminar in Bremen, als ich einige Schlüssel-Ideen zum (neuen) *„Stroh im Kopf?"* (kurz vor Erscheinen der überarbeiteten 36. Auflage, Herbst 2000) vorstellte.

Y: Auch mit dem „Y" kann man sehr kreativ umgehen. Vielleicht wollen Sie einmal kurz nachdenken, was Sie mit dem „Y" in dem Begriff „Story" tun könnten?

Ihre Ideen:

Wenn wir unseren Geist ein wenig „strecken", wird es spannend. Zwar drängt sich der Begriff „Yin-Yang" im ersten Ansatz nicht immer direkt auf, aber wenn wir ein wenig reflektieren, wird uns klar, daß fast jedes Thema möglicherweise davon profitieren könnte, über mögliche Gegensatz-Paare nachzudenken. Dies ist besonders interessant im Hinblick auf die Frage der Grenz-Ziehung: Wenn wir einen Gegensatz haben (heiß/kalt, ehrlich/unehrlich, mutig/feige): Wo ziehen wir die Grenze?

Wir können uns alle Gegensätze immer als Spektrum vorstellen: eine Linie, an deren einem Ende die eine Variante, am zweiten die andere Variante „sitzt":

A ________________________________ B

Wenn wir fragen: „Was ist nicht mehr heiß, aber eigentlich noch nicht kalt?", fragen wir nach der Temperatur, also danach, wo auf dem Spektrum wir uns gegenwärtig befinden. Aber das funktioniert nicht immer gleich gut! Fragen wir: „Was ist nicht mehr ehrlich, sondern eigentlich schon unehrlich?", dann müssen wir uns weitere Fragen stellen, z.B.: Wie definieren wir „ehrlich" und „unehrlich" („mutig" und „feige")? Oft stellen wir fest, daß die Definitionen einer Sache mit der ihres Gegenteils überhaupt nicht übereinstimmt … Sie sehen, es kann sich sehr wohl lohnen, über Gegenpole zu reflektieren (und darum sollte es uns an dieser Stelle gehen).

Yin-Yang

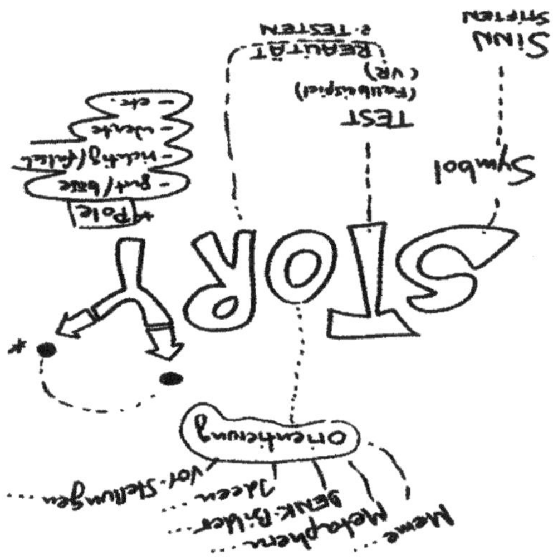

Das originale Beispiel wurde stark verkleinert und meine Lösung auf dem Kopf stehend gedruckt, damit Sie noch einen Moment Zeit haben, selbst nachzudenken … Sie brauchen diesen Wink mit dem Zaunpfahl natürlich nicht. Sie denken freiwillig nach …?

So habe ich z.B. bei diesem Story-Beispiel das „Y" als „Entscheidungs-TRÄGER" verwendet (im wörtlichen Sinn: es „TRÄGT" die Entscheidung zwischen zwei Polen.

Ich nutze das „Y" gerne als „Wegweiser" zwischen zwei Aspekten, über die wir nachdenken können, z.B.: Fördert eine bestimmte Story unser Wissen über die **äußere** oder über unsere **interne** Welt (im Sinne der Selbst-Erkenntnis)?

LINKS
Wahlmöglichkeit 1

RECHTS
Wahlmöglichkeit 2

Natürlich dürfen wir alle Sprachen zum Einsatz bringen, die uns geläufig sind. Bei mir findet ca. 70 bis 80 % meines professionellen Denkens immer noch in Englisch statt, also schleichen sich auch bei deutschen KaWa.s oft englische Begriffe ein (vgl. Beispiel KaWa.s in *„Das große Analograffiti-Buch"*).

2. KaWa.s: Der Buchstabe, den wir suchen, fehlt

Beispiel: Ich wollte im Zusammenhang mit dem **Tapeten-Effekt**© (vgl. S. 272 ff.) unbedingt hineinbringen: das **UMFELD**, die **UMWELT**, den **KONTEXT**, den **ZUSAMMENHANG**; es fehlten aber „U", „K" und „Z". Wenn uns so etwas passiert, gilt es, **kreativ zu schummeln**. Also suchen wir ein Synonym, wobei wir KaWa.s für uns persönlich anlegen und demzufolge auch frei „spielen" dürfen. Ich suche immer zuerst einmal in meinem englischen Denken und werde oft schnell fündig, aber ich kenne Leute, die mit

Dialekt-Wörtern arbeiten oder mit „kreativen" Abkürzungen unterschiedlichster Art. Hier sehen Sie das erwähnte Beispiel zum Tapeten-Effekt, mit der Erklärung zu **Environment**.*

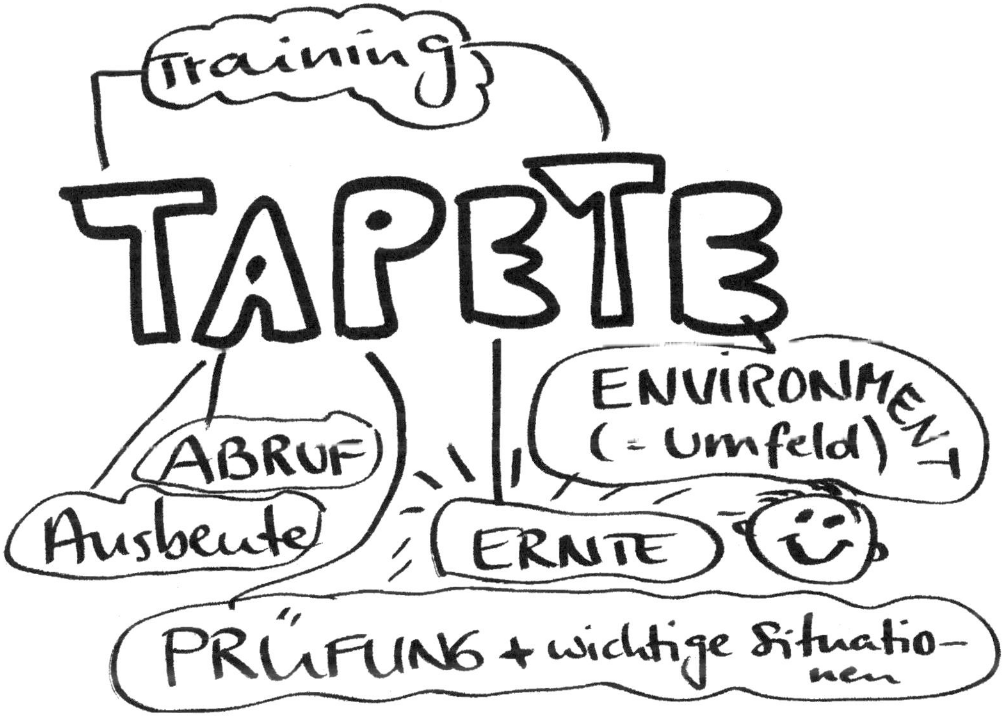

* **Environment – Kleiner KaWa-Tip:** Wenn Sie einen Begriff benötigen, den das Schlüsselwort nicht enthält, und sich kein passendes Synonym findet, weichen Sie ruhig auf eine andere Sprache aus. KaWa.s erstellen wir für uns selbst, und die Fallbeispiele in diesem Buch sind aus meinen eigenen Vortrags- und Seminar-Dispositionen entnommen. Weitere Beispiele finden Sie natürlich in *„Birkenbihls Denkwerkzeuge"*.

M 14 Lehrer-Modul

für alle LehrerInnen, die einmal einen TRAUM hatten, den sie aufgegeben haben

Der sogenannte Enthusiasmus bedeutet nämlich, ganz wörtlich: Gott-im-Inneren (*En* = innen; *THUS* ist eine Zusammenziehung des gr. *THEOS*).

Achtung!
Alles, was ich über das „Schul-System" und über Lehrkräfte sage, betrifft natürlich das Schul-System **von beinahe allen industrialisierten Ländern**, nicht nur unser eigenes Land! **Aber an der Schwelle zum Wissens-Zeitalter müssen wir unseren Traum wiederfinden!**

In diesem Modul möchte ich kurz die Tatsache beleuchten, daß extrem wenige Lehrkräfte in der Lage sind, ihre Schüler mit Begeisterung „anzustecken" (ein Feuer in ihnen zu entfachen). Dazu gehört nämlich u.a.

1. eine heiße **Liebe** für das eigene Fachgebiet,
2. GEIST (Be-**GEIST**-erung!!) und
3. eine Qualität, die man schon fast als „heilig" empfinden kann, wenn man den Begriff wörtlich nimmt: **En-THUS-iasmus**.

Wenn eine Lehr-KRAFT innerlich mit der Liebe zu diesem Thema **brennt**, wird sie diese LIEBE energiemäßig weitergeben! Sie wird das Buschfeuer weitertragen – es geht gar nicht anders.

Aber bei vielen LehrerInnen, da schwelt nur noch ein Häufchen lauwarmer Restkohlen in der Asche, nicht zuletzt, weil unser Schulsystem vielen ihren **TRAUM** darüber, wie man dieses Wissen vermitteln **könnte**, **geraubt** hat. Aber es ist Zeit, wieder **aufzuwachen** und **weiterzuträumen**:

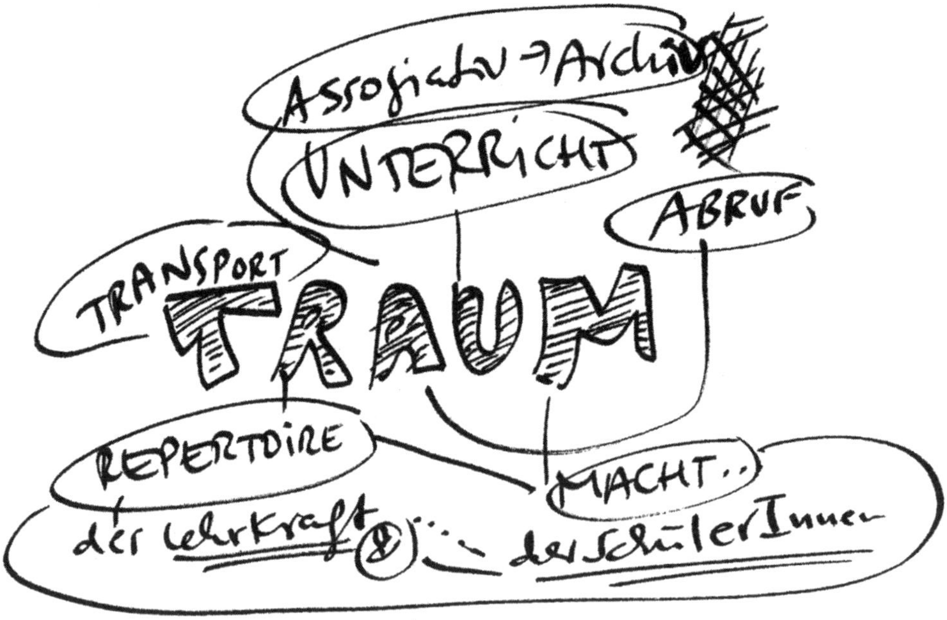

Je mehr die SchülerInnen aus dem Unterricht „mitnehmen" können (d.h. in ihr Wissens-Netz und/oder ihr inneres Archiv integrieren), desto mehr Fäden (Wissens-REICH-tum) besitzen sie, um über alle (späteren) Themen, Fragen, Probleme ihres Lebens, intelligent/kreativ nachzudenken.

Mit **MACHT** an die Schüler geben (siehe KaWa, S. 252) meinen wir **Er-MÄCHT-igung**! Natürlich ist (u.a.) Wissen auch Macht, nur merken die SchülerInnen im herkömmlichen Unterricht nichts davon. Sie erleben eher die **Macht der Pauker** (aufgrund ihrer Position und der **Macht**, schlechte Noten zu geben), selten aber dürfen sie die **Er-MÄCHT-igung** erleben, die mit Wissen einhergeht. Abgesehen von Ergebnissen gewisser großangelegter internationaler Studien (z.B. der **PISA**-Studie) gilt: Wenn weniger als 10 % der Schüler in der Schule lernen, „geil auf Wissen" zu sein, wenn sie aus der sogenannten Penne kommen, dann ist das ein Armutszeugnis allererster Güte. In gewissen sogenannten unterentwickelten Drittwelt-Ländern laufen Kinder täglich mehrere Kilometer, um in die Schule zu kommen; die sind „geil auf Wissen" und werden oft von armen Eltern daran gehindert. In gewissen „fundamentalistischen" Umfeldern (es gibt deren auch christliche!) dürfen Mädchen oft nicht auf die (höheren) Schulen gehen und leiden darunter!

Bei uns darf man, leider aber ist das, was sich Unterricht nennt, teilweise sehr schlimm.

Ich weiß, LehrerInnen glauben es ungern! Aber erstens zeigen die Reaktionen von betroffenen Jugendlichen, wie auch von Eltern in den Brain-Seminaren, daß wir hier nicht über einige wenige Ausnahmen reden. Zweitens sammelt eine Kollegin (Frau Dr. Christina KUNZ aus Villingen in der Schweiz) seit Jahren Erfahrungen an Schulen, wo sie gehirn-gerechte Techniken vorstellt; sie (als ehemalige Lehrerin) arbeitet täglich mit Rektoren, Lehrkräften, Eltern und, nicht zuletzt, SchülerInnen. Sie berichtet darüber z.B. in sogenannten (hunderten) „**Kummerseiten**", in denen SchülerInnen und Eltern sich „ausweinen". Daraus geht hervor: Die Zahl der SchülerInnen, die nicht nur akut leiden, sondern sich aus Angst vor schlechten Noten nirgendwo zu beschweren wagen (auch nicht bei der Klassen-Lehrkraft noch beim Rektor), dürfte bis zu 60 % betragen (dies variiert stark von Schule zu Schule, es kann auch unter 10 % liegen, aber der statistische Schnitt ist extrem hoch).

www.kunz-villmergen.ch

Merke:

> **Jede Firma mit einer solchen Konstellation wäre schon lange pleite; in der Schule sind die SchülerInnen Kunden und werden wie Bittsteller, Sklaven oder Kriminelle behandelt.**

Die Noten

Es gibt eine Menge gegen die GAUß'sche Verteilungs-Kurve für Noten zu sagen, sowie für die **Annahme, bei jeder Prüfung müsse es einige ganz schlechte Ergebnisse geben** und nur wenige gute (an der Spitze). Rein theoretisch könnten bei exzellentem Unterricht durchaus die meisten SchülerInnen die Prüfung mit „gut" und „ausgezeichnet" bestehen. Hierzu wäre es allerdings nötig, über die **Meßergebnisse** nachzudenken, die dem Noten-Vergeben vorausgehen:

Vgl. in diesem Buch das Modul „Gehirn-gerecht Machen von neuen (Lern-) Infos", S. 201, wie auch das gleichnamige Vorläufer-Modul im (neuen) *„Stroh im Kopf?"* (ab 36. Auflage).

1. **Prüfungsfragen:** Wie wir wissen, können LehrerInnen schlaue Bücher mit Prüfungsfragen und Antworten kaufen. Wenn wir mal von Mathematik und Grammatik absehen (hier gibt es inzwischen jede Menge Lernhilfen mit Aufgaben und Lösungen), kaufen die LehrerInnen diese Bücher **nicht**, **wie sie gerne behaupten, vor allem wegen der Lösungen**, sondern im Gegenteil, **wegen der Fragen**. Wenn wir nun von Verständnis-Fragen absehen („Was ist das?", „Wie heißt das?", „Wie geht das?"), dann gilt die Fähigkeit, gute Fragen zu stellen als Beweis, etwas begriffen zu haben! Ich habe in vielen Seminaren festgestellt, daß gerade LehrerInnen dazu oft nicht fähig sind. Viele beherrschen ihre Lehrbücher, nicht aber den Stoff! Das ist ein großer Unterschied.
2. **Selbst-Benotungen:** Sehr gute Resultate haben auch Selbst-Benotungen der Lernenden erbracht. Ich weiß, daß viele LehrerInnen jetzt auf die Barrikaden gehen (während einige wenige inzwischen hervorragende Erfahrungen damit gemacht haben). Ich erinnere mich an ein Erlebnis mit dieser brillanten Maßnahme: Wir hatten eine Schulaufgabe in Mathematik (ca. 1958) vollkommen „verhauen". Statt sie uns fertig benotet (mit dem üblichen „langen Gesicht") zurückzugeben, verteilte der Lehrer die Blätter, in denen alle Fehler nur mit Bleistift angestrichen waren und bat uns, jeweils zu zweit, alles genau durchzusehen und dann gemeinsam festzulegen, welche Note wir für fair hielten. Wir taten das und legten unsere Noten fest.

Ich plädiere auch hierfür seit vielen Jahren: Erwachsene streichen sich Dinge **farbig** an, um sie sich zu **merken**, weil Farbiges sich besser einprägt. Aber Lehrer bestehen immer noch darauf, Fehler mit roter Tinte anzustreichen (z.B. *„Dicktat"*), damit es sich besonders gut einprägt … Warum nicht mit Bleistift, so daß die SchülerInnen die **Korrektur farbig** eintragen können, damit diese sich einprägen kann? Aber das würde ja die Arbeitsweise des Gehirns respektieren (wäre also gehirn-gerecht)!

Anschließend bat er uns, unsere Note vorzulesen, wobei er uns im Anschluß jeweils die Note sagte, die er uns gegeben hätte. Dreimal dürfen Sie raten: Lagen die selbst zugeteilten Noten **über** oder **unter** seinen? Was glauben Sie? (Übrigens stellte er uns jeweils frei, seine oder unsere Note zu wählen).

Antwort:

Wir lagen fast immer eine halbe Note „unter" seiner, hatten uns also im **Schnitt 0,5** schlechter eingestuft, als er uns. **Nun** fanden wir seine Noten **äußerst** fair.

Leider war er nur ein Aushilfslehrer, der bald wieder gehen mußte. Warum müssen solche Maßnahmen, die das Benoten so transparent machen, daß wohl kaum Zweifel übrig bleiben, so selten sein? Außerdem habe ich (bis zum College in den USA) nie wieder erlebt, daß Lernende die Prüfungsaufgabe im nachhinein so aufmerksam durchdachten, wie hier!

3. **Transparenz:** Immer mehr Manager gehen dazu über, alles (bis hin zu finanziellen Fragen) offen zu legen, nicht nur innerhalb der Firma, sondern teilweise bereits im Internet. **Es hat sich ausgezeichnet bewährt.** Wenn alle (von den Kunden bis zu den eigenen VertreterInnen) genau wissen, wieviel Rabatt maximal „drin ist", dann gibt es weit seltener Verdächtigungen oder Gerüchte (ein anderer könne mehr bekommen haben), auch ungerechte Forderungen nach unsinnigen Rabatten werden extrem rar. Ähnliches gilt für den Sport: Bei allen Sportarten mit transparenter Punktevergabe fühlen sich alle hinterher wohl, Athleten wie Publikum; bei den weichen (wischi-waschi) Entscheidungen (z.B. Eiskunstlauf) wäre eine Erklärung oft sehr hilfreich. Wenn man herumraten muß, ob ein Preisrichter gesehen hat, daß ein Sprung auf der Außen- statt Innenkante landete, dann bleibt ein ungutes Gefühl – wie die endlosen Debatten um diese Urteile jedes Jahr zeigen. Sogar Richter müssen ihre Urteile genau begründen, wiewohl das Urteil aus dem Gesetzes-Text abgeleitet worden war! Ähnliche Ergebnisse können in der Schule erwartet werden: Bei Aufgaben mit klar umrissenen Richtig/Falsch-Lösungen kann jeder sehen, wieviel von 100 % richtig waren. Sogar die SchülerInnen selber (siehe Selbst-Benotung, oben!).

Das entspricht übrigens der Benotung in angelsächsischen Ländern: Man „hat" 92 % und keine „Note 2", was letztlich einer weit besseren **Kontrolle für den Lernenden** entspricht, von wegen EmPOWER-ment der Opfer … Wenn Schüler nach der Prüfung diese mit einem **Schlüssel** selbst bewerten und dann die korrekte Prozentzahl eintragen, dann gibt es auch keinen Streit.

4. **Jury:** Wo immer Transparenz nicht selbst-evident erscheint (schließlich können wir Aufsätze oder Referate nicht nach einem Richtig/Falsch-Muster bewerten), gilt es möglichst, die Arbeit von einer **Jury** begutachten zu lassen.

   a) **Extern:** Warum setzt man weltweit bei weichen Entscheidungen Jurys ein? Das hat doch einen Grund. Zwar ist die Jury keine Garantie für eine optimale Bewertung, aber sie verhindert gröbste unfaire Urteile, die jeder Lehrkraft unterlaufen können, weil jede Lehrkraft auch Mensch ist (errare humanum est, nicht wahr?). **Unser Gehirn**

Die Geschworenen bei Gericht sind auch eine Art „Jury".

sorgt für viele Illusionen, nicht nur optischer Art (wir beginnen langsam, ein wenig davon zu verstehen). Daher wissen wir inzwischen, daß wir nicht halb so objektiv sein können, wie wir glauben. Deshalb setzen wir sowohl im Gericht als auch bei Punkt-Gerichten außerhalb der Schule schon lange Gruppen ein (Schöffen, Geschworene, Jury-Mitglieder). Im Schulalltag würde das bedeuten, daß auch andere Lehrkräfte (optimal einer anderen Schule, oder pensionierte Lehrkräfte, die nebenamtlich ein wenig mitwirken wollen) die Arbeiten ebenfalls begutachten.

b) **Intern:** Schülergruppen beurteilen die Arbeiten der Mitschüler. Bitte bedenken Sie den gigantischen Lern-Effekt, wenn SchülerInnen „Lehrer spielen". Plötzlich verstehen Sie die Lehrer-Position um so viel besser, schon allein das wäre es wert! Außerdem müssen Sie sich mehrmals intensiv mit den Inhalten auseinandersetzen – eine bessere Festigung des Wissens können Sie nirgendwo kaufen! Drittens ist diese Lösung kostenlos, weder müssen andere Lehrer sich gegenseitig Zeit-Budgets zugestehen, noch kostet es Geld (wie wenn wir pensionierte LehrerInnen hinzuzögen).

Sie sehen, es könnte sich schon lohnen, Ihren Traum wieder zu träumen, indem Sie aus dem schulischen Dornröschenschlaf erwachen, in den das System Sie versetzt hat! Wachen Sie auf, damit Sie wieder träumen können!

Assoziatives Denken in der Schule!

Assoziatives Denken ist dem Gehirn „angeboren", es ist der einzig mögliche (und natürliche) Denk-Stil. Im Gegensatz dazu ist das Gehirn überhaupt nicht darauf eingerichtet, mit isolierten Info-Bits umzugehen. Um nur drei Beispiele zu nennen:

Vgl. mein *„Sprachenlernen leicht gemacht"* (als Buch bzw. als didaktisches Hörspiel).

1. **Vokabel-Pauken ist extrem ineffizient!** Das Speichern von isolierten Info-Einheiten ist von der Natur „nicht vorgesehen" und daher sehr kontra-produktiv (deshalb ist es ja auch bei der BIRKENBIHL-Methode, Fremdsprachen zu lernen, verboten!)
2. **Multiplikations-Fehler:** Warum verwechseln die meisten Menschen gewisse Multiplikations-Ergebnisse immer und immer wieder (7 x 8 = ??)? Weil wir assoziativ denken, diese Ergebnisse aber diskret (einzeln, isoliert, absolut) gelten müssen, worauf unser Gehirn **nicht** eingerichtet ist. Wenn wir also die erste Zahl (z.B. 7) wahrnehmen, assoziie-

ren wir 17, 71, 77 etc. und wenn wir die zweite Zahl dazudenken sollen (z.B. 8), dann fallen uns 18, 81, 88 etc. ein; auch die Verbindung beider (78, 87) erscheint uns völlig **naheliegend**. Aber das Ergebnis (56) liegt so fernab aller assoziativer Denk-Verbindungen, daß es „schwer" wird.

3. **Sogenanntes Schul-Lernen – Pauken von isolierten Daten und Fakten:** Das **kann** ebenfalls **nicht** funktionieren! Viele Millionen von SchülerInnen und StudentInnen quälen sich weltweit, weil **nur** SINN-volle Informationen mit dem eigenen Wissens-Netz verbunden werden können. Deshalb wurden umfangreiche mnemonische Systeme erfunden, mit deren Hilfe man SINN-lose Einzeldaten (um nicht gleich „Unsinn" zu sagen) tatsächlich ins Gedächtnis überführen kann. Aber **erstens** ist diese Liaison sehr **brüchig**, weshalb alle Gedächtnis-Päpste seit dem Altertum darauf beharren, man müsse den Lehrstoff immer wieder repetieren. (Deshalb ist es auch gar nicht erstaunlich, daß die meisten Leute über **80 % des in der Schule gelernten „Stoffes"** spätestens fünf Jahre nach Schulschluß **vergessen** haben.)

   Zweitens wird hier der völlig falsche Eindruck erweckt, Lernen sei schwer, während in Wirklichkeit das genaue Gegenteil stimmt. Wie Klaas MELLANDER aufzeigt, lernen wir ununterbrochen, wir merken es nur nicht. Erst wenn etwas stattfindet, das wir „Unterricht" oder „Unterweisung" nennen, beginnen die „Lern-Probleme". Kein Wunder, da das meiste dieser Darbietungen ja auch massiv gegen die Arbeitsweise des Gehirns „anzustinken" versucht. Übrigens könnten wir uns in diesem Zusammenhang fragen:

   Warum reüssieren SchülerInnen mit den besten Noten zwar **im Schulleben hervorragend**, aber in der Weltspitze genialer DenkerInnen sind extrem wenige dieser Menschen zu finden?

Diese werden (im statistischen Schnitt) weit häufiger Lehrkräfte und PolitikerInnen. „**Stop!**" – sagen Sie jetzt vielleicht. Wir wissen doch, daß **brillante Absolventen der großen privaten Universitäten** auch brillante wissenschaftliche Karrieren machen (viele Nobelpreisträger!) und daß nur solche Erfolgreiche einen Lehrstuhl an einer Lehr-Institution mit hohem Prestige erringen können (z.B. Harvard). Beißt sich das nicht mit eben Gesagtem? Nein! STERNBERG stellt eindeutig klar:

> Gute Pauk-SchülerInnen und Studenten können nur bis zur **ersten Hälfte ihres Studiums** brillieren, während schwache StudentInnen,

Studien (vgl. DAHAENE, Literaturverzeichnis) haben gezeigt, daß es einige wenige Standard-Fehler gibt, **die assoziativ nachvollzogen werden können**, während in Abertausenden von Berechnungen niemals andere Fehler-Zahlen (z.B. 7 x 8 = 101) aufgetaucht sind!

Diese Memo-Techniken sind hervorragend für Daten geeignet, wie Ihre geheime PIN-Nummer, Ihre Konto-Nummern oder die Namen von Leuten, die Sie sich merken wollen, nicht aber für Informationen, mit denen Sie später „rechnen" wollen, d.h. Infos, die Sie als echte „Fäden" in Ihrem Wissens-Netz besitzen wollen.

Klaas MELLANDER: *„Power-Learning!"* (Unbedingt empfehlenswert, insbesondere in Bezug auf das praktische Weiterlernen im Berufsleben!)

Robert J. STERNBERG: *„Erfolgs-Intelligenz"*.

die sich bis hierher irgendwie durchgeschleppt haben, jetzt zunehmend die Oberhand gewinnen.

Denn jetzt heißt es in zunehmendem Maße assoziativ denken, analysieren, Synthesen finden, bewerten, beurteilen, Entscheidungen treffen, intelligente Experimente ausdenken und durchführen etc.

Vgl. *to investigate* = untersuchen (Detektivspiele).

Jetzt beginnt man nämlich wissenschaftlich zu arbeiten, ab jetzt macht es Freude, jetzt wird der Denk-Stil **investigativ** und das ist spannend und faszinierend!

Es ist unglaublich, daß wir damit warten, bis unsere jungen Leute 10 bis 14 Jahre institutionalisiertes Pseudo-Lernen (Pauken) hinter sich haben, ehe wir ihnen zeigen, wie aufregend **echtes Lernen** sein kann! Inzwischen sind die meisten leider abgesprungen, weil sie sich fälschlicherweise für dumm, unfähig, unkreativ etc. halten.

Die Zahl derer, die das offizielle Schul-System unterhalb der Hochschulen nicht einmal bis zu einem qualifizierten Abschluß schaffen, ist enorm hoch. Die Zahl derer, die sich irgendwie durchgemogelt haben, und trotz Abschluß auf Papier weder logisch noch wissenschaftlich denken können, ist mindestens genau so hoch.

Vgl. PISA-Studie 2002: Deutschland fiel in den vergangenen zwei Jahrzehnten auf Platz 17, während Finnland aus früheren Erfahrungen Konsequenzen zog und inzwischen zur Weltspitze gehört!

Aber es gibt ein Gegenmittel, und das ist das ASSOZIATIVE DENKEN. Es gehört zu einer der herausragenden Eigenschaften, die geniale Denker aller Sparten (von Forschern bis zu großen Künstlern) vereinen: Sie denken assoziativ, und genau das findet in unserem Schul-System erst sehr spät statt. Viel zu spät!

Die engagierte Lehrerin Dr. Christina KUNZ, die gehirn-gerechtes und analografisches (assoziatives) Denken an Schulen vorstellt (sie arbeitet mit Rektoren, Lehrkräften und SchülerInnen), stellt fest:

> Es ist sehr zäh! Viele wehren sich, weil sie ganz anders ausgebildet wurden und sie dieser neue Weg gleichsam gegen den Strich bürstet. Aber diejenigen, die umstellen, ernten großartige Erfolge. Und was mich ebenfalls enorm erstaunt hat ist, daß schon die 15- bis 17-jährigen SchülerInnen vom alten System so verseucht sind, daß sie richtig umlernen müssen, während die jüngeren SchülerInnen viel leichter klarkommen. Wir müssen mit den Kleinen damit beginnen, nicht erst, wenn es schon so spät ist. Aber diejenigen SchülerInnen wie LehrerInnen, die sich umstellen, erleben immer wieder das **großе Glück des eigenen Könnens**.

www.kunz-villmergen.ch

Und sie sagt:

> **Nichts beglückt uns so, wie die eigenen Fähigkeiten bewußt zu registrieren.**

Eine Hoffnung ihres Projektes ist es, daß mehr Eltern und LehrerInnen begreifen: **Durch systematisches Empowerment (Er-MÄCHT-igung) der SchülerInnen werden alle profitieren.**

Vgl. auch S. 247.

Eine Lehrerin, die nach einem Seminar bei ihr den Unterricht dramatisch umgestellt hat, stellte fest, daß sie jetzt wieder gerne in die Schule geht (vorher trug sie sich mit dem Gedanken, sich aufgrund des hohen Streß-Niveaus vorzeitig pensionieren zu lassen). Inzwischen freut sie sich wieder auf den Unterricht, und die Probleme mit den SchülerInnen haben auch aufgehört. Natürlich! Wenn wir (jungen) Menschen die Chance geben, **herauszufinden, was sie können** (statt ihnen andauernd klarzumachen, was

Vgl. Sie auch das Modul „Forschungsergebnisse über das Lernen" (S. 153 ff.).

sie **nicht** können), dann beenden wir den Teufelskreis der Vergangenheit. Das *Innere-Archiv*-Buch bietet viele Ideen, um nur einige kurze Anregungen zu erwähnen:

- **Lassen wir die SchülerInnen zum Einstieg in ein Thema eine ABC-Liste anfertigen** und diese miteinander vergleichen! Einige Minuten (= aktives assoziatives Selbst-Denken) ersetzt 30 Minuten Unterricht, dem niemand fasziniert gelauscht hätte. Allerdings **nach** einem selbstdenkenden Einstieg ist man viel interessierter an dem, was folgt! So machen wir uns das Unterrichten leichter und den SchülerInnen das mitdenken!

Definitions-Spiel

- **Lassen wir die SchülerInnen für neue Fachbegriffe der nächsten Unterrichts-Einheit vorab eigene Definitionen erfinden**, damit sie mit den neuen Wörtern vertraut werden und erste Hilfsfäden in ihr Wissens-Netz „spinnen" (indem sie durchaus albern „herumspinnen" dürfen). Einige Minuten dieser aktiven Denk-Arbeit macht sie neugierig darauf, was diese Termini nun **wirklich** bedeuten und spart später viel Zeit. Denn wenn der Terminus vertraut ist und wenn man beim Erläutern der gemeinten Funktion auch erklärt, warum die Sache so heißt, wird der Unterricht gehirn-gerecht. Allerdings müssen wir jetzt manchmal erst recherchieren, weil die Autoren von Schulbüchern sich in der Regel nicht damit aufhalten, gehirn-gerechte Informationen zu geben. Diese gehen nämlich noch davon aus, daß man es „halt zu lernen habe" – allerdings nur solange, wie Lehrkräfte und Schulen diese Bücher freiwillig auswählen ... Ich kenne eine Schule, da schreiben die Lehrkräfte sich in Zukunft ihre Lehrbücher selbst. Sie entstehen modular, jedes Modul wird ins Intranet (der Schule) gestellt und kann von allen Schülern (auch denen in anderen Klassen) eingesehen werden. Die SchülerInnen e-mailen Fragen, Unklarheiten werden beseitigt und bald wird es hier ein tolles Online-Werk für bestes In-School-E-Learning geben. All das als Resultat eines Brain-Management-Seminars, das macht doch Mut, oder??
- **Lassen wir die SchülerInnen zwei Listen miteinander verbinden (LULL'sche LEITERN)** und mit den Inhalten der beiden Listen „spielen". Wer will denn auch heute noch darauf bestehen, daß es immer ernst zugehen müsse? **Merke: Jedes Kichern über komische Verbindungen schärft das Denken**, denn um zu kichern muß man erkannt haben, **warum** diese Verbindung „nicht funktioniert!"

- **Lassen wir die SchülerInnen den Lehrstoff zum Lernstoff machen, indem sie wesentliche Aspekte** (z.B. auch mittels LULL'scher ROTAE) **selber entdecken dürfen.** Diese Denk-Werkzeuge schuf Raimundus LULLUS (ein Feind jedes sturen Paukens) zur **Generierung neuer Gedanken und zur Erweiterung von Wissen** im 13. Jahrhundert.

Mehr dazu in den Modulen „LULL'sche Leitern und ROTAE" (S. 256 ff.) und „Denk-Technik" (S. 94 ff.).

Geben wir unseren SchülerInnen eine echte Chance mit diesen Power-Tools! Und träumen wir unseren Lehrer-Traum weiter. Wir müssen nur endlich **aufwachen**!

* Schreibweise eines Schülers; soll „Chance" heißen …

M 15 LULL'sche Leitern und ROTAE

Raimundus LULLUS, geboren 1235 auf Mallorca, gestorben 1316 im Alter von 81 Jahren, größte Wirkzeit Ende des 13. und Anfang des 14. Jahrhunderts (in ganz Europa).

Der große Denker **Raimundus** LULLUS scheint zunächst ein Lebemann gewesen zu sein, zwar durchaus religiös, aber Wein, Weib und Gesang nicht abgeneigt. Allerdings hatte er sich schon immer für **die großen Fragen seiner Zeit** interessiert. Dazu gehörte z.B. der **Dialog der drei großen Religionen** (Judaismus, Christentum und Islam). Das war im 13. Jahrhundert ein „heißes" Thema (bei dem allgemeinen Trend, der von den Kirchen wegführt, heute schwer nachvollziehbar). Aber die einigermaßen gebildeten Menschen damals haben solche Ereignisse ähnlich betroffen verfolgt, wie wir die Frage nach dem Frieden im Nahen Osten.

Natürlich war die lingua franca (die das Englische heute darstellt) damals das Lateinische, wobei einige wirklich gebildete Leute damals auch arabisch sprachen (bzw. es zumindest lesen konnten).

Normalerweise stritten sich gelehrte Vertreter der großen Religionen auf **internationalen Konferenzen** über die Unterschiede ihres Glaubens und versuchten, die anderen **von ihrem „Unrecht" zu überzeugen**. LULLUS ging viele Jahre lang mit dem vagen Gefühl schwanger, es müsse auch einen anderen Weg geben, um diese großen, anscheinend unüberbrückbaren Differenzen doch irgendwie zu vereinen.

Die **Erleuchtung** traf ihn wie ein Blitz im Jahre 1272 (also im Alter von 35 Jahren), nachdem er jahrelang gebrütet hatte, und zwar u.a. mithilfe von **WORTLISTEN** (s.u.).

Inzwischen wissen wir, **daß große Erfindungen zwar oft wie ein Blitz einschlagen**, aber, wie PASTEUR bereits feststellte, eine Erleuchtung nur über **einen vorbereiteten Geist** „hereinbrechen" kann. So auch hier. Nachdem LULLUS viele Jahre lang **immer wieder** über dieser Frage gebrütet und gegrübelt hatte, erlebte er plötzlich eine wahre **Erleuchtung**.* Sie bestand aus zwei Elementen:

1. Ihm wurde klar, daß man von (aus) den Attributen Gottes den gesamten Kosmos (also die ganze Welt, das Universum, das, was wir als *Realität* oder *Wirklichkeit* bezeichnen) ableiten können müsse.
2. Er begriff gleichzeitig, daß die großen Religionsvertreter die Sache strategisch völlig falsch angingen, da sie immer auf den **Unterschieden** ihres Glaubens herumhackten, während seine blitzartige Erleuchtung ihm auch gezeigt hatte, daß es in **dieser** Frage weitgehende **Überschneidungen** gab.

---

* Quellen: Da (wie wir noch sehen werden) die Arbeit von LULLUS auch in Verbindung mit Gedächtnis gesehen werden kann, enthält YATES *„Gedächtnis und Erinnern"* einige Hintergrund-Informationen, nicht nur zu LULLUS selbst, sondern auch zu späteren Gedächtnis-Technikern (wie RAMUS und KIRCHNER durch deren Arbeiten letztlich der „Draht" zu LULLUS erhalten blieb). Wer sich durch ein fachliches Werk nicht abschrecken läßt: RIEGER (s. Literaturverzeichnis).

Das war zur damaligen Zeit ein völlig neuer Gedanke, aber, wie bei allen Erleuchtungen: Man kann im nachhinein seine vorherige Position überhaupt nicht mehr nachvollziehen. Nach der Erleuchtung kann man seine Glaubensinhalte, früheren Verhaltensweisen etc. nicht mehr begreifen. Jetzt erschien es ihm so sonnenklar, daß er es nicht fassen konnte, warum er es nicht schon lange vorher begriffen hatte:

Die **Juden** sprachen seit Jahrhunderten von den **Namen Gottes** (so stellen z.B. die 10 Sefiroth in der Kaballa 10 **Namen = Attribute** Gottes dar).

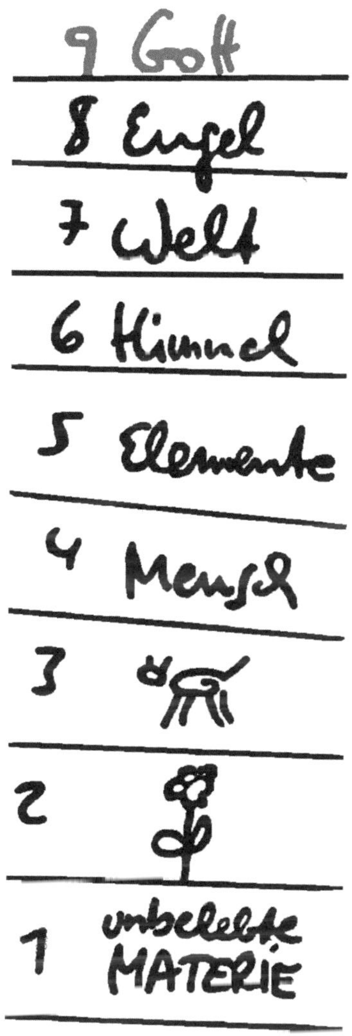

Auch im **Islam** sind die **Namen und Attribute Allahs** eine Schlüsselfrage; das gleiche galt für das **Christentum** des 13. Jahrhunderts!

Nun galt es, jene **Attribute Gottes**, über die alle drei Religionen sich **einig** waren, **herauszuarbeiten** und **aufzulisten**. Anschließend galt es dann, genau zu erarbeiten, wie (im Detail) die Welt von diesen Attributen her- und abge-**LEIT**-et werden mußte. Nach einiger Zeit begann die Vision von LULLUS konkrete gedankliche Gestalt anzunehmen, mit seinen Schlußfolgerungen und Ableitungen füllte er eine Reihe von Büchern (handschriftlich!!), von denen manche bis heute nicht veröffentlicht wurden (sondern nur in Museen und Bibliotheken eingesehen werden können). Wir wollen hier nur einen extrem vereinfachten Überblick erhalten, um das nachfolgende zu begreifen! Wir können es uns wie folgt vorstellen: Eine göttliche hierarchische **LEITER**, die man gleichsam hinauf- und hinuntersteigen kann, vom Niedrigsten (unbelebte Materie) zum Höchsten (den Engeln), denn **Gott** selbst schwebte (als prima causa) gleichsam **über der Hierarchie**, die er geschaffen hatte!

Wenn wir die Weltsicht von damals mit dem Ergebnis des jahrelangen Grübelns von Raimundus LULLUS mit unserem heutigen Weltbild vergleichen, dann ergibt sich folgendes Bild:

Vorstellung 13. Jahrhundert	**LULLUS sogenannte UNIVERSALIEN**	**Vorstellung 21. Jahrhundert**
Daß ganz oben Gott thronte und direkt darunter die Engel, war im 13. Jahrhundert so glasklar, daß ein Anzweifeln unmöglich war. So wie heute jeder weiß, daß die Erde ein kleiner Planet in einem kleinen **Sonnensystem** (am Rande einer Galaxie) ist, von der es **so viele gibt,** daß uns schwindlig werden kann. Damals wurde den Leuten schwindlig, wenn sie daran dachten, **wieviele Engel**, selbstverständlich hierarchisch sortiert (von kleinsten Schutzengeln zu den großen Erzengeln) Gott dienen.	• **D E U S = GOTT (steht über der Hierarchie, ist nicht Teil von ihr!)** • **ANGELUS** = **Engel** • **MUNDUS** = **WELT** • **COELUM** = **HIMMEL** • **ELEMENTA** = **ELEMENTE** • **HOMO** * = **MENSCH** • **NATURA sensitiva** = **TIERWELT** **(mit Sinnen ausgestattete Lebewesen, damals meinte man, die Pflanzen nähmen nichts wahr).** • **VEGETATIVA** = **PFLANZENREICH** • **INANIMATA** = **tote Materie (wörtlich: „unbeseelt")**	Auch wir kennen solche Hierarchien, z.B. • **Höhere Lebewesen** (z.B. der Mensch) • **Einfachere Lebewesen** (z.B. Algen) • **Dinge** (Stoffe, Materialien, aus denen alles in der Welt besteht) • **Elemente** • **Moleküle** • **Atome** • **Partikel** • **Quarks** • **Strings** • **??**

Wir sehen (von unten nach oben) **8** Stufen, über der eine **9.**, d.h. **göttliche** thront, und da die **9** seit langem als heilige Zahl galt, ist anzunehmen, daß LULLUS eine Weile herumbastelte, bis Gott auf Nr. 9 in der Rangliste „landete".

Hilfreich: einzelne Begriffe auf Papierstreifen zu schreiben und sie solange „herumzuschieben", bis die Hierarchie „steht".

Wenn Sie den Prozeß selbst einmal nachvollziehen wollen: Wählen Sie ein Thema und versuchen Sie, eine hierarchische Aufstellung (von Null aufwärts) zu kreieren. Sie werden feststellen, daß Sie immer wieder radieren, umstellen, **herumschieben** etc. müssen, bis die Reihe zu stimmen scheint.

---

* Der Mensch nimmt in LULLUS Hierarchie **(von unten)** den **4. Rang** ein. Er steht also in der **Mitte** all dessen, was das Universum ausmacht, da **Gott als erster Urgrund über** der Hierarchie schwebt und als ihr Schöpfer nicht Teil von ihr sein kann. Somit steht der Mensch zwar an der Spitze der mundanen Welt, aber **noch unterhalb der Elemente**, welche diese Welt ausmachen, weshalb er selbst den Elementen der Natur große Ehrfurcht entgegenbringen sollte …

Danach zeigen Sie Ihre fertige Rangliste mindestens zwei Menschen, und nun hat wahrscheinlich jede/r Betrachter etwas zu „meckern". Ihre erste Hierarchie muß in der Regel mehrmals überarbeitet werden, bis sie Bestand hat, wenn **andere** Menschen sie betrachten! Denn jeder beurteilt sie mit seinem Wissens-Netz, bei dem die Vernetzungen subjektiv anders sind, und jeder bewertet gemäß seinen Erfahrungen, seinem Wert-System etc. Deshalb dauert es ein wenig, bis man **UNIVERSALIEN** herauskristallisieren kann. Dabei stellen Sie fest, wie Sie hier und da Dinge nachschlagen, mit Leuten reden, Artikel lesen etc., und wie Sie tiefer und tiefer in die Materie eindringen. Merke:

> **Man muß eine Materie gut begriffen haben** (bzw. man lernt sehr viel über sie, wenn man es versucht) und man muß **ein Thema ausgezeichnet** (und tief!) **durchdacht haben, um eine Hierarchie zu erstellen.** Und umgekehrt: Durch das mehrmalige Sortieren beim Erstellen einer solchen Hierarchie lernen wir enorm viel über den Gegenstand und dringen tief in die Thematik ein!

Vgl. auch das Modul „Denk-Technik" (S. 94 ff.).

Wir wollen an dieser Stelle nur einen kurzen Blick darauf werfen. Daher sehen wir uns nun den zweiten Schritt von Raimundus LULLUS an: Nachdem seine Liste der sogenannten **UNIVERSALIEN** „stand", baute er ein gigantisches System darauf auf. Er begann systematisch die **Namen = Attribute Gottes** zu erarbeiten – und zwar **gemäß der gemeinsamen Nenner zwischen den drei großen Religionen**. Alle drei sind ja sogenannte „Buch-Religionen".

Zwar besitzen diverse buddhistische Bewegungen zahlreiche „Schriften", aber kein einziges „**Buch**".

Unsere drei Bücher berichten alle über eine gemeinsame Schöpfungsgeschichte und stellen uns jene Personen vor, welche die Historie der Gläubigen schufen (auch hier teilen die drei Religionen viele gemeinsame Persönlichkeiten, von Adam und Eva über Abraham, Noah, alle großen Propheten, Könige und viele andere).

Nun studierte und verglich LULLUS die Aussagen **über** Gott, die Attribute und Eigenschaften, die Juden **wie** Christen **und** Muselmanen glaubten. Dabei destillierte er nachfolgende **9 gemeinsame Nenner** heraus:

Zufällig wieder **9**, wie angenehm ...

Attribute Gottes

BONUM
MAGNUM
DURANT
POTENT
SAPIENT
VOLENT
VIRTUOSUM
VERUM
GLORIUM

BONUM	Gott ist **GUT**
MAGNUM	Gott ist **GROSS**
DURANT	Gott ist **EWIG**
POTENT	Gott ist **MÄCHTIG**
SAPIENT	Gott ist **WISSEND**
VOLENT	Gott ist „**WILLEND**", d.h. sein Wille ist alles; im Sinne der berühmten Gebetszeile: „Dein Wille geschehe" (Judaismus/Christentum) bzw. der gleichbedeutenden alltäglichen Bemerkung: „In-Sh'Allah" (im Islam)
VIRTUOSUM	Gott ist **ALLMÄCHTIG** („alleskönnend", vgl. „Virtuose", der auf seinem Gebiet alles können muß)
VERUM	Gott ist **WAHR** (im Sinne von: die einzige Wahrheit ist Gott bzw Allah)
GLORIUM	Gott ist **HERRLICH**.

Da LULLUS in einigen Jahrzehnten ein gigantisches System erschuf, kreierte er auch jede Menge Listen. Nun wissen wir hier in den deutschsprachigen Ländern den Wert einer guten Liste (noch) nicht wirklich zu schätzen.

Wir gehen im Modul „Denk-Technik" näher darauf ein (S. 94 ff.). Bitte beachten Sie auch das Modul „Exformation" (S. 139 ff.), wenn Sie das Konzept noch nicht kennen.

Eine qualitativ hochwertige Liste bietet **Exformation**! Die Informationen bestehen aus einigen „dürren" Wörtern. Jedes für sich sind isolierte Informationen („nackte" Daten) wie unser Schulsystem sie so liebt – aber völlig wertlos! Nur **als erarbeitete Liste** wird Exformation daraus: Die **Ansammlung von Begriffen** kann wertvoll sein. Die hohe **Qualität** einer guten Liste liegt **allein** in der Tatsache begründet, **daß** diese Wörter in dieser Liste stehen.

Ist nun schon **eine** Liste wertvoll, was passiert erst, wenn wir mehr als eine miteinander **verbinden**? Wobei ich noch um einen Moment Geduld bitte, denn Sie mögen diese Verbindungen zwar **thematisch** nicht so aufregend finden, wie ein Mensch des 13. Jahrhunderts, aber es geht ja zunächst nur darum, das **Prinzip** zu verstehen. Also folgen Sie bitte noch kurz den LULL'schen Gedankengängen.

LULLUS verband u.a. die **UNIVERSALIEN** und die göttlichen **Attribute**, indem er die beiden LEITERN gleichsam nebeneinander stellte und begann, systematisch **alle Verbindungen** zwischen ihnen zu **testen**, eine nach der anderen. Er begann mit einer **Kombination** (Was fällt mir dazu ein?) und machte Schritt für Schritt weiter:

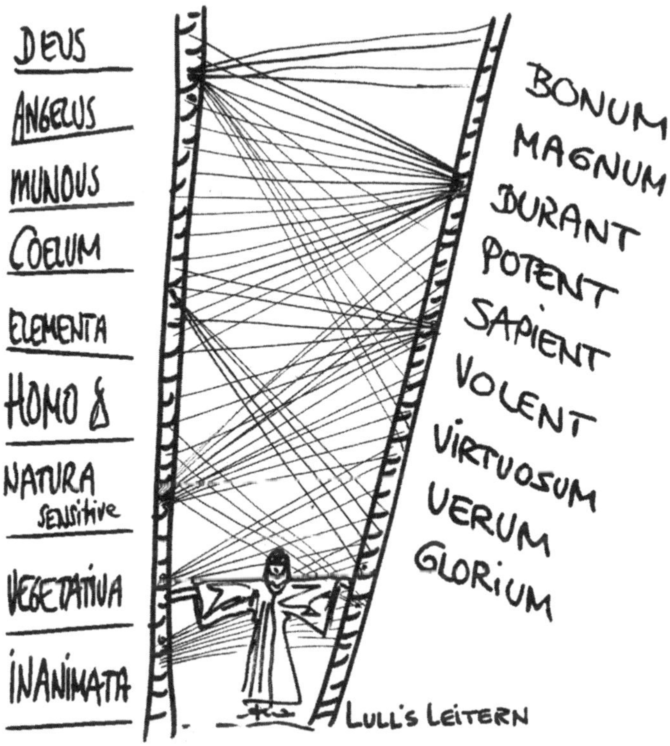

DEUS-cum-**BONUM**

ANGELUS-cum-**BONUM**,

MUNDUS-cum-**BONUM**

COELUM-cum-**BONUM** etc.

Danach:

DEUS-cum-**MAGNUM**

ANGELUS-cum-**MAGNUM**

MUNDUS-cum-**MAGNUM**

COELUM-cum-**MAGNUM** etc.

Das DENKEN in LISTEN ist eine **uralte Denk-Technik***, sie wurde schon von ARISTOTELES praktiziert. Als ich diese Art, Dinge anzugehen, entwickelte, ehe ich lernte, daß es solche Techniken bereits gegeben hatte, habe ich de facto eine alte (jahrhundertelang mit Erfolg angewandte) Technik **wieder** erfunden. Jedenfalls darf es uns nicht erstaunen, daß Raimundus LULLUS wie selbstverständlich in Listen dachte. Aber er entwickelte auch andere Denk-Techniken weiter.

---

* Da die angelsächsischen Länder diese Art zu denken weit häufiger einsetzen als die Bewohner germanischen Länder, bin ich der Technik erst als (junge) Erwachsene in den USA begegnet. Dort erlebte ich diese Denkart vielleicht 3- bis 4mal pro Jahr (in sieben Jahren also vielleicht 21- bis 28mal); daher hat es mich so unbewußt beeinflußt, daß ich zunächst meinte, eine völlig neue Technik zu entwickeln. Zwar denkt „man" normalerweise nicht in ABC-Listen, aber als ich mich in das Thema vertiefte, lernte ich, daß diese Art zu denken im Mittelalter regelrecht „in" war und erst vor einigen hundert Jahren verschwand.

Links: LULLs Vorläufer MindMap
Mitte (unten): LULL'sche LEITERN
Mitte (oben): Vorläufer COMIC

Raimundus LULLUS benutzte zwar die altbekannte Technik, in Listen zu denken, aber er schuf **bahnbrechende** neue Aspekte: den **Wissensbaum** und die „Spinnenform". Links im Bild: LULLs **Vorläufer** eines **MindMap**. Hier verbindet er die 9 Weisen (ganz links) mit der linken (senkrechten) **Leiter** (Bildmitte). Mitte (oben): Wir sehen einen **Vorläufer** zum **COMIC** mit Erklärungstexten **im** Bild (hier senkrecht eingetragen). Mitte (unten) **sehen wir das Kernstück:** LULL'sche LEITERN (eine senkrecht in der Bildmitte, sie ist nach links verbunden und verbindet sich zusätzlich nach rechts zu der schräg aufsteigenden Leiter. Die Verbindungslinien sind nur **gedacht**! Rechts: Ganz oben Gott + Engel zu denen man über die (schräge) Leiter aufsteigt, so überwindet man die **UNIVERSALIEN** Stufe um Stufe, vom Materiellen bis zu Gott (über den Engeln, als perfekte Kugel dargestellt). Natürlich kann man die Leiter auch hinunter steigen …

YATES: *„Gedächtnis und Erinnern"*

Dieser kreative Mann **entwickelte** zwei bekannte Techniken um einen bahnbrechenden Folgeschritt weiter. Es existierte die Möglichkeit, Wissen in runde **Scheiben-Diagramme** einzutragen, eine Schreibform, die sich im Zuge der Mnemotechniken (zum besseren Merken) entwickelt hatten. Und man kannte das **„Listen-Denken"** (wie gesagt, seit ARISTOTELES), aber man arbeitete jeweils mit oder an **einer** Liste; man verband sie vor LULLUS noch nicht.

Leitern

LULLs Listen waren weitgehende hierarchische „Leitern", die man hinauf- und hinunter-„gehen" konnte. Und: Er arbeitete mit Parallel-Listen (das war neu!), er stellte zwei Leitern nebeneinander, um der Reihe nach jeden Begriff mit jedem zu verbinden.

ROTAE

LULLUS brachte nun (im Wortsinn) **Bewegung** in die Sache, indem er bewegliche Scheiben benutzte. So kann man durch Drehen **die unterschiedlichsten** Kombinations-Formen schaffen.

In Philoſophia verò figuram ſive tabulam in hunc modum formemus

A Forma
B Materia
C Generatio
D Corruptio
E Elementatio
F Vegetatio
G Senſus
H Imaginatio
I Motus
K Intellectus
L Voluntas

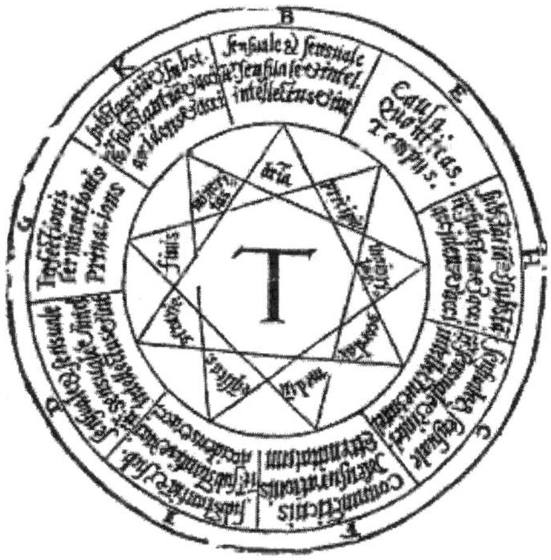

Oben: eine 11-gliedrige HIERARCHISCHE Liste.
Rechts: ein ROTAE. Man beachte:

1. Die **Buchstaben außen** stehen für die **Attribute Gottes**. Bei Raimundus LULLUS wird fast alles dazu in Bezug gesetzt, deshalb schreibt er diese gern als „stenographische" Buchstaben (so steht B für BOMUM, C für MAGNUM, D für DURANT, E für POTENT etc.).
2. Die **Dreiecke innen**: Durch das Verbinden von **jeweils drei Aspekten** des inneren Kreises ergeben sich besonders spannende Kombinationen!

Testen Sie dies: Listen Sie 9 Begriffe zu einem Thema im Kreis auf und verbinden Sie jeweils das dritte, also: die Nummern 1, 4, 7, dann die Nummern 2, 5, 8, und zuletzt die Nummern 3, 6, 9. Sie finden diese Art von Drittolung z.B. auch im Zodiac (Stier – Jungfrau – Steinbock bilden ein solches Dreieck).

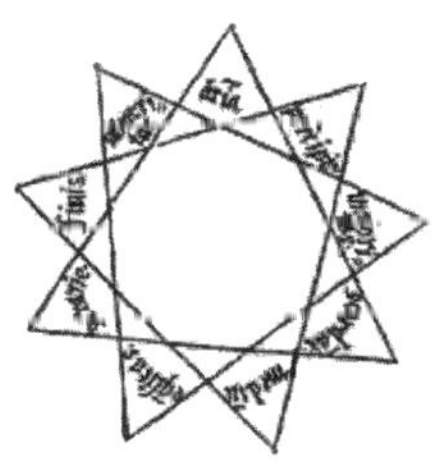

Die spezielle „Denke" von LULLs LEITERN und ROTAE

Nun sehen wir uns das schrittweise **Verbinden zweier Listen** (oder Inhalte der „runden Listen" auf den radförmigen ROTAE) näher an. Aber inzwischen können Sie bereits zu experimentieren beginnen, und wenn Sie nur eine Tierliste mit einer Berufeliste (vgl. Listen-Sammlung, S. 330 ff.) miteinander verbinden. Übrigens sollten wir ABC-Listen, da sie in der Regel keine HIERARCHIE ausdrücken, im technischen Sinne nicht als Leitern bezeichnen. Aber als **metaphorische** Leiter können wir sie allemal ansehen, denn wir steigen ja alphabetisch hinauf und herunter. Na also!

Wenn wir mithilfe von LISTEN unsere denkerische Leistung verbessern wollen, gilt es, zwei TECHNIKEN zu unterscheiden:

1. das Erstellen von Listen und
2. das Nutzen vorhandener Listen.

Damit Sie sofort (erste) Erfahrungen mit der zweiten Technik sammeln können, ehe Sie Ihre eigenen Listen erstellt haben, bietet dieses Buch Ihnen eine Reihe von Listen an (S. 330 ff.).

ABC-Listen gehören zu den analografischen Techniken.

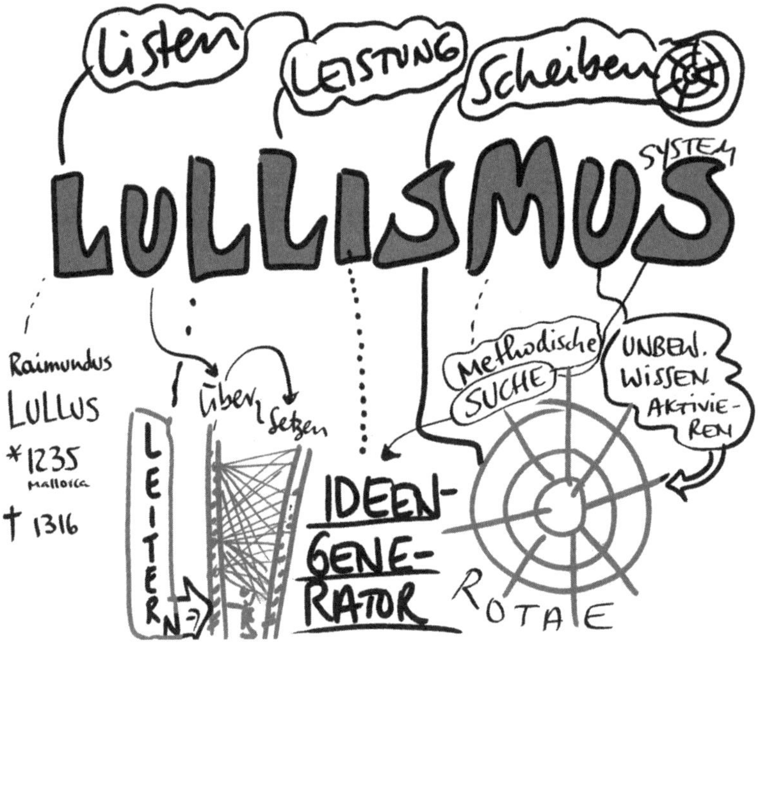

L = Das erste „L" steht für **Listen**, das zweite für LULLs **Leitern**, das dritte für die dramatisch erhöhte Denk-**Leistung**, die sich durch Anwendung der Leitern und ROTAE ergibt.

U = Das „U" soll uns daran erinnern, daß wir mit diesen Techniken unser **UNBEWUßTES** „anzapfen", denn mit diesem Vorgehen passiert eine Menge, das bei normalem Denken nicht passiert wäre.

I = Das „I" steht für **Ideen**, deshalb bezeichnen spätere Anwender der LULL'schen Techniken die Leitern & ROTAE als **Ideen-Generator**; KIRCHNER nennt es das **Denk-Register**. Das „I" steht jedoch **auch** für **Inventur**, weil jede Arbeit dieser Art immer eine geistige Inventur darstellt, wir fragen uns (bewußt oder unbewußt) immer: Was wissen wir? Was denken wir? Wie schnell bewegen sich unsere Gedanken (d.h.: Wie vertraut sind uns diese Denk- und Nervenbahnen)? Sie wissen ja: Je vertrauter, desto schneller laufen sie ab. Das „M" sagt uns: **Methodisch** zur **Meisterschaft**: Indem wir ganz systematisch Schritt-für-Schritt mögliche und unmögliche Verbindungen testen, entstehen völlig neue Ideen. Ideen, die wir ohne diese Technik niemals entwickelt hätten!

Denk-Wolken, Ideen-Schwärme etc.: vgl. Modul „AbRUF-Reiz" (S. 62 ff.).

U = Das zweite „U" steht für **Übersetzen**, weil wir Gedanken aus einer Denk-Wolke (Liste 1) systematisch zu einer anderen (Liste 2 und/ oder 3) übertragen. Indem wir einzelne Gedanken von einer Liste zur anderen „übersetzen" **(wie ein Fährmann Leute vom einen ans andere Ufer bringt)**, geschehen Dinge in unserem Denken, die manchmal langweilig, manchmal aber wirklich Sternstunden des Geistes sind!

Manche Menschen müssen es **mehrmals** probieren, bis es zu funktionieren beginnt! Manche geben nach ein, zwei Versuchen auf (kann ich nicht!) und erleben so leider niemals, was möglich gewesen wäre. Schade!

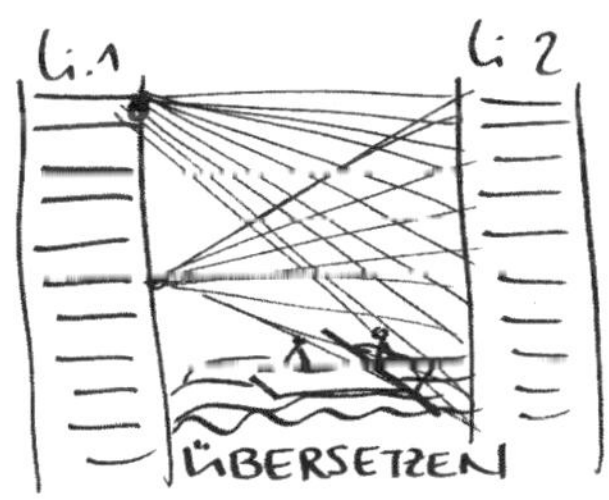

S – Das „S" steht für **Scheiben** (gemeint sind die ROTAE), wie auch **Systematik**.

LULLUS sah auch eine Verbindung zwischen **Gedächtnis** (Lerntechniken etc.) und seiner eigentlich zu anderen Zwecken erfundenen Kunst (ARS MAGNA und ARS BREVI); im hohen Alter schrieb er ein kleines Gedächtnis-Traktat, aus dem hervorging: Er war kein Anhänger der klassischen Mnemonik. Eigentlich hätte er gerne den Dominikanern beitreten wollen, da er aber dann sein eigenständiges System hätte opfern müssen, war er zu den Franziskanern gegangen. Er lehnte die ganze mnemonische Tradition des Altertums (emotional besetzte BILD-liche Vorstellungen) ab. Und von den vier Regeln des Thomas von AQUIN (deren erste drei der klassischen Merkkunst entsprungen waren) akzeptierte er nur die vierte (die ARISTOTELISCHE), welche besagte: Nur sorgfältiges Durch-DENKEN des Stoffes kann diesen dem Geist auf Dauer übergeben. Seine Devise lautete:

Vgl. hierzu unbedingt auch das Modul „Informations-Flut?" (S. 225 ff.).

> **Wenn man eine Sache wirklich durchdacht hat (mehrmals), braucht man keine künstlichen BILD-Verbindungen zu einem Tempel oder sonstigen ORTEN (LOCI) herzustellen.**

Bei sinn- und wertlosem Stoff muß man quasi stur, mechanisch **PAUKEN**; hier helfen die antiken Systeme der lebendigen, phantasievollen Vorstellungen, wie sie auch heute noch von Gedächtnis-Trainern trainiert werden (so kann man z.B. geheime Pin-Nummern auswendig lernen).

Nun muß man prüfen, inwieweit das zu lernende Material **sinnvoll, wertvoll** oder gar **wesentlich** ist. Aber LULLUS und andere Denker meinten, das denkerische Vorgehen sei der einzig sinnvolle Weg bei qualitativ hochstehender Information, die so wirklich ein Teil von uns werden und von uns in Zukunft in unser Denken einbezogen werden können. Nun entscheiden Sie: Welche Art von Info bietet die Schule vorwiegend an?

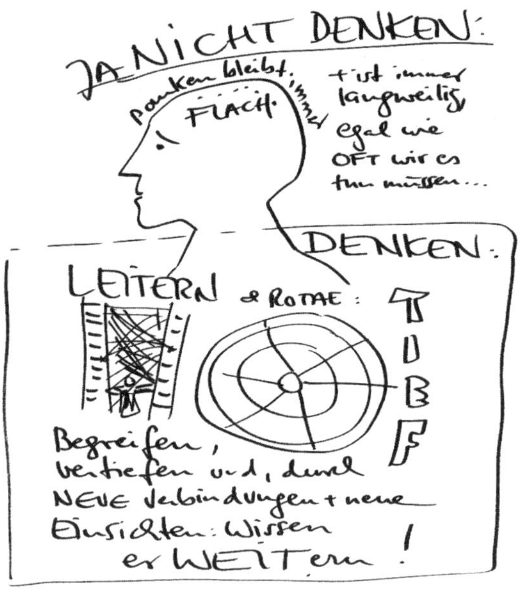

Wenn der Lernstoff tatsächlich **sinnvoll, wertvoll** oder gar **wesentlich** ist, dann bedeutet mehrfaches Durch-Denken keine Strafe, sondern es ist faszinierend und macht Freude. Dann ist es spannend, sich das Material autodidaktisch durch **LISTEN-DENKEN** zu erschließen, es in Listen zu „packen" und mit den **LEITERN** und **ROTAE** zu spielen, um das **Wissen** nicht nur zu festigen sondern – und das war das erklärte Ziel von LULLUS, das Wissen systematisch zu er-**WEIT**-ern! Seine Methoden stellen eine Form der **Wissens-Generierung** dar. Sie wurden in späteren Jahrhunderten als „DENK-REGISTER" und als „Ideen-Generatoren" angeboten.

PICASSO et al.

M 16

Sie wissen, daß der frühe PICASSO sehr realistisch gemalt hat (da saßen die Augen noch dort, wo gewohnte Wahrnehmung sie zu sehen erwartet); die Bilder waren „leicht zu verstehen". Sie waren **bequem** für Betrachter, deren **bekannten** Sehgewohnheiten sie folgten. Im Klartext:

et al. = „und andere"

> **Je bekannter, vertrauter etwas für uns ist, desto weniger Energie benötigen wir, es wahrzunehmen.**

Vgl. das Modul „AbRUF-Reiz" (S. 62 ff.)

Allerdings könnten wir etwas Wesentliches übersehen, weil wir nur Bruchteile registrieren und den Rest **ergänzen**. Erschafft aber ein Künstler etwas, das völlig außerhalb aller Erwartungen und Erfahrungen (wichtige Filter!) der Betrachter liegendes, dann sind die meisten Menschen de facto unfähig, wirklich zu sehen „was sie sehen".

Beispiel Nr. 1: Insektenart „Büffel"?

Tor NØRRETRANDERS: *„Spüre die Welt"*

Der Anthropologe Colin TURNBULL erlebte eine außergewöhnliche Demonstration über die Tatsache, daß wir nur wahrnehmen können, was in unsere Erfahrungen paßt, als er mit seinem eingeborenen Führer unterwegs war. Dieser Mann hatte Zeit seines Lebens im Urwald gelebt; er hatte seinen Wald vorher niemals verlassen, er hatte also niemals gelernt, seinen Blick in die Weite schweifen zu lassen, den **Horizont** (z.B. nach Wild) abzusuchen bzw. daß vorhandene Naturerscheinungen (Berge, Bäume) oder Lebewesen in der Entfernung sehr klein wirken, dann aber stetig zu wachsen scheinen, je näher man ihnen kommt. Bitte bedenken Sie, daß Sie all das kennen, wiewohl diese Erwägungen normalerweise Teil Ihres „Hintergrund-Denkens" sind. Das heißt: Sie beziehen all diese Aspekte in Ihre Wahrnehmungs-Prozesse mit ein, ohne darüber nachzudenken.

All das spielt sich normalerweise in den 11 km Ihres Unbewußten ab; nur wenn wir darüber sprechen, wird Ihnen bewußt, daß Sie es wissen. Vgl. dazu auch Merkblatt Nr. 2 (S. 308 ff.).

Aber nun versetzen Sie sich in die Situation eines erwachsenen Mannes, der all das **nie** erlebt hat. Der also keinerlei passives Wissen hierzu hat, auf das er beim Wahrnehmen zurückgreifen kann.

Nun macht er mit diesem fremden weißen Zauberer eine lange Reise und lernt, daß sich seine einzige Heimat, der Dschungel, nicht, wie er annahm, unendlich fortsetzt, sondern daß er begrenzt ist. Einige Tage später findet er sich in einer völlig fremden Welt wieder, einer Steppe: meilenweit flaches Land, „so weit das Auge reicht", wie wir sagen.

Tatsache aber ist, daß nur das trainierte Auge „weit reicht", das Auge jenes Dschungelbewohners hingegen hatte das „weit reichende" Blicken nie gelernt.

Demzufolge war der Dschungelbewohner unfähig, in großer Ferne liegende Dinge „richtig" zu sehen. Wiewohl seine Augen fähig waren, ihre Formen wahrzunehmen, konnte er nicht interpretieren, was er sah (wodurch die Wahrnehmungen keinen Sinn erhalten konnten). Ein Beispiel von vielen waren die Büffel. Am Horizont graste eine Herde dieser gewaltigen Tiere, die zunächst Briefmarkengröße zu haben schienen.

Der Dschungelbewohner konnte die Büffel zwar sehen, aber er hielt ihre Größe (oder besser Kleinheit) für Teil der objektiven Wirklichkeit außerhalb seines Kopfes und schloß aufgrund ihrer winzigen Abmessungen, daß es sich nur um Insekten handeln könne.

TURNBULL versuchte ihm zu erklären, daß diese Tiere wesentlich größer als eine Tierart, die er gut kannte waren, aber das ergab für ihn absolut keinen Sinn. Jene Tiere, die der Fremde erwähnt hatte, reichten ihm bis zur Schulter (wenn sie sich aufrichteten) und es war absolut unmöglich, daß jene Insekten dort … Er rieb sich die Augen: Während er einen Augenblick seinen Gedanken nachgehangen hatte, war der Jeep weitergefahren und nun waren aus seinen Insekten Wesen von der Größe einer fetten Ratte geworden.

Diese Beispiele verdanken wir Tor NØRRETRANDERS, auf dessen brillantes Buch („*Spüre die Welt*") ich schon oft hingewiesen habe! Ich halte es für eines der besten Bücher über Wahrnehmung, Bewußtsein und unterbewußte Prozesse und hier stellt der Autor uns sein bahnbrechendes Konzept der Exformation vor.

Während er hierüber nachdachte, waren die Tiere wieder größer geworden und so ging es weiter. Er war absolut sicher, daß der weiße Mann ein großer Zauberer sein mußte, denn daß es hier nicht mit rechten Dingen zuging hätte jedes fünfjährige Kind seines Stammes schon mit Sicherheit zu sagen vermocht!

Zwischenspiel vor dem nächsten Beispiel

Kennen Sie den alten wissenschaftlichen Treppenwitz von dem Professor, der die Wahrnehmungs-Fähigkeit von Flöhen testen wollte. Er brachte ihnen bei, über ein Stöckchen zu springen (Beweis, daß sie seine gerufenen Kommandos hören konnten), dann riß er ihnen ein Beinpaar aus. Das Hüpfen gelang noch ganz gut und so riß er sukzessive Beinpaare aus, bis der beinlose Floh nicht mehr hüpfte. Daraufhin schrieb er in sein Tagebuch: „Seit ich dem Floh die letzten Beine ausgerissen habe, hört er nicht mehr. Anscheinend befinden sich die Hörorgane in den Beinen ..."

Beispiel Nr. 2: Bildauffassung bei den äthiopischen Me'em

Stellen Sie sich vor, Sie wären Anthropologe, unterwegs in Äthiopien und Sie wollten Einheimischen diverse Bilder zeigen, um ihre Reaktionen zu beobachten. Die Leute sind auch bereit, sich die Blätter anzusehen, die Sie herumreichen, während Sie sehr genau beobachten, was passiert und Ihren Übersetzer angewiesen haben, alle Aussagen (auch kleine Zwischenbemerkungen) zu übersetzen.

NØRRETRANDERS zitiert den Bericht eines Forschers.

> Sie befühlten das Papier, rochen daran, zerknüllten es und lauschten dem Knittergeräusch. Sie bissen kleine Stücke ab und kauten, um zu spüren, wie es schmeckt. Das Muster **auf** dem Papier interessierte sie nicht, denn Bilder sind für die Me'em (immer) auf Stoff gemalt.

Dasselbe passierte als westliche Wissenschaftler und Missionare weltweit Kultur- und Kunstgegenstände zerstörten, weil sie ihn ihnen ähnlich „wertloses Zeug" sahen, wie die Me'em in einer Zeichnung, welche die Wissenschaftler sehr wichtig fanden?

Beispiel Nr. 3: Der Hühnerfilm

In den 1940er Jahren war eine Forschergruppe in Afrika unterwegs. Sie hatten einen in USA gedrehten **Stummfilm** im Gepäck. Sie hatten ursprünglich geplant, den Film (mithilfe der Autobatterie und einem Spezial-Projektor) vorzuführen und mit den Bewohnern mehrerer Dörfer zu diskutieren (weil man auf diese Weise sehr schnell sehr viel über diese Menschen lernen könnte). Aber der Plan ging schief. Warum? Nun, die Afrikaner waren durchaus bereit, den Film anzusehen, aber erstens **lachten** sie an allen möglichen Stellen, die (aus der Sicht der amerikanischen Forscher) weiß Gott nicht lustig waren. Zweitens war es unmöglich, hinterher über den Film zu reden, weil die Afrikaner immer nur von den **Hühnern** sprachen.

Dieser baute so großartig auf Pantomime auf, daß er keine Texttafeln einblenden mußte, um den Dialog in Stummfilmzeiten zu imitieren.

Nach einigen verzweifelten Versuchen, ein Gespräch über die Filminhalte in Gang zu bringen, mußten die Forscher letzten Endes annehmen, daß ihr Übersetzer wohl doch weit weniger fähig war, als man ursprünglich angenommen hatte. In diesem Film ging es um Liebe, um Tod, um Heirat und Nachkommen, um die großen Themen der Menschheit ... schade. Na ja. Später stellte sich heraus:

1. Am Filmrand waren tatsächlich einige Hühner ins Bild gerutscht, die hatte der Regisseur bei der Aufnahme entweder nicht bemerkt oder es hatte ihn nicht gestört. Sie hatten mit der Story nichts zu tun.
2. Diese Hühner erschienen in ca. 30 % der Filmszenen, anscheinend hatten die Afrikaner jedesmal gelacht, wenn sie die Objekte ihres Interesses wieder auftauchen sahen. Daß zu diesem Zeitpunkt die Menschen im Bild in tragische Schicksale verwickelt waren, hatten sie nicht registriert.
3. Jene Hühner konnten die Forscher in Afrika nicht wahrnehmen, denn sie hatten sie auch zuvor noch nie gesehen, wiewohl sie alle geschworen hätten, daß sie den Film in- und auswendig zu kennen glaubten. Diese Hühner waren bis jetzt für sie de facto unsichtbar gewesen.

4. Wir alle tun täglich dasselbe: Wir blicken in eine vertraute Welt und sehen (hören, schmecken etc.) das Bekannte routinemäßig. Leichte Abweichungen vom Bekannten finden wir faszinierend. Aber für alles, was **wirklich** anders ist, sind wir oft „blind" und „taub". Deshalb sehen wir Hühner, wenn andere uns ganz andere Aspekte „zeigen" wollen …

Beispiel Nr. 4: Die Frau von PICASSOs Mitreisenden

Ein Mann erkannte PICASSO in einem Zug und beschwerte sich, seine Bilder seien in den letzten Jahren so verrückt geworden und warum er keine realistischen Bilder mehr male etc. Daraufhin fragte PICASSO seine Mitreisenden: „Was ist denn bitte **realistisch** für Sie?"

Der Mann zückte seine Brieftasche, entnahm ihr ein Foto seiner Frau und reichte es hinüber zu PICASSO: „Das", sagte er, „ist meine Frau und dieses Bild ist realistisch." PICASSO studierte das Bild eine Weile, hielt es näher ans Gesicht und weiter weg, zwickte seine Augen zu und studierte das Bild allen Ernstes. Schließlich seufzte er und reichte es dem Mitreisenden zurück. „Na ja," meinte er, „sie ist doch wohl ziemlich klein und flach …?"

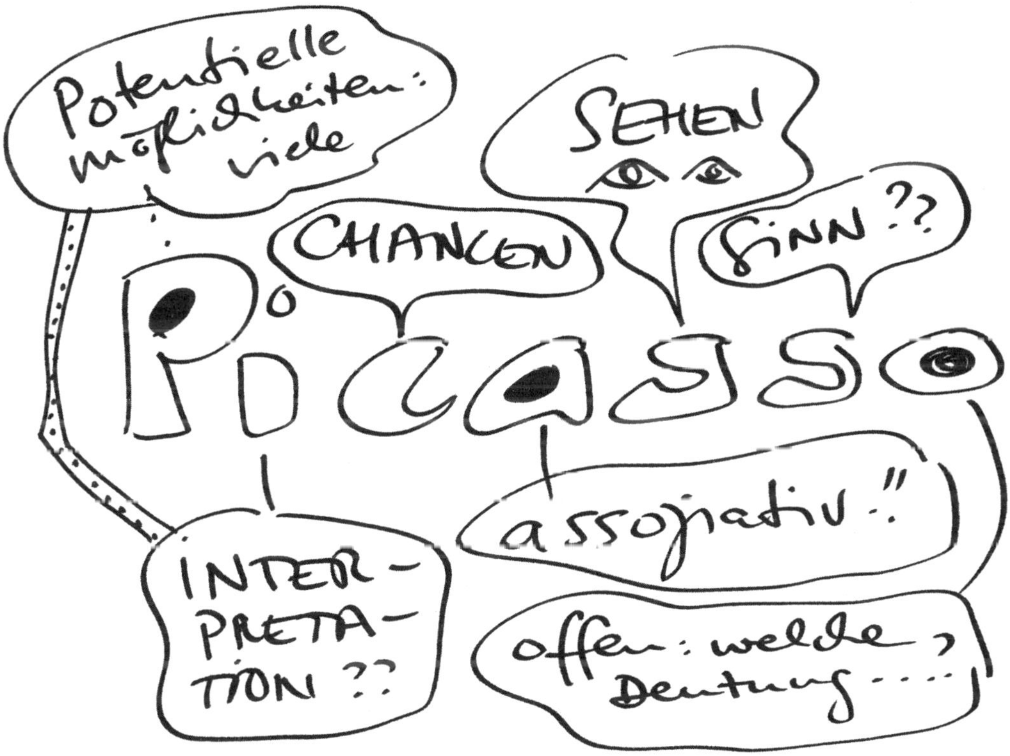

M 17 Tapeten-Effekt

Sie haben Klagen wie diese schon gehört:

Mutter: Komisch, **zuhause weiß er immer alles**, in der Schule ist viel davon wie weggeblasen!"

Redner: **Zuhause wußte ich alles**, aber dort stand ich da wie ein Blödmann!

Mitarbeiter: **Ich hatte mich ausgezeichnet vorbereitet**, auf mögliche Einwände etc., aber dann saß ich dort in dem Konferenzraum und mir fielen die besten vorbereiteten (!!) Gedanken und Aussagen einfach nicht mehr ein.

Nun, mal ganz ehrlich, was meinen Sie?

a) ❒ Ja, ja, so reden Leute, nachdem sie (oder ihre Kinder) sich **nicht** vorbereitet haben

b) ❒ Na ja, soooooo gut wird die Vorbereitung wohl kaum gewesen sein

c) ❒ Komisch, ich habe das auch schon erlebt und ich weiß, daß ich mich verd... gut vorbereitet hatte.

Tja, die dritte Antwort entspricht der Realität. Jedem von uns kann es ähnlich gehen und vielen von uns ist es passiert. Diese Klagen sind tatsächlich weit berechtigter, als viele Menschen im ersten Ansatz annehmen. Nun gibt es zwei grundsätzliche Probleme, die diese unangenehme Situation auslösen können, nämlich erstens die **innere** Ver-**BINDUNG** (des Sinn-Zusammenhangs) und zweitens der äußere Kontext (siehe Punkt 2, S. 273 ff.).

1. Ver-BIND-ung = innerer Kontext

Vgl. SCHACTER in: *„Wir sind Erinnerung"*

Vgl. RE-KONSTRUKTION (S. 72 ff.).

Wenn man „stur paukt", versucht man, untereinander **nicht verbundene** Informations-Einheiten bzw. solche, die mit den Inhalten unseres Wissens-Netzes nicht direkt verbunden werden können, zu lernen. Die neuere Gehirn- und Gedächtnisforschung hat inzwischen eindeutig bewiesen, daß unser Gehirn **keine isolierten Daten** speichern kann. Ich kämpfe schon seit Jahrzehnten gegen die sture Paukerei, die in der Schule leider immer noch viel zu häufig **gefordert** wird! Unser Gehirn ist kein Computer und etwas zu „merken" heißt genaugenommen, früher **KONSTRUIERTE** Gedanken später **RE-KONSTRUIEREN** zu können. Der **innere** Kontext hat mit dem **Sinn-Zusammenhang** zu tun, weshalb isoliertes Pauken extrem arbeitsintensiv ist, bei extrem geringer „Ausbeute" hinterher. Aber worüber wir in diesem Buch noch **nicht** gesprochen haben, das ist der **zweite** Prozeß, der hinter dem eigenartigen Versagen trotz guter Vorbereitung steht.

2. Ein-BIND-ung in den äußeren Kontext

Der Effekt, den ich als Tapeten-Effekt© bezeichne, hat mit dem **äußeren** Kontext zu tun. Viele (er-)kennen, was ich meine, ohne die Situationen bisher bewußt **strategisch** in die Bildung neuer Erinnerungs-Inhalte einbezogen zu haben, z.B.: Als ich mit dem aktiven Mitsprechen eines arabischen Textes begann, befand ich mich auf einem Spaziergang auf einem einsa men Sportgelände. Langsam schritt ich im Nieselregen dahin und deklamierte: „Abuu-RRiishi, WaLaDun Sa-GiiRun, MiNa-l. HuNuuDi-l. Humri …"

Wann immer dieser Text aus irgendeinem Grunde aktiviert wird, sehe und fühle ich mich dort auf- und abmarschieren … Und umgekehrt: Wann immer ich dort vorbeifahre, erinnere ich mich an damals, allerdings nicht

immer gleich intensiv (oder schnell): Je regnerischer das Wetter ist, desto wahrscheinlicher ist es, daß mir mein damaliger Lern-Spaziergang wieder (intensiv) einfällt.

Zwar gab es schon vor Jahrzehnten einige Studien zum äußeren Kontext, aber manche werden erst in neuerer Zeit verstanden, seit wir nämlich zu begreifen begannen, daß die äußere **Umgebung automatisch miteingespeichert** wird. So wie mein Arabisch-Spaziergang verbunden ist mit bestimmten Aspekten, so enthält jede neue KONSTRUKTION Aspekte dieses äußeren Kontextes. In meinem Fall hängen viele Aspekte „irgendwie" an jener Erinnerung, z.B. an

Einige dieser Studien beschreibt z.B. A. BADDELY in: *„Die Psychologie des Gedächtnisses"*, Stuttgart, 1979 und in: *„So denkt der Mensch"*, München, 1986.

- **dem Wetter** (**feucht**, regnerisch aber nur kühl, nicht kalt);
- **dem weichen Untergrund** des **Fußballfeldes** (dessen Perimeter ich umschritt), denn es hatte seit Tagen ständig (leicht) geregnet;
- **der Kleidung** (der **Anorak**, den ich trug, plus die **Mütze** und der **Schal**, den ich anhatte, sowie die ehemals weißen Tennis-**Schuhe**);
- **technischen Geräte und „Peripherie":** Hinzu kam der ziemlich neue kleine **Walkman** (einer der allerersten, die es überhaupt gab, kostete damals so viel wie ein Stereo-Super-VHS-Video-Recorder heute), den ich in einer **Umhängetasche** trug, weil der Anorak nur sehr kleine Taschen hatte.
- Desweiteren registrierte ich: den **Blick** auf andere Teile des **Sportplatzes** und darüber hinaus (eine **Birken-Allee** am Horizont), sowie auf die **Straße**, die parallel zum Fußballplatz verlief, etc.

Es ist faszinierend, was alles zu meinem Arabisch-Text „dazugehört", insbesondere wenn wir bedenken, wie viele Aspekte ich über das Genannte unbewußt gespeichert haben könnte. Das heißt, **all diese Aspekte „umgeben" meinen Lernstoff** wie die Tapete an den Wänden eines Zimmers – Wände, die wir nie bewußt registriert hatten.

Stellen Sie sich vor, Sie betreten ein Zimmer: Sie sehen Menschen, Tiere, vielleicht sogar Pflanzen, und – je nach Interesse – Möbel. Die meisten nehmen Fenster und Türen schon kaum noch wahr, ebenso Bilder oder Bücherregale an der Wand. Und die Tapete registrieren die wenigsten Menschen und auch nur, wenn sie das eigentliche Thema ist, wenn sie sich immer (oder nur derzeit) besonders für Tapeten interessieren. Aber normalerweise ist die Tapete eben **nicht** das Thema, wir registrieren sie völlig unbewußt.

Vgl. auch das Modul „Unterschwellig?" (S. 283 ff.).

Würde man in einem Zimmer absolut **nichts außer der Tapete** ändern, dann würde es so gut wie jede/r bemerken, der/die das Zimmer betritt – auch und vor allem Menschen, die **jene Tapete** zuvor **nie bewußt** „eingespeichert" (= **konstruiert**) hatten. Sie gehört zum **impliziten** (unbewußten) Wissen.

Trockentraining konktra-produktiv?

Damals, in meiner Kindheit, war es z.B. usus, daß angehende Schwimmer am Beckenrand stehen und mit den Armen in der Luft herumrudern mußten; sie lernten angeblich schwimmen ...

Etwas ähnliches wie meinen Arabisch-Effekt erlebten der eminente britische Psychologe Alan BADDELY (mit Duncan GODDEN) bei der Ausbildung von Tiefseetauchern: Es ging darum, den angehenden Tauchern gewisse Handgriffe so gut beizubringen, daß sie diese „blind" ausführen konnten, denn in diesen Tiefen kann das Wasser so trüb werden, daß man tatsächlich die Hand nicht vor Augen sehen kann. Sie ließen eine Gruppe im Wasser üben, die andere trainierten oben (Trockentraining). Dann aber stellte man fest, daß die Taucher aus dem Trockentraining sich weit schwerer taten, dieselbe Tätigkeit unter Wasser auszuführen (**sie brauchten fünfmal so lange**, bis sie für die Tätigkeit einsetzbar waren). Dies machte doch sehr nachdenklich, weil es (damals, vor einigen Jahrzehnten) überhaupt keinen Sinn ergab. Als BADDELY einem Kollegen davon erzählte, berichtete dieser ihm:

> Wir haben ein ähnliches Problem: Unsere Taucher untersuchen Wracks und klagen regelmäßig darüber, daß **oben** von ihren vielschichtigen Eindrücken, wenn sie wieder auf Deck sind und Bericht erstatten sollen (und wollen), kaum noch etwas vorhanden ist. Dann fragte sich einer im Team: „Was wäre, wenn sie gleich **unten** Bericht erstatten könnten?" und man stattete sie mit einem Mikrophon im Taucherhelm aus. Und tatsächlich, auf einmal kamen faszinierende, **REICH**-haltige Berichte **nach oben**, die Tauchexpeditionen können seither erfolgreich fortgesetzt werden.

Beide Situationen, diese Unter-Wasser-Berichterstatter und jene Tiefseetaucher, die handwerklich wesentlich schneller lernten, wenn sie die Handlungen gleich unter Wasser (also am Ziel-Ort) lernten, ließen ihn nicht los. Konnte es sein, daß es einen Zusammenhang zwischen den beiden Problemen gab? Um dies herauszufinden, erdachte er ein Experiment, bei dem Taucher in zwei Gruppen Begriffe lernten, die ihnen per Lautsprecher (bzw. unter Wasser: Kopfhörer) mitgeteilt wurden; eine Gruppe lernte unten (im Wasser), die andere oben (am Strand sitzend). Und wieder zeigte sich jener geheimnisvolle Effekt:

Taucher, die **unter** Wasser gelernt hatten, konnten sich später oben (im Sande sitzend) an fast nichts erinnern; die Kontroll-Gruppe, die jedoch **oben** (im Sande sitzend) gelernt hatte, wußte unter Wasser fast nichts. Brachte man die Leute mit dem „schlechten Gedächtnis" wieder zum Ursprungsort (also Gruppe 1 wieder **unter** Wasser, Gruppe 2 wieder ins **Trockene**), dann verbesserte sich ihre Erinnerungs-Fähigkeit **dramatisch**!

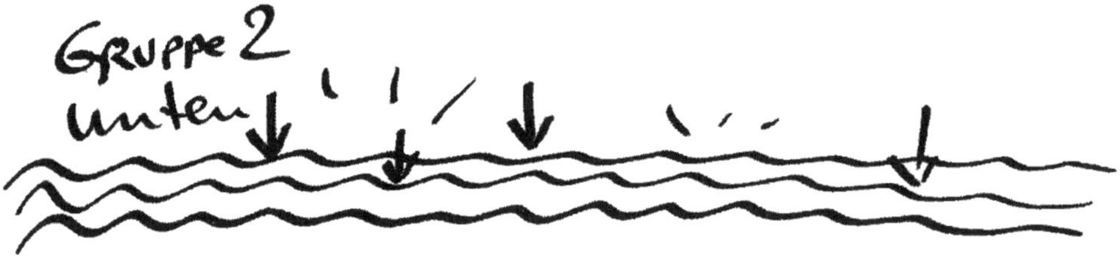

Quelle: Alan BADDELY in: *„Your Memory"*

Inzwischen hat man viele Parallelen festgestellt, nicht nur, was die äußere Umgebung (Tapeten-Effekt) angeht, sondern sogar in Bezug auf das interne physiologische Milieu im Körper. Auch dieser Effekt wurde inzwischen wissenschaftlich verfolgt, weil man einem bekannten Effekt nachging: Es passiert immer wieder, daß Leute im Suff Dinge verstecken (z.B. Geld), die sie später im nüchternen Zustand nicht mehr finden können. Erst wenn sie wieder trinken, finden sie es und können es wieder vertrinken. Es ist fast so, als seien zwei unterschiedliche Persönlichkeiten am Werk ... Erinnert uns das an etwas? Natürlich, sogenannte „Multiple"* (Menschen, die scheinbar aus

* Die meisten „Multiplen" sind Opfer von Mißhandlungen in der Kindheit. Es scheint, daß sie damals nur überleben konnten, weil sie einen Teil ihrer Person gleichsam „abspalteten", um „nicht answesend" zu sein, während ihr Körper Opfer jener Grausamkeiten war. Deshalb hat fast jede/r Multiple eine Schutz-Person, die alle anderen (manche haben ganze Wohngemeinschaften entwickelt!) kennt, während die anderen sich untereinander nicht kennen. Diese Schutzperson ist in der Regel die erste, die sich einst bildete.

mehreren voneinander unabhängigen Persönlichkeiten bestehen) zeigen faszinierende Parallelen.

Auch besitzen die verschiedenen „Personen" unterschiedliche physiologische Zustände (wie echte Personen). So kann es sein, daß einer der „Mitbewohner" (dieses Körpers) Brillenträger ist (fast blind ohne Sehhilfe), während ein anderer bestens sieht. Einer kann schwerhörig sein, andere nicht. Einer kann Säufer sein, andere können Alkohol „nicht riechen" oder sogar nicht vertragen. Einer kann Diabetiker sein, ein anderer nicht!

multiple

Nun interessierte es einen Psychologen, ob Erinnerungen von Trinkern tatsächlich an den Alkohol „gebunden" werden, also führte er eine Studie aus LernerInnen mit und ohne einem Cocktail intus durch. Ergebnis: LernerInnen, die vorher einen Cocktail tranken, konnten sich später nüchtern genauso wenig an den Lernstoff erinnern, wie **die „trockenen" Taucher!** Erst wenn sie wieder becherten, konnten sie die Info wieder „anzapfen". Diese Tatsache kommt in einem *Columbo*-Film zum Tragen:

Der Psychologe war GOODWIN, die Schilderung finden wir bei BADDELY. „Your Memory".

Der ursprünglich betrunkene Zeuge kommt in die Ausnüchterungszelle und erinnert sich so lange an nichts mehr, bis er (freigelassen) zu einem kostenlosen Mittagessen geht, wohin Columbo ihm folgt und ihn zu einem Drink einlädt. Kaum hatte der Mann das Gläschen intus, wußte er wieder alles!

Im Klartext: Wann immer wir Dinge erleben, mag sich unsere Konzentration auf diese oder jene Aspekte beziehen, aber unser „System" speichert weit mehr (unbewußt) als unsere bewußte Erinnerung später vermuten lassen würde. All das wollen wir (im Gegensatz zum Sinn/Inhalt) als „Kontext" bezeichnen, in den die Info eingebettet ist:

Kontext

Der (äußere) **Kontext entspricht der metaphorischen Tapete. Sie beinhaltet alles, was wir zum Zeitpunkt der KONSTRUKTION** (unbewußt) **mit einspeichern,** z.B. wer, was, wie (inkl. wo) wir während der KONSTRUKTION (gewesen) waren, inkl. Örtlichkeit (Sportplatz, unter Wasser), Essen/Trinken, anwesende Personen, Tiere, Pflanzen etc. **Jeder von zahlreichen, wahrscheinlich hunderten möglicher Tapeten-Aspekte kann uns später** (unbewußt) **helfen, diese Information wieder zu RE-KONSTRUIEREN.**

Diesen Tapeten-Effekt können wir ausnützen, indem wir von Anfang an (beim Lernen oder Vorbereiten zuhause) **so viele Aspekte wie möglich ganz bewußt in den Lern-Prozeß mit einbeziehen.**

8 Praktische Tips

Ob wir uns auf eine **Rede** vorbereiten wollen oder eine **Prüfung**, auf eine schwierige **Konferenz** oder eine **Situation**, in der wir „schnell denken können" müssen, immer gilt: Je mehr Aspekte des Kontextes wir ganz bewußt von der **Vorbereitung** in die **kritische Situation** mitnehmen können (wie eine Tapete), desto leichter können wir unser Wissen „transferieren". Wie können es dort (später) leichter RE-KONSTRUIEREN, weil ja an unseren Gedanken, Fakten etc. viele jener Aspekte „dranhängen". Denken Sie z.B an:

Bitte nur **leisen** Schmuck wählen. Es kann für andere in der Ziel-Situation (z.B. einer Prüfung oder einer diffizilen Verhandlungs-Situation) außerordentlich unangenehm sein, wenn klirrende Armbänder die Konzentration stören. Außerdem kann es sein, daß ein aufmerksamer Prüfungsaufseher Sie bittet, die Reifen abzunehmen!

1. **Kleidung:** Kaufen Sie von der Art von Oberbekleidung, die Sie in der Ziel-Situation tragen wollen, so viele, daß Sie identische Stücke in der Vorbereitung tragen können, und tragen Sie sie zumindest in den letzten Phasen dieser Vorbereitung (bzw. sorgen Sie dafür, daß Ihre Kinder oder SchülerInnen das tun).
2. **Schmuck** (z.B. Armreifen): Leise Armreife, eine Armbanduhr oder auch ein Ring – alles, was in Ihren Seh-Bereich hineinragt, kann KONSTRUKTION und spätere RE-KONSTRUKTION zusammen-BIND-en!
3. **Stifte:** Denken Sie daran, daß viele Menschen zuhause die alten, kurzgeschriebenen Blei- und Buntstifte benützen, draußen (in Schule, Konferenz etc.) aber neue, lange. In Zukunft wissen Sie: Benutzen Sie kurze Stifte nach Herzenslust für normale Notizen, für erste Gedanken, Skizzen etc., aber spätestens im letzten Drittel (besser: in der letzten Hälfte) Ihrer **Vorbereitungen** auf eine besondere Situation nehmen Sie bitte nur noch dieselben Stifte wie „dort!". Dasselbe gilt für Federmäppchen, Lineale und andere Klein-Utensilien, wie z.B. Schmierpapier und Schreibblock!
4. **ABC-Listen** als Gedächtnis-Helfer? Viele meiner Seminar-TeilnehmerInnen bei Analograffiti-Seminaren und Workshops haben inzwischen festgestellt: Wenn sie den Lernstoff durch ABC-Listen spielerisch „er-FASSEN" (egal, ob sie allein oder zu mehreren spielen, indem sie „Stadt-Land-Fluß-Varianten mit dem Lernstoff durchspielen oder ob sie „einfach so" Listen anlegen), können sie diesen Stoff hinterher weit besser „abrufen".

   Einige dieser Listen finden Sie im Merkblatt 6 (z.B. zur römischen Geschichte, S. 340). Der Lehrer Dr. Josef KUNZ bat die ca. 15jährigen Schüler einzeln oder in Kleingruppen (je nach Wunsch) eine Liste zu erarbeiten, was in einigen Minuten gelang. Am Folgetag bei der Prüfung erlaubte er ihnen, als Antwort auf eine von fünf Fragen mit einer solchen Liste zu „antworten", die Ergebnisse verblüfften alle, Lehrer wie SchülerInnen! Diese schnitten übrigens in der ganzen Prüfung überdurchschnittlich gut ab und waren höchst erstaunt über diese Resultate! Das ist der **REICHTUM**, von dem ich immer spreche, das ist die **ERNTE**, wenn wir **SÄEN**. Und einige ABC-Listen sind doch wirklich leichte Saat, oder?

Das einzig Traurige daran ist, daß so ein einfaches Mittel wie ABC-Listen von all jenen nicht getestet werden, die vorab zu wissen glauben, daß „so etwas" keinesfalls helfen könne. Schade, daß wir nicht mehr Forschergeist an den Institutionen haben, die dem Forschen und Lernen gewidmet sein sollten, unseren Schulen nämlich …

5. **Stofftiere** als Gedächtnis-Helfer? Wir können uns ein **Maskottchen** zulegen. Das hat schon seinen Sinn, wenn amerikanische (und einige europäische) Sportteams ein Maskottchen zuhause beim Training **und** beim Spiel dabei haben (z.B. einen Ziegenbock). Auch **unser** Maskottchen soll eigene **Aha-Erfahrungen beim Lernen „miterleben"**, so daß es uns später wieder an diese zu „erinnern" vermag. Spätestens jetzt leuchtet uns ein, weshalb Gäste in Rate- und Quiz-Sendungen oft ein Stofftier mit sich herumschleppen und es beim Beantworten Ihrer Fragen in Sichtweite halten! Nur manche sind „das Lieblingstier meines Töchterchens", viele gehören den Gästen selbst und helfen ihnen enorm. Indem sie es bewußt ansehen, können sie so manche Assoziation wieder herbeiholen.

Manchen Leuten erscheint es wie Magie, wenn sie sich in Anwesenheit eines solchen Spielzeugs besser konzentrieren können, aber wenn wir den Tapeten-Effekt verstehen, wissen wir warum!

Vgl. *„Birkenbihls Denkwerkzeuge".*

6. **Reden lernt man nur durch Reden!*** Der Tapeten-Effekt erklärt auch, warum man eine Rede nicht **schreiben** und später ohne Training gut vortragen kann, denn **das Schreiben bereitet uns nicht auf die Rede vor!** Reden lernt man nur durch reden (optimal sogar stehend, wenn Sie als RednerIn ebenfalls stehen werden!). Wenn Sie also nicht wollen, daß Ihr Vortrag erst nach einigen Malen „real" klingt, üben Sie (mit Stichworten), indem Sie auf Band sprechen. Ich übe alle neuen Vor-

* Ausnahme: Politiker-Reden, die vorab an die Presse gegeben wurden, müssen abgelesen werden, denn die Berichterstattung beginnt noch während sie „läuft". Trotzdem wäre es gut, wenn die Betreffenden vorher das Ablesen ein wenig üben würden, insbesondere wenn sie die Rede schreiben lassen. Jeder Schauspieler bereitet sich vor, fremde Texte vorzutragen; der Hauptunterschied scheint zu sein, daß Politiker meinen, sie bräuchten das nicht.

träge* (Vortrags-Elemente) auch heute (nach 32 Jahren Berufserfahrung) mit Personen, die sich freundlicherweise als „Versuchskaninchen" zur Verfügung stellen; meist telefonisch (wobei ich in den Endphasen der Vorbereitung auch am Telefon bereits **stehe**!).

Dies ist eine Funktion dessen, was ich als **kreatives Schummeln** bezeichne, vgl. gleichnamiges Modul (S. 242 f.).

7. **Kontextuelle Info = passives Wissen!** In einer Seminar-Disposition zum Thema des Tapeten-Effekts nutze ich das „X" in seiner „**Kreuz**"-Funktion als Erinnerung dafür, daß **kontextuell (unbewußt) eingespeicherte Infos** in der Regel **als passives Wissen vorhanden sind**, auch wenn wir sie nicht bewußt **RE-KONSTRUIEREN** können. Deshalb fällt es uns leicht, **Multiple-choice**-Testfragen zu beantworten, weil wir die richtigen Antworten ja nur an-**KREUZ**-en müssen.

Vgl. Modul „Gehirn-gerecht Machen von neuen (Lern-) Infos" (S. 201 ff.).

Ähnlich ist es weit leichter, auf **konkrete Fragen** zu antworten, als gute Fragen zu (er-)finden! Um gute Fragen zu stellen, muß man ein Thema gut durchdacht haben (je mehr wir wissen, desto besser können wir denken, desto intelligenter wirken wir und desto kreativer können wir werden). Darum ist das Fragen-Stellen ja auch der vierte Schritt in meiner 4-Schritt-Methode, zum Einstieg in ein neues Thema!

8. **DUFT** als Gedächtnis-Helfer? Wir meinen kein Parfüm, das durch die Gegend „wabert" und andere stören könnte, sondern z.B. den Duft einer frischen Orange, den es auch in **Tropfenform** gibt.

Wenn Sie von diesen Ölen (die man theoretisch erhitzen sollte) einen minimalen Tropfen in die Beuge zwischen Daumen und der Wurzel des Zeigefingers geben, dann steigt der Duft ziemlich „senkrecht" zur eigenen Nase auf, ohne unsere direkten Nachbarn rechts und links zu stören. (Natürlich testen Sie Ihr Produkt vorher ausgiebig, ehe Sie sich damit „unter die Leute" wagen.)

* Details meines *Trainings-Plans für RednerInnen, TrainerInnen* etc. finden Sie unter dem Titel *„Steine im Fluß"* in meinem TB „Stroh im Kopf?".

DUFT ist einer der besten **assoziativen Helfer**; wie Marcel PROUST feststellte, als er in eine Madelaine (Gebäck) biß. Plötzlich überflutete ihn eine „Flut" von Erinnerungsfetzen an einen Nachmittag bei einer Tante, die dem damals 8-jährigen Knaben ebenfalls eine Madelaine angeboten hatte. Diese Erlebnis erschütterte ihn derart, das er die letzten acht Jahre seines Lebens damit zubrachte, der Frage nachzugehen, wie man solche Erinnerungen bewußt auslösen kann. Das Resultat ist ein mehrbändiges Werk („Auf der Suche nach der verlorengegangenen Zeit"). Da mich dieser Effekt ebenfalls sehr beeindruckte, nenne ich ihn nach PROUST den Madelaine-Effekt©.

Warum beim zweiten „E" am Wortende „environment" steht, wiewohl ich eigentlich „Umfeld" meine, wird im Modul „Kreatives Schummeln" erklärt (S. 242 ff.).

Sie sehen, der Tapeten-Effekt kann Ihnen (mit etwas Training) sehr wohl helfen, wenn Sie eine Prüfung oder eine schwierige Situation (vom Kundengespräch bis zu einer Rede) vorbereiten. Der Tapeten-Effekt hilft Ihnen, Ihre Ausbeute beim Abruf und somit Ihre Ernte zu vergrößern.

Unterschwellig? M 18

Beginnen wir mit zwei Mini-Quizfragen; es geht um zwei Schlüsselbegriffe:

1. Die Bedeutung des Begriffes „limen":	2. Die Bedeutung des Begriffes „explizit":
❐ mit Zitronenfrüchten zu tun habend	❐ ent-FALT-et
❐ eine Grenze	❐ aus-DRÜCK-lich
❐ komisches Gedicht (vgl. Limerik)	❐ DEUT-lich

Nun können wir einsteigen: *Limen* heißt „Grenze" oder „Schwelle", wobei der Begriff in der Wahrnehmungs-Forschung (Neurophysiologie und Psychologie) eine große Rolle spielt. Wissenschaftler teilen **wahrgenommene** Reize nämlich ein als **oberhalb** bzw. **unterhalb** jener **Wahrnehmungsschwelle** liegend.

Subliminal

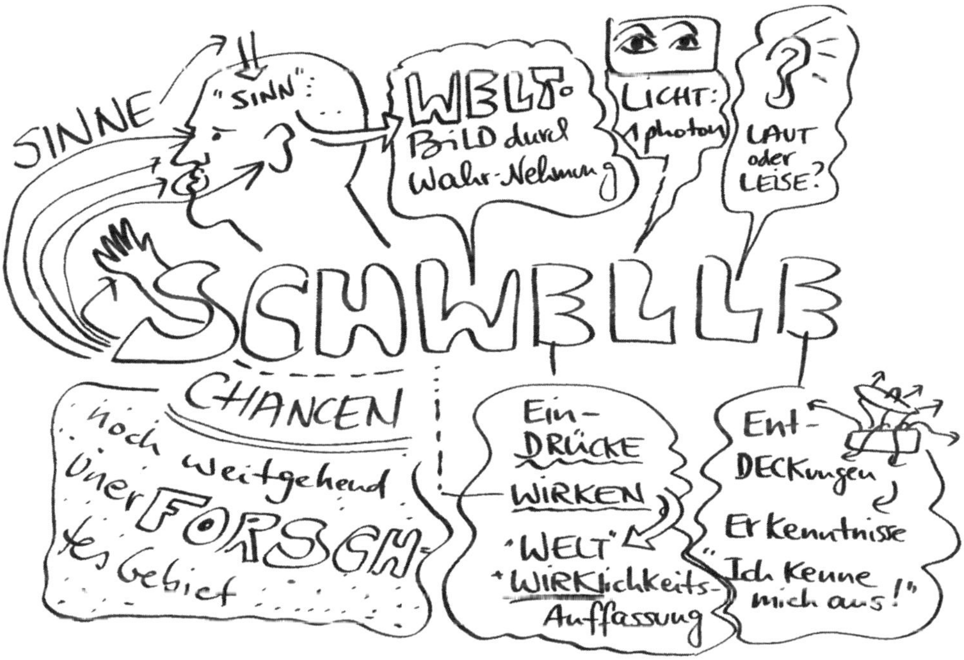

Nehmen wir an, zwei Leute durchlaufen denselben **Hörtest**, dann zeigt die Grenze dessen, was der eine **noch**, der andere jedoch **nicht mehr** hört, wie **subjektiv** diese Schwelle ist. Oder lernen wir z.B., das menschliche Auge sei extrem sensibel und könne sogar ein einzelnes Photon wahrnehmen, dann ist das ein **oberer Grenzwert**, den selbstverständlich nicht jede/r einzelne erreichen wird. Nun interessieren sich zwei Gruppen von Forschern besonders für diese Wahrnehmungs-Schwelle:

1. **Neurophysiologen** studieren die **Grenze** des **bewußt** oder **unbewußt Wahrgenommenen** (das ist auch der Schwerpunkt dieses Moduls), aber es gibt auch eine mentale Grenze:
2. **Psychologen** erforschen diese „**gedachte**" (oder „gefühlte") **Grenze.** Da können zwei Leute z.B. vehement darüber streiten, ob die Musik aus dem Garten des festefeiernden Nachbarn **zu laut** ist oder nicht.

Haben Sie schon etwas von der Debatte über „wirkliche" contra „gefühlte" Temperatur gehört? Früher dachte man, der „objektive" Wissenschaftler sei für erstere (weil meßbare) Forschungen zuständig, der „subjektive" Kollege hingegen für die „weichen" Ergebnisse. Nun stellen wir heute jedoch fest, daß sich auch diese **Grenze** als ziemlich schwammig herausstellt. Wenn „harte" Wissenschaftler eine Versuchsperson in eine Röhre (eine Art Körper-Scanner) schieben und ihr Gehirn betrachten, **während** ein Wahrnehmungs-Experiment läuft, dann kann folgendes passieren: Die Forscher „sehen ganz genau", wie (und wo) **das Gehirn der Versuchsperson eindeutig „wahrnehmend reagiert"**, wiewohl der Gehirn-Besitzer überhaupt **nichts wahrzunehmen scheint**. Hier hilft man sich mit einem geistigen Konstrukt, dem Konzept **expliziter** Prozesse (Gegensatz: **implizit**); wir begegnen diesem Begriff (unten) im Zusammenhang mit **Gedächtnis** wieder:

Diesen bezeichnet man abfällig als „Geisteswissenschaftler".

In den heiligen Hallen der „echten" (harten) Forschung war das Etikett „Geisteswissenschaftler" damals vergleichbar mit dem modernen Begriff „Weichei". Das zeigt, wie wenig die „harten" Wissenschaftler für individuelle (subjektive) Forschung über Dinge, die man nicht sehr exakt formulieren konnte, übrig hatten.

Denken Sie auch an die Redewendung: „Etwas fällt unter den Tisch." Dieses Etwas ist **immer** eine **Information** und genau das sollen Wahrnehmungs-Prozesse leisten: Informationen aus der Außenwelt in die Innenwelt transportieren.

Faszinierend ist auch die Gegenüberstellung von Information und Exformation im Sinne des brillanten Wissenschafts-Publizisten Tor NØRRETRANDERS (vgl. S. 139, 141, 144 und 149).

Wissen wir, **daß** wir etwas wahrnehmen, spielt sich der Prozeß Wahrnehmung **oberhalb** jener geheimnisvollen **Schwelle** ab. Andernfalls fällt er (im Wortsinn) **darunter**!

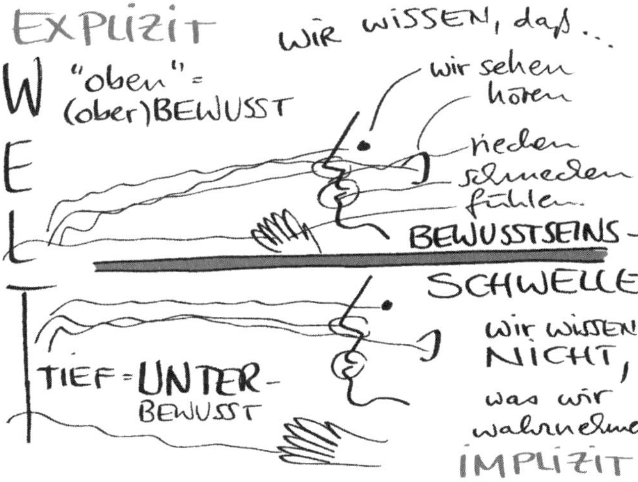

Sie haben es inzwischen sicher erraten: Die Antworten zu unserem kleinen Eingangs-Quiz zeigen das Spektrum dieses Moduls:

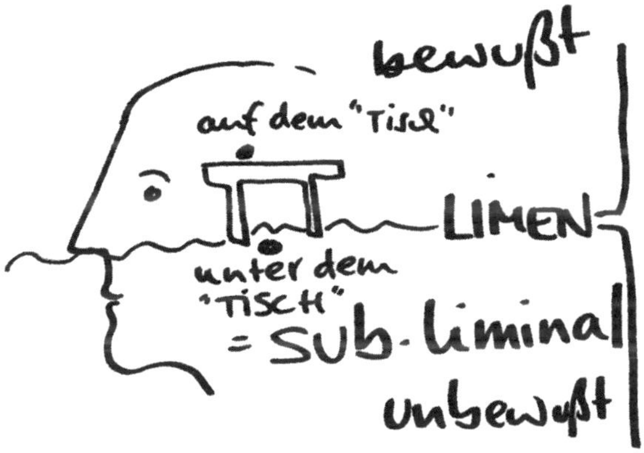

1. Es geht um die **Wahrnehmungs-Schwelle**, von der wir heute nicht mehr eindeutig sagen können, inwieweit diese nur „objektiv" oder auch „subjektiv" beeinflußt wird. Jedenfalls geht es um die **Grenze** der Wahrnehmung: **Sinnesreize oberhalb** des **LIMEN** tauchen im **Bewußtsein** auf, andere fallen unter den „Tisch", der in unserem Bewußtsein steht! Deshalb nennt man Wahrnehmungen unterhalb jener Schwelle „subliminal" und da es betreffend dieser „subliminalen Wahrnehmung" eine Menge Des-Informationen gibt, wollen wir in diesem Modul herausfinden, was es damit in Wirklichkeit auf sich hat.
2. Im zweiten Fall sind alle drei gegebenen Wahlmöglichkeiten richtig, wir sprechen von „**explizit**", wenn wir sagen wollen, etwas sei **ent-FALT-et**, **aus-DRÜCK-lich** und/oder besonders **DEUT-lich**.

Im Klartext: Mit „ent-FALT-et" meinen wir Dinge, die sich gleichsam **in die Wirklichkeit „entfaltet"** haben; **diese** Bedeutung des Begriffes „explizit" geht auf den Nobelpreisträger (in Physik) David **BOHM** zurück. Er stipu-

Vgl. hierzu auch meinen DVD-Vortrag: *„Von ‚Null Ahnung' zu etwas Quantenphysik?"*; dort spreche ich u.a. über BOHM's Modell.

liert eine (implizite) „aufgerollte" Wirklichkeit, deren **noch nicht** in ER-SCHEIN-ung getretene Aspekte SCHEIN-bar nicht vorhanden seien, weil wir sie erst wahrnehmen können, wenn sie **explizit** (nach außen gerollt) werden.

Wollen wir mit **„explizit"** hingegen **aus-DRÜCKEN**, etwas sei „aus-DRÜCK-lich", dann **DEUTEN** wir an, daß ein Sinnesreiz quasi auf ein Sinnesorgan „drücken" muß, um **bewußt** wahrgenommen werden zu können. Ähnlich DEUTET die **Begriffsbe-DEUT-ung „DEUT-lich"** darauf hin, daß wahrgenommene Informationen auf etwas **hinweisen** oder **zeigen (deuten)**, so daß sie unser **bewußtes Denken** auf jene Informationen **lenken**. Wenn Sie die kleinen Experimente im Merkblatt 7 mitgemacht haben, dann erinnern Sie sich jetzt vielleicht. Allein eine Frage „Was gibt es in der Umgebung, in der Sie sich momentan befinden, das rot ist" (gerade Kanten hat, sich weich anfühlt etc.), lenkt Ihre Aufmerksamkeit auf diese Aspekte. Dadurch nehmen Sie sie **bewußt (explizit)** wahr, weshalb sie sich jetzt auch in Ihrem **expliziten Gedächtnis** befinden dürften.

Vgl. dazu auch S. 365 ff.

Nun haben Wissenschaftler sich seit ARISTOTELES intensiv mit den Prozessen der **bewußten** (expliziten) **Wahrnehmung** befaßt, aber **erst ab 1850 ernsthaft mit der Erforschung** der **unbewußten** (subliminalen) begonnen. Warum? Nun, dafür gibt es drei Gründe.

Der **erste Grund** dürfte jedem einleuchten: Solange man von einem Forschungsgebiet nichts weiß, kann man es auch nicht erforschen.

Der **zweite Grund** ist ein wenig heikel. Nachdem man begonnen hatte zu begreifen, daß es „so etwas" geben müsse, hatte man regelrechte Angst vor dem Thema. Es ist als ob wir unser Leben lang (d.h. das Leben der gesamten Menschheit lang) auf einer Lichtung in einem gigantischen Wald gewohnt hätten, ohne den Wald jemals wahrzunehmen und plötzlich begann er sich in unser Bewußtsein zu drängen und das wollten wir nicht.

Aber der **dritte Grund** ist äußerst peinlich, deshalb spricht einer der Spitzenforscher auf dem Gebiet subliminaler Wahrnehmungen, der englische Subliminal-Forscher Norman DIXON von der **Atombombe der Psychologie**.

Mehr **Hintergründe** finden Sie im Merkblatt Nr. 4 „Subliminale Wahrnehmung".

All dies hat zwei sehr wichtige Konsequenzen für das **Aufbauen** (und **Erweitern**) sowie für die spätere **Nutzung** unseres **inneren Archivs**!

Doppel-Konsequenz für unser inneres Archiv

Auf- und Ausbau des inneren Archivs

Wir können **unbewußt weit mehr wahrnehmen** als bewußt. Dabei gehört das **nicht bewußt** Registrierte zum **subliminalen** Bereich und wird gerne wegdiskutiert, weil es unbewußt bleibt. Sie kennen ja wahrscheinlich meine „berühmte" Metapher von den **11 km unbewußter** im Gegensatz zu den von meinen TeilnehmerInnen als „popelig" („läppisch", „winzig" etc.) bezeichneten **15 mm bewußter** Geistes-Prozesse. Diese Metapher beschreibt sowohl die **Wahrnehmung** als auch die **Verarbeitung von** Sinnesreizen, sowie „richtige" **Denk-Prozesse.**

Siehe Merkblatt Nr. 4.

In **Merkblatt Nr. 2** (S. 308 ff.) finden Sie einen Abriß dieser 11 km vs. 15 mm.

Praktische Nutzung des inneren Archivs

Wenn Sie wissen, daß Sie etwas wissen, und Sie dann bewußt auf dieses **explizite**, d.h. **aktive Wissen** zugreifen, entspricht das unseren Vorstellungen von „Wissen nutzen". Wenn Sie aber begreifen, daß Sie **unbewußt extrem viel wissen** und wenn Sie lernen, **bewußt** auf dieses **gigantische implizite, d.h. passive Wissen zuzugreifen**, dann widerspricht das dem alten Bild, das wir uns von geistigen Prozessen (Lernen und Denken) bisher gemacht hatten.

Wir alle besitzen diese königliche Schatzkammer und wir alle können lernen, unsere 11 km Unbewußtes bewußt „anzuzapfen", denn uns allen stehen immense geistige Reichtümer zur Verfügung. Gerade die Tatsache, daß wir so „reich" zu sein scheinen, ist vielen im ersten Ansatz „total ungeheuer", und es erscheint uns umso ungeheuerlicher, je weniger wir gewohnt sind, uns **bewußt** in diese unbewußten Schatzkammern unseres Geistes zu begeben.

Unsere geheimen Schätze ...

Das Unbewußte bewußt nutzen?

Als ich Anfang der 1979er Jahre davon zu sprechen begann, man solle das Unbewußte bewußt nutzen, erntete ich viele mitleidige Blicke. Erstens begriffen die meisten meiner Seminar-TeilnehmerInnen damals überhaupt nicht, wie gigantisch das Unbewußte ist. Erst mit der **11 km-15 mm-Metapher** (ab ca. 1993) konnte ich dieses Problem weitgehend verbessern. Zweitens klingt es natürlich völlig paradox, **bewußten Zugriff auf**

Aus dem alten *„Stroh im Kopf?"*-Buch, 6. bis 25. Auflage.

das Unbewußte anzustreben. Ursprünglich konnte ich erste Ansätze anbieten, wie die folgenden Ratschläge – es ging darum, unbewußte Erinnerungen zu „finden".

Diese Technik ist immer dann wichtig, wenn Sie entweder wissen, daß Sie es eigentlich wissen (müßten), z.B., wenn es Ihnen „auf der Zunge" liegt, aber auch in Prüfungen sehr hilfreich!

Egal, ob es sich um „richtige" Prüfungen handelt oder ob Sie das Gefühl haben, besonders „hart geprüft" zu werden, z.B. in einem Gespräch mit einem mißtrauischen potentiellen neuen Kunden oder Chef.

Fragen Sie Ihr Unbewußtes, und **warten** Sie; dann steigen gewußte, aber **un**bewußte Informationen langsam in Ihnen hoch.

Fallbeispiel 1: Der Name liegt mir auf der Zunge

Das Protokoll eines Workshop-Teilnehmers zeigt, wie wir vorgehen.

Ein kleiner Protokoll-Ausschnitt soll die Technik verdeutlichen, wobei die Pünktchen (...) **Denk-Pausen** symbolisieren, weil wir jeweils **warten** wollen, bis die Antwort in uns „aufsteigt". In diesem Fall sucht der Sprecher den **Namen** eines **Komponisten**, von dem er **sicher** ist, daß er ihn **erkennen würde**, wenn jemand den Namen nennen würde. Das heißt, er weiß, der Name befindet sich in seinem **passivem** Wissen (seiner Schatzkammer!), aber er kann ihn nicht aktiv **RE-KONSTRUIEREN**.

Testen Sie zunächst die 5 Vokale.

Also ... war es ein einsilbiger Name ... hm ... nein! Definitiv nicht. Eher drei, vielleicht sogar vier Silben. Hm .... Anfangsbuchstabe .... ein ***A*** *...? ...* ***E*** *...? ...* ***I*** *... ?* ***O*** *...?* ***U*** *...? Hm ... nein. Also müßte es ein Konsonant gewesen sein ... ein eher* ***weicher*** *Buchstabe wie Mm ... oder Nn ...? ... Nein, das glaube ich nicht. Also ein harter ... B ...? D ...? Momentmal, B ...? Bu ...? Ah, Pu! Das war die erste Silbe. Ich fühle es! Aufregend ist das! Also Pu ..., und dann noch Silben, mindestens zwei .... Pu ... hm ... hm. (Plötzlich ganz aufgeregt:) Ja! Ich hab's! Pucelli! Das war er. Pucelli! Genau!!*

Sie können Ihr Unbewußtes auch nach Details befragen, von denen Sie **befürchten, daß Sie sie gar nicht wissen!**

Wir wissen heute, daß wir so unendlich viel mehr wissen, als wir uns vorstellen können. Es ist ähnlich wie im Weltraum, dort soll ja auch inzwischen über 90 % der Materie sogenannte dunkle (= unsichtbare) Materie sein, vielleicht sind das die „Schatzkammern" des Universums? Ein zweiter kleiner Protokoll-Ausschnitt aus einem Workshop soll dies verdeutlichen.

Fallbeispiel 2: Das kaum registrierte Büro

Stellen Sie sich vor, Sie hätten neulich in einer Ihnen fremden Firma einen Herrn gesucht; dessen Abteilungsleiter (Herr Gernot) war mit Ihnen durch Gänge gegangen und hat Türen geöffnet, während er sich mit Ihnen unterhielt.

Ihre Position wird durch die Sprecher*in* im Protokoll verdeutlicht, während der Herr, den Sie damals suchten, jetzt (Tage später) Sie befragt.

Er: Sie waren doch in unserer Firma. Herr Gernot sagte mir, daß er mit Ihnen kurz in mein Büro gekommen sei, daß Sie mich aber nicht vorfanden und gleich wieder gingen. Erinnern Sie sich?

Sie: Ich erinnere mich an ein leeres Büro. Richtig.

Er Könnten Sie mein Büro beschreiben?

Sie: (lächelt) Also, im ersten Ansatz bestimmt nicht, ich hatte es nämlich *nicht bewußt registriert*, weil Herr Gernot mit mir sprach; das weiß ich noch sehr genau. Aber lassen Sie mich sehen ...

Er: Interessant, Ihre Redewendung: Sie sagen im selben Atemzug, daß Sie den Raum **nicht** bewußt registriert haben, und dann „lassen Sie mich sehen" ...

Sie: Genau! Indem ich mir jetzt **Fragen stelle** und auf die Antworten warte, wird das Bild langsam klar vor meinem Auge stehen. Also, ... war es ein großer Raum? ... Mittelgroß? ... Nein ... eher klein. Ja, die Türe war hier ..., wenn man eintritt, blickt man auf ... auf was blickt man? ... Auf eine große Wand ..., da hing was ... Landkarte? ... Nein. Ein Bild ... nein, nicht direkt ... Ein Poster? ... Ja! Ein Poster ... Moment mal, ... Weltraum ... richtig, Saturn mit den Ringen ... ja. Ach ja, rechts ist das Fenster ..., und man blickt von vorne auf Ihren Schreibtisch, d.h., wenn Sie dort sitzen, haben Sie die Wand mit der Tür im Auge ... und das Tageslicht kommt von links ..., die andere Wand, was war da? ... Regale? ... Nein ... aber so ähnlich ... Stellagen ... Stellagen irgendeiner Art ... hm ... ja, ja, jetzt kommt es ins Bild ... Ach ja! Metall-Röhren, in denen Papierrollen liegen, die vorne herausragen. Ah, das dürften wohl Konstruktions-Zeichnungen sein, was?

Er: Genau. (grinst) Das war schon sehr gut.

Sie: Ach, mit etwas Geduld kommt da noch viel mehr. Zum Beispiel die Farbe der Wände ... also, die hinter Ihrem Schreibtisch ist weiß, und das Poster ist dunkler Weltraum und rötlicher Planet. Die Fensterwand ist ..., da ist noch was ... Richtig. Unterm Fenster sind Regale mit Leitz-Ordnern. Die Wand ist nicht weiß, eher hellgrau oder ein lichtes blaugrau.

Er: Genau!

Sie: Die andere Wand mit den Stellagen ist weiß ... Nein ..., die Stellagen sind weiß; die Pläne, die aus den weißen Röhren herausschauen, sind ebenfalls hell, aber die Wand ... hm ... ach ja, die ist Holz, helle Holztäfelung.

Er: (lacht) Reine Imitation. Mein Vorgänger hatte sie mal anbringen lassen.

Sie: Die Tür ist aus Metall und ziemlich schwer.

Er: Woher wissen Sie denn das jetzt?

Sie: Das sehe ich, jetzt, nachträglich, an der Art, wie Herr Gernot sie bewegt. Ja, die ist schwer.

Er: Also, Sie haben mich restlos überzeugt.

Man muß die Technik natürlich ein wenig üben; das ist wie beim Autofahren: Je öfter Sie diese Selbst-Befragung durchführen, desto besser verläuft sie.

Das sagte ich seit ca. 1978. **Inzwischen hat die Forschung** meine damals mehr „intuitiven" Behauptungen, die durch die Erfahrungen **unserer** kleinen Studien bekräftigt worden waren, voll bestätigt, wenn es auch viel Ärger auf diesem Forschungsgebiet gibt. Lesen Sie über die Hintergründe der sogenannten **Atombombe der Psychologie**, über Forscher, die ihr Fähnchen in den Wind drehten und ihre eigenen Forschungsergebnisse rückwirkend „neu deuteten" (ha!), weil einige Leute die Öffentlichkeit mit unwahren Aussagen so verschreckt hatten, daß ... aber all das können Sie im Merkblatt Nr. 4 „Subliminale Wahrnehmung" nachlesen.

Es folgt das Fazit, das NØRRETRANDERS gibt, plus mein eigenes:

Lassen wir noch einmal Tor **NØRRETRANDERS** zu Wort kommen, dem **preisgekrönten Wissenschafts-Publizisten**, der nach jahrzehntelangem Studium der Forschungsarbeiten, insbesondere der modernen **Gehirnforschung** zwei wichtige Schlüsse zieht:

NØRRETRANDERs Fazit

1. In den 70er und besonders 80er Jahren hat sich endgültig erwiesen, daß der weitaus größte Teil von Informationen, die der Mensch verarbeitet, vom Bewußtsein **nicht** erfaßt wird, auch dann nicht, wenn sie nachweisbar Einfluß auf sein Verhalten ausübt.
2. Dies führt zu einem Dilemma, denn diese Erkenntnisse können mißbraucht werden, (sowohl) zu Reklamezwecken (als auch) für alle möglichen Formen der Meinungsbildung und Manipulation. Deshalb sind sie gefährlich (...) Trotzdem:

Es ist für das Überleben des Menschen und seiner Zivilisation von entscheidender Bedeutung, daß uns klar wird, wie wenig uns von dem, was in uns vorgeht, bewußt ist (...)! Denn: Bei einer Bandbreite von 1 (bewußt) zu 1 Million (unbewußt) macht (...) es wenig Mühe, Leute an der Nase herumzuführen, die nur 1 Millionstel dessen (bewußt) erfassen, was sie wahrnehmen.

Mein Fazit

Es ist seit Jahrzehnten überfällig, daß wir uns mit unbewußt (subliminal) registrierten Reizen und Infos befassen. Allerdings sehe ich neben potentielle Gefahren **viel mehr Chancen für uns Gehirn-Benutzer**. Vergessen wir doch mal kurzfristig, was andere anderen „antun" können und denken statt dessen darüber nach, was die praktische Anwendung der Subliminal-Forschung **jedem einzelnen von uns** bringen kann: Was bisher ständig übersehen wird, ist:

Die **Schatzkammer unserer eigenen Vergangenheit**:
Unsere Studien zeigen immer wieder, daß die (in diesem Buch) vorgestellten Techniken des inneren Archives sowie die analografischen Denk-Tools (in *„Das große Analograffiti-Buch"* und in *„ABC-Kreativ"*) ihren **durchschlagenden Erfolg** eben **jenen gerne negierten Mechanismen** verdanken, **weil** wir tatsächlich lernen können, **unser geheimes (implizites) Wissen anzuzapfen**. Dies besteht nur teilweise aus bewußten aber wortlosen Aspekten (die wir durch Training erworben haben, z.B. beim Klavier- oder Tennisspielen). Aber unsere inneren Schatzkammern bestehen zu einem weitaus größeren Teil aus Aspekten, die wir **beiläufig (mit-)gelernt** haben, ohne es zu wissen. Und dieses Wissen können wir aktiv „anzapfen" und darum geht es in diesem Buch!

Vgl. auch „Tapeten-Effekt" (S. 272 ff.).

In diesem Zusammenhang steht auch der PLÖTZL-Effekt (daß subliminal wahrgenommene Stimuli und Informationen eine Neigung haben, unvermittelt aufzutauchen, und zwar bevorzugt in (Tag-)Träumen und bei freiem assoziativen Denken). Im Klartext:

Vgl. auch Merkblatt Nr. 4, S. 313.

Der PLÖTZL-Effekt wirkt auch bei assoziativen Übungen!

Zu der Zeit, als PLÖTZL seine Einsichten hatte (1917), waren assoziative Spielchen Mode (nicht nur auf der Couch von Leuten, die einen neuen Beruf ausübten [Psychiater], sondern auch im Salon, bei Kaffee und Kuchen, oder abends, bei einem Cognac am Kamin. Es war die Zeit, in der Buchstaben- und Wortspiele groß in Mode waren, was für die Gehirn-Besitzer weit besser war, als passiv fernzusehen. Das ist auch einer der Hauptgründe, warum heute viel mehr über den „Verfall" des Gedächtnisses geklagt wird. Es ist aber **nicht der Verfall von Gedächtnis**, denn das **RE-KONSTRUIEREN** von Erinnerungen ist ja eine Tätigkeit und Tätigkeiten werden durch Training besser und ohne Training sehr schnell schlecht.

Use it or lose it – wer rastet, rostet. Dies ist in geistigen Belangen mindestens genau so wahr, wie für unsere Muskelmasse!

Was wir verfallen ließen sind unsere früher eher intuitiv erbauten **inneren Archive**! Heute wissen wir mehr und können systematisch daran arbeiten, unser inneres Archiv zu erweitern und – genau so wichtig – zu **nutzen**! Sofern wir endlich begreifen, daß **assoziatives Denken** der **wichtigste Schlüssel** ist:

Ich halte das für den entscheidenden Grund dafür, daß wir mit „einfachen" KaWa.s und/oder „albernen" ABC-Listen **dem „Rauschen der Hirnrinde"** (nach Peter V. CHRISTIANSEN) ebenfalls **entkommen** können und daß diese Techniken so erfolgreich sind. Dies ist eines der bahnbrechendsten **Geheimnisse assoziativen Denkens**, und es erklärt auch, warum jene **„einfachsten" ABC-Listen** so **ertrag-REICH** sind, ja sein **müssen** und warum sie oft dermaßen reiche **(unerwartete!)** Aus-BEUTE bringen!

Mit dieser Denk-Technik „zapfen" wir **unser inneres Archiv, inklusive unseres eigenen** (unbewußten) **impliziten Wissens** an und „er-BEUTEN" de facto **verborgene** Inhalte der geheimen Anteile unseres **inneren Archivs!**
Deshalb spreche ich bewußt von der **Schatzkammer unserer eigenen Vergangenheit!**

Schatzkammer unserer eigenen Vergangenheit.

Dies ist keine „leere Floskel", sondern eine machtvolle Metapher, die uns hilft, **diese Reichtümer zu nutzen**. Und da es sich dabei um immaterielle Reichtümer handelt, können wir so „egoistisch" sein wie wir wollen, wir können in unseren Schätzen wühlen (sogar drin baden, wie Dagobert Duck), denn:

> **Egal, wieviel dieser Schätze wir „verbrauchen", sie werden nicht weniger, sondern im Gegenteil mehr! Wieso?**

Dafür gibt es **zwei** Gründe: Erstens können immaterielle Güter nicht „aufgebraucht" werden (wenn man sie nicht „löscht"), vgl. Internet. Wenn Sie dort eines meiner e-books (die eigentlich eher „Elektronische Artikel" heißen müßten) herunterladen, dann **bleibt das Original erhalten**, denn jeder, der da mitlesen will, kreiert „sein" ganz persönliches Exemplar an seinem Computer. Zweitens „machen" **energetische Güter*** mehr vom selben:

Wenn Sie viel und häufig (oder gar regelmäßig) **passiv Glotze konsumieren**, dann wollen Sie noch mehr auf der Couch hocken und als einziges Fitneß-Programm Kartoffel-Chips zum Munde führen (gut für Arm- und Kaumuskeln!). Und umgekehrt: **Wenn Sie viel denken, wollen Sie mehr denken.** Und Sie wollen mehr in derselben Art denken! Im Klartext:

Wenn wir erst einmal beginnen, die Techniken** anzuwenden, merken wir bald, daß es „was bringt". Dies wiederum veranlaßt uns, es demnächst wieder zu versuchen und bald wird es zur neuen Gewohnheit. Man könnte sagen „high on Denk-Lust".

* Eine interessante emotionelle Parallele: Je mehr Haß, Neid, Ablehnung wir in die Welt lenken, desto mehr schlägt auf uns zurück. Je mehr Freude, Respekt, Liebe wir senden, desto mehr erhalten wir. Diese energetischen „Güter" funktionieren nach anderen Regeln als materielle.

** Dasselbe gilt natürlich ebenfalls für die Methoden in *„Stroh im Kopf?"* (besonders ab 36. Auflage), sowie für die analografischen Techniken (in *„Birkenbihls Denkwerkzeuge"* und in *„ABC-Kreativ"*).

M 19 Das ZEIT-Paradox

Para heißt „über etwas hinaus" und *Dox* hat mit Meinung zu tun.

Der Psychologe Ernst PÖPPEL, der u.a. hervorragend über Klänge und Zeit gearbeitet hat, wies einmal auf ein **faszinierendes Paradox** hin. Seine Erklärung bietet sicher für viele LehrerInnen, Vortragende, TrainerInnen etc. ein erleichterndes „Eureka", indem es uns eine Erklärung für etwas liefert, das viele von uns vorher nicht einordnen konnten.

Oft sprengt ein **Paradox** vorhandene Denk-Rahmen (Grenzen) oder es verbindet Elemente oder Aspekte miteinander, die normalerweise nicht verbunden werden. So beinhaltet ein Paradoxon häufig eine (KOESTLER'sche) Bisoziation. So auch dieses Paradox.

Wodurch wird ein Vortrag langweilig?

Stellen Sie sich vor, Sie hörten an zwei Tagen zwei Vorträge (live) von jeweils genau einer Stunde Dauer. Aber während der Montags-Vortrag äußerst KURZ-weilig ist, LANG-weilt der am Donnerstag Sie „zu Tode". Also vergeht während der **Darbietung am Donnerstag** die Zeit anscheinend „gar nicht", diese (eine) Stunde kommt Ihnen **wie ein halber Tag** vor und Sie **leiden** dementsprechend. Jedesmal, wenn Sie nach einer Viertelstunde auf die Uhr schielen, sind gerade erst 2 bis 3 Minuten vergangen, seit Sie zum letzten Mal nachgesehen hatten, ob Ihr Zeitmesser noch funktioniert.

Das ist ja das Wesentliche an Informationen, die nicht gehirn-gerecht präsentiert werden, bestenfalls langweilen sich die Empfänger (z.B. SchülerInnen) nur „zu Tode", schlimmstenfalls aber kommen sie sich **un**intelligent vor, weil sie ihre **Un**fähigkeit, Lernfreude zu empfinden, sich selbst anlasten und an dieser Last tragen sie schwer.

Ganz anders beim Vortrag am Montag: Wenn Sie nach einiger Zeit mal kurz auf die Uhr schielen, stellen Sie voller Erstaunen fest, daß bereits 44 Minuten vergangen sind. Sie fühlen sich **informiert**, können gut **mitdenken**, haben faszinierende **Assoziationen** aus Ihrem gigantischen Wissens-Netz und es macht Ihnen **Freude**, diesem Referenten zu lauschen.

Ich hielt früher oft den Schluß-Vortrag bei Kundenveranstaltungen einer Weltfirma. Die Kunden hatten fast drei Tage lang viele Referate von „internen Referenten" durchgestanden. Es waren dies zwar Fachleute, jedoch meist rhetorisch armselig und didaktisch total unterbelichtet. Sie waren kompetent auf ihrem Gebiet, aber meist unfähig, dies auch zu kommunizieren. Deshalb hatten deren Vorträge eine Länge von 20 bis maximal 30 Minuten (mehr konnte man dem Publikum kaum zumuten). Dann kam ein Gast-Referent, der sein Fach verstand, mit einem Abschluß-Referat, das rhetorisch gut sein mußte, denn letzte Eindrücke sind bleibende. So schafft man eine gute Erinnerung für die Kunden. Nun war es mir eine Ehre, öfter mit einem Abschluß-Vortrag von 90 Minuten bei diesem Spielchen mitspielen zu dürfen. Allerdings wußte niemand, daß ich anderthalb Stunden sprechen würde, im Programm stand nur die Anfangszeit meines Referates (immer nach der letzten Kaffeepause am 3. Tag).

Abschließend kamen viele, um Fragen zu stellen, ein Buch signieren zu lassen etc. und dabei fielen oft Bemerkungen wie: „Das war die spannendste halbe Stunde, die ich je erlebt habe" o.ä., was mir natürlich immens schmeichelte (aber auch zeigte, wie schwach viele der Referate während dieser drei Tage gewesen sein mußten).

Man wird als Referent immer im Vergleich zu Vorhergegangenen beurteilt, ein überschwengliches Lob bedeutet also nicht (nur), daß ich soooooooo brillant bin, sondern vor allem, daß meine Vorgänger ziemlich schwach waren,
so daß ich im Vergleich besonders „gut" wirkte.

Na ja. Jedenfalls fielen den Leuten die Kiefer immer auf das Brustbein, wenn ich Sie bat, jetzt auf die Uhr zu sehen, kaum einer konnte es fassen, daß 90 Minuten vergangen waren. Erstens, weil sie während meiner anderthalb Stunden nicht einmal auch nur den Impuls gespürt hatten, auf ihre Uhren blicken zu wollen (während sie drei Tage lang sehr viel Uhren-Kontrolle durchgeführt hatten). Zweitens, weil es inzwischen Abendessens-Zeit war und sie drei Tage lang (aus purer Langeweile) immer „furchtbar hungrig" gewesen waren, wenn sich die qualitativ hochwertigen Mahlzeiten näherten.

Aber jetzt sollen Sie erfahren, warum ich dieses Beispiel gewählt habe: Wenn Ihnen einleuchtet, daß ich **zunächst überglücklich** war, wenn HörerInnen meinen 90-Minuten-Vortrag für einen halbstündigen gehalten hatten, weil dies ein **Beweis für meine Kurzweiligkeit** (und gehirn-gerechte Darbietung) war, dann verstehen Sie sicher, daß ich mich zutiefst infrage stellen hätte müssen, wenn jemand gekommen wäre und gesagt hätte: „Also, das war der längste halbe Tag in meinem Leben." Nun, im ersten Ansatz scheint die Idee zwar sicher absurd. Die Leute werden ja wohl unterscheiden können, zwischen einem halben Seminartag und einer spätnachmittäglichen Darbietung. Also sollte es so gut wie unmöglich sein, daß jemand meinen Vortrag mit einer Veranstaltung von einem halben (oder gar ganzen) Tag verwechseln könnte. Richtig?

Falsch! Warum? Nun, genau darum geht es in PÖPPELs Zeit-Paradox. Es ist tatsächlich so, daß manche dieser Menschen mir einige Jahre später wieder begegneten und mir freudestrahlend mitteilten, sie hätten damals den Seminartag (!!!) bzw. den Halbtages-Vortrag mit mir damals außerordentlich genossen und wie lehrreich es gewesen wäre, und wie genau sie sich heute (nach vielen Jahren) noch erinnern könnten etc.

Und ich muß Ihnen ehrlich gestehen, **wenn das passierte**, dann mußte ich mich sehr zusammenreißen, um halbwegs höflich zu nicken und mich schnell einer anderen Person zuzuwenden (von denen in den Kaffeepausen-Gesprächen ja meist einige warten). **Aber es hat mich zutiefst verletzt.** Weder konnte ich begreifen, daß jemand meinen kurzweiligen gehirn-gerechten Vortrag für **länger** halten **konnte**, noch, daß er dann nicht höflich „die Klappe hielt", statt mich zu belügen und mir zu erklären, wie toll er es gefunden habe, wenn er sich doch eindeutig damals **furchtbar gelangweilt haben muß!** Oder? Wäre es denkbar, daß er den Vortrag damals **kurzweilig fand** und sich **trotzdem** in der **Erinnerung zeitlich ins Gegenteil** hinein täuscht? Ja, das ist denkbar, und darum geht es im Zeit-Paradox von PÖPPEL.

PÖPPEL in „*Grenzen des Bewußtseins*", Hervorhebungen **meine**.

> Hier stellt sich ein merkwürdiges und paradoxes Phänomen ein (...) Was uns **gegenwärtig** als **langweilig erscheint**, das wird im Rückblick kurz. Was wir **als kurzweilig erleben**, das wird im Rückblick lang. Dieses *Zeit-Paradox* kann durch die Hypothese erklärt werden, daß wir (die) **Dauer** nach dem jeweiligen **Bewußtseins-Inhalt** beurteilen. Wenn wir **keine** Information verarbeiten, wird unsere Aufmerksamkeit auf die Zeit (selbst) gelenkt. Die Zeit beginnt zu kriechen, aber es wird **nichts im Gedächtnis abgespeichert**, so daß **im Rückblick nichts vorhanden** ist, woran man sich erinnern könnte.

Wenn ich auf Lehrer-Veranstaltungen, zu denen ich mich ja immer wieder hinreißen lasse, feststellen muß, daß auch heute, fast 30 Jahre nach meinen ersten Lehrer-Seminaren in Deutschland, kaum ein/e LehrerIn auch nur eine Ahnung von gehirn-gerechtem Unterrichten hat, dann wundern mich die Ergebnisse der PISA-Studie kein bißchen!

Wenn ich an die Millionen von Stunden denke, die Milliarden von SchülerInnen, StudentInnen in Räumen verbringen müssen, in denen jemand die Macht hat, sie zu langweilen, ohne Rücksicht darauf, ob irgendwer auch nur irgendetwas versteht oder gar speichert, dann könnte ich weinen. Was wir an geistiger Energie vergeuden – das ist weit mehr als unsere Vergeudung materieller Energien, und die ist gewiß nicht gering. Ich weiß, daß viele (aber beileibe nicht alle!!) LehrerInnen sich aufregen über meine Forderung, daß es den meisten SchülerInnen „gut gehen" müßte. Natürlich gibt es immer einige SchülerInnen, denen man in der Normschule nicht helfen kann, aber jede/r LehrerIn, der/die behauptet, das sei bei den meisten seiner/ihrer SchülerInnen der Fall, macht es sich zu leicht.

Links: heute kurzweilig, Erinnerung „lang", weil viel zu RE-KONSTRUIEREN. Rechts die häufigere Variante: viel heiße Luft und Langeweile, Erinnerung jedoch „kurz", weil wenig Material zum RE-KONSTRUIEREN angeboten wird.

PÖPPEL weiß dazu:

> Wird dagegen **viel Information** verarbeitet, dann ist uns **Zeit nicht bewußt**, daher scheint sie wie im Fluge vergangen zu sein. Aber das **reiche Er-Leben ist im Gedächtnis gespeichert**, so daß **im Rückblick** viel Erinners-Wertes vorhanden ist.

Als ich das las, löste sich der „Knopf" in meinem Kopf! Wie unrecht hatte ich denen getan, die mir voller Freude von einem halben oder ganzen Tag mit mir berichteten! Und welches Kompliment hatten sie mir eigentlich gemacht, ohne daß ich das damals begriffen hätte! Wenn wir dies nun mit dem Konzept der **Exformation** verbinden, dann können wir festhalten:

Vgl. auch das Modul „Exformation" (S. 139 ff.).

Je mehr Exformation wir bieten, je REICH-haltiger unser Angebot, je mehr Saiten (= „Fäden" im Wissens-Netz) in den HörerInnen zum Klingen und Mitschwingen kommen, desto „angesprochener" fühlen sie sich, desto mehr eigene Assoziationen REICH-ern den Prozeß des Hörens an. Je mehr Wissens- und Merkenswertes wir als Sender in gehirn-gerechter Weise anbieten, desto mehr können unsere HörerInnen (oder LeserInnen) aus unserem Vortrag (Text) „(mit-)nehmen", d.h. **KONSTRUIEREN**. Damit aber schaffen sie die Grundlage für spätere **RE-KONSTRUKTIONEN**, die wir als „Erinnerungen" bezeichnen.

Deshalb können die Empfänger von gehirn-gerechten Botschaften später so viel und leicht erinnern. Diese Lernstunden werden zum Teil ihres **episodischen Gedächtnisses**. Wir können auch sagen:

> **Solche Lern-Erfahrungen sind im Wort-Sinn ein echtes Er-LEB-nis.**

Vgl. auch das Modul „Denk-LUST" (S. 90 ff.).

Kein Wunder, daß gehirn-gerecht „besendete" HörerInnen (oder LeserInnen) **gerne** hören (lesen), **gerne** mitdenken, **gerne** aktiv **KONSTRUIEREN** und sich in solchen Texten „wiederfinden". Sie denken **gerne** mit, sie entwickeln **gerne** eigene Assoziationen, sie ziehen **gerne** eigene Schlüsse etc.

Vorwort zu den Merkblättern

Wer meine Arbeiten seit längerem verfolgt, der weiß, daß ich inhaltliche Überschneidungen zwischen einzelnen Büchern zu vermeiden suche, und daß ich sie weitgehend in Merkblätter „verbanne". Typisches Beispiel ist das Merkblatt Nr. 1: „Analograffiti für Quer-Einsteiger". Die anderen Merkblätter geben mir die Chance, Ihnen als LeserInnen ver-TIEF-endes **Hintergrund**-Material anzubieten, auf das eilige LeserInnen jedoch auch verzichten können. Da es in diesem Buch so viele „wichtige Merkblätter" gibt, mußte ich einige Entscheidungen treffen, damit sich die Kerngedanken dieses Werkes nicht letztlich „dort hinten" abspielen. Es war nicht immer eine leichte Wahl, deshalb folgt eine kleine Übersicht. Diese Merkblätter enthalten ...

- **Merkblatt Nr. 1:** **Analagraffiti für Quer-Einsteiger** (S. 300 ff.)
- **Merkblatt Nr. 2:** **11 km contra 15 km?** (S. 308 ff.)
- **Merkblatt Nr. 3** **Inneres Archiv** (S. 311 ff.)
- **Merkblatt Nr. 4:** **Subliminale Wahrnehmung** (S. 313 ff.)
- **Merkblatt Nr. 5:** **Von Mr. Rechts und Mr. Links zum analografischen Denken** (S. 328 f.)
- **Merkblatt Nr. 6** **ABC-Listen** (S. 330 ff.)
- **Merkblatt Nr. 7:** **Eingangstor in dieses Buch (früher Kapitel 1)** (S. 365 ff.)

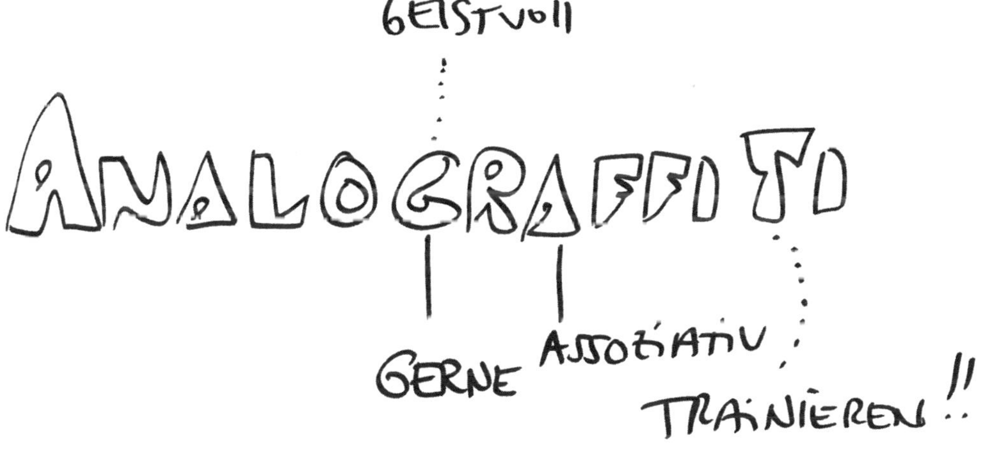

Merkblatt Nr. 1: Analograffiti für Quer-Einsteiger

Dieses Merkblatt bietet Ihnen eine Mini-Erklärung über Art und Zweck der drei grundlegenden analografischen Denk-Techniken.

Analograffiti

Griechisch γραφεν heißt ritzen (z.B. in Tontäfelchen), dies können Wörter oder Bilder sein, wie auch seine moderne Form, das Graffiti.

Der Begriff ist ein Kunstwort und setzt sich zusammen aus „analogem" Denken (ANALOG) mit einem Stift in der Hand (GRAFFITI). Nun können wir mit einem Stift sowohl schreiben (vgl. Graphologie) als auch zeichnen (vgl. Grafik); beides beinhaltet der Begriff, von dem „GRAFFITI" hergeleitet wurde.

Nun gibt es also zwei Möglichkeiten – im Detail:

1. KaWa© (Wort-Bild)

Ein KaWa© ist ein **Wort-Bild**; wenn wir davon ausgehen, daß wir eine denkerisch reiche Ausbeute erhoffen, steht der Begriff **KaWa** für:

Kreatives
Analograffiti
Wort
Assoziationen

Praktisch vollzieht sich ein KaWa, indem wir ein Schüsselwort zu unserem Thema wählen und dann zu jedem Buchstaben dieses Begriffes frei assoziieren. Dabei beginnen wir jedoch nicht unbedingt vorne und enden hinten, sondern wir lassen unsere Augen über den Begriff „wandern" und tragen spontan ein, was uns einfällt …

Am leichtesten ist der Einstieg über Namen von Personen (real oder Charaktere in Romanen, Filmen etc.), die wir kennen (wirklich oder über die Medien zu kennen glauben). Fragen Sie sich, was Ihnen, bezogen auf diese Person (den Charakter), zu den einzelnen Buchstaben des Namens einfällt. Wir nutzen hier den sogenannten Kreuzworträtsel-Effekt, indem wir uns jeweils fragen: „Welches Verhalten oder welche Eigenschaft fällt mir ein, die mit dem Buchstaben … beginnt?" Dabei wandern wir mit den Augen über das Wort-Bild und tragen spontan ein, was uns zuerst einfällt. Wir denken ja eben nicht logisch, auch nicht chronologisch (linear), sondern a-logisch (kreativ) oder analogisch; deshalb wäre es absurd, beim ersten Buchstaben beginnen und beim letzten aufhören zu wollen.

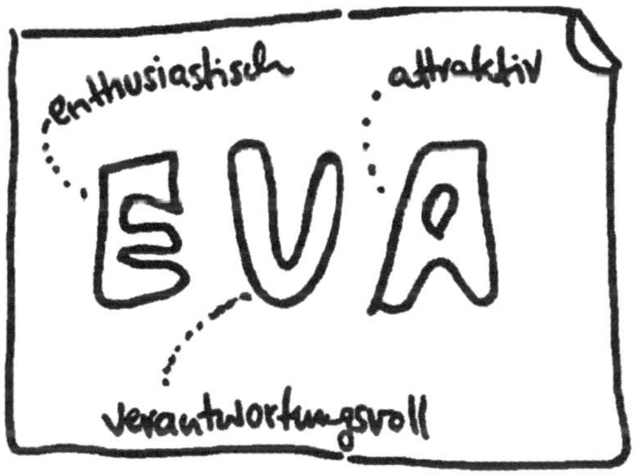

Hier sehen Sie ein KaWa zu dem berühmten Ferengi Quark, der auf Deep Space 9 lebt …

Wenn Sie ein erstes Gefühl für die Art der schnellen, spontanen Gedanken-Evolution entwickelt haben, gehen Sie zu Wort-KaWa.s zu jedem Thema über, das Sie interessiert.

Mini-Experiment

Nehmen wir an, Sie wollten über den Begriff „**Stift**" nachdenken. Was fiele Ihnen zu den Buchstaben „S", „T", „I", „F" und „T" ein? Notieren Sie jedoch nicht nur Ihre Assoziationen, sondern auch, in welcher Reihenfolge Sie Ihnen zufallen, indem Sie Ihre ersten Assoziationen notieren und gleich numerieren. (Das kopfstehende Beispiel, S. 302, ist nicht numeriert, weil dieser Prozeß von Person zu Person und von Zeitpunkt zu Zeitpunkt immer anders abläuft.)

STIFT

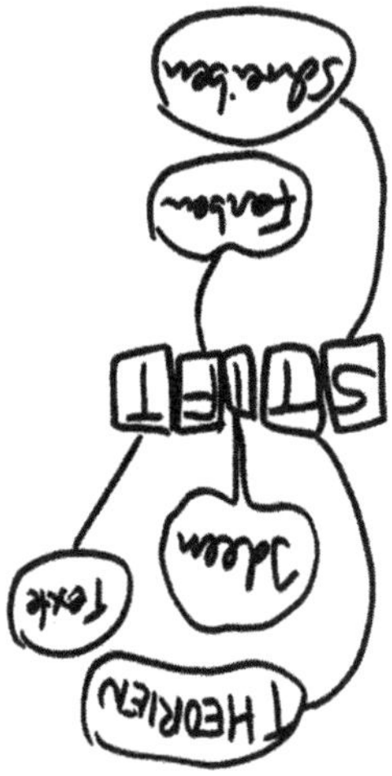

Natürlich könnten Sie jetzt sofort das Buch drehen und gleich meine Assoziationen ansehen. Aber Sie könnten auch zuerst nachdenken (noch besser, eintragen: Was fällt Ihnen zu den einzelnen Buchstaben ein ...?

Noch eine Mini-Übung gefällig?

Auf Seite 307 finden Sie noch eine „Auflösung" zu „Erfolg". Wenn Sie wollen, könnten Sie dann unsere Ideen zu diesem wichtigen Begriff vergleichen ...? Wobei jedes KaWa immer nur einen seelischen Schnappschuß, eine Momentaufnahme, eine augenblickliche Inventur* darstellen kann. Deshalb ist das mehrmalige „KaWa.en" (so nennen meine Seminar-TeilnehmerInnen das Anlegen eines KaWa.s inzwischen) ein und desselben Begriffes mit faszinierenden Ergebnissen verbunden.

Stadt, Land, Quantenphysik!

Wahrscheinlich sind Sie mit dem klassischen Stadt-Land-Fluß-Spiel (in der Schweiz als Geographie-Spiel bekannt) vertraut. Es wurde ein Buchstabe des Alphabets bestimmt und dann schrieben wir so schnell wir konnten eine Stadt, ein Land und einen Fluß auf, deren Namen mit jenem Buchstaben begannen, also bei „E" z.B. Essen, England und ... Na, welcher Fluß mit „E" fällt Ihnen als erstes ein? Es ist klar: Je öfter Sie diese Spiel spielen, desto besser werden Sie. Nach einer Weile tragen Sie gleichsam ganze ABC-Listen

---

* Sie finden in allen meinen Büchern (seit *„Der BIRKENBIHL Power-Tag"*) KaWa.s, die gewisse Gedankengänge illustrieren, aber sehr viele finden Sie natürlich in meinem *„Birkenbihls Denkwerkzeuge"*. Darin widmet sich ein ganzes Modul meinen Vortrags- und Seminar-Dispositionen, die jeweils an einem Schlüsselbegriff „aufgehängt" werden.

zu diesen „Themen" im Kopf spazieren, ein veritables inneres Stadt-Land-Fluß-Archiv. Zu „Stadt" könnten Sie alphabetisch assoziieren Amsterdam, Berlin, Celle, Den Haag, Erlangen ... zu „Land" fiele Ihnen vielleicht Algerien, Belgien, Chile, Dänemark, England ... ein und bei der Kategorie „Fluß" ... Was fällt Ihnen da ein?

Nehmen wir an, Sie können das Spiel ganz gut spielen, ja Sie können sogar Unter-Kategorien spielen („Stadt" in Deutschland contra in Europa contra außerhalb von Europa und dasselbe mit den Kategorien Land und Fluß). Aber wie würden wir abschneiden, wenn Sie Stadt-Land-Quantenphysik spielen sollten? Haben Sie ein quantenphysikalisches ABC „griffbereit"? Nun, es hängt davon ab, ob Quantenphysik Teil Ihres bisherigen inneren Archivs ist, nicht wahr? Auf einer Reise zu einem Seminar dachte ich daran, im Seminar zur großen Überraschung der Teilnehmer Stadt-Land-Quantenphysik* zu spielen (was später ein verblüfftes Gelächter auslöste) und ich überlegte, was mir jetzt so einfallen würde. Nun, innerhalb von ca. zwei Minuten waren mir über 20 Begriffe eingefallen, und das war viele Jahre nach meinem vorläufigen Abschluß mit dem Thema: A wie Atom, B wie Bosonen usw.

In den ersten Jahren gab es einerseits **Wort-Bilder** (KaWa.s) und andererseits echte kleine **Bilder** (s. unten), während ich auch mit alphabetischen Wort-Listen arbeitete (ohne zunächst zu begreifen, daß sie eine KaWa-Variante darstellen). Diese Erkenntnis kam erst relativ spät und als es passierte, dachte ich wirklich „mich tritt ein Pferd". Es war im nachhinein so klar und einleuchtend, daß ich überhaupt nicht mehr nachvollziehen kann, warum ich ca. ein Jahrzehnt auf diese Einsicht warten mußte.

ABC-Listen sind auch KaWa.s

Eine Sonderform des Wort-KaWa.s ist die ABC-Liste, denn: Während wir beim Wort-KaWa zu den Buchstaben des Wortes frei assoziieren, suchen wir beim ABC-KaWa Assoziationen zu allen Buchstaben des Alphabetes; es ist also ein kompletteres KaWa. Wort-KaWa.s sind reizvoller, weil es immer wieder spannend ist, zu sehen, wie man dieses Thema mit den vorhandenen Buchstaben verbinden kann! ABC-KaWa.s (auch Wissens-ABC.s oder ABC-Listen genannt) sind umfang-REICHER und schenken uns im Sinne des Archivierens mehr „REICHE Beute". Lassen Sie uns festhalten:

Das Anlegen von ABC-Listen – gern auch unterwegs oder in der Badwanne, nachts vor dem Einschlafen etc. (also nur im Kopf) – ist eine der besten Maßnahmen für den Aufbau und die Erweiterung, sowie das (spätere) Nutzen unseres inneren Archivs!

---

* Vgl. auch meinen Video-Vortrag *„Gehirn-gerechte Einführung in die Quantenphysik"*. Übrigens haben 2002 drei Physiker den Nobelpreis erhalten, weil sie unabhängig voneinander jene Bosonen „fanden", die **EINSTEIN** 70 Jahre zuvor postuliert hatte. Als ich den Begriff in meinem Vortrag einige Jahre zuvor den „Fermionen" gegenüberstellte, kannte ihn so gut wie niemand (selbst unter Physikern wußten die meisten nicht, worum es sich handelte, weil ja nur ein Bruchteil Quantenphysik betreibt).

2. KaGa© (Denk-Bild)

Da gerade das Zeichnen von KaGa.s den meisten Menschen anfangs schwerer fällt als Wortspiele (solange sie nämlich glauben, sie könnten nicht zeichnen), muß ich auf *„Das große Analograffiti-Buch"* verweisen, dessen ausgesprochene Aufgabe es u.a. ist, Ihnen klarzumachen, **warum und wie auch Sie KaGa.s zeichnen können.**

Erinnern wir uns an die Bedeutung von „KaWa" (kreatives Analograffiti, Wort-Assoziationen). Nun erinnert das Kunstwort „KaGa©" daran, daß wir diesmal **grafische Assoziationen** suchen, also wollen wir eine Idee **zeichnen**.

Lassen Sie mich an dieser Stelle nur andeuten, daß selbst jemand, der nur einfachste Linien (Rechtecke, gerade/schräge Linien, einen Punkt etc.) „zeichnen" kann, KaGa.s entwickeln kann. Auch ich meinte einst, nicht zeichnen zu können (das glaubt heute niemand mehr). Aber meine ersten KaGa.s waren extrem einfach „gestrickt" und bestanden aus einfachsten Linien, Rechtecken, Kegeln …

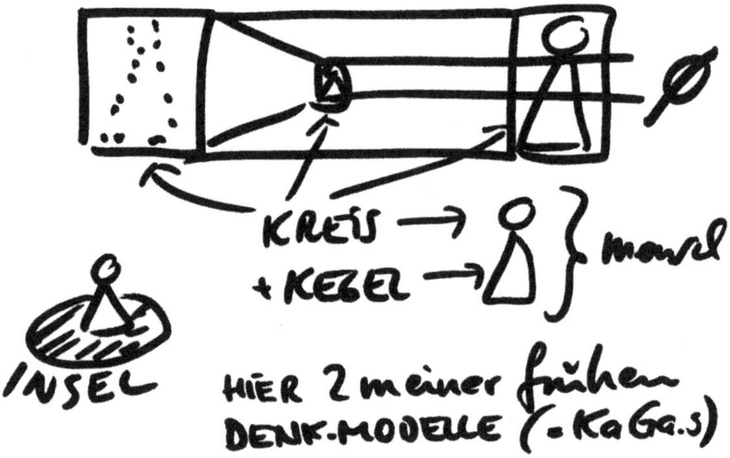

Ehrlich gesagt war ich damals ziemlich stolz darauf, Grafik und Text in einer Abbildung integriert zu haben …

Selbst heute sind die meisten meiner KaGa.s sehr einfach. Aus dem ersten KaGa (oben) wurde im Lauf der Zeit diese Variante; nur die Darstellung des Menschen hat sich geändert; die folgende Abbildung entstand ca. 1987, eine meiner frühen Computer-KaGa.s (frei Maus am Macintosh, der damals ein Postkartengroßes Fensterchen hatte, das sich bereits „Bildschirm" nennen durfte).

Ihr genetisches Potential | Entwicklung | ein wahrer HOMO SAPIENS

zur Zeit Ihrer Geburt | Entfaltung | nutzt das Potential wirklich

Analysieren Sie doch einmal die Linien dieser Figur. Sie sehen also: Das Zeichnen von KaGa.s kann wirklich einfach sein.

Rechts und links je ein Rechteck (na ja, ungefähr!), dann eine leicht geschlängelte Pfeillinie, zwei unfertige Ovale (Ohren), zwei dicke Punkte (Augen), einige relativ senkrechte Striche (Haare) etc.

Oft verbindet ein Analograffiti KaWa.s mit KaGa.s

Erinnern Sie sich an dieses Analograffiti; es ist zwar weitgehend der Kategorie KaWa zuzuordnen, aber es enthält auch KaGa-Elemente.

Links oben: bildliche Darstellung der betroffenen Sinne (Auge, Ohr, Nase, Mund und Hand). **Rechts oben:** Augen & Ohr als Mini-Bildchen. **Rechts unten:** Mein **KaGa** zum Begriff „Ent-DECK-ung", ein **DECKel wird gehoben** und Verborgenes wird sichtbar, vgl. englisch: to *dis-COVER*, französisch: *de-COUVRE*. (Im *„Das große Analograffiti-Buch"* finden Sie ein ganzes Modul, mit gezeichneten Redewendungen: also KaGa.s)!

Sie finden 1. im **Merkblatt Nr. 5** (S. 328 f.) einen groben Abriß zur Entwicklung; 2. im **Merkblatt Nr. 1** die drei grundlegenden analografischen Denk-Techniken und 3. die Grundlagen analografischer Denk-ART mit hunderten von **farbigen** KaGa.s und KaWa.s in meinem *„Das große Analograffiti-Buch"*.

Abschließend zu dieser Mini-Einführung in das Thema Analograffiti: Ich benötigte einige **Jahrzehnte**, bis ich zu begreifen begann, worin die Stärke der von mir in unzähligen Versuchsreihen entwickelten **analografischen Denk-Prozesse** eigentlich liegt. Und ich meine den Begriff „eigentlich" hier wörtlich: **Was ist den analografischen Denk-Prozessen (zu)eigen,** daß sie **so viel erfolgreicher sind, als normales Denken?**

Inzwischen stelle ich immer wieder fest, wie „anders" unsere Wahrnehmungs- und Denkprozesse sich entwickeln, wenn wir **es analografisch angehen**. Aber das werde ich Ihnen nicht ausführlich erklären, denn:

Entweder Sie probieren es aus, dann machen Sie diese Erfahrungen selber. **Oder** Sie probieren es nicht, dann nützen Ihnen meine Beschreibungen auch nichts . Es ist wie mit radfahren oder verliebt sein: Man muß es **erlebt** haben. Bücher können uns Lust machen, es zu versuchen, aber sie können die Entwicklung selbst natürlich niemals ersetzen.

Zum Abschluß dieses Merkblattes: Es folgt die versprochene Auflösung zum **Erfolgs-KaWa**©, wobei auch dieses einige keine KaGa-Elemente enthält.

E.R.F.O.L.G: Dieses KaWa steht „hinter" meinen monatlichen Beratungs-Brief und weist auf die **drei** zentralen Themen des Coaching-Letters hin:

1. psychologischer **Erfolg**,

2. **gehirn-gerechtes** Lernen und Denken,

3. **Kommunikation** (vgl. „G" = Gespräch).

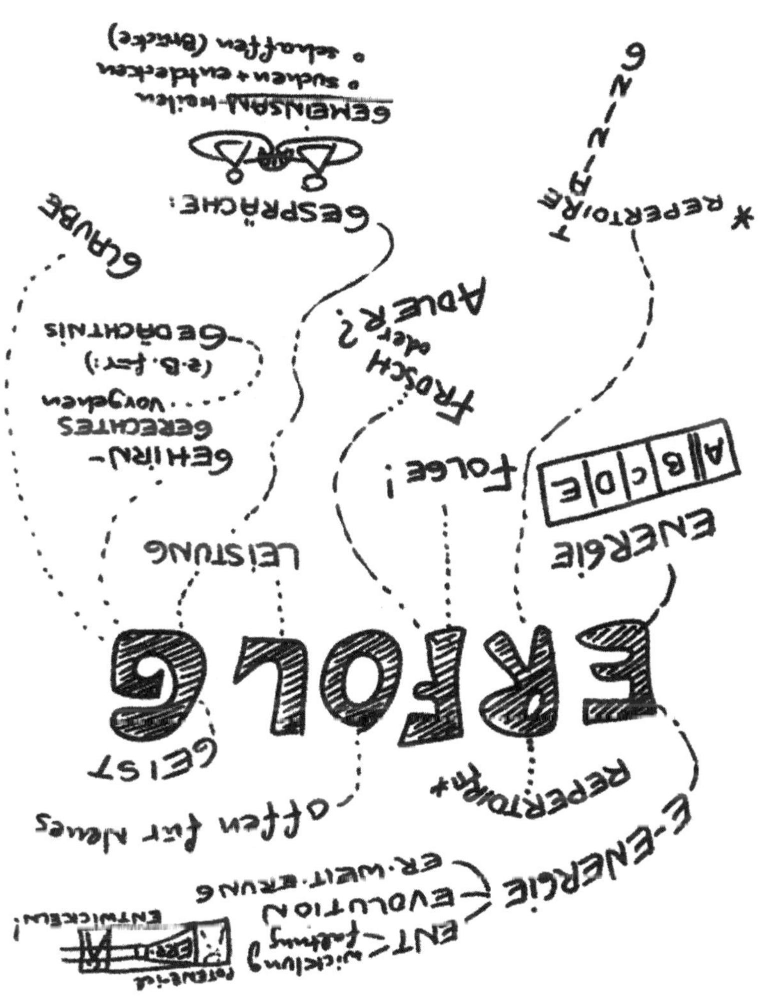

Merkblatt Nr. 2:
11 km contra 15 mm?

In diesem Merkblatt möchte ich die Entwicklung meiner Metapher von den „berühmt-berüchtigten" 11 km contra 15 mm aufzeigen. Es handelt sich um Daten aus der Wahrnehmungs- und Gehirnforschung. Schwerpunkt ist zum einen die sogenannte Bandbreite (wieviel Reize kann ein Sinnesorgan in einer bestimmten Zeit aufnehmen?). Erste Experimente hierzu liefen bereits Mitte des 19. Jahrhunderts (z.B. von HELMHOLTZ, der 1850 das Reaktions-Vermögen der Menschen testete).

Mehr über von HELMHOLTZ und welche Forschungs-Lawine seine Ergebnisse (aber erst nach großen Anlaufschwierigkeiten) auslösten, vgl. Merkblatt Nr. 4 „Subliminale Wahrnehmung" (S. 313 ff.) und Modul „Unterschwellig?" (S. 283 ff.).

Über die sogenannte Bandbreite berichten viele Autoren (z.B. SCHACTER, NØRRETRANDERS) und die Zahlen (eines gewissen ZIMMERMANN, die oft zitiert werden) sehen so aus: Mit „**Bandbreite**" ist die gesamte Wahrnehmungsmöglichkeit des neurophysiologischen „Apparates" gemeint, im Gegensatz zur **bewußten Wahrnehmung** (ganz rechts). Gerechnet wird in Info-Bits pro Sekunde.

Quelle: Tor NØRRETRANDERS

Sinn	**Bandbreite**	**Bewußte Wahrnehmung**
Auge	10 Mio	40
Ohr	100.000	30
Haut	1 Mio	5
Geruch	100.000	1
Geschmack	1000	1

Wenn wir alles zusammenzählen, kommt **eine sehr große Zahl** (**Bandbreite**) heraus, während der **Durchschnitt** dessen, was wir **bewußt registrieren** können, immens klein ist:

> **Die Bandbreite unseres Bewußtsein ist mikroskopisch, verglichen mit der Bandbreite unseres Unbewußten!**

Da unser Vorstellungsvermögen mit Zahlen um die 20 aufhört, können wir uns von großen Zahlen **kein rechtes „Bild"** mehr machen. Deshalb „goß" ich diese Zahlen in eine vorstellbare Strecke, wobei ich Sie einladen möchte, sich eine ganz konkrete 11 km-Strecke vorzustellen. Wenn Sie nun einen „Schlauch" von fast dieser Länge (wegen der Breite) denken, der das gigantische Unbewußte repräsentiert, während die Breite Ihres Fingernagels (kleiner Finger!) Ihr bewußtes Wahrnehmen und Denken beschreibt, dann haben Sie doch zumindest eine Ahnung gewonnen (mehr können Metaphern auch nicht).

Deshalb (wie Arthur KOESTLER einmal feststellte), regen wir uns viel mehr über ein Opfer eines Gewaltaktes auf, als wenn wir erfahren, daß 50, 500 oder gar 50.000 irgendwo zu Tode gekommen sind. Deshalb kommen Massenmörder wesentlich glimpflicher weg, weil wir **keine Vorstellung von großen Zahlen** haben. Dies veranlaßt gute Staatsanwälte, so viele überlebende Opfer wie möglich einzeln in den Zeugenstand zu rufen, auch Angehörige von Geschändeten und Ermordeten, da erst so jedes einzelne Schicksal vorstellbar wird!

Weil also große Zahlen nicht vorstellbar sind, packte ich diese Zahlen in die **11 km-/15 mm-Metapher**; es geht dabei um die **Relation der Zahlen zueinander**, nicht um exakte Arithmetik!

Damals fühlte ich mich oft genötigt, Lewis CARROLL zu bemühen und auf eine Szene aus *„Alice hinter den Spiegeln"* (dem Folgeband von *„Alice im Wunderland"*, bei uns kaum bekannt) zurückzugreifen. Hier tadelt die rote Königin Alice, die gerade ausgerufen hatte, etwas sei **völlig unglaublich**! Ich paraphrasiere (aus der Erinnerung):

„Kindchen", sagte die rote Königin, „du scheinst darin keine Übung zu haben?! Das muß man trainieren. Als ich in deinem Alter war, da gelang es mir oft, noch vor dem Frühstück **sechs unglaubliche Dinge zu glauben!**"

Dann erklärte ich meinen ZuhörerInnen, sie müßten es ja nicht glauben, aber sie sollten doch zumindest versuchen, es **wenigstens einmal zu denken wagen** ...

Diese Erklärung finden Sie z.B. in meinem DVD-Vortrag: *„Von ‚Null Ahnung' zu etwas Quantenphysik?"*, weil es auch hier um viel „Unglaubliches" geht.

Wurde ich auch eingangs noch angegriffen (ca. 1990 war die Idee einfach noch völlig „unglaublich"!), so können wir heute feststellen:

Je mehr wir über subliminale Wahrnehmungen erfahren, desto klarer wird der gigantische Reichtum in unserem Inneren.

In *„Birkenbihls Denkwerkzeuge"* finden Sie eine Hinführung. Einen extrem kurzen Abriß finden Sie unter COUVERT-TECHNIK (S. 83 ff.).

Wenn Wahrnehmung ein **Akt der KONSTRUKTION** ist und **wenn** Erinnerung ein **Re-KONSTRUIEREN** des damals Konstruierten darstellt, **dann** können wir die Metapher auf unbewußte Geistesprozesse (inkl. Gedächtnis) ausdehnen. Und in dem Maß, indem **immer klarer** wurde, daß gerade **assoziative Prozesse** in ungeheuren „Tiefen" angeln können, was bei der von mir entwickelten COUVERT-TECHNIK (s. **Rand**) passiert, hat sich die Metapher von Jahr zu Jahr mehr bestätigt.

Trotzdem sollte uns klar sein, daß jede Metapher (wie auch jeder Vergleich) letztlich „hinken" muß. Dies gilt selbstverständlich auch für meine 11 km-/15 mm-Metapher! Denn jede Metapher (wie GOATLY feststellt), hebt zwar einige Aspekte einer Sache besonders hervor, betont und unterstreicht sie, während sie gleichzeitig, andere Aspekte zwangsläufig unterdrücken, verleugnen, negieren muß. Diese Gefahr kannte auch Neil POSTMAN, der uns vorschlägt, einen Rat von FREUD zu beherzigen (dem die Gefahr ebenfalls bekannt war):

Bilden Sie zu jedem Gegenstand, den Sie besser begreifen wollen, so viele Metaphern wie möglich. Jede wird manche Aspekte betonen, so daß Sie im Lauf der Zeit ein multidimensionales, tiefes Verständnis der Sache entwickeln können.

Recht haben sie beide (FREUD und POSTMAN)! So enthält die 11 km-/15 mm-Metapher vor allem einen Streckenvergleich, damit die Giga-Zahl (Bandbreite des Unbewußten) vorstellbar wird. Wenn wir diese Metapher aber mit der des Wissens-Netzes verbinden wollen, müssen wir uns entweder ein sehr schmales langes Wissens-Netz vorstellen, oder die 11 km fallen lassen und uns ein gigantisches Netz denken, in dem wir mit der kleinen Taschenlampe unseres Bewußtseins „herumleuchten". Wesentlich ist:

Wenn solche Metaphern uns Mut machen, die reichen Schatzkammern in unserem geheimen inneren Archiv zu nutzen, dann sind sie hilfreich.

Und genau das hoffe ich mit diesem Buch ein für allemal zu klären. Sie wissen weit mehr als Sie bisher angenommen haben! Wetten?

Merkblatt Nr. 3: Inneres Archiv

Das innere Archiv und die Schule

Mit „Schul-System" und Lehrkräften meinen wir das Schul-System **der industrialisierten Länder**! Aber an der Schwelle zum **Wissens-Zeitalter** müssen wir unseren **Traum wiederfinden**! (Vgl. „Lehrer-Modul", S. 246 ff.)

Wenn Sie die hier (und in *„Stroh im Kopf?"*, besonders ab 36. Auflage) vorgestellten Ansätze zum Auf- und Ausbau eines inneren Archivs mit Prozessen in Schul-, Aus- und (beruflicher) Weiterbildung vergleichen, dann merken Sie: Schulbetriebsamkeit hat meist wenig zu tun mit **Aktivitäten, die im Idealfall dazu beitragen, ein reiches inneres Archiv aufzubauen und nutzen**. Weil ich sehr oft über diese Diskrepanz befragt werde, möchte ich meine Antwort in diesem Merkblatt festhalten:

1. Ein Lehrer mag ja der Welt größter Künstler sein, wenn seine Schüler die nötige konkave Kreativität für sein „Kunstwerk" (noch) nicht entwickeln konnten, werden seine Worte in ihren Ohren wie Fliegengesumm klingen (wie die alten Ägypter schon zu sagen pflegten).
2. Ein Künstler darf behaupten, die Welt sei noch nicht reif für sein Kunstwerk, LehrerInnen und Ausbilder können sich diesen Luxus **nicht** leisten. Damit möchte ich mich stellvertretend für Millionen von SchülerInnen gegen den Vorwurf wehren, diese seien schuld, wenn sie den Lehrer nicht verstehen. Schließlich: Wenn die SchülerInnen vorher genügend Wissen besäßen, um die Botschaften der LehrerInnen richtig zu verstehen, bräuchten sie diese Botschaften ja nicht mehr, oder? Wenn wir aber davon ausgehen, daß ihnen die „nötigen" Fäden im Wissens-Netz noch fehlen, dann ist es Aufgabe derer, die das Wissen **vermitteln** sollen, es so aufzubereiten, daß die Lernenden eine **faire Chance** haben. (Also akzeptiere ich, daß in den ungünstigsten Verhältnissen maximal 20 % der Schüler „ungeeignet" sein mögen, aber wenn Lehrer im Gegenteil ca. 89 % ihrer SchülerInnen als „ungeeignet" bezeichnen , dann sollten sie sich dieses Etikett selbst aufkleben.)
3. In dem Maß, in dem mehr und mehr LehrerInnen das **Konzept des inneren Archivs** als wesentliche Zielstellung von Ausbildungsstätten akzeptieren und wirklich bereit sind, **gemeinsam** mit ihren SchülerInnen Wege zu finden, wie die zu lernende Informationen **in die Archive der SchülerInnen „verbracht" werden können**, wird **Unterricht spannend, faszinierend und auf einmal haben alle weit mehr Erfolg**.

Vgl. die ABC-Listen in römische Geschichte (S. 310).

4. Erst wenn mehr SchülerInnen (ab. ca. 12 Jahren) und StudentInnen sowie erwachsene Lernende (wieder) lernen, **ihr inneres Archiv weitgehend selbstverantwortlich zu managen**, können sie erkennen, wo sie den **Sender wechseln** müssen. Bisher denken ja die meisten versagenden SchülerInnen immer noch, sie seien schuld. Aber was tun wir mit der Fernbedienung, wenn jemand unverständlich daherredet? Wir drücken einen Knopf und – zap – weg ist er. Aber LehrerInnen scheinen noch weitgehend Immunität zu besitzen – zumindest haben sie (noch) die Macht, schlechte Noten zu vergeben. Gottseidank entstehen für SchülerInnen heute immer mehr Möglichkeiten, die es nie zuvor gab. Für so gut wie jedes Lernfach gibt es (und erscheinen ständig mehr) PC- und Internet-Programme für spielerisches Lernen; die Rolle der Schule der Zukunft ist sowieso **nicht** das Vortragen und Einpauken von nackten Fakten. Dies war im Mittelalter (bis in die 1950er Jahre) notwendig, weil es zu wenige Bücher gab. Die Schule der Zukunft wird ganz andere (enorm wichtige) Rollen übernehmen müssen, aber das ist nicht unser Thema hier.

Natürlich denke ich an Emotionale Intelligenz, Gruppen- und Team-Fähigkeit u.ä. zukunftsträchtige Entwicklungen, die wir bewältigen müssen. In kleinen „Kernfamilien" wird das Zusammenleben nicht mehr gelernt, das kann und muß in der zukünftigen Schule geschehen …

5. In dem Maß, in dem SchülerInnen **Selbstverantwortung** übernehmen, können sie in **allen** objektiv meßbaren Fächern weit besser abschneiden. Eine Rechenaufgabe ist weitgehend „objektiv beurteilbar", ein Aufsatz jedoch ist es nicht. Wenn wir wirklich faire Beurteilungen wollten, müßten wir bei allen „weichen" Arbeiten Juries einsetzen, die aus mehreren Personen bestehen. Auf der anderen Seite sollte man die Notwendigkeit von Noten hinterfragen. Wenn wir Sinn und Bedeutung in den Lernprozeß zurückbringen (wo er in der Antike einst war!), dann wird die Note sinnlos. **Merke: Noten sind wie Punkte in einem Quizspiel**: gute Noten = hoher Punktestand – der Kandidat mag eine Million Euro gewinnen, aber verstehen mußte er nichts. Solange der Kandidat seine Fragen nach isolierten Bits und Bytes beantworten kann, gilt er als „gebildet"; ein verheerendes Fehlurteil.

Vgl. „Lehrer-Modul" (S. 246 ff.).

Zwar sind die auch nicht gefeit gegen Ungerechtigkeiten, wie das Eiskunstlaufen bei allen großen Wettbewerben immer wieder vor Augen führt, aber hier spielen mehr politische Gründe mit als an einer Schule mitspielen dürften.

6. Solange wir nicht lernen, zwischen nackten Daten und Informationen und **wesentlichen Informationen (inkl. Exformationen)** zu unterscheiden, werden wir den Sprung von der ersten post-industriellen in die **zweite post-industrielle Phase** nicht schaffen.

Der Sprung von der Info zur **Wissens-Gesellschaft**.

Merkblatt Nr. 4: Subliminale Wahrnehmungen

Mini-Abriß der geschichtlichen Entwicklung und Forschung

Hintergrund zum Modul „Unterschwellig?" (S. 283 ff.)

Einst wußten die Menschen, daß es vieles in der Welt gab, das sie **nicht** wußten, inklusive über sich selbst und ihre geistigen Prozesse. Man erklärte Unerklärliches mit Geistern, Teufeln, Hexenkräften etc., aber man wußte, daß vieles dem Wissen nicht zugängig war. **Analog** gehörte es zu den Selbstverständlichkeiten des Lebens, daß es Unsicherheiten und Unwägbarkeiten gab. Wir aber sind Kinder des Industriezeitalters und der Ära, in der die sogenannten „exakten Wissenschaften" ihren weltweiten Siegeszug antraten. Deshalb können wir uns nur schwer vorstellen, daß die vermeintliche Sicherheit mit der wir aufwuchsen, weniger als drei Jahrhunderte alt ist, und daß wir den Zenit der angeblichen Prognostizierbarkeit (und Machbarkeit von allem) bereits überschritten haben. Wir wollen **vorab** wissen, was sich ereignen wird, wie beim Fernsehprogramm und Wetterbericht. Zwar gibt es keinen akkuraten Wetterbericht für mehr als einige Stunden (wiewohl man heute Klima vorhersagen kann; nicht aber regional/lokales Wetter), trotzdem lauschen wir gerne dem Wetterbericht am Ende einer Nachrichtensendung.

Zuerst kamen die Quantenphysiker auf den Trichter (HEISENBERGs Unschärfe-Relation). Normale Menschen nahmen dies kaum zur Kenntnis, und wenn, dann trösteten sie sich damit, daß die Unsicherheiten innerhalb des Atoms wohl kaum Auswirkungen auf ihr „sicheres" (prognostizierbares, berechenbares) Leben mit Blitzableiter, Wetterbericht, Versicherungen etc. haben könnte. Mitte der 1950er Jahre riß die beginnende Chaos-Forschung ein großes Loch in die sicherheitsverliebte heile Welt und in den 1970er Jahren wurde es dramatisch, als die Komplexitätsforschung zeigte, daß komplexe Systeme weder mit einfachen Formeln beschrieben noch berechnet werden können.

Vgl. Sie auch meine DVD-Vorträge: *„Von ‚Null Ahnung' zu etwas Quantenphysik?"* (man sollte doch wohl zumindest eine Ahnung haben, worum es überhaupt geht, oder?) und *„Von ‚Null Ahnung' zu etwas Komplexität"*. Hier spreche ich u.a. auch über INFORMATION und EXFORMATION (nach NØRRETRANDERS), z.B. auch in Bezug auf „flache" TV-Sendungen (Fastfood für den Geist).

Und in dieser Phase, in der mehr und mehr Menschen das Gefühl hatten, sie könnten den „sicheren" Boden unter den Füßen verlieren – just zu diesem Zeitpunkt (1957) platzt die „Atombombe der Psychologie" und ihr Fallout wirkt bis heute nach! Aber beginnen wir der Reihe nach ...

Europa

1641

Sein „Cogito ergo sum" entstammt den Meditationes, die 1641 erstmals publiziert wurden.

1641 deklarierte DESCARTES in **Frankreich** sein berühmtes **„Cogito ergo sum"** („Ich denke, daher bin ich"), wodurch er den geistigen Fähigkeiten erstmals große Wichtigkeit zuschrieb. NØRRETRANDERS formuliert es so:

> Das Bewußtsein (war das) eigentliche Pfand des Daseins, es war in Wahrheit das einzige, woran nicht zu zweifeln war.

Das Bewußtsein taucht auf.

Das **Bewußtsein** begann gleichsam aus dem großen Strom unbewußter Prozesse **„aufzutauchen"** und innerhalb von nur zwei Generationen eine so prominente Position im allgemeinen „Bewußtsein" der Menschen zu erringen, daß es kaum noch vorstellbar war, daß die Menschen einst keinen Gedanken daran verschwendet hatten.

1689

1689 postulierte John LOCKE in **England** einen für die damalige Zeit bahnbrechenden Gedanken, nämlich:

> **Das Bewußtsein gibt uns die Fähigkeit, die Welt zu erkennen.**

Bitte berücksichtigen Sie: Je größer Ihr Erstaunen darüber, daß diese „Binsenweisheit" eine bahnbrechende Neuigkeit darstellen soll, desto mehr zeigt dies, wie sehr Sie ein „Kind unserer Zeit", vor allem ein Kind des Industriezeitalters mit seinen klassischen („harten", „exakten") Wissenschaften sind. Unser Erstaunen beweist, wie **vertraut** wir **heute** mit einer Idee sind, die **damals** ketzerisch war.*

Der transparente Mensch?

Die seinerzeit aufkommende Hypothese führte zu der weiteren großen Idee eines **transparenten Menschen.** Sie stellte eine Art perfekte Menschenkenntnis in Aussicht. Das heißt, man begann sich an **die Idee eines eigenen Bewußtseins zu gewöhnen**. Dabei half, daß dieses Paradigma mehr Kontrolle im Leben versprechen könnte.

1850

1850 publizierte VON HELMHOLTZ spannende Versuchsreihen über **bewußte** bzw. **unbewußte** Wahrnehmungen. Zu dieser Zeit gab es bereits ein faszi-

* Das ist ein faszinierender Aspekt in der Evolution einer neuen Wirklichkeits-Auffassung: Hat sich die neue einmal durchgesetzt, kann man sich überhaupt nicht mehr vorstellen, wie man zuvor jemals „klargekommen" war. Nun, da das Bewußtsein zu existieren begonnen hatte, war es einfach nicht mehr wegzudenken! Aber wir Heutigen müssen uns klar sein darüber, daß es sich hier um eine extrem späte Entwicklung für die gesamte Menschheit handelt, und daß vielleicht gerade deshalb die Wogen so hochschlugen, wie wir gleich sehen werden.

nierendes Gerät, ein sogenanntes **Tachiskop**, das extrem kurze Darbietung von Sinnesreizen erlaubt (vgl. Rand).

TACHISKOP: Ein Projektor, mit dem man visuelle Reize (Bilder und/oder Wörter) so kurz (1/1000 Sekunde) anbieten kann, daß das **Bewußtsein** nichts registriert. *Tacho* = Geschwindigkeit (vgl. Tachometer), *Skopein* (gr.) = Schauen (vgl. Horoskop = Stundenschau).

VON HELMHOLTZ testete das Reaktionsvermögen von Versuchspersonen durch **immer kürzer** werdende **Reize**, bis hin zu Reizen, die **nicht mehr** als solche erkannt werden konnten. Wenn die frustrierten Versuchspersonen klagten, sie könnten die Bilder (oder Worte) nicht (mehr) erkennen, um richtig zu reagieren, lud er sie ein, zu „raten" – und sie rieten **dermaßen akkurat**, daß VON HELMHOLTZ begriff:

> **Man kann sehr wohl unbewußt wahrnehmen, ohne auch nur zu ahnen, daß man wahrgenommen hatte.**

Nach jahrelangen Versuchsreihen stellte er eindeutig fest: **Der weitaus größte Teil der Inhalte in unserem Kopf bleibt unbewußt.**

NØRRETRANDERS paraphrasiert VON HELMHOLTZ: Selbst die Sinneswahrnehmung beruhe auf Schlüssen, die dem Bewußtsein nicht zugänglich seien. Er fügt hinzu (Hervorhebungen meine):

> **Unbewußte Schlußfolgerungen** waren Ende des 19. Jahrhunderts ein sehr **unpopulärer** Gedanke (...) Vorankündigung des Sturms der Entrüstung, den FREUD mit seinem Konzept des Unbewußten auslösen sollte (Verdrängung vieler Erfahrungen ins Unbewußte) (...) Denn **dies widerspricht dem Ideal des transparenten Menschen** (...) VON HELMHOLTZs Abrechnung mit der Alleinherrschaft des Bewußtseins war **radikaler als** die **FREUD**s. VON HELMHOLTZ zeigte erstens, daß bewußte Entschlüsse von unbewußten Regungen beeinflußt oder verändert werden können. Darüber hinaus macht er deutlich, daß (zweitens) das **Bewußtsein** notwendigerweise das **Resultat unbewußter Prozesse** ist.

Amerika

1884

Aber nicht nur in Europa ging es dem neugefundenen Bewußtsein an den Kragen, auch in Amerika wurde geforscht. Zwei Wissenschaftler, der Mathematiker und Philosoph Charles Sanders PEIRCE und der Wahrnehmungs-Psychologe Joseph JASTROW führten extrem spannende und folgeschwere Experimente durch, die alle denselben Schluß **erzwangen**.

Es ging (zunächst) um völlig mondäne Wahrnehmungs-Experimente*, wie sie damals Mode waren: Man bot Versuchspersonen z.B. zwei Gewichte (je eins pro Hand) und sie sollten schätzen, welches (um wieviel) schwerer/leichter war.

1884 (am 17. Oktober) hielten sie einen Vortrag (an der Akademie für Wissenschaften). Er wurde später in den Annalen der Akademie publiziert: *„Kleine Unterschiede der Sinneswahrnehmung"*.

Bei großen Gewichtsunterschieden (z.B. linke Hand 1 kg, rechte Hand 1 Pfund) schnitten fast alle Personen ziemlich gut ab, aber PEIRCE und JASTROW berichteten über eine schockierende Tatsache:

Sie hatten die Gewichtsunterschiede immer „kleiner" gemacht, so daß die Versuchspersonen den Punkt erreichen **mußten**, an dem sie **nicht mehr schätzen konnten**, weil die beiden Gewichte **(fast)** identisch waren. Aber man wollte eben jenes „**fast**" näher erforschen und deshalb lud man auch hier die Versuchspersonen ein, zu **raten** („Einfach so!"). Nach zahlreichen Versuchen mit Gewichtsunterschieden im Bereich von **Apotheker-Gewichten** (Gramm bis Milligramm-Bereich!) stellten die Wissenschaftler fest:

Solche Erfahrungen gab es viele, nur sprach man offiziell nicht darüber, höchstens nach dem Dinner, mit einem Gläschen Cognac: „Haben Sie schon gehört …?"

> **Die Versuchspersonen rieten dermaßen oft korrekt, daß man davon ausgehen muß: wiewohl sie bewußt den Gewichts-Unterschied nicht (mehr) registrieren konnten, mußte irgendein Teil von ihnen ihn wahrnehmen, so daß sie gleichsam unbewußtes Wissen besaßen.**

JASTROW postulierte, daß diese „weibliche Intuition" durchaus damit zu tun haben könnte, daß **Frauen** vielleicht einen besseren Zugang zu diesem impliziten Wissen haben?

Aber es gab Stories, die besonders beunruhigten, weil man keine Erklärung finden konnte. So war PEIRCE einige Jahre zuvor in der Lage gewesen, einen Dieb zu identifizieren, den er **bewußt nie gesehen** hatte. **Irgendwie** hatte auch er **implizit „gewußt ohne zu wissen"**, wie dieser Mann aussah, wiewohl er ihn nur extrem kurz von hinten sah, als jener (im Dunkeln) um eine Ecke rannte. Solche Geschichten konnte man im Notfall noch als Beispiele für „**weibliche Intuition**" verkraften, aber daß ganz normale Menschen (inkl. Angehörige der männlichen Spezies), bei solchen Experimenten richtig raten konnten, war **ungeheuerlich**.

* Damals waren Unterscheidungs-Experiments so populär, daß man sie sogar mit **Tieren** durchführte und dabei z.B. feststellte: Läßt man einen Hund zwischen Kreis und Ellipse unterscheiden, so kann dieser prima mitspielen. Wird aber die Ellipse immer runder (und/oder der Kreis immer ellipsenförmiger), dann stürzt man Hunde in einen Entscheidungs-Konflikt (Frustration etc.) und löst hochgradigen Streß aus. Daraus sehen wir erstens, daß Entscheidungs-Kompetenz nicht nur „menschlich" ist und zweitens, daß sie so wichtig zum Überleben ist, daß ihre Einschränkung akuten Streß auslöst.

Deshalb war der **Bericht über die Gewichte** sehr mutig und wissenschaftlich **beachtlich** – so sehr, daß wir heute, 125 Jahre später, noch darüber reden! Fazit der Experimente von JASTROW und PEIRCE (nach NØRRETRANDERS):

Das Unbewußte ist fähig, zwischen **minimalen Unterschieden** zu unterscheiden, die das Bewußtsein überhaupt nicht registrieren kann. Damit (aber) war die Grenze (im Sinne der Unterschieds-Schwelle) **aufgehoben** worden.

NØRRETRANDERS zitiert auch den PEIRCE-Kenner Peter Voetman CHRISTIANSEN (Hervorhebungen meine):

> „(Es) beruhte (...) auf der Fähigkeit, den inneren **sprachlichen Dialog** zum Stillstand zu bringen und sich selbst in einen Zustand **passiver Empfänglichkeit** für die nonverbalen Signale zu bringen, die gewöhnlich **im Rauschen der Hirnrinde** untergehen."*

Nochmal Europa

In Dänemark stellte **1890** der Philosoph und Psychologe Harald HØFFDING nach eine Reihe von Versuchen ebenfalls fest: 1890

> **Mentale Aktivität kann auch ohne Bewußtsein ablaufen!**

Die Entwicklung der Bewußtseins-Forschung erzeugte also ihr eigenes Paradox: Bis vor einigen Jahrzehnten hatte (mit Ausnahme einiger Schamanen, Yogis und „Spinner") **niemand** ein „Gefühl" für das Bewußtsein besessen. Nun, da es der Menschheit erstmals „bewußt" geworden war (man beachte die Wortbildung!), wollte man es nicht wieder gefährdet sehen! Deshalb lösten Veröffentlichungen solcher Forschungs-Ergebnisse **Abwehr** aus. **Man wollte das nicht wissen.**

Man wollte nicht (mit dem Bewußtsein!) darüber nachdenken, daß es vielleicht etwas gäbe, das darüber hinaus reichte, insbesondere, da dieses Etwas möglicherweise **so viel potenter sein könnte**, als das Bewußtsein selbst. Langsam wuchs ein großes Unbehagen gegen das **Unbewußte** und schuf

---

* Wer Carlos CASTANEDA (z.B. *„Reise nach Ixtlan"*) gelesen hat, weiß: es gilt „die Welt zu stoppen", d.h. den innerer Monolog zu beenden. (CASTANEDA bezeichnet das innere Selbstgespräch als „Monolog", CHRISTIANSEN als „Dialog"; sie meinen dasselbe). Erst wenn die Welt „stillsteht" (der innere Monolog ruhig ist), können die außergewöhnlichen Dinge passieren, die zum Großteil auf einer besseren Beherrschung des impliziten Wissens und Könnens beruhen!

Daran hat sich bis heute nichts geändert. Alle „paranormale" Forschung fristet ein Schattendasein. In der berühmten **Princeton University** (USA), an der **EINSTEIN** viele Jahre lebte und wirkte, werden solche Experimente seit über 30 Jahren mit großem Erfolg durchgeführt – **aber im Keller, zwischen Heißwasserrohren.**

einen **Nährboden der sozialen Verurteilung** für Wissenschaftler, die es wagten, die heile Welt der totalen Bewußtheit unseres Bewußtseins infrage zu stellen. Niemand war begeistert, als PLÖTZL **1917** publizierte, was heute als *PLÖTZLs Einsicht* (oder als *PLÖTZL'sches Phänomen*) bekannt ist.

PLÖTZL-Effekt

(oder: das PLÖTZL'sche Phänomen):

Er stellte nämlich fest, daß **subliminale Wahrnehmungen** eine interessante Tendenz haben ...

Unterschwellig wahrgenommene Infos haben die Tendenz, später im Bewußtsein **aufzutauchen**.

Konkret: Subliminale Wahrnehmungen tauchen auf, und zwar bevorzugt in (Tag-)**Träumen** und bei **freien (Wort-)Assoziations-Reihen**. Der letzte Punkt ist sehr wichtig, denn auch meine eigenen Versuchsreihen hatten immer wieder gezeigt:

Es sind Leute, die sich weigern, echte Versuche zu unternehmen, die gerne müde abwinken, indem sie von „**einfachen**" KaWa.s und/oder „**albernen**" ABC-Listen reden. Sie versäumen sehr viel. Schade!

Mit „erfolgreich" meine ich: **REICH** an gedanklicher Aus-**BEUTE**, **viele** Assoziationen, viele **neue Verbindungen** und **neue Ideen.**

Der PLÖTZL-Effekt wirkt auch bei assoziativen **Übungen**! Ich halte das für den entscheidenden Grund dafür, daß wir mit „einfachen" KaWa.s und/oder „**albernen**" ABC-Listen **dem „Rauschen der Hirnrinde"** ebenfalls **entkommen** können und daß diese Techniken so erfolgreich sind. Dies ist eines der **Geheimnisse des assoziativen Denkens**, und erklärt auch, warum **„einfachste" ABC-Listen** so **ertrag-REICH** sein müssen und so oft **unerwartete** Aus-BEUTE bringen! Mit dieser Denk-Technik „zapfen" wir **unser eigenes implizites Wissen** im Unbewußten an und „er-BEUTEN" de facto **verborgene Inhalte** der geheimen Anteile unseres **inneren Archivs**!

Neugierig geworden, begann ich diesen Aspekt systematischer zu recherchieren; vor allem wollte ich wissen, was Pioniere auf diesem Gebiet herausgefunden hatten, d.h. Forscher, die sowohl **systematisch assoziativ** gearbeitet als auch darüber publiziert hatten (wie Sir Francis **GALTON**, später **FREUD, ADLER, JUNG** etc). Sie alle wußten Ähnliches zu berichten.

Ich entwickelte eine Reihe neuer Experimente.* Eines davon führte letztlich zur Entwicklung jener unglaublichen Denk-Technik, erstmals (1999) in meinem monatlichen Beratungs-Brief publiziert, aber inzwischen auch „offiziell" der Öffentlichkeit übergeben (in *„Das große Analograffiti-Buch"*). Sie ahnen bereits, es geht um die COUVERT-Variante. Nun verstehen wir besser, **warum** die **COUVERT-TECHNIKEN** so erfolgreich ist.

Vgl. Modul „COUVERT-TECHNIK" (S. 83 ff.).

Anfang des 20. Jahrhunderts war das Unbehagen über die Gefährdung des Bewußtseins so groß, daß sich eine Gegenbewegung formierte. Sie lehnte alle **introspektiven** Forschungen, sowie den Begriff „Bewußtsein" kategorisch ab. Die neue Bewegung bekämpfte jede Art der Forschung, bei der jemand **sagen muß**, was in ihm vorgeht, was er denkt, annimmt, fühlt, assoziiert … Dies schloß genau jene Arten von Studien aus, die wir bis hier gestreift hatten: VON HELMHOLTZ bis PEIRCE und JASTROW.

Der Begriff **Introspektion** setzt sich zusammen aus intro = *innen*, spek = *hat immer mit Schauen zu tun*, also soviel wie *Innenschau*.

Diese Bewegung war der sogenannte **Behaviorismus** (von *behavior* = Verhalten hergeleitet); die Behavioristen wollten nur das nackte Verhalten studieren. Zentrale Idee war die berühmte **Black box** (die schwarze Kiste). Sie sollte Bewußtsein und all das „Zeug", das einen nicht mehr kümmern durfte, einschließen und verriegeln, damit niemand mehr hineinsah! Als „wichtig", meßbar (im Sinne der klassischen Physik) und als „sauber" erforschbar galt nur der **INPUT** (was hineinging: also die Information) und der OUTPUT, der „hinten" herauskam (also das beobachtbare, meßbare Verhalten).**

Ironie: Die klassische Physik war der modernen Quantenphysik gewichen und hatte aufgehört, alles für prognostizierbar und meßbar zu halten! 20 Jahre später beginnen die Psychologen genau jene „klassische" Position einzunehmen …

Bewußtseinsforschung war, wie auch NØRRETRANDERS feststellt, **eindeutig verboten**! Da nennt man sich „Wissende/r von der Seele" (Psychologe) und verbannt alles Sensible, Inspirierende, Transzendente, kurz, **alles**

* An dieser Stelle einen besonderen Dank allen, die mitgemacht haben, die oft plötzlich spontan innerhalb von Minuten ihre Assoziationen zu irgendeiner Frage „rübergefaxt" oder „gemailed" haben, denn eine dieser Studien hatte damit zu tun, was passiert, wenn man aus konzentrierter Arbeit herausgerissen wird. Daher wissen wir: 90 Sekunden verkrafteten alle hervorragend (manche bis zu 3 Minuten), ohne Auswirkungen auf die Konzentration. Aber oft hatte die kurze Assoziationsreihe völlig neue Ideen für die vorliegende Sache „losgetreten", also einen weiteren Vorteil dieser analografischen Denk-Techniken gezeigt!

** Aus heutiger Sicht ist es absolut absurd, daß man einst dachte, man könnte so vorgehen, schon der Input ist heikel: Was ist eine „Botschaft"? Wieviel muß der Empfänger wissen, um sie zu verstehen? Wieviel muß er ergänzen? Solche und ähnliche Fragen zeigen inzwischen, daß auch der Teil außerhalb der **Black box** nicht klar erfaßbar ist, solange wir es mit Menschen zu tun haben im Gegensatz zum Robotern oder Computern.

wirklich Menschliche aus der Forschung. Ich landete voll in diesem Klima, als ich Mitte der 1960er in den USA studierte, es dauerte eine Weile, bis ich mich später aus diesem geistigen Gefängnis befreien konnte.

Aber natürlich kann man Forschung auf Dauer nicht unterdrücken, was aber **Verbote** bedeuten, ist zweierlei:

1. Seriöse Forscher, die keine Gelder bekommen, müssen **aufhören** oder gehen in **ferne Länder**, in denen sie forschen können.

Dies sollten sich all jene überlegen, die fordern, die Genforschung **sofort** zu stoppen. Ähnliches gilt für politisch-unliebsame Gruppen: Werden sie verboten, dann müssen sie in den Untergrund und man sieht nicht mehr, wie weit sie sich „entwickeln" …

2. Andere Forscher gehen in den **Untergrund**, wo alle sozial Geächteten ihr Dasein fristen. Natürlich erfährt die Öffentlichkeit jetzt nicht mehr, worüber geforscht wird. Das Prinzip des Publizierens, so daß andere, die auf demselben Gebiet arbeiten, sich informieren und austauschen können, kommt zum Erliegen. Und da im Untergrund nur andere Unterweltler Zutritt haben, kommen auch keine Wissenschafts-Publizisten und Journalisten, um zu erfahren, was man macht; deshalb erfährt die Öffentlichkeit möglicherweise erst, was gespielt wird, wenn es (vielleicht zu) spät ist …

Der Behaviorismus bescherte uns letztlich neben der Apparate-Medizin eine „Krankheits-Industrie", die sich „Gesundheit" auf die Fahne schreibt, aber die Krankheit feiert, denn Krankheit ist weit genauer meßbar und quantifizierbar als Gesundheit! Bezeichnenderweise haben wir Krankenkassen und Krankenhäuser …

Von 1917 (PLÖTZL; ein Jahr vor Ende des Ersten Weltkrieges) **bis zum Ende des Zweiten Weltkrieges** tröpfelte die „menschliche" psychologische Bewußtseins-Forschung dahin, bis der Frieden „ausgebrochen" war und das universitäre Leben in Europa wieder in Gang kam. Inzwischen hatte leider der mechanistische **Behaviorismus** seinen **Siegeszug** angetreten. Und die **verbotene Forschung** blieb unsichtbar, bis 1957 die Bombe explodierte, und zwar in den USA.

Amerika: 1957 – die Atombombe der Psychologie!

1957

Im Jahre 1957 traten gleich zwei kommerzielle Unternehmen an die Öffentlichkeit. Beide behaupteten, Menschen mittels subliminaler Reize zu **höherem Konsum** manipulieren zu können.[7]

Man beachte: Hatten die Forscher sich **ursprünglich** mit unterschwelligen Wahrnehmungen befaßt, so hatte die **verbotene** Forschung im **Untergrund** plötzlich einen **ganz anderen Akzent** gesetzt und mit **Suggestionen** experimentiert. Nach dem Motto:

> **Können wir Menschen zu Verhalten veranlassen, ohne daß diese merken, daß der Handlungs-Impuls nicht ihrem eigenen bewußten Willen entsprungen war?**

PRECON PROCESS & EQUIPMENT Corp. in New Orleans machte Reklame für subliminale Beeinflussung. 2. Die Firma **SUBLIMINAL PROJECTION** begann ihre Geschäfts-Aktivitäten gleich mit einer Pressekonferenz in New York, wo sie massive Verkaufssteigerungen versprachen (vgl. NØRRETRANDERS).

Leider kann von solchen verbotenen Studien nicht viel nachvollzogen werden und so schlug dann die Ankündigung der beiden Firmen (s. Fußnote) wie eine Bombe ein! Es gab einen Aufschrei, dessen Echo heute (fast zwei Generationen später) noch nachhallt! Worum ging es? Was war das Ungeheuerliche, das hier geschehen war? Zu welchen entsetzlichen Handlungen hatte wer wen auf subliminale Weise manipuliert?

Antwort: In einem Kino sollen die Leute mehr Cola getrunken und mehr Popcorn gegessen haben, weil sie durch **im Film eingebettete ultrakurze Reize**, die ihr Bewußtsein übertölpelten, dazu animiert (manipuliert) worden waren. Schon **1850** hatte VON HELMHOLTZ mit einem **Tachiskop** (Erklärung s. Rand, S. 315) gearbeitet. Normalerweise benötigen wir für einen visuellen Reiz eine **1/18 Sekunde**, damit er „sichtbar" wird. Deshalb können wir das grandiose Schauspiel eines Wassertropfens, der in ein Milchschälchen fällt, nicht mit dem Auge verfolgen; nur in Zeitlupe sehen wir, was uns normalerweise entgeht. Bietet man uns visuelle Reize wesentlich schneller an, dann kann das Bewußtsein nichts mehr „sehen".

Natürlich gibt es auch akustische Parallelen, aber bleiben wir bei den visuellen Reizen in **Filmen**. Diese bestehen, wie wir alle wissen, aus **Einzelbildern**, die so schnell „ablaufen", daß die Illusion einer fortwährenden Bewegung entsteht. Da es aber in Wirklichkeit Einzelbilder sind, kann man theoretisch einzelne Rahmen dazwischenschieben, deren Inhalte so schnell vorüberziehen, daß sie nur unterschwellig (also **subliminal**) **wahrgenom-**

men werden können. **Somit kann eine subliminale Suggestion als Zünglein an der Waage gesehen werden. Hängt die Waage eindeutig auf der einen oder anderen Seite „runter", dann wird keine Anregung, offen oder subliminal, diese Position verändern.*** Enthalten diese Bilder eine kühle Colaflasche (mit Tautropfen etc.) und/oder Worte (z.B. „Trink Coca Cola!") dann haben wir eine **subliminale Suggestion** und darum ging es 1957, als diese beiden Firmen solche Behauptungen in der Öffentlichkeit aufstellten.

Bis sich herausstellte, daß wir bei Subliminal-Suggestionen genau so reagieren wie in Hypnose (wir tun nichts, was wir nicht sowie getan hätten), **war es zu spät**.

Man kann (im Gegensatz zur Handlung mancher Filme!) **nicht** zu etwas überredet werden, was man normalerweise **auch nicht** getan hätte. Nur **unentschlossene „Zaunhocker"**, die sich einfach nicht entscheiden können („Soll ich mir eine Cola kaufen, oder lieber nicht?") erhalten einen kleinen Schubs in die vom Werbetreibenden gewünschte Richtung.

Je genauer wir wissen, wer wir sind, was wir (denken) wollen, desto sicherer sind wir vor (unterschwelligen) Manipulationen.

Im **offenen Markt** sind das wenige Prozent der Bevölkerung, aber diese Betroffenen spielten bereits **vor der** unbewußten **Wahrnehmung** jener **Subliminal-Suggestionen intensiv** mit dem Gedanken, das (gewünschte) Verhalten an den Tag zu legen.

Nur wenn man innerlich hin- und hergerissen ist, wenn die Waage gleichsam ständig in Bewegung ist, millimeterweise, rauf, runter ... dann kann eine offene oder eine subliminal gesendete Suggestion sehr wohl den Ausschlag geben.

Also müssen nur die großen Zauderer vom Dienst sich hüten ...

* Quelle: 1. Vance PACKARD, der jedoch viel Polemik, wenig Namen und noch weniger Quellen für seine Berichte über Studien und Praxis-Versuche angibt.

Es gibt allerdings **eine** Situation, in der sich subliminale Suggestionen bewährt haben sollen, nämlich in großen Geschäften, die akustisch „unhörbar" suggerieren, daß man lieber **ehrlich** sein möchte.

Ehrlichkeits-Suggestionen würden hingegen Profi-Diebe, die gezielt einen Gegenstand suchen, den jemand bei ihnen bestellt hat, **nicht** abhalten. Nur bei **Unentschlossenheit** kann die Suggestion „greifen".

Aber es leuchtet ein, denn der Grund, warum es hier funktioniert liegt m.E. darin: Die Anzahl von Menschen, insbesondere von **Teenagern**, die innerlich „auf der Kippe stehen" und erst vor Ort entscheiden, ob und was sie stehlen werden, dürfte statistisch weit höher sein als die Anzahl von Menschen, die im Kino unschlüssig sind, ob sie der Eisverkäuferin ein Eis abkaufen wollen.

Die Atombombe und ihr Fallout

Zurück zu 1957: Als publik wurde, was diese Leute behaupteten, ging ein Aufschrei durch Amerika. Für Amerikaner ist jede Form der Einmischung besonders schlimm, schließlich waren viele von ihnen Nachfahren von Menschen, die ihr Leben riskiert hatten, um der Bevormundung der Engländer zu entgehen. Zuerst, als sie nach Amerika emigrierten und später, als die Engländer versuchten, ihre Kolonien zu regieren. Letztlich kam es eben wegen solchen Ärgers zu der Entwicklung, die in der amerikanischen Unabhängigkeit mündete (Stichwort: „Boston Tea Party").

Und nun behaupten diese Typen, nachdem man jahrzehntelang jegliche Bewußtseins- und Subliminal-Forschung unterdrückt hatte: „Leute, wir haben heimlich geforscht und wir können Kunden dazu verleiten, zu kaufen, was sie gar nicht kaufen wollen, wenn wir in Radio- und Fernsehsendungen subliminale Botschaften einpflanzen. Hier können Sie unterschreiben." Und das taten die großen Sender und dann brach der Sturm los, der die Forschung für weitere Jahrzehnte behindern sollte. Hatte man die Forschung über Bewußtsein, subliminale Wahrnehmung etc. **ursprünglich** verhindert, weil man davon **nichts wissen wollte**, so konnten Forscher auf diesem Gebiet einigermaßen frei arbeiten, falls sie bereit waren,

a) um Gelder zu kämpfen,
b) wenig Möglichkeiten für Veröffentlichungen zu haben (jedenfalls nicht in den wissenschaftlichen Publikationen mit großem Prestige) und
c) sozial **keine** Anerkennung zu genießen.

Aber nach der 1957er Bombe **veränderte sich das Klima** über Nacht. Danach war es kein sozialer Fauxpas, ab jetzt wurden Forscher auf diesem

Gebiet wie Kriminelle behandelt, was zu einem **unmittelbaren Stop** der meisten der ohnehin wenigen Studien führte, die damals überhaupt noch liefen.

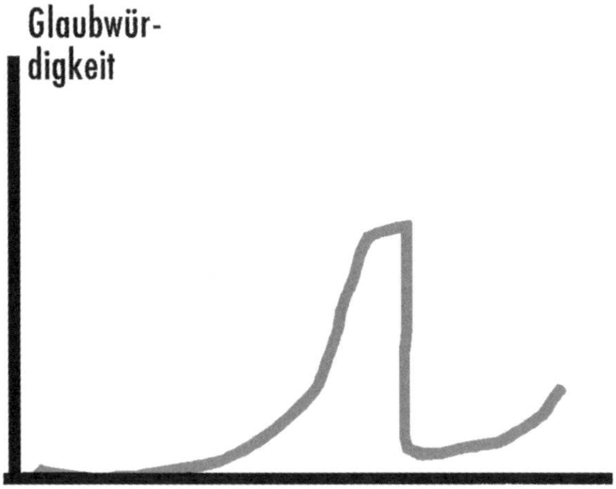

Norman DIXON zeichnet den totalen Abschwung der Forschung nach.

Zu den Opfern jener Prozesse gehören wir alle, denn wir verdanken den vagen Ängsten (das Bewußtsein könne sich als **nicht** allmächtig herausstellen), vier Generationen Zeitverlust, wiewohl sich die Subliminal-Forschung als **eines der wichtigsten Gebiete** entpuppen könnte, auf dem Psychologen jemals geforscht haben! Im Jahre 1958 äußerte sich eine Gruppe von Wahrnehmungs-Psychologen in einem Artikel:

McCONNEL, CUTLER und McNEIL: *„Subliminal Stimulation: An Overview."*, in: American Psychology 13, 1958, (S. 229–242), zitiert in NØRRETRANDERS: *„Spüre die Welt"*.

> Die sehr emotionale öffentliche Reaktion auf die „Entdeckung" subliminaler Wahrnehmung sollte unserer Profession als Anschauungsunterricht dienen; denn im hellen Lichte der öffentlichen Aufmerksamkeit werden (...) Vorzeichen für Entwicklungen sichtbar (...) Als die theoretische Beschreibung $E = mc^2$ **in die praktische Anwendung der Atombombe mündete**, sah sich die Gemeinschaft der Physiker mit ihrer sozialen und wissenschaftlichen Verantwortung konfrontiert. Hält man sich die Heftigkeit des öffentlichen Aufschreis bei einem Minimum faktischer Kenntnisse über dieses subliminale soziale Atom vor Augen, drängt sich den Psychologen die Notwendigkeit geradezu auf, die ethischen Probleme zu prüfen, die mit der Anwendung ihrer Forschungsergebnisse (...) verbunden sind.

NØRRETRANDERS fügt hinzu, daß die Psychologen eben das **nicht** taten, im Gegenteil: „Sie taten, als sei (das) alles nur ein Mißverständnis." Dies veranlaßte einen der wichtigen Forscher auf diesem sensiblen Gebiet, den Engländer Norman DIXON (der sich sehr über die Charakterlosigkeit vieler seiner Kollegen ärgerte), zu schreiben:

Norman DIXON publizierte zwei sehr wichtige Bücher: *„Subliminal Perception: The Nature of a controversy"*, London, McGraw Hill, 1971 (hieraus entstammt des Zitat) und *„Preconscious Processing"*, Chichester, John Wiley, 1981.

> „Ehemalige **Verfechter** der subliminalen Wahrnehmung **änderten ihre Meinung**. Eine tiefgreifende Umwertung früherer Forschungen und Schlußfolgerungen begann (...) (Die Physiker) konnten die Wirklichkeit der Kernspaltung schlecht **leugnen**, ein Handicap, das die **Psychologen hinsichtlich der subliminalen Wahrnehmung** nicht hatten (...) (Sie) zogen den Schwanz ein (...)"

So wurde aus dem „**sozialen Atom**" (von McCONNEL und Team) DIXONs metaphorische „**Atombombe der Psychologie**". Ich füge dem hinzu, daß der **Fallout noch immer gefährlich „radioaktiv"** ist.

Mit seinem provozierenden Titel *„Die geheimen Verführer"* machte PACKARD von vorneherein klar, daß **alles von ihm beschriebene „böse" war**, und mit seiner flotten Feder heizte er die vorhandenen Ängste noch kräftig an.

Der ursprüngliche 1957-Schock hielt ein Vierteljahrhundert lang an; es wurde extrem wenig und in den USA eher heimlich geforscht, dies veranlaßte Vance PACKARD 1978 und 1982 (in Neuauflagen seines Bestsellers), sich über das kleine Rinnsal aufzuregen. Statt zu begreifen, daß gerade diese „Atombombe" nur „gezündet" werden konnte, **weil** man diesen Forschungszweig **in den Untergrund gedrängt** hatte, hackte er auf den wenigen Leuten herum, die es wagten, diesen schweren Weg zu gehen und auf einem so unbeliebten Feld zu forschen.

Ich hatte das Buch Anfang der 60er Jahre gelesen und brauchte später lange, um das **MEM** („Jegliche Subliminal-Forschung ist böse!") wieder loszuwerden.

Bei PACKARD konnten (auch 1978 und 1982 wieder!) Millionen Leute (erneut) lesen, wie unschuldige Opfer auf hinterhältigste Weise zu einem Eisriegel verurteilt wurden (wiewohl bereits seit Jahren fest stand, daß das **sachlich nicht stimmte**, aber das wäre ja weniger spannend zu lesen, nicht wahr?). PACKARD schrieb:

Bei Interesse an MEMetik, vgl. meinen Video-Vortrag *„Viren des Geistes – gehirn-gerechte Einführung in die neue Wissenschaft der Memetik"*.

> **Tatsächlich ist das Interesse an unterschwelliger Wahrnehmung nicht tot; es ging weiter, freilich viel unauffälliger.**

Zwar gibt er in einem Nebensatz zu, daß es sich **nur um Behauptungen** handelt, sowie, daß der US-Congress **nach Prüfung kein Verbot** bewirkt, sondern die Werbetreibenden (wie die Psychologen!) sich **freiwillig** einer

Selbstzensur unterwarfen. Aber wer flüchtig liest, schwört hinterher, die Subliminal-Techniken seien damals „verboten" worden (fragen Sie im Freundeskreis herum, das „weiß" fast jede/r)! Und dieses „Wissen" bezieht sich auf PACKARDs Buch, das Ihre Freunde entweder selbst lasen, oder weil sie jemanden kennen, der es gelesen hat. So entstehen MEMe, die Laien wie Wissenschaftler gleichermaßen an kritischem Denken hindern.

Man beachte auch PACKARDs **raffinierte Benutzung von Sprache**, insbesondere, was er **nicht** sagt! Der Satz: „Das Interesse an unterschwelliger Wahrnehmung ist nicht tot", **impliziert natürlich**, daß das Interesse **tot sein sollte!** Und eine Implikation muß man nicht extra in Worte kleiden. Das ist die **hohe Kunst der Demagogie**. NØRRETRANDERS fügt hinzu:

Allein die Tatsache, daß der Gegenstand **erforscht** wird, ist für PACKARD bereits ein **Stein des Anstoßes**, eine Haltung, in der ein klassisches Problem zum Ausdruck kommt: Soll die Gesellschaft bestehende Forschung verbieten (...)? Im Fall der subliminalen Wahrnehmung entschlossen sich die Wissenschaftler zur Selbstzensur. Das funktioniert jedoch nur eine Zeit und die geht nun ihrem Ende entgegen.

NØRRETRANDERS schrieb das etwa 1990, denn die dänische Originalausgabe wurde 1991 publiziert.

Nun liegt die Annahme nahe, PACKARD habe hunderte oder tausende von Versuchen in den USA aufgespürt. Wenn man bedenkt, daß DIXON im **kleinen England** (in seinem zweiten Buch, 1981) von **700** ernsthaften Studien berichtet (und daß dies nur ein Bruchteil dessen ist, was ohne die beschriebenen Ereignisse stattgefunden **hätte**), dann raten Sie einmal, wieviele Studien in Amerika PACKARD so furchtbar zornig machen konnten. PACKARD: „Mir liegen Berichte von ... Versuchsreihen der letzten Jahre vor und ich besitze Hinweise auf weitere ..."

Na, was meinen Sie? Wieviele Studien? ____________________

Das muß man sich mal vorstellen: In einem Land mit damals über 180 Millionen Einwohnern, förderten seine Recherchen (über 20 Jahre nach dem damaligen Stop von fast allen der wenigen noch verbleibenden Forschungsarbeiten) einige 14 bis 20 Versuchsreihen ans Licht, und darüber muß er sich so aufregen, daß er in seinen Neuauflagen im Epilog ausführlich darauf eingeht.

Das entspricht der „Logik" der alten Dame, die sich bei ihren Nachbarn darüber entrüstet, daß sie **durch ihr Fernglas** zusehen „muß", wenn diese nackt im Garten sitzen …

Merkblatt Nr. 5: Von Mr. Rechts und Mr. Links zum analografischen Denken

Dieses Merkblatt zeichnet meinen persönlichen Weg nach. Ich beantworte hier eine Frage, die immer und immer wieder gestellt wird: Wie wurden Mr. Links und Mr. Rechts eigentlich „arbeitslos"?

Der **Vorläufer** jenes analografischen Denk-Stils war die Unterscheidung zwischen der Arbeitsweise des linken und des rechten Gehirns (gemeint ist bei solchen Aussagen immer das Denk-Gehirn, der Kortex).

Ich darf hier beiläufig erwähnen, daß ich zu den allerersten gehörte, die (1969) die damals bahnbrechenden Forschungs-Ergebnisse aus der Gehirnforschung mit Gedächtnis-Techniken in Verbindung brachte. Damals agierten die Memory-Trainier hier und die Neurophysiologen im Elfenbeinturm dort „**and never the twain did meet**", um ein berühmtes Shakespeare-Wort zu zitieren

„... and never the twain did meet" (und niemals die zwei sich trafen)

Dann stellte sich heraus, daß individuelle Gehirne sehr unterschiedlich „gebaut" sein konnten, sowie daß die Architektur von Männer- und Frauenhirnen sich weit mehr voneinander unterschieden als man (genauer: „Mann"!) lange wahrhaben wollte. Zu jenem Zeitpunkt war es politisch nicht opportun, laut zu sagen, daß es mehr als den „kleinen Unterschied" gab, wobei insbesondere Männer die Forschung in diesem Bereich maßgeblich verzögerten. Nicht aus chauvinistischen Gründen, sondern weil männliche Wissenschaftler **karrierebewußter** forschen als weibliche, deren große Neugierde ja sprichwörtlich ist. Da aber zu jenem Zeitpunkt fast ausschließlich Männer darüber befanden, welche Forschungsgelder zu welchen Projekten „gehen" würden, war es „sicherer", als „braver" Forscher innerhalb der etablierten Vorurteile zu verbleiben.

Besonders pikant finde ich, daß dies die Entwicklung in den westlichen demokratischen Ländern war, die sich viel auf ihre freie Forschung einbildeten (wußte doch jeder, wie unfrei die armen Kollegen hinter dem eisernen Vorhang damals waren).

Jedenfalls darf ich ebenfalls vermelden, daß ich wiederum zu den ersten gehörte, die damals feststellten, daß wir **das Konzept der beiden Hirnhälften als Metapher sehen** sollten (ca. 1987).

Daher war ich Ende der 1980er Jahre dazu übergegangen, nicht mehr von den beiden Gehirnhälften, sondern, beeinflußt von Betty EDWARDS, (in *„Garantiert zeichnen lernen“*) zwischen dem L-Stil (*linear, logisch*) und dem R-Stil *(relational)* zu unterscheiden. Es war damals „in“, diese Unterschiede vor allem in Bezug auf **Gedächtnis** und **Kreativität** zu sehen, nach dem Motto: „Wenn ich die beiden metaphorischen Mitarbeiter im Kopf schön im Team arbeiten lasse, dann arbeite ich sozusagen vollständiger (ganzhirnig) und das ist irgendwie besser. Oder so …“

Das waren wichtige **erste** Schritte, aber sie gingen **nicht weit genug**. Je weiter die Gehirnforschung vorwärts schritt, desto verwirrender wurde das Bild. Durch den Aufruf des amerikanischen Kongresses, die 1990er Jahre als Jahrzehnt des Gehirns zu betrachten, gab es plötzlich ca. zehnmal so viele Forschungsgelder und die Ereignisse überschlugen sich. Forschten früher vor allem Neurophysiologen (die sich für die Arbeit der Nervenzellen im Gehirn interessierten) und Psychologen (die sich mit Gedächtnis beschäftigten), so war inzwischen ein reger Zulauf anderer Fakultäten zu verzeichnen (von Endokrinologen über Immunologen bis zu Molekularbiologen). Inzwischen war der Begriff vom „wet brain“ (nassen Gehirn) aufgetaucht, weil Prozesse, die man einst für elektrisch (= trocken) gehalten hatten, sich als hormonell herausstellten. So wie die Teilchen-Physiker einst einen regelrechten „Teilchenzoo“ erforschten, als mehr und mehr ursprünglich berechnete und vorausgesagte Teilchen in die Wirklichkeit „traten“ (wo sie dann gefunden werden konnten), so auch hier: Mehr und mehr Neuropeptide wurden entdeckt.

Deshalb fiel das Denk-Modell **der beiden kleinen Mitarbeiter im Kopf** anläßlich der vollständigen Überarbeitung meines Klassikers *„Stroh im Kopf?“* ganz weg, die beiden wurden also nach 410.000 Exemplaren des Buches „freigestellt“.

Diese dritte „Runderneuerung“ geschah anläßlich der 36. Auflage, die wir deshalb *„Das neue Stroh im Kopf?“* nannten. Das Wörtchen „neu“ ließen wir anläßlich der 40. Auflage wieder fallen.

Merkblatt Nr. 6: ABC-Listen

als Anregung, Fallbeispiele für LULL'sche Leitern und zum „Konsumieren" im allgemeinen.

Für diese Listen danke ich meinen Seminar-TeilnehmerInnen und Insidern

Auto

1. Abblendlicht, Automatik
2. Bremsen, Blinker, Benzin
3. Chauffeur, Chassis
4. Diebstahlsicherung, Drehzahlmesser
5. einparken, Elektronik
6. Felgen, Fernlicht
7. Gaspedal, Gangschaltung
8. Heckscheibe, Hupe
9. Innenspiegel
10. J
11. Kupplung
12. Lenkrad, Licht
13. Motor
14. neutral
15. Öldruck
16. Pneu
17. Q
18. Rad, Radio
19. Schaltung, Scheiben
20. Treibstoff
21. Umluftgebläse
22. Vierwegschaltung, Viertakter
23. Wasser
24. X
25. Y
26. Zylinder, Zündschlüssel

Bahn

1. Abstellgleis, Ankunft, Abteil
2. Bahnhof, Bahnsteig
3. Perron C
4. Dampflokomotive
5. Erste Klasse
6. Fahrplan, Fahrleitung, Fahrkartenkontrolle
7. Gehsteig, Gleise
8. Heizer (Dampflok)
9. Informationsschalter
10. J
11. Kondukteur, Kiosk
12. Lokomotive, Leergüter
13. Manöver
14. Notbremse, Nichtraucher
15. Oberdeck
16. Personenwagen
17. Qualm (Dampflok)
18. Raucher, Rampe
19. Schiene, Signal, Schranke, Schaffner
20. Taktfahrplan, Ticket
21. Unterführung
22. Vorstand
23. Weichen, Warteraum, Waggon
24. X
25. Y
26. Zugpersonal

Bäume/Büsche

1. Ahorn
2. Buche, Birke
3. Crataegus (Weißdorn), Castanea
4. Dattelpalme
5. Eiche, Esche
6. Föhre, Fichte
7. Ginkobaum
8. Holunder
9. I
10. Juniperius (Wacholder)
11. Kirschbaum, Kastanie
12. Linde, Lärche
13. Mammutbaum
14. Nußbaum, Nadelbaum
15. Olivenbaum
16. Pinie, Pappel, Palme
17. Quittenbaum, Quercus (Eiche)
18. Rosskastanie, Rotbuche
19. Silberpappel, Stechpalme
20. Trauerweide
21. Ulme
22. Vogelbeere
23. Weißtanne, Weide, Weißdorn, Wacholder
24. X
25. Y
26. Zwetschgenbaum, Zeder

Bereich, beruflicher

1. Ausbildung
2. Bildung
3. Coaching, Choreographie, Corporate Identity
4. Dienstleistung
5. Erwachsenenbildung, Entwicklung
6. Förderung
7. Gestaltung
8. High Tech
9. Informatik, Information
10. Journalismus
11. Kommunikation, Kunst, Kultur
12. Lebensqualität
13. Menschenförderung, Musikbranche, Marketing
14. Naturgesetze
15. Organisation
16. Personalwesen, Projektarbeit
17. Qualität, Qualifikation
18. Rhetorik
19. Sprachunternehmen, Schule, schreiben
20. Talentförderung
21. Unternehmensführung
22. Verein, Verband, Vorstand
23. Werbung, Wohltätigkeit
24. X
25. Y
26. Zentrum, zukunftsorientiert

berühmte Namen

1. Archimedes
2. Beethoven
3. Cäsar
4. Descartes
5. Einstein
6. Freud
7. Goethe
8. Heisenberg
9. Ibsen
10. Jack the Ripper
11. Kant
12. Leonardo da Vinci
13. Mozart
14. Newton
15. Otto
16. Picasso
17. Quark (Star Trek)
18. Rachmaninov
19. Sokrates
20. Telemann
21. Ullstein
22. van Gogh
23. Wagner
24. Xantippe
25. Yamaha
26. Zuckmayer, Carl

Berufe

1. Apotheker, Anwalt, Außendienstmitarbeiter, Arzt, Astronaut
2. Bauer, Bankier, Berater, Brauer, Bauchtänzer
3. Chemiker, Chirurg
4. Dachdecker, Designer, Detektiv
5. Elektriker, Einkäuferin, Erzieherin
6. Förster, Fischer, Floristin, Friseur
7. Graphiker, Geograph, Gärtner
8. Hafner, Handwerker, Hutmacher
9. Ingenieur, Info-Broker
10. Jurist, Journalist, Jäger
11. Kaminkehrer, Klempner, Künstler
12. Lehrer, Liedermacher
13. Maurer, Maler, Manager
14. Näherin, Neurologe
15. Organist, Opernsänger, Offizier
16. Physiker, Pianist, Psychologe, Popstar
17. Quellenforscher, Quantenphysiker
18. Richter
19. Schlosser, Sekretärin, Senator
20. Trainer, Tischler, Techniker
21. Umweltforscher, Uhrmacher
22. Vermesser, Verkäufer
23. Wagner, Wissenschaftler, Webdesigner
24. Xylograph
25. Yachtbauer
26. Zahnarzt, Zimmermann, Zoodirektor

Biologie

1. **Anatomie:** Wissenschaft vom Bau des Lebens; **Anionen:** negativ geladene Ionen (z.B. Salze); anorganische Stoffe: stammen aus der unbelebten Natur; **Art:** Lebewesen/ Organismen, die sich mit allen wesentlichen Merkmalen gleichen; **Assimilation:** körperfremde Ausgangsstoffe werden durch endotherme Umwandlung körpereigene Substanzen im Rahmen des Stoffwechsels
2. **Bewegungsphysiologie:** untersucht Reaktionsvermögen der Pflanzen (Reizwahrnehmung/Bewegungen); **binäre Nomenklatur:** zweifache Namensgebung; **Biologie:** Naturwissenschaft der Lebewesen; **Botanik:** Pflanzenkunde
3. **C-Assimilation:** Assimilation von Kohlenstoff-Verbindungen (vor allem Kohlenhydrate); **Chloroplasten:** grüne Plastiden, enthalten Chlorophyll (Blattgrün), Funktionszentren der Photosynthese; **Chromatinfäden:** nicht aufgeschraubte **Chromosome**; Chromoplasten: durch Karotinoide gelb bis rot gefärbte Plastiden, für Farbe zuständig; **Chromosom:** Träger des Erbgutes; **Cytologie:** Zellenlehre (Teilgebiet der Morphologie); **Cytoplasma:** Zellplasma; umgibt den lebenden Bereich, den Zellkern (Protoplasma ohne Zellkern)
4. **Differenzierung:** Entstehung ungleichartigen Teile aus einheitlichen Material; **Dissimilation:** energieliefernde (exotherme) Umwandlung körpereigener Stoffe in körperfremde Produkte; **Doppelnamen:** den Namen der Art und der Gattung (erste Namen Gattungsnamen, zweiter Name, Name der Art)
5. **Edukt:** Ausgangsstoff; Element: läßt sich in keine anderen Stoffe erlegen, Erklärungen wichtiger Begriffe; **endotherme Reaktion:** Energie wird aus der Umwelt aufgenommen, die Produkte sind energiereicher als die Ausgangsstoffe; **exotherme Reaktion:** Energie wird an die Umwelt abgegeben, die Produkte sind energiearmer als die Ausgangsstoffe
6. **Fotosynthese**, bei Pflanzen: Form der C-Assimilation, die mit Lichtenergie erfolgt – Bildung von Traubenzucker und Sauerstoff aus Kohlenstoffdioxid und Wasser
7. **Gattung:** sehr ähnliche und miteinander eng verwandte Arten; **Gemisch:** verschiedene Stoffarten zusammen
8. **Histologie:** Gewebelehre (Teilgebiet der Morphologie); **Humanbiologie:** Menschenkunde
9. **Interzellulare:** luftgefüllte Zwischenräume zwischen benachbarten Zellwänden (wichtig für Luftaustausch innerhalb der Pflanze); **Ionen:** positiv oder negativ geladene Atome
10. **J**
11. **Kalottenmodell:** Kugelkalotten bestimmter Größe dargestellt; **Karotinoide:** Farbstoffe, die z.B. in Karotten, Hagebutten, Paprika, Tomaten usw. vorhanden sind; **Kationen:** positiv geladene Ionen; **Kernhülle:** umgibt den Nukleus, d.h. trennt das Kernplasma vom Dytoplasma; **Koeffizient:** Mengenverhältnis (z.B. bei 3H2 ist 3 die Koeffizient); **Kohlenhydrate:** organische Verbindungen, Betriebsstoffe (Zucker), Reservenstoffe (Stärke) und Zellwand-Gerüststoffe (Zellulose); **Kohlenstoffassimilation:** C-Assimilation, Photosynthese; künstliches System: äußerliche Kennzeichen erleichtert das Bestimmen von Pflanzen; Kutikula: Schutzfilm aus Kutin
12. **Leukoplasten:** farblose Plastiden, vor allem in unterirdischen Organen der Pflanze vorhanden (in ihn werden die in der C-Assimilation gewonnenen energiereichen Nährstoffe in

Form von Stärke gespeichert); **Lignin:** Holzstoff

13. **Makromoleküle:** Riesenmoleküle; **Mitose:** Kernteilung, die zu zwei erbgleichen Tochterkernen führt (die im Erbgut zu dem gleich dem Mutterkern sind), verbunden mit der Wanderung der Chromosomen unter dem Einfluß der Teilungsspindel und der Teilung der Chromosomen in Tochterchromosomen; **Moleküle:** Bausteine vieler Reinstoffe; **Morphologie:** beschreibt Bau und Gestalt einer Pflanze
14. **natürliches System:** eine Verwandtschaft, die auf gemeinsame Vorfahren beruht, bildet die Grundlage; **Nukleus:** Zellkern (Steuerungszentrale)
15. **Ökologie:** untersucht Beziehungen zwischen Lebewesen und die lebende und unbelebte Umwelt; **Organellen:** abgegrenzte Bereiche des Dytoplasmas mit spezieller Aufgabe: **organische Stoffe:** die meisten Verbindungen des Kohlenstoffes (Ausnahmen: Verbindung mit Sauerstoff, die Kohlensäure und die Salze); **Organographie:** Organlehre (Teilgebiet der Morphologie)
16. **Photosynthese:** Stoffaufbau (siehe F); Physiologie: erforscht Lebensäußerungen und die Funktionen der Zelle, der Gewebe, der Organe und des gesamten Organismus; **Plasma:** gallertartige Flüssigkeit; **Plasmamembran:** feines semipermeables Häutchen, Außengrenze des Cytoplasmas (wichtig für den Stoffaustausch zwischen Umwelt und benachbarten Zellen), **Plastiden:** Zellorganellen, kennzeichnender Bestandteil der meisten Pflanzenzellen, mehrere Typen mit unterschiedlichen Aufgaben (Funktionen), Produkte: neu (entstandene) Stoffe bei chemischen Reaktionen; **Proteine:** Eiweiße; Protoplasma: lebender Inhalt einer Zelle, dazu gehören Nukleus und Cytoplasma
17. **Q**
18. **Reaktionsvermögen:** Reizwahrnehmung und Bewegung; **Reinstoffe:** Bestandteile der Gemische, die zerlegt wurden
19. **Semipermeable:** halbdurchlässig; **Spezialisierung:** Zellen mit ursprünglich gleicher Aufgabe ändern sich für besondere Funktionen um; **Stoffwechsel:** im Organismus ablaufende chemische Reaktionen, Aufbau körpereigener Stoffe, Umbau dieser Substanzen und Abbau der körpereigenen Stoffe zur Energiegewinnung; **Stoffwechselphysiologie:** untersucht chemische und physikalische Vorgänge im Innern der Pflanze (Photosynthese und Energiegewinn, Stofftransport); **Sorbin:** Korkstoff
20. **T**
21. **U … und** miteinander fruchtbare Nachkommen zeugen können (Fortpflanzungsgemeinschaft bilden)
22. **Vakuole:** Zellsaftraum (in ihr werden Abfallstoff und Reservenstoffe gelagert); **Verbindung:** läßt sich durch Hitze, Licht oder elektrischen Strom in Stoffe zersetzen, die von dem Ausgangsstoff abweichen (z.B. Zucker, der auf der heißen Platte zu Kohle(-stoff) wird)
23. **W**
24. **X**
25. **Y**
26. **Zelle:** die kleinste auch isolierte, lebens- und vermehrungsfähige Strukturheinheit aller Organismen; **Zellkern:** Teil des Protoplasmas, Steuerungszentrale der Zelle, Hauptträger des Erbgutes; **Zellteilung:** Teilung einer Zelle in Tochterzellen, meist unmittelbar im Anschluß an eine Kernteilung; **Zellwand:** vom Protoplasma nach außen abgeschiedene, unbelebte, starre und mehrschichtige Hülle pflanzlicher Zellen, vor allem aus Zellulose; **Zoologie:** Tierkunde

Blumen

1. Aster, Anemone
2. Buschwindröschen, Begonie, Blutströpfchen
3. Chrysantheme, Christrose
4. Dahlie, Distel
5. Enzian, Erika, Edelweiß, Ehrenpreis
6. Frauenschuh, Fresie, Fuchsie
7. Gladiole, Gänseblümchen, Geranie, Glockenblume
8. Hyazinthe, Herbstzeitlose, Hortensie
9. Iris
10. Jasmin, Johanniskraut
11. Krokus, Klee
12. Lupinen, Löwenzahn, Lilie
13. Maiglöckchen, Margerite, Männertreu
14. Nelke, Narzisse
15. Orchidee
16. Pusteblume, Primel, Petunie
17. Quendel
18. Rose, Ringelblume, Rittersporn
19. Strehlizie, Schlüsselblume, Sonnenblume, Schneeglöckchen, Sumpfdotterblume, Seidelbast, Schleierkraut
20. Tulpe, Trollblume
21. Usambaraveilchen
22. Vergißmeinnicht, Veilchen
23. Wicke, Wildrose, Winde, Wiesenschaumkraut, Wandelröschen
24. X
25. Y
26. Zwergmispel

Chemie

1. Atome, anorganisch, Anionen
2. Beschreibung von Versuchen: Aufbau, Beobachtung, Auswertung
3. chemische Reaktionen erkennbar an: Farbänderung, Knallreaktion, Gasbildung, Rauch, Feuer
4. denken
5. experimentieren, Elemente, exotherm, endotherm, Energie, Edukte
6. führen
7. Geschichte der Chemie, Gemische
8. Hilfe
9. Ionen
10. J
11. Kontra, Kationen, Kalottenmodell
12. Laborgeräte, Ladungen
13. Moleküle
14. negativ
15. organisch, Oxidation
16. pro, protokollieren, Produkt, positiv
17. Quecksilber
18. Robert Boyle (Vater der heut. Chemie), Reaktion, Reinstoffe, Reduktion
19. Stoffeigenschaften: Geruch, Oberfläche (Glanz), Farbe/Form, Schmelz-/Siedepunkt; chem. Reaktionsfähigkeit, Elastizität/Duktilität (Verformbarkeit), Wärmeleitfähigkeit, elektr. Leitfähigkeit, Flammenfarbe
20. teilen (Gemische in Reinstoffe)
21. Umwandlung
22. Versuche, Verbindungen, Veränderungen, verstehen
23. Wasser
24. X
25. Y
26. zünden

Denken

1. auswerten, Ausbildung
2. Bewußtsein, Begabungen
3. create, Coach
4. deuten, dienen dürfen
5. Ergebnis, Ehrlichkeit
6. Folgerung, Freude
7. Gehirn, Gesundheit
8. hinterfragen, Humor
9. Intuition, Ideen
10. jubeln, Ja sagen dürfen
11. kunstvoll, Kreativität
12. lustvoll, Liebe
13. meisterhaft, Mut
14. negieren, Neutralität
15. organisieren, Optimismus
16. powern, positive Lebenseinstellung
17. querdenken, Quelle in mir
18. rationell, Ruhe
19. sinnvoll, Sonne
20. täuschen, Tun
21. unlogisch, umfassendes Denken
22. vernetzen, vergeben
23. willkürlich, Wohnung
24. (x)sund
25. yäsoh …
26. zackig, Zukunft

Deutsch

1. Adjektiv, Artikel, Alphabet, attributiv, Adverb, Aufsatz, ABC, aktiv
2. Briefe, Buchstaben, bestimmen
3. Charakter
4. denken, Deklination, Demonstrativpronomen, Diphthong
5. Erzählung, Endungen, einfacher Satz
6. Fabel, finite Formen, flektierbar
7. Grammatik, Geschichten, Genus, Geschichte
8. Humor
9. Indirekte Rede intransitiv, infinite Formen, Indikativ, Imperativ, Imperfekt, Indefinitpronomen, Interrogativpronomen, indirekte Rede
10. J
11. Komma-Regeln, Konjugation, Konjunktiv, Kasus
12. Lesebrief, Limerick, lernen
13. Mythen, Modus, Modalverb, Monophthong
14. Nomen, Numeralien, Numerus, Nebensätze
15. Objekte, Orthographie
16. Phantasie, persönlich, Präposition, Präfix, passiv, Person, Partizip, Personalpronomen, Possessivpronomen, prädikativ, Präsens, Plusquamperfekt, Perfekt
17. Q
18. reflexive, Reflexivpronomen, Relativpronomen
19. Satzglieder, Sprichwörter, Synonyme, Substantiv, Satz, Syntax
20. Trennungen, Tempus, transitive
21. unpersönlich, unflektierbar, Umlaut
22. Verben, Verse, Vollverb
23. Wörter, Wortarten
24. X
25. Y
26. Zeichen setzen, zusammengesetzte Wörter

Eigenschaften

1. aufmerksam, aufrichtig, anmutig, ausstrahlend, ausgeglichen, achtungsvoll, anpassungsfähig
2. bewußt, bildschön, behutsam, barsch, boshaft, bereitwillig, bissig, begeisternd
3. charismatisch, charmant, cholerisch
4. dankbar, demütig, dienend
5. eigenständig, einfühlsam, eifrig, ehrlich, eitel, eigensinnig, eifersüchtig
6. fleißig, fähig, Flexibilität, freundlich, friedvoll, feurig, faszinierend, freudig
7. gutmütig, gläubig, genau, genial, geduldig, Geduld, griesgrämig, großmütig, geizig
8. hilfsbereit, höflich, Herzlichkeit, humorvoll, häßlich, hübsch
9. ideenreich, Idealist, improvisierend, intelligent, intuitiv, innig, irdisch, illusorisch
10. jugendlich, jammern, jauchzend, jubelnd
11. klug, kompromißfähig, kompetent, kommunikationsstark, konzentriert, kreativ, kommunikativ, konstruktiv, kleinlich
12. lustvoll, liebevoll, lieb, lobend, lustig, lebhaft, launisch, lieblich
13. mitfühlend, mitdenkend, mutig, mitreißend, mitteilsam
14. Naturtalent, naturliebend, natürlich, nett, neugierig, Neutralität, neidisch, neutral, nützlich, nörglerisch
15. ordnungsliebend, optimistisch, ordentlich, ordentlich offen(herzig)
16. pflichtbewußt, positiv, pessimistisch, pedantisch, pingelig
17. querdenkend, quellend, quengelig, quietschfidel
18. redegewandt, ruhig, reuevoll, reizend, reizvoll, ruhelos, radikal
19. sauber, sprachbegabt, still, Selbstdisziplin, sensibel, sensibel, sinnvoll, selig, schön
20. tapfer, treu, tolerant, traurig, tugendhaft, typisch, trotzig
21. unternehmungslustig, unkompliziert, umgänglich, ungestüm, unterwürfig, unbrauchbar, unsinnig, umsichtig
22. verantwortungsbewußt, vielfältig, vergebend, vielseitig, verschwiegen, verwegen, verschwenderisch, verspielt
23. weitblickend, warmherzig, würdevoll, wißbegierig, willensstark, weise, wahrhaftig, wahrheitsliebend
24. X
25. Y
26. zuvorkommend, zahm, zielstrebig, zynisch, zeitraubend, zimperlich, zickig

Erfolg

1. Ausdauer
2. Begabung
3. Coach
4. Durchhaltevermögen
5. Energie
6. Flow
7. Geduld
8. Hilfe
9. Intuition
10. Ja-Sager
11. Kreativität
12. Lust
13. Möglichkeiten
14. Neigung
15. Organisation
16. Power
17. Quantum
18. Ratio
19. Supervision
20. Testlauf
21. Utopie
22. Vision
23. Wunder
24. x-ten Mal
25. Y
26. Ziel

Essen

1. anrichten
2. Butter
3. Café
4. Duft, Dessert
5. Eigengeschmack
6. Fischgerichte
7. Genuß
8. Hunger
9. italienisches Essen
10. junges Gemüse
11. kochen, kredenzen
12. lustvoll
13. magenfreundlich
14. Nachspeise
15. opulent
16. Pudding
17. Qualität
18. Rohkost
19. Süppchen
20. Trüffel
21. unbehandelt
22. vorgekocht
23. Wonne
24. x-beliebig
25. yolk (Eigelb)
26. Zauber

Fahrrad

1. aufsteigen
2. Bremse
3. Chromstahl
4. Dynamo
5. Einrad
6. Freilauf
7. Glocke, Gabel, Griff
8. Hinterrad
9. I
10. J
11. Klingen, Kettenspanner
12. Lenkrad, Lampe
13. Motorvelo
14. Nabe
15. Öl
16. Pumpe, Pedal
17. Querstange
18. Reifen, Rückstrahler
19. Schutzblech, Sattel
20. Tandem
21. Übersetzung
22. Ventil, Vorderrad
23. Werkzeugtasche
24. X
25. Y
26. Zahnrad

Ferien

1. ausspannen, ausschlafen
2. baden, bräunen
3. Camping
4. Dauerdurst
5. einkaufen
6. flanieren, flirten
7. gut essen
8. herumhängen
9. Inseltrip
10. Jumping
11. Karten schreiben
12. Liebe, lachen, Lust
13. Markt, Musik
14. Nachtleben
15. Orte entdecken
16. plantschen
17. Quickies
18. rudern, reden
19. surfen, segeln, schwimmen
20. tanzen, turnen, turteln, tun
21. Uferpromenade
22. verlieben
23. Wassersport
24. (x)sund leben
25. Y
26. zufrieden sein

Flugzeug

1. Abflug, Ankunft, anschnallen
2. Borduhr, Boing
3. Charterflug
4. Düsenflugzeug
5. einsteigen
6. Flughafen, Flügel
7. Gurte
8. Hochdecker, Hapag Lloyd
9. Internationaler Flughafen
10. J
11. Kapitän, Kompaß
12. Landung, Lärm, LTU, Lufthansa
13. Motoren
14. Neigung
15. Oberflügel
16. Piste
17. Querruder
18. Rückflug
19. Start, Stewardess, Swiss Air
20. Terminal
21. Überfracht
22. Ventilator
23. Wasserflugzeug
24. X
25. Y
26. Zündschalter

Flüsse

1. Aare
2. Blauer Nil
3. Colorado
4. Donau
5. Elbe
6. Firth-of-Forth
7. Guadalquvier
8. Hinterrhein
9. Inn
10. Jordan
11. Kongo
12. Limmat
13. Moldau, Main
14. Nil
15. Oder
16. Po
17. Qu'appelle
18. Rhone, Rhein
19. Saale
20. Tessin
21. Ural
22. Vorderrhein
23. Wolga
24. Xingu
25. Yellowstone
26. Zorn

Französisch

1. Aussprache, Akzente, Artikel, Adjektive, Answendung, Adverbien
2. Bindung, Betonung, Bestimmung
3. C
4. Deklination
5. e-Verben
6. Formelwörter, Fragesatz, Funktion, Futur I/II
7. Grundzahlen
8. Hilfsverb, hören
9. Irr-Verben, Intonationsfrage, Interrogativpronomen, Imperativ
10. J
11. Konjugation
12. Lautschrift, Lesetexte
13. Modalverben, mündlich
14. nahe Zukunft, nachsprechen
15. Orthographie
16. Plural, Personalpronomen, Präpositionen, Perfekt, Pronominaladverb
17. Q
18. Relativpronomen, reflexiven Verben, Repetition
19. Substantive, Singular, s-Verben, Satzgliederung, Stellung, sprechen, schriftlich
20. Texte
21. unregelmäßige Verben, unbetonte Personalpronomen,
22. Übersetzungen
23. Verneinung, verstehen
24. X
25. Y
26. Zusammenhänge

Freundschaft – Grundlagen

1. Ausdauer, Außenseiter, Ausstrahlung, ausnutzen, abstoßend, allein, achtsam, Angst, Ausgang, Aberglaube, ängstlich, Auseinandersetzungen, Abenteuer, anpassen
2. beliebt, Brieffreundschaft, boxen, Bereitschaft, Bemühungen, beliebt, Bücher, Beistand, Begleitung, böse, Beziehung, Briefe, basteln, Brieffreunde
3. Chamäleon, Charakter, Charme, chatten, Chaos, Chance
4. denken, Dank, Drogen, dazugehören, dazustehen, danken, diskutieren, Disco, diskret, Dauer
5. Erziehung, Ehrlichkeit, einsam, eingebildet, Ehrgeiz, erwachsen, Einsichten, Erfolg, erhaben, echt, Einigkeit, erfinden, erzählen
6. falsche Freunde, feige Freunde, Freude, freundlich, Frieden, Feindschaft, Familie, Freundinnen, falsch, fröhlich, feiern, füreinander da sein, Film schauen, Fotos machen
7. Geduld, glücklich, Geschenk, Glauben, Geburtstag, Gespräch, Gefühle, gerecht, gemein, Großzügigkeit, Geborgenheit, Geheimnisse
8. hänseln, Haß, Hilfe, Händedruck, Halt, hilflos, Herzlichkeit, hilfsbereit, humorvoll, Heiterkeit
9. Ideen, Internet, Interessen, Informationsquelle, ideenreich, informieren
10. Jungs, Jugendliche, Jammer, jetzt leben
11. Kameradschaft, kiffen, Krieg, küssen, kneifen, Kummer, kurzweilig, Kino, kollegial, Kommunikation, Kreativität, kitzeln
12. Liebe, langjährig, lächeln, lachen, lustig, lernen, launisch, leben, lesen
13. Miteinander, mailen, Mut, Mädchen, malen, Macht, Motivation, mental, Musik
14. natürlich, neutral, Note (eigene), Neues entdecken, nichts tun müssen
15. optimistisch, Original, originell, Offenheit, organisieren
16. pessimistisch, Persönlichkeit, Privatfeld, Phantasie, Probleme, Party
17. Qual, Qualität, quer stecken, quatschen
18. Reue, Rassismus, rauchen, Realität, Rat, Regeln, ruhig, Ratschläge, reisen, Rücksicht, reden
19. schlagen, sorglos, Streit, Stolz, Sorgen, Streß, Schule, Streit, sicher, schön, spazieren, spielen, sich selber sein, Spaß, Sicherheit, Sympathie
20. Treue, Trennung, Tränen, trösten, Träume, Treuer, Thema, temperamentvoll, tanzen, telefonieren, Toleranz
21. Untreue, Umarmen, Umwelt, Umgang, Unterhaltung, Umsicht, Umfeld, ungeduldig, unerlaubt, Unternehmung
22. Vertrauen, verzweifeln, Verhältnis, Verhalten, vertrauensvoll, vergeben, Vergnügen, verstehen, versöhnen, Videoabend
23. Wille, Wortwechsel, Weichen stellen, wundervoll, Wahrheit, Wohlwollen, witzeln, weinen
24. x-beliebige Freundschaften
25. Y
26. Zutrauen, Zweisamkeit, zuhören, Zuneigung, Zusammenhalt, Ziel, Zufriedenheit, Zugeständnis, Zurückhaltung, Zusammensein

Früchte (Obst/Gemüse)

1. Ananas, Apfel, Avocado, Aubergine
2. Birne, Banane, Bohne
3. Chirimoya, Chicorée
4. Dattel
5. Erdbeere, Endivie, Erbse
6. Feigen, Fenchel
7. Granatapfel, Guave, Gurke
8. Heidelbeere, Honigmelone
9. Iostahbeere
10. Johannisbeere
11. Kaki, Kiwi, Kürbis
12. Limone, Limette
13. Mango, Mais, Mandarine, Möhre
14. Nispel, Nektarine, Nispero
15. Orange, Olive
16. Papaya, Pfirsich, Pflaume
17. Quitten
18. Rhabarber, Radieschen, Rettich
19. Stachelbeere, Salat, Sellerie, Spargel
20. Tomate
21. unreife Äpfel
22. verschiedene Trauben
23. Wassermelone, Weintraube
24. X
25. Y
26. Zitrone, Zucchini, Zuckerschote

Gefühle, allgemein

1. Angst, aggressiv
2. berauschend
3. chaotisch
4. dankbar
5. eifersüchtig
6. freudig, frustriert
7. geborgen
8. hilflos, Haß
9. innig
10. jauchzend
11. kalt
12. Liebe
13. Müdigkeit, Mißtrauen
14. Neid
15. ohnmächtig
16. prächtig
17. quälend
18. rosig
19. super
20. traurig, Trost
21. Unlust
22. verliebt, vertrauensvoll
23. wütend
24. X
25. Yoga
26. zweifelnd, zuversichtlich

Erinnerung:

Jede ABC-Liste ist

→ eine Inventur,

→ eine Aktivierung Ihres passiven Wissens,

→ eine Hilfestellung, um Ihr Unterbewußtsein „anzuzapfen".

Geschichte, römische

1. Augustus, Aufstände, Alemannen, Armee, Amphitheater, Adrianopel, Ausweitung (des Reiches), Adoptivkaisertum
2. Bibracte (Schlachtort gegen Helvetier), Barbaren, Byzanz, Besteuerung, Bevölkerungszuwachs
3. Christenverfolgung, Chaos, Christentum, Colloseum, Carthago, Cäsar
4. Diokletian, Dekadenz, Dekurionen, Decius, Denare, dekadente Gesellschaft
5. Elend, Edelmetallmünzen, Eroberungen, Export, Erbzwang
6. Flucht der Reichen, Freiheit, Frondienst, Franken (Volksgruppe)
7. Goten, Germanen, Goldmünzen, Großgrundbesitzer, Götter, Gladiatoren, Galeeren, Großräume
8. Hunneneinfall, Handel, Heer, Hannibal
9. Inflation, Import, Imperium, Italien
10. Julianische Verfassung, Jammer, Julius Cäsar, Jupiter, Julianischer Kalender, Judentum, Justinian
11. Kolonen, Krise des 3. Jhr., Kleinpächter, Kriege, Konstantin, Kaiserwechsel
12. Limes. Liturgien, Langobarden, Latein, Landnot
13. Manufakturen, Macht, Mehrkaisertum, Manufakturen, Münzen, Mittelmeerraum, Militär, Mitkaiser, Monotheismus
14. Neuplatonismus, Nivellierungsmaßnahmen, Naturaltausch
15. Odoaker-Reich, Opferbefehl, Oktavian, Opfer (für Götter), Ökumene
16. Provinzen, Platonismus, Palmyra, Plünderungen, Plotin, Prätorianer, Platon, Polytheismus
17. Qualen der armen Schichten, Quereinsteiger
18. Rom, Reichsteilung, Römisches Reich, Rituale, Reformen
19. Schlacht/en, Steuerreform, Soldatenkaiser, Sklaven, Senat, Statthalter, Stoiker
20. Trier (Wirtschaftszentrum), Tetrachie, Tugenden
21. Untergang des Römischen Reiches, Usurpation
22. Völkerwanderung, Verarmung, Vandalen, Vikar, Volksaufstände
23. Wirtschaftskrise, Währungsreform, Westgoten
24. Xenophobie
25. Yulataen
26. Zensoren, Zerstörung, Zentralisierung, Zahlungsunfähigkeit, Zwangsstaat

Gesundheit

1. Aufladung, Ausdauer, Anwendungen
2. Beten, Bäder, Bierhefe, Body
3. Check, Cholesterin, Calcium
4. Darm, Durchhaltevermögen, Dankbarkeit, Demut
5. Ehrlichkeit, Energie, Entgiftung, Ernährung, Enzym, Entspannung
6. Freude, Fitness, Fragen, Flaomoide
7. Geduld, gehen, Gehirn, Gymnastik, Grüngetränke
8. Herz, Humor, Hilfe, Heilstätten, Haut
9. Intuition, Intelligenz, Immunsystem
10. Joghurt
11. Körper, Konzentration, Kräuter(bäder)
12. Liebe, Leber, Leben, Loslassen, Luft
13. Mut, Magen, Massagen, Masken, Mineralien, Moorbad
14. Nachsicht, Nahrung, Neutralität, Nerven, nährstoffe
15. Ordnung, Objektivität, Osteoporose, Obst
16. Packungen, positive Sicht, positives Denken
17. Qualität
18. Rad fahren, Reinigung, Ruhe
19. Schlaf, Sport, Selbstdisziplin, Selbstlosigkeit
20. topfit, Tiefenentspannung, tun
21. Unterleib, umsetzen, Ursache
22. vergeben, Vitamine, Vitalität, Vollwert
23. Wissen, Weiterentwicklung, Wirkung, Wasser
24. X
25. Yoga, Yoghurt
26. Ziele, Zahnpflege, Zeit (nutzen)

Gewürze

1. Anis
2. Betram, Bärlauch, Basilikum, Bohnenkraut, Beinwell, Borretsch
3. Curry, Chili, Cayenne
4. Dill
5. Etagenzwiebel, Estragon
6. Fenchel
7. Galant, Gewürznelke
8. H
9. Ingwer
10. J
11. Kardamon, Kümmel, Kerbel, Knoblauch, Kapuzinerkresse
12. Lorbeer, Liebstöckel
13. Muskat, Mohnsamen, Majoran, Meerrettich
14. N
15. Oregano, Olive
16. Paprika, Peperoni, Petersilie
17. Q
18. Ruccola, Rosmarin
19. Safran, Senf, Sesam, Salbei, Sellerie, Schnittlauch
20. Thymian
21. U
22. Vanille
23. Wacholder, Wermut
24. X
25. Ysop
26. Zwiebel, Zimt

Hauptstädte, International

1. Athen, Ankara, Amsterdam
2. Bern, Berlin, Brüssel, Bukarest
3. Cayenne, Canberra
4. Dublin
5. El Rabat
6. Freetown
7. Guatemala
8. Helsinki
9. Istanbul
10. Jerusalem
11. Kiew, Kapstadt, Kopenhagen
12. London, Lissabon, Luxemburg
13. Madrid
14. Nikosia
15. Oslo
16. Paris
17. Quito
18. Rom, Reykjavik, Riga
19. Stockholm, Sydney
20. Tokyo, Tallin, Tirana
21. U
22. Valletta
23. Wien, Warschau
24. X
25. Yango
26. Zagreb

Heavy Metal Musik

1. ausflippen, Amen
2. Bands
3. C
4. Deftones, derb, dunkel
5. entsetzte Eltern
6. Frauen?
7. Gitarre, geile Typen
8. hart, Hard-Rock
9. inspiriert
10. Jupies
11. krass, Krach, Konzert
12. Linkin Park
13. Musik
14. nachdenklich
15. Open Airs
16. Prominenz
17. Qualm
18. raff
19. Songs, Schlagzeug
20. Tours
21. uh-geil
22. Verriß
23. wild, wütend
24. xenophil
25. yeah
26. Zorn

Herz

1. aussetzen
2. Bedürfnis
3. cool
4. Dankbarkeit
5. Emotion
6. flimmern
7. Größe
8. Himmel
9. Infarkt
10. (Herz)jagen
11. Krise
12. Liebe
13. Muskel
14. Not
15. Organ
16. Pein
17. Q-Tip
18. (Herz)rasen
19. (Herz)schlag
20. tot
21. Übel
22. (Herz)versagen
23. weinen
24. (x)sund
25. young
26. Zeit

Hobbies, Lieblings- u. Freizeitbeschäftigungen

1. ausruhen, austauschen, Angeln, analysieren, aufräumen
2. Bücher lesen, baden, basteln, beraten, Bergwandern, bügeln, beraten, Bewegung, Briefe schreiben, Beziehungen aufbauen
3. chatten, Computer schreiben, CD hören
4. diskutieren
5. essen, erzählen, einkaufen
6. Filme anschauen, Freunde treffen, Freundschaften (pflegen), Fernseher, Fitness
7. Gesundheit, Geschichte, gestalten, Gespräche, Gymnastik, grübeln, Gemütlichkeit
8. Häkeln, herumhängen, helfen, Haushalt, Handarbeiten,
9. Internet surfen, Informationen suchen, informieren, Inline-Skating
10. JoJo spielen, jonglieren, Jogging
11. Kino, Kultur, Körperpflege, kochen, Konzertbesuch, Körpertraining, Kontakte knüpfen
12. lesen, lernen, laufen. Langlauf, lehren
13. Musik hören, Museum besuchen, malen, Motorrad fahren, Mittagsschlaf
14. Natur erleben, nähen, Neues lernen, Naturgesetze „studieren"
15. organisieren, Oper, ordnen, Offenheit
16. Persönlichkeitsbildung, planen, putzen, Pflanzen
17. Querverbindungen suchen, quasseln
18. Rad fahren, reisen, reden, reiten, recherchieren, Ratschläge geben, relaxen, Rezepte finden
19. Schwimmen, Ski laufen, Sonnenbad genießen, schreiben, spazieren gehen, schwimmen, Sport, schmusen
20. telefonieren, träumen, tanzen, Theaterbesuch, Tagebuch schreiben
21. überlegen, unterrichten, umdekorieren/umgestalten der Wohnung
22. Velo fahren, Visionen, Vorträge hören, Veranstaltungen, Vhs-Kurs, vortragen
23. Wandern
24. x-beliebige Wege gehen
25. Yoga
26. zaudern, zögern, Zukunft planen, Zärtlichkeit, Zeitung lesen, Ziele suchen

Horror

1. Angst
2. Blut
3. Cut
4. Dämon
5. Eagle
6. Feuer
7. Gift, Galle
8. Hölle, Hexen
9. Irrationalität
10. junge Leute
11. Kreuze
12. Leichen
13. Mystik
14. Nightmare
15. Ornament
16. Pulsrasen
17. Quasimodo
18. Rauchschwaden
19. Schweiß
20. Teufel, Trauma
21. Unheil
22. Verdammnis
23. Wut, Waffen
24. x-Faktor
25. Yale
26. Zerstörung

Humor

1. Anmache
2. Begeisterung
3. Clown
4. Dauerlacher
5. Erwartung
6. flippig
7. Gelächter, Gefühl
8. Hochstimmung
9. Idee, Intuition
10. Joke, Jugend
11. Kunst
12. Liebe zum
13. Maske
14. Nummer
15. obligatorisch
16. pudelwohl
17. quirlig
18. Realität vergessen
19. Spaß
20. Team
21. Unfug
22. Virus
23. Witz
24. X
25. Yeah
26. Zirkus

Hund

1. ausgesetzt, aufmerksam, anhänglich, angriffslustig
2. Bauernhof, bellen, Blindenhund, beißen, Begleiter, Band, bissig
3. Coiffeur
4. Dressur, Dreck
5. eifersüchtig
6. Freßnapf, Fährten suchen, Filme, Friedhof, Futter, Freund, fressen, Floh
7. Gebell, Geschichten, Gebühren, Gefahr
8. Husky, Hussal, Haustier, hecheln, hundemüde, hundekalt, Hundekuchen, Hundeleben, Hundemarke, Haus, Hundeläden, Hundespuren, Hofhund, Hundewurf, Hundebeziehungen, Hundejahre, Hundeverstümmelung, Hundewerbung, hellhörig, Haltung, Hundewetter, Hundsfott, Hundesteuer, Hütte, Halter, hundsmiserabel, hündisch, hundsgemein, heulen, hundeelend, Hundearbeit
9. I
10. jaulen
11. Kette, klein, Kampfhunde, Kot, Korb, kneifen, kämpferisch, Kläffer, Köter, Kettenhund, Käfig, Knochen
12. Leine, Lassie, liebkosen, liegen, liebenswert, Lawinenhund
13. Mischling
14. niedlich, Namen, Nahrung
15. O
16. Polizeihunde, parieren, Pudel, pudelweich, pudelnaß, pudelnackt, Pfoten, Postermodell
17. Q
18. Rassen, Regel, Robi Dog, Raubtier
19. Sauhund, spielen, Schoßhund, Schutzhunde, Schäferhund, Schlittenhund, Suchhund, schwänzeln, Stammbaum, Schule, schnappen, schützen, schmeicheln, spähen, schubsen, springen, Schnauzer, Schwanz, scharf
20. treu
21. unmeßbar
22. Vermehrung
23. Welpen, Wachhund, wachsam, wedeln, Wegbegleiter
24. X
25. Y
26. Zucht, Züchtigung, Zwinger

Ideen für einen kranken Freund auf dem Weg der Gesundung

1. aufmerksam auf Lernzeichen werden
2. Beginne bei Dir! Biografien lesen, Vorbilder suchen; für andere beten, für sich beten „Gottes Licht und Liebe erfüllt jede Zelle meines Körpers. Gottes Friede erfüllt meine Seele. Ich danke für die wunderbare Heilung, die jetzt sich vollzieht!"
3. Charme ausstrahlen
4. Danke, für alles was ich habe!
5. Erwartungen an andere abbauen
6. Freude bei allem, was ich tue
7. Gesundheit durch lebendige Ernährung und Bewegung unterstützen
8. Hin-hören: Intuition zulassen
9. Information über Gesundheit und seelische Heilung sammeln
10. jemanden um Tips fragen
11. Kreativitätstechniken von V. F. Birkenbihl jeden Tag anwenden
12. Lebensauftrag in den momentanen Lebenslauf schicken; Lebensphasen erkennen

13. Mut, etwas zu ändern, aufbringen!
14. neu anfangen … immer wieder neu anfangen
15. optimistisch sein
16. Prioritäten setzen
17. Quelle des Friedens finden
18. Ressourcen entdecken
19. Störungen sofort beseitigen; selbstverantwortlich entscheiden; sprechen mit der eigenen Seele
20. Träume und Visionen mit Bildern entwickeln, aufschreiben und verwirklichen
21. Ursachen erkennen
22. viele neue Schritte tun
23. Wünsche jeden Tag aufschreiben
24. X
25. Y
26. Zeitgefühl entwickeln: Was ist heute wichtig?

Intuition

1. annehmen, Auswahl, anzapfen
2. bearbeiten, Bildung
3. Charakter, Charme
4. danken, dienen, Demut, deuten
5. einmalig, Ehrlichkeit, eigen
6. Freude, führen, fühlen, festhalten
7. Gefühle, Gott, groß, Güte, Gabe, Geld
8. Haus, hören, helfen/Hilfe, halten
9. Idee, Ideal, Irrgarten
10. Ja, aber …
11. Kunst, Kreativität
12. Loslassen, Liebe, Leichtigkeit, Last, Lust
13. Maßnahme, Mut, Meinung, Meister/in, Maß
14. Nein (sagen), normal, neutral, Neid, Nachsicht, Navigation
15. Objektivität, Obhut
16. prüfen, pflegen, Polarität, pragmatisch
17. Quelle, Qualität, quirlig
18. Reinheit, rege, retten
19. sprudeln, Spitze, Sendung, Sicht, sehen
20. tun, Treue, Team, treten, Teil, Tiefe, Türe
21. un(ter)bewußt, Umgang, unwohl
22. Vielfalt, vergeben, Versuchung, Vision, Verführung
23. Wille, Wunsch, Weisheit, Weg, Weite
24. X
25. Y
26. Ziel, zeigen, Zettel, zerteilen

Katze

1. anschmiegsam
2. beleidigt
3. Charakter, eigener
4. dominant
5. exaltiert
6. fauchen, frißt Ungeziefer
7. gähnen, genüßlich
8. herzig, herrisch
9. Individuum
10. Juckreiz
11. Krallen, knurren
12. liebesbedürftig
13. maunzen
14. nächtliche Pirsch
15. Ohren spitzen
16. Pfoten
17. Querulant
18. Rasse, Raubtier
19. schnurren, Samtpfoten
20. triebhaft (Jagd)
21. uninteressiert
22. verfressen
23. weich, wild
24. (x)sund
25. Yogastellung z. Schlaf
26. zutraulich, Zecke

Körperteil

1. Arm
2. Bein
3. C
4. Daumen
5. Ellbogen
6. Finger
7. Gaumen
8. Hand
9. Iris
10. Jochbein
11. Kopf
12. Lunge
13. Mund
14. Niere
15. Ohr
16. P
17. Q
18. Rachen
19. Stirn
20. Thymusdrüsen
21. Unterarm
22. Vene
23. Wade
24. X
25. Y
26. Zeh, Zunge

Könige, Staatspräsidenten, Politiker, Generäle

1. Adenauer, Alarich, Albert, Alexander der Große, Augustus
2. Bernadotte (Schweden), Bismarck, Brüning, Bush
3. Chruschtschow, Cäsar, Chirac, Carter, Churchill
4. de Gaulle, Demetrios, Desmoulins, Diokletian
5. Eisenhower, Elisabeth II, Erhard (Ludwig)
6. Ferdinand von Aragon, Ford, Franco
7. Gandhi, Garibaldi, Giolitti, Goebbels, Gonzalez
8. Haile Selassie, Haider, Hannibal, Heinemann
9. Iwanowitsch, Isabella
10. Juan Carlos, Johnson
11. Kennedy, Karl der Große, Khomeini
12. Lenin, Ludwig XIV.
13. Mao Ze Dong, Montgomery, Mussolini
14. Nofretete, Napoleon, Nero, Nehru
15. Otto der Große, Odoaker
16. Pappen, Putin, Park Chung Hee, Paulus, Peter der Große
17. Quisling
18. Rommel, Reagan, Ribbentrop
19. Stuart (Mary), Schröder, Sun yat-sen, Stalin
20. Thutmosis, Tiberius, Tito, Truman, Tschiang Kai-shek
21. U Thant, Ustinow
22. Valerian, Vance, Viktoria
23. Washington, Wehner (Herbert), Weizsäcker, Wellington, Wenzel
24. Xerxes
25. York, Yüan Shik-Kai
26. Zita (Kaiserin), Zimmermann (dt. General od. Admiral), Zahir (afghan. König)

Komplexität (Start)

1. Attraktor
2. Bedeutung der log. Tiefe
3. Chaos
4. Denken im Schwarm
5. Emergenz
6. Fraktale Mathematik
7. Gleichgewicht (fern von)
8. Huberman/Hogg. 85: O.K.C
9. Intelligenz
10. J
11. Kreativität
12. Leben/Lernen
13. Menschen = komplex
14. Nachr.Wert: Arb/Senders (Bennet)
15. Ordnung vs. Zufall/Chaos
16. Probleme vs. Prädikamente
17. Q
18. Rand/Ordnung vs. R./Chaos
19. Schmetterlings-Effekt
20. Tiefe (via Exformation)
21. Unordnung?
22. VANTS
23. Wellen & Wolken
24. x (Bild: Ver-NETZ-ung)
25. Y
26. Zufall (i. Sinne v. „random")

kreativ – innovative Themenfindung

1. ABC-Liste zu möglichen Themen erstellen (Birkenbihl), ABC-Kreativ (Birkenbihl); alle Assoziationen untereinander (linear) aufschreiben; ein Notizbüchlein bei sich tragen; automatisches Schreiben/ Sprechen; zu einer Idee 1 Minute Schreiben oder Sprechen
2. Brainstorming: erste Assoziationen zusammentragen; laufend ergänzen; Berufs-Ausbildung und Studienwünsche aufschreiben und bei der Themenwahl beachten
3. Checkliste mit Coach erstellen: Themenbeispiele vortragen
4. Diskutieren der Themenideen mit Kollegen/innen; Druck wahrnehmen; im Journal oder im Gespräch abbauen; Coach um Unterstützung bitten
5. Effizienz 207; eine oder zwei Kompetenzen herauspicken und üben; Eltern fragen, welche Knacknüsse es im Umfeld gibt
6. Freizeitbeschäftigungen analysieren und mögliche Ideen prüfen; Fernsehen – sich inspirieren lassen; Freunde fragen
7. Gedankensammlung schriftlich erstellen
8. Hobbies als Themenmöglichkeit berücksichtigen; Haltungen überprüfen; CK-Haltungshäuser 139; Konsequenzen ziehen
9. intuitives Aufschlagen in Büchern und Lexikas
10. jede Möglichkeit offen lassen
11. KaWa-Couvert-Technik zum gewählten Thema (nach Birkenbihl), mindestens 20, machen
12. (CK-)Leitfragespur 53; Leitplanken aufstellen: Was ist machbar? Leitfrage formulieren
13. Musik hören – Ideen, die kommen, laufend aufschreiben; viele Menschen im persönlichen Umkreis fragen; Mikro-Handlungen (zitiert nach Birkenbihl): z.B. KaWa in Mini-Schritten TUN; Motiv-Visionsbaum erstellen; Mut zum Neuanfang, wenn eine Themenwahl in eine Sackgasse führte
14. Niveau 29 bestimmen und entsprechende Ziele setzen und TUN
15. objektiv sich erkennen: CK-Projektsteine 123 aus dem Weg räumen, Journal schreiben
16. Projektrosinen oder Projektperlen suchen und finden; CK-Projektbrücke 25 zum gewählten Thema erstellen und Machbarkeit abschützen
17. Querverbindungen zu Assoziationen schaffen
18. richtiges Timing – Fragen beantworten und etwas ändern
19. Seele befragen: Was beschäftigt mich den ganzen Tag?
20. Tagträume anschauen; Visionen in einem Projekt umsetzen; „Tiefseetauchen" mit der KaWa-Technik (Birkenbihl); Thementiefe erarbeiten; Tatendrang nutzen: aufschreiben und skizzieren nicht vergessen
21. Unterbewußtsein aktivieren
22. (CK-)Vorentscheidungsniveau 121: Seite kopieren und Säulen ausfüllen; vernetzt Daten: Visionen entwerfen und mögliche Schritte planen; Verführung sein lassen und sich konzentrieren
23. Widerstände abbauen: Ziel in die Mitte schreiben, darum herum alle Widerstände. In einem weiteren Gedankengang zu jedem Widerstand persönliche Lösungsschritte formulieren (Julia, Cameron, 2000)
24. X
25. Y
26. Z

Länder, international

1. Algerien, Australien, Andorra
2. Belgien
3. China, Chile
4. Dänemark, Deutschland
5. England
6. Frankreich, Finnland
7. Griechenland
8. Holland
9. Island, Italien
10. Japan, Jugoslawien
11. Korea, Kanada
12. Lettland, Luxemburg
13. Malta, Mexiko, Monaco
14. Norwegen
15. Österreich
16. Polen, Portugal
17. Q
18. Rußland, Rumänien
19. Spanien, Schweden, Schweiz
20. Thailand, Taiwan
21. Ungarn, USA
22. Venezuela
23. Weißrußland
24. X
25. Y
26. Zaire, Zypern

Latein

1. Adverb: Grund (warum), Zeit (wann), Art und Weise (auf welche Weise), Ort (wo); Adjektive: a-Dekl., o-Dekl., i-Dekl., Misch-Dekl.; Ablativ: Mittel (womit, wo), wodurch, Trennung (wovon), Beschaffenheit; Apposition
2. Begehrsätze, Bindewörter
3. C
4. Deklinationen: a-Dekl., o-Dekl., e-Dekl., u-Dekl.
5. Endungen
6. Fälle: Nominativ, Genitiv, Dativ, Akkusativ, Ablativ; Fragewörter
7. Grammatik
8. H
9. irreale Sätze mit si und Konjunktiv Imperfekt
10. J
11. Konjugation: a-Konj.-, e-Konj., i-Konj., konsonantische Konj., esse, ire
12. lernen
13. M
14. N
15. O
16. Präpositionen; Akkusativ, Ablativ; Pronomen: Personal, Reflexiv, Possessiv, Demonstrativ
17. Q
18. reale Sätze
19. Substantivierte Adjektive
20. T
21. Umlaut
22. Verben
23. Wörter
24. X
25. Y
26. Zeiten: Vokativ, Partizip, Imperativ; Indikativ/Konjunktiv: aktiv/passiv, Präsens, Imperfekt, Futur I, Futur II, Perfekt, Plusquamperfekt

Lernmethoden

1. Auswertung, aktiv lernen, arbeiten, Anfang, aktiv hören, ABC-Listen machen, Aufzeichnungen
2. Bücher, beobachten, Brainstorming, bereit für Neues
3. Coach
4. Deutsch, denken
5. entdecken, entspannen
6. Französisch, Fremdsprachen, forschen, Farben benutzen, Fragen stellen, freiwillig
7. Geografie, Geschichte
8. Hilfe, Hilfsmittel
9. Ideen sammeln
10. J
11. KaWa, KaGa, Konzentration, Kreativität
12. Lernmethode, Lernstrategie, Lernort einrichten
13. Mathematik, motivieren, mitdenken
14. Notizen, Noten, Nutzung
15. Optimismus
16. passiv hören, positive Einstellung, Pausen
17. Q
18. Rechnen, recherchieren
19. schreiben, selbstständig arbeiten
20. Themen suchen, Texte
21. Unterhaltung, Übersetzungen, Übungen lösen
22. V
23. Wissen, wissensdurstig, wörtliche Übersetzungen
24. X
25. Y
26. Zimmerpunkte, Zeit einteilen, zuhören, Zusammenfassungen

Liebe

1. Amor, abheben, Aufopferung, Anerkennung
2. blind, Bewunderung
3. creativ, Charme, Clan
4. dumm?, Dauer
5. euphorisch, Emotion, Eifersucht
6. flirten, Freude, Flow
7. gemeinsam, gegenseitig
8. Herz, Hochzeit
9. inspiriert, Intuition
10. jung bleiben, Jagd
11. küssen, Kampf
12. Lust, Leid
13. Moral, Meinung
14. nur rosarot sehend, Neugier, Neid
15. Offenbarung, Orgasmus
16. Paar, Partner
17. Quantensprünge, Querulant
18. romantisch, Rausch
19. schmusen, sexsüchtig
20. total happy, Treue, Tatendrang
21. unfähig zu denken, unvoreingenommen
22. verliebt, Vertrauen
23. Wohlgefühl, Willenskraft
24. (x)sund
25. young
26. Zweisamkeit, Zusammenhalt

Literatur

1. Anna Karenina
2. Bibel
3. Caesar
4. Die Medici
5. Entscheidung liegt bei dir
6. Faust, Der Fünfte Berg
7. Gespräche mit Gott
8. Heute ist mein bester Tag
9. Im Namen Gottes
10. Jenseits von Afrika
11. Kameliendame
12. Lieben heißt die Angst verlieren
13. Miriam, Muscheln in meiner Hand
14. Nofretetes Tochter
15. Odysee
16. Parfüm, Der kleine Prinz
17. Quo vadis
18. Rainman
19. Sofies Welt
20. T
21. U
22. V
23. Weg zur finanziellen Freiheit
24. X
25. Y
26. Zeitmanagement

Marketing

1. Absatzpotenzial
2. Börsen
3. Corporate Identity
4. Distributionspolitik
5. Erhebungsmethoden
6. funktionsorientiertes Marketing
7. gebietsorientiertes Marketing
8. Handelsfunktionen
9. Ideen
10. Jahresplanung
11. Kontrahierungspolitik
12. Lebenszyklus
13. Marktprognosen
14. Netzplantechnik
15. Öffentlichkeitsarbeit
16. Produktpolitik
17. Qualität
18. Rabattpolitik
19. Strategien
20. Tendenzen
21. Umsatzziele
22. Verkaufsförderung
23. Werbung
24. X
25. Y
26. Zielgruppe

Mathematik, allgemein

1. Algebra, ausklammern, Additionsterme, Analysis, Analogie
2. Bruchrechnen, Beta, Berechnung, Binomische Formeln
3. Chemie
4. Dezimalzahlen, Dreieck, Division
5. Einheit, Euler'sche Zahl
6. Faktorisieren, Funktionen, Formeln, Flächenberechnungen, Fasskreis
7. Geometrie, gradlinig, Gleichung, Graphiken
8. Halbierende, Hohlmasse
9. irrationale Zahl, Integralrechnung, Innkreis
10. J
11. Kosinus, kombinieren, Kreis, Körper, konstruieren, Klammern
12. logische Blöcke, Lineal
13. Mengenlehre, Multiplikatoren, Multiplikation, Mittelsenkrechte
14. natürliche Zahl, Null, nachrechnen
15. Ordnungszahl, Oberflächenberechnung
16. Pi, Plus, Primzahl, Parallelogramm, Potenzen, Rythagoras
17. Quadrat
18. rationale Zahl, Relativität, Rechnung, Rechner, Rechteck, Relation, Resultate, Raute/Rhombus
19. Symmetrien, Statistik, System, Sinus, Stahlensätze, Satzaufgaben, Subtraktion, Skizze, Seitenhalbierende
20. Trigonometrie, Trapez, Tangente, Thaleskreis, Term, Taschenrechner, Trapez
21. Umkehrfunktion, Ungleichungen, Umkreis
22. Variable, Vorgehen, Viereck
23. Wahrscheinlichkeitsrechnung, Wurzelziehen, Winkel
24. x-beliebige Möglichkeiten
25. Y-Achse
26. Zinsrechnung, Zahlen, Zeichen, zeichnen

Musik

1. adagio
2. bewegt, bewußt
3. crescendo
4. diminuendo
5. espressivo
6. fortissimo
7. genießen
8. Hymne
9. inspiriert
10. Jubelklang
11. Kanon
12. Lied
13. moderato
14. Nachspiel
15. Opera, oh wie schön!
16. pianissimo, phantastisch
17. Quartett
18. rasant
19. Solfège
20. Takt, Tenor
21. unheimlich
22. Viertelnote
23. wohlig, Walküre
24. x-te Wiederholung
25. yogistisch
26. Zusammenspiel

Musik – Komponisten

1. Andrew Lloyd Webber
2. Beethoven, Brahms, Bernstein, Britten
3. Chris de Burgh
4. Dvorak, Donizetti
5. Eduard Grieg
6. Frederic Chopin, Franz Liszt
7. Grieg
8. Händel
9. Igo Strawinsky
10. Jacques Offenbach
11. Karajan
12. Liszt
13. Mozart, Mutter (Anne-Sophie), Mani Matter
14. Nigel Kennedy
15. Offenbach
16. Previn Andre
17. Q
18. Richard Strauss, Rossini
19. Schubert, Schumann, Strauss, Smetana
20. Tschaikowsky
21. Umberto Tozzi
22. Verdi, Vivaldi
23. Wagner
24. X
25. Y
26. Zacharias (Helmuth)

Nahrungsmittel

1. Ananas, Artischocke, Apfel, Amaranth, Aprikose, Avocado
2. Brot, Butter, Buchweizen, Birne, Blaukraut, Bananen, Bohnen
3. Chicorée
4. Datteln, Dickmilch
5. Erdbeere, Erdäpfel, Essig
6. Früchte, Fisch, Fett, Feigen, Fenchel
7. Gemüse, Getreide, Gurke, Gorgonzola, Gewürze
8. Hafer, Hirse, Holunder, Hefe, Himbeeren, Heidelbeeren, Honig, Hülsenfrüchte
9. Ingwer
10. Joghurt, Johannisbeere, Jostabeeren
11. Käse, Kraut, Kohl, Kohlrabi, Kartoffeln, Kiwi, Karotten, Kapern, Knoblauch, Kürbis
12. Linsen, Leinsamen, Lauch
13. Milchprodukt, Mango, Mandeln, Macadamia, Milch, mehl, Mais, Mangold, Melone
14. Nüsse, Nudeln, Nektarinen
15. Olivenöl, Orange, Okra
16. Paprika, Papaya, Parmesan, Polenta, Pfirsiche, Pastinake, Petersilie
17. Quark, Quinoa
18. Reis, Ruccola, Rotkohl, Rüben, Rahm, Rosinen, Rote Beete, Rettich, Roggen
19. Spargel, Salat, Sahne, Sesam, Sellerie, Spaghetti, Spinat, Schlagsahne, Schafskäse, Stangensellerie, Stechrübe
20. Tomate, Teigwaren, Topfen, Tompinapur, Tamari
21. U
22. Vollkornbrot, Vollmich
23. Weintrauben, Weinbeeren, Wirsing, Weizen
24. X
25. Yoghurt
26. Zwetschgen, Zitrone, Ziegenkäse, Zucchini, Zwiebel

Note/n

1. Auszeichnungsnote, Abstufung, Achtelnote, Agenda
2. Bedienungsnote, Ballettnote, Berufsnote, Begleitnoten, Banknote, Beurteilung
3. Chaos
4. Durchschnittsnote, dumm sein
5. Eiskunstlaufnoten, eigene Note, Ergebnis, Erfolg
6. festgesetzte Note, Freundschaftsnote, Fußnote, Frustration
7. gerechte Note, Gruppennote, genügende Note, Gleiches für alle
8. hervorragende Note, Himmel und Hölle
9. inhaltliche Note, Instrument, Irrwege
10. Jubel
11. Konzertnote, Kritik
12. Leistungsnote, Langeweile, Lehrpläne
13. Musiknote, mogeln, motiviert
14. Notengebung, Noteneinteilung, Notenbestimmung
15. optimale Note, Ohrfeige, Opfer
16. Prüfungsnote, persönliche Note, provisorische Note, Prüfung nicht bestanden
17. Querschnitt, Querellen
18. Rotstift, Rachegefühle
19. Selbsteinschätzung, spezielle Note, sinnvolle Note, strenge Note, Schule, Schlaflosigkeit
20. Textnote, Talente im Verborgenen lassen
21. ungerechte Note, ungenügende Note, Umsichtigkeit
22. Viertelnote, verzeihen
23. Wechselnote, Wut
24. X
25. Y
26. Zeugnisnote, Zensur, Ziel korrigieren

Oper

1. Akt, Arie, Applaus, Aida
2. Ballett, Beleuchter
3. Cellist, Coiffeur, Carmen
4. Dirigent, Don Giovanni
5. Empathie, Entführung aus dem Serail
6. Fan, Freude, Figaro
7. Genuß, Glanz, Götterdämmerung
8. Holzbläser
9. Inspizient, Iphigenie auf Tauris
10. Juhui!
11. Korrepetitor, Kostüme
12. Licht
13. Maskenbildner
14. Noten, Nabucco
15. Orchester
16. Partitur, Probe
17. Quälgeist
18. Regisseur, Rheingold
19. Sänger, Souffleuse
20. Tänzer, Tenor, Turandot
21. Unterboden
22. Vorhang
23. Wiederholung
24. X
25. Y
26. Zuhörer

Ortschaften, Schweiz

1. Arosa
2. Biel
3. Colobier
4. Davos
5. Eglisau
6. Faido
7. Göschenen
8. Hospental
9. Immensee
10. Jingenbohl
11. Kloten
12. Luzern
13. Muri
14. Nunnigen
15. Olten
16. Pavevu
17. Quinto
18. Rorschach
19. Sarnen
20. Thun
21. Üezwil
22. Vevey
23. Winterthur
24. X
25. Yverdon
26. Zuchwil

Personalwesen

1. Austausch, Abwechslung, Arbeitsrecht
2. Berufung, Balance: Betrieb/Menschen, beraten, beobachten, begeistern
3. Coach
4. denken
5. Entwicklung, Erwerb, Ergebnis
6. fördern, Freude, Finanzen
7. Geschäftsführung, Gehalt
8. Hausordnung, handeln
9. Interesse wecken, Initiative
10. jemanden fördern
11. Kommunikation
12. Leistung
13. Mensch Mittelpunkt, mitdenken
14. Nettoeinkommen, nette Kollegen
15. Organisation
16. P
17. Q
18. Rechtswesen
19. Schulung, Sozialkompetenz
20. Talentförderung
21. Unterstützung, Unklarheiten beseitigen
22. V
23. Weiterentwicklung, Widerruf
24. X
25. Y
26. Zeugnis, Zielvorgaben, zukunftsgerichtet, zuhören

Probleme

1. Ängste, ausgeschlossen fühlen, Alkohol, alles zu pessimistisch sehen, anderen nicht vertrauen können, Anerkennungsprobleme
2. Beziehungsprobleme, Berufsprobleme, Beschwerden aller Art
3. Chaos in allen Dingen
4. Depression
5. Energiemangel, eifersüchtig
6. Freundschaftsprobleme, familiäre Probleme
7. Geiz, Gefühl zu kurz zu kommen
8. Humorlosigkeit
9. im Leben keine gerade Linie haben: von einem Extrem ins andre fallen
10. jalouse
11. Krankheiten, Kommunikationsproblem
12. Liebeskummer, Lebensprobleme
13. mangelnde Lebensfreude
14. nicht sich selber sein
15. Ordnungsprobleme, oft „eingeschnappt" zu sein, Oberflächlichkeit
16. Problem, den Problemen auszuweichen
17. (zuviel) Quatsch
18. Ruhelosigkeit
19. Schule, Sehnsüchte, Süchte, sich immer beweisen müssen, Streß, Sicherheitsprobleme
20. Temperament nicht unter Kontrolle haben
21. Ungerechtigkeitsgefühle, Überforderung, Überfluß
22. Völlegefühle
23. Wünsche, die überfordern
24. X
25. Y
26. Ziellosigkeit , zu viele Sorgen machen, Zeitprobleme

Projektarbeit

1. Arbeitsweise
2. Begeisterung
3. Coach
4. deligieren
5. Erfolg
6. Flow
7. Gewinn
8. Handlungen
9. Interesse
10. Jagd nach Information
11. Kreativität
12. Last
13. Meinungen
14. Nomination
15. Organisation
16. Plan
17. Quersumme
18. Resultate
19. Sichtweisen
20. Tätigkeiten
21. unbeschreiblich
22. Vergessen
23. Weisungen
24. x ray
25. yes
26. zielstrebig

Projektdidaktik

1. Ausstrahlung, akzeptieren, Anregungen geben, Adlerperspektive, Absprache, Anfang, Analyse, allumfassend Fragen stellen, Ausdauer, achtungsvoll begegnen, Auszüge, auswerten
2. Begründung, beobachten, Brücken-Schema, Bewertung, bildlich darstellen, Barriere öffnen, Begriffe, Bewertung zur Arbeitsstrategie
3. Coach richtig einsetzen, Coach fragen, Coachstrategie: Coachingspunkte und Coachingkills
4. Dialog führen, Durchhaltevermögen, definieren, delegieren, denken, Disziplin, dran bleiben, distanziert beobachten, Durchblick, Dokumentation, Dialogschritte
5. Erfindergeist, Effizienz, erlauben, erfinden, entscheiden, einteilen, Elan, Exaktheit, Energien sinnvoll einsetzen, Ehrlichkeit
6. Feedback, Flexibilität, Fragen formulieren, Fehler entdecken & eingestehen, Feuer, Fleiß, Farben, fragend forschen, Forderung, Fragekugel
7. gestalterische Technologie, Glück, „gecoachtet" werden, Grenzen erkennen, Gefahren erkennen, Gespräch leiten, grafisch notieren, gegeben, Gesamtschau, „geniale" Projekte" Schritt für Schritt entwickeln
8. Haltungstechnologie, Höhe des Niveaus festlegen, hinterfragen, Holzwege frühzeitig erkennen, Hilfe anfordern und annehmen, Hindernisse überwenden, Haltung
9. Informationstechnologie, Intuition, In-sich-gehen, Infos richtig gebrauchen, Ideen, individuelle Stärken erkennen, inhaltliche Prioritäten setzen, Interview
10. jemanden vertrauen, Ja sagen, Ja-Nein-Balance
11. Kommunikation, Kreativität, Können, Kontrast geben, Kritik aushalten, Kurs einhalten, kritisch sein, kooperativ zusammenarbeiten, Kraft, Konzept
12. Lernmethoden, lernen & lehren, lebhaft, lustig, Leitfaden, Lerntagebuch führen, Lust zum lebenslangen Lernen entwickeln, Linie, Leitfrage
13. Material suchen, mitmachen, Motivation erspüren, Mut zum Handeln, Mittel, Miteinander, mental-intuitiv bestimmen, Meinungen begründen, Motiv-Visionsbaum, Motivationskarten
14. Naturoffenheit, Niveau festlegen, Nein sagen, Neugierde, Nachdenken, nehmen & geben, Nebensächliches weglassen, neue Wege finden
15. Organisation, optimistisch sein, Orte bestimmen und gestalten, ohne Angst, Offenheit, objektiv sich selbst bewerten
16. Problemlösung, Projektrosinen finden, Partnerarbeit, Projektperlen, Pause, probleme, permanent lernen, Prozeß, Persönlichkeit, prägnant zusammenfassen, Punkte, Präsentation, Projektcoaching, Projektbarometer, Profektform, Projektschlußbilanz, Projektzwischenbilanz
17. Quellensuche, quer vernetzen, quer denken, Qualität, Quatsch
18. Reflexion, Rückschau, Rat annehmen, reden, Ressourcen nutzen, richtiges Timing, Richtlinien, recherchieren
19. Sachkompetenz, schwebend refektieren, Selbstvertrauen, Streß, Selbsteinschätzung, Selbstständigkeit, selbst-

disziplinert Zeit gewinnen, Strategieprotokoll, Studentenstrategie: Projektfixpunkte und Projekttalente

20. Toleranz, Tatkraft, Taten, Teamwork, Talente erkennen, thematisch eingrenzen, Theorievortrag, Themenfindung: kreativ, innovativ
21. Umfeld, Unterstützung des Partners, überblicken, überlegt handeln, Übersicht, umfassend fragen, unverkrampft, überschauend beurteilen, überzeugend argumentieren
22. Verantwortung, Verbesserung, vorausschauen, Vogelperspektive, voll, Vorkonzept
23. Wissenschaft, Weiterbildung, Weitblick, Willen, Waage, wiederholen (Ausdauer), Wichtiges/Unwichtiges erkennen, Wissen
24. X-citing
25. Y
26. Zeitgestaltung, Zeiteinheiten, Zeitgefühl, Zeitplanung, Zeichnungen machen, Zusammenarbeit, zurückschauen, zielorientiert aufbauen, Ziele setzen, zitieren, Zeitprotokoll

Quantenphysik (Start)

1. Atom
2. Bosonen
3. Caesium
4. D
5. Elementar-Partikel
6. Fermionen
7. G
8. Heisenberg
9. implizit/explizit (Bohm)
10. J
11. komplimentär (Bohm)
12. Laser
13. Molekül
14. Nano-Technologie
15. Ordnung vs. Unordnung
16. phasenverriegelt
17. Q-Sprung
18. Relativität (Einstein)
19. superfluids
20. Tunnel-Effekt
21. Unschärfe-Relation
22. V
23. Welle & Teilchen
24. X-rays
25. YOUNG (19. Jh.)
26. Zwillings-Effekt

Schildkröte

1. Augen, Atmung, Apfel
2. Beeren, Beine, Birnen, Bananen, Brombeere
3. Charakter
4. Dunst
5. Ernährung, Erdbeere, Eier
6. Fütterung
7. Gemüse
8. Himbeere, Heidelbeere
9. intelligent
10. jung
11. Krallen, Krankheit
12. Landschildkröte
13. Männchen
14. Nase
15. Ohren
16. Panzer, Pfirsiche, Panzerschild, Pupille
17. Q
18. Reptilien
19. Schuppen, Salat
20. Tarnung
21. Unterhaltung
22. Verhalten
23. Wasserschildkröten
24. X
25. Y
26. Zunge, Zucchetti

Schuhe

1. Absatz, Ausgang, Armani, Adidas, altmodisch
2. bequem, Buffalos, Ballerinas, Badeschuhe, BataCube, China-Schlärpli
3. C
4. drücken, DC, Dosenbach-elegant, Events, eng
5. E
6. Freude, flache Schuhe, Fila, Fahrrad, farbig, Frauenschuh, Fußkleidung
7. groß, geschlossene Schuhe, Gabor, Gummistiefel, gefütterter Schuh
8. hoch, Halbschuh, Hausschuh, Holzschuh
9. ideenreich
10. J
11. klein, Klettverschluß, Kinderschuh, Kultur, Kunstleder
12. leicht, Läden, Leder, Langlaufschuh
13. Markenschuh, modisch, modern, Mokassin-/Masaischuhe, Männerschuh
14. Nike
15. offene Schuhe, originelle Schuhe
16. pink, Pumps, Puma, Plastik
17. Q
18. relativ, Riemenschuh
19. schön, schmutzig, schwer, spitz, Stöckelschu, Stiefel, Sandalen, Schnurschuhe/-stiefel, schwarz, Strandschuhe, Schlüpfschuhe, Schnürsenkel, Schnalle, Sohle, Stoff, Schabelschuh, Sommerschu, Ski-/Snowboardschuh, Steppschuh
20. teuer, Tiefenbacher, Turnschuh, Tanzschuh
21. U
22. Vögele, verschiedene Größen
23. wacklig, Wanderschuh, weiß, Winterschuh
24. X
25. Y
26. zu eng/klein weit/groß

Schule

1. ABC-Aufgaben
2. Belehrung, Begabung
3. Context
4. Diplom
5. Einmaleins
6. Fokus, Fehler
7. Glück
8. Humanität
9. Intelligenz
10. Ja-Sager
11. Kommunikation
12. Lehrer, lustvoll lernen
13. Musik, Mathematik
14. Noten
15. Obligatorium
16. Promotion, Prüfungen
17. Quantum
18. Rausschmiß, Recht
19. Streß, Selektion
20. Thema, Teufelskreis
21. Urteil, Unheil
22. Verbote
23. Willkür
24. X
25. Ypsilon
26. Ziele, Zeit

Seen

1. Aralsee, Amersee
2. Bielersee, Bodensee
3. Comer See, Chiemsee
4. Doré Lake
5. Eriesee
6. Fälensee
7. Genfersee
8. Halwilersee
9. Iadogasee
10. Jalpugsee
11. Kielsee
12. Langensee
13. Mauensee
14. Neuenburgersee
15. Ontaiosee
16. Pfäffikersee
17. Queen Mary Reservoir
18. Ryari Lake
19. Sankt Moritzersee
20. Thunersee
21. Untersee
22. Vierwaldstättersee
23. Walensee
24. X
25. Yuyuan-See
26. Zuggersee

Selbstmanagement

1. Ärger Ade! (oder Brief schreiben und nicht abschicken); Angst: Paradoxe Intervention (sich die gefürchtete Situation vornehmen); Authentizität – sei ganz Du selbst
2. B
3. charmant begrüßen
4. Dankbarkeit zeigen
5. E
6. Freude steckt an! Freundschaftshand vorstellen (Birkenbihl)
7. G
8. Humorfähigkeit entwickeln
9. meine Insel = deine Insel; Was ist in seiner Insel los?
10. J
11. KaWa.s zu Arbeitsthemen machen
12. Lache jeden Tag fünf Minuten!
13. M
14. Nachrichten, TV weglassen, niemehr Opfer sein; Ich beginne bei mir!
15. O
16. Wenn man zum Problem steht, geht es weg!
17. Q
18. R
19. Spreche nicht über Ärger, sonst Verdoppelung der schlechten Gefühle
20. T
21. U
22. V
23. Wünsche morgens und abends aufschreiben
24. X
25. Y
26. Zeitverschwendung finden, Zeitchance erkennen; Zeitung morgens weglassen

Selbstwertgefühl

1. Achtung, Anerkennung, auftanken, autonom, autark
2. Beziehungen, Bodenständigkeit
3. Charakter, „Chemie" zu anderen stimmt
4. Dankbarkeit, denken, Dialogfähigkeit
5. Ehrlichkeit, Einsatz, Entwicklung
6. Freiheit, Festigkeit, Flexibilität
7. Größe, Glaube, geliebt werden, Glück, Gesundheit, Gespräch
8. Heimat, Hoffnung, Herzlichkeit
9. Identität, Ich-Stärke
10. Ja sagen
11. Kraft, Können, Konfliktfähigkeit
12. Leitung, Liebe, Lebendigkeit
13. Motivation, Menschenwürde, Mitleid vermeiden
14. Natürlichkeit, Neues probieren
15. Offenheit, Optimismus
16. Pferdestärke, (eigene) Prozesse zulassen, Probleme lösen, Partizipation, Partnerschaft
17. „Quentchen Glück"
18. Reinigung, Recht, Richtung, Reife
19. Stärke, Seele, Selbstvertrauen, Sexualität
20. Tatkraft, Treue zu sich selbst
21. Umsetzung, Überwindung von Angst
22. Verständnis, Vertrauen, Verstand, Vergebung
23. Widerstandskraft, weitergehen
24. Xylophon spielen
25. Ying Yang beachten
26. Zeitzeichen, zutrauen, Ziele, zukunftsorientiert

Städte, deutsche

1. Augsburg, Ansbach
2. Berlin, Bamberg, Bremen
3. Coburg, Chemnitz
4. Dortmund, Düsseldorf, Dresden
5. Essen, Erding
6. Füssen, Freiburg, Furth, Freudenstadt
7. Gelsenkirchen, Giessen
8. Hamburg, Hannover, Heilbronn
9. Immenstadt, Ingolstadt
10. Jena
11. Karlsruhe, Kaiserslautern
12. Lindau, Ludwigsburg, Ludwigshafen
13. München, Memmingen, Mönchengladbach
14. Nürnberg
15. Offenburg, Oldenburg
16. Paderborn
17. Quikborn
18. Rosenheim, Regensburg, Reutlingen
19. Singen, Schwabach, Schwäbisch Hall, Stuttgart
20. Tübingen
21. Ulm
22. Villach
23. Wiesbaden
24. X
25. Y
26. Zwickau

Stärken

1. aufmerksam, authentisch, aufnahmefähig, ausdauernd, ausgleichend, Ausdauer, Auftreten, Allgemeinwissen
2. Bewußtsein, Begeisterung, Begeisterungsfähigkeit, belastbar, bildhaft denken/darstellen
3. charmant, charismatisch, Charme
4. demütig, dankbar, Durchhaltevermögen, diplomatisch, Durchsetzungsvermögen, Diplomatie
5. einfühlsam, einbringen, Entscheidungsfreudigkeit, Ehrlichkeit, emotional
6. friedliebend, freundlich, fleißig, Frohsinn, Flexibilität, Frührungseigenschaften, feinfühlig
7. genau, genügsam, Groß denken, Glaubhaftigkeit, Gutmütigkeit, Geduld
8. hilfsbereit, hinterfragend, humorvoll, Höflichkeit, Herzlichkeit
9. idealistisch, improvisierend, Intuition, Intelligenz, intuitiv
10. jugendlich
11. kommunikationsstark, kontaktfreudig, Kommunikation, kreativ, konsequent, Konzentration
12. lernfreudig, liebenswert, Lernbereitschaft, leistungsorientiert, Loyalität
13. mitdenkend, Menschenkenntnis, mutig, Motivationsstärke, maßvoll, mitfühlend, Menschenkenntnis
14. natürlich, Neutralität, Nachsichtigkeit
15. ordnungsliebend, originell, optimistisch, Offenheit, Organisationstalent
16. pflichtbewußt, positiv, Prioritäten erkennen, Planung, positive LS, Pünktlichkeit
17. querdenkend, quietschfidel
18. ruhig, redegewandt, resultatorientiert, Rücksicht, risikobereit, Rhetorik, Ruhe ausstrahlen
19. sprachbegabt, Selbstdisziplin, selbstsicher, Souveränität, sorgfältig, Selbstdisziplin, Sprache, schreiben
20. tapfer, treu, Toleranz, teamfähig
21. überlegt, Unternehmungsgeist, ursprünglich, unkompliziert,
22. verantwortungsbewußt, Verantwortung, vertrauenswürdig, vergeben, vielseitig
23. wißbegierig, Willensstärke
24. X
25. Y
26. zielorientiert, zuhören können, Zeit haben, zuverlässig, zielstrebig, Zeiteinteilung, zuvorkommend, zärtlich

Talente

1. Atmosphäre schaffen
2. Blumen arrangieren
3. Coachen
4. dienen
5. erfinden, erziehen
6. Farben erkennen
7. Glück wünschen
8. herrschen
9. intuitiv wahrnehmen
10. J
11. kochen
12. lesen, liebevoll
13. malen
14. neue Ideen kreieren
15. optimistisch sein
16. plaudern
17. Q
18. Ressourcen
19. schreiben
20. tanzen, telefonieren
21. umfassend beraten
22. Vorbild sein
23. wandern
24. X
25. Y
26. zuhoren, Ziele setzen und erreichen, Zeit planen, Zusammenhänge erkennen

Tätigkeiten am Arbeitsplatz

1. Ablage, Artikelaufnahme, Auftragsannahme, Angebote
2. Büromaterial bestellen, Briefe schreiben, Buchhaltung
3. Computerarbeit
4. DHL-Sendung vorbereiten
5. Eingabe von Daten, Einkauf, Euro-Umstellung
6. formulieren, Fax bedienen
7. Gehaltsabrechnung
8. H
9. Ideen umsetzen
10. J
11. Kalkulation, Kundenstamm pflegen, Knopfkarten fertigen
12. Lieferantenpflege
13. Materialverwaltung
14. Nachkalkulation, Nachfassen bei Angeboten
15. Ordnung halten
16. Projekte planen
17. Q
18. Reklamationsbearbeitung
19. Softwarepflege, Schulung neuer Mitarbeiter, Systeme einführen
20. Telefondienst, Terminüberwachung, Tabellen anfertigen
21. Übersetzungen
22. Vorlage, Vertretung
23. Waschversuche vorbereiten
24. X
25. Y
26. Zuteilung von Arbeit

UNO (Vereinte Nationen)

1. Atlantik-Charta, Annan (Kofi), Abrüstung
2. Boutros-Chali (Boutros), Blauhelme
3. Charta
4. Demokratie, Demokratisierung
5. ECOSOC, Entkolonisation, Embargo, Entwicklungshilfe
6. Friedensoperation, FAO, Frauenkonferenzen
7. Gend (UN-Filiale), Generalversammlung, GATT, Gewaltprävention
8. Hammarskjöld (Dag)
9. Internationaler Gerichtshof, ILO, IMF
10. Jalta-Konferenz
11. Kollektive Sicherheit, Kooperation, Klimakonferenzen
12. Lie (Trygve), 1. Generalsekretär
13. Menschenrechte, Multilaterale Abkommen
14. New York (Hauptsitz), Nord-Süd-Gegensatz, Nairobi (UN-Filiale), NGO
15. ONU (franz. für UNO), Ost-West-Konflikt
16. Pérez de Cuellar (Javier), Peacekeeping
17. „Quatschbude" (verächtlich für UNO)
18. Resolution
19. San Francisco (Gründungsort), Sicherheitsrat, Solzialrat, Sanktionen
20. Treuhandrat
21. U Thant (Sithu), UNESCO, UNCTAD, UNHCR
22. Völkerbund (Vorläufer der UNO), Veto (im Sicherheitsrat), Völkerrecht
23. Waldheim (Kurt), Weltfrieden, WHO, Weltbank
24. X
25. Y
26. Zwangsmaßnahmen

USA-Reise

1. Arizona, Autos
2. Bush
3. Chicago, Colorado
4. Dallas
5. Einkaufszentrum
6. Freiheitsstatue, Flamingo, Florida
7. Grand Canyon, Golden Gate Bridge, Großstadtbummel
8. Hollywood, Hochhäuser
9. Ideen, Indiander
10. J
11. Key West, Kennedy, Kino
12. Lincoln, Los Angeles, Las Vegas
13. Museen, Mississippi, Musikbusiness, Mode
14. New York, Nigeriakiels
15. Ohio
16. Post Office
17. Q
18. Rocky Mountains, Rockefeller Center
19. San Fricisco, Springfield
20. Texas, Theater
21. UNO-Gebäude
22. Virginia
23. Washington D.C., Wilder Westen, Wüsten
24. X
25. Yellowstone
26. Z

verlieren können, vereinen

1. Aufrichtigkeit, annehmen, anerkennen
2. Bereitschaft, bitten, beten
3. Christus, chronos
4. Denmut, Dankbarkeit, Diplomatie, dauerhaft
5. ehrlich zu sich und anderen, Edelmut, Ernst, Einigkeit
6. Fragen, fröhlich, Freude, Friede, Feind
7. Güte, Großmut, geben , Geduld
8. Hilfe, Herzlichkeit, heute, Harmonie, Humor
9. Intuition, Innere Stimme, innerlich
10. Ja sagen
11. Kooperation, Kosmos, Konzentration
12. Liebe, Loslassen
13. Mut, Meinung ändern
14. Nachsicht, nachgeben, Neutralität
15. ohne Geroll, Objektivität, Obhut
16. prüfen
17. Quellensuche
18. Ruhe bewahren, rasten, richtig, Reue
19. Stille, schweigen
20. tun, teilen
21. Urteile abbauen
22. verlieren können, vereinen
23. würdevoll
24. X
25. Y
26. Zuversicht, zu weit, Zwiespalt, Zweifel

Vision

1. Ausdauer
2. Biß
3. Cloud
4. dran bleiben
5. Eingabe
6. Flow
7. Gewinn
8. Hinternisse
9. Idee
10. Jagd
11. Können
12. Leistung
13. Meditation
14. Navigation
15. Optimismus
16. Plus/Minus
17. Quantensprünge
18. rudimentär
19. Sterne
20. Traum
21. unendlich
22. Version
23. Wunder
24. xenophil
25. Yahoo
26. Zoom

Volkswirtschaft

1. Arbeiter, Absprache, Aktionen
2. Betrieb, Bedürfnisbefriedigung, Börse
3. C
4. Dienstleistungen
5. Entscheidungen, Einfluß, externe Effekte
6. Fragen, Firmen
7. Güter
8. Handel, Herstellung
9. Investition, Inflation
10. J
11. komplexe Wirtschaft, Konsumgüter, Kapitalgüter, Kosten, Kartelle, Käufer
12. Leistung
13. Markt, Marktmechanismus, Modelle, Monopole, Manipulation
14. Nachfrage
15. Organisation, Ökonomen, Obligationenmärkte
16. Politik, Produktion , Preiselastizität
17. Q
18. Ressourcen, Risiko
19. Spekulation, Selbstversorgung, System
20. Transport
21. Umweltgüter
22. Verkäufer
23. Werturteile, Wirtschaftskreislauf
24. X
25. Y
26. Zinsen

Vorbilder

1. Adenauer, Konrad
2. Birkenbihl, Vera F.
3. Chaplin, Charlie; Christus
4. Dunant, Henri (Gründer des Roten Kreuzes)
5. Einstein, Albert; Eugen, Prinz von Savoyen
6. Frisch, Max (schwed. Schriftsteller)
7. Gandhi, Mahatma; Galilei Galileo
8. Hammarskjöld, Dag (UNO-Generalsekretär)
9. Ibsen, Henrik (norweg. Dichter)
10. Jaspers, Karl; Jefferson, Thomas; Johannes XXIII. (Papst)
11. Kennedy, John F.; Karajan, Herbert von; Kneipp, Sebastian
12. Lagerlöf, Salma (schwed Autorin); Lessing, G.E.; Leonardo da Vinci
13. Menuhin, Yehudi; Morus, Thomas
14. Nansen, Fridtjof; Napoleon der Große
15. Ortega y Gasset (span. Philosoph)
16. Piccard, Anguste (schweiz. Physiker), Planck, Max
17. Quesnay, François (franz. Aufklärer und Nationalökonom)
18. Rühmann, Heinz (Schauspieler); Rilke, Rainer Maria
19. Smuts, Jan (südafrik. Politiker); Schuman, Robert (franz. Politiker)
20. Toscanini, Arturo
21. Uhland, Ludwig (dtsch. Dichter)
22. Verdi, Guiseppe; Königin Viktoria
23. Washington, George
24. Ximénez de Cisneros (span. Politiker und Erzbischof, 15. Jhr.)
25. York J.D. (15. Jhr. in England)
26. Zweig, Stefan (österr. Schriftsteller); Zuckmeyer, Carl (dtsch. Dichter)

Ziele

1. Autorin, Aufstieg, Akademie
2. Beratung, bereit sein
3. Charaktereigenschaft
4. dienen, Demut, Dankbarkeit
5. Erfolg, Entwicklung, Ethik
6. Führung, Firmenberatung
7. Gesundheit, Genialität, geistige Gesundheit, Gelassenheit, Geduld
8. Heiterkeit, Handwerkszeug, Hilfe (von oben), Hilfe bieten
9. Ideen verwirklichen
10. J
11. Kooperation, Kommunikation, Konzepte
12. Lebensmanagement, liebevoller Umgang, Loslassen von alten Strukturen, Lebenserfolg
13. Meisterschaft, Modelle entwickeln, Mitarbeiter im Universum
14. Netzwerk, neue Wege, Neues entwickeln, Nutzen bieten
15. Ordnung, Organisation
16. Partner/in, beruflich und privat
17. Q
18. Ruhe ausstrahlen, Reisen (beruflich/privat)
19. Sonne, schreiben, Seminare, Selbstständigkeit
20. Training, Team
21. Unternehmensberatung, Universum
22. Vorbild
23. Wissen vermitteln, Wertvorstellungen, Workshops, Wandel
24. X
25. Y
26. Zeit haben, Ziele verwirklichen

Ziel, Zeit, Erfolge

1. Ausdauer
2. Begabung
3. Coach
4. Durchhaltevermögen
5. Energie
6. Flow
7. Geduld
8. Hilfe
9. Intuition
10. Ja-Sager
11. Kreativität
12. Lust
13. Möglichkeiten
14. Neigung
15. Organisation
16. Power
17. Quantum
18. Ratio
19. Supervision
20. Testlauf
21. Utopie
22. Vision
23. Wunder
24. x-ten Mal
25. Y
26. Ziel

Wir danken allen, die uns ihre Listen (als Fallbeispiel) geschickt haben, auf daß viele profitieren.

Zwei Bilinguale Listen

Berufe (deutsch)

1. Archäologe/in, Astronom/in
2. Bäcker/in
3. Choreograph/in
4. Dekorateur/in
5. Englischlehrer/in
6. Flugbegleiter/in
7. Gärtner/in
8. Heiler/in
9. Informationsbroker
10. Jongleur
11. König/in
12. Leibwächter/in, Lebensretter/in, Lama
13. Morser
14. Neurologe, Nachtportier
15. Opernsänger/in
16. Psychologe
17. QiGonglehrer/in
18. Reporter/in
19. Schwester *
20. Therapeut/in
21. Urologe
22. Vikar
23. Weisheitszahnzieher
24. X
25. Yacht-Designer
26. Zitherspieler/in

* im Sinne von „NONNE"

Berufe (englisch)

1. archaeologist, astronomer
2. baker
3. choreographer
4. decorator
5. English teacher
6. flight attendant
7. Gardener
8. healer
9. information broker
10. juggler
11. king
12. life guard, lama
13. morse operator
14. neurologist, night porter
15. opera singer
16. psychologist
17. QiGong master
18. reporter
19. sister
20. therapist
21. urologist
22. vicar
23. wisdomtoothpuller **
24. X
25. yacht designer
26. zither player

** This person tries to pull our leg ...

Pflanzen (deutsch)

1. Apfelbaum
2. Brokkoli, Banane
3. Chili, Chrysantheme
4. Dattelbaum, Dahlie
5. Endivie, Eukalyptusbaum
6. Fenchel, Farn
7. Geranie, Gardenie
8. Hopfen
9. Iris (= Schwertlilie)
10. Jasmin
11. Kiwi
12. Lerche, Lorbeer
13. Mangobaum, Magnolie
14. Narzisse
15. Orchidee
16. Pfirsichbaum
17. Quittenbaum
18. Reis, Radieschen
19. Sojabohne, Spinat
20. Thymian, Tee
21. U
22. Veilchen
23. Weizen, Wassermelone
24. X
25. Yuccapalme
26. Zucchini

Pflanzen (englisch)

1. appletree
2. broccoli, banana
3. chili, chrysanthemum
4. date, dahlia
5. endive, eurcalyptus
6. fennel, fern
7. geranium, gardenia
8. hop
9. iris
10. jasmine bzw. jessamine
11. kiwi
12. larch, laurel
13. mango, magnolia
14. narcissus
15. orchid
16. peach
17. quince
18. rice, radish
19. soya, spinach
20. thyme, tea
21. U
22. violet
23. wheat, watermelon
24. X
25. yucca
26. zucchini

Merkblatt 7: Eingangstor in dieses Buch (früher Kapitel 1)

Dieses Kapitel sollte im Optimalfall vor dem eigentlichen Lesen absolviert werden, wenn Sie den größtmöglichen Nutzen dieses Buch-Seminars ziehen wollen. Da manche von Ihnen vielleicht ungeduldig sind und **nicht erst alle Aufgaben** durchführen wollen, gibt es einen **alternativen Weg**, der Ihnen **ebenfalls einen maximalen Nutzen** verspricht: Versprechen Sie sich, daß Sie, wenn ein Modul auf einer Quizaufgabe aufbaut, dieses eine kleine Experiment jetzt sofort ausführen, ehe Sie weiterlesen.

Sie werden zu den jeweiligen Modulen per Seitenangabe „geschickt".

Aber natürlich kann es auch sehr spannend sein, erst die Aufgaben anzugehen. Wählen Sie, was Ihnen lieber ist. Es wäre schön, wenn Sie als Minimum wenigstens die erste Aufgabe unten „abhaken" könnten, damit Sie danach lesen und nach Bedarf experimentieren können.

Quizfragen und kleine Experimente

Sie benötigen bei vielen Aufgaben Schreibzeug, bei manchen einen Timer; bei der ersten Vorübung reichen einige Blätter (ein Heft) und ein Stift. Viel Vergnügen!

Wir beginnen mit einer Übung, die keine eigene Nummer hat, denn es handelt sich um eine Vorbereitung für eine spätere Quizaufgabe. Es handelt sich um ein faszinierenden Selbstversuch, bei dem gerne mehrere Personen teilnehmen können (bzw. man auch später die Ergebnisse von Menschen, die es in den nächsten Tagen und Wochen probieren wollen vergleichen kann). Sie brauchen Schreibzeug (also auch Papier) und los geht's:

Vorbereitung für Quizaufgabe Nr.9

Die nachfolgende brillante Übung von Timo MÄNTYLÄ war mir zum ersten Mal bei Ingemar SVANTESSON* begegnet, wofür ich sehr dankbar bin. Sie erlaubt es uns, einige enorm wichtige Erkenntnisse zu gewinnen (wobei wir weit über den ursprünglichen Rahmen des Versuches hinausgehen werden). Auch wenn Sie diese Übung aus meinem Brain-Seminar (oder meinem Taschenbuch *„Der Birkenbihl POWER-Tag"*) schon kennen: erstens kann man sie wiederholen, zweitens ist sie mit anderen Begriffen immer wieder neu.

Diese Begriffe entstammen der Original-Liste des Psychologen, der diese Aufgabenstellung entwickelte.

* Ingemar SVANTESSON: *„Mind Mapping und Gedächtnistraining"*; die Passage wurde dem ersten Kapitel mit Genehmigung des Verlages entnommen.

Bitte Stichwörter notieren!

Bitte das Buch erst auf den Kopf drehen, wenn Sie die gesamte Anweisung zur Kenntnis genommen und Schreibzeug bereit gelegt haben. Danke.

Es gilt, zu jedem dieser 30 Schlüsselwörter **schnell und spontan drei bis vier eigene Assoziationen zu notieren**, und zwar **ausschließlich** Ihre eigenen Ideen (in **Stichworten**).

Im Klartext: Das Schlüsselwort selbst sollen Sie keinesfalls aufschreiben, **nur Ihre eigenen allerersten spontanen Assoziationen** **zu** diesem Begriff. (Es bleibt im Buch ja erhalten.)

Bitte **numerieren** Sie Ihre Stichwort-Reihen, damit Sie später klar erkennen können, welche Ihrer eigenen Assoziationen sich auf welches Schlüsselwort beziehen.

Angenommen der erste Begriff sei „Diskette" gewesen und angenommen Ihnen wären eingefallen „Computer", „beschriften" und „veraltet", dann listen Sie auf Ihrem Papier (in Ihrem Heft) unter Nr. 1 diese drei Assoziationen auf: *1. Computer, beschriften, veraltet*

Sie stehen übrigens **ein wenig unter Zeitdruck**, d.h. schreiben Sie pro Begriff **so schnell Sie können drei bis vier Stichpunkte**, wenn es Ihnen leicht fällt. Bei manchen Begriffen könnte es Ihnen aber weniger leicht fallen (denken Sie dann bitte nicht ewig nach!) und es könnte auch sein, daß Ihnen zu einem Begriff absolut **nichts** einfällt. **Gerade darum geht es ja!** Dann notieren Sie die Nummer (und nichts dahinter, es steht also eine „leere" Nummer auf Ihrem Blatt). Schreiben Sie schnell und (wie in der Schule) ohne zu Schummeln (also ohne irgendwo nachzuschlagen oder jemanden zu fragen) nur Ihre ureigensten Gedanken.

Zeitbedarf: Einige Minuten (je nach Schreibgeschwindigkeit zwischen zweieinhalb und sechs Minuten). Wer mehr braucht, denkt zu lange nach. Nur Mut zur Lücke! Dies ist eine kleine **Inventur**, aus der Sie etwas über sich lernen können, wenn Sie sich an die Spielregeln halten: Also schnell und flott arbeiten. Viel Spaß!

Alles klar? Sind Sie startbereit? Dann drehen Sie das Buch **jetzt** auf den Kopf!

1. Brücke
2. Sattel
3. Weihnachtseinkauf
4. Alarmglocke
5. Tasche
6. Schmied
7. Sitzpolster
8. Schreibmaschine
9. Maus
10. Briefumschlag
11. Schlüssel
12. Tonband
13. Kolumbus
14. Fahrrad
15. Aprikose
16. Flasche
17. Tomate
18. Lineal
19. Kuchen
20. Fahrstuhl
21. Silber
22. Schwamm
23. Briefmarke
24. Affe
25. See
26. Schmutz
27. Plagiator
28. Phantasie
29. Spargel
30. gelb

Quizaufgabe Nr. 1: Fragen zur Schulbildung

1

Die folgende Quizaufgabe leiten sich von Überlegungen der Harvard-Professorin Ellen J. LANGER ab. Sie gehört zu den wenigen Forschern, die sowohl einen großen breiten geistigen Horizont besitzen (sie forscht von Geriatrie bis zum Lernen von Kindern quer durch alle Wissensgebiete, die sich in ihrer Arbeit plötzlich als wichtig erweisen), und sie ist in der Lage, sich brillante Experimente auszudenken. Ein Großteil der WissenschaftlerInnen sind ja Bürokraten oder Technokraten, die Experimente anderer brav und ordentlich ausführen, aber sie sind dabei mehr Administratoren als wirklich Forschende. LANGER gehört zu den Ausnahmen, wie auch Daniel L. SCHACTER, Schüler des gleichermaßen innovativen TULVING. Aber zurück zu LANGER:

Ellen J. LANGER hat seit vielen Jahren sehr originelle und spannende Experimente auch selbst veranstaltet bzw. bei ihren StudentInnen angeregt, wobei einige dieser StudentInnen inzwischen selbst kreative ForscherInnen wurden.

Sie fragt nämlich, **warum Lernen so unlustvoll ist**. Um dieser Suche systematisch nachzugehen, hat sie einige Detailfragen formuliert, die ich Ihnen hier als Quizfragen präsentiere. Kreuzen Sie schnell und spontan an (lassen Sie vielleicht auch einige andere Menschen antworten, wobei Sie Ihnen die Fragen vorlesen, wenn Sie schon angekreuzt haben, damit jede/r unbefangen reagieren kann).

4 Fragen zur Schul-Bildung

Antworten Sie jeweils mit JA oder NEIN – wenn Sie unsicher sind, dann kreuzen Sie die Antwort an, die Ihrer Neigung EHER entspricht. (Somit bedeutet ein „JA" auch ein „wahrscheinlich JA".)

Vorschule bis ca. 10. Schuljahr (Alter ca. 14 bis 15 Jahre)

1. Die **Grundlagen** muß man so gut lernen, daß sie **zur zweiten Natur** werden. (Beispiel: Einmaleins, oder: Es muß zur zweiten Natur werden, daß SchülerInnen beim Zuhören automatisch Notizen machen.) ❑ JA ❑ NEIN
2. Eines der großen Probleme unserer Zeit sind Menschen mit Konzentrations-Problemen; dies betrifft sowohl Erwachsene als auch junge Leute, die sich nur kurz auf Unterricht oder Hausaufgaben konzentrieren können … ❑ JA ❑ NEIN
3. Man muß **ein wenig warten können** (Kinder und unreife Erwachsene wollen ihren **Spaß** immer gleich). Unterricht kann nun einmal **nicht von der ersten Lektion an** zu einem neuen Thema immer sofort interessant und/oder unterhaltsam sein, wie es diese TV-zapping-Generation erwartet … ❑ JA ❑ NEIN

❏ JA ❏ NEIN

Die Ergebnisse finden Sie im Modul „Forschungsergebnisse über das Lernen" (S. 153 ff.); dort finden Sie auch die Diskussion zu den Quizaufgaben 2 bis 5.

4. Man kommt nicht umhin, **gewisse Dinge stur auswendig zu lernen**; es ist einfach **notwendig** (ob es uns paßt oder nicht); deshalb ist dieser modische Hang, **alles** (aber auch alles!) mit infotainment und edutainment unterhaltsam, sinnvoll, spannend etc. machen zu wollen, absolut kontraproduktiv für ernsthaftes Lernen.

2

Quizaufgabe Nr. 2: Konzentration

Auch diese Frage stellte die Harvard-Forscherin Ellen J. LANGER LehrerInnen und SchülerInnen ...
Das Ergebnis zu dieser Frage finden Sie ebenfalls im Modul „Forschungsergebnisse über das Lernen" (S. 163 ff.).

Bitte beantworten Sie folgende Frage. Es könnte auch sehr interessant sein, einigen Leuten die Frage vorzulegen (bzw. vorzulesen, z.B. am Telefon) und deren Antworten mit Ihren zu vergleichen.

Wie stellen Sie sich konzentrierte Aufmerksamkeit vor?

a ❏ Eher wie ein **stehendes Bild**, das ruhig vor unserem geistigen Auge steht, das wir quasi still in unserem Geist halten (analog einem Stilleben oder einem Foto)? Oder:

b ❏ Eher wie ein **bewegtes Bild**, das seine Lage/Position etc. ständig verändert (analog einem **Film- oder Video-Clip**)?

Kreuzen Sie Ihre eigene Antwort an!

3

Quizaufgabe Nr. 3: Kleines Seh-Experiment

Nach William JAMES, 1898.

Übungs-Anweisung

1. **Konzentrieren** Sie sich auf **einen** Ihrer **Finger** (oder, wenn Ihnen das lieber ist, auf **einen Aspekt** eines Bildes Ihrer Wahl).
2. **Bleiben** Sie mit Ihrer Aufmerksamkeit völlig am Finger (oder auf der Stelle im Bild) **„hängen"**, **ohne die Augen wandern zu lassen** – **fokussieren** Sie also sehr exakt – und:
3. **Testen** Sie, **wie lange** Sie das durchhalten können.*

STARREN Sie das OBJEKT an!

* Ich habe bereits in meinem *„Das große Analograffiti-Buch"* (jetzt *„Birkenbihls Denkwerkzeuge"*) erläutert, wie wichtig es für jeden von uns wäre, unsere Versuchs-Ergebnisse festzuhalten, wenn wir aus ihnen lernen wollen!

Notieren Sie (wie ein/e ForscherIn):

1. Wie lange haben Sie durchgehalten?

Optimal: mindestens 3 Versuche, dann die Durchschnittszeit errechnen (Formel: Gesamtzeit geteilt durch Anzahl Versuche), Beispiel:

Versuch 1: Zeit ________

Versuch 2: Zeit ________

Versuch 3: Zeit ________

Durchschnittszeit: Zeit ________ : 3 = ________

2. Wie schwer/leicht fanden Sie die Übung?

Kreuzen Sie zwischen ganz links und ganz rechts Ihre eigene Position an:

extrem schwer ________________________________ **extrem leicht**

3. Notieren Sie, was Sie bisher festgestellt haben? (Lerneffekt der Übung)

____

____

____

____

____

____

____

____

____

____

____

____

Die Auswertung des Experimentes können Sie auf S. 164 nachlesen.

Variante: Wenn Sie die Aufgabenstellung **mit Freunden und FreundInnen testen** wollen, dann kann es sehr spannend sein, wenn Sie diese vor Ausführung raten lassen, wie lange sie **glauben**, daß Sie **durchhalten werden.** Nach dem Versuch, können Sie deren Schätzung mit der Realität vergleichen ...

Quizaufgabe Nr. 4: Warum langweilen sich Experten **nicht**? 4

Was macht es Spezialisten und Fachleuten möglich, Stunden, Wochen, Monate, Jahre und Jahrzehnte an gewissen Fragestellungen festzuhalten?

Normalerweise langweilen Leute sich, wenn sie zu lange über ein und dasselbe Thema nachdenken sollen.

Die Antwort auf diese Frage finden Sie auf S. 168.

Warum langweilen sich Experten (professionell oder auch Hobby-Experten) dabei nicht? Was meinen Sie?

5

Quizaufgabe Nr. 5: Knopf bei Verschwinden drücken!

Ellen J. LANGER beschreibt das Experiment ausführlich auf S. 168 ff.

Stellen Sie sich vor, Sie könnten das folgende Experiment beobachten und versuchen Sie dann, die Frage zu beantworten.

Am Computer-Screen taucht eine geometrische Figur (z.B. ein Rechteck) auf. Wenn es verschwindet, soll man einen Knopf drücken. Es handelt sich also um einen Reaktions-Test.

Aufgabenstellung: Wie lauteten die Anweisungen?

Gruppe 1 **Fokussieren** Sie, konzentrieren Sie sich auf die Figuren, die am Bildschirm auftauchen werden und drücken Sie bitte den Knopf, sowie eine Figur verschwindet.

Gruppe 2 Auf dem Screen erscheinen einige Figuren. **Zeichnen** Sie bitte ihre Umrisse auf dem Bildschirm **nach** (mit Finger) und drücken Sie den Knopf, wenn die Figur verschwindet.

Gruppe 3 **Denken** Sie über die Formen, die hier auf dem Screen erscheinen, **nach**. Entdecken Sie so viele verschiedene Aspekte wie möglich, bei jeder einzelnen Form. Drücken Sie bitte den Knopf, wenn eine dieser Formen verschwindet.

Testen Sie die drei Anweisungen kurz selbst!

Gruppe 1: Betrachten Sie es genau

Gruppe 2: mit Finger nachzeichnen

Gruppe 3: nachdenken

Frage: Was meinen Sie, wie die drei Gruppen abschneiden, wenn sie **später** einem **Gedächtnis-Test** zu den wahrgenommenen **Figuren** unterzogen werden?

a ❑ ziemlich gleich **b** ❑ sehr unterschiedlich

Alle, die b ❑ angekreuzt haben: Schildern Sie kurz Ihre Annahmen!

Zu welchen Ergebnissen die Studie kommt, können Sie auf S. 168 ff. erfahren.

Quizaufgabe Nr. 6: Assoziations-Spiel 6

Diesmal lade ich Sie zu einer Reihe von kleinen Sprachspielen ein, die Sie momentan im Sinne einer **Inventur** durchführen, später aber möglichst oft als **Mini-Training** für zwischendurch (z.B. an einer roten Ampel).

Es gilt, Ihr inneres Archiv nach spezifischen Assoziationen zu durchforsten, jeweils gemäß der Aufgabenstellung. Wenn Sie wollen, könnten Sie einen Timer aktivieren und feststellen, um wieviel schneller/langsamer Sie die einzelnen Aufgaben bewältigen. Andernfalls registrieren Sie Ihr Tempo auf alle Fälle bewußt, d.h. Sie wollen alle drei Aufgaben hintereinander durchführen (ohne Unterbrechungen).

Dieses Experiment basiert auf einer von vielen brillanten Gedächtnis-Studien von Elisabeth LOFTUS (und ihrem Team), von denen **einige** bei dem eingangs erwähnten Daniel L. SCHACTER (*„Wir sind Erinnerung"*) nachgelesen werden können, während **diese** Studie von Alan BADDELY (*„Your Memory"*) erwähnt wird.

Zeit: ____________

Aufgabe 1: Finden Sie Wörter mit folgenden **Anfangs-Buchstaben**

a) eine Frucht mit Q … ____________

b) eine Automarke mit F … ____________

c) ein Fisch mit H … ____________

d) ein Romanautor mit S … ____________

e) eine Stadt mit B … ____________

f) ein Komponist mit M … ____________

Zeit: ____________

Aufgabe 2: Finden Sie Wörter mit einer bestimmten **Silbenanzahl**

a) eine Frucht mit 2 Silben ____________

b) eine Automarke mit 3 Silben ____________

c) ein Fisch mit 1 Silbe ____________

d) ein Romanautor mit 2 Silben ____________

e) eine Stadt mit 3 Silben ____________

f) ein Komponist mit 1 Silbe ____________

Zeit: ____________

Aufgabe 3: Finden Sie Wörter mit folgenden **End-Buchstaben**

a) eine Frucht auf … S ____________

b) eine Automarke auf … T ____________

c) ein Fisch auf … N ____________

d) ein Romanautor auf … Y ____________

e) eine Stadt auf … U ____________

f) ein Komponist auf … K ____________

Ergebnisse

1. Tempo (Je leichter uns etwas einfällt, desto schneller sind wir!)

Aufgabe 1: Anfangsbuchstaben – dauerte Zeit: ______________

Aufgabe 2: Silbenzahl – dauerte Zeit: ______________

Aufgabe 3: End-Buchstaben – dauerte Zeit: ______________

2. Spaßfaktor (Je leichter uns etwas einfällt, desto mehr Freude macht es uns in der Regel!)

Auf einer Skala von 0 (mies) **bis 100** (super) Punkte:

Aufgabe 1: Anfangsbuchstaben Punkte ______________

Aufgabe 2: Silbenzahl Punkte ______________

Aufgabe 3: End-Buchstaben Punkte ______________

Haben Sie Ihr inneres Archiv „befragt"? Wir kommen im Modul „ABRUF-Reiz" auf die Aufgabe zurück (S. 58).

Quizaufgabe Nr. 7: DALLI KLICK? 7

Die Älteren unter uns erinnern uns noch an einen sehr liebenswerten Showmaster, Hans ROSENTHAL. Seine Sendung lebte vom Tempo und hieß dementsprechend: **DALLI DALLI**.

ROSENTHAL pflegte, wenn ein Kandidat besonders gut reagiert hatte, in die Luft zu springen und *„Spitze!"* zu rufen.

Gegen Ende gab es immer eine Aufgabe namens **DALLI KLICK,** bei der gerade Kandidaten, die mit Wortspielen oder in punkto Wissen nicht sooooo geglänzt hatten, wieder einiges wettmachen konnten. Diesmal war die **bildliche Erinnerungsfähigkeit** gefragt: Man sah ein Bild, das zunächst zu 100 % abgedeckt war und nach dem Start wurden kleine Teilchen des Fotos der Reihe nach „geöffnet". Jeder weitere Enthüllungs-Schritt wurde von einem **Klick** begleitet (daher der Name **DALLI KLICK**) und je länger man wartete, ehe man riet, worum es sich bei den geheimnisvollen Bild handeln könnte, desto weniger Punkte konnte man mit seiner (richtigen) Antwort „erkämpfen".

Da es in einem Buch unmöglich ist, **ein** Bild über mehrere Etappen zunehmend offenzulegen, sollen die beiden teilweise verhüllten Bilder das Prinzip illustrieren. Quizfrage: Was könnte das sein?

Die Lösung finden Sie auf Seite 68 f.

DALLI KLICK

Was könnte das sein?

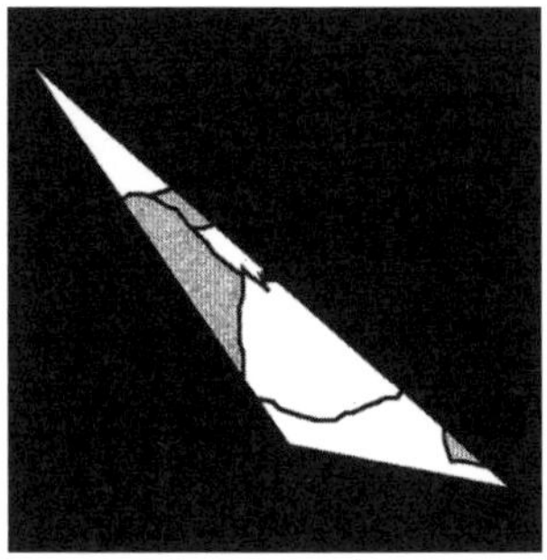

links: ______________ **rechts:** ______________

8 Quizaufgabe Nr. 8: RE-KONSTRUKTIONS-Experiment

Wenn Sie schon einmal in meinem BRAIN-MANAGEMENT-Seminare (bzw. einem POWER-Tag mit Schwerpunkt BRAIN-MANAGEMENT) dabei waren, dann haben Sie dieses Experiment bereits live miterlebt. (Vielleicht wollen Sie einige FreundInnen bitten, es durchzuführen und die Zeiten dabei vergleichen?).

Ansonsten sollten Sie es unbedingt sofort ausprobieren (das Ganze dauert weniger als 2 Minuten). Es geht um Ihr Timing, d.h.:

Sie wollen Ihr eigenes Tempo bewußt wahrnehmen. Sie können Ihre „Vorstellung" auch akustisch aufzeichnen und hinterher noch einmal in Ruhe vergleichen.

Es gilt, drei kleine Aufgaben (auf der nächsten Seite) zu bewältigen, jeweils so rasch Sie können. Drehen Sie das Buch erst um, wenn Sie bereit sind, unmittelbar zu starten.

Erst umdrehen, wenn Sie bereit sind, anzufangen.

Aufgabe 1: Bitte rasseln Sie die Monatsnamen herunter, so schnell Sie können ... JETZT

Aufgabe 2: Dasselbe noch mal, aber diesmal bitteschön rückwärts (mit Juli beginnend): JETZT

Aufgabe 3: Tja, und nun hätten wir das Ganze gerne ein drittes Mal, aber diesmal: alphabetisch sortiert ... (Ha!). Nein, Sie brauchen nicht zu sortieren. Registrieren Sie nur:

1. Wer die Monatsnamen vorher niemals alphabetisch sortiert (= sie KONSTRUIERT) hatte, kann Sie nun logischerweise auch nicht RE-KONSTRUIEREN. Das leuchtet doch ein, oder?

2. Wer vorher niemals einen Grund hatte, die Monatsnamen alphabetisch sortieren zu wollen (oder sollen), der hat noch keine Fäden liegen im Wissens-Netz.

Aber warum schlagen wir uns oft an die Stirn und sagen „Bin ich doof!" oder ähnlich, nur weil wir etwas nicht RE-KONSTRUIEREN können, das wir zuvor niemals KONSTRUIERT hatten? Wie etwa den schlampig gemurmelten Namen unseres Tischnachbarn, den wir nicht verstanden hatten.

Merke: Nicht konstruiert = nicht ins Archiv eingebracht.

Quizaufgabe Nr. 9: Das MÄNTYLÄ-Experiment 9

Wer die „Vorbereitung für Quizaufgabe Nr. 9" (S. 365 f.) am Anfang dieses Kapitels noch **nicht** durchlaufen hat – tun Sie es bitte (jetzt sofort?) auf alle Fälle, **ehe Sie hier weiterlesen.**

Das Spannende an diesem zweiten Teil des Experiments besteht in der Tatsache, daß es relativ egal ist, ob Sie den ersten Teil vor 30 Minuten absolviert haben, vor Stunden, ja sogar Tagen! Falls Sie die „Vorbereitung" **gerade** erst durchgeführt haben sollten, um hier weiterzumachen, wäre ein kleines Päuschen gut, damit Sie sehen, wie toll der Mechanismus, den das Experiment Ihnen zeigen möchte, funktioniert.

Wenn Sie aber trotzdem jetzt gleich „weiterkommen" wollen, dann können Sie das gesamte MÄNTYLÄ-Experiment später mit einer der vielen Listen am Ende des Buchs wiederholen und mit unterschiedlich langen Zeitabständen dazwischen experimentieren. Dies ist sowieso eine gute Trainings-Aufgabe.

Jetzt gilt es, Ihre notierten Assoziationen zu den 30 Schlüsselwörtern hervorzuholen und zu versuchen, wie viele der ursprünglichen Schlüsselwörter Sie **aufgrund Ihrer eigenen Assoziationen** jetzt RE-KONSTRUIEREN können. Aber vorher sollen Sie raten: Was meinen Sie, werden Sie weniger oder mehr als die Hälfte schaffen?

❏ weniger ❏ mehr

Also, los geht's! **Wie viele Begriffe konnten Sie durch Ihre Assoziationsliste RE-KONSTRUIEREN?**

Anzahl: ______________________________

In seiner Arbeit über die Art, wie Stichworte unser Gedächtnis beeinflussen, war dem Psychologen MÄNTYLÄ aufgefallen: Wenn man Leute zu einem Thema Stichwörter aufschreiben läßt und wenn man den Leuten diese (ihre eigenen!) Stichworte hinterher wieder vorlegt, dann fällt ihnen auch der Bezug wieder ein, der Anlaß des Aufschreibens gewesen war. Deshalb konnten Sie sicher weit mehr Wörter aufgrund Ihrer **eigenen** Gedanken RE-KONSTRUIEREN, als Sie vielleicht gedacht hätten ...

Eine vereinfachte Version dieser Übung eröffnet inzwischen so manches meiner BRAIN-MANAGEMENT-Seminare, wobei ich die Worte allerdings dem Kunden oder der Zielstellung anpasse, indem ich Wörter nehme, die im Seminar im Lauf der Tages auch inhaltlich eine Bedeutung erhalten werden.

10 Quizaufgabe Nr. 10: Stichwort „Ratte"

Wer meinen Klassiker *„Stroh im Kopf?"* in der „alten" Version kennt, mag das folgende Beispiel wiedererkennen. Es fiel leider der völligen Überarbeitung anläßlich der 36. Auflage zum Opfer, darum freue ich mich, es nun in das *„innere Archiv"* retten zu können. Wenn Sie es erkennen, dann erinnern Sie sich wahrscheinlich an meine Strategie, andernfalls notieren Sie kurz, wie Sie in solchen Fällen vorgehen. Vielleicht möchten Sie auch wieder einige FreundInnen befragen, und deren Antworten vergleichen?

Fallbeispiel: Die Ratte

Interessiert es Sie, wie ich vorgegangen bin? Lesen Sie im Modul „Gehirn-gerecht Machen von *neuen* (Lern-)Infos", S. 208 f..

Ich hatte einen Termin mit Paul (einem Trainer-Kollegen) ausgemacht. Dieser Zeitpunkt lag ca. **sechs Wochen in der Zukunft**, als er mich aus London anrief, um etwas zu fragen. Dann sagte er noch, er wolle mir beim nächsten Treffen etwas ungemein Wichtiges erzählen. Wäre ich bitte so nett und würde ihn daran erinnern? **Stichwort: *„Ratte"*.**

Nun, wie würden Sie vorgehen? Würden Sie sich eine Notiz im Terminkalender machen, einen Zettel schreiben, oder sollten wir nicht versuchen, gehirn-gerecht vorzugehen?

Ihre Antwort: ____

Auch hier wäre es möglicherweise spannend, einige FreundInnen zu befragen:

1. wie diese in solchen Fällen vorgehen,
2. wie effizient dies in der Regel ist sowie
3. welche Pannen öfter auftreten …

Quizaufgabe Nr. 11: Assoziatives Reaktions-Experiment 11

Sie benötigen einen Timer. Optimal wäre eine zweite Person (so daß Sie sich gegenseitig testen können). Auf Seite 378 finden Sie eine Liste von Begriffen (kopfstehend; bitte erst umdrehen, wenn Sie bereit sind, anzufangen!) und Sie wollen auf jeden Begriff gemäß den Spielregeln REAGIEREN. Dabei geht es um **zwei** Aspekte: 1. **Welche Assoziationen** lösen diese Worte in Ihnen aus? 2. In **welchem Tempo** finden Sie sie?

Alle Anweisungen werden jedoch davon ausgehen, daß Sie alleine sind!

1. Legen Sie **Schreibzeug** (Papier und Stift) griffbereit.
2. Jetzt brauchen Sie den **Timer**. Für diese Aufgabe wäre eine altmodische Stoppuhr angenehm, denn Sie wollen exakt messen, wie lange etwas gedauert hat. Dazu müssen Sie vor der Aktion auf **Null stellen**, bei Beginn drücken (Zeit „läuft") und am Ende **wieder drücken** (Zeit „stoppt"). Daher der Name („Stoppuhr"). **So können Sie Ihr Tempo feststellen.**

   Zeitbedarf: etwa eine halbe Stunde (26 mal eine Minute).
3. **Decken Sie alle Worte ab, bevor** Sie das Buch umdrehen. Bewegen Sie die Abdeckung minimal, so daß immer nur **ein einziges Wort** sichtbar wird (nehmen wir an, der 1. Begriff wäre *Linde*). Tragen Sie Ihre Assoziationen auf Papier (in ein Heft) ein: Übertragen Sie das Schlüsselwort (*Linde*) keinesfalls auf Ihr Papier! Notieren Sie **ausschließlich Ihre eigenen Assoziationen!** Dies ist wichtig für die Auswertung der Aufgabe!
4. **Notieren Sie sofort Ihre ersten Assoziation sowie die Zeit**, das kann in unserem Beispiel (*Linde*) so aussehen:

1. Wort	ZEIT	Weitere Worte
LIED	*2 Sek.*	

5. **Notieren Sie anschließend weitere Assoziationen**, und zwar **bis Ende 1 Minute** (pro Wort „arbeiten" Sie also jeweils 60 Sekunden lang).

1. Wort	ZEIT	Weitere Worte
LIED	*2 Sek.*	*Linde, Brunnen, Tor, …*

Fahren Sie bis zur Ende der Liste in dieser Weise fort.

Ich weiß, es gibt immer wieder Menschen, die „lieber nur lesen", aber Sie erfahren weit mehr über sich, wenn Sie mitmachen! Noch mehr erfahren Sie, wenn Sie ein paar Familienangehörige, FreundInnen, NachbarInnen, KollegInnen zum Mitmachen motivieren, damit Sie die Werte hinterher (gerne auch anonym) miteinander vergleichen können. Ich will an dieser Stelle noch nicht verraten, was es mit der Übung auf sich hat, weil dieses Wissen Ihr Verhalten verändern könnte, ich sage jedoch laut und klar:

1. Auch wenn Sie schon einmal einen assoziativen Versuch gemacht haben, machen Sie auch diesen, denn diesmal ist der Zeitfaktor wichtig …
2. Auch wenn Sie schon einmal assoziative Versuche gemacht haben (sogar, wenn es dieselbe Liste gewesen wäre), so kann es sehr spannend sein, spätere Versuche mit früheren zu vergleichen und sich zu fragen:

   a) Habe ich dieselben Assoziationen aufgeschrieben? Und:

   b) Ändert sich im Lauf der Zeit etwas an der Geschwindigkeit, wenn ich dieselbe Liste von Schlüsselwörtern mehrmals als Ausgangspunkt nehme?

Sie sehen, es gibt absolut keinen Grund, **nicht** mitzumachen. Vielleicht nicht jetzt, in diesem Augenblick, aber bald??

1. A = Ankermann
2. B = Bugs Bunny
3. C = Camping
4. D = Dromedar
5. E = Elefant
6. F = Flöte
7. G = Garten
8. H = Hut
9. I = Indianer
10. J = Japaner
11. K = Kilo
12. L = Leiter
13. M = Militär
14. N = No-Theater
15. O = Olympiade
16. P = Paar
17. Q = QUEST-Raumstation
18. R = Reisemobil
19. S = Student/in
20. T = Tennis-Turnier
21. U = Unpünktlichkeit
22. V = Vase
23. W = Waage
24. X = Xylophon
25. Y = Yacht
26. Z = Zeppelin

Quizaufgabe Nr. 12: Wieviel Tiere? (Schnelle ABC-Listen) 12

Tier-Liste: Wieviele Tiere finden Sie schnell und leicht in Ihrem inneren Archiv?

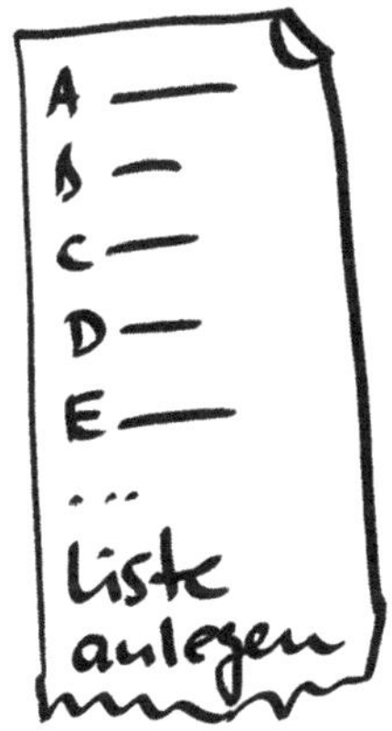

Es gilt sich eine kurze Zeitspanne zu geben und zu sehen, wieviele Tiere Ihnen in der Zeit einfallen. Da ich neuronal eher langsam bin, gebe ich mir 3 Minuten, Schnelldenker vom Dienst sollten jeweils 90 Sekunden bis 2 Minuten „arbeiten". (Die Zeit, die es dauert, am linken Blattrand ein ABC aufzulisten, wird natürlich **nicht** gerechnet.)

Vorbereitung: Raten Sie, wieviele Tiere Sie in der von Ihnen gewählten Zeit wohl finden werden? Bitte arbeiten Sie beim ersten Mal wirklich nur 3 Minuten (wenn Sie glauben, Sie seien neuronal langsam) und 90 Sekunden bzw. 2 Minuten (für Schnelldenker), ehe Sie beginnen.

Zeit: ____________ **Anzahl Tiere (voraussichtlich):** ______

Dann beginnen Sie bitte jetzt: Timer stellen und los geht's …

Natürlich darf man **länger** nachdenken, Leute fragen, in einem schlauen Buch nachschlagen, etc. Ebenfalls sehr spannend sind Vergleiche mit anderen – nicht nur, was die Anzahl anbelangt (auch das kann lustig sein, wenn Sie beim Spielen gerne Punkte machen); viel faszinierender kann der inhaltliche Vergleich sein: Wem ist die **Kakerlake** eingefallen, wem die **Nachteule**?

Nein, **beide** Tiere sind nicht in den 100 der Liste auf S. 380 enthalten.

Nun, ich habe 100 Tiere gefunden, wieviel Tiere finden Sie in vergleichbaren 12 Minuten (wobei vier „Sitzungen" zu je 3 Minuten mehr bringen als 12 Minuten am Stück)? Und wieviel schaffen Ihre Freunde?

Tier-ABC-Ausbeute von 100 in 12 Minuten

Dies ist meine Ausbeute von 4 „Sitzungen“: Viermal gab ich mir jeweils **maximal 3 Minuten Zeit** für ein **Tiere ABC**, dabei bleiben natürlich (jedes Mal) einige Buchstaben „leer“, aber nach mehreren Malen bleiben wenige/keine Lücken, **wenn wir zum Thema einiges in unserem inneren Archiv haben.**

1. A
1. AASGEIER
2. ADLER
3. AFFE
4. ANTILOPE
5. AMEISE
6. AMEISENBÄR

2. B
1. BIENE
2. BIBER
3. BUSSARD
4. BÄR

3. C
1. CHAMELÄON

4. D
1. DELPHIN
2. DROMEDAR
3. DACHS(HUND)
4. DROSSEL

5. E
1. ELEFANT
2. EISVOGEL
3. ESEL
4. EICHHÖRNCHEN

6. F
1. FISCH
2. FLUßPFERD
3. FLAMINGO
4. FINK
5. FROSCH

7. G
1. GANS
2. GEIER
3. GRASHÜPFER
4. GEPARD
5. GAZELLE
6. GORILLA

8. H
1. HABICHT
2. HAHN
3. HUHN
4. HAMMEL
5. HASE
6. HENNE
7. HUMMEL
8. HUND
9. HYÄNE

9. I
1. IGEL
2. ILTIS

10. J
1. JAGUAR
2. JAGDHUND

11. K
1. KÜCKEN
2. KITZ
3. KUH
4. KALB
5. KLAPPERSCHLANGE
6. KANARIENVOGEL
7. KÄNGURUH
8. KAULQUAPPE
9. KOALA

12. L
1. LÖWE
2. LAUS
3. LEOPARD

13. M
1. MEISE
2. MAULESEL
3. MÖWE
4. MASTIFF
5. MASTODON

14. N
1. NILPFERD
2. NACHTIGALL

15. O
1. OHRWURM
2. ORANG-UTAN
3. OPPOSSUM
4. OCHSE

16. P
1. PFAU
2. PFERD
3. PUDEL
4. PAPAGEI

17. Q
1. QUALLE

18. R
1. RABE
2. REPTIL
3. RIESENSCHLANGE
4. REIHER
5. RATTE
6. ROTKEHLCHEN

19. S
1. SEELÖWE
2. SCHLANGE
3. SCHAF
4. STAR
5. SCHIMPANSE
6. SPATZ
7. SPERLING

20. T
1. TAUBE
2. TIGER
3. TÜPFELHYÄNE

21. U
1. UHU

22. V
1. VOGELSPINNE

23. W
1. WAL
2. WIESEL
3. WESPE
4. WELLENSITTICH
5. WELPE

24. X
1. x-tinct dino
2. x-beliebiges Insekt
3. XENOPHOBOS (=Fremdenhasser)

Dies bezieht sich natürlich auf den Homo sapiens, der unfähig ist, Menschen, die anders sind als er, zu respektieren; da auch der Mensch als Tier gesehen werden kann, ein legitimer Tiername, meinen Sie nicht?

25. Y
1. YAK

26. Z
1. ZIEGE
2. ZEBRA
3. ZECKE

Quizaufgabe Nr. 13: 4 Fragen zum Fehlermachen

13

Antworten Sie jeweils mit ❑ JA bzw. ❑ NEIN; wenn Sie unsicher sind, dann kreuzen Sie die Antwort an, die Ihrer Neigung eher entspricht. (Somit bedeutet ein JA auch ein „weitgehend JA".)

1. Wenn ich etwas nicht weiß, ärgere ich mich oft über mich. ❑ JA ❑ NEIN

2. Dies ist besonders ausgeprägt, wenn andere anwesend sind. ❑ JA ❑ NEIN

3. Besonders peinlich ist es mir, wenn ich wieder mal den Namen von jemandem vergessen habe. ❑ JA ❑ NEIN

4. Ähnlich geht es mir, wenn ich eine andere Art von Fehler mache, weil mein Gedächtnis mich im Stich gelassen hat. ❑ JA ❑ NEIN

Es wäre interessant, wenn Sie einige Menschen befragen könnten, um zu sehen, ob deren Antworten den Ihren weitgehend entsprechen.

Bitte das folgende Wortbild (KaWa) erst lesen, nachdem Sie geantwortet haben.

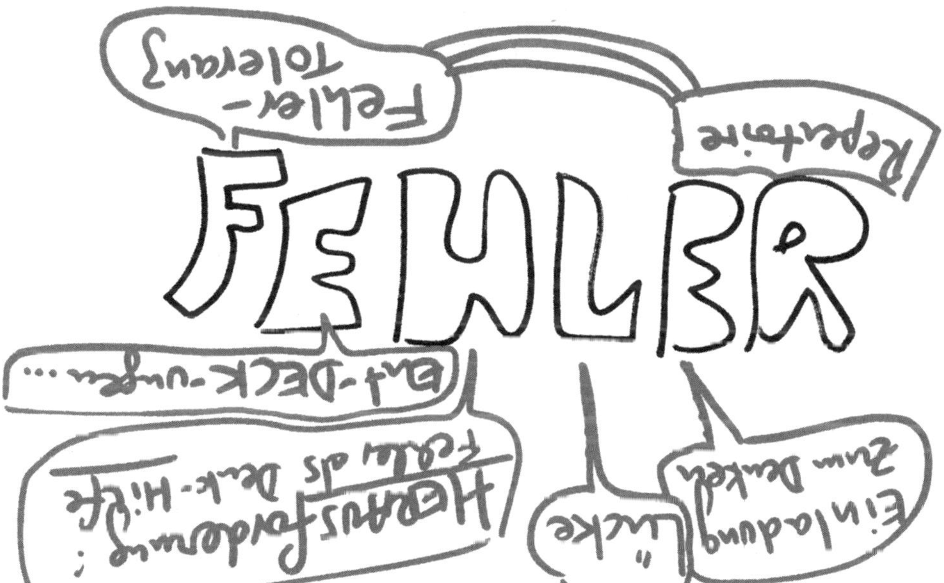

Literaturverzeichnis

1. **BADDELEY, Alan**: *Die Psychologie des Gedächtnisses.* Klett-Cotta, Stuttgart 1979
2. **BADDELEY, Alan**: *So denkt der Mensch – Unser Gedächtnis und wie es funktioniert.* Droemer Knaur, München 1991
3. **BIRKENBIHL, Vera F.**: *ABC-Kreativ© – Techniken zur kreativen Problemlösung.* Hugendubel (Ariston), Kreuzlingen/München 2002
4. **BIRKENBIHL, Vera F.**: *Alzheimer-Studien*, zwei Artikel in: Sonderheft *Spektrum der Wissenschaft*
5. **BIRKENBIHL, Vera F.**: *Birkenbihl on Service.* Econ, Berlin 2005
6. **BIRKENBIHL, Vera F.**: *Birkenbihls Denkwerkzeuge.* mvg, Heidelberg, 4. Auflage 2007
7. **BIRKENBIHL, Vera F.**: *Der Birkenbihl-Power-Tag.* mvg, Heidelberg, 5. Auflage 2001 (vergriffen)
8. **BIRKENBIHL, Vera F.**: *Eltern-Nachhilfe.* Hugendubel (Ariston), Kreuzlingen/München 2007
9. **BIRKENBIHL, Vera F.**: *Fragen Sie sich zum Erfolg.* Cassettenkurs, Gabal, Offenbach 2002
10. **BIRKENBIHL, Vera F.**: *Fragetechnik schnell trainiert.* mvg, Heidelberg, 18. Auflage 2010
11. **BIRKENBIHL, Vera F.**: *Freude durch Streß.* mvg, Heidelberg, 16. Auflage 2005
12. **BIRKENBIHL, Vera F.**: *Humor – an Ihrem Lachen soll man Sie erkennen.* mvg, Heidelberg, 4. Auflage 2005
13. **BIRKENBIHL, Vera F.**: *Jeden Tag weniger ärgern!* mvg, Heidelberg, 8. Auflage 2010
14. **BIRKENBIHL, Vera F.**: *Jungen und Mädchen: wie sie lernen.* Walhalla, Regensburg, 4. Auflage 2010
15. **BIRKENBIHL, Vera F.**: *Sprachenlernen leichtgemacht!* mvg, Heidelberg, 33. Auflage 2010
16. **BIRKENBIHL, Vera F.**: *Stichwort Schule: Trotz Schule lernen.* mvg, Heidelberg, 19. Auflage 2010
17. **BIRKENBIHL, Vera F.**: *Stroh im Kopf? – Vom Gehirn-Besitzer zum Gehirn-Benutzer.* mvg, Heidelberg, 50. Auflage 2010
18. **BIRKENBIHL, Vera F.**: *Trotzdem LEHREN.* mvg, Heidelberg, 4. Auflage 2010
19. **BIRKENBIHL, Vera F.**: *Trotzdem LERNEN.* mvg, Heidelberg, 4. Auflage 2010
20. **BIRKENBIHL, Vera F.**: *Von null Ahnung zu etwas Chinesisch.* mvg, Heidelberg, 2. Auflage 2007
21. **BOHM, David:** *Wholeness and the Implicate Order.* Routledge, New York 1996
22. **CALVIN, William H.:** *Wie das Gehirn denkt – Die Evolution der Intelligenz.* Spektrum Akademischer Verlag, Heidelberg/Berlin1998
23. **CARRUTHERS, Mary J.:** *The Book of Memory – A Study of Memory in Medieval Culture.* Cambridge University Press 1992
24. **CASTANEDA, Carlos:** *Reise nach Ixtlan – Die Lehre des Don Juan.* Fischer TB-Verlag 1998
25. **CHRISTIANSEN, Peter Voetman:** zit. von NØRRETRANDERS, Tor
26. **D'AVIS, Winfried:** *Neue Einheit der Wissenschaften.* Campus Verlag 1998
27. **DAHAENE, Stanislas:** *Der Zahlensinn oder Warum wir rechnen können.* Birkhäuser Verlag, Basel 1999
28. **DENNET, Daniel/AUNGAR, Robert** (Hrsg.): *Darwinizing Culture.* Oxford University Press 2001
29. **DENNIS, Wayne:** zit. SIMONTON, Dean Keith
30. **DESCARTES**, René: Meditationen über die Grundlagen der Philosophie. Felix Meiner Verlag, Hamburg 1976
31. **DIXON, Norman:** *Preconscious Processing.* John Wiley, Chichester 1981
32. **DIXON, Norman:** *Subliminal Perception: The Nature of a controversy.* London, McGraw Hill, 1997
33. **EASWARAN, Eknath**: *Mantram – Hilfe durch die Kraft des Wortes.* Herman Bauer, Freiburg 2000
34. **EDWARDS, Betty:** *Der Künstler in Dir.* Rowohlt, Reinbek 1992
35. **GELB, Michael:** *Das Leonardo-Prinzip – Die sieben Schritte zum Erfolg* (Original: How to think like Leonardo da Vinci). Ullstein Verlag, München 2001
36. **HELMHOLTZ, Hermann von:** zit. von NØRRETRANDERS, Tor
37. **JASTROW, Joseph:** zit. von NØRRETRANDERS, Tor
38. **KAHL, Reinhard:** *Vom Lob des Fehlers.* Video-Filme
39. **KEMMERICH**: zit. bei YATES, Frances A.
40. **KIRCHNER**: zit. bei YATES, Frances A.
41. **KOESTLER, Arthur:** *Der Mensch – Irrläufer der Evolution* (Original: Janus. A Summing Up). Goldmann Verlag, Bern/München, 2. Auflage 1981
42. **KOESTLER, Arthur:** *Die Armut der Psychologie – Zwischen Couch und Skinner-Box und andere Schriften.* Fischer, Frankfurt/Main 1989

43. **LANGER, Ellen J./WHITMORE, Paul/DEMAY, Douglas:** *Studie Piano-Lektion*
44. **LANGER, Ellen J.:** *Kluges Lernen – Sieben Kapitel über kreatives Denken und Handeln*, rororo, 2002
45. **LANGER, Ellen J.:** *The Power of Mindful Learning*. Perseus, Cambridge 1998
46. **LIBERMAN, Jacob:** *Natürliche Gesundheit für die Augen – Sehstörungen beheben, die Sehkraft verbessern*. Integral, Bern/München 1997
47. **LOFTUS, Elisabeth:** zit. bei SCHACTER, Daniel L.
48. **LULLUS, Raimundus:** zit. bei YATES, Frances A., *Opera – Clavis Pansophiae 2,1. Frommann-holzboog*, Stuttgart/Bad Cannstatt 1996
49. **LULLUS, Raimundus:** *Opera – Clavis Pansophiae 2,2. Frommann-holzboog*, Stuttgart/Bad Cannstatt 1996
50. **MANGUEL, Alberto:** *Eine Geschichte des Lesens* (Original: History of Reading. USA, 1995). Rowohlt, Reinbek 1999
51. **McCONNEL/CUTLER/McNEIL**: *Subliminal Stimulation: An Overview*. In: American Psychology 13, 1958 (S. 229–242)
52. **MELLANDER, Klaas:** *PowerLearning – Die wirksamsten Methoden, damit Lernen richtig Spaß macht*. mvg, München 2001
53. **MICHALKO, Michael:** *Erfolgsgeheimnis Kreativität – Was wir von Michelangelo, Einstein & Co. lernen können*. mvg, München 2001
54. **MOLES**: zit. bei SIMONTON, Dean Keith
55. **MORRIS COX, Catharine:** *Genetic Studies of Genius, Volume II*. Stanford University Press, Stanford 1969
56. **NEISSER, Ulric**: zit. bei NØRRETRANDERS, Tor
57. **NØRRETRANDERS, Tor:** *Spüre die Welt. Die Wissenschaft des Bewusstseins*. Rowohlt, Reinbek 1997
58. **PACKARD, Vance:** *Die geheimen Verführer. Der Griff nach dem Unbewußten in Jedermann*. Econ, München 1992
59. **PEIRCE, Charles Sanders**: zit. bei NØRRETRANDERS, Tor
60. **PERKINS, David:** *Geistesblitze*. Campus, Frankfurt/Main 2001
61. **PERKINS, David:** *Outsmarting IQ – The Emerging Science of Learnable Intelligence*. The Free Press, New York 1995
62. **PERKINS, David:** *Smart Schools – Better Thinking and Learning for Every Child*. The Free Press, New York 1992
63. **PLÖTZL**: zit. bei NØRRETRANDERS, Tor
64. **POSTMAN, Neil:** *Wir amüsieren uns zu Tode – Urteilsbildung im Zeitalter der Unterhaltungsindustrie*. Fischer Taschenbuch Verlag, Frankfurt/Main 1988
65. **POSTMAN, Neil:** *Die zweite Aufklärung* (Original: A Bridge to the Eighteenth Century). Berlin Verlag, Berlin 1999
66. **POSTMAN, Neil:** *Keine Götter mehr. Das Ende der Erziehung*. dtv, München 1997
67. **PÖPPEL, Ernst:** *Grenzen des Bewußtseins*. Insel, Frankfurt/Main 2000
68. **RIEGER, Stefan:** *Speichern/Merken – Die künstliche Intelligenzen des Barock*. Wilhelm Fink Verlag, München 1997
69. **SCHACTER, Daniel L.:** *Wir sind Erinnerung – Gedächtnis und Persönlichkeit*. Rowohlt Verlag, Reinbek 2001
70. **SCHNEIDER, Wolf:** *Wörter machen Leute*. Piper, München 1996
71. **SEMON, Richard:** *Die Mneme*. zit. bei NØRRETRANDERS, Tor
72. **SIMONTON, Dean Keith:** *Genius, Creativity and Leadership: Historiometric Inquiries*. Harvard University Press 1984, überarb. 1999
73. **SIMONTON, Dean Keith:** *Origins of Genius – Darwinian Perspectives on Creativity*. Oxford University Press, 1999
74. **STERNBERG, Robert J.:** *Erfolgsintelligenz – Warum wir mehr brauchen als EQ + IQ* (Original: Successful Intelligence). Lichtenberg Verlag, München 1998
75. **SVANTESSON, Ingemar:** *Mind Mapping und Gedächtnistraining*. Gabal, Offenbach 2001
76. **THUROW, Lester:** *Die Reichtums-Pyramide – Leben im 21. Jahrhundert*. Metropolitan Verlag, Düsseldorf/Regensburg 1999
77. **TOFFLER, Alwin:** *Der Zukunftsschock*. Goldmann, München 1988
78. **WATT, Henry X.:** zit. bei SCHACTER, Daniel L.
79. **WATTS, Alan W.:** *Kosmologie der Freude*. AT Verlag, Aarau 2000
80. **YATES, Frances A.:** *Gedächtnis und Erinnern – Mnemonik von Aristoteles bis Shakespeare*. Akademie Verlag, Berlin, 4. Auflage 1997
81. **ZAJONC, R.:** *Attributional Effects of Mere Exposure*. In: *Journal of Pers. and Social Psych. 9*, suppl. No. 2, part 2, 1968.

Stichwortverzeichnis

11 km 15 f., 64, 71, 80 f., 151, 287, 308 ff.
18-Gang-Rad 99, 128

A
ABC-Couvert 50, 84, 86, 89
ABC-Liste/n 45, 48 f., 53 f., 57, 59, 61, 65 f., 71, 75 f., 81, 83, 85 f., 89 f., 91 ff., 111, 117, 136 f., 191, 241, 254, 278 f., 303, 330 ff., 318, 379
ABC-Listen-Paradox 57 ff.
ABC-Techniken 57, 92 f.
AbRUF 16, 64 f., 67
AbRUF-Reiz 62 ff., 66, 70 f., 74, 84
Affen 23 f., 59, 61
Aggressivität an Schulen 42
Aha-Erlebnis 124
Akteur/e 64 f., 71, 75 f., 83
aktiv nachdenken 218
Alice 309
Ameisen 55, 61
Analogien 146
Anfangs-Buchstaben 65
Annäherung, grobe 158
Annäherung, intelligente 203
Anpassungen, kleine 158
Anwendungs-Möglichkeiten 59
AQUIN, Thomas von 223 f., 266
Arabisch 268 f.
Arabische Schrift 36
Arbeiten, gehirn-gerechtes 77
Architekt 228
Archiv, inneres 12, 45, 49, 57, 61, 65, 73, 75, 77, 84, 94, 96, 126, 169 f., 173, 181, 221, 247, 286 f., 292, 310, 311 ff., 371, 373, 379
ARISTOTELES 94, 262, 266
Aspekte, neue/n 169 f., 184
Assoziation/en 17, 47 f., 50 f., 54, 66, 77 f., 80, 83, 89, 123, 127, 129, 148, 151, 221 f., 224, 294, 366, 371, 376 ff.
Assoziations-Training 76
assoziativ 50, 77 f., 79, 81, 96
assoziatives Denken 66, 77, 80, 117
Atombombe der Psychologie 286, 290, 313, 321 ff., 325
Attribute Gottes 257, 259 f., 263
auftauchen 48, 51, 84, 86
Auge-Liste 134
Ausbeute 50, 79, 81, 318
Aussagen, konditionelle 192
Auswendig lernen 368
Automatismen 155
Änderungen 19
äußerer Kontext 273

B
BADDELY, Alan 274 ff., 371
Ball-im-Tor-Effekt 31 ff., 38 f.
BASHNER, Richard 185
Bedeutung 225, 227 f., 230 ff.
Behaviorismus 319 f.
Berg besteigen 228
bewegliche Scheiben 263
Bewegung 41 f.
Bewegung im Geist 169
Bewußtsein 308
Bewußtseins-Inhalt 296
Bewußtseins-Spektrum 171
Bild, bewegtes 163, 184, 368
Bild, stehendes 163, 184, 368
Bisoziation/en 123 ff., 126 f., 193
Black box 319
BLAKE, Robert R. 26
BOHM, David 285 f.
Brief 57
BROWN, Ann 176
Buch-Seminar 11 f., 99, 102, 115, 365
Buchstaben 55
Büffel 267 f.
Bühne 64 f., 75, 83

C
CAMPIONE, Joseph 176
CARROLL, Lewis 309
CARRUTHERS, Mary 223
CARSON, Shelley 166
CASTANEDA, Carlos 348
CHANOWITZ, Benzion 185
Charakter, investigativer 80, 111, 113
Checkliste 96
CHRISTIANSEN, Peter V. 292, 317
COUVERT-TECHNIK 83 ff., 117 ff., 131, 319

D
d'AVIS Winfried 234
Dalli Klick 373 f., 67, 70, 72
Darstellung, bildliche 306
De-Duktion 209 f.
Deckel 88, 180, 306
Definitionen erfinden 254
DeMAY, Douglas 159
Denck-Register 265
Denk-Bild 73
Denk-Elite 99
Denk-Form 218
Denk-Leistung/en 97, 116
Denk-LUST 90 ff., 92 f.
Denk-Pausen 288
Denk-Prozesse 75, 121 f., 162, 221, 233, 306
Denk-Stil, investigativer 103
Denk-Stil/e 96, 121, 218, 223 f., 252, 328
Denk-Technik/en 45, 83, 94 ff., 261
Denk-Tool 60 f., 83 f., 107, 115, 126, 180, 206
Denk-Training 121
Denk-Werkzeug 59
Denk-Wolke 66, 123 ff., 126, 134
Denk=Register 89
Denke, spezielle 264 ff.
Denken 90, 127, 194
    assoziatives 45, 66, 71, 77 ff., 80, 96 ff., 99, 117, 126, 128, 134 f., 250 f., 252, 292
    geniales 11, 96 ff., 135, 215, 223 f., 261
DENNET, Daniel 64
DENNIS, Wayne 97, 213 ff.
Depression 41 f.
DESCARTES 349
Didaktik 40
Disposition 27
DIXON, Norman 286, 359 ff.
DROR, Itiel 193
Dübeln 34

E
EASWARAN, Eknath 164
EDISON 217
Edukators 182
EDWARDS, Betty 330
Ehrlichkeits-Suggestionen 323
Einsichten 54
einspeichern, gehirn-gerechtes 63, 73
EINSTEIN, Albert 220 f., 223 f., 303, 353
Einstiegs-Phase 159
Ekphorie 63
Elefant 229
Empathie 24f.
Empfänger 231 f.
Empowerment 176, 253
End-Buchstaben 65, 372
Endorphine 90
Engramm 63
Ent-DECK-ungen 103, 180
Enthusiasmus 246
Entwicklungen, gedankliche 54
Environment 245, 282
er-GÄNZ-en, Er-GÄNZ-ung 67 ff., 70, 72
Er-MÄCHT-igung 247, 253
Er-WEIT-erung 61
Erfahrungen 20 f.
Erfahrungen, ähnliche 142
Erfolgs-KaWa 307
Ergänzen-Müssen 142
Ergänzungs-Vorgang 147
Erinnerungen 15, 195

Erinnerungs-Prozeß 63
Erinnerungsfähigkeit, bildliche 373
Erlebnisse, gemeinsame 143
Erleuchtung 256
Ermächtigung 57
Erregung 40
Erwerb von Fähigkeiten 28 f.
Erziehung 155
Eulenspiegel, Till 74, 148
Exformation/en 90, 116, 139 ff., 144, 146, 148, 151, 260, 297, 347
Experimente 365 ff. (vgl. Quizaufgaben)
explizit 286
Expo-Effekt 183, 186 f., 188, 190 f.
exponentiell 221
Exposure 183
Exposure-Effekt 187

F
Farb-Liste 114 ff.
Farben, sechs 110 ff., 127, 131
Fäden 78, 88 f., 99, 125, 134, 205, 242, 247, 311
Fehler 381
Filter 228, 241
Finger-Übung/en 92, 130
Fisch/e 225 f., 235
Floh/Flöhe 268 f.
Fokus, offener 171 f.
Forschungsergebnisse 153, 219
Frage/n 75, 175, 180, 207
Fremdwort-Spiel 188
FREUD 310, 315
Frontalhirn 44
Führung, ökonomische 216

G
GARDNER, Howard 139
GAUß'sche Normalverteilung 97, 213 f., 216
GAUß'sche Verteilungs-Kurve 248
Gedanken-Verbindung/en 47, 123
Gedanken-Wolke 123
Gedankenkette 122 f., 125 f.
Gedächtnis 62, 73, 266, 297 f.
Gedächtnis-Inhalte 196, 200
Gedächtnis-Paradox 195 ff.
Gehirn-Benutzer 49, 84, 287
Gehirn-Besitzer 49, 84, 292
Gehirn-gerecht Machen von neuen (Lern-)Infos 201 ff.
gehirn-gerechtes Arbeiten 77
gehirn-gerechtes Einspeichern 73
Geistes-Leistungsfähigkeit 222
Generierung von Ideen 223 f.
genial 220
Geniale Ungleichheit 215 ff.
Geniales Denken 213 ff.
Genialität 12, 97, 214, 217 f.
GENIE(-ale Studien) 213 f.
Geografie-Spiel 46
Geruchs-Metapher 76
Geschichtsstunde 189
Geschmack 112
Gewichte 316
GIOTTO-Bilder 69
Gleichheit, kreative 97
Glücks-Hormone 90
GOATLY Andrew 310
GODDEN, Duncan 275
GOODWIN 277
Grammatik 86
GREGORY, Richard 60
Grundgeschwindigkeit 72
Gruppen-Konsens 24
Güte 133

H
Hammer, metaphorischer 61
Han-Ji 36
Hand 227
Hand-Auge-Koordination 34
HAND-lungen 24 f.. 28 f.
HARRIS und ROCK 179, 192
HARRISON, George 200
Haus, das große 137
Hauslaterne 230
HAVELOCK, Ellis 213
HEISENBERGs Unschärfe-Relation 235, 313
HELMHOLTZ 308, 314 f. 321
Hier und Jetzt 77
Hierarchie 111, 257, 259, 264
Hilfsfaden/fäden 73 f., 204 f.
Hippocampus 44
HOGG 144
Homo sapiens 43, 46
Horizont 267
HUBERMAN 144
Hühnerfilm 269

I
Idee/n 80, 165, 221, 265
Ideen-Generator 93, 265
Ideen-Schwarm 126
Ideen-Wolke/n 123 f., 1256
Ideenklau 199 f.
In-Duktion 209
Info 136, 150, 188
Info-Bits 140, 148, 250
Info-Flut 225 ff., 232 ff.
Info-Integration 170
Info-Müll 234 f.
Info-Pakete, verschlossene 178 f.
Info-Terror 236
Information/en 48, 73, 75, 139 f., 145, 149, 152, 209, 234 ff., 260, 284, 312
infotainment 173 f.
innerer Kontext 274
Inneres Archiv 12, 311 ff.
Input 319
Insel 81, 148
Insider-Bemerkungen 146 f.
Insider-Liste 100
Intelligenz 12, 18ff., 59 ff., 72, 88, 90
lernbare 18 ff.
reflexive 21 f.
Introspektion 319
Inventur 49 f., 55, 77 f., 86, 95, 99, 103, 120 f., 128, 371
investigativ 80, 252
involvement 170
I.Q. 18
Irrtümer 200
Isomorphismus 216

J
JAMES, William 31, 164
JASTROW 316 f.
Jury 249 f.

K
KaGa (Denk Bild) 48, 56, 78, 83, 88, 98, 124 f., 141, 149 f., 152, 227, 233, 285, 304 f.
KAHL, Reinhard 247
Katakomben 15 f., 75 f., 84
Kategorien 233
Kategorien-Torte/n 124, 233
Katze im Sack 96
KaWa (Wort-Bild) 51, 60, 65, 67, 75 ff., 78, 83, 91, 93, 95 f., 104, 116, 118, 133, 154, 173 f., 178, 194, 205, 212, 218, 220, 226, 232, 241, 244 ff., 252, 255, 264, 271, 281 ff., 300 ff., 318, 381
KEMMERICH 93
Kiemen 226, 235 f.
Kleidung 278
Knopf annähen für Männer 35
Koch-Kurs 34
KOESTLER, Arthur 117, 123 f., 309
Kognitives Vakuum 180
Komponisten 215 f.
Konsolidierung 50, 52
Konstruktion 201, 278
Kontext 201, 272 f., 277, 281
Kontextuelle Info 280
Konzentration, verengte 171
Korrelation 217
KÖCHEL 107
Kreatives Schummeln 242 ff.
Kreativität 12, 17, 214, 216, 230
Kreuzworträtsel-Effekt 301
Kritik 30
Kryptomesie 197 f.
Kumulierte Kompetenz 37 f.

KUNZ, Dr. Christina 247
Kurzweiligkeit 295

L
Lagerhalle, brennende 237
LANGER, Ellen J. 132, 153 ff., 159, 162 ff., 166, 168, 171 f., 176, 178 ff., 183 f., 192 f., 197, 367 f., 370
LASHLEY 63
Lehrer-Modul 246 ff.
Leiter/n 122, 126 f., 257, 262, 264 ff.
Lern-Prozeß 95, 103, 160, 277
lernbare Intelligenz 18 ff.
Lernberg 28 ff.
Lernen 12, 20, 28, 40 ff., 175, 181, 201, 203, 241, 367
Lernen durch Zusehen und Nachahmen 24
Lernstoff 255, 274
LEVINE, Howard 209, 211
LIBERMAN, Jacob 171
Limen 283
Liste anlegen 104
Liste möglicher Listen 100, 102, 105 ff.
Liste/n 54, 95, 118, 126, 219, 254, 260, 264
Listen, runde 135
LISTEN-Denken (vgl. Denk-Technik) 94 ff., 99, 111, 128, 262, 266
  Denken, assoziatives 96 ff.
Listen erstellen 99 ff.
  Erinnerung 102
  Quizaufgabe 102
  Zwischenspiel 103 f.
Listen-Farbenspiel 110 ff.
  Aufgaben 110 ff.
Listen-Techniken 219
Loci 266
LOCKE, John 314
LOFTUS, Elisabeth 371
LOTKA 216
LULL'sche LEITER-TECHNIK 127
LULL'sche Leitern 93, 95, 137, 193, 254, 256 ff., 262
LULL'sche ROTAE 135, 256 ff.
LULLISMUS 264
LULLUS, Raimundus 108, 122, 126, 132, 135,256 ff., 260, 262 f., 266
Lust 91

M
Malen-nach-Zahlen-Schema 176
Management-GRID 26
MANGUEL, Alberto 230
MARCUS, Andreas 184
Mathematik und Geometrie 52 f.
MÄNTYLÄ, Timo 365, 376
Märchen 52 f.
McCONNEL 325
Me'em, äthiopische 269
Mechanismen, neuronale 84
Medizinstudenten 18
MELLANDER, Klaas 206, 208, 251
MEM 326
Menschen, denkfähige 222
Menschenkenntnis 121, 128
Mentale V.R. 211
Merkblätter 299 ff.
Metaphern 145 f.
metaphorische Leiter 264
metaphorische Tapete 277
Methoden 21 f., 38 f.
Methoden-Mix 38 f.
MICHALKO, Michael 119, 213
Mini-Training 371
Mißverständnisse 141
Modelle 24
MOLES 215
Monatsnamen 72 f., 375
MONNET, Claudia 242
Montagsauto 17
MOUTON, Jane Stygley 26
MOZART 197
Mr. Rechts/Mr. Links 328
Muliplikations-Fehler 250 f.
muliplikatorisch 221
Multiple 276

N
Nachhilfe 28
Nachteile 181
Natur, geistige 167
Natur, zweite 153 f., 367
NEISSER, Ulric 66, 72
Nervenbahnen 79, 205
Netzwerk 221
Neues 19 f., 41
Neurogenese 39 ff.
neuronale Geschwindigkeit 19 f.
neuronale Mechanismen 16, 84
NEWTON 235
Nobelpreisträger 220
Normal 154
Noten 248 ff., 310
NØRRETRANDERS, Tor 15, 62, 139, 141 f., 144, 149, 151, 267 f., 291, 308, 313 ff., 317, 321, 324 ff.
Novizen 40 f., 43 f.

O
Ober 142
oberer Grenzwert 283
Oberfläche 50, 57, 78, 86, 88, 100, 152
OPPENHEIMER 220
Osomorphismus 216

P
PACKARD, Vance 322, 325 f.
Paradigmenwechsel 235
Paradox 57, 294
Parallel-Listen 122
PARETO-Gesetz/-Prinzip 108, 216
passives Wissen 64, 280, 287
PASTEUR 117, 256
Patent-Rezepte 57 f.
Pauken 16, 20, 175, 177 f., 180 f. 251, 266
PEIRCE 317
PERKINS, Dave 18 ff., 72
PETRASZ, Lori 183
PICASSO 271
PICASSO et al. 267 ff.
PIETRASZ, Lori 156
PISA-Studie 253, 296
PLANCK, Max 235
PLÖTZL-Effekt 292, 318 ff.
Pool-Situation 167
POSTMAN, Neil 64, 139, 180, 237, 310
POTENZ-ial 154 f.
PÖPPEL, Ernst 294 ff.
Präferenzen 27
Priming 187
Prüfungsfragen 248

Q
Qualität 62, 217
Quantität 217
Quellen-Amnesie 198 f.
Quiz-Sendungen 67

R
Ratte 208 f., 376
re-konstruieren 68, 70, 73, 128, 242, 272, 280, 288, 292, 310, 375 f.
Re-Konstruktion/en 67 ff., 72 f., 201, 278, 297
REAGAN 197
Reaktionsfähigkeit 121, 128
Reaktionszeit 19
Reden lernen 279
redundant 140
Redundanz 139 f.
Reflex 154
reflexive Intelligenz 21 ff.
REICH-tum 47, 126, 221
Reitschülerin 171
Reiz 75
REM 188
richtig 156
RIZZOLATI, Giacomo 24
ROCK und HARRIS 179, 192
ROSENTHAL, Hans 373
ROTAE 93, 95, 122, 135, 193, 256 ff., 263, 266
Rückwärtsfahren mit Anhänger 35 f.

S

Saat 201
SCHACTER, Daniel L. 62 f., 64, 195, 197, 198, 272, 308, 365, 371
Scheibe 136
Scheiben, bewegliche 263
Scheiben-Diagramme 262
Scheiben-Modelle 135
SCHINDLERs Liste 107
Schlittschuhläufer 165
Schlüssel 230
Schlüsselreiz 88
Schlüsselwort/wörter 366, 375
SCHMIDBAUER, Wolfgang 13
Schmuck 278
Schnappschuß, seelischen 77, 103
SCHNEIDER, Wolf 139 f. 189
schreiben/zeichnen 83
Schreibkrampf 219
Schubladen-Trick 17
Schul-Bildung 153 ff., 367
Schul-Lernen 22, 251
Schul-System 11, 28, 219, 222, 246
Schummeln 55, 242 ff.
Schürzenjäger 228
Schwein 142
Schwelle 283
seelischen Schnappschuß 77
Seh-Duktion 209, 211
Seh-Übung 172
Seil, metaphorische/s 122, 125
Seile, dünne 134
Selbst-Benotungen 248 f.
Selbst-Erkenntnis 128
Selbstwertgefühl 46, 81
SEMON, Richard 62 f., 65, 70 f.
Sender 148, 231
Serien 144
Sex 40
SHAW, Georg Bernhard 221
Silbenanzahl 65, 372
SIMONTON 213, 215 f., 220 f.
Smack-it-Ball 157
SMITH, Paul 208
Sokrates 182
Spaghetti 22 f.
Spaßfaktor 62, 81, 373
Spaziergang 273 f.
spezielle Denke 264 ff.
Spiegelneuronen 22 ff., 33 ff., 38
Spiel oder Arbeit? 172 ff.
Spiel Idee 68
Spotlight/Spotlicht 65, 70, 75
Sprech-Denken 119 f.
Stadt-Land-Fluß 16, 45 f., 92, 302
Stadt-Land-Quantenphysik 47, 92, 302
Standpunkt 147
Stellen von Fragen 180
STERNBERG, Robert 177, 222, 251
Stichwort/wörter 47, 78, 80, 99, 219, 376
Stillstand, geistigen 169
Stofftiere 279
Story 243 f.
Subliminal 283
Subliminal-Techniken 326
Subliminale Wahrnehmungen 310, 331 ff.
Such-Sonden 49
Sufi-Story 225
Supermarkt 198
SVANTESSON, Ingemar 365

T

Tachiskop 315, 321
Tapete 245, 282
Tapete, metaphorische 277
Tapeten-Effekt© 131, 244, 272 ff., 277 ff.
Trockentraining kontra-produktiv 275 ff.
Taschenlampe 227
Tempo 62, 70, 373 f., 377
Tennis-Beispiel 156
Texte, konditionelle 162
Tiefe/n 51, 55, 83 f., 86, 100, 151 f., 236
Tiefseetaucher 275 f.
Tier-Liste/ABC 47, 49 f., 52, 379 f.
To-Do-Liste 100
Tool 55 f., 61, 99
Training 135
Trainings-Effekt 50
Transparenz 249
Traum 246, 252
TULVING 367
TURNBULL, Colin 267 f.
TV-zapping-Generation 367

U

U-Liste 137
Unbewußte/s 50, 72, 75, 120, 265, 287
unbewußtes Wissen 83
Unfähigkeit, Einsichten zu gewinnen 180
Ungleichheit, geniale 215 ff.
Universalien 258 f., 261
Unlust-Gefühle 90
Unsicherheiten 156
Unternehmungsgeist 41
Unterscheidungen 184, 186
Unterschwellig? 283 ff.
Update-Wissen 234
Urlaub 16
über Hundertjährige 42 ff.
Überlagerung 140

V

V.R., mentale 211
Verarbeitung von Neuem 19
Ver-BIND-ung/en 127 f., 132, 134, 272
Verbindungen 78 ff., 84, 123, 169
Vergangenheit 123
vermehren 221
Vermehrung von Ideen 224
Vertrautheit mit dem Thema 19
Vertrautheits-Gefühl 187
Vokabelpauken 192, 250
Volksgesundheit 44
Voraus-Wissen 141 f., 147 f.
Vorbereitungen 203
Vorbilder 24
vormachen 33 ff.
Vorstellungs-Kraft 211

W

Wahrnehmung, 15 mm bewußte 15, 151
Wahrnehmung, subliminale 310, 325 f.
Wahrnehmung/en 225, 228 ff., 286, 314
Wasser 225 f., 235
WATT, Henry X. 63
Werkzeuge 59
Wert-System 113
WHITMORE, Paul 159
Wiederholungen 151
Wirklichkeit 284
Wissen 20 f.
Wissen, abgesunkenes 49
Wissen, passiven/s 48, 64, 280, 287
Wissen, unbewußtes 48, 59, 83
Wissens-ABC 47
Wissens-Gebiete 125
Wissens-Generierung 266
Wissens-Inhalte 64
Wissens-Listen 49
Wissens-Netz 20, 47 ff., 66, 73, 86, 88 f., 99, 115 f., 121, 125, 128, 134, 170, 188, 205, 221, 235, 242, 245, 247, 251, 310 f.
Wissens-Vermehrung 224
Witze, numerierte 143
Wort-Bild/er (s. auch KaGa) 300, 303
Wörter, türkische 182

Y

Yin-Yang 243

Z

ZAJONC, R. 182
zappen 236
Zeit-Paradox 294 ff.
Zeitplan 100
Zeitspektrum 214
Zeugenaussagen 196 ff.
ZIMMERMANN 308
Zugabteil 143
Zugriff (auf die Fakten) 221
Zuruf 64
Zwangsfüttern 177

VERA F. BIRKENBIHL

STROH IM KOPF?

mvgverlag

Inhalt

Vorwort zur 48. Auflage 8

Aufbau dieses Buches ab der überarbeiteten 36. Auflage. 15

Danksagungen 17

A wie ANFANG 18

Teil 1

ANALOGRAFFITI© Oder: KaGa© und KaWa© – Was ist das? (nach Birkenbihl) 23

1 KaGa© = (Kreative Analografie©, Grafische Assoziationen) 25
2 KaWa© = (Kreative Analografie©, Wort-Assoziationen) 29
Fallbeispiel: Netz, Wissens-Netz & Wissen 32
Sechs kleine KaWa©-Tips 34

FLOW© (nach Mihaly Csikszentmihalyi) 36

Gedächtnis wie ein Netz? Oder: Das Wissens-Netz© 41

Kategorien-Denken© Oder: Gedächtnis wie ein Sieb? 50

Vorteil Nr. 1: Sie wissen immer sofort, ob Sie diese Info begriffen haben! 54
Vorteil Nr. 2: Sie nehmen weit mehr wahr als früher! 54
Vorteil Nr. 3: Sie MERK-en sich weit mehr als früher! 55
Vorteil Nr. 4: Sie verbessern Ihre Intelligenz und Ihre Kreativität! 55
Technik des Denkens in (logischen) Kategorien 58

Lernen, aber was? Wissen oder Verhalten? 59

Lernkurven gefällig? 68

Oder: Wie findet Lernen eigentlich statt? 68
Lernen wir eigentlich bewußt oder unbewußt? 69
Wissen ist nicht gleich Können 71
Exkurs: Kann ein Seminar „etwas bringen"? 73
Zurück zur Wissens-Kurve 73
Die andere Lernkurve: Verhalten (Training) 75

Paradox des Nicht-Ich 78

Probleme mit dem Lesen? 81

Lesen lernen? 81
Experiment: Geheimschrift SCHREIBEN 82
Geheimschrift: Ergebnis 1 84
Experiment: Geheimschrift LESEN 84
Geheimschrift: Ergebnis 2 86
Lesen durch Schreiben 88
Konsequenzen für den Alltag 89

Wahrnehmung von Wiederholungen 92

Teil 2

T – Gehirn-gerecht-Machen von neuen (Lern-)Infos 95

Beispiel 1: Computersprache 98
Beispiel 2: Medizinisches Basis-Wissen 100
Beispiel 3: Juristisches Basis-Wissen 105
Beispiel 4 bis 10.000: Jede Art von Basis-Wissen 109

T – Inneres Archiv© **110**

Gedächtnis, Intelligenz & Kreativität verbessern 110
So gehen Sie vor: **111**
Stadt-Land-Fluß 111
Trainings-Aufgabe: Legen Sie zahlreiche Wissens-Alphabete© an! 114

T – Jeder kann zeichnen! 121

Lamron und der Künstler 124

T – Kategorien-Torten© zeichnen 136

Wissens-Kategorien 140

T – Kreativitäts-Technik: 90-Sekunden-Plus© **143**

Zu 1: Sie befragen andere 144
Zu 2: Es ist niemand da …? 146

T-NEUROBICS© (nach Lawrence C. KATZ) 149

1. Gehirn-gerechtes© Arbeiten (nach BIRKENBIHL). 149
2. Gehirn-Jogging© 150
3. NEUROBICS© (nach Katz) NEUROBICS© in der täglichen Praxis 152

T – Parallel-Lernen 155

Übungen 159

T – Positive Formulierungen 161

Vorprogrammierte Fehler bei der Delegation 161

Motivation 161

T – Rhetorik und Prüfungen 164

Professionelle Vorbereitung: Steine-im-(Rede-)Fluß© 164

Rhetorik-Training: Sprechen oder Sprech-Denken 173

T – Sprachen lernen – gehirn-gerecht/BIRKENBIHL-Methode 176

Die klassische Methode: Vier Schritte 176

Grundlegende Unterschiede der Birkenbihl- Methode© zu traditionellen Methoden 178

Die BIRKENBIHL-Methode©: Vier Lernschritte 179

T – Verhalten + Handlungen TRAINIEREN (Gegensatz: Lernen von Wissen), aber wie? .. 187

Regel Nr. 1: gaaaaaaaaaanz laaaaaaaaaaaaangsam 188

Regel Nr. 2: KURZE EINHEITEN 189

Regel Nr. 3: 10 Minuten ergeben 17? 189

Regel Nr. 4: REAL – MENTAL – REAL – MENTAL 190

Regel Nr. 5: AUTONOMES ÜBEN MÖGLICH? 193

Regel Nr. 6: HEISS/KALT-SPIELCHEN gefällig? 194

Regel Nr. 7: IMITATION 194

Regel Nr. 8: PERSIFLAGE 195

T – TV-Gewohnheiten 196

Mini-Quiz 196

Gefahr Nr. 1: Der physische Sehvorgang 197

Tip 1: Gezielt wegsehen! 199

Gefahr Nr. 2: Prägung 200
Tip 2: Was sehen Sie häufig/regelmäßig? 201
Tip 3: Nachrichten-Sendungen NICHT MEHR LIVE 203
Tip 4: Andere Sendungen (inkl. Spielfilme) ebenfalls zeitversetzt sehen 205
Tip 5: Wissens-Kassetten: Von Woche zu Woche gescheiter werden 206

T – Zeitraffer-Technik 212
Was ist die Zeitraffer-Technik? 212

T – Zum Schluß: Etwas Denk-Sport 215
Denk- Sport-Übungen 215

Teil 3

Beiträge aus der Wandzeitung zum Thema „Lernen" 220
Stichwort: Lernlibido 220
Stichwort: Schule 236
Stichwort: Sprachen lernen leicht gemacht 237
Stichwort: ADS 238
Stichwort: Innere Kritik abstellen 242
Stichwort: Eine weitere Idee zum inneren Kritiker 245
Stichwort: Wie komme ich von Mindmaps weg? 246
Stichwort: Senioren 247
Stichwort: Gehirn-gerecht-machen von Informationen 250
Stichwort: Ende Gehirnlähmung durch VFB-Denk-Tools! 253
Stichwort: Warum überhaupt Lernen? 255

Hilfreiches „Altes" 257
Analog und digital im doppelten Gehirn 257
Rational ***und*** kreativ! 262

Teil 4

Anhang I – Merkblätter 264
MERKBLATT NR. 1: SOZIO-BIOLOGIE 264

MERKBLATT NR. 2: Etwas LERNPSYCHOLOGIE 265
1. KLASSISCHE KONDITIONIERUNG 265
2. OPERANTE KONDITIONIERUNG........ 266
3. LERNEN DURCH EINSICHT........ 267
MERKBLATT NR. 3: Die REICHEN-Methode zum Lesen lernen 269
MERKBLATT NR. 4: Mentalität: West und Ost 270
MERKBLATT NR. 5: Sprache als Instrument des Denkens 270
1. Ich habe mich ganz klar ausgedrückt! 270
2. Was bedeutet ein Wort eigentlich? 271
3. Inwieweit beeinflußt die Grammatik das Denken?........ 272
4. Gibt es alles, wofür wir Worte haben? 272
MERKBLATT NR. 6: Ein wenig Gehirn-Forschung 273
Hintergrund-Info 273
Spurensuche im Gehirn........ 274
Das Engramm........ 274
Erinnert sich das Seepferdchen? 277
Das Gedächtnis – ein Hologramm? 278
Der Frust-Lust-Faktor........ 280
MERKBLATT NR. 7: Lösungen zu den Denk-Sport-Übungen........ 281
MERKBLATT NR. 8: Vorbereitung einer Rede (nach Natalie H. Rogers) 283
MERKBLATT NR. 9: Drei Wege führen in Ihr Gedächtnis........ 285
Weg Nr. 1: Natürliches Lernen........ 285
Weg Nr. 2: Schul-Lernen 287
Weg Nr. 3: Gehirn-gerechtes Lernen 291
MERKBLATT NR. 10: DVDs nutzen 294
Trick 1: Szenen suchen........ 294
Trick 2: Mit dialogarmen Filmen beginnen 295
MERKBLATT NR. 11: Vergriffene Bücher suchen: Drei Wege führen zum Erfolg........ 295
MERKBLATT NR. 12: Verhalten + Handlungen TRAINIEREN, aber wie? 296
Regel Nr. 9: VARIANTE 130 % (SPIEGELNEURONEN) 296
Regel Nr. 10: Thema mit Variationen 297

Anhang II – Literaturverzeichnis 299

Anhang III – Stichwortverzeichnis 306

Vorwort zur 48. Auflage

Als dieses Buch Anfang der 1980er Jahre das erste Mal erschien, konnten wir nicht ahnen, daß wir im Laufe von guten zwei Jahrzehnten in die 48. Auflage gehen würden, womit die Zahl der verkauften Exemplare sich der 700.000er-Grenze nähert (plus zahlreiche Ausgaben in anderen Sprachen). Wäre es eine LP (die jungen Leser wissen vermutlich schon gar nicht mehr, was eine Schallplatte ist) oder eine CD, dann hätte es inzwischen vier Goldene und sogar zwei Platin-Schallplatten verliehen bekommen!*

In dieser Zeit ist viel passiert: Nachdem der amerikanische Kongreß die 1990er zum JAHRZEHNT DES GEHIRNS erklärt hatte, nahm die Gehirnforschung auf vielen Gebieten dramatisch zu, so daß ich mein einstiges Büchlein in der 3. und 6. Auflage völlig überarbeiten mußte. Danach wurden die Abstände zwischen den einzelnen Auflagen immer kürzer, so daß die 36. Auflage die nächste „Runderneuerung" darstellte, während ich dazwischen immer nur Teile änderte (42. und 47. Auflage) – und dieses Mal vor allem das VORWORT völlig neu schreibe. Inzwischen gibt es nämlich weitere Titel, die zwar chronologisch NACH *Stroh im Kopf?* erschienen sind, die man aber parallel oder auch vorab lesen kann, weil man dann alle Inhalte des Buches als Fallbeispiele für die neueren Konzepte sehen kann. Diese möchte ich hier kurz vorstellen, damit Sie sie besser einordnen können.

1965 bis Mitte der 1980er – die Anfänge

Ich war am Schulsystem gescheitert, weil ich mit der sturen Paukerei nicht klarkam. So vermittelte mir die Schule das Gefühl, ziemlich „blöd" zu sein, während ich außerhalb der Schule das Gegenteil erlebte. Ich begann z. B. mit 13 Jahren Erwachsenen Deutsch-Unterricht zu geben (z.B. ausländischen Ingenieuren, die bei deutschen Firmen zu Gast waren – einige wenige von ihnen wollten Deutsch lernen!).

Durch diese Erfahrungen lernte ich, Wege zu entwickeln, die vom schultypischen Unterrichten ABWICHEN, jedoch weit erfolgreicher waren ... 1965 ging ich in die USA und begann mich dort (während diverser „Vollzeit-Jobs")

* Für diese Auszeichnung waren bis 2003 150.000 bzw. 300.000 im Inland verkaufte Langspielplatten nötig. Heute wird schon ab 100.000 verkauften Alben eine Goldene Schallplatte verliehen.

autodidaktisch in der englischen Sprache zu unterweisen, um mich dann auf den College-Entrance-Test vorzubereiten, der es einem erlaubt, auch ohne High-School-Abschluß ein Studium zu beginnen. So konnte ich in den USA ohne Abitur Psychologie und Journalismus studieren. Hier lernte ich zum einen zahlreiche Lerntricks (meist mnemotechnischer Art) kennen, die ich später viele Jahre lang weiterentwickelte und in Workshops weitergab, aber auch die Gehirnforschung, z.B. die Lehre vom linken und rechten Hirn. Inzwischen wissen wir, daß vor allem MÄNNER-Hirne stark „lateralisiert" sind, während Frauen auch im Kopf mehr „miteinander reden", d.h. eine weit ausgeprägtere Kommunikation zwischen rechter und linker Hirn-Hemisphäre pflegen. Trotzdem war die Lehre vom geteilten Hirn einige Jahre lang immens hilfreich, um völlig neue Lehr- und Lernstile auszuprobieren und damit zu beginnen, die herkömmlichen (oft gar nicht gehirn-gerechten) Mechanismen (wie das sture Pauken) zu überwinden. Das erste *Stroh im Kopf?* erschien als flankierende Maßnahme zu den „Lernen lernen"-Seminaren, die ich seit 1969 in den USA durchgeführt hatte.

Die 1990er

Dank dem Schub in der Gehirnforschung wurden in dieser Zeit viele bahnbrechende neurophysiologische Mechanismen entdeckt, die zeigten, daß es außer den beiden Hirnhälften weit mehr Aspekte gibt, die das Lernen und Lehren beeinflussen.

Es waren aufregende Jahre, die ihren Niederschlag in der 36. Auflage des damals „völlig" neuen *Stroh im Kopf?* fanden. Ich hatte im Laufe der Zeit eine Menge Ansätze entdeckt (z.B. TRAINING im Gegensatz zu LERNEN, S. 189 ff.) sowie neue Techniken entwickelt (z.B. wie man Sprachen lernt, wobei Vokabelpauken VERBOTEN ist), und vieles davon floß nun in die 36. Auflage ein. Im selben Zeitraum entstand ein Parallel-Buch (*Das innere Archiv*), das inzwischen in der 4. Auflage vorliegt und vieles bietet, was in *Stroh im Kopf?* absolut keinen Platz mehr gefunden hat. Hier ist besonders das längste Modul erwähnenswert, in dem es um Forschungsergebnisse aus den 1980er Jahren geht, von denen die meisten Lehrkräfte auch heute noch nichts wissen! Da das komplett überarbeitete *Stroh im Kopf?* und *Das innere Archiv* parallel entstanden, kann man sie gut parallel lesen.

Die ersten Jahre des neuen Jahrtausends

Meine eigene Entwicklung wurde immer aufregender. Schließlich hatte ich inzwischen etwa 4 Jahrzehnte in diese Fragestellungen investiert, und wenn man lange an einem Thema arbeitet, kann es passieren, daß neue Forschungsergebnisse immer häufiger zu bahnbrechenden Einsichten führen bzw. daß sie so manches „beweisen“, was man PRAGMATISCH schon lange entwickelt hat. Wußte man z.B. vorher nur, DASS das PASSIVE HÖREN (seit Jahrzehnten Teil meiner Sprachlern-Methode) funktioniert, so stellt sich nun heraus, WARUM.

Und so entstand ein völlig neuer Ansatz, den ich 2004 in ein neues Buch (*Trotzdem LEHREN*) packte. Bei diesem Titel schrieb ich einmalig eine extern abgespeckte Zwillings-Version für Leute, die Angst vor dem Lesen haben (*Trotzdem LERNEN*); sie hat 133 Seiten weniger als das Hauptwerk und kann auch von zögernden Azubis, Schülern oder bildungsferneren Eltern gelesen werden. Die Grund-Ideen stellte ich an zwei aufeinanderfolgenden Vortrags-Abenden vor, die als **Doppel-DVD** (*Genial lernen/lehren*) erhältlich sind, so daß alle, die nicht so gern lesen, die wichtigsten Einsichten dieses Werkes (**Doppel-Checkliste, Neuro-Mechanismen** etc.) ebenfalls kennenlernen können. Die Doppel-Checkliste ermöglicht es Lernenden wie Lehrenden, zu beurteilen, inwieweit **eine Unterrichtsstunde** bzw. im Geschäftsleben **eine** (PowerPoint)-**Präsentation gehirn-gerecht ist**.

Mit gehirn-gerecht meine ich seit den 1960er Jahren „der Arbeitsweise des Gehirns entsprechend“, wobei ich eingangs von weitgehend „selbstgebastelten“ Denk-Modellen ausging, die meine PRAKTISCHEN Methoden erklären konnten. Diese wurden im Laufe der Jahre zunehmend durch Forschungsergebnisse bestätigt (Denk-Modell wird „Faktum“). Auch ermutigten mich diese Forschungsergebnisse, neue Ansätze zum praktischen Handeln zu entwickeln, um das Lernen bzw. das Lehren einfacher zu machen. Interessanterweise sah ich Lernen und Lehren von Anfang an als zwei Seiten derselben Medaille an, während die meisten lehrenden Personen (in Schule und Erwachsenenbildung) heute immer noch davon ausgehen, „Lehren“ wäre etwas fundamental anderes. Man könnte es auch etwas boshaft so ausdrücken: Je weniger jemand LERNEN kann, desto schlechter ist sein Stil beim LEHREN, eben weil er wichtige Aspekte des LERNENs gar nicht kennt und demzufolge beim LEHREN auch nicht einbeziehen kann.

Exkurs:
Von der Wirtschaft an die (Hoch-)Schulen ...?

Ebenfalls faszinierend ist, daß ich in den 1970em bei Lehrern so gut wie nicht punkten konnte. Sie fanden die Tatsache, daß meine Methoden im Geschäftsleben funktionierten, überhaupt nicht überzeugend, weil sie meinten, SCHULE SEI EINFACH ANDERS! Wiewohl unzählige meiner Seminar-Teilnehmerinnen firmenintern (weiter-)lernen bzw. sich für andere Tätigkeiten qualifizieren, meinte man, daß meine Erfahrungen absolut nichts mit dem Schulbetrieb zu tun hätten. Oder: Viele meiner Kundinnen müssen lernen, ihren potentiellen Kauf-Interessenten **erklärungsbedürftige Produkte** so zu erläutern, daß sie eine Chance haben, diese zu verkaufen. D. h., wenn die Berater einer Firma für physiotherapeutische Geräte diese ihren potentiellen Käufern (d.h. niedergelassenen Ärztinnen) nicht gehirn-gerecht erklären können, hören sie erst „Lassen Sie den Prospekt mal da, ich schaue später noch mal rein" und danach nie wieder etwas.

Interessanterweise hatte ich gerade hier eine großartige Chance, jahrzehntelang neue Ansätze des Unterweisens und des Lernens zu testen. Ob jemand medizinisches Basiswissen lernen mußte (potentielle Pharma-Berater) oder es darum ging, die Mitarbeiter der Kunden möglichst schnell am Computer einzuarbeiten (in den 1980ern gelang es mir, diese Einschulungszeit um die Hälfte zu reduzieren – bei besseren Leistungen danach), oder die US-Army die Einweisungen an ihren (damals) neuen Panzern verbessern wollte (ebenfalls 1980er Jahre), immer ging es darum, durch gehirn-gerechte Ansätze das Lehren und das Lernen zu verbessern, praktisch und meßbar. Genau das aber interessiert Vertreter des Regel-Schulsystems überhaupt nicht (teure Privatschulen hingegen sehr wohl), denn sie sind ja nicht gezwungen, die LEISTUNGen der Lehrkräfte zu verbessern, solange man davon ausgehen kann, daß im Zweifelsfall die „Kunden" schuld sind (demotivierte, faule, untalentierte Schülerinnen bzw. desinteressierte Eltern). Tja, selbst der PISA-Schock und die nachfolgenden Pisa- und OECD-Studien führten nicht zu der Frage, wie man Kindern aus bildungsfernen (und bildungsfeindlichen) Familien helfen könnte – damit sie an der Schule genau das erhalten, was ihnen zu Hause vorenthalten wird! Diese Fragestellung hatte man in der Nachkriegszeit EINMALIG positiv beantwortet, indem man in der damaligen Bildungs-Offensive eine Generation lang eine Art von „gleichen" Bildungschancen geschaffen hatte, die sich danach aber kontinuierlich wieder verschlechterten. Hätten wir damals so weitergemacht, dann wären wir das „Finnland" der PISA-Tests geworden, denn die Finnen haben erst in den 1980er Jahren begonnen, ihr Schulsystem dramatisch umzukrempeln.

Heute

Heute kann ich sagen, daß meine Methoden seit Anfang des neuen Jahrtausends in Österreich im Schulunterricht eingesetzt werden, daß sie seit ca. 2004 in Seminaren an Lehrer weitergegeben werden und daß sie seit ca. 2006 Teil der Lehrer-Ausbildung sind. Ähnlich verläuft die Entwicklung in der Schweiz, während wir in Deutschland folgendes feststellen: In den ostdeutschen Ländern ist das Interesse bei Lehrer-Seminaren sehr groß, bei den „Offiziellen" hingegen herrscht Schweigen im Walde.

Komischerweise haben die Autoren fast sämtlicher Bücher über Lehren/Lernen oder Lerntechniken in Deutschland (es gibt auch andere) noch nie von meinen diversen Titeln zu diesem Thema gehört, nicht einmal von *Stroh im Kopf?*, das vermutlich das meistverkaufte Buch auf diesem Gebiet im deutschsprachigen Raum ist. Ein Didaktiker hebt meinen methodischen Ansatz zum Sprachenlernen zwar lobend (weil erfolgreich) hervor, meint jedoch, daß man mir wohl nicht verzeihen könne, als Quereinsteiger mitzuwirken. Gerade Sprachenlehrer sind extrem „resistent", so daß ich 2007 begonnen habe, mich konkret an Eltern und Lernende selbst zu wenden. Es gibt z.B. ein extrem preiswertes Hosentaschenbüchlein (*Fremdsprachenlernen für Schüler*) dazu. Aber auch zum Thema „Lernen" im allgemeinen gibt es zwei Hosentaschenbücher (*Eltern-Nachhilfe* und *LERNEN lassen!*), die sich beide an Eltern, Erzieher und Lehrkräfte wenden, die bereit sind, den normalen Schul- und Lernbetrieb zu hinterfragen.

Mit *Stroh im Kopf?* hat alles begonnen. Die Tatsache, daß es inhaltlich immer wieder stark überarbeitet und dreimal total „runderneuert" wurde, zeigt, wie viel Bewegung es auf diesem wichtigem Gebiet gegeben hat. Die Tatsache, daß wir im Frühjahr 2009 wieder neu auflegen „müssen", beweist, wie hilfreich das Buch für viele ist, auch wenn die Offiziellen es seit Jahrzehnten „totschweigen". Es lebt von der Mundwerbung jener, denen es geholfen hat, und das ist die beste Werbung für ein Buch ...

Wer zwei erste Eindrücke erhalten möchte, blättere doch einmal im Modul TV-Gewohnheiten (S. 196 ff.), um eine alltägliche Tätigkeit in einem neuen Licht zu sehen. Oder schauen Sie sich Probleme mit dem Lesen? (S. 89 ff.) an – aber bitte Schreibzeug bereithalten, denn dies ist ein Modul mit SEMINAR-CHARAKTER.

Oder möchten Sie ein wenig schnuppern, was der jahrelange Dialog in der WANDZEITUNG auf www.birkenbihl.de gebracht hat? Dann lesen Sie den Beitrag Lernlibido (S. 220 ff.). Hier können Sie die wochenlange Betreuung einer Dame verfolgen, die einem jungen Mann half, sich auf eine Prüfung vorzubereiten, der jedoch so gut wie nicht lesen konnte und auf ihre ersten Versuche (die noch sehr schulähnlich waren) mit Verstocktheit reagierte. Aber sie resignierte nicht, sie schrieb an die Wandzeitung und blieb am Ball – und am Ende ... Aber lesen Sie selbst!

Sie sehen, es ist ein großer Strauß an MÖGLICHKEITEN, den *Stroh im Kopf?* Ihnen bietet. Lesen Sie immer nur ein MODUL und denken Sie einige Tage lang darüber nach, oder führen Sie die vorgeschlagenen Übungen durch, z.B. die Geheimschrift (S. 82 ff.) und überzeugen Sie sich selbst von den Mechanismen, um die es geht. Das überzeugt mehr als alles, was ich Ihnen erzählen könnte.

Vera F Birkenbihl

Vera F. Birkenbihl — im Frühjahr 2009

Aufbau dieses Buches

ab der überarbeiteten 36. Auflage

Das alte *Stroh im Kopf?* war „linear" aufgebaut und erwartete von allen Leserinnen, am Anfang zu beginnen und sich systematisch nach hinten „durchzulesen". Dieser Aufbau war damals sinnvoll, weil die meisten Menschen so gut wie nichts über Gehirnforschung (Intelligenz, Kreativität, Gedächtnis, Lernen usw.) wußten. Also führte ich meine Leserinnen, ähnlich wie im Seminar, linear am „roten Faden" entlang.

Das „neue" *Stroh im Kopf?* hingegen ist **modular** aufgebaut. D. h., daß die **Reihenfolge der Module** eine gute Lese-Reihenfolge darstellt, falls Sie nach wie vor am liebsten vorn anfangen. Aber es bedeutet eben auch, daß Sie abweichend davon einzelne Abschnitte (Module) isoliert durcharbeiten können. Ich sage bewußt „durcharbeiten" und nicht „lesen", weil viele Module kleine **Experimente** oder **Übungsaufgaben** anbieten, so daß Sie sich selbst überzeugen können. Das dürfte weit überzeugender sein als meine Argumente! Natürlich nur, wenn Sie aktiv mitmachen.*

Teil I – Grundlagen: Hier finden Sie alles, was Sie unbedingt wissen sollten, wenn Sie effizient oder effizienter LERNEN ODER LEHREN wollen bzw. Ihre sogenannte INTELLIGENZ und/oder Kreativität erhöhen wollen.

Teil II – Praktische Aufgaben, Übungen und Trainings-Möglichkeiten: Alle Tätigkeiten, genaugenommen eine Reihe von spezifischen Tätigkeiten, können durch Training verbessert werden. Hier finden Sie genügend Ideen, um sofort „tätig" zu werden!

Teil III – Weitere Infos, Metaphern und Denk-Modelle aus der Wandzeitung bzw. aus dem „alten" *Stroh im Kopf?*. Sie sind für diejenigen Leserinnen gedacht, die prinzipiell mehr wissen wollen (und gern lesen) sowie für alle Wissensvermittlerinnen, die ihren Unterricht auf diesen Modellen aufgebaut haben (und deshalb darum gebeten haben, daß diese Ideen nicht aus dem „neuen" *Stroh im Kopf?* verschwinden).

* Dann wird dieser kleine Hase  Ihr **Trainings-Begleiter** sein. Er lädt Sie ein, anhand der Aufgaben und Experimente zu **entdecken, wozu Sie in Wirklichkeit fähig sind.** Überraschen Sie sich selbst!

Teil IV – Anhänge

Anhang I – MERKBLÄTTER: Es hat mich beim Vorbereiten dieser Auflage selbst überrascht, wie viele der Ideen auch heute noch hilfreich sind, wiewohl ich manche bereits 1982 in der *Enzyklopädie Technik und Wissenschaft* publiziert hatte. Aber natürlich gibt es auch neuere Merkblätter, auf die Sie im Text hingewiesen werden, damit Sie jeweils dorthin „springen" können, wenn Sie wollen.

Anhang II – LITERATUR: Hier finden Sie sowohl verwendete als auch weiterführende Literatur. Damit Sie die Titel, die ich Ihnen besonders empfehle, leicht erkennen können, sind diese halbfett gesetzt. Diese Titel sind hervorragende Ergänzungen für alle, die gern (mehr) lesen wollen!

Anhang III – STICHWORTVERZEICHNIS: damit Sie später schnell auf bestimmte Stellen wieder zugreifen können.

PS: Wiewohl ich kein neidischer Mensch bin, beneide ich die Angelsachsen, weil es im Englischen weit leichter ist, sich **nicht-sexistisch** auszudrücken: ein/e Leser/in (*reader*), ein/e Lehrer/in (*teacher*) usw.. Zwar bemühe ich mich, immer wieder einmal durch die Schrägstrich- Schreibweise klarzustellen, daß immer beide, also Leserinnen und Leser, gemeint sind, aber ich will diese umständliche Schreibweise weder ununterbrochen lesen (als Leser!) noch schreiben (als Autor). Ich bitte um Verständnis aller **„/innen"**, als Frau spreche ich Sie selbstverständlich **immer** mit an …

Danksagungen

Großen Dank schulde ich allen meinen **Seminar-TeilnehmerInnen**, den bisherigen **LeserInnen d**ieses Buches und meinen **TV-ZuschauerInnen**, deren Fragen und Anregungen oft sehr fruchtbar waren. Auch ein Management-Trainer-Kollege, Mr. Paul Smith aus London, war bei der Entwicklung einiger Ideen immens hilfreich. Er hat die seltene Gabe, „ernsthaft-albern" und/oder „kreativ-ernst" sein zu können! Paul: *Thanks a lot for all great associations which happened while we were thrashing ideas around, laughing our heads off and still producing results!*

Immensen Dank schulde ich meinem Vater (Autor des Standard-Werkes *Train the Trainer*), Michael Birkenbihl (1921-1993), weil er die besondere Fähigkeit besaß, Informationen leicht verständlich aufzubereiten. Dadurch konnte ich immer profitieren, wenn ich als Kind tausend Fragen stellte (wiewohl ich erst Jahrzehnte später begriff, was seine Art zu erklären so erfolgreich machte)!

Ihnen, liebe Leser, wünsche ich viel Erfolg und Freude sowohl beim Durcharbeiten dieses Textes als auch beim Training danach. Dann werden Sie sich selbst beweisen, **wie phänomenal Ihr eigenes Gehirn arbeiten** kann, und das schafft Erfolgs- und Glücksgefühle einer ganz besonderen Art.

A wie ANFANG

Warnung: Das Lesen dieses Buches könnte zu einer dramatischen Verbesserung Ihrer Gedächtnisleistung führen!

Sind Sie bereit zu einem kleinen Experiment? Dann decken Sie diese Seite jetzt (mit einem Blatt Papier) so zu, daß von oben bis hier (inklusive dieser Zeile) **alles verdeckt** wird.

Ich werde Sie gleich bitten, drei Fragen zu beantworten, aber vorher sollen Sie begreifen: Es geht **nicht so sehr** um Ihre Antworten, sondern darum, daß Sie **Ihren inneren Denk-Prozeß bewußt mitverfolgen!** Kontrollieren Sie den Inhalt Ihrer Antworten erst, nachdem Sie **alle drei** Antworten gegeben und registriert haben, was Sie dachten. Es folgen die Fragen*:

1. Erinnern Sie sich, **ob** Sie den ersten (inzwischen verdeckten!) Satz auf dieser Seite **bewußt** gelesen haben? ❑ Ja ❑ Nein 2. Erinnern Sie sich an den **Inhalt** dieses ersten Satzes? ❑ Ja ❑ Nein 3. Erinnern Sie sich an **Ihre eigenen ersten Assoziationen**, als Sie zu lesen begannen? ❑ Ja ❑ Nein Wenn die Antwort ***Ja*** lautet, dann tragen Sie diese bitte hier ein (Stichworte genügen):

* Übrigens sind diese absichtlich in den Fließtext eingebettet, damit Sie sie nicht vorab entdecken können, weil dies Ihre Reaktion verändern würde und Sie dann weniger über sich lernen würden.

Nun haben Sie erfahren,

❑ **ob Sie ein neugieriger Mensch sind** und

❑ **ob Sie bereit sind zu experimentieren.**

Darüber hinaus haben Sie (wenn Sie die Fragen beantwortet haben) eine **Erfahrung** gemacht, die Sie für die **nachfolgenden** Ideen zum Thema Gedächtnis **vorbereitet**.

Wenn Sie von diesem Buch „echt profitieren" wollen, dann reicht lesen nicht; Sie müssen **aktiv** mitdenken – und das bedeutet auch: Sie müssen **handeln**. Zum Beispiel, indem Sie bei einem Experiment mitmachen (schreiben, zeichnen, ankreuzen etc.)! Dazu sollten Sie drei Dinge griffbereit haben:

1. **Einen Stapel Schmierpapier** (optimal ist auf einer Seite bedrucktes Papier, z.B. alte Fotokopien, Faxe o.ä., dann fühlt man sich so richtig frei „herumzuschmieren").
2. **Ein Journal** (= ein Heft, eine Kladde, ein Spiral- oder Ringbuch, wenn Sie lieber mit losen Blättern arbeiten), in das Sie Ihre **eigenen Gedanken/Erfahrungen** eintragen. Wie Wissenschaftler/innen eigene Annahmen, Assoziationen, Gedanken, Vorgehen und Ergebnisse notieren, so auch Sie!
3. **Jede Menge** (farbiger) **Stifte**. Sowohl zum Anmalen und für eigene Randnotizen im Buch (Ja!) als auch für Ihre Arbeiten auf Schmierpapier und im Journal …

Darf ich Sie gleich zu einem zweiten Experiment einladen? Dann erheben Sie sich (falls nötig) bitte, um Schreibzeug herbeizuholen, falls Sie noch immer bequem im Liegesessel am Strand (oder wo immer) herumsitzen und von den drei eben genannten Dingen genau null griffbereit haben.

Bitte bedenken Sie, daß Sie **Ihre** Fähigkeiten verbessern wollen; meine sind bereits recht gut, weil ich die in diesem Buch beschriebenen Dinge seit Jahrzehnten aktiv tue! Von *nix kommt nix*, aber vom **Tun kommt alles!**

Also, jetzt nehmen wir an, daß alle, die wirklich profitieren wollen, etwas zum Schreiben haben. Dann beobachten Sie bitte bewußt, **welche Gedanken** der Begriff am Satzende in Ihnen „auslöst", indem Sie die ersten zwei bis drei Ideen, die in Ihnen „auftauchen", kurz notieren; was fällt Ihnen ein zu: *Karawane*?

Folgende Aussage wird Ihnen bestimmt einleuchten: Jedes Wort, das Sie hören/ oder lesen, weckt immer Assoziationen in Ihnen, allerdings rasen die meisten in einem Affentempo an Ihrem Bewußtsein VORBEI. Wenn Sie zu einem Begriff viele Erfahrungen haben, dann können es Hunderte von Assoziationen sein.

Haben Sie kurz innegehalten und Ihre Gedanken verfolgt?

Frage: Wissen Sie noch, zu welchem Begriff Sie eben einige Gedanken notiert haben? *Wenn Sie vorhin wirklich Ihre eigenen Gedankengänge beobachtet haben,* dann können Sie jetzt voraussichtlich folgende Frage beantworten: Sind Ihnen zuerst Ihre eigenen Assoziationen eingefallen und dann der Begriff *(Karawane)*, oder war es umgekehrt?

- ❑ **Zuerst die eigenen Gedanken (Assoziationen).**
- ❑ **Zuerst der Begriff.**

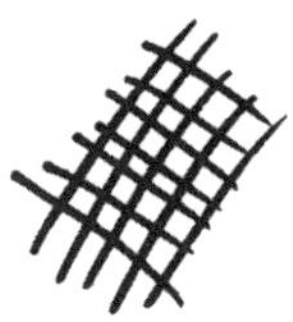

Wenn Sie darüber nachdenken, **wie Sie denken,** dann betrachten Sie einen winzigen Ausschnitt Ihres gigantischen Wissens-Netzes (vgl. *Gedächtnis wie ein Netz?*, S. 41 ff). In unserem Fallbeispiel handelt es sich um jenen Teil, in welchem die *Karawane* mit all **Ihren Assoziationen** vernetzt ist. Klar ist dabei auch: Je mehr Sie vorher über eine Sache wissen, desto REICHhaltiger sind die Assoziationen (weil es mehr Wissens-Fäden hierzu gibt!). Und umgekehrt: Wer noch nichts weiß, hat keine Fäden, um die neue Info einzuhängen. Deswegen müssen wir lernen, Hilfsfäden (Eselsbrücken) zu konstruieren, denn jeder (noch so abstruse, absonderliche) Hilfsfaden hilft uns genau durch seine MERK-würdigkeit (= wert/würdig, ge-MERKT zu werden). Wenn Sie etwas wahrnehmen, z.B. hören oder lesen, dann gilt: Bewußt *wahrgenommen UND begriffen = gut konstruiert. Gut konstruiert* aber heißt:

Diese Information kann (ohne Pauken, Büffeln etc.) später leicht wieder *ncu konstruiert (= re-konstruiert)* werden! Wir können dies so formulieren:

1. **Die QUALITÄT Ihrer Konstruktion bestimmt die QUALITÄT der späteren RE-KONSTRUKTION** (d.h. der Gedächtnis-LEISTUNG).
2. **Fehler bei der KONSTRUKTION führen vollautomatisch zu Fehlern bei der RE-KONSTRUKTION** (beeinträchtigen also Ihre Gedächtnis-Leistung).
3. **Die meisten Menschen lasten die Fehler aber dem ABRUF** (also der späteren RE-KONSTRUKTION) **an, statt bei der KONSTRUKTION** (= Einspeicherung) **an die Folgen zu denken.**
4. **Er-FOLG ist die FOLGE dessen, was wir zuvor gedacht und getan haben.**
5. **Dies gilt natürlich auch für Gedächtnis-Leistungen,** da diese, wie alle Leistungen, unserem Tun entspringen.

Nun können jedoch alle Leistungen durch Training verbessert werden. Wenn wir lernen, die **Qualität unserer Konstruktion** zu **verbessern**, dann erzeugen wir zwangsläufig bessere Ergebnisse. Wir verbessern nämlich **automatisch** unsere Gedächtnis-Leistung „hinten", wenn wir unsere Leistungsfähigkeit „vorne" (beim Konstruieren) verbessern!

Und wir erzeugen dieses bessere Ergebnis mit **weit weniger Aufwand als früher!** Wir brauchen nämlich keinesfalls mehr zu tun, sondern im Gegenteil **weniger**, dies aber **bewußt** und unter Ausnutzung der Arbeitsweise des Gehirns (also *gehirn-gerecht*)!

Allerdings müssen wir die eine oder andere **neue Arbeitsweise (Technik)** erst (lernen und) trainieren, so daß wir **anfangs mehr** tun müssen – aber kaufmännisch gedacht ist dies eine Investition in Ihre Zukunft (auch wenn Sie über 70 sind!). Und es zahlt sich aus.

1. **Egal, wie alt Sie sind, Sie können Ihre geistigen Leistungen steigern.** Dabei ist Gedächtnis die Grundfähigkeit, die alle anderen (Intelligenz, Kreativität usw.) ermöglicht!
2. **Je mehr Schule/Ausbildung uns zum Gehirn-Muffel GEMACHT haben, desto mehr müssen wir UM-LERNEN.**
3. **Um-Lernen fühlt sich NUR anfangs „komisch" an** (wie die ersten Schritte auf Stelzen).
4. **Aber wenn wir das neue Verhalten erst einmal können, welche Vorteile bieten sich uns dann ...?!**
5. **Es gibt kein schlechtes Gedächtnis, nur schlechte KONSTRUKTIONs-weisen** (bedingt durch Schule/Ausbildung), die zu ebenso schlechten Ergebnissen bei der späteren REKONSTRUKTION führen.
6. **Ändern Sie den Stil Ihres Info-Managements,** und das sogenannte „gute Gedächtnis" wird beiläufig (als „Nebeneffekt") entstehen!
7. **Da aber unser Gedächtnis die Grundlage von allem* ist, ist es der zentrale Punkt, an dem dieses Buch ansetzen wird.**

* Leider beweisen Alzheimer-Patienten es uns: Mit dem Verlust der ersten Gedächtnis-Inhalte verlieren sie die Fähigkeit intelligent, kreativ etc. zu denken; später verlieren sie ihre gesamte Persönlichkeit, denn, wie Schacters deutscher Buchtitel es sagt: Wir sind Erinnerung!

ANALOGRAFFITI©*

Oder: KaGa© und KaWa© – Was ist das? (nach Birkenbihl**)

Das Schöne an meinen analografischen© Denk-Techniken ist, daß Einsteiger/innen die **Grundlagen der Analografie© in drei Minuten** verstehen. Was die Feinheiten angeht, so bringt eigenes Ausprobieren und (herum-) spielerisches Entdecken sehr schnell tiefere Einsichten. Lassen Sie sich darauf ein, damit Sie sich selbst in kürzester Zeit davon überzeugen können, wozu diese Denk-Techniken fähig sind (wozu sie *die so Denkenden* befähigen) …

Die Erfahrungen der letzten Jahre haben immer wieder gezeigt: Wer Situationen (und Probleme) mittels **KaWa©/KaGa©** (Erklärung folgt) durchdenkt, erlebt immer wieder, wie schnell diese beiden methodischen Ansätze zu neuen und überraschenden Ergebnissen führen, die oft sowohl „intelligenter" als auch „kreativer" sind, als man es **sich selbst zuvor zugetraut** hätte. Um Sie zu animieren, mitzumachen, gehe ich in dieser vollständig überarbeiteten Ausgabe von *Stroh im Kopf?* zwei Wege:

1. **Es folgt eine kurze Erklärung in diesem Modul – mehr finden Interessierte in meinem Buch *Birkenbihls Denkwerkzeuge****** und:
2. **Sie finden im ganzen Buch zahlreiche konkrete Fallbeispiele.**

Fast alle Zeichnungen sind natürlich **KaGas©** und die Wortableitungen sind **KaWas©** (als konkretes An-SCHAU-ungs-Material). Viele weitere **KaWas©** finden Sie in fast allen meinen „neueren" Büchern.

---

* Der Name dieser Denk-Technik, ursprunglich Analografie, hat sich noch einmal geändert und heißt jetzt Analograffiti© (Dez. 2000)

** Nachdem manche heute bezweifeln, daß ich den Begriff gehirn-gerecht erfunden habe, neige ich nun dazu, eigene Entwicklungen (hinter denen oft ein jahrelanger Entwicklungs-Prozeß steht!) deutlicher auszuweisen. Das hilft auch KollegInnen, ihre Quellen sauber anzugeben, was letztlich sowieso weit mehr überzeugt …

*** *Birkenbihls Denkwerkzeuge – gehirn-gerecht zu mehr Intelligenz und Kreativität* (früher: *Das große Analograffiti-Buch*). mvg Verlag, 2007.

Betrachten wir kurz das Kunst-Wort Analografie©, so können Sie zwei Bestand-Teile „sehen", nämlich:

1. **ANALOG** wie in *analoges*, bildhaftes, vernetztes, symbolisches (eher rechtshemisphärisches) **Denken**.

2. **GRAFIE, GRAFIK** (vgl. Begriffe wie *Foto-GRAFIE, GRAPHOlogie, GRAFIK, GRAFIKER/IN.* Den Wortteil *-graf/graph* übernahm ich vom griechischen **γραφειν** [sprich: *grafein*], wobei **grafein** ursprünglich [in Tontäfelchen] ***ritzen*** bedeutete, im Klartext: *schreiben* **und** *zeichnen*. Somit können wir zusammenfassen:

- Wenn wir eher ANALOG und kreativ denken wollen und wenn wir mit dem Stift (oder Computer) unseren Gedanken nachspüren bzw. neue Ideen entwickeln wollen, dann denken wir analografisch© (wir fertigen also Analografien© an).

- Diese können schreibend und/oder zeichnend entstehen.

Mit dem Begriff **„Bild"** *(Zeichnung, Skizze)* meinen wir **jede** grafische Darstellungsform – vom einfachsten Strichmännchen- oder Kritzel-Bild bis zu ausgeklügelten DENK-BILDERn. Wer nicht zeichnen will, kann Bild-Elemente aus Vorlagen oder Illustrierten ausschneiden und Collagen anfertigen (oder CD-ROM Bild-Dateien) nutzen. Wichtig ist:

Wir suchen **Kreative (K)** Gedanken/Ideen und erstellen demnach jeweils eine kreative **(A) ANALOGRAFIE© (Ka- …).**

a) Nun suchen wir entweder **(W) Worte (KaWa©),** oder

b) wir denken **(G) Grafisch (KaGa©).**

Was uns bei dieser Art zu denken einfällt **(Wort & Bild),** sind immer unsere **eigenen ASSOZIATIONEN** (das letzte A). Wir „zapfen" also unsere eigenen Fäden im Wissens-Netz (siehe S. 41 ff.) „an". So ergeben sich die beiden Kunstwörter **KaWa©** und **KaGa©** (wobei eine **ANALOGRAFIE©** selbstverständlich **beide** Elemente enthalten kann).

Erste Beispiele:

1 KaGa© = (Kreative Analografie©, Grafische Assoziationen)

Ich dachte über das **Lesen** nach: viel lesen, viel und schnell lesen, Schnell-Lesetechniken … Dabei bewegte sich mein Stift auf dem **Schmierpapier**.

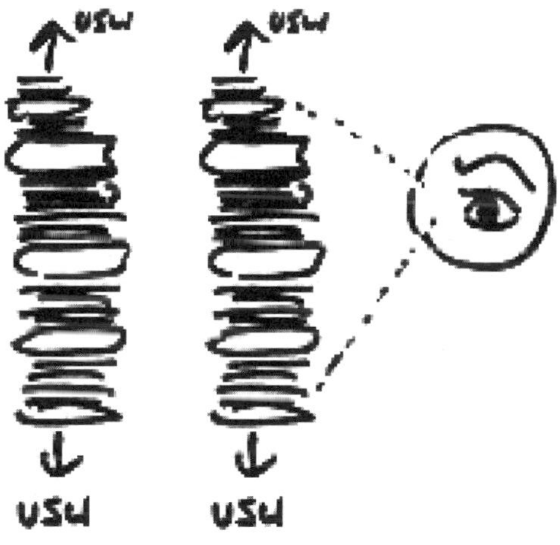

Später merkte ich (wieder einmal), wie gut das **KaGa©** meine Gedanken widerspiegelt, denn ich hatte zwar offiziell (in Worten) an **Bücher** gedacht, aber ich zeichnete auch einfache Linien (= flache **Blätter**: z.B. Briefe, Artikel, Memos usw.)!

Da es darum ging, wie dieser Stapel per Auge wahrgenommen werden könnte, zeichnete ich ein Auge …

Bitte bedenken Sie, daß einer der Gründe, warum die Chinesen schon lange wissen, daß ein Bild 1000 Worte ersetzt, der ist: Wenn Sie die Beschreibung von Handlungen (z.B. **KaWa**©/**KaGa**©) lesen, mag es Ihnen relativ kompliziert vorkommen; wenn Sie es jedoch **tun**, wird es einfach …

Noch ein **KaGa**© als Memo-Bild. Das Zeichnen eines **KaGas** hilft zu begreifen, inwieweit wir die zu lernende Info „kapiert" haben: Ohne Verständnis gibt es keine (oder falsche) Bilder, wobei der **Prozeß einer Bild-Korrektur** später dafür sorgt, daß man sich die **Korrekturen** und damit **das neue Bild merkt**. Im Gegensatz zu herkömmlichen Wort-Korrekturen, bei denen oft später der originale Fehler im Gedächtnis verbleibt.

In folgendem **KaGa**© habe ich die wichtigsten Eigenschaften der **Topoi** (= griechisch *Orte*) für mich persönlich festgehalten. Es erinnert mich an die Regeln, wie diese mnemotechnischen **geistigen Orte** beschaffen sein sollen, damit das spätere „Ablegen" (Merken) von Infos Erfolg hat.

1. (Schulter): Wie viele Regeln? Antwort 8 (be-8-en Sie den Zeigefinger)
2. (Latz/Fisch): an-SCHAU-lich!
3. (hängt an Hand): Verwechslungen müssen ausgeschlossen sein: INDIVIDUEN, keine „Zwillinge"
4. (unter an-SCHAU-lich): Die FORM muß klar sein und gut vorstellbar
5. (unter Hand): Die Größe muß zu unseren menschlichen Maßen passen (HAND-lich)
6. (unter GRÖSSE): Abstände der Loci voneinander – je einige Schritte
7. (unter FORM): Beleuchtung muß hell sein (nicht zu hell und keine Dämmerung)
8. (die Vase): UNBELEBTE Loci

Bei diesem Originalbild hatte ich zunächst (unten links) eine Vase **mit** Blumen **gezeichnet**, wiewohl ich **schrieb** *unbelebt – die Bilder später „schaffen Leben"*. Erst später (beim Weiterlesen) merkte ich, daß ich diese Regel nur unzureichend begriffen hatte. Also korrigierte ich Text und Bild, aber selbst wenn mir heute ein Ausdruck des **alten** Bildes in die Hände fällt, erinnere ich mich sofort **an die Korrektur**, ich ergänze sie also jedes Mal automatisch ...

Abb. 2: »Tertia Mathaei imago«, aus: *Rationarium evangelistarum*, Pforzheim: Thomas Anshelm 1510, fol. b 2

Das nebenstehende **KaGa**©-Beispiel ist Jahrhunderte alt und zeigt, wie normal solche Bilder früher waren. Der Kommentar muß uns darauf aufmerksam machen, daß man sie zu **lesen** pflegte! Das ist ein wichtiges Merkmal der Art von Bildern, die wir als **KaGa**© bezeichnen wollen: Wir **lesen** sie ...

*Das Auge beginnt Mitte/oben, wandert senkrecht nach unten, dann bewegt sich das Auge nach oben/links und beendet den LESE-Vorgang oben/rechts. Da uns Heutigen für das LESEN solcher Bilder die Hintergrund-Informationen fehlen, müssen wir uns etwas „hineinversenken ". (Derartige) Bilder sollen helfen, gewisse „religiöse" Inhalte zu lernen, was früher jedem Betrachter sofort klar war, denn er kannte die Symbole, z.B. Adler, Engel, Löwe, Stier, welche vollautomatisch dem jeweiligen Evangelisten zugeordnet wurden (so wie wir heute den Bärenmarke-Bären als Wahrzeichen „lesen" und „verstehen" können).**

„Aber", sagen Sie jetzt vielleicht, „ich kann nicht zeichnen. " Irrtum! Wer schreiben kann, kann zeichnen (→ vgl. *T–Jeder kann zeichnen*, S. 121 ff). Lassen Sie uns hier nur festhalten:

Einige Striche reichen vollkommen! Angenommen, Sie denken über Ideen nach, die aus dem Unbewußten „nach oben" steigen. Dann können Sie dies „schön zeichnen" oder als einfaches **KaGa**© ausdrücken. Die Version rechts ist genauso aussagekräftig wie die linke.

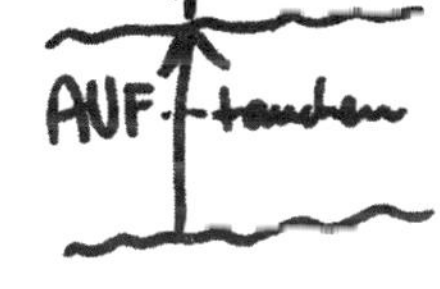

Merke: KaGas© zeichnen wir **für uns**. Sie sollen uns später beim RE-KONSTRUIEREN unserer Ein-SICHT-en helfen oder als

* Quelle: Assmann/Harth (Hrsg.): Mnemosyne (vgl. Literaturverzeichnis).

„Hilfsfäden" fungieren, mit denen wir neue Infos in unser Wissens-Netz einBIND-en. Mehr nicht!

Auch meine inzwischen berühmten Insel-Bilder sind so einfach, daß sie so gut wie jeder zeichnen kann. Dies tun viele Trainer-KollegInnen, auch solche, die früher behaupteten, sie könnten nicht zeichnen …

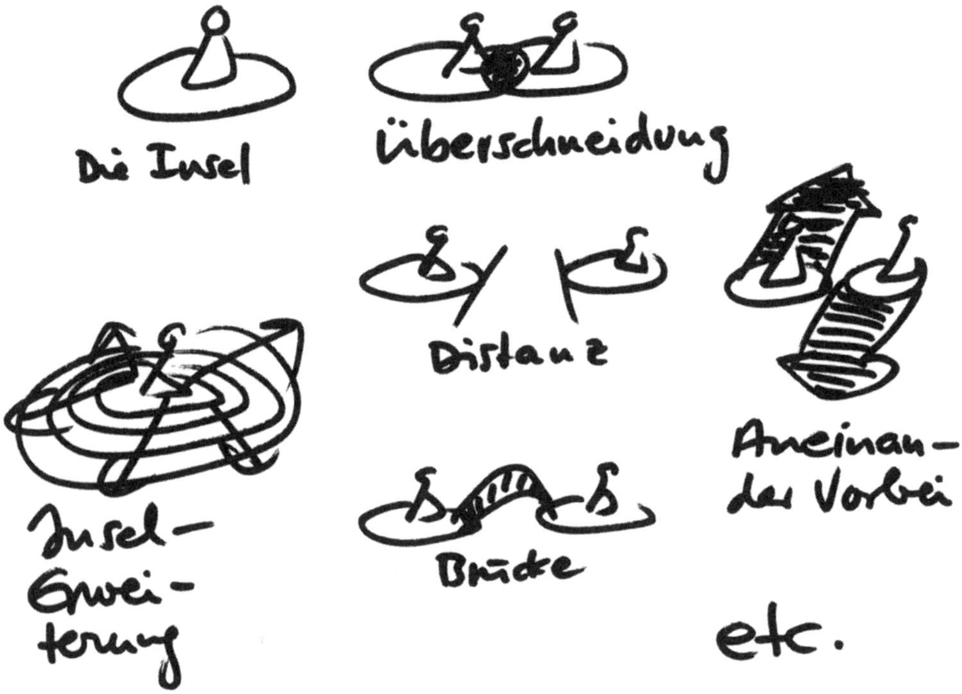

Wenden wir uns nun der zweiten Art von ANALOGRAFIE© zu:

2 KaWa© = (Kreative Analografie©, Wort-Assoziationen)

Beim **KaWa**© wollen wir für jeden Buchstaben des Wortes, Begriffes oder Namens **mindestens eine Bedeutung** finden, die mit diesem Buchstaben beginnt (ähnlich wie beim Kreuzworträtseln).

Warum das so hilfreich ist, **erfahren** Sie am besten, indem Sie es tun.

Als erstes Beispiel könnten Sie mit dem Begriff *Wort* spielen, ehe Sie das Buch umdrehen …

Ich habe den Leser/innen meines Birkenbihl-Beratungs-Briefes (Info unter **www.olzog.de**) vorgeschlagen, mit **Namens-KaWas** einzusteigen. Die sofortigen positiven Reaktionen zeigten, daß dieser Weg extrem leicht nachvollziehbar ist und daß er Spaß macht.

Einige wenige Beispiele (um Ihren Appetit anzuregen): Beginnen Sie mit dem Namens-**KaWa**© einer Person, die Sie **gut** kennen. Dies kann z.B. ein Familienmitglied sein, ein Freund (der Familie), ein Nachbar, ein Kollege usw.. Schreiben Sie den Namen in großen Buchstaben (z.B. mit einem sehr dicken Filzstift), und **lassen** Sie dann Assoziationen zu jedem Buchstaben **in sich hochsteigen**.

Wichtig ist, daß Sie es **geschehen lassen**, daß Sie **innerlich loslassen**, daß Sie es **zulassen**, daß Sie sich auf das geistige Abenteuer **einlassen**. Sie wollen **Ihr eigenes (unbewußtes) Wissen anzapfen.**

Vielleicht möchten Sie Ihre ersten Namens-**KaWas**© aber lieber mit Vornamen probieren? Oder mit Ihrem eigenen Namen beginnen?

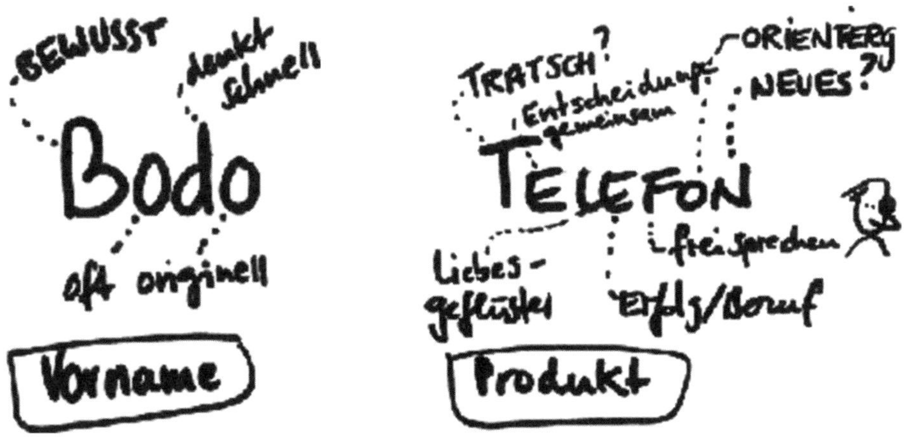

Mein **KaWa©** zu Herrn Bodo Wardin, einem Geschäftsführer, und die ersten Assoziationen zum Begriff *Telefon* einer Seminar-Teilnehmerin.

Sie können genausogut ein **KaWa©** mit dem **Namen** Ihrer **Firma anlegen oder** dem **Namen** Ihrer **Straße (Stadt/Gemeinde)**! Oder finden Sie heraus, was Ihnen der **Name** Ihres **Lieblings-Autors** „sagt", oder der **Name eines Produktes**, das Sie regelmäßig nutzen (oder konsumieren), wobei wir hier eine interessante unscharfe Grenze überschreiten zwischen einem Eigennamen und einem Begriff. (Worte sind ja Namen für Dinge, Prozesse oder Lebewesen – deshalb heißt *Hauptwort* im Lateinischen *nomen* = Namen.) Also vollziehen wir den Übergang zu einem **Schlüsselwort**, über das Sie derzeit (bzw. regelmäßig) nachdenken wollen. Natürlich können **KaWas©** auch zu **Merk-Hilfen** werden, z.B. den Namen einer Person, über die wir etwas lernen (wie dieses **KaWa©** zu dem wichtigen britischen Gedächtnisforscher, Bartlett.)

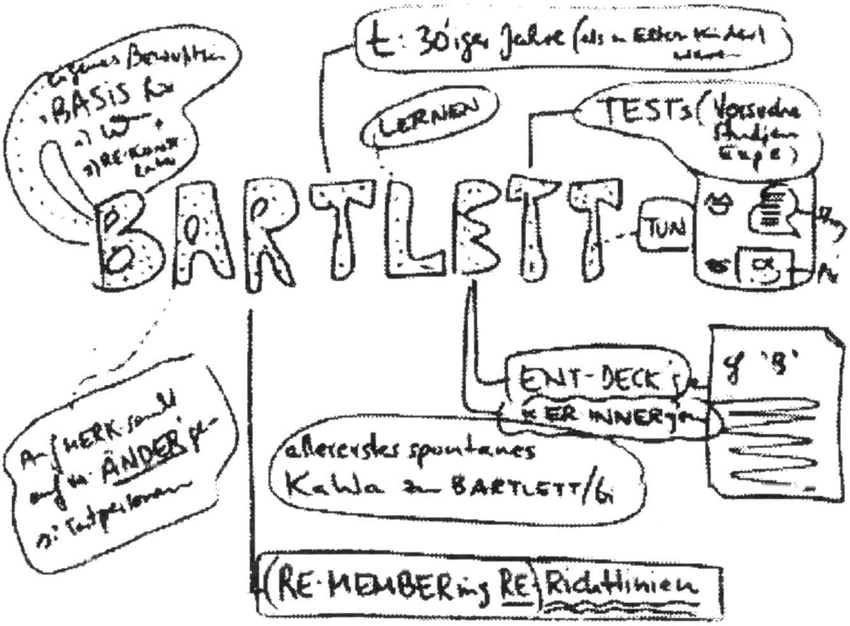

Wir haben bereits Schlüsselwörter als möglichen Zugang zu wichtigen Themenkreisen erwähnt. Dies ist natürlich eine der Hauptfunktionen von **KaWas**©: mit einem Stift in der Hand nachdenken, erste Assoziationen „kommen" LASSEN, sich einlassen und auf geistige Entdeckungs-Reise gehen. Vielleicht möchten Sie den Begriff *Erfolg* kurz „bearbeiten", ehe Sie das Buch umdrehen und die beiden Beispiele lesen?

Nebenstehend sehen Sie das **KaWa**© einer Nachbarin (ich habe ihre Assoziationen in Normalschrift dazugeschrieben, weil die jüngeren Leser ja kein Sütterlin mehr lesen können).

Und hier sehen Sie eines meiner **KaWas**© zu diesem Begriff. Ich spiele gern immer wieder mit verschiedenen Schlüssel-Begriffen und finde heraus, was mir derzeit besonders wichtig ist. Sehen Sie jedes **KaWa**© auch als Momentaufnahme, als Schnappschuß Ihrer derzeitigen Gedanken …

(Mehr Details, Tipps und Tricks sowie viele Anwendungs-Beispiele enthält mein Buch *Birkenbihls Denkwerkzeuge.*)

Fallbeispiel: Netz, Wissens-Netz & Wissen

Erste Versuche (auf Schmierpapier!) beginnen vielleicht mit der Ableitung von **NERVEN-Bahnen (N)** oder es fallen mir bei **T** die **TAUSENDEN** von Verbindungen ein, die sich **(Z) ZWISCHEN** einzelnen **NEURONEN** des **WISSENS**-Netzes ergeben.

Deshalb greife ich sofort zu einem **neuen** Blatt, bei dem ich die beiden **N** zusammenlege und **wieder** von vorn anfange, weil ich mit dem Stift in der Hand entdecken will, was sich in mir entwickelt!

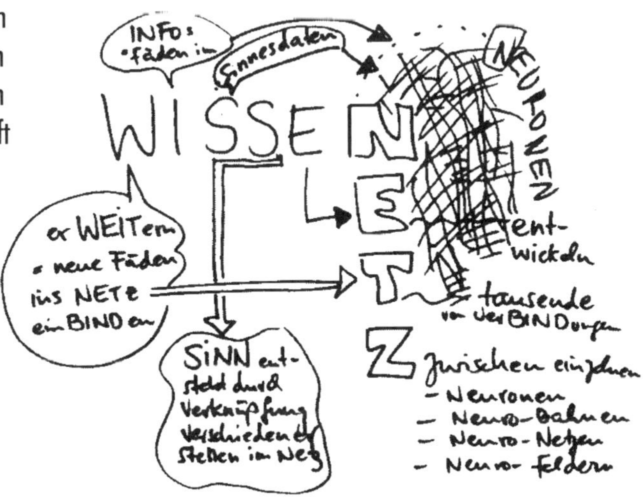

Wie Sie sehen, werden **KaGa**©/**KaWa**©-Bilder **keinesfalls** als saubere, „erwachsene" End-Produkte „geboren", sondern sie stellen Ent-WICK-lungs-Prozesse dar, bei denen wir das „herauswickeln", was bereits in uns schlummert. Wir machen unsere **unbewußten** Gedanken **bewußt** und entwickeln sie weiter. Somit entsprechen **analografische Denk-Prozesse** immer auch einer **geistigen Evolution**.

Die Analografie ist ein Denk-Tool (Werkzeug), das uns beim Denken hilft, neue Ver-BIND-ungen zu entdecken oder neue Ein-SICHT-en zu gewinnen usw..

Wichtige Begriffe tauchen in meinem Denken **immer wieder** auf und werden jeweils neu ge-**KaWa**-t* (⟿ vgl. das Modul *Wahrnehmung von Wiederholungen*, S. 92 ff). So sehe ich, was dieser Begriff mir **im heutigen Zusammenhang** „sagen" kann. Außerdem entsteht durch mehrere Analografien© im Laufe der Zeit eine viel tiefere Ebene des Verstehens.

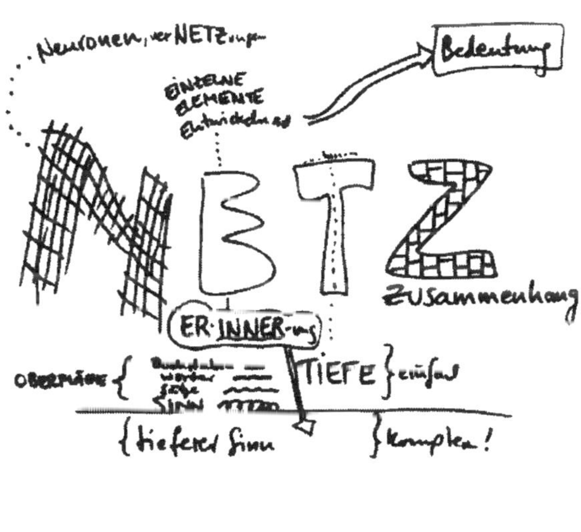

* Klingt besser, als es sich liest [gekawat].

Dies haben Menschen nicht begriffen, die z.B. sagen: *„Das **KaWa**© hab ich schon gemacht!"* Es geht nicht darum, ob wir schon einmal über einen Begriff nachgedacht haben, oder?! Wenn Sie **ohne** Stift denken, dann denken Sie über manche Themen doch **auch mehrmals** nach, oder?! Na also! Hier ein **KaWa**© zu *Wissen*:

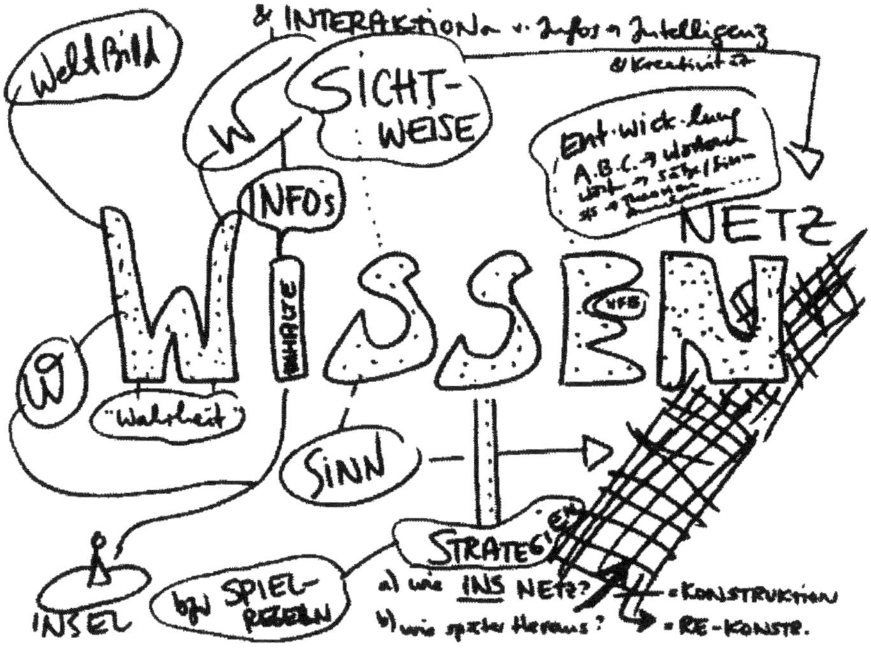

Sechs kleine KaWa©-Tips

1. **Taucht ein Buchstabe mehrmals auf** (z.B. **E** und **N** in *Lernen*), dann können Sie jeden Buchstaben auch nur **einmal** als Assoziations-Anker verwenden. Diese Variante wählen Einsteigerinnen gerne, da die Ideen ja noch nicht so schnell fließen. Es ist wieder wie bei den Kreuzworträtseln: Die ersten können durchaus noch etwas mühsam sein, aber danach tun die Leute es freiwillig! D. h.: Später, wenn es immer leichter fällt, schreiben wir sowieso oft mehrere Assoziationen bei einem Buchstaben auf (⇝ vgl. die beiden **S** in *Wissen*, S. 34).

2. **Manchmal fange ich vorn oder hinten an** und bewege mich „der Reihe nach" am Wort entlang, manchmal aber springe ich „wild umher", je nachdem, welche Ideen zuerst „herausbrechen". Beim „wilden" Vorgehen hat es sich bewährt (in einer kleinen Denk-Pause), die bereits bearbeiteten Buchstaben zu markieren, z.B. gelb anzumalen (was später, wenn Sie ein **KaWa**© in fotokopierter Form weitergeben wollen, unsichtbar bleibt). Wenn ich gerade keinen gelben Stift zur Hand habe, markiere ich die Buchstaben, die „dran" waren, mit kleinen Punkten (⇝ vgl. *Bartlett*, S. 31 und *Wissen*, S. 34 f.).

3. **Manchmal fällt mir zu einem Buchstaben absolut nichts ein,** dann greife ich zu einem Wörterbuch und fahre mit dem Auge ein wenig auf den Seiten mit dem Buchstaben „herum", dabei **fällt** mir fast immer etwas **AUF** oder es löst ein Begriff eine weitere Assoziation aus, so daß mir dann doch etwas **EIN-fällt!**

4. **Manchmal muß man „kreativ schummeln"**, wenn man kein Wörterbuch zur Hand hat oder wenn man einen (weiteren) Begriff unbedingt ins **KaWa**© einbringen möchte, für den es keinen passenden Buchstaben gibt. Angenommen Sie machen ein **Namens-KaWa**© und wollen zum Ausdruck bringen, daß Ihr Freund Peter ein **Autonarr** ist, aber *PKW* (bei **P**) gefällt Ihnen nicht, denn Peter liebt ja alle Arten von **Autos** (nicht nur PKWs). Dann könnten Sie z.B. bei **T** eintragen: *totaler Autonarr.*

5. **Manchmal muß man auch eine Lücke stehen lassen können!** Vielleicht fällt Ihnen später etwas ein, vielleicht morgen, vielleicht **nie!** Es gibt eben keine eiserne Regel, daß bei jedem Buchstaben etwas stehen **muß**. Analografien© sollen Ihr Denken nicht lähmen, sondern beflügeln! Bei manchen Buchstaben fallen uns vier oder fünf Ideen ein (zu), bei einem anderen keine einzige. Jede **Analografie**©, d. h. jedes **KaWa**© oder **KaGa**© bzw. jede Mischung aus beiden (s. unten), soll sich entfalten, und wenn mal eine Lücke bleibt: *so what* (= was soll's)?

6. **Tragen Sie immer eine Kladde mit sich herum!** Wissenschaftler, Künstler, Genies u.a. können **mit einem Stift in der Hand** besser denken – warum nicht auch Sie? Aber bitte ab jetzt **analografisch**©, nicht wahr?

FLOW© (nach Mihaly Csikszentmihalyi)

Erleben Sie regelmäßig **FLOW**©? Kennen Sie das Gefühl (bzw. **das bahnbrechende Konzept) des US-Wissenschaftlers** (ungarischer Abstammung) Mihaly Csikszentmihalyi (sprich: Tschik-sent-mi-hai)? Der Psychologie-Professor an der University of Chicago ist einer der wichtigsten Bewußtseins- Forscher, der das **Konzept** des **FLOW**© entwickelte (vgl. Kasten).

FLOW© nannte Csikszentmihalyi den Zustand, wenn „alles fließt“: **Physiologisch fließen** Hormone im Körper sowie Neuro-Transmitter im Gehirn, gleichzeitig fließt es **geistig**, wenn Assoziationen, Gedanken, Ideen, kreative Einfälle usw. nur so „strömen“ …*

Den Ausgangs-Punkt von CSIKSZENTMIHALYIs Arbeit stellte die von MASLOW (u.a.) beschriebene PEAKEXPERIENCE dar. Diese wird gern mit Gipfelerfahrung oder Gipfelerlebnis übersetzt. Dabei beinhaltet „Gipfel" ein Wortspiel: Zum einen beschreibt es ein **HOCH-Gefühl**, zum anderen gehören Bergsteiger am Gipfel zu den ersten Menschengruppen, deren Gipfel-Erfahrungen dokumentiert wurden! Es handelt sich um einen **besonderen Zustand**, der schwer zu beschreiben ist. Da tauchen Formulierungen auf wie: *Man ist in solchen Augenblicken „vollkommen bei sich", ganz total im Hier und Jetzt, man ist vollkommen „da"* ... CSIKSZENTMIHALYI begann dieses Phänomen mit Fragen wie diesen zu erforschen:

- **Wodurch zeichnet** sich dieser besondere Zustand aus?
- **Was passiert** (neuro-)physiologisch?
- **Welches sind die gemeinsamen Nenner** von Menschen, die derartige Gipfel-Erlebnisse haben (bzw. von solchen Augenblicken)?

CSIKSZENTMIHALYI erfand eine **geniale Methode**, um der Sache auf die Spur zu kommen: Er ließ viele **Versuchspersonen einen Timer** tragen, der zu nicht prognostizierbaren Zeitpunkten piepte. Dann mußten die Kandidaten sofort einen **Fragebogen** ausfüllen. Damit hoffte er zu Recht, auch einige Gipfel-Erlebnisse zu „erwischen" und so dem gemeinsamen Nenner auf die Spur zu kommen. Nach vielen Jahren konnte er das Phänomen erklären und gab ihm den Namen FLOW© ...

Als gemeinsame Beschreibungen von *FLOW©* bei unterschiedlichsten Tätigkeiten fand CSIKSZENTMIHALYI immer wieder Aussagen wie: *Ich fühle mich absolut wohl. Alles gelingt mir. Ich bin total (in die jeweilige Tätigkeit) versunken. Manchmal verliere ich dabei das Zeitgefühl ...*

---

* Der Begriff FLOW© wird manchmal fälschlicherweise für Entspannungs-Zustände zweckentfremdet, aber CSIKSZENTMIHALYIs FLOW© beschreibt nur den Zustand, der konkrete Handlungen begleitet!

Des weiteren ergaben die jahrzehntelangen (Nach-)Forschungen von CSIKSZENTMIHALYI: *FLOW*© passiert so gut wie **nie**, wenn man Routine-Tätigkeiten (insbesondere „nebenbei") ausführt. Selten kommt es „oberhalb des erworbenen Fertigkeiten-Niveaus" zu *FLOW*©, denn *FLOW*© tritt „dazwischen" auf. Dies habe ich in ein **KaGa**© gepackt (→ vgl. Modul *ANALOGRAFFITI*©, Stichwort: **KaGa**©, S. 25 ff.): In der Abbildung sehen Sie oben den Bereich, den wir **noch nicht (gut) ausführen können**. Hier fühlen wir uns (noch) nicht wohl, vielleicht sogar gestreßt. Im unteren Teil hingegen langweilen wir uns. Diesen Bereich beherrschen wir „mit links", wir können ihn „vollautomatisch" ausführen (z.B. während wir an andere Dinge denken). **Nur in dem Zwischenraum** kommt es zu ***FLOW***©. „Am Ende unseres derzeitigen Könnens", wenn wir quasi an der vordersten Front unseres Könnens ein bis zwei Millimeter **über unser momentanes Niveau hinaustreten**, ist *FLOW*© **wahrscheinlich**.

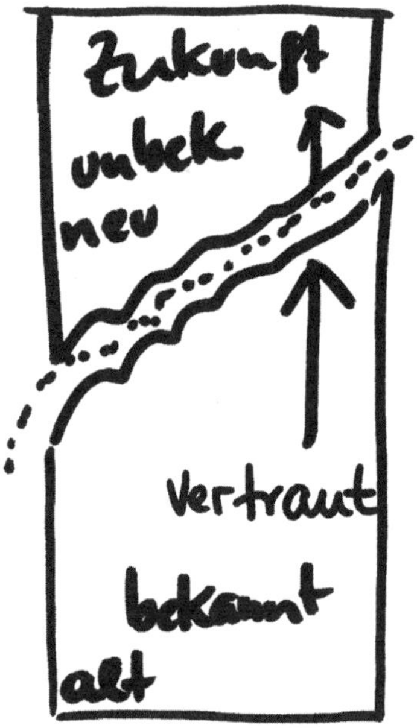

Etwas **über** dem derzeitigen Level und etwas **unterhalb** des Punktes, an dem wir uns gestreßt fühlen würden, „passiert" ***FLOW***©.

Optimal wäre es, wenn Sie den *FLOW*©-Bereich **farbig** anmalten …

Nachdem Csikszentmihalyi dies erkannt hatte, wurde ihm klar: Eigentlich können wir **jede** Tätigkeit zu einer **FLOW©-Tätigkeit** machen, wenn wir wollen. In meinem (inzwischen vergriffenen) Taschenbuch ***Der Birkenbihl Power-Tag*** beschreibe ich folgenden Zusammenhang: Wir gehen während einer Diskussion die zweite Kanne Kaffee aus der Küche holen. Dabei hören wir dem Gespräch weiterhin zu, rufen vielleicht auch einen Diskussions-Beitrag ins Wohnzimmer. Hier gilt: Wir sind in diesem Moment ein **Kaffeehol-Automat** (unser Unbewußtes steuert diesen Vorgang völlig autonom, er taucht in unserem Bewußtsein überhaupt nicht auf). Demzufolge könnten wir mit der Tätigkeit des **Gehens** kein FLOW©-Erlebnis haben, denn eigentlich **gehen wir nicht,** wir **delegieren** dies (wir „lassen gehen"). Wenn wir diese simple Tätigkeit 100%ig in unser Bewußtsein rücken wollen, dann müssen wir sie ein **wenig verändern**. Gerade genug, daß etablierte bevorzugte Nervenbahnen (Daten-Highways im Hirn) **nicht genutzt werden können!** (dazu auch *T-NEUROBICS*©. 164 ff.).

Testen Sie dies:

FLOW©-Experiment

Wählen Sie eine Tätigkeit, die Ihnen vertraut ist (z.B. Gehen), und wandeln Sie sie **leicht ab**, so daß Sie „es" sehr **AUF-MERK**-sam tun müssen, **z.B. indem Sie rückwärts gehen.** Weitere Möglichkeiten sind, etwas mit der „falschen" Hand zu tun oder die Reihenfolge einer Routine-Handlung zu verändern u.ä. Dabei sind Sie **total im Hier und Jetzt**. Ihr Gehirn ist extrem wach, weil es neue Nervenbahnen suchen/aufbauen muß. Hier kann *FLOW*© passieren (⟿ Vgl. Modul: *T-NEUROBICS*©, S. 149 ff., für weitere Anregungen).

Ziel (Flow): völlig bewußte Tätigkeit
Kaffe
z.B. rück-wärts gehen

Gedächtnis wie ein Netz?

Oder: Das Wissens-Netz©

Bevor wir beginnen, möchte ich Sie einladen, ein kleines Assoziations-Experiment durchzuführen. Wenn Sie bereit sind, aktiv mitzumachen, dann legen Sie jetzt bitte Stift und Schmierpapier zurecht, ehe Sie die Aufgabenstellung lesen, damit Sie dann sofort und spontan reagieren können. Einverstanden?

Bitte notieren Sie nach dem Lesen des Stichwortes:

1. Alle Wörter, die Ihnen **innerhalb von 60 Sekunden** einfallen.
2. Alle Wörter, die Ihnen **nach 61 Sekunden** einfallen (so lange, wie Sie weitermachen wollen). Wichtig ist nur, daß Sie die erste Gruppe von der anderen trennen (z.B. durch einen Trennstrich). Das Wort heißt *Einkaufsnetz*. Bitte beginnen Sie sofort ...

Jedes Forschungsgebiet kreiert seine eigenen Denk-Bilder, Metaphern und Gleichnisse, so auch die **Gedächtnis-Forschung**. Früher sah man das Gedächtnis als eine Art Riesenbehälter, in den wir alles hineinwerfen, und man hatte panische Angst, er könnte voll werden. Dann wurde klar, wie gigantisch die Kapazität ist, also begann man mit den Vergleichen zum Telefon (wenn jeder Mensch einer Großstadt Telefon hätte und wenn alle auf einmal klingeln würden, u.ä.). Dann waren die Computer-Modelle vom Gehirn zeitgemäß, und heute ist der Hinweis auf das Internet modern, daß manche mit dem physischen Gehirn der Welt vergleichen.

Als die **Gehirn**-Forschung begann, sich mit **Gedächtnis**-Leistungen zu befassen, durchforsteten manche Wissenschaftler die Gehirnmasse nach neurophysiologischen Beweisen für psychologische Gedächtnis-Konzepte. Zum Beispiel suchte Lashley jahrelang verzweifelt das **Engramm** (wörtlich – *das Ein-Gegrabene*), das heißt **die** Stelle, an der **eine spezifische Erinnerung physiologisch in der materiellen Welt des Gehirns** zu finden sein soll. Darüber verzweifelte er dermaßen, daß er letztlich konstatierte:

> **„Man könnte ... den Schluß ziehen, daß Lernen überhaupt unmöglich ist!"***

* (–> vgl. *Merkblatt Nr. 6*, S. 273 ff.)

In neuerer Zeit konzentriert sich die Forschung u.a. auf zwei faszinierende Bereiche: **Erstens** geht es um diverse „Feuchtigkeiten" im Gehirn, d.h. um die vielen inzwischen entdeckten Neuropeptide (Gehirn-Hormone), die zu dem angelsächsischen Begriff des „WET BRAIN" (= nasses Gehirn) geführt haben. Wir wissen heute dank Candace Pert (u.a.), daß so gut wie alle Prozesse, die man früher für „trocken" (d.h. elektrisch) hielt, in Wirklichkeit nur über jene feuchten Prozesse laufen.

Zweitens konzentrieren sich jetzt viele Forschungs-Arbeiten aus diversen Fakultäten auf ein spannendes Thema, und zwar neben der Neurophysiologie und der Immun-Forschung auch Wissenschaftler, die über Komplexität, Kommunikation, Künstliche Intelligenz, Computerwissenschaften, Fuzzy Logik (und mehr) arbeiten. Dieser Schwerpunkt verbindet unterschiedlichste Forschungs-Richtungen; er heißt Ver-NETZ-ung!

Man weiß, daß jedes einzelne Neuron physiologische Verbindungen zu Tausenden anderer Neurone haben kann, so daß man von **Netzwerken im Gehirn** spricht. Nun habe ich bereits mehrmals mit meinen Denk-Modellen und Metaphern Entwicklungen der Forscher vorweggenommen oder gehirngerecht ins Bild gesetzt.

Deshalb freut es mich, auch die Metapher vom **Wissens-Netz** (siehe S. 33) geschaffen zu haben, **ehe** ich von diesen Forschungs-Ergebnissen wußte. Eine Variante, das **Bild** von spinnennetzartigen **Info-Bündeln**, finden Sie in meinem Buch *Sprachenlernen leichtgemacht! – Die Birkenbihl-Methode zum Fremdsprachen lernen.*

Das **Info-Bündel** war meine zeichnerische Umsetzung eines Konzepts der angelsächsischen Linguistik (*semantic net*) und sah so aus (⇝ vgl. Abbildung links).

Die schwächeren Stellen/Lücken in der Linienführung sind Absicht. Sie symbolisieren/repräsentieren Schwachstellen und Lücken. Denken Sie nur an den berichtigten *Es-liegt-mir-auf-der-Zunge*-Effekt ...

Damals stellte ich jedes Wort als ein solches Info-Bündel dar, denn jedes Wort ist **mit allen Assoziationen** verbunden, die Sie zu diesem Begriff aktivieren können. Nah am Zentrum sitzen die ersten Ideen, weiter weg die späteren und ganz am Rand Ihre **passiven Assoziationen**. Das sind Wörter, die Sie zwar verstehen, aber nicht aktiv anwenden. So haben Sie vielleicht bereits registriert, daß ich *wiewohl* sage/schreibe. Diesen Begriff „besitzen" Sie (im mittleren oder Rand-Bereich Ihres Bündels), aber Ihr bevorzugter Begriff ist (wahrscheinlich) *obwohl*, (vielleicht auch) *obgleich, obschon* oder *obzwar* – und dieser sitzt **im Zentrum**!

Zusatz-Aufgabe

Wenn Sie vorhin mitgemacht haben, dann könnten Sie jetzt ...

- ... nachsehen, welche Ihrer Assoziationen zu *Einkaufsnetz* im **Zentrum** Ihres Info-Bündels liegen,
- ... feststellen, welche zum mittleren Bereich gehören (alle nach 61 Sekunden), und, wenn Sie sehr motiviert sind,
- ... in den nächsten Stunden (Tagen) möglichst viele Menschen befragen und deren Assoziationen in ein Info-Bündel eintragen (d.h. die ersten Wörter ins Zentrum, die späteren außerhalb der Mitte usw.),
- ... dasselbe mit einigen **anderen** Begriffen durchführen, um zu vergleichen, **wie viele** Ideen Sie zu **jedem** Wort finden werden. Das kann von null bis Hunderte (pro Begriff) sehr stark **variieren**.

Wenn wir uns bereits das einzelne Wort als Info-Bündel vorstellen, was passiert dann, wenn wir uns ausmalen, daß absolut alles, was wir wissen (und können), in ein Netzwerk eingebunden ist? Es muß natürlich ein **gigantisches** Netz sein, und **das** bezeichne ich als ***Wissens-Netz*** (⟿ vgl. dazu auch *ANALO-GRAFFIT*©, S. 33)!

Wenn Sie bei unserer kleinen Assoziations-Aufgabe mitgemacht haben, dann haben Sie bewußt erlebt, wie ein Begriff in uns Assoziationen auslöst. Dabei „kreiert" jeder Begriff um so mehr Ideen, je mehr wir **zu diesem Thema bereits wissen!**

Gleichzeitig ist uns klar, daß unser Wissen **alles** beeinflußt, was wir **wahrnehmen**, denn die Wahrnehmung „lebt" vom Erkennen-Können. Was wir **nicht kennen**, können wir **nicht** (nicht differenziert) **wahrnehmen**. So sind Wörter in einer fremden Sprache nur Geräusche und fremde Schriftzeichen nur Linien (jeweils ohne Bedeutung) für uns. Je mehr wir aber wissen, desto mehr können wir wahrnehmen. Das erinnert an den berühmten Satz aus der Bibel; es heißt da nämlich:

Wer da hat, dem wird gegeben, wer aber nicht hat, dem wird auch das genommen, was er hat.

Dieser Satz beschreibt den neurophysiologischen Vorgang sehr genau, weil alles, was wir nicht (er-)kennen, als **Hintergrund** wirkt und demzufolge **nicht bewußt** registriert werden kann. Daran sollten Wissensvermittelnde, Führungskräfte, Chefs, Kundenberaterinnen, Eltern, große Brüder und Schwestern denken, wenn sie uns etwas mitteilen wollen, wofür sie jede Menge Fäden in ihrem Wissens-Netz haben, wir als Lernende (Kinder, Kunden) jedoch nicht. Dann schlägt der Satz voll zu:

***Wer da hat** (nämlich Info-Fäden, Info-Bündel, Info-Felder hierzu im Netz, die als Attraktoren, d.h. als geistige Magneten, wirken, um neue passende Infos anzuziehen), **dem wird gegeben**. (Sprich: Der kann neue Infos, Ideen, Gedanken, Theorien, Strategien in großer Fülle wahrnehmen, begreifen, verarbeiten, merken und später in seinen intelligenten/kreativen [Re-]Aktionen im Alltag nutzen.)*

Wer aber** (an jenen Stellen im Wissens-Netz) **nicht** (genug) **hat, dem wird auch das genommen, was er hat.** (Im Klartext: Der kann auch das nicht wahrnehmen, was vorhanden ist, also wird es ihm von seinem eigenen Wahrnehmungs-Apparat **genommen**, weil solche Infos quasi **als Nicht-Infos im Nichts versacken.)

Deshalb ist es so wichtig für Sie, Ihr Wissens-Netz regelmäßig zu **erweitern**. Je größer Ihr Wissens-Netz ist, desto mehr Feinheiten nehmen Sie wahr. Es gibt eine klare Korrelation zwischen **Bildung** (jeder Art, nicht etwa nur Buchwissen!) und **Wahrnehmungs-Fähigkeit**. Früher meinte man, nur „Edle" (= Adelige) seien aufgrund ihrer „hohen Geburt" (Genetik) bildungsfähig im Gegensatz zum grobschlächtigen Normalmenschen, dessen mangelnde Wahrnehmung ihm auch vorenthielt, wie rauh und grob seine Lage (verglichen mit der Welt der feinen Leute) war. Heute wissen wir, daß **nicht die hohe Geburt die Adeligen bevorzugte, sondern Hauslehrer und das stetige Training,** dem sie ausgesetzt wurden, körperlich wie geistig. Natürlich trainierten nicht alle gleich gut, aber genug taten es, so daß der Eindruck von den *feinen Leuten* aufkommen (und viele Jahrhunderte lang erhalten bleiben) konnte. Dies gilt für alle „zivilisierten" Länder, d.h. alle Länder, in denen es eine Oberschicht von *feinen Leuten* gab, deren **Hauptvorteil** in einem **weit größeren Wissens-Netz** lag, in das an verschiedenen Stellen **sehr feine Detailfäden** hineingehäkelt worden waren (Bereiche von professioneller Kompetenz oder Expertise).

Die beste Grundlage, um möglichst viel (schnell und leicht) verstehen (z.B. akustisch, als Wahrnehmung) und begreifen sowie merken zu können, ist ein ausgedehntes Wissens-Netz.

Je mehr solcher Bereiche im Wissens-Netz, desto ge-BILD-eter ist die Person, der dieses Wissens-Netz „gehört". Im Klartext: Desto mehr BILD-er hat sie in ihrem ausgedehnten Wissens-Netz!

Eine kinderleichte und völlig schmerzfreie Trainings-Methode hierzu finden Sie in *Tip 5* (⟿ vgl. Modul *T – TV-Gewohnheiten*, S. 196 ff.), nach dem Motto: *Je mehr Privatfernsehen Sie glauben, unbedingt live gucken zu müssen, desto leichter wird es. Neugierig?* (⟿ Vgl. auch das Stichwort *Wissens-Kassetten*, S. 206 ff.)

Neben der (Video-) Kassetten-Methode lautet mein Rat: Nutzen Sie jede Möglichkeit, Ihren Horizont (Wissens-Netz) zu erweitern. So neigen wir dazu, „andere" Informationen beim Lesen sofort zu überblättern (oder aus solchen Sendungen in Radio oder Fernsehen sofort wegzuzappen) bzw. in persönlichen Gesprächen sofort abzublocken, wenn jemand etwas behauptet, was wir „anders" sehen.

Wir erklären dann gern: ***Das sehen Sie falsch!*** Oder: ***Das sehen Sie zu eng!*** und erklären unsere Sicht(-weise). Dabei begreifen wir überhaupt nicht, daß wir dem anderen genau das zumuten, wozu wir nicht fähig waren, wenn wir ihn mit unseren Netz-Fäden konfrontieren, die ja für ihn genauso „anders" sein müssen wie seine für uns. Wenn der andere dann auf Kampf oder Flucht schaltet, dann schelten wir ihn ***intolerant*** ...

Solche Situationen zeigen uns jedes Mal aufs Neue, daß es auch **andere** Fäden gibt als die, die **wir** zu dieser Sache bereits in unserem Netz herumtragen. Vielleicht behauptet dieser Typ unverschämterweise, die Erde sei rund, wiewohl wir **ganz genau** wissen, daß wir auf einer flachen Scheibe leben!

Oder es weist einer den Zusammenhang zwischen miesen TV-Inhalten und mieser Stimmung (bis Gesinnung) nach ... Stimmt sein Faden mit dem in unserem Wissens-Netz überein, dann hören wir begeistert zu, nicken und bewundern die Intelligenz (oder Bildung) unseres Gesprächspartners. Andernfalls ...? Nun, solche Gelegenheiten **könnten** wir zu einer echten „Gelegenheit" werden lassen, indem wir ihm vielleicht **120 Sekunden** (mehr schaffen wir selten) einräumen, bevor wir dagegenreden, ihn abwürgen oder tun, was wir sonst so tun. Eine alte Freundin unserer Familie pflegte in solchen Momenten zu sagen: *Thema allgemein uninteressant; ich bitte das Thema zu wechseln.* Wir tauschten Blicke und seufzten. Ab diesem Zeitpunkt konnte man mit ihr (darüber) absolut nicht mehr reden.

Ein großes Wissens-Netz bedeutet neben enorm verbesserter Wahrnehmung, Begriffs- und Merkfähigkeit auch, daß wir besser mit Widersprüchen leben können, indem wir lernen, Aspekte, die einander auszuschließen scheinen, zumindest vorläufig nebeneinander stehen zu lassen. (Dieses „vorläufig" kann in wissenschaftlichen Kreisen durchaus ziemlich lange dauern, so einige Jahrhunderte vielleicht!)

Das ist die **forschende Geisteshaltung**, wie sie z.B. die Physiker brauchten, als sich zeigte: Elementar-Partikel haben **sowohl** Teilchen- (also im Wortsinn *Partikel*) **als auch** Wellencharakter! Dies veranlaßte **einen** Nobelpreisträger zu fragen, ob sie vielleicht an Sonntagen, Mittwochen und Freitagen Teilchencharakter hätten und sich den Rest der Woche wie Wellen verhielten. Ein **anderer** Nobelpreisträger stellte fest, daß die Welt immer mehr an einen großen Gedanken erinnere, was in meinem Wissens-Netz einen anderen Faden „anreißt", nämlich den:

Je mehr wir wissen, desto größer wird unser Netz, aber gleichzeitig verbreitern wir auch die Basis, auf der wir stehen, so daß man uns nicht mehr so leicht den Boden unter den Füßen wegziehen kann mit einer neuen Information. Somit kann eine Wissens-Netz-Erweiterung auch unser Selbstwertgefühl erhöhen!

Die australischen Aborigines gehen seit (ca. zehn) Jahrtausenden von der *Traumzeit* aus, wobei sie mit *Traumzeit* die **materielle Welt** meinen, die sie von der **eigentlichen Wirklichkeit (dahinter)** abgrenzen. Aber wer einen Faden im Netz hat, demzufolge Eingeborene a priori „primitiv" und unwissend sein müssen, der fände eine solche Gedankenverbindung absurd. Nicht, daß sie absurd wäre, sondern er hat einen **Faden** im Netz, der diesem das Etikett „absurd" aufklebt, **weil alles, was wir wissen, immer auch unsere Wahrnehmung und Wirklichkeitsauffassung (unser Weltbild) beeinflußt.**

Nun gehen wir mit unserem Denk-Modell einen Schritt weiter. Stellen Sie sich vor, Ihr Wissens-Netz wäre **grau** (die **„grauen Zellen"** ergeben ein graues Wissens-Netz). Nun malen wir uns folgendes aus: **Alle Assoziationen, die durch unseren Geist huschen, aktivieren kurzfristig bestimmte Stellen im Netz!** Dasselbe passiert, wenn Sie ein Wort suchen, z. B. weil Sie ein Kreuzworträtsel lösen oder in der freien Rede (Schreibe) einen bestimmten Begriff suchen. Wollen wir uns **diesen Suchprozeß** im Netz so vorstellen, daß Ihr **bewußter Geist** mit einer **Taschenlampe** in Ihrem Netz herumleuchtet. Diese Taschenlampe ist von besonderer Art, denn das Glas vorne ist **rot** und daher färbt Ihr Such-Prozess die Stellen des Netzes **rot**, die Sie gerade beleuchten (= die Sie aktivieren).

Wenn Sie einen roten Stift zur Hand haben, wäre es optimal, wenn Sie die kleinen Kringel (= Such-Stellen) im Netz rot bemalen würden. Dies hilft, das Bild von den rot „angestrahlten" Stellen in Ihr eigenes Wissens-Netz einzu-BIND-en.

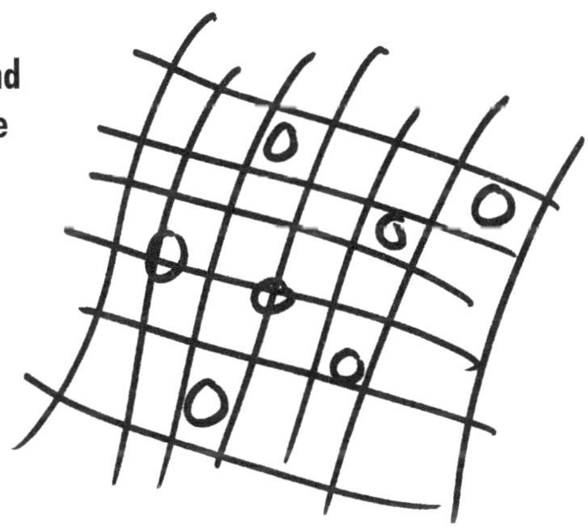

Übrigens: Als Kind wußten Sie noch intuitiv um die Vorteile des Anmalens, bis man es Ihnen verbot ...

Sie sehen: Es gibt keine „schwere" oder „leichte" Information per se. „Schwer" oder „leicht" **für Sie** kann immer nur **in bezug auf Ihr spezifisches Wissens-Netz** bewertet werden. Das Gleiche gilt für jeden Menschen, der etwas (noch) „schwer" findet.

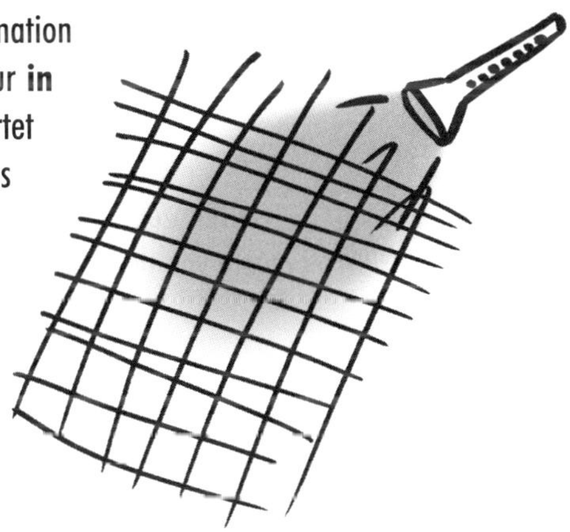

So ist Chinesisch für uns sehr schwer, aber dreijährige Chinesenkinder sind fähig, damit umzugehen ...

Deshalb finden wir Informationen um so leichter, je mehr passende Fäden sich bereits in unserem Netz befinden und als Magneten (Attraktoren) auf neue passende Infos wirken. Müssen wir nämlich **neue Infos ins vorhandene Wissens-Netz knüpfen** (häkeln, ein-BIND-en), kann dies extrem schnell geschehen, wenn bereits **Fäden** vorhanden sind, **an welche** wir das Neue „anhängen" können, wenn wir dieses Wissen KONSTRUIEREN (⇝ vgl. Modul *A wie Anfang*, S. 18 ff.). Da es nun sicher im Netz „hängt", fällt auch später die RE-KONSTRUKTION (= Gedächtnis-Leistung) leicht! Beispiel: Sie kennen *Korsika* und haben schon von *Napoleon* gehört. Wenn Sie nun aber noch nicht wußten, daß er *Korse* war, dann werden Sie diese Info nur ein einziges Mal lesen oder hören (müssen). Haben Sie die Info gleich kapiert, dann konnten Sie sofort KONSTRUIEREN und schon „sitzt" sie in Ihrem Wissens-Netz!

Bei bereits **vorhandenen** „passenden" Wissens-Fäden (zum Neuen muß ja lediglich eine neue **Ver-BIND-ung** geschaffen werden) lautet die Regel: Einmal wahrgenommen und begriffen = gemerkt!

Anders sieht es aus, wenn Sie **zunächst** keine Fäden im Netz haben. Hier gilt es, Hilfsfäden (auch als Eselsbrücken bekannt) zu „basteln", damit wir eine Info künstlich an einen vorhandenen Faden BIND-en und so eine vorläufige Ver-BIND-ung schaffen können. Das ganze Konzept des **gehirn-gerechten** Vorgehens unterstützt sämtliche Möglichkeiten, mit Hilfsfäden zu „heften", ehe wir nähen, denn das Merken von Infos, die uns aufgrund unseres Vorwissens (der vorhandenen Fäden im Netz) sofort „einleuchten", das brauchen wir ja nicht zu besprechen. Aber wie man Neues ins Netz ein-BIND-et, das ist die Kunst. Früher, als man dies noch wußte, sprach man demzufolge von der Gedächtnis-Kunst. Später behandelte man Gedächtnis, als wäre dies ein angeborenes „etwas", und deshalb glauben so viele Menschen, sie hätten ein eher „schlechtes" abbekommen. Dabei ist der Vorgang des KONSTRUIERENS, wie die Schule ihn uns vermittelt, doppelt falsch: **Erstens**, weil man in der Schule (fast) nie lernt, wie man gehirn-gerecht lernt (⇝ vgl. auch *T – Gehirn-gerecht Machen von neuen (Lern-) Infos*, S. 95 ff.), und **zweitens**, weil der Unterricht oft zu wünschen übrig läßt, wenn Wissensvermittlerinnen eine pädagogische Binsenweisheit vergessen, nämlich: **Neues muß an Altem festgebunden** (ins Netz eingehäkelt) **werden**.

Lernen erscheint den Opfern unnötig schwierig, mühselig, anstrengend usw.. Deshalb befürchten Millionen intelligenter Menschen völlig zu Unrecht, sie wären „zu blöd" zum Lernen …

Wenn Ihnen das einleuchtet, dann werden Sie den Sinn der zu diesem Modul gehörenden Techniken leicht nachvollziehen können. Und Sie sehen, wieviel leichter es wird, neue Details in bereits **vorhandene** Fäden „einzuhäkeln". Dies nutzen alle Aspekte des gehirn-gerechten Vorgehens, die in diesem Buch vorgestellt werden.

Eine **Trainings-Anweisung** zum kinderleichten Ausbau Ihres Wissens-Netzes finden Sie im **fünften Tip** *zu T – TV-Gewohnheiten* (⇝ vgl. S. 206 ff.). **Daneben** empfehle ich Ihnen, jede Gelegenheit zum Ausbau Ihres Wissens-Netzes zu nutzen inkl. Gespräche, bei denen Sie etwas über „andere" (neue) Wissens-Fäden erfahren könnten. **Darüber hinaus** könnte man **täglich 10 bis 15 Minuten lang bewußt etwas lernen.** Falls Sie glauben, die Zeit hätten Sie nicht, so bedenken Sie:

Erstens: Wer täglich einmal Nachrichten im Fernsehen sieht, kann leicht die Zeit zum Lesen „gewinnen", wenn Sie Tip 3 im Modul *T – TV-Gewohnheiten* (S. 202 ff.) aufgreifen! *Zweitens:* Je größer Ihr Wissens- Netz, desto mehr Informationen können Sie später leicht und mühelos verstehen/begreifen und merken, also sparen Sie dann viel Zeit.

Die Trainings-Anweisungen zum gezielten Aufbau Ihres Wissens-Netzes – mit dem speziellen Schwerpunkt: **Vergrößerung der Bereiche, die permanent „rot eingefärbt" (und demzufolge sofort aktivierbar)** bleiben – finden Sie im Trainings-Modul *T – Inneres Archiv*©, S. 114 ff.. Was das optimale Vorgehen beim Trainieren (von Handlungen, die Sie verbessern wollen) angeht, so gibt es ein eigenes Modul (*T – Verhalten + Handlungen TRAINIEREN,* ab S. 187 ff.).

Viel Spaß beim Training – Sie wissen ja, ohne Training kann ja nichts besser werden …

Kategorien-Denken©

Oder: Gedächtnis wie ein Sieb?

Denken Sie manchmal, Ihr Gedächtnis gliche einem **Sieb**? Das Faszinierende an dieser Metapher ist, daß sie einige neurophysiologische Tatsachen hervorragend beschreibt. Allerdings wird das Sieb nun zu einem positiven Faktor, wie Sie noch sehen werden.

Aber beginnen wir mit einem kleinen Experiment, damit Sie sich selbst überzeugen können – das ist einleuchtender als die Ideen anderer. Deshalb sollten Sie aktiv mitmachen, **ehe** Sie weiterlesen: **Es gilt, zehn Begriffe in drei (Wissens-)Kategorien einzusortieren**, indem Sie passende **Oberbegriffe suchen.**

1. Messer
2. Hut
3. Spazierfahrt
4. Blumenkohl
5. Baum
6. Lastwagen
7. Alkohol
8. Computer
9. Eis
10. Telefon

Sie können *Lastwagen* und *Spazierfahrt* in einer Denk-Kategorie (z.B. **Fortbewegung**) zusammenfassen (einordnen). Verboten wäre es jedoch, den *Lastwagen* als *Vehikel* für die *Spazierfahrt* zu benutzen.

Sie müssen also **drei Kategorien kreativ schaffen, in die** Sie die zehn Begriffe einsortieren.*

Bitte nehmen Sie sich einen Moment Zeit, die kleine Aufgabe zu lösen, damit Sie etwas später ebenfalls mitdenken können, wenn wir den nächsten Schritt gehen wollen. Bitte notieren Sie Ihre drei Kategorien (in die Sie **alle** zehn Begriffe „packen" konnten):

Kategorie 1 ____________________

Kategorie 2 ____________________

Kategorie 3 ____________________

Wechseln wir nun kurzfristig das Thema und wenden wir uns der Qualität Ihres **Gedächtnisses** zu. Die meisten Menschen sind mit ihren Gedächtnis-

---

* Auf S. 143 ff. sehen Sie, wie man dabei vorgehen kann.

Leistungen **nicht zufrieden**. Sie auch? Kennen Sie die alte amerikanische Scherzfrage: *Wie kommt es, daß der Fisch im Wasser nicht ertrinkt?* Die Antwort klingt im ersten Ansatz vielleicht albern, aber sie ist sehr wichtig: *wegen der Kiemen.* Im Klartext: **Der Fisch ertrinkt so lange nicht, wie seine Kiemen funktionieren.** Ist dies (z.B. bei Krankheit) nicht der Fall, **dann ertrinkt auch der Fisch!**

Also stellen die Kiemen ein wesentliches Element des Erfolgs für den Fisch dar: Weil er dieses ausgeklügelte **Filter-System („Sieb")** besitzt, womit er **das für ihn Wesentliche** herausfiltert, ist Wasser sein Lebens- Element. Zwar sagen wir *herausfiltern*, aber wir könnten genauso gut sagen: *Der Fisch filtert dank seiner Kiemen das für ihn Wesentliche „herein", denn er läßt das Gefilterte in sein System „hinein"*, während **alles andere draußen bleibt**. Wir Menschen machen es ähnlich. Allerdings sind wir mit einem weit komplexeren, intelligenteren, kreativeren Gehirn gesegnet (und wir leben nicht mehr im Wasser).

Uns umfließen Informationen. Diese aber **brauchen** wir, denn unsere Neuronen (Gehirnzellen) **benötigen** eine ständige Reiz-Flut. Somit ist die Info-Flut **unser** Lebens-Element.

Wenn wir lernen (trainieren), ein intelligentes Filter-System im Kopf aufzubauen, dann werden wir die vielzitierte Info-Flut nicht nur als unser Lebens-Element verstehen, sondern als unser eigentliches Lebens-Elixier!

Kommen nämlich **zu wenige** Reize von außen, dann verschafft sich das Gehirn innerhalb weniger Minuten **eigene** (Halluzinationen bei Reiz-Entzug), wie die berühmten Stimulus-Deprivations-Experimente in den 50er Jahren des letzten Jahrhunderts bereits gezeigt haben.

Unser Gehirn **braucht** den ständigen Informations-Fluß (genauso wie der Fisch das Wasser)!

Unser Gehirn ist **neurophysiologisch dazu prädestiniert**, mit dem ständigen Strom von Informationen umzugehen, vorausgesetzt, wir „pfuschen" nicht laufend „dazwischen". Genau das unterscheidet Gehirn-**Besitzer** (die es im Kopf spazierentragen und weitgehend verstauben lassen) von Gehirn-**Benutzern**, die durch **gehirn-gerechtes Vorgehen** dafür sorgen, daß ihr Gehirn seine Aufgabe (Informations-Verarbeitung) so lösen kann, wie die Natur es vorgesehen hat (d.h. der Arbeitsweise des Gehirns entsprechend).

Die Informations-Flut ist nicht unser Risiko, sondern unsere ganz große Chance!

Dies führt uns zu der Frage: *Warum empfinden so viele Menschen diese Chance als Gefahr?* Dafür gibt es vier Gründe:

1. **Wer in Schule und Ausbildung gelernt hat, er oder sie wäre anscheinend zu „blöd", um mit Infos umzugehen,** ist durch diese (**nicht** gehirn-gerechten) Erfahrungen so **verängstigt**, daß er/sie die Info-Flut **zunächst** als Bedrohung empfinden muß. Gott sei Dank können wir Verona Feldbusch frei zitieren: „Hier werden Sie geholfen!" (Sowohl im vorliegenden „neuen" *Stroh im Kopf?* als auch in meinen Büchern *Das innere Archiv* und *Trotzdem LEHREN* finden Sie zahlreiche Tips, Tricks und Strategien zu diesem Thema.)

2. **Wer einmal gelernt hat, Nägel einzuschlagen,** kann auch lernen, mit **Hammer und Meißel** zu arbeiten. **Ähnlich ist es mit geistigen Tools** (Werkzeugen): Je besser Sie die Techniken beherrschen, die Ihnen (z.B. in diesem Buch) angeboten werden, desto mehr Wachstums-Chancen schaffen Sie. Chancen, von denen man im Vorfeld nicht träumen konnte, weil sie erst nach dem jeweils nächsten Entwicklungssprung entstehen. Dies erlebt sehr intensiv, wer ernsthaft beginnt, das eigene Wissens-Netz aktiv zu nutzen (⇝ vgl. Modul *Gedächtnis wie ein Netz?*, S. 41 ff.).

3. **Viele Menschen verunreinigen ihre Filter-Anlage** durch falsche (und gefährliche!) Fernseh-Gewohnheiten (⇝ vgl. Modul *T – TV-Gewohnheiten*, S. 196 ff).

4. **Jeder Filter funktioniert gemäß gewissen Prinzipien.** Beim Küchensieb ist es die *Größe der Löcher*, beim **Info-Sieb** geht es weniger um Löcher als vielmehr um geistige Schubladen, nämlich ***Wissens-Kategorien***. Erinnert Sie das an unser kleines **Experiment**? Wie viele Begriffe fallen Ihnen **jetzt** spontan ein?

1. **Messer**
2. ______________________
3. ______________________
4. ______________________
5. ______________________
6. ______________________
7. ______________________
8. ______________________
9. ______________________
10. ______________________

Fallen Ihnen auch die drei Kategorien ein, die Sie vorhin selbst (kreativ) geschaffen haben?

Kategorie

1. ______________

2. ______________

3. ______________

Meinen Seminarteilnehmern fallen in der Regel (fast) alle zehn Wörter und alle drei Kategorien wieder ein, und das, **obwohl sie überhaupt nicht versucht hatten, sich etwas zu merken!**

Das ist es, was ich Ihnen zeigen wollte (wenn Sie mitgespielt haben): Sie können Begriffe nicht begreifen, ohne Sie (unbewußt) an irgendeiner Stelle im Wissens-Netz zu „finden", weil wir ja nur verstehen, was wir schon kennen. Bewußtes Wahrnehmen von Dingen, die wir verstehen, führt zu Begreifen, also können wir etwas (z.B. ein BILD, eine Vorstellung, eine Bedeutung) erGREIF-en. Jetzt haben wir die Info „im GRIFF" und deshalb auch gemerkt.

Dies bedeutet bei vielen Infos, z.B. in einem Kunden-Gespräch, einer Chat-Sitzung oder in einer Konferenz:

Einmal gehört oder gelesen = gemerkt!

Im Klartext: Es sind null Wiederholungen nötig!

Vergleichen Sie dies mit den Pauk-Erfahrungen aus der Schule! Nicht die schlechten SchülerInnen waren „blöd", sondern die Methodik, mit der diese armen Opfer des Systems lernen sollten! Falls jedoch bei gehirn-gerechtem Vorgehen Wiederholungen nötig werden, so sind das **wenige intelligente**

Wenn Sie klare Wissens-Kategorien besitzen bzw. lernen, bewußt und kreativ Kategorien zu erschaffen (*creare = schaffen!*), dann muß Ihr Gedächtnis-Sieb automatisch richtig filtern. Dann ist eine bewußt wahrgenommene und „einsortierte" Info in der Regel auch eine gelernte, weil Sie diese Info entweder in Ihrem Wissens-Netz gefunden oder eine neue Info jetzt durch den bewußten Wahrnehmungs- oder Denk-Prozeß bereits in Ihr Wissens-Netz eingespeichert haben.

(kreative) Wiederholungen. Des weiteren muß uns klar sein: Brandneue Infos „einzubauen“ dauert länger, weil erst neue Nervenbahnen entstehen müssen, deshalb ist ein gemütliches, gehirn-gerechtes Vorgehen (wacher Intellekt darf mitmachen) mit kleinen Pausen weit effizienter als „ewiges“ Wiederholen nicht gehirn-gerechter Infos (wie Jahreszahlen- und Vokabel-Pauken bzw. das sture Büffeln von Formeln, die man nicht begriffen hat). Eine der gehirn-gerechten Techniken ist diese: Wenn Sie **trainieren**, alle wichtigen (oder zu lernenden) Infos **sofort** einer logischen Kategorie zuzuordnen, dann haben Sie vier Vorteile:

Vorteil Nr. 1: Sie wissen immer sofort, ob Sie diese Info begriffen haben!

Was Sie nicht verstehen, das können Sie keiner logischen Kategorie zuordnen. Beispiel: In welche gedankliche Kategorie wollen Sie MTRS einsortieren, wenn Sie null Ahnung haben?

Kategorie: *Sprache* (Ist es ein Wort?). Es könnte ein mathematischer Ausdruck sein, eine chemische Formel oder sonst etwas beschreiben. **Merke:** Wir können unbekannte Kategorien **nicht** beurteilen. Ein Chemiker weiß, daß *MTRS* ihm nichts sagt, aber **Nicht-Chemiker** wissen dies **nicht**. Nächste Frage: *Wenn es ein Wort ist: in welcher Sprache?* Antwort: Es handelt sich bei *MTRS* um ein **Wort** der arabischen Sprache. *MTRS* bedeutet *Matratze.* Jetzt wissen Sie, woher wir den Begriff **und** den Gegenstand haben. Übrigens ist die Grundbedeutung die eines *Hingeworfenen-zum-Sitzen*; es entstammt der Beduinen-Tradition, dort saß man auf Kissen, aber man schlief spartanisch. (Vgl. den Begriff *Auto*, den Sie sofort einordnen können, wenn Sie *Auto* verstehen.)

Vorteil Nr. 2: Sie nehmen weit mehr wahr als früher!

Wir sprachen bereits im vorangegangenen Modul *Gedächtnis wie ein Netz?* darüber (⇝ vgl. S. 41 ff).

Vorteil Nr. 3: Sie MERK-en sich weit mehr als früher!

Durch den kleinen bewußten Gedankenprozeß, **wahrgenommene Infos vollautomatisch bewußt einer *Wissens-Kategorie* zuzuordnen**, merken Sie sich weit mehr, als Sie früher je für möglich gehalten hätten, weil Sie den **Sieb-Mechanismus Ihres Gehirns** jetzt **bewußt** (aus-)**nutzen**!

Vorteil Nr. 4: Sie verbessern Ihre Intelligenz und Ihre Kreativität!

Frage ich im Seminar: *Was ist Intelligenz?*, so wird diese oft als *gescheite Denkprozesse* beschrieben und *Kreativität* als *neue Verbindungen schaffen.* **In diesem Sinne** wird meine Technik des **Kategorien-Denkens** Ihnen helfen, sowohl intelligenter als auch kreativer zu reagieren, ja, oft werden sich Ihnen **völlig neue Zusammenhänge** erschließen, Sie werden ganz neue Einsichten gewinnen. Als Nebeneffekt stärkt dies das Selbstbewußtsein! Aber: Das kann natürlich nur nachvollziehen, wer mit der Technik zu arbeiten beginnt, man kann es nicht erklären. (Das ist so ähnlich wie Radfahren oder Verliebtsein, wer es nicht erlebt hat, kann es nicht nachvollziehen.)

Falls es Ihnen eingangs schwer erscheinen sollte, in Kategorien zu denken, so sollten Sie wissen: **Wir denken immer in Kategorien**, nur in der Regel unbewußt.

Mit unbewußten Kategorien kann man nicht viel anfangen. Sie können die Vorteile nur nutzen, wenn Ihnen die Kategorien bekannt sind, von denen Sie ausgehen.

Nun lernen leider viele Menschen in Schule und Ausbildung nie, selbständig zu denken (dazu gehört z.B. die Übung des Kategorien-Denkens). Wer immer nur Papagei spielen und den Lehrkräften „nach dem Mund" zu reden gelernt hat, mag im ersten Ansatz meinen, es wäre wohl extrem schwer, in Kategorien zu denken. So fällt die Übung am Anfang dieses Moduls einigen Teilnehmer/innen sehr schwer, aber sie alle lernen es schnell. Warum? Weil wir unbewußt immer in Kategorien denken, nur nützt uns dies nichts. Wir müssen es also „nur" bewußt tun.

Kennen Sie übrigens folgende Story? *Er steht am Fenster der Stadtwohnung (im dritten Stock) und will die Weinflasche entkorken* … (Wenn nein, dann lesen Sie):

Er: Sieh mal, da geht die Frau, die der Peter so liebt.

Sie: (rast zum Fenster) Wo??!

Er: Da, gerade beim Bäcker vorbei, die mit dem roten Schal …

Sie: Aber das ist doch seine Frau, du Depp!

Er: Ja, eben …

Sehen Sie, wir haben eine Kategorie im Kopf, die beschreibt *verheiratete Frauen.* Dann haben wir eine **weitere** Kategorie für *Frauen, die man liebt.* Und nun fragt es sich, **wie sehr die beiden sich überlappen** (überschneiden), denn die **Schnittmenge** = *geliebte Ehefrauen.*

Kleine Inventur-Aufgabe

Erzählen Sie die Story einigen Leuten und passen Sie gut auf, wie diese reagieren. Falls Sie keine Stories erzählen „können" (oder wollen), dann bitten Sie diese Leute, diese Zeilen (in Ihrem Beisein) selbst zu lesen, auch dann können Sie deren Reaktion beobachten! **Merke:** Je verblüffter jemand ist (was sich z.B. durch ein plötzlich ausgestoßenes (scharfes, kurzes) Lachen ausdrückt), desto **kleiner** ist die Schnittmenge (fast immer)! Denn: Je kleiner die Schnittmenge, desto größer die Überraschung; diese aber ist ein wesentliches Element von Humor.*

Wir sehen also: Das Wissen um das Kategorien-Denken gibt weit mehr „her", als die Seminar-Teilnehmer zunächst annehmen:

1. Das **Kategorien-Denken** zeigt uns die (logische) **Ordnung in unserem eigenen Wissens-Netz** auf, und
2. das **Kategorien-Denken** kann uns die Ordnung im **Wissens-Netz unserer Mitmenschen** aufzeigen; es hilft uns also dabei, sie besser kennenzulernen.

Im Klartext:

Das Kategorien-Denken hilft uns, uns und anderen „in den Kopf zu sehen", weil es das Denken transparent macht!

Wenn wir Übung darin haben, kleinere/größere Wort-Listen in Kategorien einzuteilen, bzw. wenn wir gelernt haben, schnell und spontan eine **Kategorien-Torte© zu zeichnen** (⇝ vgl. Trainings-Modul *T – Kategorien-Torten© zeichnen*, S. 136 ff.), dann haben Sie das **unbewußte** Kategorien-Denken **bewußt gemacht!** Sie erhalten plötzlich (z.B. in Gesprächen) Zusatz-Informationen, die Sie früher **nie für möglich gehalten hätten.** Schon in der Bibel steht, daß ihre Worte sie verraten werden. So kann man z.B. wahrnehmen, ob ein Berater uns einen **Rat** aus der Kategorie: ICH WILL VERDIENEN! oder einen aus der Kategorie: WAS NÜTZT DEM KUNDEN? gibt.

Angenommen, jemand hätte keine Ahnung von diesen beiden Kategorien, der könnte nicht auf diese Kategorien hin-„lauschen". Genauso „höre" und „sehe" ich hunderte von Zusatz-Information, für die viele Menschen blind und taub zu sein scheinen. Das ist übrigens eine der Qualitäten, warum manche meiner Kunden mich stundenweise „mieten", um mir neue Ideen vorzutragen. Ich höre oft die „Hidden Agenda" (unbewußten Ziele) heraus und spreche sie daraufhin an, so daß diese Aspekte im Vorfeld einer Produkteinführung oder einer großen Werbe-Kampagne geklärt werden können.

Ich höre und lese mit einer weit höheren Info-Ausbeute als viele Menschen bzw. „entnehme" einer Sendung in Radio oder Fernsehen weit mehr. **Aber das können Sie auch**, denn: Wer gewohnt ist, bewußt mit geistigen Kategorien zu jonglieren, der sieht, bemerkt, hört (und liest) und merkt sich (im Sinne von Gedächtnis) einfach weit mehr als andere!

* Vgl. auch den Abschnitt „Warum ist ein Witz witzig?" in meinem Taschenbuch Kommunikationstraining, Seite 160 ff.

Technik des Denkens in (logischen) Kategorien

Wenn Sie etwas besonders gut begreifen/merken wollen, dann teilen Sie **die wichtigsten Schlüsselbegriffe sofort einer Denk-Kategorie zu!**

Dies tun Sie z.B.:

- in wichtigen **Gesprächen** (Konferenzen, Meetings, Verhandlungen),
- wenn Sie Post, Artikel, Bücher **lesen**,
- wenn Sie **Radio** (einen Vortrag, eine Vorlesung, Unterricht) hören,
- beim **Fernsehen** (wobei **Talk- und Diskussions-Shows** besonders gut geeignet sind, das Kategorien-Denken zu **trainieren**).

Testen Sie, wie schwer es Ihnen (noch) fällt, eben Gesagtes praktisch umzusetzen. Falls es Ihnen (noch) schwerfällt, bedeutet dies **nicht**, daß es Ihnen an der nötigen Intelligenz mangelt (wie meine Teilnehmer vorschnell glauben), sondern lediglich, daß erst ein **Training** nötig ist. Wenn Sie noch nie mit einer tunesischen Häkelnadel gearbeitet haben, dann müssen Sie dies erst lernen. Und das Bewußt-Machen von unbewußt ständig ablaufenden Prozessen kann genauso schwer sein wie das Erlernen einer neuen Tätigkeit. Also wissen Sie: Nach anfänglichen Schwierigkeiten und einigen Lernplateaus (vgl. Modul *Lernkurven gefällig?*, S. 68 ff.) werden Sie es schaffen!

Manche Trainings-Aufgaben (wie das **Feststellen** einer Kategorie für Wörter und Begriffe, die man frei wählt) können ganz **nebenbei** geübt werden. Denken Sie nur an Zeiten, in denen Ihr Geist Kapazitäten frei hat (z.B. bei „stupiden" Hausarbeiten, Rasenmähen, Schneeschippen, Gassigehen). Natürlich kann man solche Tätigkeiten jederzeit voll bewußt (als meditative Handlung) ausführen, das ist Ihre Entscheidung. Aber in Zeiten, in denen Sie Ihren Geist gerne bewegen wollen (z.B. weil der Wagen im Stau steht), oder bei Routine-Handlungen, die Sie (heute) langweilen, da kann man trainieren.

Es muß keine extra Zeit kosten, sich die Fertigkeit, bewußt in Kategorien zu denken, anzugewöhnen.

Mit den folgenden drei Schritten könnte Ihr Training beginnen (wobei Ihnen im Lauf der Zeit weitere Trainings- und Anwendungs-Beispiele einfallen werden, insbesondere wenn Sie sich mit der spannenden dritten Variante befassen).

1. **Aufgaben, bei denen eine Reihe von Begriffen in wenige logische Kategorien einsortiert werden** (⇝ vgl. Anfang dieses Beitrags, S. 50 f.).

2. **Sämtliche Gehirn-Jogging-Aufgaben, bei denen mit Kategorien gespielt wird** (⇝ vgl. die Gehirn-Jogging Bücher nach Lehrl, s. Literaturverzeichnis), z.B. *Was* (gemeint ist: welche Kategorie) *verbindet die folgenden Elemente?* Oder: *Welches der folgenden Elemente paßt nicht in die Aufzählung?* und ähnliche Aufgaben.

3. **Die dritte Variante** finden Sie im Trainings-Modul: *T – Kategorien-Torten zeichnen* ⇝ S. 136 ff.).

Lernen, aber was?

Wissen oder Verhalten?

Zum einen **lernen** wir (Buch-)**WISSEN** (= Informationen, Daten, Fakten, Theorien) und zum anderen **VERHALTEN (und zwar weitgehend ohne Worte,** wir kommen gleich darauf zurück) – (⇝ vgl. dazu auch *Lernkurven gefällig?*, S. 68 ff.). Der Begriff Wissen soll in unserem Zusammenhang alle Arten von Gelerntem einbeziehen, also irgendwelche Daten, Fakten, Infos, die wir *im Gedächtnis platziert haben.* Hierzu gehören auch **visuelle** Informationen (Name **und** Gesicht eines neuen Kontaktes oder Kunden). Die erste Art (Wissen) zu lernen, geht „über den Kopf' und kann auf gehirn-gerechte Weise dramatisch erleichtert werden, wobei im optimalen Fall **Erkennen** zu **Kennen** (= Wissen) führt. Neben dieser Art von Wissen **lernen** wir aber auch in dem Sinne, daß wir unser **Können**, unsere **Kompetenz**, unser **Repertoire** (an **Verhaltensweisen**) vergrößern. Geht es also darum, unser **Können** zu erweitern, dann heißt der Lern-Weg **Training**! Hier können wir zwischen eher **unbewußten** Trainings-Vorgängen unterscheiden, die sich durch HAND-lungen (Probieren, Spielen, Imitieren) auszeichnen, und **bewußtem** Training (wenn jemand z.B. entscheidet, Golf zu lernen, ⇝ vgl. Modul *T – Verhalten + Handlungen TRAINIEREN*, S. 187 ff).

Beginnen wir mit eher unbewußten Trainings-Effekten, und zwar bei der nachwachsenden Generation: Kinder im Alter von sechs bis elf Jahren lernen vor allem ihre Kultur. Diese Zeitspanne beschreibt eine **Reifephase** (auch als *Lernfenster* bezeichnet), in der sich ein kleiner Papua durch das tägliche unbewußte Training so zu verhalten lernt wie die großen Papuas bzw. ein kleiner Berliner so wie die großen Berliner (außer wir bringen den Papua rechtzeitig nach Berlin!).

Nun glauben viele Eltern fälschlicherweise, daß die Kleinen sich nur deshalb „richtig" zu verhalten lernen, weil sie (die Eltern) die Kinder erziehen würden. Dies stimmt jedoch fast gar nicht. Was die Kinder erzieht, ist das Leben, das sie um sich herum beobachten! Dabei sind die **Lippenbekenntnisse** weniger wichtig als das vorgelebte **Verhalten**. Stellen Sie sich eine Mutter vor, die ihrem Kind immer wieder erklärt, *Lesen und Schreiben ist furchtbar wichtig*, während in diesem Elternhaus außer dem Einkaufszettel nichts geschrieben und außer der Fernsehzeitschrift nichts gelesen wird. Was wird das Kind überzeugen, das **Lippenbekenntnis** oder das **Verhalten**, das es per unbewußter Imitation laufend trainiert? Leider führt die „Schere" zwischen dem Lippenbekenntnis und dem Verhalten der Großen dazu, daß sich das Kind mit der „Lippe" identifiziert (es will so sein/werden), aber trotzdem handelt das Kind unbewußt so, wie man um es herum handelt. Dies ist ein **genetisch angeborenes Lernprogramm**, das unser Überleben absichert und das seit Jahrmillionen dafür sorgt, daß **junge Menschen(-affen) direkt** von den Alten lernen können.

Falls Sie denken, dies wäre bei fast allen Lebewesen so, ist dies falsch. Wie Professor Susan BLAKEMORE zeigt, gibt es außer einigen Insekten, Vögeln und den Menschenaffen keine Tiere, die zu Imitations-Lernen fähig sind, denn Imitations-Lernen fordert eine immense Rechenkapazität des Gehirns (Intelligenz), zu der die meisten Lebewesen nicht fähig sind.

Trotzdem sind wir ja auch zu **Lernen via Sprache** (und Regeln) fähig, so können wir Anweisungen für Verhalten (z.B. ein Kochrezept) verstehen und praktisch umsetzen sowie (theoretisches) Wissen erwerben. Letzteres kann dermaßen „abstrakt" (bis abstrus) sein, daß nur noch Insider Einblick haben. Dabei müssen wir wissen, daß **angesichts** eines Modells das Vorbild im Zweifelsfall immer Vorrang hat, denn es stellt quasi ein **Bild** in unseren Geist, das unser **Verhalten erfolgreicher** managen kann **als 1000 Worte**. Der Lernprozeß kann durch Worte einfacher, glatter und schneller vonstatten gehen, **wenn Wort und Bild eine Einheit** bilden, wenn sie sich also gegenseitig unterstützen (wie die Worte in einem guten Film die Szenen stärker machen). Stehen die Lippenbekenntnisse jedoch mit dem beobachteten Vor-BILD in Konflikt, siegt (auch hier) immer das Bild! Wir sprechen im Modul *T – TV-Gewohnheiten* (S. 199) davon, daß unser Bewußtsein von dem **Bus vor der Kamera** so er-GRIFF-en wird, daß wir die Worte des Kommentators völlig überhören, weil im Zweifelsfall (bewegte) **Bilder im Gehirn immer Vorfahrt haben.**

So auch bei Lernprozessen im Alltag. Zwar hören wir die Lippenbekenntnisse und wir lernen diejenigen Aussagen, die wir immer wieder hören, im Sinne von Wissen. Wenn sie in uns „eingehen", dann als **Wunsch**: So wollen wir sein/werden (ehrlich, fleißig, erfolgreich usw.). Aber trotzdem verhalten wir uns so, wie man es uns **vorlebt!**

Denken wir noch einmal an das Kind zurück, dem die Mutter (in einer so gut wie nie lesenden/schreibenden Familie) laufend **gesagt** hat, wie **wichtig** das Lesen/Schreiben sei. Dieses Kind lernt beides: Das Lippenbekenntnis wird zu Wissen (Lesen/Schreiben) = GUT. Menschen, die es tun, sind BESSER (z.B. intelligenter, gebildeter) ALS ANDERE. Und mit diesem Kopfwissen identifiziert dieser Mensch sich, so daß er sich selbst mit diesem Maßstab messen (be- und verurteilen) wird. Dies führt zu einem Konflikt im Inneren, der den äußeren Konflikt seiner Jugend permanent aufrechterhält. Er wird nämlich voraussichtlich (wenn ihm nicht ein **anderes**, prägendes Vor-Bild begegnen wird) ...

1. ... lebenslang **ungern** lesen/schreiben, aber er wird (aufgrund seiner Identifikation mit seiner „Erziehung") ...
2. ... lebenslang **Schuldgefühle** haben, weil er ungern liest/schreibt. Und er wird ...
3. ... seinen **Kindern** höchstwahrscheinlich dieselben Lippenbekenntnisse weitergeben, ohne die **Diskrepanz zwischen seinem Verhalten und seinen Worten** jemals zu begreifen.

Solche Konflikte werden oft von Generation zu Generation weitergegeben, solange die Betroffenen den Mechanismus **nicht durchschauen**. Wenn wir bedenken, wieviel wertvolle Energie so verschwendet wird, die nicht in kreativ-konstruktive Arbeit investiert werden kann …

Fassen wir zusammen: Da unser Verhalten in weit höherem Maß, als uns früher bewußt war, von dem Verhalten unserer Mitmenschen (Modelle!) geprägt wird, heißt das: Je weniger diese Modelle unseren Identifikationszielen entsprechen, desto weniger können wir uns selbst „leiden" (mögen, akzeptieren, respektieren), und desto mehr müssen wir „leiden" (Opfer-Rolle, Selbstwertgefühl-Probleme)! Auf der anderen Seite kann man den Spieß auch umdrehen: **Wenn wir die Zusammenhänge durchschauen**, dann können wir den dahinterliegenden Mechanismus aktiv für uns nutzen (statt unter ihm zu leiden). Das ist der moderne Sinn des Goethe-Wortes: *„Sage mir, mit wem du gehst, und ich sage dir, wer du bist.* " Lassen Sie uns daraus einige Konsequenzen für die tägliche Praxis ableiten, dabei wollen wir zwischen Lehrenden und Lernenden unterscheiden:

a. **Für Lehrende** (Eltern, aber auch Führungskräfte)

   1. **Ob es Ihnen paßt oder nicht, Sie sind immer Vor-BILD**. Lernen Sie die Konflikte zu erkennen, die Ihre „falschen" Lippenbekenntnisse auslösen (und die Sie in der Regel von den Lehrenden Ihres Lebens „geerbt" haben).

   2. **Sprechen Sie mit den Betroffenen** (Kindern, Schülern oder Mitarbeitern) offen über dieses Problem. Nur so können Sie den Konflikt lösen, unter dem in der Regel **alle** leiden. Die Lernenden, weil sie anscheinend viel „falsch" machen und ständig kritisiert werden, die Lehrenden, weil sie sich „den Mund fusselig reden müssen" …

b. **Für Lernende** (also für jeden Menschen!)

   1. **Wenn Sie den Konflikt verstehen, hören Sie auf, anzuklagen**: Das betrifft sowohl die Leute, die den Konflikt in Ihnen ausgelöst haben (z.B. Ihre Eltern, Lehrer oder Chefs), denn sie leiden ja selbst (s. oben), als auch Selbst-Anklagen. (Was bin ich blöd! etc.)

   2. **Suchen Sie sich Vor-BILDER**, die Ihnen **genau das** bieten, was Sie lernen wollen. Dabei gilt: **Aufzeichnungen**, (z.B. Tonträger bei

akustischen Modellen, Sprachenlernen, Videos/DVD bei Verhalten, das man sehen muß) **sind besser als nichts**, aber **lebende Modelle** sind besser als „flache" Aufzeichnungen.

Hier wird es in der Zukunft phänomenale Möglichkeiten durch virtuelle Realität (VR.) geben, denn Simulation ist für das Gehirn von „echt" de facto **nicht** zu unterscheiden. Bald ist es für jeden Menschen erschwinglich, mit Simulator-Programmen zu arbeiten. Die ersten Simulatoren kosteten vor Jahrzehnten Millionen, inzwischen sind bereits „flache" PC-Versionen für ein paar Euro zu haben, aber es gibt bereits Hardware, die eine „echtere" Simulation ermöglicht, z.B. Pedale/Steuerrad (für Rennauto- und Flugzeug-Simulationen) oder ein besonderer Sitz, der „mitgeht", oder eine „magic box", mit der Gerüche produziert werden können usw.. Die Zukunft wird zwei Trends aufweisen:

Zum einen wird die Entwicklung für Simulationen zu Hause rasant voranschreiten, so daß immer mehr Tätigkeiten verfügbar werden (also eine echte Demokratisierung von KÖNNEN, nachdem das Internet eine dramatische Demokratisierung von WISSEN eingeleitet hat).

Zum anderen wird es immer mehr Simulations-Stationen geben. Die ersten fanden wir in Freizeit-Parks weltweit, heute gibt es in den USA schon erste Simulations-Stellen in Shopping-Zentren. So wäre z.B. vorstellbar, daß Autofahrer in einigen Jahren im Herbst ein **Nebel-, Schnee- und Eistraining** im Nachbarschafts-Simulator durchlaufen, damit die wichtigsten Umdenk-Prozesse eben nicht auf den Straßen passieren müssen. Ebenso könnten Simulator-Trainings wichtige Gefahren-Elemente wie Wildwechsel (Unfall mit Rehbock), Zebrastreifen oder Stop-Schild an Schule u.ä. anbieten, so daß ein Teil der Unfälle im Simulator stattfindet. Virtuelle Realität (VR.) wird erlauben, gewisse Abläufe in **Zeitlupe** zu durchlaufen, die **Schwerkraft** quasi aufzuheben oder in ganz andere **Größenordnungen** vorzustoßen.

Zeitlupe: So können wir am Rand des Schwimmbeckens stehen und die Bewegungen in Zeitlupe durchlaufen (⇝ vgl. *T – Verhalten + Handlungen TRAINIEREN*, S. 187 ff.), was jedoch die **Disziplin** fordert, die Bewegungen guuuuunz laaaangsam ablaufen zu lassen; oder man beginnt, mit Tüchern zu jonglieren, weil diese langsamer fallen als Bälle. Mit VR.-Simulatoren können wir quasi in Zeitlupe schwimmen und dabei den Druck des Wassers auf den Armen fühlen u.ä. Oder wir jonglieren mit Eisenkugeln, deren Schwere sich nicht ändert, wenn sie in Zeitlupe von uns gefangen werden ... VR-Simulatoren werden es uns ermöglichen, virtuell zu probieren, was real (noch) nicht möglich ist.

Astronauten trainieren derzeit viel unter Wasser, werden aber im VR- Mond-Simulator erleben, daß einer jener berühmten „Känguruh-Schritte" sie **viele Meter weiter** befördert, weil die simulierte Mond-Welt sich in Relation zum Menschen dementsprechend bewegen wird (solche Programme sind bereits in Entwicklung).

Größe: Vielleicht haben Sie den (nach einem SF-Roman von Isaac Asimov gedrehten) Film gesehen, in dem einige Wissenschaftler auf Bakteriengröße verkleinert werden und eine **faszinierende Reise in das Innere** eines Menschen antreten? (Sie wollen dort ein Blutgerinnsel entfernen und sein Leben retten). So hat der Meister-Didakt Asimov vor Jahrzehnten einen Weg gefunden, um Laien eine Vor-Stellung (etwas, was man vor das geistige Auge stellen kann) vom Inneren des Körpers zu vermitteln! Die **virtuelle Welt** dieses „verrückten" Asimov-Romans hat sowohl die derzeit gerade anlaufende Nano-Technologie **vorstellbar gemacht** als auch winzige „Helfer" **vorweggenommen**, die in einem System herumreisen und es von Störfaktoren freihalten. Heute gibt es zwei praktische Parallelen hierzu: Erstens Roboter, die Röhrennetze (z.B. für Abwasser, Chemikalien, radioaktive Stoffe etc.) durchreisen, Schäden melden bzw. vor Ort beheben, und zweitens Nano-Roboter, die dasselbe in unserem „Röhren-System" (Blut-System) machen werden.

Ebenso kann man heute mit Atomen spielen, um diese zu Molekülen zusammenzusetzen – dies schildert Howard Rheingold in *Virtuelle Welten* sehr eindrucksvoll. Er weist daraufhin, um wieviel leichter das Lernen im Zeitalter guter VR-Systeme sein wird: Stellen Sie sich vor, ein Student bewegt virtuelle farbige, unterschiedlich große und schwere „Bälle" und testet, welche sich anziehen und welche sich abstoßen. Dabei arbeitet das System heute bereits mit Gegen-Infos, d.h., unser Student spürt den Druck bei Abweisung, aber das System reagiert auch auf den Druck, den er ausübt. Drückt er heftig, so werden sich Bälle, die einander abstoßen, dementsprechend hart dagegen wehren; probiert er es vorsichtig, dann spürt er nur einen leisen Gegendruck usw..

Howard Rheingold schildert, wie ihn diese Simulation vor Jahren beeindruckte. Er erklärt erstens, daß ihm bis damals das ganze VR.-Zeugs als Quatsch erschienen war. Zweitens weist er auf die immensen Möglichkeiten für **autonomes Lernen** hin. *Wenn ein Student einige Stunden in dieser virtuellen Ballwelt verbringt und diese Bälle (in verschiedenen Farben und Größen) bewegt und dabei nach einigen Stunden spielerisch gelernt hat, welche sich miteinander verbinden lassen und welche nicht (ohne bereits zu wissen, daß diese „Bälle" für Atome stehen), dann hat er dem Studenten von heute, der sich all das mit 600-seitigen Textbüchern aneignen muß, viel voraus! Um wieviel schneller wird der V.R-Lernende hochkomplexe Zusammenhänge begreifen, weil man sie ihm an-SCHAU-lich präsentiert? Wenn er dann später erfährt, die blauen Bälle stünden für Wasserstoff, die orangenen für Stickstoff usw., dann hat er plötzlich ein erstes BILD, eine Synthese der gesamten Chemie.*

Wir haben (⇝ vgl. Modul *Gedächtnis wie ein Netz?*, S.41 ff.) darauf hingewiesen, daß es sehr leicht ist, weitere Detail-Fäden in ein vorhandenes Wissens-Netz „einzuhäkeln" (weshalb wir uns mit Hilfsfäden/Eselsbrücken helfen sollen, wenn es zu der neuen Info noch keine Fäden in unserem Wissens-Netz gibt). Aber stellen Sie sich vor, einige Stunden in dieser VR-Ball-Landschaft erzeugen die ersten 100 Basis- Fäden zum Gebiet Chemie – allein weil die Lernenden es **erlebt, gefühlt (be-GRIFF-en) und gesehen** haben!

Dies veranlaßte Howard Levine* zu sagen, die Menschheit habe drei maßgebliche Lern- (und Begriffs-)Systeme entwickelt:

1. **In-Duktion:** Wir SEHEN mehrere Beispiele und **schließen** auf etwas Allgemeines. Wir sehen mehrmals, daß jemand nach dem Genuß eines Fliegenpilzes stirbt, und schließen, alle Pilze mit diesem Aussehen wären giftig. (Manchmal kann allerdings ein Fehlschluß ein gigantisches Gedankengebäude nach sich ziehen, das quasi auf Treibsand gebaut ist.)

2. **De-Duktion:** Wir bauen Schritt für Schritt eine Reihe einzelner Prämissen (Hypothesen) auf, aus denen wir gewisse Schlüsse ziehen können (formale Logik). So SEHEN wir Dinge, die wir (noch) nicht sehen können, aufgrund unserer logischen Schlüssel Die De-Duktion ist schon fast eine Art virtueller Welt: So schlossen die alten Griechen

* Howard Levine, ehemaliger Programm-Manager der National Science Foundation, stellte fest: „Ich glaube, wir sehen die dritte Revolution in wissenschaftlichen Denk-Instrumenten."

bereits, daß die Materie sich aus *Atomen* zusammensetzen müsste, wiewohl wir erst heute fähig sind, Atome zu SEHEN!

3. **Seh-Duktion:** Beginnend mit unserer Phantasie (der angeborenen V.R.) über Simulationen aller Art bis hin zur echten V.R., wie sie uns die neue Technologie ermöglicht, können wir uns Dinge vorstellen, die es (noch) nicht gibt, und so die nötigen Prozesse des Begreifens auslösen, die für Lernen nötig sind.

In diesem Zusammenhang möchte ich erwähnen, daß *info-tainment* (oder *edu-tainment*) es den Lernenden enorm vereinfacht, die nötigen inneren BILDER für den Lernprozeß aufzubauen, und eben deshalb so erfolgreich ist! Deshalb werden solche Ansätze ja vor allem von jenen bekämpft, die **unfähig** sind, sie **zu erschaffen**. Dazu gehört nämlich neben einem **großen Wissens-Netz** (um Parallelen, Vergleiche, Metaphern aus unterschiedlichsten Bereichen zu „basteln") viel **Phantasie** (= Vor-STELLUNGS-Kraft) und **Kreativität**.

Und jetzt schließt sich der Kreis: Je *info-tainment*-mäßiger Unterricht aufgebaut wird, desto mehr verschwimmt die Grenze zwischen reinem KENNEN (im Sinne von Wissen) und KÖNNEN, d.h. der Fähigkeit, konkret etwas (besser) zu tun. Hier sehen wir eine gelungene Synthese zwischen Buch-Wissen (Theorie), also dem, was wir als Lippenbekenntnis bezeichnet haben, und den Modellen (Vor-BILDERN), die wir imitieren können.

Wenn ein Lerner z.B. durch das Spiel mit Bällen (Atomen) **beiläufig** lernt, welche zusammenpassen und welche nicht, und wenn ihm später im Buch dieselbe Info in Worten präsentiert wird, dann gibt es null Konflikt zwischen Worten und Realität. So lernt man am schnellsten, leichtesten und effizientesten.

Wenn Sie bedenken, daß diese neuen Wege gerade jetzt entwickelt werden, da das Wissen der Menschheit einen neuen Komplexitätsgrad erreicht, und wenn Sie bedenken, daß der V.R.-Weg gerade komplexe Zusammenhänge leicht verdaubar macht, dann ist das schon toll, oder?

Lernkurven gefällig?

Oder: Wie findet Lernen eigentlich statt?

Seit Ebbinghaus Ende des 19. Jahrhunderts seine berühmten Lern-Experimente durchführte, zeichnen wir **Lernkurven**. Wie stellen Sie sich eine solche Kurve vor? *Die Richtung nach oben* = mehr (Wissen oder Können), während die Zeit *nach rechts* verläuft. Die Frage lautet:

Wie könnte so eine **LERNKURVE** aussehen?

Versuchen Sie (raten Sie ruhig!), **eine Lernkurve einzuzeichnen:**

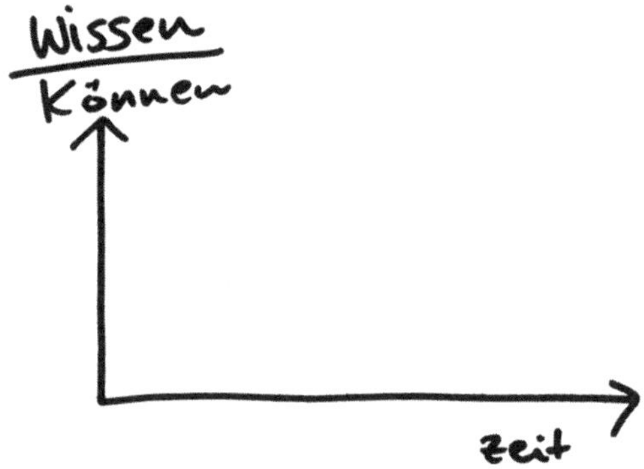

Als Prof. Hermann Ebbinghaus mit seinen jahrelangen systematischen Lern-Versuchen begann, stellte er fest, daß Menschen mit unterschiedlichem Vorwissen auch unterschiedliche Lern-Fortschritte machten. Deshalb kam er auf die Idee, Lernen wissenschaftlich meßbar zu machen, indem er **Unsinn-Silben** verwendete. So wäre gewährleistet, meinte er in seiner professionalen Naivität, daß alle Lernenden den Lernstoff gleich schwer/leicht finden würden (z.B. *flip – kut – baq* usw.)

Leider beinhalten seine Studien (aus heutiger Sicht gesehen) einige Schwächen. Die Amerikaner drücken es wieder einmal herrlich aus: *hindsight is 20:20 vision:** Retrospektiv ist die Sicht phänomenal.

Also wollen wir, unter Berücksichtigung von seither über 100 Jahren neuerer Forschung, festhalten:

* HINDSIGHT = wörtlich RÜCK-SICHT (wenn wir zeitlich von heute in die Vergangenheit – RÜCKWÄRTS – blicken), 20:20 (twenty-twenty) = die Sehfähigkeit wird für beide Augen separat festgelegt, 20 ist die höchste Punktzahl, die man haben kann.

1. **Inzwischen wissen wir, daß keine zwei Menschen identische Gedächtnis-Inhalte haben** (nicht einmal eineiige Zwillinge). Demnach wird jede Art von Lern-Stoff auf unterschiedliche Wissens-Netze stoßen (⇝ vgl. *Gedächtnis wie ein Netz?*, S. 41 ff.) und dort entweder auf **keine Fäden** treffen oder auf schwache, starke, vielleicht sogar **viele starke Fäden** ... Im letzten Fall werden durch die Lern-Info jede Menge weitere Fäden „angerissen", abhängig davon, was die Person **gedacht hatte** (gestern, kurz zuvor oder im Augenblick). Auch wir selbst reagieren sehr unterschiedlich auf dieselben Infos zu unterschiedlichen Zeiten (⇝ vgl. Modul *Wahrnehmung von Wiederholungen*, S. 92 ff.), so daß nicht einmal wir selbst identisch mit uns selbst (vor Jahrzehnten, Jahren, Monaten, Wochen, Tagen, Stunden oder übermorgen) sein können.

2. **Unser Gehirn ist ein Lern-Organ par excellence. Da Lernen Überlebenswert** hat, ist dieses Lern-Organ **nicht** darauf vorbereitet, UnSINN (= etwas ohne Sinn) zu lernen (wenn das so manche Schulplaner wüßten!). SINN-loses **kann nicht ge-DEUT-et werden** und ist deshalb ohne Be-DEUT-ung für den Organismus. Das gilt selbstverständlich auch für Infos in der Schule, die man nicht begriffen hat, weil nicht Be-GRIFFE-nes nicht GREIF-bar ist und demzufolge auch nicht bewußt ins Wissens-Netz eingespeichert werden kann. Alles, was **für uns** ohne Bedeutung ist, wird in den **Riesenbereich des Unterbewußtseins** „geworfen". Die Experten streiten noch, ob es dort bis ans Lebensende gespeichert wird. Studien zeigen zwar immer wieder, daß manche Infos später, z.B. unter Hypnose, aus den Tiefen des Unterbewußtseins „auftauchen". Aber erstens tauchen eben **nicht alle** Infos wieder auf, zweitens sind viele dramatisch **verzerrt**, und drittens „tauchen" immer wieder Pseudo-Erinnerungen auf, die gar keine sind.

Lernen wir eigentlich bewußt oder unbewußt?

Inzwischen wissen wir auch: Der Bereich unseres **Wach-Bewußtseins** ist eine klitzekleine **Nußschale** in einem gigantischen **Ozean** des **Unbewußten**. Natürlich können wir uns hier jede Menge Metaphern ausdenken, aber die meisten Seminar-Teilnehmer/innen reagieren erschrocken, daß das, was sie für ihren Geist (= Wachbewußtsein) halten, so „läppisch klein" (Nußschale) sein soll. Die Besorgnis ist falsch formuliert! Dieses Denk-Bild macht nicht Ihren (bewußten) Geist kleiner, sondern es zeigt Ihnen die immensen Ausdehnungen all dessen, was Sie auch sind (Ozean)!

Manche Menschen mißtrauen solchen Denk-Bildern prinzipiell, sie wollen **Zahlen**. Nun, Tor NØRRETRANDERS schildert in seinem faszinierenden Buch *Spüre die Welt*, zu welchen Ergebnissen solche Messungen geführt haben; er nennt Zahlen, gigantische Zahlen, so daß ich diese in ein Denk-Bild umgesetzt habe, bei dem die Zahlen-Relation erhalten bleibt. Allerdings handelt es sich um einen Durchschnitts-Wert, denn:

Wahrnehmungen via unterschiedlicher Sinnesorgane führen zu unterschiedlichen Werten (vgl. rechts).

nach **NØRRETRANDERS**

Sinnesorgan	**bits/Sek.**
Auge	10.000.000 (10 Mio.)
Ohr	100.000 (hunderttausend)
Haut	1.000.000 (1 Mio.)
Geschmack	1000 (eintausend)
Geruch	100.000 (hunderttausend)

Ich habe diese Durchschnitts-Werte also auf eine **Strecke** umgerechnet, und so können wir sagen: Auf **15 Millimeter Bewußtsein** (Nußschale) kommen **11 Kilometer Unbewußtes** (Ozean). NØRRETRANDERS zeigt auch, daß die **Hauptaufgabe** des Bewußtseins nicht (wie früher angenommen) im **Wahrnehmen** (Registrieren/Speichern) von Infos liegt, sondern im Gegenteil im **Aus-Sortieren** von (fast) allem! Daraus ergibt sich, daß **Unsinn-Silben** zu **falschen** Lern-Kurven fuhren **müssen**, denn sie werden aussortiert. Trotzdem bildeten die EBBINGHAUS-Kurven jahrzehntelang die **Grundlage für pädagogisches Wirken**. Kein Wunder, daß die meisten Lehrer genau dieselben Denk-Fehler wie Laien im Seminar machen, wenn sie darüber nachdenken, wie Lernen „passiert" – und damit kommen wir zu der **von Ihnen** gezeichneten Lernkurve, S. 68. Die meisten Seminarteilnehmer zeichnen Kurven, deren Linie mehr oder weniger nach oben verläuft (Ihre auch?). **Das sieht dann in etwa so aus:**

Ergebnisse von über 20.000 Teilnehmer-Kurven:

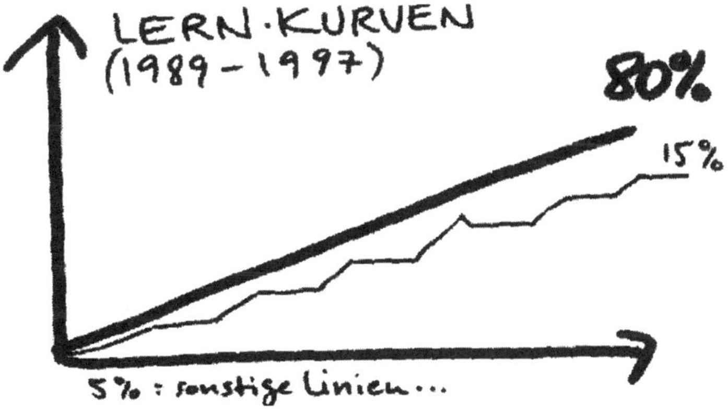

Dabei ist es unerheblich, ob Sie die „Steigung" steiler/flacher zeichnen. Nur ca. **15 %** der Kurven enthalten **Plateaus** (nach dem Motto: *Manchmal scheint absolut nichts weiterzugehen*). Die restlichen 5 % der gezeichneten Kurven entfallen auf diverse andere Möglichkeiten (darunter einige wenige, die WISSEN und KÖNNEN trennen, was richtig und wichtig ist, wie wir gleich sehen werden).

Wissen ist nicht gleich Können

Als Erstes müssen wir die beiden Lern-Kurven voneinander trennen, denn eine **Wissens-Kurve** „benimmt" sich völlig anders als eine Lern-Kurve für Handlungen (⇝ vgl. auch Modul *Lernen, aber was?*, S. 59 ff.). Die Wissens-Kurve beschreibt Daten, Fakten, Infos und umfaßt neben einem Großteil des Schulwissens sämtliche Kenntnisse von Zusammenhängen, wichtigen Ein-SICHTEN unseres Lebens, Theorien über die Welt usw., also inklusive (aber nicht nur) **Buch-Wissen**. Auch der Begriff *„Buchwissen"* wird sich trotz Internet und Multi-Media noch eine Weile erhalten, denn er beschreibt, was der Mensch seit Beginn der Schrift von anderen lernen konnte, die **nicht** anwesend waren. Ob das „Buch" eine Tontafel ist, eine Sammlung von Papyrus-Blättern, eine Schriftenrolle oder ein elektronisches „Buch", ist dabei unerheblich. Ebenso spielt es keine Rolle, ob dieses „Buch" (z.B. als DVD) auch (bewegte) BILD-er anbietet – wir erwerben in jedem Fall, was wir BILD-ung nennen, und zwar via „Buch-Wissen"!

Die Entwicklung der **Wissens-Kurve** leuchtet ein, wenn uns klar ist, daß **jeder** vorhandene Faden zu einem Stichwort (Thema) wie ein Magnet (*Attraktor*) wirkt und neue Infos hierzu wie magisch anzieht (⇝ vgl. Modul *Gedächtnis wie ein Netz?*, S. 41 ff.). Deshalb sieht ein Briefmarkensammler, der eine neue Marke betrachtet, in einer halben Sekunde mehr als wir in einigen Minuten. Also gilt hier, was der Volksmund sagt: *Aller Anfang ist schwer!* Wir müssen hinzufügen: Ja, aber **nur der Anfang!**

Wir können auch sagen: Je mehr wir bereits wissen, desto leichter lernen wir dazu. Allerdings müssen wir dies ergänzen: Je mehr wir bereits wissen, desto leichter lernen wir dazu. Und zwar auf diesem Wissens-Gebiet (zu diesem Thema).

Deshalb sind alle Wissens-Kurven immer exponentiell: Die ersten Fäden zu knüpfen ist **totaaaaaaaaaal schweeeeeeeeer**, dann wird es langsam **etwas weniger mühselig**, dann wird es langsam **erträglich**, und irgendwann kommt der Moment, an dem es beginnt, **Spaß** zu machen.

Bei vielen Fächern in der Schule haben die meisten Schüler/innen leider diesen **Moment der echten Freude nie erlebt**, deshalb denken sie fälschlicherweise, Weiter-Lernen müsse so mühselig bleiben, wie es **am Anfang der Lern-Kurve** für sie war …

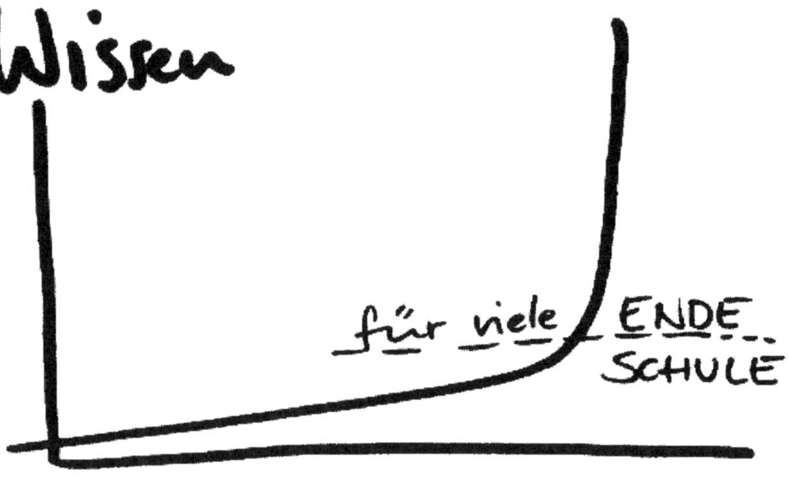

Nur bei unseren Hobbies, Interessen oder Bereichen, in denen wir große Kompetenz erworben haben, wissen wir ganz genau: Heute können wir in zwei Stunden weit mehr (schneller und leichter!) lernen als anfangs in Monaten!

Exkurs: Kann ein Seminar „etwas bringen"?

Hier liegt einer der mißverstandensten Seminar-Effekte: Ein Seminar von einem Tag soll die Teilnehmer **nicht** von null auf 100 % bringen, das kann ein Seminar nicht leisten. Dafür benötigen wir Vor- und oder Nach-Sorge oder gleich einen Kurs von längerer Dauer. Aber wenn ein Seminar die Leute da abholt, wo sie bereits stehen, und ihnen gewisse **Zusammenhänge** zeigt, die ihnen neu waren, sowie einige **Tips, Tricks, Kniffe,** wie man Dinge besser machen kann, **dann kann so ein Tag sehr wohl immens viel bringen.**

Je höher der Punkt an Ihrer Lern-Kurve zum Seminar-Thema bereits ist, desto mehr werden Sie profitieren.

Handelt das Seminar also von Ihrem Leben, dann können Sie ihm sehr viel „entnehmen". Geht es um Aspekte, die Ihnen auf den Nägeln brennen, weil Sie sie täglich (er-)leben (von **Time Management** über **Gedächtnis** bis zu **Ernährung, Fitneß, Investment** usw.), dann **kann so ein Seminar weit mehr als sein Geld wert sein**. Das möchten manche gern leugnen, wobei die Kritiker in der Trainer-Szene zufälligerweise oft selbst Mehrtages-Seminare anbieten! Ähnlich regen sich manche Psychotherapeuten auf, wenn man den Menschen zeigt, wie sie so manches Problem ohne Therapeuten (autonom und selbstverantwortlich) angehen können. Naja.

Zurück zur Wissens-Kurve

Jedenfalls müssen wir betonen: Jede Wissens-Kurve umfaßt jeweils **ein** Thema, **ein** Wissens-Gebiet, wobei manche Gebiete Überschneidungen aufweisen, so daß man dann vom **„Vorwissen"** profitiert. Beispiele:

Wenn Sie **Englisch** und **Deutsch** sprechen, dann haben Sie eine Menge (heimliche!) Vorkenntnisse für **Holländisch und alle skandinavischen Sprachen.** (Ausnahme Finnisch: Diese Sprache gehört zur sog. ugaro- finnischen Sprachfamilie – sie hilft Ihnen also mit Sicherheit, wenn Sie Ungarisch lernen wollen, wahrscheinlich bei Türkisch, vielleicht sogar bei Japanisch, da streiten die Fachleute noch.)

Wenn Sie Englisch sprechen, dann kommen Sie mit **Fremdwörtern lateinischen Ursprungs** erstaunlich gut klar, wiewohl Sie vielleicht noch nie wußten, daß es **das Lateinische im Englischen** ist, das Ihnen vorhandene **Fäden im Wissens-Netz anbietet**, an die Sie die neuen Fremdwörter dann leicht an-BIND-en können.

Wenn Sie Englisch *lesen* können, dann könnten Sie in kürzester Zeit das **kleine Latinum** absolvieren. Allerdings sieht man das Lateinische im Englischen oft erst beim zweiten Blick, bei den **Ableitungen** eines angelsächsischen Stammwortes nämlich. Vergleichen Sie:

1. *farmer,* **aber *agriculture*** *(agricultural etc.),*
2. *water,* **aber *aqua …*** (mit sämtlichen Ableitungen) oder
3. *sailor* oder *seaman,* **aber *nautic***… *(cosmonaut, astronaut, a nautical seamile, aquanautics* usw.).

Auch deshalb empfehle ich Eltern die **Reihenfolge** erst **Englisch**, dann Latein. Erstens erhalten Lernende mit **Englisch die bessere Grundlage für Latein und alle romanischen Sprachen!** Zweitens macht eine weltweit noch lebende Sprache (der man täglich von *mtv bis Internet* begegnet) den Kids mehr Spaß als eine, die nur im wohl kleinsten „Staat" der Welt (Vatikan) und von seinen Vasallen weltweit als deren verbindende *lingua franca* gesprochen wird. Finden Sie mal in Kenia **schnell** einen katholischen Priester, wenn Sie Verständigungsprobleme haben!

Ähnlich ist es mit **allen** Wissens-Gebieten: Ein Chemiker findet sich schneller in den Grundlagen der Biologie zurecht als ein Cellospieler (außer dessen Steckenpferd waren die Naturwissenschaften). Jemand, der (und sei es via Fernsehen) oft beim Kochen zugesehen hat, wird sich in einem Kochkurs weit leichter tun als jemand, der Zeit seines Lebens im *Hotel Mama* wohnte und die Küche nur von innen sah, wenn er den Eisschrank plünderte. Eine Person, die (und sei es via TV, Videos, DVD usw.) Einblicke in die Landwirtschaft erhalten hat, wird agrikulturelle Themen (z.B. im Rahmen einer Ausbildung) weit schneller begreifen als jemand, der meint, die Milch wüchse wohl im Supermarkt-Regal. Falls Sie glauben, dies wäre etwas sehr an den Haaren herbeigezogen, dann interviewen Sie fünf- bis siebenjährige Stadtkinder, deren Eltern vor allem sämtliche Shopping-Zentren, Hamburger-Restaurants und Discos ihrer Großstadt kennen …

Aber zurück zu unserer Wissens-Kurve: Was bedeutet die **Tatsache, daß alles Wissen um so leichter gelernt wird, je mehr wir bereits davon besitzen**, wenn wir behaupten, wir könnten uns „nichts" merken? Dreierlei:

1. **Mit „nichts"** meinen Sie vorwiegend **neue Infos**, zu denen Sie noch keine Fäden haben. (Andernfalls würden Sie in einer Heilanstalt wohnen und wohl kaum diese Zeilen lesen!)
2. **Viele Menschen glauben, ihr Gedächtnis (allgemein) wäre (soundso) gut, aber** sie hätten leider ein viel schlechteres Namens-Gedächtnis. **Merke:** Mehr vom selben lernt sich leicht. Hier beißt sich die Katze in den Schwanz: Weil Sie zu wenige Namen kennen (der dritte *Prochaska* ist nämlich leicht, nur der erste fällt schwer), haben Sie zuwenig Namens-Fäden im Wissens-Netz. Aber deshalb lernen Sie zu wenige Namen ...!
3. **Zu viele Menschen halten Gedächtnis für etwas DING-liches** (weil es von einem „Ding-Wort" beschrieben wird). Deshalb weise ich immer darauf hin, daß wir eigentlich *gedächtnissen* (als Tätigkeitswort) sagen müßten. In unserem Zusammenhang hier (Lernkurven, Sie erinnern sich?) müssen wir festhalten:
4. **Gedächtnis ist Verhalten. Verhalten kann durch Training verbessert werden.**

Damit aber kommen wir zur zweiten Lernkurve!

Die andere Lernkurve: Verhalten (Training)

Handlungen (Verhaltensweisen, Tätigkeiten) werden **nicht** durch „Buch-Wissen" (siehe S. 71), sondern **durch Training gelernt und verbessert.** Dabei sind vor allem zwei Aspekte wichtig:

1. **Wir lernten und lernen** (lebenslang) immens viel über den Weg der (weitgehend unbewußten!) **Imitation** (⇝ vgl. Modul *Lernen, aber was?*, S. 59 ff.). Das vergessen vor allem Menschen, die andere Menschen motivieren wollen. Da schreit der Chef den Mitarbeiter an, dabei regt er sich so auf, daß die Ader auf seiner Stirne scharf hervortritt. Und was will er dem Mitarbeiter beibringen, wenn er folgendes schreit? *Wie oft muß ich Ihnen noch sagen: Sie müssen freundlich sein zu den Kunden!* Tja, was der Mitarbeiter hier lernt (*Der redet sich leicht, er kann es ja selbst nicht!*), war bestimmt nicht, was der Chef vermitteln **wollte**. Deshalb sagen die Amerikaner so treffend: **Deine Taten sind so laut, ich kann deine Worte nicht hören.**

2. **Um körperliche oder geistige Bewegungen durchzuführen,** müssen neurophysiologische Prozesse ablaufen, es müssen sogenannte *bevorzugte Nervenbahnen* („Datenautobahnen im Hirn"!) geschaffen werden. Das aber **braucht Zeit**.

Deshalb ist es falsch, modernen Sprachunterricht für Erwachsene anzubieten nach dem Motto: *Innerhalb von 10 Minuten sprechen Sie schon Ihre ersten Worte.* Das Baby beginnt ab dem 7. Schwangerschaftsmonat, auf seine Muttersprache zu reagieren (also bewußt zu hören), aber erst Monate nach der Geburt versucht es, die ersten Laute **nachzuahmen!** Deshalb gilt: Je neuer Ihnen die Sprache ist, die Sie lernen wollen (oder sollen), desto länger sollten Sie **aktiv und passiv** hören, ehe Sie die Laute aktiv formen wollen. Denn, und darum geht es uns hier: Die **Lernkurve zu Können** sieht völlig anders aus als die zu Wissen!

Wenn es darum geht, wie gut wir etwas (tun) können (**rechnen, schreiben, lesen**; ⟿ vgl. Modul *Probleme mit dem Lesen?*, S. 81 ff.), **gilt diese andere Lern-Kurve**. Diesen zweiten Lern-Weg hat George Leonard erforscht und in *Der längere Atem – Die fünf Prinzipien für langfristigen Erfolg* im Leben brillant beschrieben. In seinem inspirierenden Büchlein (in dem ich immer wieder gerne „herumlese") geht es um die *Meisterschaft des Alltäglichen.** Leonard war jahrzehntelang Lehrer und Ausbilder: Im Zweiten Weltkrieg trainierte er Piloten, später wurde er Aikido-Meister. Er fand heraus, **wie diese Meisterschaftskurve sich entwickelt.** Stellen wir uns vor, wir beginnen gerade mit einem neuen Lernprozeß:

Es beginnt mit einer Basis-Linie (wir fangen die neue Sache an), es geht ein Weilchen „geradeaus", und dann kommt **plötzlich** eine **Erhebung** (wir erschrecken fast, weil wir über Nacht ein Niveau erreicht haben, das uns überrascht!).

Aber unmittelbar nach diesem „Hoch" fällt unsere Leistung **etwas** ab und stabilisiert sich auf einem **Plateau**, und erst wenn wir dieses Plateau durchlaufen haben, indem wir ständig **weiter trainieren**, dann beginnt der Prozess wieder zur nächsthöheren Stufe unseres Könnens.

* Ich habe übrigens zu diesem Büchlein ein 2-Kassetten-Set, Der längere Atem, herausgegeben, welches u.a. die hervorragenden Übungen anbietet, die Leonard entwickelt hat.

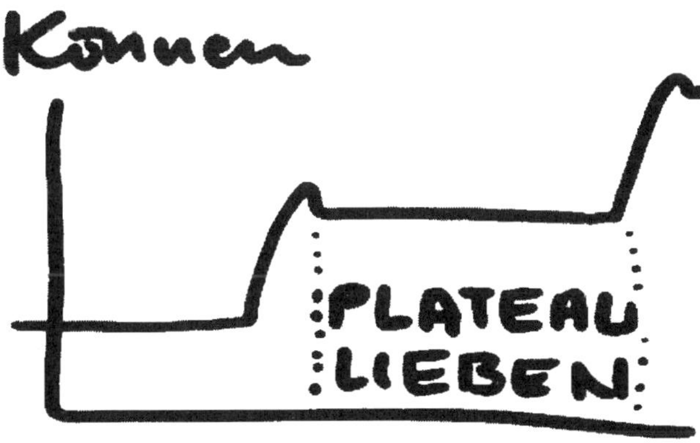

George Leonard betont, daß wir den Weg zur Meisterschaft nur gehen können, wenn wir eines schaffen: Wir müssen lernen, das Plateau zu lieben.

Sie können von einem Plateau nicht herunterfallen, **wenn** Sie weitermachen; nur wenn Sie aufhören, werden Sie „fallen"! Dieses Plateau ist furchtbar wichtig.

Es ist also nicht so, wie wir früher oft annahmen, daß „nichts passiert". Im Gegenteil: In Ihrem Gehirn werden neue **Nervenbahnen** angelegt! Als Sie mit dieser Tätigkeit begannen, schufen Sie einen ersten **Trampelpfad**; als Sie weiter trainierten, wurde dieser zu einem ausgetretenen Weg; bald wird dieser zur **Straße**, und diese wird letztlich zur **Autobahn**. Zum Zeitpunkt des Plateaus wird sie „asphaltiert".

Wenn wir einmal begriffen haben, daß nach gewissen Erfolgserlebnissen ein kleiner Abfall folgt und daß anschließend ein weiteres Plateau kommt, dann begreifen wir auch: Jedes Plateau ist geradezu der Beweis dafür, daß Lernen stattfindet!

Vielleicht gefällt Ihnen folgende Metapher: Sie als „Autofahrer" befinden sich in einem Stau, weil die „Baustelle" das „Asphaltieren" begleitet. Sollten Sie als „Autofahrer" jedoch versuchen, sich aus dem Stau fortzuschleichen, dann löst sich „die Baustelle" sofort in Luft auf! Im Klartext: Wenn Sie nicht weiter üben, dann beenden Sie das Plateau („Baustelle").

Die Entwicklung rückwärts verläuft leider schneller (Abbau ist leichter als Aufbau), so wird die *Straße* zur *Gasse*, diese zum *Weg*, und letztlich wird der *Trampelpfad* überwuchert, und Sie haben sich wieder einmal bewiesen, daß Sie für diese Tätigkeit wohl doch zu unbegabt (dumm, unkreativ usw.) zu sein scheinen … Schade! Also gilt:

Während die Autobahn „asphaltiert" wird, mussen wir die Baustelle unbedingt durch **weiteres Training** am Leben erhalten. In dieser Zeit reicht mäßiges, aber regelmäßiges Training (z.B. zehn Minuten pro Tag)! Es geht hier darum, daß physiologische Ver-BIND-ungen zwischen einzelnen Nerven, aber auch zwischen Nervengruppen ange-BAHNT werden können (ebenjene **bevorzugten Nerven-BAHN-en!)**

Wenn wir uns durch Training dann eines Tages ein REPERTOIRE erworben haben, **dann wirkt es leicht**. Dann spüren Sie die Nervenbahnen. Dann rasen einzelne Impulse mit einem „Affentempo" über die neue „Autobahn". Auch weiterhin, solange Sie Ihre Denkautobahn pflegen! Im Modul *T – Verhalten + Handlungen TRAINIEREN* finden Sie **konkrete Hinweise**, wie Sie das **Training** (z.B. Musik-Instrument, Sport) **optimieren** (S. 187 ff.).

Paradox des Nicht-Ich

Normalerweise gilt: Wir sind (im psychologischen Sinne) um so erfolgreicher, je authentischer wir sind.

Solange dieses sogenannte *authentische (= wirkliche, tatsächliche) Ich* stark (gesund!) ist und wir uns OKAY fühlen, stimmt das. Menschen, die ihre ureigensten Anlagen finden und aktivieren*, erreichen mit weniger Energie weit mehr als andere, die sich innerlich zerrissen fühlen. Einer meiner Seminarteilnehmer (1979 USA) wurde von seinem Coach gefragt, wer (in seiner Disziplin) für ihn ein Vorbild sei; er riet ihm, den nächsten Wettkampf wie ein Rollenspiel anzugehen und **sich vorzustellen, diese Person zu sein**. Während der Vorbereitungen zu dem Turnier war er in meinem Seminar und wir sprachen darüber, daß Menschen, die „sich" („ihren Weg") gefunden haben, authentisch seien. Dies brachte ihn in Konflikt mit dem strategischen Ansatz seines Coachs, der sich bereits während der Trainingsspiele als sehr erfolgversprechend zeigte. Ich riet ihm, die Strategie auf alle Fälle weiterzuverfolgen, aber nach den Spielen kurz zu notieren, was er erlebt/gefühlt habe. Nun, um eine lange Story kurz zu machen:

1. Er gewann das Turnier, wie ein Sport-Journalist schrieb, „mit einer schlafwandlerischen Sicherheit".
2. Er stellte fest, daß er sich umso besser fühlte, je besser es ihm gelang, diese ALS-OB-Position einzunehmen!

---

* In meinem Buch *Der persönliche Erfolg* finden Sie eine genaue Anleitung, wie Sie Ihr angeborenes POTENZ-ial finden und sich Ihren angeborenen Neigungen gemäß optimal entfalten können.

Nun, eigentlich kennen wir das nebenstehende Paradox schon lange. Jedesmal, wenn wir davon sprechen, jemand habe *selbstvergessen* gespielt oder gehandelt, beschreiben wir, daß jemand „sich selbst vergaß". Auch der oben verwendete Begriff der *schlafwandlerischen Sicherheit* drückt dies aus. In ihrem Buch *Super Memory* sagen die beiden Autorinnen Ostrander und Schroeder (Hervorhebungen meine):

Überspitzt ausgedrückt könnte man sagen: Je weniger er „er selbst" war, desto besser konnte er spielen. Es war fast, als würde die „Lüge" ihn zu einer inneren Wahrheit führen.

> *Die Vorstellung, (ein) anderer zu sein, ist [...] eine* ***wiederbelebte Lern- und Gedächtnisstrategie.*** *Sie knüpft an die alte magische Idee an, sich vorzustellen, man setzte den Kopf einer anderen Person auf, aber auch an die* ***buddhistische Praxis****, außergewöhnlich detaillierte* ***Vorstellungsbilder*** *von Gurus* zu* ***schaffen und zu verinnerlichen****, damit sie im eigenen Innern lebten und* ***wirkten****. In den Vereinigten Staaten wandte vor allem Tim Gallwey dieses Verfahren bei* ***Sportlern*** *an, indem er sie aufforderte, sich vorzustellen, sie seien dieser Tennisstar oder jener Skiweltmeister.*

Ich empfehle Gallweys brillantes Buch *Tennis – das innere Spiel* seit vielen Jahren, wobei Sie *Tennis* real **oder** metaphorisch verstehen können.

Im Klartext: Alles, was Sie tun, kann besser werden, wenn Sie lernen, den Kritiker in sich „lahmzulegen", damit Ihr „eigentliches Ich" endlich spielen/handeln darf.

Die nebenstehende Aussage deckt sich mit den Forschungsergebnissen von Prof. Hartley, der den *Kritiker* als *gewohntes Ich* bezeichnet. In *Super Memory* von Ostrander/Schroeder lesen wir (Hervorhebungen meine):

> *Wie der britische Professor Dr. Robert Hartley herausfand, ist die* ***Loslösung vom gewohnten Ich eine Methode zur Umgehung von Blockierungen****. Als er sich mit Grundschulkindern abmühte, die ständig schlechte Leistungen brachten, fiel ihm eine Taktik ein, auf die er in seiner* ***eigenen Schulzeit*** *gestoßen war. Er hatte bei dem Versuch, einen Aufsatz zu schreiben, brütend vor dem leeren Blatt gesessen und einfach keinen Anfang gefunden. Schließlich hatte*

* Leider wird bei uns im Zuge einer fast schon absurden Jagd auf „Scharlatane" vieles in den Dreck gezogen, auch die Jahrtausende alte Tradition, von Meistern zu lernen; erst NLP erneuerte die Idee, sich selbständig gemäß großer Vorbilder/Modelle zu modellieren. Ein GURU ist übrigens ein Lehrer, der seinen Schüler/innen hilft, sich zu entdecken (also kein Schullehrer, der Wurzelziehen „gibt").

> *er an einen berühmten Rundfunkmoderator gedacht, den er sehr bewunderte. Wie würde der es sagen? Von da an waren die Worte nur so geflossen.*

Auch wir in Europa hatten einst von diesen Dingen gewußt, bis die moderne Pädagogik sie als „Scharlatanerie" verwarf. Wo kämen wir denn da hin, wenn man praxis-erprobte Hilfsmittel einsetzen dürfte, solange die moderne Wissenschaft **nicht** erklären kann, **warum** sie funktionieren??! Aber lesen wir einen letzten Absatz bei Ostrander/Schroeder:

> *HARTLEY unterzog seine Langsamlerner einem einfachen Bildvergleichs-Test. „Stellt euch jemanden vor, den ihr kennt und der sehr gescheit ist", sagte er. „Stellt euch vor, ihr wäret diese Person. Ich möchte, daß ihr den Test so macht, wie ihn diese Person machen würde." Die Ergebnisse öffneten den Kindern die Augen, denn sie erzielten Noten, die sich mit jenen der besten Schüler messen konnten. Sie hatten sich vorgestellt, klug zu sein, und waren klug geworden. Bei manch einem der Kinder überstieg dies das (eigene) Fassungsvermögen. „ War ich gar nicht", protestierte ein Junge. „Das hat der gescheite X gemacht! "*

Wir können auch einen anderen hilfreichen Gedanken zur Erklärung heranziehen: Mikhail Csikszentmihalyi schuf den griffigen Begriff des **FLOW©** (vgl. das Modul *FlOW©*, S. 37 ff.), um zu beschreiben, daß wir **„im Fluß"** sind, daß es **„fließt"**, daß wir uns fühlen, als wären sämtliche Stau-Schleusen geöffnet: **Leicht und frei** gehen uns die Tätigkeiten von der Hand, **flüssig** entwickeln sich Gedanken (Assoziationen, Ideen) usw.. Also können wir auch sagen: Wenn **ein Teil von uns** (z.B. durch Ängste, Verkrampfungen usw.) **blockiert** ist oder eine anprogrammierte Erfolgs-Hemmung erleidet, dann ist der Fluß unterbrochen (*no flow*). Die hier vorgestellte Strategie hilft uns schneller, wieder in den **flow** zu geraten, als „klassische" Methoden (Autogenes Training und ähnliche). Also können Sie ab jetzt diese Strategie auch für sich nutzen. Gehen Sie wie folgt vor:

- **Schritt 1: Identifizieren Sie** die Bereiche Ihres Handelns, in denen Ihr Kritiker Ihnen regelmäßig „dazwischenpfuscht".
- **Schritt 2: Suchen Sie** ein Vorbild, also eine Person, die es in diesem Bereich bereits geschafft hat, in den Fluß (FLOW©) zu gelangen. Achtung: Diese Person kann auch „Fiktion" sein, also z.B. eine „Rolle" in einer Story, einem Roman oder im Theater (Film, Fernsehen ...). Ja, es kann sogar eine ausgedachte Figur sein, wenn Sie sich diese ganz „real" vorstellen können. Denn Ihrem Unbewußten ist Traum oder Wirklichkeit Jacke wie Hose ...
- **Schritt 3: Üben Sie** in Ihrer Vorstellung, wie diese Person die Sache angehen würde (z. B. vor dem Einschlafen).

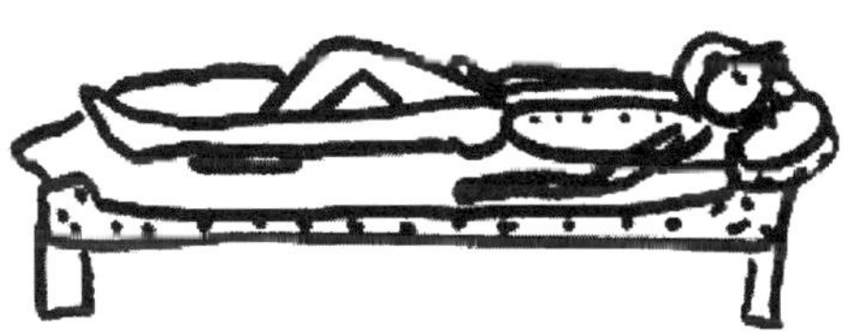

- **Schritt 4: Jedesmal, wenn** diese Tätigkeit ansteht, gehen Sie wie die zuvor beschriebenen Kinder (S. 80) vor.
- **Schritt 5: Freuen Sie sich** über Ihre Ergebnisse!

Probleme mit dem Lesen?

In diesem Modul geht es um **Lese-Probleme**. Besteht Legasthenie-Verdacht, empfehle ich das brillante (Hör-)Buch: *Legasthenie als Talentsignal* (man beachte den Titel!) von Ron Davis. Er **war hochgradig legasthenisch**. Sein Buch ist eine Erleuchtung, auch für Nicht- Legastheniker, und es zeigt einen Weg aus der Falle ...!

Lesen lernen?

Leider dauert es in der Regel mindestens **zwei bis drei Generationen**, bis neue Erkenntnisse (z.B. aus der Forschung) sich in der täglichen Praxis durchsetzen! So lange können unsere Kinder aber nicht warten! Nun gibt es bahnbrechende Forschungsergebnisse, die uns so manches „Fehl-Verhalten" beim

Aber auch wenn Sie keine Kinder (im Schulalter) haben, könnten Sie selbst oder andere Personen im Familien- oder Freundeskreis von diesem Modul profitieren.

Es gibt nur ein einziges erstes Mal! Sie können diesen Text niemals wieder zum ersten Mal lesen. Und die Aha-Erlebnisse können nur beim ersten Durchgang stattfinden, wenn Sie aktiv mitmachen. Also, wo ist Ihr Schreibzeug?

Lesen erklären, so daß selbst Erwachsene ihre Lese-Fähigkeit verbessern können. Aber bis solche Einsichten den Weg ins Schulsystem finden, dauert es zu lange. Nicht weil viele Lehrer/innen nicht alles versuchen würden, wenn es Erfolgs-Aussicht hat, sondern weil progressive Lehrkräfte sowohl vom System als auch von Eltern bekämpft werden. Deshalb empfehle ich allen Interessierten besonders die vier DVDs (*Lob des Fehlers*) von Reinhard Kahl (vgl. Literaturverzeichnis), damit genügend Eltern die Lehrer unterstützen können. Die Reform muß von unten kommen!

Mein Rat: Gehen Sie es wie ein Seminar-Modul durch, d.h., besorgen Sie Schmierpapier, **bevor** Sie weiterlesen, und durchlaufen Sie die kleinen Übungen. Nur lesen bringt nichts! Wollen Sie eigene Vorurteile überlisten, dann hilft es, einen kleinen Prozeß zu durchlaufen. **Merke:**

Experiment: Geheimschrift SCHREIBEN

Jetzt möchte ich Sie zu einer **spannenden Übung** einladen. Am Ende dieses Kapitels (S. 91) finden Sie eine Geheimschrift-Vorlage. Es geht darum, daß Sie **nonstop drei Minuten** lang in dieser Geheimschrift **schreiben**. Ob Sie den Text mehrmals schreiben oder es gaaaaaaanz langsam angehen wollen, steht Ihnen völlig frei. Das Einzige, woran Sie sich bitte halten, ist die Zeit von exakt **drei Minuten**. Tun Sie dies bitte sofort.

Schreiben Sie auf (Schmier-)Papier Ihre/n Namen und Adresse. Zif- fem/ Zahlen bleiben **normal**, Umlaute-Pünktchen werden einfach über die Geheimschrift-Buchstaben gesetzt, z.B.:

a → ä

Lisa Bäcker

Vögelstrasse 25

(PLZ) Ort/Stadt

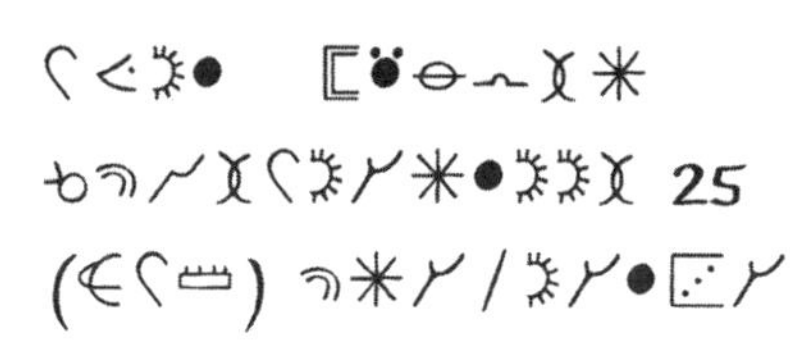

Vorlage: S. 91 – Bitte schreiben Sie jetzt!

Dann erst lesen Sie weiter.

Erinnern Sie sich an die allerersten Wochen Ihrer Schulzeit? Erinnern Sie sich konkret an das Lesen- und Schreiben-Lernen? Erinnern Sie sich eher positiv oder negativ an die Lese-Übungen (die oft bis in die vierte Klasse fortgesetzt wurden)? Wissen Sie eigentlich, daß die klassische **Reihenfolge** *Lesen* –> *Schreiben* vom Standpunkt des gehirn-gerechten Vorgehens falsch ist? Wenn diese Frage Sie erstaunt, dann lesen Sie hier weiter!

Eigentlich ist die klassische **Reihenfolge** *Lesen* –> *Schreiben* ganz **richtig – wenn die Kinder zweieinhalb bis drei Jahre alt sind!** Das war übrigens das Alter, in dem **Kinder der „freien“ Römer** (= der Oberklasse) wie auch die Kinder der *Hochwohlgeborenen* bei uns das Lesen zu lernen pflegten. Bei Adeligen (also den *Edelmännern* und *Edelfrauen*) meinte man natürlich, sie wären genetisch „besser“ von wegen des „blauen“ Blutes. Inzwischen wissen wir jedoch um die permanente **Wechselwirkung von Genetik und Umwelt** – von MATURANA und VARELA (in: *Der Baum der Erkenntnis*, vgl. Literaturverzeichnis) als *strukturelle Koppelung* bezeichnet. Im Klartext: Wo genetisch „nix ist“, kann die Umwelt nichts bewirken (außer vielleicht in der Zukunft, wenn technische Nano-Roboter oder Gen-Therapie den angeborenen Defekt physikalisch ausgleichen). Aber: Wo genetisch sehr wohl etwas ist, kann die Umwelt dies brachliegen lassen (aushungern) oder fordern und fördern!

Das sehen wir z.B. sehr klar beim Sprachenlernen (⇝ vgl. das Trainings-Modul *T – Sprachen lernen*, S. 176 ff.) und bei der Art, wie wir das Lesen lehren/lernen: Die Reihenfolge **vom** Lesen **zum** Schreiben im Alter von ca. zweieinhalb bis dreieinhalb ist richtig, bei Kindern über fünfeinhalb oder sechs Jahren aber nicht mehr. Warum?

Bei Zweieinhalb- bis Dreijährigen ist das Gehirn besonders auf die **Erkennung von Formen** ausgerichtet. In einer **Reifephase** (auch als *Lernfenster* bezeichnet) geschieht das Lernen des Aspektes, der gerade „dran“ ist, **beiläufig**. Deshalb beginnen Kleinkinder spontan zu „lesen“, allerdings nur, **wenn** ihre Umwelt ihnen eine Chance gibt, die **Kombination von Klang und Form** zu begreifen.

Erlebt ein Kleinkind wunschgemäß viele Wiederholungen derselben Geschichte und darf beim lauten Vorlesen die großen Buchstaben angucken, um „mitzulesen“, dann beginnt es bald, zu deuten und selbst „vorzulesen“. So begreift es den Zusammenhang von Klang und Bild ganz von selbst! Wird das „Vorlesen“ jedoch an Kassetten delegiert oder wird immer nur (live) erzählt, dann nützt die angeborene Fähigkeit, diesen Zusammenhang zu erkennen, absolut nichts, er muß dem Kind also verborgen bleiben.

Im Alter von sechs Jahren, wenn die Schule die Aufgabe übernimmt, unseren Kindern die Schriftsprache zu vermitteln, lautet die Marschrichtung meist

LESEN –> SCHREIBEN, womit wir einen Weg gehen, der **jetzt nicht mehr** optimal ist, weil das **Formen-Erkennungs-Fenster** (hinsehen und Bescheid wissen!) sich **inzwischen geschlossen** hat! Wir werden hier gleich fortfahren, nachdem Sie Ihr erstes Ergebnis festgehalten haben. Probieren Sie locker und **spielerisch**, einige der Buchstaben in Geheimschrift einzutragen. Stellen Sie bitte fest, wie viele Buchstaben in Geheimschrift Sie **innerhalb von 90 Sekunden** (ohne Spicken) re-konstruieren können.

1. A = ____	8. H = ____	15. O = ____	22. V = ____
2. B = ____	9. I = ____	16. P = ____	23. W= ____
3. C = ____	10. J = ____	17. Q = ____	24. X = ____
4. D = ____	11. K = ____	18. R = ____	25. Y = ____
5. E = ____	12. L = ____	19. S = ____	26. Z = ____
6. F = ____	13. M = ____	20. T = ____	
7. G = ____	14. N = ____	21. U = ____	

Geheimschrift: Ergebnis 1

Ergebnis: Mir sind ______ Buchstaben-Formen eingefallen.

Experiment: Geheimschrift LESEN

Wie gut können Sie **Geheimschrift** lesen? Jetzt werden Sie das Alphabet offiziell als „Spickzettel" benützen und den Geheim-Text (auf S. 91) lesen. Es wird besonders spannend, wenn Sie ...

1. **... laut lesen** (halblaut reicht), damit Sie **hören** können, was Ihnen wie leicht/schwer fällt. Falls Sie nicht alleine sind (oder sich ohne Handy im Café befinden), dann sprechen Sie **sub-vokal** (formen Sie also jedes Wort bewußt mit Lippen und Kehlkopf-Bewegungen, und „sprechen" Sie innerlich).

2. **... Ihre Übung aufzeichnen,** damit Sie sie später (sogar mehrmals) genau abhören können.

Wenn die normale Reihenfolge (vom Lesen zum Schreiben) günstig wäre, dann müßten Sie jetzt **bei dieser ersten Lese-Übung** bereits einige Buchstaben der Geheimschrift **lernen**. Denn Sie dürfen so lange lesen, wie Sie wollen (auch stundenlang!), aber es soll bitte mindestens die doppelte Zeit (vgl. Schreib-Aufgabe von S. 82) sein, also mindestens sechs Minuten.

Wenn Sie **aufzeichnen**, dann können Sie sich beim Vorlesen vollkommen auf das ständige Nachsehen in der Liste und das etwas mühselige Lesen konzentrieren und das Ergebnis hinterher in Ruhe (auch mehrmals) hören. Spannend kann es auch sein, wenn Sie in den nächsten Tagen mehrmals üben und sich einerseits köstlich amüsieren, während Sie sich andererseits beweisen, daß man Lesen durch Lese-Übungen nur „millimeterweise" verbessern kann. Dies ist genauso schwierig, wie eine Fremdsprache via Vokabel-Pauken zu lernen (vgl. Modul *T – Sprachen lernen*, S. 176 ff.). Solche Vorgehensweisen sind **nicht gehirn-gerecht** und hinterlassen den völlig falschen Eindruck, die Opfer dieser Unterweisung wären zu „blöd".

Wenn Sie leise lesen, können Sie *nicht das* lernen, wofür die Aufgabe mit Sorgfalt konzipiert wurde. Schade ...

Übrigens wollte einer meiner Kunden die Lautlese-Übung durchlaufen, als er unterwegs war. Er hatte zwar sein Handy, aber kein Aufzeichnungsgerät dabei. Also sprach er kurz entschlossen auf seinen eigenen Anrufbeantworter zu Hause, den er hinterher mittels Handy nach Belieben abhören konnte. So geht es auch!

Bitte beginnen Sie jetzt auf Seite 91.

Jetzt halten Sie sofort Ihr zweites Lern-Ergebnis fest, wobei Sie bitte registrieren, daß im Gegensatz zu vorhin keinerlei Lesestoff „dazwischenkommt"; Sie dürfen sofort sehen, was Sie gelernt haben.

Geheimschrift: Ergebnis 2

Stellen Sie wieder fest, wie viele Buchstaben in Geheimschrift Sie diesmal **innerhalb von 90 Sekunden** aufschreiben können.

1. A = ____	8. H = ____	15. O = ____	22. V = ____
2. B = ____	9. I = ____	16. P = ____	23. W = ____
3. C = ____	10. J = ____	17. Q = ____	24. X = ____
4. D = ____	11. K = ____	18. R = ____	25. Y = ____
5. E = ____	12. L = ____	19. S = ____	26. Z = ____
6. F = ____	13. M = ____	20. T = ____	
7. G = ____	14. N = ____	21. U = ____	

Ergebnis: Mir sind ________ Buchstaben-Formen eingefallen.

Jetzt **vergleichen** Sie Ihre **beiden Ergebnisse** und notieren Sie hier diejenigen Buchstaben, die Sie **erst jetzt** beim Lesen gelernt haben:

____

____

Kehren wir zu dem schicksalsträchtigen Umstand zurück, daß Schulkinder das Erkennen von (Buchstaben-)Formen just zu dem Zeitpunkt lernen sollen, an dem sie der besonderen Lern- und Reifephase für das mühelose **Speichern von Formen entwachsen** sind! Ab fünf bis sechs Jahren hat das Gehirn **die wichtigsten physiologischen Entwicklungen zum nackten Überleben abgeschlossen:** Jetzt kann das Individuum den Weg nach Hause finden, es kann Freund und Feind unterscheiden, es weiß das Nötigste (z.B. welche Pflanzen/Tiere Nahrung sind) usw..

Von jetzt ab (zeitlebens!) müssen wir anders vorgehen. Jetzt muß der Weg vom Schreiben zum Lesen führen.

(Wenn Sie an Abertausende von **Straßenkindern** denken: Die jüngsten, die es alleine schaffen, sind ca. **sechs Jahre** alt ...)

Leider wissen das kaum noch Lehrkräfte, daß der Weg vom Schreiben zum Lesen führen muß, deshalb rät man Eltern, deren Kinder Leseprobleme haben, immer noch tagtäglich, mehr Lesen zu üben (völlig falsch!).

Auch Erwachsene mit Leseproblemen sollten begreifen, daß Lese-Übungen der mühseligste Weg sind, den man auf dem Weg zum Lesen beschreiten kann.

Auch für **fremde Schriften** sind Lese-Übungen der falsche Weg. **Deshalb** haben Sie gerade mit einer **Geheimschrift** experimentiert (wenn Sie aktiv mitgemacht haben). Überlegen Sie mit: Da quälen sich Studenten weltweit (oft jahrelang!), um Schriften (wie Russisch, Arabisch, Hindi, Chinesisch usw.) lesen zu lernen. Nur die **Kurzschrift-Lehrerinnen** (es gibt kaum Lehrer!) wußten es immer schon: *Stenografie lernt man durch Schreiben, nicht durch Lesen.* Richtig!

Wenn Sie unsere Experimente durchgeführt haben, dann konnten Sie diese Erfahrung inzwischen selbst machen. Nach nur drei Minuten Schreibzeit können meine Teilnehmer/innen bereits **mehrere** der Buchstaben einer ihnen zuvor vollkommen **FREMDEN SCHRIFT** (z.B. Arabisch!) schreiben, aber **lesen können sie diese noch extrem schlecht.**

Wir haben dies mit Abertausenden von Versuchspersonen und Seminar-Teilnehmer/innen getestet: Manche durften nur lesen (katastrophale Resultate), manche nur schreiben (und am Ende stellten sie fest, daß sie unbewußt lesen gelernt hatten).

Auch Sie können mit Ihren Freunden experimentieren, aber die Tatsache steht fest: **Schreiben führt zu Lesen** (sogar wenn man nur in der Luft schreiben würde!), **weil die motorischen Bewegungsabläufe neuroanatomisch die notwendige Grundlage für das spätere Wieder-Erkennen sind!**

Aber unsere Schulen vermeiden Bewegungen sämtlicher Art, dadurch entstehen bei Millionen von Schülern **vollkommen unnötige Lernprobleme** in allen möglichen Fächern. Außerdem wachsen **sehr gefährdete junge Leute** heran, die z.B. beim geringsten Wackeln (auf Rollschuhen, Inline-Skates oder Fahrrädern) sofort **UM**-fallen. (Ich nenne diese Unfälle dann Umfälle.) Fachleute schätzen, daß 30 bis 40% aller solchen „Unfälle" eigentlich Umfälle sind!

Aber zurück zu der Tatsache, daß wir durch Schreiben (mit den verbundenen Bewegungsabläufen) die notwendigen **bevorzugten Nervenbahnen** im Gehirn anlegen, die uns später das Erkennen jener Formen (also das Lesen) erlauben (⇝ vgl. *Lernkurven gefällig?*, S. 68 ff.).

Lesen durch Schreiben

Dies hat Dr. Jürgen Reichen, **ein genialer Schulleiter/Lehrer** (in der Nähe von Basel) getestet. Im ersten Schuljahr lernen alle Kinder dort vom ersten (!) Schultag an schreiben, es gibt jedoch null Lese-Aufgaben, kein Lese-Training, keine Lese-Hausaufgaben usw.. Übrigens sagte ich bewußt, daß die Kinder das Schreiben *lernen*; es wird nämlich **nicht gelehrt,** sie lernen es völlig **autonom:** Dr. Reichen verteilt ein Blatt, auf dem das Alphabet hufeisenförmig angeordnet (Groß- und Kleinbuchstaben) ist (⇝ vgl. *Merkblatt Nr. 3*, S.269). Neben den Schriftzeichen sehen die Kinder ein einfaches Bild, wobei es auch Buchstabenkombinationen (wie *ei*, *eu*, oder *sch*) gibt.*

Die Kinder schreiben bereits in den allerersten Schulwochen kleine Geschichten, indem sie dieses **Bild-Alphabet als Spickzettel** benutzen. Will ein Kind z.B. „In der Schule ..." schreiben, dann sucht es nach dem „i" (manchmal auch halblaut vor sich hinmurmelnd „iiiiii" und findet das Bild des **Igels** (Erfolgsgefühl!). Jetzt malt es den Buchstaben (der ihm genausowenig sagt wie Ihnen vorhin die Geheimschrift-Zeichen!) auf das Papier und sucht das „nnnnnnnnn" ... Diesen Prozeß können Sie auf dem **ersten** der (vier) DVDs (*Lob des Fehlers* von Reinhard Kahl, vgl. Literaturverzeichnis) **miterleben**. Es ist **beeindruckend!** Übrigens wurde der Bericht über Dr. Reichens Schule bereits 1992 im Fernsehen gesendet, inzwischen machen bereits eine Reihe deutscher Schulen mit (⇝ vgl. das Merkblatt Nr. 3 *Die REICHEN-Methode*, S. 269).

Um meinen (erwachsenen) Seminar-Teilnehmer/innen eine Möglichkeit zu geben, sich selbst zu überzeugen, entwickelte ich die Geheimschrift. Da die Damen und Herren das Alphabet ja bereits kennen, können wir die geheimen Zeichen an diese Fäden im Wissens-Netz (⇝ vgl. *Gedächtnis wie ein Netz?*, S. 41 ff.) **knüpfen** (A = •, B = ⊏, ... bis Z = ⏛. Die Experimente **zeigen eindeutig, daß Versuchs-Personen, denen ich freigestellt** hatte, **wie** sie lernen (nach dem Motto: *Testen Sie einmal, wie lange Sie brauchen, um diese Schrift lesen zu können)*, fast alle (krampfhaft) versuchten, das **Lesen durch Lesen zu lernen**.

Über 90 % von ihnen hielten diese Aufgabe für sehr schwer, vergleichbar mit dem Erlernen einer fremden Schrift.

* Eigentlich gibt es nur ein Lehrer-Package – zur Theorie wurde inzwischen jedoch ein eigenes Buch geschrieben: *Hannah hat Kino im Kopf.* Verlag Otto Heinevetter, Hamburg, zu bestellen unter ISBN 3-S7474-590-2.

Viele hielten sich für „zu dumm", wenige wollten nicht selbst schuld sein. Sie führten an, daß hierfür an Schulen/Universitäten Lernzeiten von Monaten (oder Jahren) angesetzt wären. Es sei also kein Wunder, wenn sie nur so langsam vorankämen.

Anderen Versuchspersonen erklärte ich, dies sei eine Zeichenaufgabe (wir unter-ZEICHNEN, wenn wir unter-SCHREIBEN!!) und bat sie, die Schrift als Zeichenübung **schreiben zu lernen.***

Innerhalb von Stunden (spätestens am nächsten Tag) gingen die ersten Faxe in Geheimschrift ein ... Wie gesagt, testen Sie es selbst!

Wir wollen nun praktische Konsequenzen für uns (unsere Kinder, Freunde usw.) ableiten.

Konsequenzen für den Alltag

1. **Lesen lernt man durch Schreiben!**
2. **Dabei muß man genau das schreiben, was man lesen lernen möchte.** Ist dies Druckschrift, dann müssen Sie (oder Ihre Kinder) auch **Druckschrift** schreiben. Im Gegensatz zur Schule, wo man ab der 3. Klasse meist **Schreibschrift schreiben** und **Leseprobleme mit der Druckschrift durch Lesen von Druckschrift** lösen soll! Das kann leider nicht funktionieren!
3. **Wer genug schreiben übt, dem „passiert" das Lesen-Lernen von allein.** Fragen Sie Menschen, die Steno gelernt haben, die bestätigen Ihnen das alle!
4. **Dies gilt auch für Fremdsprachen!** Also Englisch schreiben statt ständig diese hilflosen Lese-Übungen zu absolvieren. Beim Schreiben können sich z.B. die abweichenden Buchstaben-Kombinationen (z.B. *wh, th, oy, ing*) **via Bewegungs-Apparat** ein-PRÄGEN, so können die **notwendigen bevorzugten Nervenbahnen** zum späteren schnellen Wieder-Erkennen angelegt werden (⇝ vgl. Modul *Lernkurven gefällig?*, S. 68 ff.).
5. **Wer es nicht glaubt, soll es doch selbst ausprobieren!** Ich weiß, daß die **Methode Dr. REICHEN** Vorurteile angreift, aber statt herumzustreiten, kann man es ja selbst erleben. Am meisten

* Erfahrungs-Tip: Falls Sie später an andere Geheimschriftkenner faxen, die ihr Faxgerät mit anderen teilen, so schreiben Sie UNBEDINGT den Namen normal; es gibt sonst möglicherweise Ärger ...

> wehren erfahrungsgemäß jene ab, die bei den beiden kleinen Experimenten (im Seminar) **nicht** mitgemacht haben!

Aber die REICHEN-Methode ist an den Schulen, an denen sie angewendet wird, sehr erfolgreich: Nach fünf Wochen können die Kleinen bereits einigermaßen schreiben, ihr eigenes Geschriebenes aber noch nicht lesen. Natürlich machen sie noch **Fehler**, aber diese verschwinden im Lauf der Zeit, weil sich bei der Schriftsprache **ein Prozeß wiederholt,** der auch in der gesprochenen Sprache ablief (und noch abläuft). Vielleicht erinnern Sie sich, wie schnell falsche Verb-Formen (*ich schwimmte*) von ganz allein verschwinden (!), **wenn die Erwachsenen nicht dazwischenfunken** und ständig herumnörgeln (vgl. mein Buch *Stichwort Schule – Trotz Schule lernen?*). In der zweiten Klasse können alle Kinder (die sich das Schreiben mit der REICHEN-Methode selbst beibringen) schon recht gut lesen. Wichtig ist: Lesen und Schreiben sind (wie im ganz normalen Leben) lediglich ein Aspekt von **„Projekten"**, die die Kinder eigenverantwortlich (und gerne!) durchfuhren. Hier kann ich nur wiederholen: Investieren Sie in die Videos mit dem wörtlich gemeinten Titel *Lob des Fehlers* (von Reinhard KAHL, s. Literaturverzeichnis)! Das muß man selbst gesehen haben … (Wenn sich einige Eltern zusammentun und die Videos gemeinsam ansehen, können Sie neben dem finanziellen Vorteil auch Erfahrungen und Eindrücke diskutieren; machen Sie also ruhig ein kleines Gruppen-Projekt daraus.)

Übrigens stehen die bahnbrechenden Erfolge von REICHEN-Kindern nicht allein in der Erfahrungswelt herum. Sie stehen nämlich in **voller Übereinstimmung** mit den Erfahrungen von Maria MONTESSORI (Italien) wie auch mit den Ergebnissen von Prof. Glenn DOMAN (USA; beide finden Sie im Literaturverzeichnis). Beide Forscher arbeiteten damals mit behinderten Kindern und stellten fest, daß mit den „richtigen" Maßnahmen (die ich *gehirn-gerecht* nenne!) sogar schwer hirngeschädigte Kinder besser abschnitten als ältere normale Kinder. Beide nahmen dies **nicht** zum Anlaß, sich stolz auf die Brust zu klopfen (*was sind wir großartig!*).

MONTESSORI und DOMAN fragten sich: Wie ungünstig müssen die normalen Lehr-Methoden sein, wenn hirngeschädigte Kinder mit unseren Maßnahmen um so vieles besser abschneiden können?

Die nebenstehende Frage haben sich leider unsere Kultusministerien noch nicht ernsthaft gestellt, sonst müßten MONTESSORI-Schulen bzw. die DOMAN-Methode (für Zwei- bis Dreijährige!!) schon lange zum Paradigma für die „normalen" Kindergärten und Schulen geworden sein … Dann könnte es auch für Nicht-Adelige „normal" werden, mit drei Jahren lesen zu lernen und auch noch Freude dabei zu haben. (Mit Prof. Domans Buch kann jede Mutter es ihrem Kind selbst beibringen!)

Wenn das Kind älter als 5 Jahre ist, führt Schreiben zu Lese-Kompetenz (auch bei Erwachsenen). Das möchte ich allen Eltern und Lehrenden am liebsten hinter beide Ohren schreiben!

Vorlage Geheimschrift zu S. 82

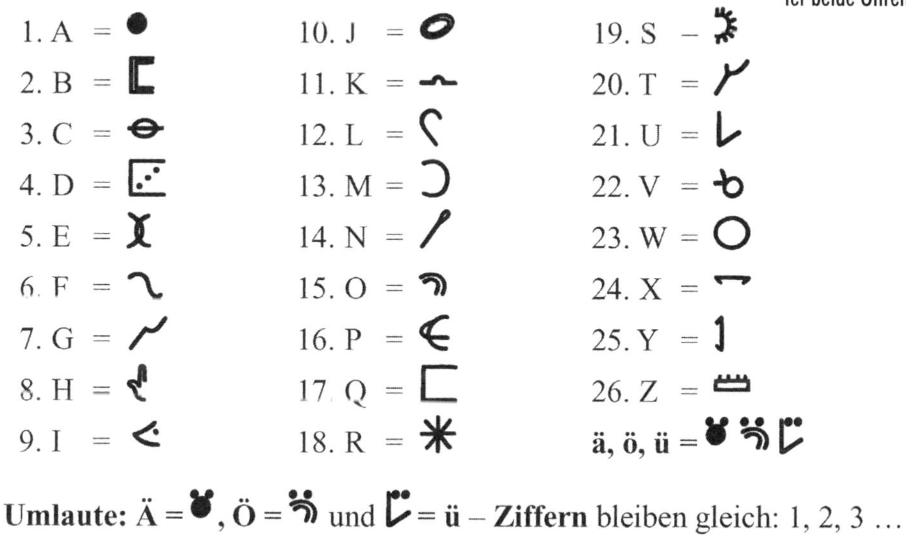

Leseübung Geheimschrift zu S. 84

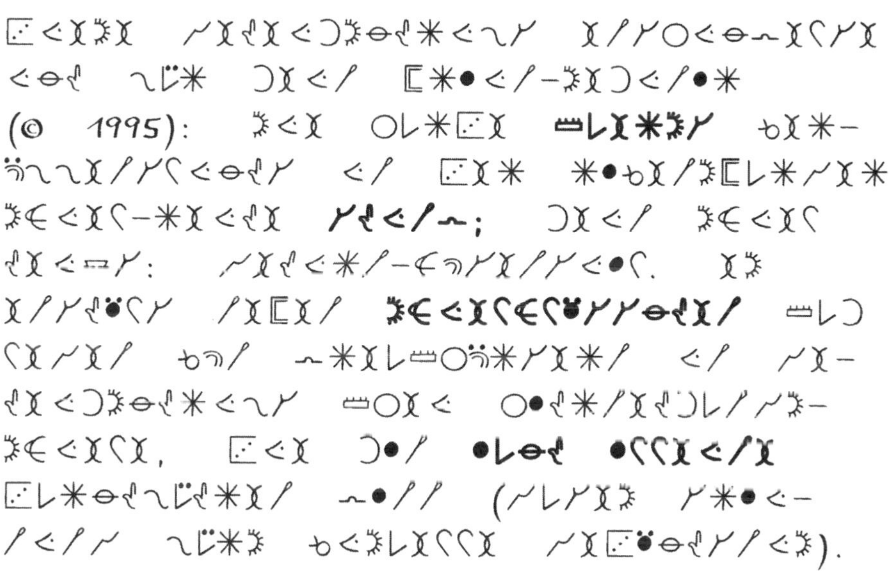

Wahrnehmung von Wiederholungen

Wann haben Sie das letzte Mal darüber nachgedacht, inwieweit die Art, wie Sie wahrnehmen, das Wahrgenommene verändert?

Bei jeder Wiederholung gilt, daß wir uns die Information wieder (her-) holen, da wir aber heute ein anderer sind als gestern, vorgestern, letzte Woche oder vor zehn Jahren, können wir „es" **niemals identisch** (also genauso wie gestern, neulich oder damals) wahrnehmen.

Nicht nur unsere Interessen (Präferenzen, Prioritäten) haben sich (zumindest teilweise) geändert, auch unsere (un-)bewußten Wünsche (Motive, Ziele). Im Klartext: Wir sind nicht mehr dieselbe Person wie beim letzten (vorletzten, dritten, ersten) Mal, als wir diese Info wahrgenommen haben.

Damit aber ändern sich auch unsere eigenen **Assoziationen**, mit denen wir alles Wahrgenommene immer „an-REICH-ern"! Deshalb werden wir dieselben Dinge (Vortrag, Artikel, Audio-MC/CD, Film, Video/ DVD, Buch etc.) an unterschiedlichen Tagen zwangsläufig anders wahrnehmen – es geht nicht anders.

Experiment: Diesen Effekt können Sie leicht testen, wenn Sie sich einen Tonträger **minimal zehn Mal** anhören, wobei zwischen den einzelnen Hör-Erlebnissen jeweils mindestens 24 Stunden (besser einige Tage oder Wochen) liegen sollten. Bei den ersten zwei bis drei Malen hören Sie **jedesmal neue Details** heraus. Beim vierten bis sechsten (oder siebten) Mal **langweilen** sich die meisten Menschen.*

„Langeweile" wird durch **oberflächliches (flaches) Hinhören** verursacht. Im Gegensatz hierzu steht ein aktives, mitdenkendes **Zuhören** (bei dem wir uns einer Person, Tätigkeit oder einem Gedankengang wirklich **zuwenden**). Selbst wenn Sie die mittleren Male „langweilig" finden, machen Sie weiter, denn beim achten/neunten (manchmal erst beim zehnten) Mal **hören Sie plötzlich wieder ganz „neu"**. Sie nehmen Details wahr, von denen Sie (fast) schwören würden, sie wären **bisher niemals** zu hören gewesen. Deshalb sollen Sie das Experiment mit einem Tonträger ausführen, bei dem Sie

* Diese Ausnahmen sind rar; falls Sie eine sind: Kompliment!

sicher sind, daß niemand Ihnen Ideen „hineinschmuggeln" kann, die plötzlich (in Ihrem Bewußtsein) „auftauchen", wenn wir „dieselben Informationen" zum x-ten Mal wahrnehmen. Ein Teil ist uns nun so vertraut, daß er keinerlei Aufmerksamkeit mehr benötigt, und so **wird** plötzlich **Kapazität frei**, um andere Aspekte zu registrieren, die plötzlich „auftauchen".

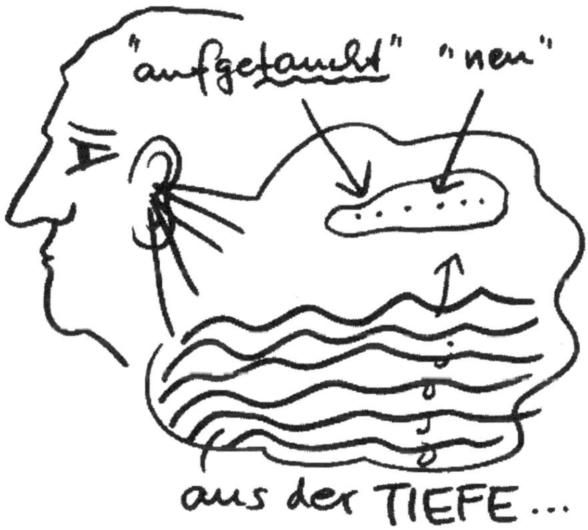

Wenn aber etwas in uns „auftaucht", dann bedeutet das, daß es **aus einer gewissen Tiefe** an die Oberfläche gestiegen ist, also **konnte** es bei den ersten noch flachen (oberflächlicheren) Hör-Versuchen noch gar nicht wahrgenommen werden.

Ich habe dieses Experiment vor vielen Jahren mit einem Kassetten-Vortrag gemacht, in dem ich auch heute jedesmal wieder neue Aspekte entdecke, wenn ich ihn weiterhin alle sechs bis acht Monate höre! Dieser Prozeß ist natürlich nicht zu vergleichen oder zu verwechseln mit stupiden, mechanischen Wiederholungen (wie in der Schule), bei denen auch beim 115. Mal nichts Neues „aufsteigen" kann, weil nichts Tiefes darin verborgen war.

Ähnlich ist es beim Lesen von Texten mit Tiefe. Natürlich lesen wir nur wenige Bücher mehrmals, wobei ich einige schon fünfmal gelesen habe – und es hat sich gelohnt!

Je wichtiger ich einen Gedanken früher (damals) schon fand, desto spannender finde ich es, jedesmal wieder zu sehen/hören: Was „sagt" diese Passage mir heute?

Fazit:

Wenn ich auf eine (exakte oder etwas andere) Wiederholung von Kerngedanken eines Autors stoße, dann nehme ich dies oft zum Anlaß, die Ideen **auch heute ganz bewußt** zu registrieren, statt durch den *Kenne- ich-schon-Filter* so manches zu übersehen (überhören), was in diesem Text für mich „drin" gewesen wäre.

T – Gehirn-gerecht- Machen von neuen (Lern-)Infos

Im Modul *A wie Anfang* (⇝ vgl. S. 18 ff.) hatten wir erarbeitet, daß wir unsere **Gedächtnis-Leistung** (Erinnerungen) genaugenommen als **Tätigkeit** (HAND-lung!) sehen müssen (wobei **alle** HAND-lungen durch **Training** verbessert werden können). Also ist Gedächtnis **nicht** angeboren. Das Motto „Ich wurde leider genetisch schlecht angelegt – mit blauen Augen und einem schlechten Gedächtnis" gilt nicht.

Die Saat (ursprüngliche Einspeicherung) bestimmt natürlich, was wir später ernten werden. Die Leute aber meckern immer an der Ernte (ihrer Gedächtnis-Leistung) herum!

Da *Gedächtnis* als Hauptwort schlecht zu einem Tätigkeitswort gemacht werden kann (wir müßten eigentlich *gedächtnissen* sagen), spreche ich lieber vom Re-KONSTRUIEREN. Da aber die **Qualität der ursprünglichen KONSTRUKTION** (Einspeicherung) die **Qualität** der späteren **REKONSTRUKTION** (Gedächtnis-Leistung) bestimmt, sollten wir mit der **KONSTRUKTION** beginnen: Je **besser** wir neue Infos **konstruieren**, desto leichter fällt es uns in der Zukunft, diese Infos wieder zu rekreieren, d.h. neu zu schaffen bzw. **wieder** zu **konstruieren** (= **RE**KONSTRUKTION)!

Der Schwerpunkt dieses Beitrags ist: Wie schaffen wir es, neue Infos so (gehirn-gerecht!) „aufzubereiten", daß wir sie am schnellsten und leichtesten in unser Wissens-Netz ein-BIND-en können? Anders ausgedrückt: Wie schaffen wir es, uns neue Infos selbstverantwortlich gehirngerecht zu machen, wenn man sie uns schwer verdaulich angeboten hat? Denn nur so können wir sie sauber KONSTRUIEREN, um sie später wieder ebenso sauber Re-KONSTRUIEREN zu können!

Hinzu kommt, daß es auch in der Landwirtschaft „Produkte" gibt, die man **das ganze Jahr über ernten** kann, **wenn man sie pflegt.** So auch unser Gedächtnis!

Viele stöhnen im ersten Ansatz bei der Idee, **die Lernenden sollten Verantwortung übernehmen,** denn das ist es ja, was ich eigentlich bekämpfe. Hier sehen manche einen Widerspruch: Warum prangere ich häufig an, zu viele Wissensvermittler/innen würden ihre Infos nicht gehirn-gerecht genug an- und darbieten?

Denken Sie an die Zubereitung eines **Wiener Schnitzels** durch einen Koch, wobei das **Schnitzel** die zu lernende Info symbolisiert. Ein schlechter Koch kann das beste **Schnitzel** zerstören, ein mittelguter Koch wird ein mittelgutes **Schnitzel produzieren**, aber die besten Köche schaffen es, Ihnen dasselbe Stück Fleisch so anzubieten, daß es Ihnen quasi auf der Zunge zergeht.

Analog zum Schnitzel-Beispiel: Meisterhafte Wissensvermittler können das gleiche Material gehirn-gerecht „vor- oder zubereiten", so daß der Genuß auch einer ist!

Ob wir dies neudeutsch als *infotainment* (bzw. *edu-train-ment*) bezeichnen oder als gehirn-gerecht, der **Effekt** ist derselbe: Die zu lernende Info wird **schmackhaft** gemacht.

Auf der anderen Seite geht es in diesem Modul darum, wie Lernende Infos selbst gehirn-gerecht machen können, wenn sie ihnen nicht so angeboten wurden. Im Sinne unserer Analogie: Wie kann ich beim Lernen aus einem ausgetrockneten Stück Fleisch nachträglich doch etwas zaubern, das ich mir gerne einverleiben möchte? Also spreche ich jetzt von der **Selbst-Verantwortung der Lernenden.** Und das halten manche für einen Gegensatz. Aber die beiden Gedanken **müssen absolut kein Widerspruch sein.** Zwar ändert sich nichts an meiner Meinung, es wäre die **Pflicht** aller Wissensvermittler/innen, ihre Infos so anzubieten, daß ihr Angebot eine **faire Chance** hat, **ins Wissens-Netz der Lernenden eingebunden** zu werden. Aber bitte bedenken Sie:

1. **Wenn wir zu einer Info, die wir wahrnehmen, bereits Fäden im Wissens-Netz haben,** dann wird die neue Info von diesen wie magisch angezogen und hakt sich vollautomatisch dort ein (⇝ vgl. *Gedächtnis wie ein Netz?*, S. 41 ff.), somit ist die neue Info „leicht" verdaulich.

2. **Haben wir hingegen noch nichts dazu im Netz,** dann **wirkt** die neue Info zunächst „schwer" (trocken) auf uns.

3. **Beim Eselsbrücken-Bauen unterscheiden** wir zwischen **allgemeinen** Hilfsfaden für eine konkrete **Zielgruppe** (die ein Lehrer einer Klasse vielleicht anbieten möchte) und **persönlichen** Eselsbrücken für den Privat-Gebrauch, bei denen wir nur und ausschließlich an vorhandene Fäden in unserem eigenen Netz anknüpfen wollen. Wenn wir aber an vorhandene Fäden im eigenen Netz anknüpfen können, dann wird die zu lernende Info „leicht" (s. Punkt 1).

4. **Somit bedeutet aktives, AUF-MERK-sames Nachdenken** über die zu lernende Info sowohl, daß wir uns ihr öffnen (= AUF-machen) als auch, daß wir uns um so mehr MERK-en werden, je bewußter wir diesen Prozeß gestalten!

5. **Wenn wir** in der Lage sind, uns gut bis meisterhaft zubereitete Infos **(durch bewußtes An-BIND-en ans eigene Netz) mit Genuß einzuverleiben,** dann bedeutet einmal AUF-MERK-sam und bewußt wahrgenommen und begriffen = de facto (so gut wie) geMERKT-t!

6. **Wenn wir aber auch Infos gehirn-gerecht MACHEN können,** die uns entweder von einem **stümperhaften** Koch angeboten wurden oder die wir aufgrund von Interesse lernen wollen, wiewohl es kein geeignetes Einführungs-Material dazu gibt, **dann werden wir FREI.** Wir können **nicht wegen,** sondern **trotz** vieler wissensvermittelnder „Profis" lernen. Das ist die hohe Kunst der Gehirn-Benutzer. Im Gegensatz zu den Gehirn-Besitzern, die dann sagen: *„Die Materie ist zu trocken!"* Oder: *„Das ist zu schwer!"* Oder: *„Dazu bin ich zu doof."* Schade!
7. **Durch eigene Bemühungen,** Infos gehirn-gerecht zu machen, **löschen wir endlich die falsche Trennlinie zwischen Lernen und Lehren!** In vielen Sprachen gibt es nur **ein Wort für beide Prozesse,** auch bei uns gibt es Dialekte, in denen es heißt: *Lern mir das (= lehre mich das, bringe es mir bei).* Letztlich können auch die besten Wissensvermittler/innen uns das Fleisch nur zubereiten und es vielleicht auch noch in kleine Stückchen schneiden, aber kauen und verdauen müssen wir es schon selbst! Jede gedankliche Aktion, mit der Sie eine Info bewußt in Ihr Wissens-Netz ein-BIND-en, stellt somit einen bewußten Prozeß des autodidaktischen Lehrens dar (des sich selbst Unterrichtens also)!

Aus: Klas Mellander, *Power Learning*, mvgVerlag, 2001, S. 18

8. **Schon SENECA** war sich dieses Zusammenhangs bewußt, als er in einem Brief schrieb: Homines cum docent discunt (= Die Menschen lernen mit/durch Lehren).

9. **Daraus** leitete man (nach dem Motto: **Schon die alten Römer sagten**) folgende zwei Redewendungen her:
   a) Docendo discimus (Lehrend lernen wir) oder:
   b) Docendo discitur (Lehrend wird gelernt).

10. **Wenn Sie** eine Möglichkeit haben, Lem-Infos mit anderen Personen zu besprechen, um anfangs gemeinsam an Eselsbrücken zu arbeiten bzw. **um sich gegenseitig zu unterrichten (wodurch Sie in kürzester Zeit lernen),** dann tun Sie es. Solche Lem-Gruppen können auch via Telefon oder Internet miteinander kommunizieren ...

Die folgenden Beispiele sollen nur erste Andeutungen bieten, wie man Infos gehirn-gerecht machen könnte! **Selbst-Lerner müssen immer an ihr eigenes Wissens-Netz anknüpfen,** also sehen Sie die drei folgenden konkreten Fallbeispiele (Computersprache, Medizin, Jura) als **Fallbeispiele**, ohne sich inhaltlich in ihnen zu „verlieren". Und berücksichtigen Sie bitte: Schriftliche „Anweisungen" wirken immer weit komplizierter und schwieriger als das aktive Handeln. Denken Sie nur an die Anweisung, eine „schwierige" Adresse zu suchen (für Menschen, die dieses Haus zum ersten Mal finden müssen), oder an die Schwierigkeit, einen Tanz mit einem Buch zu lernen (zuschauen, mitmachen, nachmachen – die Kinder zeigen es uns täglich) ist viel leichter – es folgen also die Denk-Anstöße ...

Beispiel 1: Computersprache

Nehmen wir an, Sie wollen (oder müssen) eine Computersprache erlernen und Sie hätten **null Ahnung** (d.h. **null Fäden** hierzu in Ihrem Wissens-Netz!). Normalerweise würden Sie irgendwo anfangen und, je nachdem, wie gehirn-gerecht das Handbuch (nicht) ist, mehr oder minder gut vorankommen.

Sie könnten natürlich auch einen ganz anderen Weg gehen und zuerst einige **Hilfsfäden** (Eselsbrücken) konstruieren, mit denen Sie die neue Info **später** in Ihr Wissens-Netz (⇝ vgl. *Gedächtnis wie ein Netz?*, S. 41 ff.) einhängen.

Beginnen Sie mit dem Inhaltsverzeichnis, dort finden Sie einige der wichtigsten Wörter (z.B. REM) dieser neuen Sprache. Also helfen Sie Ihrem Gehirn, sich an diese neuen Begriffe zu gewöhnen. **Spielen Sie, indem Sie** Worte bilden, die Ihnen bereits bekannt sind (zu denen Sie also bereits Fäden im Wissens-Netz) haben. Die neu gebildeten Begriffe enthalten Bilder, welche (als Hilfsfaden) die neue Info **vorläufig** ans Netz „heften", z.B. könnte der BASIC-Befehl **REM** Sie an **REM*oulade*** erinnern.

Nehmen wir an, Sie hätten aus REM zunächst REMOULADE gebildet, dann verbinden Sie damit ein Bild (eine Vorstellung), je „absurder" (MERK-würdiger), desto besser. Vielleicht stellen Sie sich jemanden vor, dem die REMOULADE übers Gesicht läuft ...

Später lernen Sie, daß mit ***REM*** ein ***REMARK*** (= eine ***BeMERkung****) gemeint ist. Diese ***Bemerkung*** schreiben Menschen für sich und andere Menschen, **nicht** für den Computer. Somit ist ***REM*** genaugenommen ein Befehl für den Computer, der da lautet: ***Wegschauen, das ist nicht für dich gemeint*** – und gehorsam wird er alles, was einem REM-Befehl folgt, mißachten (auch echte Computer-Befehle). Also eine feine Sache. Hier kann man den Titel des Programms eintragen, Copyright-Vermerke, Update-Möglichkeiten, Kommentare über Sub-Routinen usw..

Nun verbinden wir die Idee mit der REMOULADE (die ja über das Gesicht einer Person läuft). Also stellen wir uns vielleicht vor, wie wir diskret wegschauen und die ganze Sache überhaupt nicht beachten ...

> **Bevor wir zum zweiten Beispiel (Medizin) kommen,** möchte ich betonen, daß ich an diesem Beispiel meinen gehirn-gerechten fünf-Phasen-Plan vorstelle, den Sie auf (fast) jedes Lern-Gebiet übertragen können! **Deshalb sollten Sie das Beispiel unbedingt genau lesen** und vor allem durchdenken.

* Übrigens enthält das deutsche Wort Be-MER-kung auch REM (in umgekehrter Reihenfolge).

Beispiel 2: Medizinisches Basis-Wissen

Dieses Beispiel basiert auf dem Hilferuf eines Kunden, dessen Frau sich zur Pharma-Referentin umschulen lassen wollte und erfuhr: Sie müsse die Grundlagen selbst (zu Hause) lernen, weil der firmeninterne Teil 1 (des Kurses) bereits vorbei sei und Teil 2 (Grundlagen vertiefen) in einigen Wochen stattfinde, gefolgt von Teil 3 (pharmakologisches Basis-Wissen). Ich stelle Ihnen die Anleitung für diese Dame vor, entweder weil Sie Vergleichbares studieren wollen oder als Fallbeispiel für besonders „trockene" Infos.

Material: Medizin-Bücher **mit farbigen Bildern** sowie **Bastel-Materialien** (z.B. Styropor, Wellpappe, Moosgummi, Schnüre usw.). Nun durchlaufen Sie folgende vier Phasen:

Phase 1: Start

Beginnen Sie mit einer **mentalen Einteilung** der zu lernenden Infos, damit die **vielen Begriffe** in **wenige Kategorien** einsortiert werden können (⇝ vgl. auch die Module *Kategorien-Denken*©, S. 50 ff., und *T – Kategorien-Torten*© zeichnen, S. 136 ff.), z.B.:

1. **Skelett** (Knochen-System),
2. **Blutgefäße** und
3. **Nerven-System.**

Vielleicht wollen Sie besonders gewissenhaft arbeiten, indem Sie gleich alle möglichen Details miteinbeziehen, z.B.:

1. **Skelett, Muskeln und Sehnen** (Knochen und Bewegung),
2. **Blutgefäße** und Organe,
3. **Nerven-System** etc..

Natürlich fehlen immer noch Aspekte (z.B. das Lymph-System), aber die Gefahr bei einer großen Lern-Aufgabe liegt genau in den Details!

Merke:

Es gilt, zunächst einige wenige Haupt-Fäden zu schaffen und dieses KONSTRUKT an Ihr vorhandenes Wissens-Netz anzu-BIND-en, das ist die erste KONSTRUKTION des neuen Wissens.

Später fällt das „Häkeln" von Detail-Fäden in vorhandene Strukturen ziemlich leicht (⇝ vgl. „Alle Lernkurven für Wissen sind immer exponentiell", s. Modul *Lernkurven gefällig?*, S. 68 ff.).

Nun können Sie einen Multi-Sinnes-und-Bewegungs-Modus wählen, statt still auf Ihren vier Buchstaben zu sitzen und lange Listen von fremden Namen auswendig zu lernen. Deshalb schlage ich vor: Planen Sie das Basteln von **drei** Einfachst-Systemen (also **keinesfalls** alle in ein einziges 3D-Modell „einbauen"). Sie wollen **jedes** System (jede Kategorie) separat anlegen, z.B.

1. **Skelett aus Styropor:** Es könnte aus Styropor-„Leisten" bestehen, die Sie in der richtigen Relation zueinander auf einen Untergrund kleben. Oder, wenn Sie es beweglich wollen, bohren Sie kleine Löcher an beide Enden jedes Stücks und verbinden diese mit Draht.
2. **Blutgefäße aus Plastikröhrchen (rot und blau!):** Es gibt sie meterweise mit verschiedenen Durchmessern (z.B. für die Hauptarterien und -venen relativ dicke, dünnere Röhrchen für die mittelgroßen Gefäße, noch dünnere Röhrchen für die kleinen Gefäße und farbiger Draht für die Kapillar-Gefäße).
3. **Nerven aus Kordeln, Seil, Bindfaden und Wollfäden:** Natürlich durchlaufen Sie **insgesamt** fünf (also jetzt noch vier weitere) **Lern-Phasen**, wobei jede das Bilden neuer Fäden ermöglicht, verstärkt und sichert:

Phase 1: Start (Vorbereitung)

Im ersten Stadium (siehe S. 100 ff.) **planen** Sie Ihr Modell, d.h. Sie planen, wie Sie die zweidimensionalen Infos in 3D anlegen werden. Dabei familiarisieren Sie sich (noch oberflächlich).

Phase 2: Denk-Modell(e)

Im zweiten Stadium **bauen** Sie Ihr Modell! (Sie gehen also bereits tiefer, als jede Paukerei Sie je führen könnte!)

Phase 3: (Fach-)Begriffe

Es geht nur darum, daß Sie das Modell voll bewußt bauen!

Das Anlegen von Nervenbahnen kann nicht in drei Sekunden geschehen, rein physiologisch geht das nicht. Deshalb sollen Sie sich Zeit lassen.

Im dritten Stadium **beschriften** Sie Ihr Modell mittels Etiketten. (Jetzt vertiefen Sie das tiefere Wissen aus dem zweiten Stadium noch einmal. Das ist eine intelligente und kreative HAND-lung!) **Achtung:** Es geht **weder** darum, ob Sie gerne (oder gar gut) basteln, **noch** was Sie später mit Ihrem Modell anfangen. (Sie können es anschließend verbrennen oder beerdigen, wenn Sie wollen.)

Indem Sie es bewußt bauen, legen Sie die notwendigen bevorzugten Nervenbahnen in Ihrem Gehirn an und schaffen **echtes Wissen** (statt herunterleierbares Prüfungs-Wissen). Wir bezeichnen die Nervenbahnen im Gehirn in diesem Buch fast immer als (metaphorische) „Fäden" im Netz.

Sie wollen das Grund-Modell, also z.B. die wichtigsten Knochen, Adern, Venen (ohne Kapillar-Gefäße) und nur die wichtigsten Nerven, als **Gerüst** aufbauen. So schaffen Sie ein **Wissens-Skelett** in Ihrem Kopf. Hier können Sie später nach Herzenslust weiterhäkeln. Detailfäden aber lernen sich leicht, nur das Anlegen neuer Fäden ist um so mühsamer, je weniger gehirn-gerecht Sie vorgehen.

Phase 4: Intelligente Fragen

Denken Sie fünf Minuten lang über verschiedene konkrete Situationen nach, in denen das neue Wissen hilfreich wäre.

In *The Power of Learning*[*] schlägt Klas Mellander ein Vorgehen (zum Abschluß eines Lese-Stückes) vor, das wir in (fast) jeder Lern-Situation anwenden können (siehe nebenstehender Text):

Fragen Sie sich z.B. in unserem Fallbeispiel (Medizin), wozu die Natur all diese Teile „erfunden" hat, die Sie in Ihren drei Modellen sehen und berühren können. Richard FEYNMAN,[**] einer der brillantesten Physiker dieses Jahrhunderts (und einer der besten Physik-Lehrer, die es je gab!), berichtet über seine Kindheit und über den Unterschied in der Art, wie **sein** Vater (ein Natur-Genie als Lehrer!) und die Väter seiner Spielkameraden ihre Kinder unterwiesen. Die anderen Kinder konnten die Namen vieler Dinge, Pflanzen und Tiere, die sie sahen, **herunterleiern** und hielten sich damit für „besser"

* Eines der besten Bücher, nicht nur zum eigentlichen Thema, das der Untertitel definiert *(fostering employee growth—Mitarbeiter-Wachstum fördern),* sondern über das Thema „Lernen/Lehren" überhaupt (auf Deutsch erschienen unter dem Titel *Power Learning*, s. Literaturverzeichnis).

** Zitiert bei Klas Mellander, aber es gibt einige großartige Bücher von und über Feynman, s. Literaturverzeichnis, Feynman und Gleick über das Genie Feynman).

als Richard, dessen Vater viele dieser Namen nicht wußte, aber Feynmans Genie durch intelligente Fragen (die sicher zu seinem späteren Nobelpreis beitrugen) stimulierte, z.B.:*

Siehst du den Vogel? Du magst den Namen des Vogels in allen Sprachen der Welt kennen, aber wenn du die alle gelernt hast, dann wirst du ***absolut nichts über diesen Vogel*** *wissen. Du wirst nur etwas über Menschen an verschiedenen Orten der Welt gelernt haben, und darüber, wie diese* ***Menschen*** *den Vogel bezeichnen.*

So, wollen wir den Vogel einmal **anschauen** und **sehen, was er tut – das ist es, was zählt.** *(So lernte ich schon früh den Unterschied zwischen „den Namen von etwas kennen" und „etwas [darüber] wissen", fügt Feynman hinzu.)*

Auf den Vogel bezogen, stellt Feynman (senior) jetzt Fragen wie: *„Guck mal, er pickt dauernd an seinen Federn herum, warum machen Vögel das wohl?"* und pariert auf jede Vermutung seines kleinen Sohnes mit einer weiteren Frage.

So lernen wir denken! Durch Fragen – nicht durch vorgekaute Antworten, wie unser Schul- und Arbeitsleben uns oft vorgaukelt.

Auf unser Projekt bezogen können wir sagen:
Lernen Sie, wichtige Fragen zu stellen!

Beachten Sie, daß ich Sie **nicht** auffordere, die **richtigen** Fragen zu finden, sondern **wichtige**! Dabei könnten Sie sich vorstellen, wie ein Vater oder eine Mutter einen FEYNMAN-Dialog mit einem Kind fuhrt. Dies könnte z.B. so klingen:

Frage: **Was ist das?** (Deuten [real oder in der Vorstellung])

Antwort: *Das ist ein* ***XYZ.*** (Sie haben ja im letzten Lernschritt Ihre Etiketten angebracht.)

Frage: *Was* ***tut*** *das?* (Oder Fragen nach dem ***Zweck*** oder der ***Funktion.***)

Antwort: ...

* Zitiert bei Mellander, frei von mir übersetzt.

Sie haben es gemerkt? Um Ihnen auch **indirekt** zu zeigen, daß es um die **Fragen** (nicht um die Antworten) geht, habe ich die **Fragen größer** gesetzt. Diese Fragen sind wichtiger als die Antworten, denn:

1. **Das Ausdenken intelligenter Fragen** ist ein extrem wichtiger Teil Ihres Lern-Trainings (egal, was Sie gerade lernen wollen).

2. **Inhaltlich ist für Sie im Moment vor allem wichtig, ob** Sie eine Antwort wissen und ob Sie glauben, daß Ihre Antwort auch **von einem aufgeweckten zehnjährigen Kind verstanden werden könnte.** Wenn ja, dann haben Sie dieses Detail wahrscheinlich ganz gut begriffen.

Ob Sie so einen Dialog „nur" **durchdenken**, ob Sie **analografische Notizen** (⇝ vgl. Modul *ANALOGRAFFIT©*, S. 23 ff.) machen wollen oder ob Sie den ganzen Dialog **aufschreiben** wollen – das entscheiden Sie sowohl gemäß Ihren Vorlieben als auch gemäß Ihrer momentanen Stimmung!

Phase 5: Virtual Reality

Indem wir unsere Vorstellungskraft in dieser Weise einsetzen, simulieren wir die Zukunft und nehmen solche Situationen mental voraus.

Klas Mellander fügt seinem Vorschlag nämlich hinzu: (siehe nebenstehender Text)

Auch ich hatte diese Erfahrung bereits vor Jahrzehnten gemacht, vgl. auch die Module ⇝ *Paradox des Nicht-Ich*, S. 78 ff. und *T – Verhalten + Handlungen TRAINIEREN*, S. 187 ff.). Hier finden Sie weitere Beispiele für die Vorstellungs-KRAFT!

Auf unser Fallbeispiel übertragen bedeutet das: Setzen Sie sich jetzt mit Ihren drei Modellen auseinander, und stellen Sie sich vor, welche **praktischen Handlungen** Sie (Sie persönlich, nicht irgendwelche anderen Leute!) später **mit diesem Wissen vollziehen** werden! In welcher Weise werden Sie später mit diesem Wissen **arbeiten**, z.B. als **Arzt**, als **Krankenpfleger**, als **Pharma-Referent** oder als **Forscher** (usw.)?

Ich habe dieses Fallbeispiel inzwischen schon häufig eingesetzt, darunter auch bei einer Gruppe von Chefärzten. Einige dieser Herren (sorry, leider keine Dame dabei) sagten in der Kaffeepause, sie hätten während des gesamten Studiums immer nur die nächstfolgende **Prüfung** vor Augen gehabt, aber nie ihre tägliche Arbeit später und schon gar nicht die armen Patienten! Da es in unserem Seminar darum ging, daß auch Ärzte lernen sollten, ihre

„Opfer" als „Kunden" zu sehen, die man nicht einfach im Nachthemd auf einem zugigen, dunklen Korridor parken kann, wo sie auf eine Untersuchung warten müssen, ist die Beichte der Ärzte wohl kaum eine Überraschung **für uns**, nur **für sie** war die neue Sichtweise eine wahre Entdeckung.

Es folgt noch **ein** weiteres konkretes Beispiel (Jura) mit einigen allgemeinen Anregungen, um Ihr Denken in Schwung zu bringen. Sie wissen inzwischen ja auch um die vielen **Assoziationen**, die **in Ihrem eigenen Wissens-Netz** nur darauf warten, aktiviert zu werden.

Wir machten uns eingangs klar, daß dieses Fallbeispiel auf so gut wie jedes Lern-Gebiet übertragen werden könne. Nun, je intensiver Sie über die Transfer-Möglichkeiten nachdenken (z.B. indem Sie sich intelligente Fragen hierzu stellen!), desto klarer wird es Ihnen.

Beispiel 3: Juristisches Basis-Wissen

Ich will mit **Jura** zeigen, worum es geht, weil immer behauptet wird, dies sei eines der schlimmsten Lern-Gebiete. Nun, sehen wir uns an, ob man auch „sowas" gehirn-gerecht angehen kann ...

Phase 1: Start (Vorbereitung)

Beginnen Sie mit einer **mentalen Einteilung** der zu lernenden Infos, damit die **vielen Gesetze** in **wenige Kategorien** einsortiert werden können (⟿ vgl. *Kategorien-Denken*, S. 50 ff., und *T – Kategorien-Torten zeichnen*, S. 136 ff.), z.B.:

1. **Strafgesetz** (vgl. Krimis),
2. **Familienrecht** und
3. **Steuerrecht**

Natürlich fehlen immer noch Aspekte (z.B. Wirtschaftsrecht), aber die Gefahr bei einer großen Lern-Aufgabe liegt genau in den Details! **Merke: Es gilt, zunächst einige wenige Haupt-Fäden zu schaffen und dieses KONSTRUKT an Ihr vorhandenes Wissens-Netz anzu-BIND-en, das ist die erste KONSTRUKTION des neuen Wissens***. Später fällt das „Häkeln" von Detail-Fäden in vorhandene Strukturen ziemlich leicht. Bei Medizin sprachen wir von der Möglichkeit, **Modelle** zu bauen; diese können

* Sie haben es vielleicht schon gemerkt: Manche Textstellen bei Medizin und Jura sind völlig identisch; es geht ja um Parallel-Erfahrung, die in den Details differiert.

aber auch geistiger Natur sein. Bei Jura können Sie **Fallbeispiele** als **Paradigmen** für jede Gesetzes-Kategorie einplanen.

Wir wollen (wie bei Medizin) **jede Kategorie in Ihrem Kopf separat anlegen.** Dabei gilt es, das Neue (zu Lernende) mit Bekanntem zu verknüpfen, damit wir die neuen Infos an vorhandenen Fäden in unserem Wissens-Netz „aufhängen" können. Also gehen wir jetzt den Weg der Hilfsfäden und Eselsbrücken, indem wir uns **für jede Gesetzes-Kategorie** einen **Ort** ausdenken.

Es gilt, bereits vorhandene Wissenseinheiten in Ihrem Kopf zu finden und diese mit den neuen Infos zu „belegen". Oder: Wenn Sie bereits vorhandene Fäden in Ihrem Wissens-Netz finden und die neuen Infos dort an-BIND-en (ein-BIND-en, ver-KNÜPFEN etc.), dann wird es leicht. Das ist gehirngerecht.

Müssen es geographische ORTE sein? Antwort: Nein.

Vielleicht sind Sie ja jemand, der keinen guten Orientierungs-Sinn (oder kein gutes räumliches Vorstellungs-Vermögen) besitzt, und deshalb gefällt Ihnen die Idee mit den ORTEN nicht. Fein. Vielleicht haben Sie zu **Pflanzen** Bezug? Zu **Briefmarken**? Zu **Musikinstrumenten** oder zu **Tieren**? Merken Sie es?

Nehmen wir an, Sie mögen (und kennen) **Tiere**. Dann wählen Sie je eine **Tierart** als Ihren metaphysischen Ort. So könnten Sie z.B. die erste Denk-Kategorie (Strafrecht) an einer großen Affen-Familie aufhängen. Dann leben von engsten Familien-Angehörigen über Onkel, Tanten usw. bis zu entfernteren Freunden der Familie in Ihrem Geist. Diese benehmen sich ähnlich wie in *Dallas/Denver*-artigen TV-Serien, d.h., von Diebstahl über Kidnapping und Brandstiftung bis zu Mord kommt alles vor! Nur daß dies sich eben jetzt in unserem Affen-Clan abspielt, so daß Sie später immer wissen: Affen = Strafrecht (oder umgekehrt: Strafrecht = Affen). Für die anderen Rechts-Kategorien wählen Sie andere Tiergattungen aus und ordnen ihnen sämtliche Details zu. Oder lieben Sie **Comics**? Dann erzeugen Sie eben JURA-Comics in Ihrem Wissens-Netz (das kann denkend oder zeichnend geschehen), indem Sie z.B. die **erste Denk-Kategorie** bei *Superman* platzieren, die zweite bei *Dennis the Menace,* die dritte bei den *Peanuts* usw..

Unserer Phantasie sind keine Grenzen gesetzt! Es geht um Hilfsfäden, mit denen wir das Neue an unsere alten Fäden heften können. Und was das Schönste ist: Sie haben volle Kontrolle über Ihren Lernweg, Sie sind unabhängig (autonom), Sie arbeiten selbstverantwortlich (was das Selbstwertgefühl stärkt), und Sie berücksichtigen die Arbeitsweise des Gehirns. Dabei merken Sie, und das ist die Sahne auf dem Kuchen, daß das Ganze auch noch Spaß macht!

Oder denken Sie an *Star Trek.* Wenn Sie drei große Denk-Kategorien auswählen wollten, könnten Sie eine bei Captain Picard und Crew (nebst allen Aliens, denen sie begegnet sind) an-BIND-en, die zweite auf *DS-9 (Deep Space 9),* der Weltraum-Station inkl. des Gamma-Quadranten und die dritte dem *Voyager-Team* mit auf den Weg in den Delta-Quadranten geben.

Kehren wir zu unserem JURA-Beispiel zurück. Sie durchlaufen unsere **vier Lern-Phasen,** also die schon besprochene

Phase 1: Start (Vorbereitung)

Im ersten Stadium planen Sie Ihre Modelle, d.h., Sie planen, wie Sie die Infos in Ihr Wissens-Netz integrieren werden, z.B. geografische Orte, Tiere, SF etc.. Dabei **familiarisieren** Sie sich (noch oberflächlich) mit dem neuen Themenbereich.

Phase 2: Denk-Modell(e)

Im zweiten Stadium bauen Sie Ihre konkreten (Denk-)Modelle! Sie gehen also bereits tiefer, als jede Paukerei Sie führen könnte!

Phase 3: (Fach-)Begriffe

Im dritten Stadium kümmern Sie sich um Fachbegriffe, die „man" in dieser Fakultät (Branche) unbedingt wissen muß. Hier geht es um Insider-Sprache, Fremdwörter usw.. (Jetzt vertiefen Sie das tiefere Wissen aus dem zweiten Stadium noch einmal. Das ist intelligentes und kreatives HAND-eln!) Übrigens können Sie, ***analog dem Etikettieren beim Medizin-Modell*** (oben) ruhig **geistige Etiketten** auf bestimmte Aspekte Ihres Lem-Gebietes (im Moment sprechen wir von Jura) „kleben" ...

Phase 4: Intelligente Fragen

Jetzt stellen Sie intelligente Fragen, siehe MEDIZIN-Beispiel.

Denken Sie über verschiedene konkrete Situationen nach, in denen Ihr neues Wissen hilfreich wäre.

Fragen Sie sich z.B., wozu die Menschen all diese Gesetze „erfunden" haben, wobei Ihnen so manche Antwort vielleicht mißfällt. Trotzdem müssen Sie auch solche Fragen stellen!

Frage: ***Was ist das für ein Gesetz?*** (Deuten [real oder in der Vorstellung])

Antwort: *Das ist Teilzeit-Arbeit, früher 560-DM-, heute* ***400-Euro-Job-Gesetz.***

Frage: *Was* ***bezweckt*** *das?* (Oder. Wem **nützt** das?)

Antwort: Es soll sicherstellen, daß ... (hier geben Sie die offiziellen Absichten des Gesetzgebers wieder)

Frage: *Ist das **wahrscheinlich**?*

Antwort: Nein, es sorgt dafür, daß wir **in Deutschland die härtesten Bedingungen für Teilzeitarbeit und für das sogenannte „small business" schaffen,** was, wie einige Fachleute bereits nachgewiesen haben, drei Tendenzen verstärkt: 1. **Schwarzarbeit,** weil nur die sich noch lohnt! 2. **Benutzung der sozialen Hängematte,** weil einem jeglicher Unternehmergeist ausgetrieben wird … 3. **Auswanderung junger Talente,** die dann im Ausland (z.B. in den USA) unternehmerisch tätig werden, wobei manche phänomenal erfolgreich sind, ihre enormen Steuersummen aber leider **auch** im Ausland bezahlen. Naja.

Phase 5: Virtual Reality

Sie erinnern sich an Klas Mellanders Gedanken: **Indem wir unsere Vorstellungskraft in dieser Weise einsetzen, simulieren wir die Zukunft und nehmen solche Situationen mental voraus.**

Nun malen Sie sich aus, was Sie **später** mit diesem Wissen **im wirklichen Leben** anfangen können. Es ist wichtig zu begreifen, daß das virtuelle Vorwegnehmen des REALEN in der Phantasie das REALE später wesentlich erfolgreicher machen wird (also ist VR sehr pragmatisch!). Ich finde es immer wieder erschreckend, daß erstens angehende Profis wie Ärzte (s.o.), Juristen usw. oft null Ahnung haben, was sie später mit ihrem mühsam erworbenen Buch-Wissen anfangen **können**! Zweitens ist erschreckend, wie viele „Berufstätige" überhaupt nicht begreifen, wozu ihre Tätigkeit eigentlich dient. Deshalb merken sie es überhaupt nicht, wenn ihr Handeln nur der Firma nützt, dem Kunden aber schadet. Und wer nicht begriffen hat, daß der Kunde unsere Gehälter/Honorare/Gagen usw. bezahlt, dem ist auch nicht klar, wie schlimm das genaugenommen ist.

Merke:
Wer sich die Zukunft nicht ausmalen kann, ist zu ihr verdammt! Wer sie jedoch vorher bereits virtuell erlebt, der kann sie gestalten!

Also setzen oder legen Sie sich bequem hin, joggen Sie durch den Wald oder tigern Sie durch Ihr Wohnzimmer, **aber lernen Sie, diese Filme im Kopf zu drehen.**

Bitte bedenken Sie auch, was uns Joel Barker zuruft:

> *„Nachdem wir den Rest unseres Lebens in der Zukunft verbringen werden, sollten wir uns intensiv/er mit ihr befassen!"*

Richtig!

Beispiel 4 bis 10.000: Jede Art von Basis-Wissen

Manchmal wollen Sie die Reihenfolge der Phasen ändern, das muß sich im Einzelfall ergeben (auf natürliche Weise). So mag es manchmal sinnvoll sein, **zuerst** die **praktische** Anwendung auszuprobieren, **ehe wir die Namen der Dinge lernen,** was auch ganz im Sinn von Feynman (Vater **und** Sohn) wäre!

Das Basteln von Modellen kann real, mental oder in Form von Denk-Modellen ablaufen. Deshalb gibt es so gut wie kein Gebiet, auf dem Sie die fünf Phasen nicht ähnlich durchlaufen könnten.

So haben z.B. die meisten **angehenden Kfz-Mechaniker** schon einen Großteil des geforderten Wissens „drauf, aber noch nicht „formal" (mit den richtigen Namen), und es fehlen ihnen noch wichtige theoretische Hintergründe oder Verbindungen zwischen isolierten Wissens-Bits, denen sie bisher eher zufällig begegnet waren. Aber anstatt das, **was einst Spaß machte,** jetzt zur Lern-Tortur werden zu lassen, gilt: **Nutzen Sie immer alles, was Sie bereits im Kopf (genauer im *Netz im Kopf!*) haben, indem Sie die Phasen 4 und 5 ständig parallel „laufen lassen", während Sie das tun, was man als „studieren" bezeichnet.**

T – Inneres Archiv©

Gedächtnis, Intelligenz & Kreativität verbessern

Das ***Innere Archiv***© ist Teil meines Seminar-Konzepts *Brain-Management 2000*, bei dem es u.a. darum geht, die **Leistungen** im Bereich **Gedächtnis, Intelligenz** und **Kreativität maßgeblich** zu **erhöhen**. (Übrigens habe ich die hier vorgestellte Technik **erstmals** in einem Vortrag (*Haus der Kunst*, München, **Ausstellung *da Vinci & Beuys***) „veröffentlicht".* Beginnen wir mit einer kleinen **Aufgabe:** Notieren Sie alles, was Ihnen zu dem am Satzende vorgestellten Begriff einfallt, dabei schreiben Sie nonstop, bis Ihnen die Ideen ausgehen (mindestens zwei Minuten lang). Der Begriff heißt *Zukunftstauglichkeit*:

Die **gewaltigen Vorteile** der in diesem Modul vorgestellten Technik ergeben sich aus meinem Denk-Bild vom **Wissens-Netz** (⇝ vgl. S. 41 ff.). Ausgangs-Basis für die nachfolgende Technik ist das bekannte Spiel *Stadt-Land-Fluß;* Tatsache ist, daß wir um so besser werden, je öfter wir spielen. Kein Wunder, denn wer trainiert, verbessert immer automatisch sein Repertoire! Ihrem Gehirn ist es völlig egal, ob Sie das als **Spiel** oder als **Training** bezeichnen. Falls Sie noch nie *Stadt-Land-Fluß* gespielt haben sollten: Man wählt einen Buchstaben (hierfür gibt es diverse Zufalls-Verfahren), und dann notieren alle Spieler schnell, welche Städte, Länder usw. ihnen zu diesem Buchstaben einfallen. Dabei schreibt man in der Regel auf Blätter, die in *Stadt-Land-Fluß*-Spalten eingeteilt sind.

* Auch dieser Abschnitt enthält einige Überschneidungen mit dem Birkenbihl ALPHA- Buch (inzwischen vergriffen), die wichtig sind.

Wir brauchen uns jedoch gar nicht als Gruppe zusammenzusetzen, wenn wir üben wollen. **Wir können allein spielen.** Dabei können wir waagerecht (quer) durch eine Reihe gedachter alphabetischer Reihen gehen (z.B. *Städte, Länder* usw.) und schauen: Was „liegt" auf **B**, oder was finden wir auf **A** usw.. Oder wir arbeiten „senkrecht", indem wir uns einfach alphabetische Listen ausdenken. Diese wollen wir als Wissens-Alphabete© bezeichnen.

ABC	Stadt	Land
A	Amsterdam	Amerika
B	Berlin	Belgien
C	Chicago	Chile
D	Dortmund	D.......
	usw	usw

So gehen Sie vor:

1. **Erstellen Sie so viele Wissens-Alphabete**© wie möglich, das ist hervorragendes **Training für den aktiven Zugriff auf Ihr Wissens-Netz** (wichtig für intelligente und kreative Reaktionen!).

2. **Ordnen Sie diese (senkrechten) Alphabet-Listen parallel nebeneinander an,** so daß eine **Matrix**, vgl. Abbildung auf S. 118, entsteht. Diese Matrix spiegelt einen Teil Ihres Wissens-Netzes wider, und zwar den, den Sie durch **ständiges aktives Trainieren „rot beleuchtet"** haben. Dieser Teil steht Ihnen ständig aktiv für den **schnellen, bewußten Zugriff** zur Verfügung! Er „bleibt rot" (⇝ vgl. *Gedächtnis wie ein Netz?*, S. 47), solange Sie **immer wieder** mit diesen Fäden „spielen" (das ist der *Stadt-Land-Fluß*-**Effekt**) …

Durch parallel angeordnete Wissens-Alphabete© entsteht ein Gitterwerk, das Sie im Wortsinn kreuz und quer lesen können. Diese Matrix erlaubt sowohl intelligentere als auch kreativere (Re-) Aktionen*.

Stadt-Land-Fluß …

Bei *Stadt-Land-Fluß* werden jeweils bestimmte **Wissens-Kategorien** gefordert und gefordert. Leute, die **häufig Stadt-Land-Fluß** spielen, sind zwar **wesentlich besser** als solche, die nur alle Jubeljahre einmal mitmachen, aber natürlich nur in **den** Kategorien, die sie **andauernd geübt** haben

* Die Erklärung finden Sie am Ende dieses Moduls, S. 119.

(in der Regel eben Städte, Länder, Flüsse). Ihnen ist jedoch klar, daß selbst Spieler/innen, die häufig spielen, sich anstrengen müssen, wenn man plötzlich eine **Kategorie** einführt, zu denen sie wenige Assoziationen im Wissens-Netz haben. Nehmen wir an, ein Physiker in der Runde schlägt vor: **Stadt-Tier-Quantenphysik**. Nun, bei Stadt haben alle Spiel-Veteranen jede Menge Fäden im Wissens-Netz, bei **Tier** noch einige, aber bei **Quantenphysik**? Unser Physiker weiß vielleicht kaum Städte und wenig Tiere, aber bei Quantenphysik ... Sie sehen, was ich meine!

Testen Sie sich: Welche Assoziationen zu **Stadt-Tier-Quantenphysik** hätten Sie bei **A, E, H, Q** und **T** gewußt? Wenn Sie mitmachen wollen, dann schreiben Sie Ihre jetzt auf, ehe Sie weiterlesen. In der Schule meckern wir, wenn wir zuwenig selbst tun dürfen – nun, jetzt dürfen Sie, liebe Leser, liebe Leserinnen!

	Stadt	Tier	Quantenphysik
A			
E			
H			
Q			
T			

STOP Zum Beispiel:

A	Amsterdam	Ameisenbär	Atom
E	Essen	Esel	EPS (= Einstein-Rosen-Podosky-Experiment)
H	Hamburg	Hammel	HEISENBERG'sche Unschärfe-Relation
Q	Quebec	Quastenflosser	Quantensprung
T	Tripolis	Termiten	Teilchen/Welle-Dualität.

Natürlich weiß unser Spezialist zu **jedem** dieser Buchstaben jede Menge weiterer Assoziationen, z.B. **Q** wie *Quasi-Teilchen* und *Quarks* oder zum Wortteil ***Quanten-:*** *Quantenlogik, Quantenmechanik, Quantenfeld* etc.. Und wenn wir ihn über das **T** befragen, dann sprudelt es förmlich mit einer faszinierenden Erklärung zum *Tunneln (Tunneleffekt)*, aus der wir lernen, man habe **MOZART von hier nach dort getunnelt** (d.h. MOZARTS Musik auf besondere Weise von hier nach da übertragen) und dabei Geschwindigkeiten erreicht, die das Mehrfache der Lichtgeschwindigkeit betragen. Lange wollte keiner das glauben. Sie sehen, wie die Assoziationen so strömen (⇝ vgl. dazu *FLOW*©, S. 37 ff.).

Wenn Sie (früher) ein guter Spieler von **Stadt-Land-Fluß** sind (waren), dann ist Ihnen klar, daß man nach einer Weile **einige Wissens-Alphabete**© im Kopf spazierenträgt – und zwar **zu den oft gespielten Themenkreisen** (das müssen beileibe nicht nur Städte, Länder, Flüsse sein, wie wir gerade sahen)! Und Ihnen ist klar, was solche **Wissens-Alphabete**© bewirken **(blitzschnelle und zahlreiche Assoziationen, wann immer es darauf ankommt).**

D.h., daß Sie sich **zu den ausgewählten Themenbereichen** ein **phänomenales Gedächtnis** antrainiert haben! Dieses aber ist die Grundlage für Intelligenz und Kreativität.

Berufe

A = Automechaniker
B = Barkeeper
C = Chirurg
D = Detektiv
E = Elektriker
F = Fußball-Spieler
G = Gärtner
H = Hausmeister
I = Ingenieur
J = Journalist
K = Krankenschwester
L = Lehrer/in
M = Maler/in
N = Neurologe
O = Opernsänger/in
P = Pathologe
Q = Quantenphysiker
R = Rechtsanwalt
S = Schriftsteller
T = Techn. Zeichner
U = Uhrmacher
V = Vogelkundler
W = Wissenschaftler
X = Xylograph
Y = Yachtbauer
Z = Zoologe

Es ist extrem leicht, von einigen „Stichworten" im Wissens-Netz schnell Gedanken zu formulieren (wenn hinter dem Stichwort Wissen steckt).

Jetzt wissen Sie genug, so daß ich Ihnen die Technik verraten kann, um die es mir geht, wenn ich *Inneres Archiv*© sage:

Trainings-Aufgabe: Legen Sie zahlreiche Wissens-Alphabete© an!

Unser Beispiel mit dem Physiker zeigte, was alles passieren kann, **wenn Sie zu wichtigen Themen Ihrer Wahl Wissens-Alphabete© im Kopf haben,** denn: Jedes Wissens-Alphabet© **aktiviert ein bestimmtes Areal Ihres Wissens-Netzes** und „färbt" es wie in unserer Taschenlampen- Metapher (⇝ vgl. *Gedächtnis wie ein Netz?*, S. 47) **rot** ein.

Inventur-Aufgabe

Legen Sie einen Timer (oder eine Uhr mit Sekundenzeiger) griffbereit und stellen Sie fest: Wie lange brauchen Sie, um ein **komplettes Tier-Alphabet** aufzubauen? (**A** wie Ameise, **B** wie Bär, **C** wie Chamäleon, **D** wie Dromedar usw.)

A = ____________________

B = ____________________

C = ____________________

D = ____________________

E = ____________________

F = ____________________

G = ____________________

H = ____________________

I = ____________________

J = ____________________

K = ____________________

L = ____________________

M = ____________________

N = ____________________

O = ____________________

P = ____________________

Q = ____________________

R = ____________________

S = ____________________

T = ____________________

U = ____________________

V = ____________________

W = ____________________

X = ____________________

Y = ____________________

Z = ____________________

Vielleicht möchten einige Ihrer Mitmenschen mitmachen und Sie vergleichen später sowohl die Zeiten als auch die Ergebnisse im Detail? (Solche Spiele kann man über Telefon starten, vielleicht können die Mitspieler sich ihre Ergebnisse auch zufaxen oder e-mailen, so kann man mit verstreut lebenden Freunden spielen – Sie sehen, das geht mit und ohne Internet.)

Übrigens können Sie, wenn Sie ernsthaft beginnen, eigene Wissens-Alphabete zu entwickeln, Ihre „Trainings-Aufgaben" hierzu später auch ganz „nebenbei" durchführen, z.B.

- beim Spazierengehen (Gassigehen),
- wein Sie in der Badewanne Hegen,
- beim Gemüseputzen,
- beim Bügeln usw..

> Später erst notieren Sie, was Sie sich in Ruhe überlegt haben.

Haben Sie beim Erstellen des Tier-Alphabets mitgespielt und Ihre ersten Assoziationen aufgeschrieben (vielleicht mit einigen Lücken)? Dann brauchen Sie jetzt nicht ewig an Ihrem Stift zu kauen, um diese **Lücken** zu **füllen**. Jetzt folgt die in der Kreativitätsforschung bekannte *Gestations-Phase,* in der Sie einige Stunden oder Tage lang ganz **nebenbei** hier und da ein wenig **„brüten"**, Ihr **Unterbewußtsein** aber erledigt in den Zeiten **dazwischen** (wenn Sie z.B. Ihrer Arbeit nachgehen, spielen, spielen, andere Dinge tun) einen **Großteil der Arbeit**.

D. h., Sie „gehen" (z.B. während Sie am Taxistand auf einen Wagen warten) in Gedanken **langsam** durch das Alphabet, wobei Ihnen die meisten Ihrer ersten **schnellen Sofort**-Assoziationen **jedesmal** wieder einfallen werden, denn hier handelt es sich um oft benützte Fäden in Ihrem Wissens-Netz. Bei den Lücken aber verweilen Sie jetzt und „lauschen" in sich hinein, d.h. **Sie lernen systematisch, Ihr Wissens-Netz bewußt anzuzupfen.** Und genau das ist **der Sinn dieser Trainings-Aufgabe!**

Bei einigen (wenigen) hartnäckigen Lücken fragen Sie andere Menschen. Sie werden erstaunt sein, wie oft diesen Personen etwas einfällt, weil diese ja nicht in derselben „Denk-Rinne" sitzen wie Sie. Denken Sie ans Kreuzworträtselraten. Da fragt jemand nach einem *Tier* mit *„Q"* und ein anderer ruft *Qualle*. Wenn der Fragesteller *Quallen* im allgemeinen als *Medusen* bezeichnet, dann kann ihm die *Qualle* jetzt **nicht** einfallen. Sie ist Teil seines **passiven Wissens** (d.h. er **erkennt** den Begriff sofort!), aber er kann normalerweise **nicht aktiv** auf die *Qualle* **zugreifen**.

Um die Verbesserung Ihres **aktiven Zugriffs** geht es bei diesem Training. Je mehr Fäden wir in unserem Wissens-Netz im **aktiven Zu-GRIFF** haben, desto mehr haben wir unser Wissen im Griff und desto intelligenter und kreativer reagieren wir, wenn es darauf ankommt ...

Genau deshalb ist das **Training während des Aufbaus Ihrer Alphabet-Listen so wertvoll:** Sie trainieren ständig den **schnellen, bewußten Zugriff auf Ihr Wissen** (Ihre Fäden im Netz), und **dieser Zugriff** ist der **Schlüssel, der Ihre Intelligenz und Kreativität erhöhen wird.** Sollten auch Ihre Freunde keine Assoziationen zu einem Begriff haben, dann können Sie natürlich immer im Lexikon blättern (hier kann das Internet extrem hilfreich sein, wenn Sie keine großen Lexika besitzen), um hartnäckige Lücken in einem neuen Wissens-Alphabet© zu füllen.

Wenn es jedoch problematisch wird, dann sollten Sie unbedingt **kreativ schummeln!** Zwei Beispiele:

1. In meiner **Tier-Liste** steht beim **„X ..."** eXtinct = **Dino** (*extinct = ausgestorben*).
2. In meiner **VAN-GOGH-Liste** steht bei **„X"** der Begriff *Ohrläppchen*. Warum? Im Englischen hat „X" oft die Bedeutung von „(aus-) schneiden" (wohl weil die Schere an ein bewegliches „X" erinnert); vielleicht kennen Sie den Computer-Befehl *ausschneiden*, der häufig durch eine ***Befehlstaste plus „X"*** bewirkt wird. Nun, da VAN GOGH sich ein **Ohrläppchen** (**nicht** ein Ohr, wie es oft heißt!) abgeschnitten hat*, konnte ich das **X** damit sehr schön „belegen".

* Man vermutet heute, er habe unter extremem Tinnitus gelitten.

Also gilt für jedes Wissens-Alphabet©, das Sie erstellen werden: **Entweder** Sie **finden** für jeden Buchstaben etwas, das (halbwegs) funktioniert, **oder** Sie lassen eine Stelle in der Liste frei, wenn wirklich alle Stricke reißen. Gerade „Q", „X" und „Y" bieten in der deutschen Sprache extrem wenige Möglichkeiten (was die Kreativität besonders aktivieren kann).

Wenn Sie mit Hilfe einiger Wissens-Alphabete© Ihr eigenes **Inneres Archiv**© aufbauen, dann profitieren Sie **dreifach:**

1. **Wann immer** Sie eine (weitere) Liste aufbauen (bis Sie sie auswendig beherrschen und sie vorwärts, rückwärts etc. aufsagen können), **trainieren Sie das aktive Zugreifen auf Ihr Wissens-Netz!**
2. **Nach Aufbau** eines (weiteren) Wissens-Alphabetes© haben Sie das **Areal** im Wissens-Netz **vergrößert,** welches Sie im Training „**rot** beleuchtet haben", **welches also ab jetzt in Ihrem permanenten Zugriff bleibt!** (So ist z.B. die *Qualle* bei unserem Freund, der früher nur „Meduse" sagte, inzwischen **vom passiven Wissen ins aktive Wissen gewandert!**) Wir können uns dies so vorstellen, daß der „Faden" *Qualle* bei ihm etwas tiefer lag, aber durch die Trainings-Aktivitäten mit einer Häkelnadel ergriffen und **an die Oberfläche geholt** wurde ...
3. **Jetzt können Sie jederzeit aktiv auf diese (Wissens-) Matrix zugreifen,** und ab jetzt erhöhen sich Ihre intelligenten und kreativen Möglichkeiten quasi bereits „im Quadrat".

Im Klartext: Wir hatten ja festgestellt, daß Lernkurven von Wissen exponentiell wachsen (→ vgl. *Lernkurven gefällig?*, S. 68 ff.). So auch hier: Wieder erleben Sie **exponentielles Wachstum** – aber diesmal bezogen auf die **Wissens-Areale**, die mit jedem weiteren Wissens-ABC© dramatisch anwachsen! Mit **nur zwei nebeneinander gestellten Wissens-Alphabeten**© beginnt der Prozeß. Aber mit **jedem weiteren Wissens-Alphabet**© wächst die Zahl Ihrer möglichen Einfälle (Assoziationen/Ideen), denn **jeder** Begriff in diesen Listen steht ja genaugenommen nicht nur für einen einzelnen Faden, sondern **gleichzeitig** immer auch **für sämtliche** mögliche **Ver-BIND-ungen,** die diese Idee in Ihrem **gesamten Wissens-Netz** hat!

Tiere

A = Ameisenbär
B = Bussard
C = Chamäleon
D = Dromedar
E = Ente
F = Fuchs
G = Gans
H = Hase
I = Igel
J = Jagdhund
K = Kuckuck
L = Löwe
M = Möwe
N = Nashorn
O = Orang Utan
P = Pferd
Q = Qualle
R = Ratte
S = Schwan
T = Taube
U = Uhu
V = Viper
W = Wespe
X = eXtinkt: Dino
Y = Yak
Z = Zikade

Deshalb bat ich Sie zu Beginn dieses Moduls, zum Begriff *Zukunftstauglichkeit* frei zu assoziieren. Ihre eigenen Erfahrungen beweisen Ihnen weit besser als meine Worte, welche **Flut von Assoziationen** ein Begriff auslösen kann bzw. welcher Mangel an „Flut“ sich zeigt, wenn Sie über diesen Begriff noch nicht intensiv nachgedacht hatten (also nur wenige oder schwache Fäden im Netz haben).

Deshalb sollen Sie eigene Alphabete zu **Themen Ihres Wissens und Interesses** aufbauen; zu Bereichen, in denen **Sie** sich gut auskennen. Das kann mit einfachsten Kategorien beginnen wie *Stadt, Land, Fluß, Tiere, Berufe, Pflanzen, etc.*.

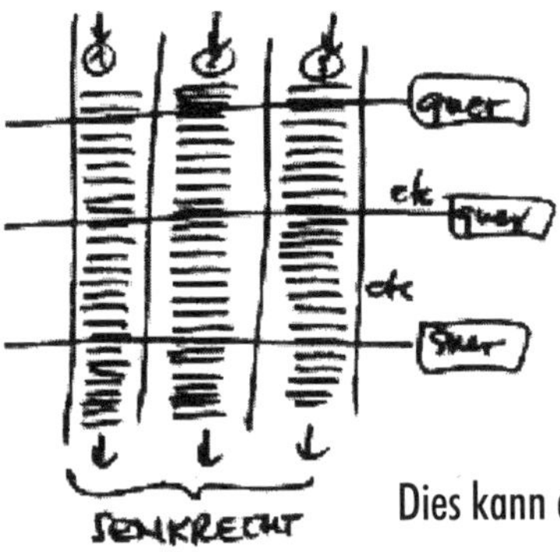

Jedes weitere Alphabet vergrößert die **Matrix im Netz,** und genau das ist der springende Punkt.

Je mehr Wissens-ABCs© Sie sich ausdenken, desto größer wird **die Matrix** und desto **gewaltiger** werden die Auswirkungen auf Ihr **gesamtes geistiges Leben** sein!

Dies kann aber nur nachvollziehen, wer es praktiziert!

Bedenken Sie immer: **Jeder Begriff in den Listen steht für einige (sogar Hunderte) weitere Begriffe und Ideen!** An manchen Wörtern „hängen“ sogar Tausende von Ideen, die Ihnen einfallen würden, wenn Sie einen **ganzen Tag lang ausschließlich** zu diesem einen Begriff assoziieren würden (z.B. während Sie Anregungen durch TV, Lesen, Gespräche o.ä. aufgreifen).

Auch dies ist ein **exzellentes Training**, das z.B. manche Schriftsteller/innen regelmäßig durchlaufen.

Selbst wenn manche Begriffe in Ihrer Liste „arm“ sind und nur wenige VerBIND-ungen enthalten, können Sie von einem „reicheren“ Durchschnitt ausgehen, der **umso höher** wird, **je mehr Sie aktiv trainieren.** Auch geistige Prozesse gewinnen durch Training, weil **neue bevorzugte Nervenbahnen aufgebaut** und miteinander **ver-BUND-en** werden, und **dies kann nur durch Training geschehen** (vgl. Modul *T – NEUROBIOTICS*, S. 149 ff.).

Fazit:

1. Erstellen Sie so viele Wissens-Alphabete© wie möglich, das ist hervorragendes Training für den aktiven Zugriff auf Ihr Wissens-Netz (wichtig für intelligente und kreative Reaktionen!).

2. Ordnen Sie diese (senkrechten) Alphabet-Listen parallel nebeneinander an, so daß eine Matrix entsteht. Diese spiegelt einen Teil Ihres Wissens-Netzes wider, und zwar den, den Sie durch aktives Trainieren „rot beleuchtet" haben. **Merke:** Dieser Teil steht Ihnen ständig zum schnellen, bewußten Zugriff zur Verfügung! Er bleibt „rot", solange Sie immer wieder einmal mit diesen Fäden „spielen" …

Diese Matrix erlaubt es Ihnen, sowohl intelligenter als auch kreativer zu werden. Warum?

Intelligenz: Intelligente Reaktionen (Ideen, Pläne, Fragen) sind doch nichts anderes als intelligente **Einfälle**, diese aber „wohnen" im Wissens-Netz. Im Klartext: Je besser Ihr Zugriff auf Ihr Netz, **desto mehr intelligente Reaktionen** werden sich vollautomatisch „ereignen".

Kreativität: Dasselbe gilt für Ihre (antrainierte) Fertigkeit, kreativ zu denken. **95 % aller kreativen Ideen sind Kombinationen von bekannten Elementen,** die jedoch neu kombiniert (also neu ver-BUND-en) werden. Auch hier wird klar, warum Sie bald weit kreativer denken können als früher: weil Ihnen die Alphabet-Listen-Matrix faszinierende neue **Quer-Assoziationen** anbietet.

Wie gesagt: Der Effekt wird bereits ab zwei Wissens-Alphabeten© nebeneinander **wahrnehmbar**, denn sie bedeuten zweimal minimal 24 (also 48) Begriffe, mit denen Sie **spielerisch besser denken** können.

Fallbeispiel: Angenommen, Sie suchen eine Idee für eine **Schlagzeile** und Sie stellen ein Tier- und ein Berufe-Alphabet nebeneinander. Halten Sie ein **Schlüsselwort** des zu bearbeitenden Themas im Kopf und checken Sie, was beim Anfangsbuchstaben dieses Begriffs in Ihren **beiden Listen** steht.

Anfangs können Sie solche Übungen noch mit geschriebenen Listen (und Nachschlagen) durchlaufen, damit Sie die Effekte sehen. Aber je schneller Sie einige solcher Listen im Kopf jonglieren können, desto schneller können sich diese **Intelligenz- und Kreativ-Effekte** im ganz normalen **Alltag** bei **allen** Denkprozessen bemerkbar machen.

Sie suchen also jetzt eine Schlagzeile für eine Anzeige (für ein **Biofeedback-Entspannungs-Instrument ...)**

Schlüsselwort	Tier-Liste	Berufe-Liste
Entspannung	Ente	Elektriker

Assoziationen: *Ente* ... Wasser (im Wasser/Badewanne fällt Entspannung besonders leicht ...) und nun der *Elektriker* ... **Plötzlich** fällt Ihnen ein Bild ein: Ein Elektriker im Arbeitsdress liegt völlig entspannt und selig lächelnd in einer Badewanne, auf der Brust ein Bade-Entchen, und **der neue Slogan** (***Professionell entspannt***) taucht aus dem Vakuum, d.h. genaugenommen aus den Tiefen Ihres Unbewußten (= den Bereichen **passiven Wissens** in Ihrem Wissens-Netz) auf!

T – Jeder kann zeichnen!

Als Vorbereitung zu diesem Kapitel möchte ich Sie bitten, jetzt gleich eine Aufgabe durchzuführen, bevor Sie weiterlesen:

Machen Sie einen Mini-Test*

Zeichnen Sie dieses Mädchen ab!

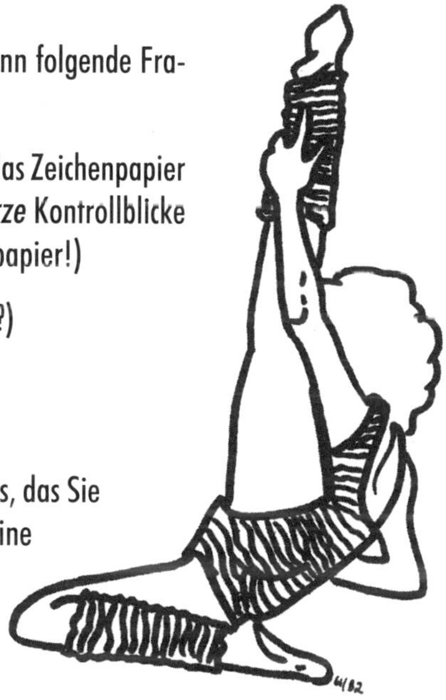

Haben Sie die Übung absolviert? Bitte beantworten Sie dann folgende Fragen:

1. Haben Sie mehr auf die Vorlage oder häufiger auf das Zeichenpapier geschaut? (Die meisten Menschen werfen viele *kurze* Kontrollblicke auf die Vorlage und sehen fast nur auf ihr Zeichenpapier!)
2. Ist Ihre „Kopie" gut geworden? (Sind Sie zufrieden?)
3. Ist es Ihnen leichtgefallen?

Nun gibt es zwei Möglichkeiten: Entweder Sie können etwas, das Sie sehen, aufs Papier bringen! Oder Sie waren nicht fähig, eine „gute" Kopie anzufertigen. Dann lesen Sie dieses Kapitel bitte besonders aufmerksam!

Machen Sie einen zweiten Test:

Drehen Sie das Mädchen auf den Kopf, und zeichnen Sie es noch einmal ab, **so daß auch Ihre Zeichnung „kopfsteht"**. Aber beachten Sie dabei folgende Hinweise:

* Dieses Kapitel wurde maßgeblich durch das hervorragende Buch von Betty Edwards *Garantiert Zeichnen lernen* (s. Literaturverzeichnis) beeinflußt. Dieses besondere Buch möchte ich Ihnen wärmstens ans Herz legen!

1. **Denken Sie *nicht*: „Das ist ein Knie, das ist Haar"** u. ä. Statt dessen versuchen Sie lediglich zu *sehen*, wie die Linien zueinander bzw. zum Blattrand stehen. Z.b.: *Die Linie ist parallel zu der da.* Oder: *Diese Linie steht im rechten Winkel zum Blattrand.* Sie wissen ja inzwischen, daß Ihre rechte (sprachlose) Hirnhälfte für räumliches Sehen und für die Beziehungen der Linien zueinander zuständig ist.

2. **Sie dürfen keinesfalls auf das Zeichenpapier schauen.** Starren Sie auf die Vorlage, *erfühlen* Sie eine Linie, und ziehen Sie diese auf dem Zeichenpapier nach, mit Gefühl!

3. **Nehmen Sie sich Zeit!** Wenn Sie das Gefühl haben, der Bleistift auf dem Papier wäre „eins" mit Ihrem Blick, dann zeichnen Sie. Wenn Sie diesen „Kontakt" verlieren, dann warten Sie einen Moment!

Bitte erst weiterlesen, wenn die zweite Zeichnung fertig ist!

Jetzt stellen Sie bitte fest:

1. Wurde die „verkehrte" Zeichnung besser als die „normale" (erste, vorhin)? Falls Sie glauben, dies wäre nur der Tatsache zuzuschreiben, daß dies die zweite Zeichnung war, üben Sie mit einer neuen Vorlage (aus einer Illustrierten zum Beispiel), und beweisen Sie sich noch einmal, daß es wesentlich leichter ist, „verkehrt"-herum abzuzeichnen. Warum das so ist, wird unten erklärt!

2. Gibt es Stellen in diesem Bild, die bereits phantastisch geworden sind? Vergleichen Sie bitte ganz genau! Die meisten Seminarteilnehmer finden solche Stellen bereits bei ihrem ersten „Kopfüber"-Versuch!

3. Haben Sie tatsächlich (fast) ausschließlich auf die Vorlage geschaut? Im Zweifelsfalle könnten Sie sich bei weiteren Übungen von jemandem beobachten lassen, der Ihnen Bescheid sagt, wenn Sie zu viel aufs Zeichenpapier sehen!

Wer glaubt, nicht zeichnen zu können, der irrt nämlich fast immer! Testen Sie dies ebenfalls!

Bitte zeichnen Sie:

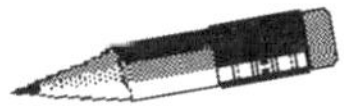

- **ein VIERECK,**
- **ein DREIECK,**
- **eine SCHLANGENLINIE.**

Bitte schreiben Sie einmal

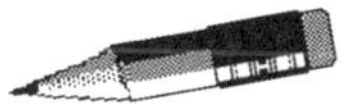

- alle Groß- und
- Kleinbuchstaben des Alphabets!

Nun, hatten Sie damit Probleme? Sicher nicht! Denn wer meint, er könnte nicht zeichnen, glaubt, er hätte **Probleme, die gewünschten Linien aufs Papier zu setzen.**

Wenn Sie die letzten beiden Mini-Übungen durchgeführt haben, dann wissen Sie jetzt: Wer schreiben kann, kann genau die Linien aufs Papier setzen, die ihm „vorschweben". Also hat er gar kein Zeichen-Problem!

„Aber wieso kann ich dann nicht zeichnen?!", fragen Sie jetzt sicher. Antwort: Das Problem liegt *nicht* in den Linien, die Sie auf das Papier setzen, sondern: Das Problem liegt im *Sehen* der Linien! Sie kennen optische Täuschungen! Sie wissen, daß unser Auge oft nicht das wahrnimmt, was vorhanden ist, sondern das, was es wahrzunehmen *erwartet!* Das rechte Hirn aber ist zuständig für die Linien, die nun tatsächlich zu *sehen* wären, wenn Sie sie sehen würden! Und die linke Gehirnhälfte mischt sich in Angelegenheiten ein, die sie gar nichts angehen, während das rechte Hirn Däumchen dreht!

Das Buch von Betty Edwards *Garantiert zeichnen lernen* zeigt Ihnen anhand leichter Übungen (wie das Auf-dem-Kopf-Zeichnen), wie Sie Ihre rechte Hirnhälfte aktivieren können. Dadurch können *auch Sie* zeichnen, d.h. richtig *sehen* lernen! Die Autorin, eine Zeichenlehrerin, hat mit dem Wissen um die beiden Gehirne eine neue Methode geschaffen, die einfach phantastisch ist! Sie sieht das Zeichnen-Lernen als End-Ziel an! Ich jedoch meine, daß es ein phänomenales *Nebenprodukt* Ihres Gehirn-Trainings wäre! Dadurch erhöhen sich Ihre Fähigkeiten des Vor-Stellens, des Ver-BILD-lichens, des Umsetzens von digitalen Informationen in analoge etc.. Ich empfehle jedem (der bisher glaubte, er könnte nicht zeichnen), dieses Buch zu besorgen und das von Betty Edwards entwickelte Training zu durchlaufen!

Nun möchte ich Ihnen einen Abschnitt aus meinem Buch *MacTHINK** anbieten. Er wurde stark von Betty Edwards, aber auch von Douglas R. HOFSTADTERS *Gödel, Escher, Bach* (s. Literaturverzeichnis) beeinflußt. Daß sich die Szenen vor/an einem Computer abspielen, ist nicht wichtig. Erstens kann man die Anregungen auch auf Papier nachvollziehen, zweitens soll man sie vor dem geistigen Auge sehen, und drittens könnte der eine oder andere Leser vielleicht einen Anreiz für das Zeichnen am Bildschirm finden.

Lamron und der Künstler

Ich möchte Ihnen Lamron und den Künstler vorstellen. Lamron ist ca. 39 Jahre alt (plus/minus 30 Jahre), während der Künstler vor Jahrtausenden in den Höhlen der Vorzeit geboren wurde! Sie sitzen vor dem Bildschirm eines Macintosh Computers. Lamron hat gerade den Wunsch geäußert, von dem Künstler zu lernen. Eine seltene Situation, in der Tat.

Der ERSTE Tag

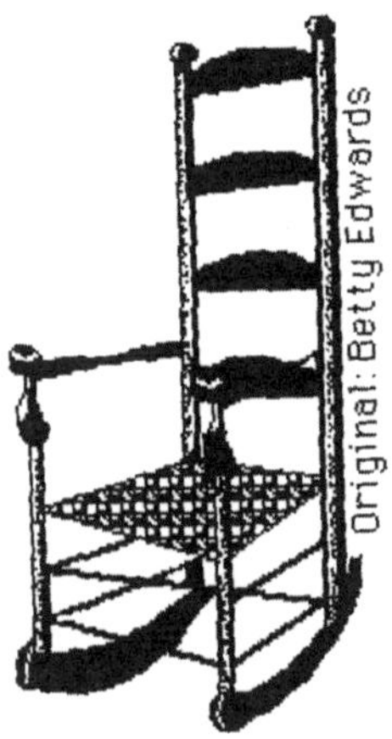

Der Künstler: Normalerweise sehen wir Objekte. Wenn wir einen Stuhl betrachten, dann sehen wir einen Stuhl …

Lamron: **Unsinn! Was sollte ich denn sonst sehen, wenn ich einen Stuhl betrachte?!**

Der Künstler: Du könntest deine Aufmerksamkeit auf den Raum lenken, der das Objekt umgibt.

Lamron: **Du meinst, ich soll das Nichts zeichnen?**

Der Künstler: Nun, wenn du es zeichnest, ist es ja kein Nichts mehr, oder?

Lamron: *(Beginnt zögernd zu zeichnen)* **Das ist ein komisches Gefühl …**

Der Künstler: Aber es ist der *rechte* Weg, zu sehen.

Lamron: **Ich beginne zu ahnen, was *sehen* heißt …**

* *MacTHINK-Increasing Intelligence and Creativity with the Macintosh Computer*, London and Sydney, 1985, inzwischen aufgrund der rasanten Techno-Entwicklung bereits out-of-date, sprich: vergriffen.

Der Künstler: Wenn du deine Aufmerksamkeit auf andere Aspekte der vertrauten Wirklichkeit lenkst, ändert sich diese auf subtile Weise.

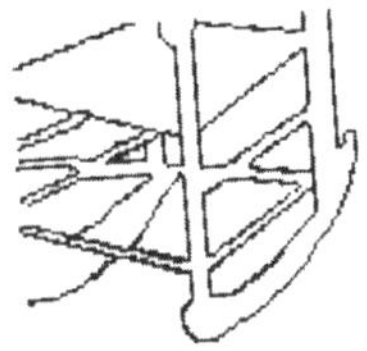

Lamron: **Ich muß sagen, meine Versuche, das Nichts zu zeichnen, werden bereits besser als meine früheren Versuche, das Objekt zu zeichnen!**

Der Künstler: *(lächelt)*

Lamron: **Wiewohl die Zwischenräume innen relativ leicht zu sehen sind, wird es außen schwierig, sie wahrzunehmen, weil es hier keine klare Kante mehr gibt …**

Der Künstler: Hast du zufällig ein leeres Dia-Rähmchen griffbereit? Wenn nicht, könntest du eines basteln …

Lamron: **Halt, hier ist eines.**

Der Künstler: Wenn du jetzt da durchschaust, dann wird es das Objekt für dich *einrahmen*, so daß das äußere Nichts wesentlich leichter zu *sehen* sein wird.

Lamron: *(blickt von verschiedenen Abständen auf den Stuhl)* **Ah, ich sehe!**

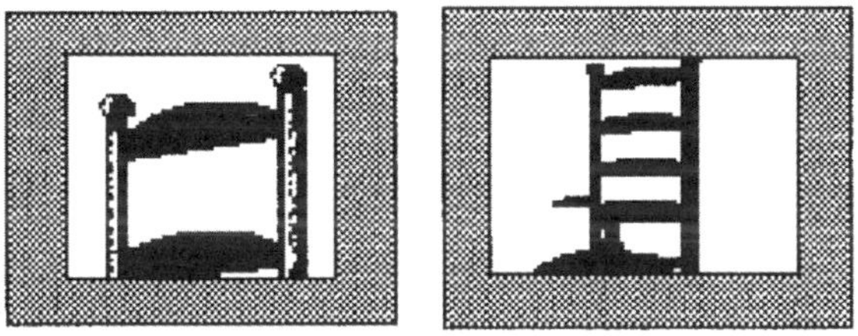

Der Künstler: Bald wirst du wirklich sehen, mein Freund …

Lamron: *(Einige Minuten später. Er hat inzwischen weitergezeichnet)* **Mensch, schau mal! Das hätte ich vor zehn Minuten nicht für möglich gehalten!**

Der Künstler: Natürlich wird das Sehen normalerweise dadurch unterbunden, daß der Herr Links mit Worten eingreift und dich damit in die Sprache der linken Hirnhälfte hinein-zieht …

Lamron: **Und die Sprache des Herrn Rechts?**

Der Künstler: Die ist so multi-medial, daß ich mir ein wenig *linkisch* vorkäme, wollte ich sie mit Worten beschreiben, aber das *Nichts*, das du eben gezeichnet hast, das ist ein Aspekt davon.

Lamron: **Hmmm ... Und was ist mit Schweigen oder Stille?**

Der Künstler: Wenn du die Sprache des Schweigens verstehst, dann bist du weise. Denn das Begreifen der verbalen Sprache schafft lediglich Wissen.

Der ZWEITE Tag

Lamron: **Diese Zeichnung fand ich in einem Buch.**

Der Künstler: Du willst sie abzeichnen?

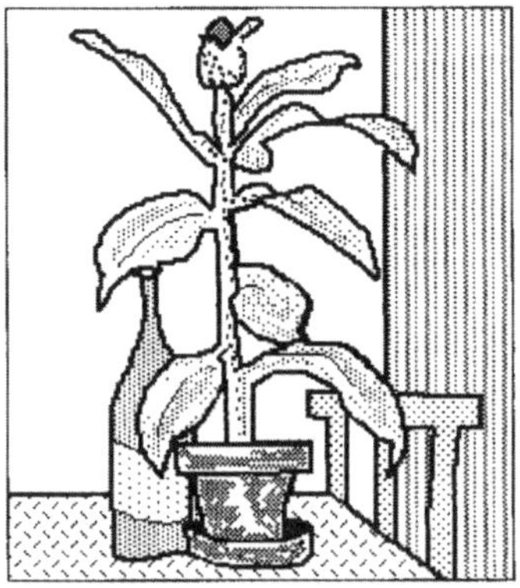

Lamron: **Ja, aber zuerst will ich sie einrahmen ...**

Der Künstler: *(nickt zufrieden)*

Lamron: **Das fängt direkt an, Spaß zu machen. Wenn man erst einmal weiß, worauf es ankommt, wird es leicht.**

Der Künstler: Ist das nicht immer so?

Lamron: *(beginnt zu zeichnen, wobei er die vielen möglichen Formen, eine nach der anderen, sieht und auf sein Blatt überträgt)*

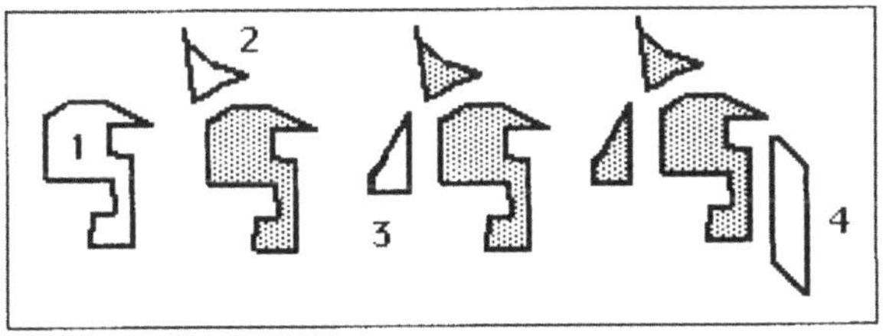

Lamron: **Ich beginne wirklich zu *sehen*. Aber ich befürchte, daß ich morgen wieder ganz normal gucken könnte ...**

Der Künstler: Das ist eine Frage der Gewohnheit.

Lamron: **Aber hatte ich die Gewohnheit des *Sehens* denn nicht schon einmal als Kind und verlor sie doch später ...?**

Der Künstler: Nein. Als Kind lerntest du noch, wie man überhaupt wahrnehmen soll. Die Lernprozesse wurden durch die Umwelt zu einem normalen Schauen statt zu echtem Sehen hingelenkt.

Lamron: **Und du glaubst, daß mein Training zum Sehen eine bleibende Fähigkeit bewirken wird?**

Der Künstler: Sicher, wenn du regelmäßig *sehen* (üben) wirst.

Lamron: **Also, ich muß schon sagen. Es geht wirklich leicht, und es macht Freude! Ich bin ganz begeistert.** *(Als er sich zum Künstler wendet, stellt er fest, daß dieser verschwunden ist; nur sein Lächeln scheint den Raum noch zu erhellen ...)*

Der DRITTE Tag

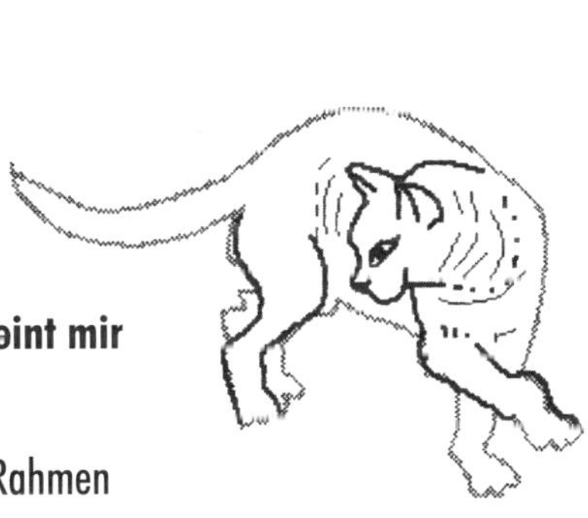

Lamron: **Sieh dir mal die Katze an!**

Der Künstler: Du möchtest sie zeichnen?

Lamron: **Ja, aber erst einrahmen. Diese Form scheint mir ein wenig schwierig zu sein.**

Der Künstler: Hast du ein Stück Folie; die kannst du in den Rahmen kleben und dir ein „Zielkreuz" aufzeichnen.

Lamron: **Hey, das ist ein prima Trick!**

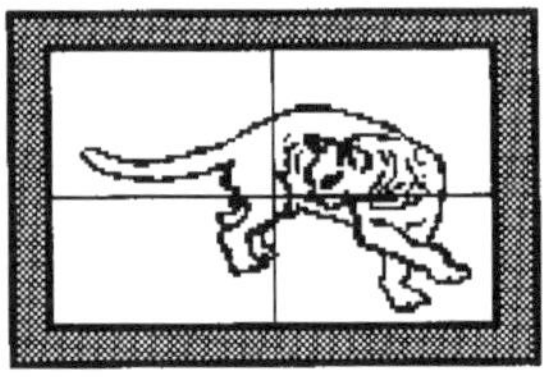

Der Künstler: Jetzt kannst du die Katze zeichnen, stimmt's?

Lamron: **Sicher. Ich beginne wieder mit dem leeren Raum, der sie von außen umgibt ... Mensch, die Form ist total anders, als ich zuerst gedacht hatte!**

Der Künstler: Als dein Herr Links gedacht hatte, meinst du doch?

Lamron: **Stimmt! Sieh mal:**

Der Künstler: *(nickt zustimmend)*

Lamron: *(Weiter durch sein Folienrähmchen blickend)* **Weißt du, mit diesem Rahmen kann man echt sehen lernen.**

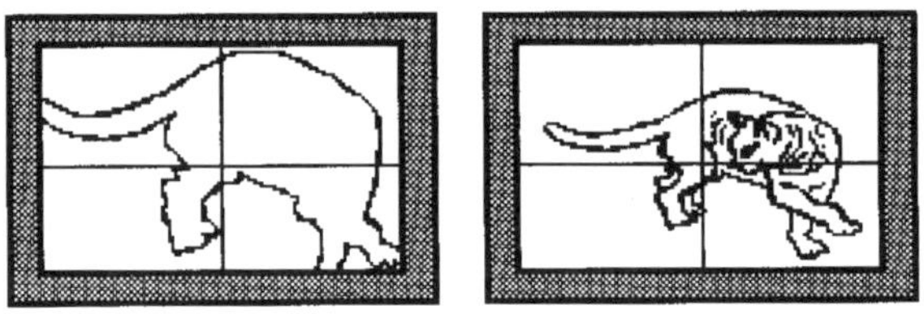

Der Künstler: Nein, mein Freund. Der Rahmen zeigt dir nur, wie leicht es immer schon gewesen wäre! Nimm mal das Bild von den Zebras da ... Jetzt erkenne den Raum, der sie umgibt.

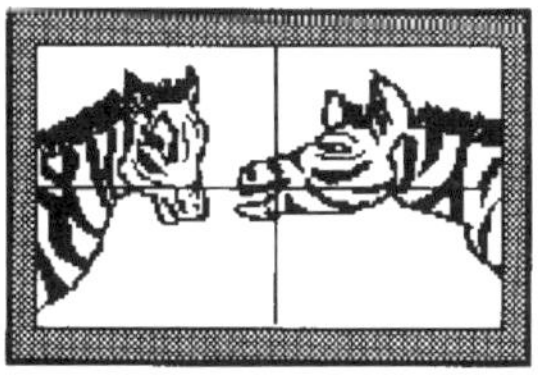

Lamron: **Ja, ich hatte mich bei der Katze oben vom Kopf ablenken lassen. Denn wiewohl er in den leeren Raum, der sie umgibt, gar nicht hineinragt, hatte ich ihn doch dort hineingedacht …**

Der Künstler: Da hat dein Herr Links dazwischengefunkt, denn der weiß ja aufgrund seiner Erfahrung daß Katzen Köpfe haben …

Lamron: **D. h., dann glaubt man Dinge zu sehen, die gar nicht vorhanden sind! Sieh mal, dieses Bild mit zwei Katzen:**

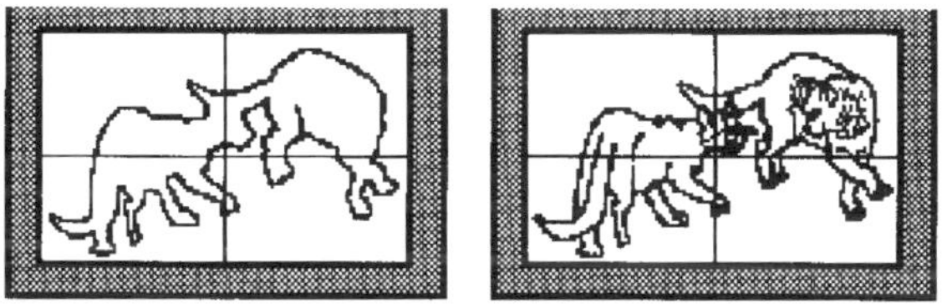

Der Künstler: Ja, du beginnst, mit dem *Sehen* vertraut zu werden. Das ist eine Kunst, wenn man wirklich sieht, was vorhanden ist, und nicht, was *laut Regel* vorhanden sein sollte.

Lamron: **Also, erst der Raum, der die zwei Katzen umgibt …**

Der Künstler: *(beobachtet Lamron und amüsiert sich über dessen selbstzufriedenes Lächeln, bis die Zeichnung fertig ist)*

Der VIERTE Tag

Lamron: **Was wollen wir heute zeichnen?**

Der Künstler: Wie wäre es, wenn du mal etwas, was auf dem Kopf steht, zeichnest?

Lamron: **Warum denn das?**

Der Künstler: Weil man dann die Form des Objekts noch leichter erkennt.

Lamron: *(Nimmt sein Rähmchen und betrachtet die neue Vorlage)* **Es schaut schon komisch aus …**

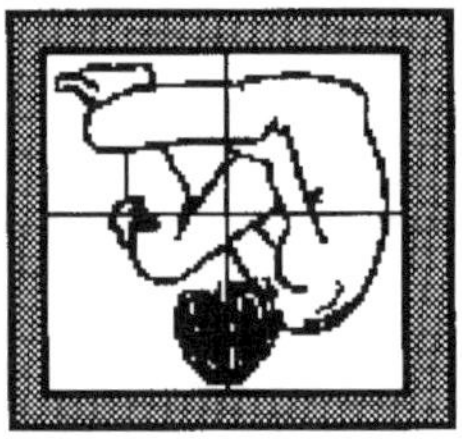

Der Künstler: Das genau ist die Idee dahinter!

Lamron: *(Beginnt zu zeichnen)* **Hey, das geht ja prima! Irgendwie wirken die Linien klarer … Weißt du, es fühlt sich anders an, wenn man auf dem Kopf zeichnet. Ich kann das nicht richtig erklären … Verstehst du, was ich meine?**

Der Künstler: Natürlich. Dein Wunsch, dieses Gefühl unbedingt mit Worten zu beschreiben, wird von Herrn Links ausgelöst! Laß ihn nicht dazwischenfunken! Überlasse dich einfach dem Gefühl; es muß doch nicht in Worte gefaßt werden! *Fühle* und zeichne!

Denn dieses Fühlen ist eng mit dem Sehen verknüpft. Sehen heißt genaugenommen mit den Augen ab-TASTEN. Deshalb sagen wir ja, daß wir be-GREIFEN, wenn wir etwas verstehen, nicht wahr?

Lamron: *(Hat eifrig weitergemacht und deutet jetzt glücklich auf seine Zeichnung)* **Also, ich muß sagen, ich bin sehr zufrieden!**

Der Künstler: Hmmm …

Der FÜNFTE Tag

Lamron: **Ich habe gestern noch ein wenig weitergemacht, und da tauchte ein neues Problem auf.**

Der Künstler: Nämlich?

Lamron: **Nun, sieh dir diese Zeichnung an. Ich möchte sie auf den Bildschirm übertragen, aber sie ist lang und hoch, während der Bildschirm im Querformat ist.**

Der Künstler: Warum drehst du sie nicht einfach?

Lamron: **Sie auf den Kopf zu stellen …? Oh, ich *sehe*, es gibt mehr Wege, etwas zu drehen!**

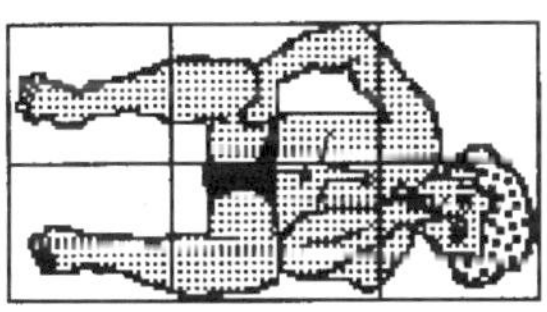

Lamron: **Sehr zufriedenstellend, nicht wahr? Also, dann Schluß für heute.**

Der SECHSTE Tag

Lamron: **Du bist heute aber spät dran, mein Lieber.**

Der Künstler: *(lächelt entschuldigend)* Zeit ist die Domäne des Herrn Links …

Lamron: **… der nicht gerade dein engster Freund ist.**

Der Künstler: Nun, er hat natürlich seinen Nutzen, insbesondere wenn man ihn zur Kooperation mit mir bewegen kann. Aber wenn er die Führung an sich reißt, dann wird die Person normal, mein lieber Lamron!

Lamron: **So wie ich, meinst du wohl?**

Der Künstler: Na ja, du weißt ja: NOMEN EST OMEN … Aber ich sehe, daß du wieder weitergemacht hast. Zeig mal her!

Lamron: **Es ist zwar nicht gerade die große Kunst, aber es ist doch etwas, was ich ohne die Gespräche mit dir nicht geschafft hätte. Hier ist die Figur, die ich zeichnen wollte:**

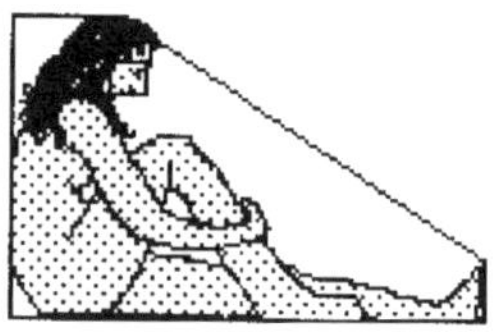

Ich konnte meinen kleinen Rahmen nicht finden, da versuchte ich, die Grundform anders zu entdecken:

Der Künstler: Interessante Idee. Bist du alleine darauf gekommen?

Lamron: **Ehrlich gesagt, ich habe sie in einem Zeichenbuch gefunden.**

Der Künstler: Jedes normale Zeichenbuch enthält eine Fülle von guten Anregungen, wenn du sie im Sinne dessen nutzt, was du über das *rechte Sehen* bereits gelernt hast.

Lamron: **Jetzt kommt: Thema mit Variationen!**

Der Künstler: Probiere doch mal, *nur die Figuren* selbst zu invertieren* ohne Rechteck außen herum.

Lamron: **Also erst einfangen, dann invertieren. Aber zuerst invertiere ich die kleinen Flächen innen …**

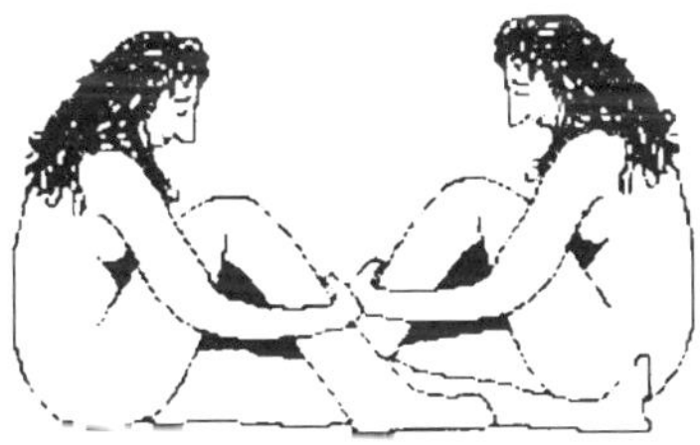

… dann werden diese nachher, wenn man die ganze Figur farblich umkehrt, sozusagen ein zweites Mal invertiert, und dann stimmt's.

* D.h. die Schwarz/Weiß-Werte zu vertauschen.

Zwischenspiel: Die Nacht zum siebten Tag

Lamron: *(träumte, daß er schliefe und daß das Telefon klingelte)* **Hallo?**

Der Künstler: Ich bin's, mein Freund.

Lamron: **Wo bist du?**

Der Künstler: Wo ich immer bin.

Lamron: **Oh ... Ah, heißt das ...?**

Der Künstler: Wußtest du wirklich nicht, daß ich immer ein Teil von dir war?

Lamron: **Warum hast du dann das Telefon benutzt?**

Der Künstler: Weil du es normalerweise nie merkst, wenn ich dir raten will. Mit Ausnahme dieser letzten Tage, da du selbst den Kontakt gesucht hast ...

Lamron: **... weil ich bewußt versucht habe, den rechten Weg zum Sehen und zum Zeichnen zu erlernen?**

Der Künstler: Ja. Aber es gibt viele Situationen deines Lebens, in denen ich hilfreich sein könnte, wenn du mich lassen würdest.

Lamron: **Aber ja! Jetzt, da ich dich endlich kennengelernt habe, sehe ich das natürlich.**

Der Künstler: Dann leg den Hörer sofort auf!

Lamron: **Aber ...**

Der Künstler: Kein „Aber"! Vertrau mir, bitte. (legt den Hörer mit einem leisen Seufzer auf die Gabel). Lamron?

Lamron: **Oh! Du bist wirklich immer da, nicht wahr?**

Der Künstler: Ja, und ich werde immer bei dir bleiben.

Am nächsten Morgen, beim Aufwachen, weiß Lamron absolut nichts mehr von dem Traum. Er kann auch gar nichts wissen, weil es ihn genaugenommen gar nicht gibt. Schließlich ist er nur das Gleichnis, welches Ihnen helfen soll, Ihrem eigenen Künstler auf die Schliche zu kommen …

Der SIEBTE und LETZTE Tag

Lamron: **Mensch, bin ich froh, daß wir wieder da sind. Ich hatte schon Angst, daß es uns gar nicht gibt!**

Der Künstler: *(lächelt leise)*

Lamron: **Geh nie wieder fort, hörst du …? Übrigens: Ist dies das Ende?**

Der Künstler: Nein, es ist nur ein Anfang …

Lamron: *(lächelt, ohne es zu merken)*

Nun, liebe Leser, wenn Ihnen das keinen Appetit macht, dann sollten Sie vielleicht andere rechtshirnige Trainings-Möglichkeiten suchen; zum Beispiel die **Musik**. Wenn Sie eine Melodie summen, singen, pfeifen oder auf einem Instrument spielen oder einem Musikstück intensiv zuhören, „telefonieren" Sie ebenfalls mit dem Künstler. Vielleicht würden Sie lieber tanzen, jonglieren oder wollen Sie lieber meditieren?

Oder basteln?

Oder möchten Sie den Weg des Zen gehen, bei dem der Weg wichtiger ist als das Ziel? D. h., daß man **jede** noch so einfache Handlung mit vollem Bewußtsein, mit seinem ganzen Sein (also mit beiden Hirnen) ausführt wie bei der berühmten Tee-Zeremonie oder dem Bogenschießen. Aus dieser Tradition stammt der folgende Dialog.*

Schüler: Meister, wie erlange ich Erleuchtung?

Meister: Hast du deinen Reis schon gegessen?

Schüler: Ja, Meister.

Meister: Dann geh und wasche die Schale.

* Nach A.W. Watts

T – Kategorien-Torten© zeichnen

Vorbemerkung – wichtiger Hinweis:

Um von diesem Abschnitt zu profitieren, **müssen** Sie das dahinterstehende Konzept des **Denkens in logischen Kategorien** bereits kennen. Wenn Sie dieser Idee noch nie begegnet sind, dann lesen Sie bitte unbedingt zuerst das Modul *Kategorien-Denken*© (S. 50 ff.), **dort wird die Idee vorgestellt**. Im vorliegenden Abschnitt geht es um die von mir entwickelte Technik (eine Variante von **KaGa**©, s. auch S. 25 ff.), diese **Denk-Kategorien zu zeichnen**, z.B. in Form einer „Torte".

1. Messer
2. Hut
3. Spazierfahrt
4. Blumenkohl
5. Baum
6. Lastwagen
7. Alkohol
8. Computer
9. Eis
10. Telefon

> Im Beitrag Kategorien-Denken© ging es um das Einsortieren dieser zehn Begriffe in nur drei Denk-Kategorien.
>
> Wenn Sie den Abschnitt nicht gelesen haben, denken Sie doch bitte kurz darüber nach, ehe Sie weiterlesen ...?

Lernen Sie Ihre Denk-Kategorien, **schnell und spontan**, wie eine „Torte" zu zeichnen. Kümmern Sie sich anfangs keinesfalls darum, ob es „schön aussieht". Wichtig ist ausschließlich, daß Sie sich daran gewöhnen, **Ihren eigenen Denk-Prozeß sichtbar** zu machen. Je schneller dieser abläuft, desto schneller werden Sie zeichnen/schreiben, einfach weil sich Ihr Stift schneller bewegt.

Wenn wir die Beispiel-Begriffe des kleinen Experimentes (im Beitrag *Kategorien-Denken*©, S. 50 ff.) aufgreifen, dann könnte man sie z.B. wie folgt sortieren (Fallbeispiel einer Kleingruppe im Seminar):

Kategorie 1: Von Menschen geschaffen
1. Messer, 2. Hut, 6. Lastwagen, 8. Computer, 9. Eis, 10. Telefon

Kategorie 2: Kommt in der Natur vor
4. Blumenkohl, 5. Baum, und 7. Alkohol

Kategorie 3: Tätigkeiten
3. Spazierfahrt.

Beim Alkohol schieden sich die Geister allerdings: Einige meinten, Alkohol käme in der freien Natur vor (*Kategorie 2*), andere dachten an *von Menschen produzierte* alkoholische Getränke (*also Kategorie 1*).

Die erste Skizze der **Kategorien-Torte**© sah in etwa so aus, wobei die Nr. 7 (*Alkohol*) in **beiden** besprochenen Kategorien aufgetaucht ist. Es ist wichtig, bei Diskussionen (mit sich oder anderen) **einen Begriff** ruhig (vorläufig) in **mehrere Kategorien** einzutragen.

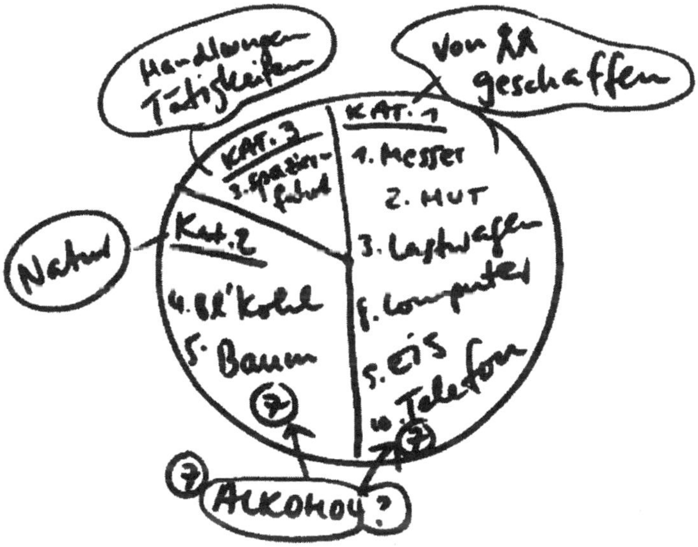

Ein Fallbeispiel aus einem Seminar (nachgezeichnet)

Später können Sie neu entscheiden. Sie werden öfter manche Begriffe bewußt in mehreren Kategorien **belassen**. Oft kann nämlich **ein** Aspekt der **einen** Kategorie zugeordnet werden und **andere** Aspekte **anderen** Kategorien.

Wir wollen das nächste Beispiel angehen, damit Sie Ihre eigene Kategorien-Torte© zeichnen. Dies ist Ihre Liste (wieder in maximal drei Kategorien sortieren), aber diesmal werden Sie bitte **zeichnen** – statt Wörter in Listen zu notieren, tragen Sie sie in eine „Torte" ein.

Bitte notieren Sie anschließend die drei Kategorien, die sich bei Ihrem Torten-Zeichnen ergeben haben:

Kategorie 1 ______________________

Kategorie 2 ______________________

Kategorie 3 ______________________

1. **Wiener Schnitzel**
2. **Thermoskanne**
3. **Weihnachtskarte**
4. **Marmelade**
5. **Einkaufskorb**
6. **Kartoffelchips**
7. **Pillendose**
8. **Liebesbrief**
9. **Salzstangen**
10. **Predigt**

Eine mögliche Lösung*

Kategorie 1: Essbares

Kategorie 2: Geschriebenes

Kategorie 3: Behälter

Natürlich ist das Sortieren irgendwelcher Wort-Listen nur eine erste Vor-Übung, denn langfristig wollen wir wirklich wichtige Dinge in Kategorien-Torten© packen. Nehmen wir an, Sie stehen vor einer wichtigen Entscheidung, wie z.B. ein Seminar-Teilnehmer zu der Frage, ob er ein neues Produkt in sein Sortiment nehmen sollte.

Wenn wir die Frage mit einer Kategorien-Torte© angehen, dann handelt es sich jetzt um **Arguments-Kategorien:** Was spricht dafür/dagegen? Sie können die Felder z.B. mit verschiedenen Farben beschriften bzw. anmalen. In unserem Beispiel war zunächst nur das Feld *Kunden wollen es!!* mit einem Highlight-Marker eingefärbt, alles andere (die Gegen-Argumente) war weiß, wie das folgende Bild zeigt.

---

* aus meinem Brain-Management-Seminar

Sicher hätte man die Gründe auch untereinander schreiben können, aber **beim Zeichnen entdecken Sie weit mehr** (unter anderem auch, welche Gefühle diverse Möglichkeiten in Ihnen auslösen).

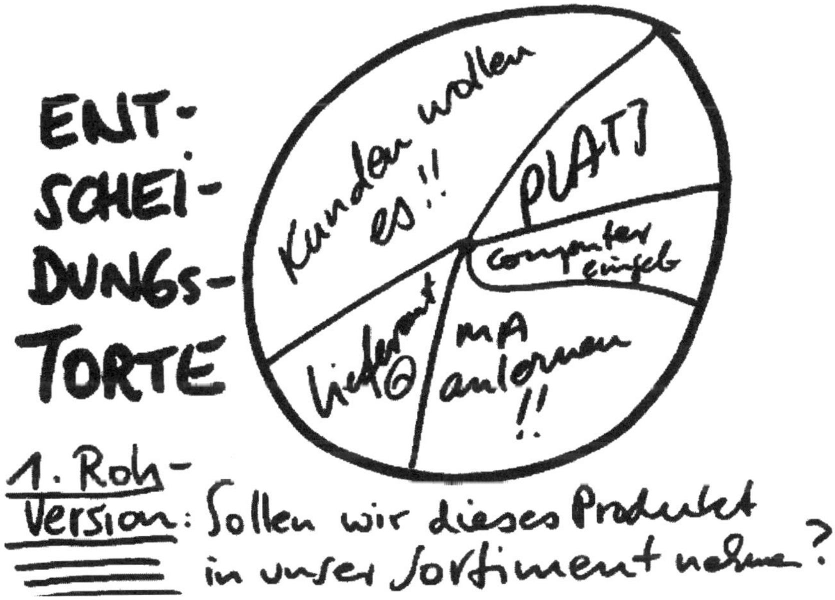

Unser Teilnehmer nahm die erste Torte zum Anlaß, darüber nachzudenken. Er erklärte uns: *„Also, wenn mein Gegenargument „Mitarbeiter anlernen" von einem* ***anderen*** *Lieferanten übernommen werden könnte, denn der momentan in Frage kommende ist ja ebenfalls ein* ***Gegenargument****, dann…"*

… (Er malte mit dem farbigen Filzstift weiter, noch ehe er wieder sprach.) Plötzlich sah er, daß dann die Fläche „Kunden wollen es" dermaßen anwuchs …

Am nächsten Tag klärte er das Lieferanten-Problem; so hatte die Seminar-Aufgabe (*Zeichnen Sie eine Entscheidungs-Torte*) geholfen, sein Problem zu lösen (⇝ vgl. *Kategorien-Denken*©, S. 50 ff.)

Wissens-Kategorien

Eine weitere, extrem wichtige Kategorie ist die **Wissens-Kategorie.** Wir brauchen sie ...

- um Gesagtes/Gelesenes besser wahr- und aufzunehmen und
- um Infos schnell und sicher zuordnen zu können (⇝ vgl. auch *Gedächtnis wie ein Netz?*, S. 41 ff), denn:

Wenn wir etwas **be-GREIF-en** können (die Info ***im Griff haben***), dann bedeutet das, daß wir ...

- uns **ein Bild machen** können und/oder
- wissen, **welche Denk-Kategorien** im Netz **aktiviert** werden.

Begreifen aber heißt in der Regel schon (fast) eingespeichert, denn die Qualität der RE-KONSTRUKTION© (= Erinnern) später hängt von der Qualität der KONSTRUKTION ab (⇝ vgl. *A wie Anfang*, S. 18 ff).

So stärkt schon das Zeichnen einer Info-(Wissens-)Torte das spätere Erinnern. Darüber hinaus kann eine regelmäßige Inventur von derzeit wichtigen Themen (für unser Leben) als Kategorien-Torte© uns zu Selbst-Erkenntnis verhelfen.

Man kann die Technik des **Kategorien-Torten-Zeichnens©** natürlich auch auf die **tägliche Kommunikation** übertragen. In einem meiner Seminare gab es ein altes Ehepaar, das zugegeben hatte, die meiste Zeit wie Katz und Hund zu leben. Nachdem alle Teilnehmer/innen bereits eine **Kategorien-Torte©** mit ihren **Lebens-Themen** *(Was ist in meinem Leben wirklich wichtig für mich?)* gezeichnet hatten, verglichen wir die Torten der beiden. Nun, in vielen **kleinen** Bereichen gab es Überschneidungen (Gartenarbeit, gute Küche, einen guten Tropfen Wein sowie die politische Grund-Überzeugung). In manchen Teilbereichen gab es null Überschneidung, aber die beiden ergänzten sich: **Sie** kochte, **er** backte. Sie kümmerte sich um die Wäsche, er (als ehemaliger Soldat!) bügelte!

Aber wirklich interessant war **der jeweilig wichtigste Bereich im Leben jedes dieser beiden Menschen.** Auf die Frage ***Was ist im Leben wirklich wichtig für Sie?*** lautete **seine** Antwort: ***Jagd,* ihre: *Kunst …***

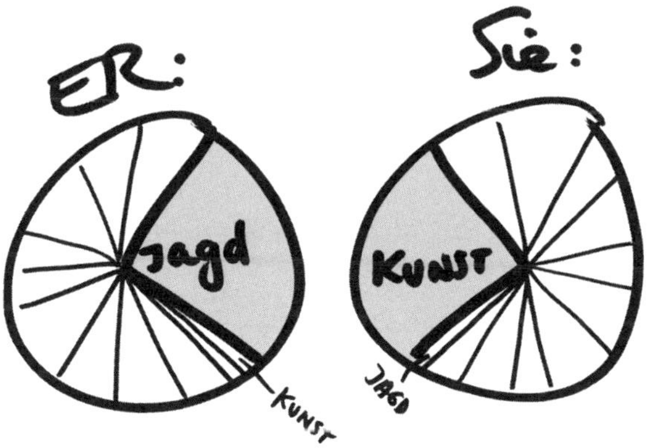

Jeder hat für das wichtigste Thema des Lebenspartners so wenig übrig, daß man den Streifen gar nicht so klein zeichnen kann …

Nun, dies muß überhaupt kein Problem für eine Partnerschaft darstellen. Dann hätte er ihr von der Jagd (dem Füttern der Tiere im Winter, Einbruch einiger Wölfe in sein Revier und vieles andere) berichten können, während die beiden mit einem Glas vor dem Kamin saßen. Und sie hätte ihm erzählen können, daß sie neulich auf eine völlig neuartige Batik-Technik gestoßen sei …

Was diese beiden als besonders „schlimm" einstuften, war die Tatsache, daß sie in 60 Ehejahren miteinander niemals darüber gesprochen haben, wie sehr jede/r sich mit seinem Hauptthema isoliert fühlte … Beide waren geschockt! Mit einem Mal begriffen sie, warum sie soviel wertvolle gemeinsame Lebenszeit mit Streiten vergeudet hatten.

Vielleicht könnte eine **Kategorien-Torte©** mit der **Frage nach wichtigen Lebens-Themen** auch **Ihnen** helfen, wichtige Familienmitglieder, Freunde besser kennenzulernen? Diese Art der Kategorien-Torte© könnte in jeder Kommunikations-Situation helfen, in der beide (alle) „Parteien" einander besser kennenlernen wollen, z. B.

- Lehrerinnen könnten ihre Schülerinnen besser verstehen,
- Führungskräfte ihre Mitarbeiter (und umgekehrt!),
- Kollegen einander,
- Nachbarn und Mitbewohner – temporär (z.B. in einem Krankenhauszimmer) oder langfristig (z.B. in einem Heim).

PS: Wichtig ist, daß **alle** Betroffenen **freiwillig** mitmachen. Sie wissen, die beste Medizin kann zu Gift werden, wenn man **zu viel** nimmt. Wenn jemand bei so einer Kommunikations-Übung **nicht** mitmachen will, dann respektieren Sie dies, so daß Ihre Einladung zu einem derartigen Kommunikations-Spiel eine Einladung bleibt, die man ablehnen darf oder **mit Freude** (weil freiwillig) **annehmen kann!**

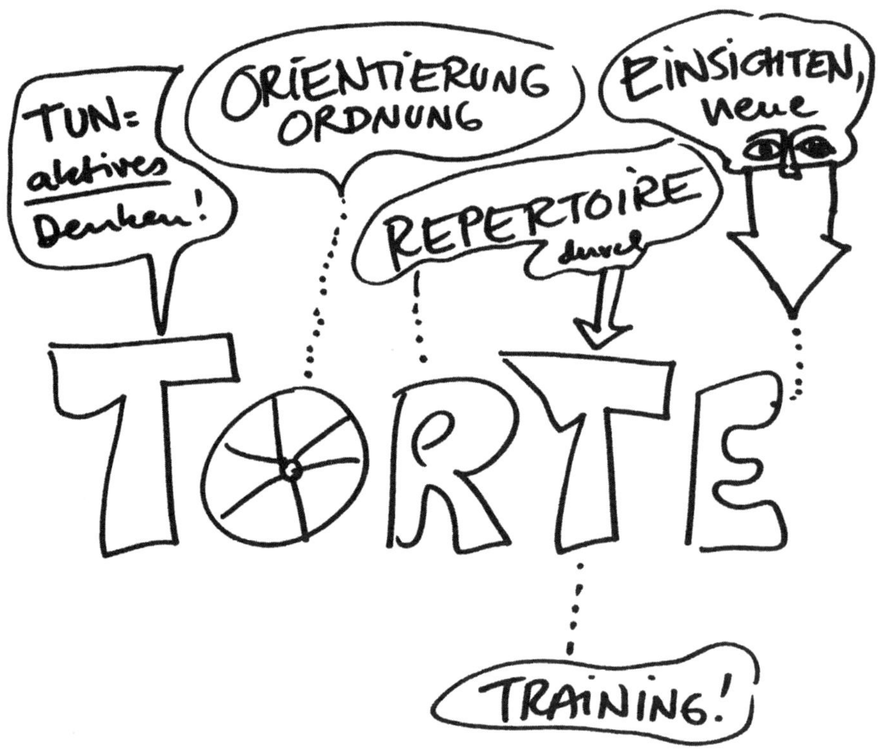

T – Kreativitäts-Technik: 90-Sekunden-Plus©

Falls Sie diese Technik (aus dem Seminar oder meinem Taschenbuch *Der Birkenbihl Power-Tag*) schon kennen: **Lesen Sie diese überarbeitete Beschreibung** und **überprüfen** Sie, ob Sie hier einen Aspekt finden, den Sie „so" noch nicht kennen – es könnte sich lohnen (⇝ vgl. auch Modul *Wahrnehmungen von Wiederholungen*, S. 92 ff.).

Wenn wir kreativ nachdenken wollen, gibt es **zwei Möglichkeiten:**

1. **ENTWEDER** wir wollen ERSTE Gedanken SUCHEN. Wir beginnen bei null und fischen in unserem Wissens-Netz (⇝ vgl. S.41 ff).

   Im Klartext: Wir notieren spontan, schnell und NONSTOP, was uns einfällt! Fast immer sind die ersten 40 bis 60 (selten 90) Sekunden die REICH-haltigsten! Sie brauchen also keine 20 Minuten zu grübeln, wenn Sie erste Ideen (Assoziationen) suchen. Dies ist ja der erste Schritt (wenn wir in ein Thema einsteigen).

2. **ODER** aber wir wollen EINE spezifische Idee (vielleicht eine, die bei Punkt 1 entstanden war?) WEITER ENTWICKELN.

   In diesem Fall wollen wir bewußt länger „am Ball" bleiben, damit ein faszinierender Ent-WICKLUNGs-Prozeß stattfinden kann. Nur so können wir EINEN Gedankengang ent-WICKELN (= das heraus-WICKELN, was sich in uns „befindet").

In beiden Fällen wollen Sie vorhandene Fäden FINDEN, die sich in einem Wissens-Netz be-FINDEN. Arbeiten Sie **alleine**, dann wollen Sie **nur Ihr eigenes Wissens-Netz durchforsten.** Hilfe hierzu finden Sie in den folgenden Abschnitten (andernfalls lesen Sie hier weiter):

- *ANALOGRAFFITI©* (S. 23 ff.),
- *T – Inneres Archiv©* (S. 110 ff.),
- *T – Kategorien-Denken©* (S. 50 ff.) und *T – Kategorien-Torten zeichnen©* (S. 136 ff.)

Jede dieser Techniken hilft, Ideen zu „generieren". **Benötigen Sie hingegen momentan unbedingt Anregungen und NEUE IMPULSE von außen,** dann ist die 90-Sekunden-Plus©-Technik für Sie die richtige. Wenn Sie die Wissens-Netze anderer „anzapfen" wollen, dann gibt es **wieder** zwei Möglichkeiten: **Erstens:** Es befinden sich Menschen in unmittelbarer Nähe, die Sie kurz befragen können. **Oder zweitens:** Sie sind derzeit allein (s.u.).

Zu 1: Sie befragen andere

So gehen Sie jetzt vor: Sprechen Sie Anwesende kurz an, Notizblock (besser eines jener Mini-Diktiergeräte) demonstrativ in der Hand. Klären Sie eindeutig: „Haben Sie 60 Sekunden Zeit?" Zücken Sie dabei einen Timer (Ihre Uhr mit Sekundenzeiger), damit der andere weiß, Sie meinen wirklich nur eine Minute! Sagen Sie dann: „Was fällt Ihnen zu (Stichwort) ein?" und drücken Sie auf den Knopf des Diktiergerätes bzw. begeben Sie sich in Schreibhaltung (Notiz-Variante).

Sie kennen den Effekt, wenn jemand ein Kreuzworträtsel löst und Sie fragt: *Ein **Wort** zu (Kategorie) mit (Anfangsbuchstaben) mit (Anzahl) Buchstaben?* Vielleicht fügt er noch hinzu: *Der vorletzte Buchstabe ist übrigens „e".* **Sofort beginnt Ihr Geist zu rasen,** weil Ihr unsichtbarer Helfer* im Gehirn jetzt mit der Taschenlampe mit dem roten Glas in Ihrem Wissens-Netz herumleuchtet ... Sie erinnern sich? (⇝ vgl. S. 47).

Bedenken Sie bitte, daß die meisten Menschen jetzt ähnlich reagieren wie bei einer Kreuzworträtsel-Frage. Es geht gar nicht anders:

1. **Echte Fragen lösen automatisch (immer!) Denk-Vorgänge** aus, deshalb sind Fragen viel erfolgreicher als Sage-Technik**, was leider 95 % all jener, die verkaufen (beraten, überzeugen) wollen, trotz jahrzehntelanger Seminar-Arbeit noch immer nicht zu wissen scheinen.
2. **Dies gilt auch für Selbst-Befragungen,** mit deren Hilfe wir z.B. den enormen Fundus in unserem **Unterbewußtsein** ausloten können.

---

* Manche Leserinnen fragen sich jetzt vielleicht, warum es ein Helfer und keine Helferin ist. Nun, erstens können Sie die Metapher im Detail ausgestalten, wie Sie wollen, zweitens haben die Seminar-Erfahrungen gezeigt, daß auch Frauen sich gern männliche Helfer vorstellen, die brav und motiviert für sie arbeiten ... Warum auch nicht? Vielleicht malen sich so manche Herren der Schöpfung hier eine attraktive Helferin aus – solange die geistigen Persönlichkeiten ihre Arbeit tun, können sie in die Rolle von Mickey Maus, Snoopy oder was immer schlüpfen. Es kann eine Menge Spaß machen, die Person zu schaffen ...

** Damit meinen wir echte (interessierte) Fragen im Gegensatz zu den Pseudo-Fragen, mit denen manche Wissens-Vermittelnde (sokratische) Lehrgespräche imitieren wollen.

3. **Deshalb** wird Ihr/e Gesprächspartner/in in der Regel **laut zu denken** beginnen und seine oder ihre **ersten Assoziationen anbieten,** die Sie unbedingt **aufzeichnen!**

Nach 40 bis 60 Sekunden merken Sie, wie das Tempo nachläßt. Blicken Sie ostentativ auf Timer/Uhr und sagen Sie ganz klar und präzise,

1. **daß es genug ist** (z.B. „Das reicht")
2. **daß Sie zufrieden sind** (z.B. „Wunderbar!")
3. **Ihren Dank!** (Klingt banal, ist aber wichtig!)

Dann gehen Sie (weiter).

Es ist sehr wichtig, daß Sie bei solchen Ideen-Fangzügen keine normalen Gespräche führen. Sie haben gerade jemanden aus seinen Gedanken gerissen und um 60 Sekunden gebeten! Halten Sie sich unbedingt an die von Ihnen vorgeschlagene Spielregel, wenn Sie das Wissens-Netz derselben Personen öfter (regelmäßig) „anzapfen" wollen. Wenn Sie nun zwei/drei Personen in der Weise befragen, haben Sie dermaßen viele Ideen gesammelt, daß Sie jetzt wunderbar alleine weitermachen können.

Natürlich können diese Mitmenschen Sie ebenfalls jederzeit „kurz mal anhauen"!

Ihre Ausbeute an Ideen entspricht **dem** Augenblick im Seminar, wenn wir die Resultate des ersten (alleinigen) Denk-Schrittes mit unseren Nachbarn vergleichen. Wir veranstalten eine **Ideen-Börse. Auch hier reichen ca. 90 Sekunden**. Und auch hier soll **kein Gespräch** beginnen, sonst verlieren alle den „roten Faden", wir wollen am Thema bleiben. In diesen 90 Sekunden hat jedes Mitglied eine **Menge neuer Ideen** eingesammelt, die das **ursprüngliche** Denken (oft dramatisch!) er-WEIT-em, so daß jeder in **90 Sekunden** mindestens 10 bis 15 Stichworte (oft weit mehr) sammeln konnte.

Nun gilt: Jede dieser Ideen stößt auf weitere Fäden im eigenen Wissens-Netz, und schon können wir sehr fruchtbar alleine Weiterarbeiten. Denn jetzt be-REICH-ern all die schönen neuen Assoziationen unser Denken …

Zu 2: Es ist niemand da …?

Vielleicht sind Sie im Büro, vielleicht auf Ihrer Terrasse – wo bekommen Sie jetzt die hilfreichen Ansprechpartner oder die liebe Kleingruppe her? Nun, es gibt per **Telefon** sowie via Internet viele weitere direkte Kontakt-Möglichkeiten (wir suchen jetzt allerdings nur solche, bei denen wir **unmittelbar Feedback erhalten;** keine E-Mails!).

Wir sollten uns vorher mit einigen Menschen abgesprochen haben, daß wir uns gegenseitig in dieser Weise um 60 Sekunden Hilfestellung bitten dürfen.

Sie rufen also nach Ihren ersten 60 bis 90 Sekunden Nachdenken drei, vier Menschen an und befragen sie kurz wie eben beschrieben. Die einzelnen Schritte sind identisch (nur daß Sie am Telefon fragen müssen, ob Sie auf Tonträger aufzeichnen dürfen). **Ich rate Ihnen unbedingt dazu,** anstatt mitzuschreiben.

Ich habe ca. 20 Gesprächspartnerinnen, die ich schnell mal anrufen kann, wenn ich eine Idee suche. (Auch diese Menschen können mein Wissens-Netz „anzapfen".) Im Schnitt erreiche ich von drei Personen je eine (weil andere im Meeting/außer Haus sind), aber ich kann innerhalb von ca. zehn Minuten mit einigen wenigen Kontakten sprechen, **um zwei oder drei Mal 60 Sekunden lang Assoziationen einzuholen.**

Ebenfalls wichtig sind die **Spielregeln** für solche Gespräche (auf die man sich natürlich ebenfalls vorab geeinigt hat): Man fällt ohne Begrüßungsfloskeln *(„Wie geht es Ihnen heute?")* mit der Tür ins Haus, wie auf S. 144 beschrieben.

Während der/die Partner/in uns seine/ihre Assoziationen nennt, schweigen wir, weil wir sonst seine/ihre Gedankenkette stören. Dies soll schließlich kein Brainstorming (also keine gemeinsame Entwicklung von Ideen) werden! Dies ist unsere Bitte um 60 Sekunden Zeit für die ersten spontanen Assoziationen dieses spezifischen Gesprächspartners!

Wenn der andere zustimmt, entriegele ich die Pause-Taste meines Kassettenrekorders und nenne mein Stichwort: „Das heutige Thema ist (Thema)." An dieser Formulierung erkennen Sie, daß der Vorgang **vorher** abgeklärt sein muß. Das ist wichtig.

Werden durch Ideen des anderen neue eigene Assoziationen ausgelöst, so notieren wir diese (schweigend!).

Wird das Tempo langsamer, also **bevor** unser Helfer beginnt, „krampfhaft" nach weiteren Ideen zu suchen, weisen wir daraufhin, daß die Zeit abgelaufen ist, und bedanken uns.

Auch am Ende dürfen keine „echten" Gespräche geführt werden. Dies ist sehr wichtig! **Erstens,** weil wir den anderen kurz aus irgendeinem Gedankengang herausgerissen haben. Eine Mini-Unterbrechung von 60 Sekunden kann jede/r gut verkraften. **Zweitens,** weil ja **auch wir am Thema bleiben** wollen! Oft notiere ich noch 30 bis 60 Sekunden **weitere** vom Partner **in mir** ausgelöste Ideen, ehe ich zum Hörer greife und die nächste Nummer wähle. Natürlich kann es vorkommen, daß einer dieser Helfer ein Gespräch wünscht, z.B.: *„Ich möchte gern mit Ihnen sprechen, geht es heute noch?"*, und wir **verabreden einen separaten Zeitpunkt,** aber dieses „richtige" Gespräch muß **unbedingt später** geführt werden.

Merke: Nur wenn Sie die Spielregeln immer einhalten, haben unsere Partner die Gewähr, daß solche Ideen-Such-Telefonate innerhalb von 60 Sekunden abgeschlossen sind.

Sie profitieren von 90-Sekunden-Plus©:

1. **Sie können jederzeit** die Ideen von **mehreren** Gesprächspartnern „anzapfen". Naja, nachts um 3 Uhr möchten Sie wahrscheinlich nur Partner am anderen Ende der Welt anrufen (was ich z.B. regelmäßig tue, weil ich oft nachts geistig arbeite).

2. **Sie haben während** der 60 Sekunden die Möglichkeit, neue Assoziationen, die Ihr Partner **in Ihnen** ausgelöst hat, ebenfalls zu notieren. Sie zeichnen die Ideen des anderen ja auf Band auf, damit Sie jetzt frei sind, Ihre **eigenen** Ideen aufzuschreiben. Die des Partners werden Sie später notieren.

3. **Sie haben nach** dem Kurz-Telefonat die Möglichkeit, weitere eigene **Gedanken in Ihrem Inneren** zu finden (d.h. aus sich HERAUS-zu-WICKELN)!

Vergleichen Sie stundenlanges „angestrengtes Nachdenken" mit den Vorteilen von **Methode 90-Sekunden-Plus©!**

PS: Manchmal taucht die Frage auf: Warum heißt die Methode 90-Sekunden-Plus©, wenn andauernd von 60 Sekunden gesprochen wird?

Antwort: Erstens bat ich meine Gesprächspartner früher tatsächlich um 90 Sekunden, stellte aber im Lauf der Jahre fest, daß den meisten (nicht so geübten Denkern) die Luft im Schnitt schon nach 40 Sekunden ausgeht; da sind 90 Sekunden dann schon Quälerei (denn er/sie möchte ja „gut" dastehen).

Zweitens können Sie die Ausnahmen, bei denen es länger als 60 Sekunden lang sprudelt, **bewußt** erkennen (und ihnen gratulieren, weil sie abnormal sind!).

Merke: 90 Sekunden Zwangspause kann jeder gut verkraften, danach wird es für die meisten kritisch, weil ihr „Gedankenzug" dann abgefahren ist.

Aber auch hier sollten Sie nach 90 Sekunden bremsen, wenn Sie den anderen Menschen eben **aus einem seiner eigenen Gedankengänge herausgerissen** haben.

T-NEUROBICS© (nach Lawrence C. KATZ)

(Bitte erst Kasten lesen!) Wenn wir über ein reguläres **Gehirn-Training** nachdenken wollen, dann müssen wir zwischen drei ziemlich verschiedenen Ansätzen unterscheiden, die ich in der Reihenfolge ihres Entstehens aufliste:

> Zwar ist dieses ***„neue" Stroh im Kopf?*** **modular**, aber manchmal baut doch ein Element auf einem anderen auf, so auch hier. Bitte sehen Sie sich unbedingt **vorab** zwei Textstellen an:
>
> 1. Das Modul ***FLOW***© (S. 36 ff.). Wenn Ihnen *FLOW*© (nach CSIKSZENTMIHALYI) bekannt ist, dann lesen Sie zumindest die vorletzte Seite (S. 38).
> 2. Werfen Sie bitte einen Blick auf das Modul *Lernkurven gefällig?* (S. 68 ff.), insbesondere auf die **Metapher vom Trampelpfad, der zu einer Daten-Autobahn im Hirn wird.** Danke.

1. Gehirn-gerechtes© Arbeiten (nach BIRKENBIHL*).

Hier geht es **ausschließlich** darum, **Informationen so aufzubereiten, daß das Angebot der Arbeitsweise des Gehirns entspricht** (statt dagegen anzukämpfen). Dies können Lehr- und Lernmaterialien sein (wenn Sie lehren oder autodidaktisch lernen wollen), aber natürlich kann man **alles** unter diesem Aspekt sehen, von Plakaten, Anzeigen und TV-Spots über jede Seite eines **Sach-, Schul-** oder **Fachbuchs** bis hin zu **Geschäftsbriefen** (insbesondere deren **Briefköpfe** und **Fußzeilen** – auch als **Fax**). Buchstäblich kann alles daraufhin „abgeklopft" werden, wie ***gehirn-gerecht***© die Darstellung (nicht) ist. Gleiches gilt für jede Info, die eine Firma, Gruppe, Organisation (inklusive Behörde!) intern oder extern produziert (von Prospekt-Material bis hin zu Gebrauchs-Anleitungen**). Immer gilt: **Je weniger gehirn-gerecht das Material, desto dümmer kommt sich der arme Empfänger vor, oder er hält das Material für „zu schwer". Und umgekehrt: Ist es gehirn-gerecht, dann wird es leicht verstanden, und die Zeit vergeht allen Beteiligten wie im Fluge** (z.B. bei gehirn-gerechten Unterrichtsstunden, Vorträgen etc.).

* Meine ursprüngliche Bezeichnung lautete brain-friendly (USA, 1969/1970), später für den deutschen Sprachraum gehirn-gerecht©, später folgten hersenen-vriendelijk (1985, NL) und cerveau-phile (1988, F). Inzwischen ist der deutsche Begriff ins allgemeine Vokabular eingegangen, wobei viele, die ihn benutzen, nicht wissen, was ursprünglich damit gemeint war.

** Derzeit macht sich (auch) bei hochpreisiger SOFTWARE die Gewohnheit breit, Handbücher nur noch elektronisch beizulegen (so daß jeder einzelne Kunde theoretisch Hunderte von Seiten ausdrucken und ungebunden nutzen muß). Offizielle Begründung: Die meisten User würden Handbücher nicht lesen. Tatsache ist jedoch, daß Studien das Gegenteil gezeigt haben (vgl. Karen A. Shriver: Dynamics in Document Design – Creating Text for Readers).

2. Gehirn-Jogging© (abgekürzt: GeJo; nach Prof. Bernd Fischer, Dr. Wolfgang Eisenhauer und Dr. Siegfried Lehrl):

Diese 1981 entwickelte Trainings-Art soll das **Gehirn besser durchbluten.** GeJo-Aufgaben leisten für die **Fitneß des Hirns** ähnliches wie **Gymnastik** für die körperliche Fitneß. Die **GeJo-Aufgaben** sollen den Arbeitsspeicher erweitern und die Intelligenzleistung steigern. Als Zusatzeffekt wird das logische und kreative Denken gefördert.

3. NEUROBICS© (nach Katz)

Das ist das Thema dieses **Trainings-Moduls**. Dieser „griffige" Be-GRIFF des Hirnforschers Professor Lawrence C. Katz wurde aus *NEURONEN* (= Gehirnzellen) und ***AIROBICS*** zusammengesetzt, aber im Deutschen können wir den Wortteil NEU tatsächlich auch mit *NEU* assoziieren, wie wir noch sehen werden.

Überträgt man die Autobahnanalogie aufs Hirn, heißt das: Wer vorwiegend früher erstellte Daten-Autobahnen im Gehirn benutzt, wird mit ernsten Abnutzungs-Erscheinungen im Alter rechnen müssen. Früher meinte man, das Gehirn müsse zwangsläufig mit dem Alter verfallen (sogenannte Alters-Demenz); inzwischen wissen wir, daß über 80 % der „verfallenden" Gehirne Leuten gehören, die seit langem keine neuen Daten-Autobahnen mehr gebaut haben!

Der amerikanische Neuro-Biologe (Duke University Medical Center) arbeitete früher u.a. mit Nobelpreisträger Dr. Torsten Wiesel an der Rockefeller University zusammen. Seine Kern-Kompetenz liegt auf dem Gebiet des Säugetier-Cortex (über 50 Fach-Publikationen hierzu). Zusammen mit dem Profi-Schreiber Manning Rubin kreierte er ein leicht lesbares, durch Zeichnungen angereichertes Büchlein mit dem bezeichnenden Titel: *Keep Your Brain Alive (= [So] Halten Sie Ihr Gehirn am Leben).** So heiter das Büchlein daherkommt, so klar ist doch die Botschaft: ***Use it or lose it!*** (Was wir nicht nutzen, verlieren wir). Dies gilt insbesondere für Säugetier-Gehirne (also auch für unsere), denn der komplexe Metabolismus im Hirn muß ständig aufrechterhalten bzw. neu aufgebaut werden, um optimal zu funktionieren! In Anlehnung an meine Metapher der Daten-Autobahn im Hirn (⇝ vgl. Modul *Lernkurven gefällig?*, S. 68 ff.): Wenn Autobahnen nicht gewartet werden, verkümmern zuerst ihre weißen Linien, dann ihre Oberflächen, somit kann man dann nur noch **langsam** über waschbrettartige **Wellenstrecken** und **Schlaglöcher** reisen.

* Auf Deutsch ist das Buch 2001 unter dem Titel *Neurobics – Fit im Kopf* bei Goldmann erschienen.

Deshalb unterscheide ich ja (seit 1979) zwischen Gehirn-**Besitzern** (die es im Schädel spazierentragen) und Gehirn-**Benutzern**, die dieses phantastische Instrumentarium im Kopf aktiv **nutzen**. Dazu gehört nun eben auch **Training**, wobei Sie viele Anregungen für Trainings-Aufgaben zu Gedächtnis und „Gehirn-Gerechtigkeit" in allen anderen T-Modulen finden, denn in diesem Modul geht es um den KATZschen Ansatz der NEUROBICS©!

KATZs Kernthese lautet: Wenn wir uns mit einem für uns NEUEN (oder außergewöhnlichen) Thema befassen (wie auch jedes Erlernen einer NEUEN Tätigkeit oder Ausübung einer leicht veränderten Tätigkeit, vgl. FLOW©, S. 37 ff.), ist dies das beste (Anti-Alzheimer-)Training, das es gibt. Denn es hält im Wortsinn unser Gehirn lebendig!

Wir wissen schon lange, daß die meisten Alzheimer-Patienten sich in den letzten 10 bis 15 Jahren vor **Ausbruch** der Krankheit mit nichts wesentlich Neuem befasst hatten. Zwar wurde dies manchmal bestritten, wenn z.B. ein betroffener Manager behauptete: „Tagtäglich habe ich mich mit NEUEN INFOS befaßt!", aber er hatte genaugenommen **immer dieselben Daten-Autobahnen benutzt,** auf denen jeweils **andere Autos (= Detail-Infos)** entlangfuhren. Ein Training für gute Gehirn-Leistungen im Alter aber bedeutet, daß wir **ständig neue Bahnen bauen müssen!** Nicht neue Details zu alten Themen machen unser Gehirn fit für unsere eigene persönliche Zukunft*, sondern **neue Themen/Tätigkeiten;** sonst geht die Fähigkeit, überhaupt neue Gedanken zu denken, verloren!

Der Witz ist: Wer sich zu lange nicht mit wirklich neuen Dingen befaßt, so daß in diesem Gehirn zu lange keine neuen Autobahnen mehr „asphaltiert" wurden, muß damit rechnen, daß sein (ihr) Gehirn zuerst damit beginnt, die Bau-Materialien (für Autobahnen) wegzuräumen. Sie sehen, wie gigantisch unsere Kapazität ist, weil wir diesen Abbau 10 bis 15 Jahre lang überhaupt nicht bemerken! (Darum dachte man früher, Alzheimer hätte eine Inkubationsphase von 10 bis 15 Jahren.) Wenn von diesen Baumaterialien nichts mehr da ist, dann werden die Asphaltstraßen selbst auf- und abgerissen, und nun beginnen die Verfalls-Prozesse aufzufallen ...

Es gibt eine Szene bei Lewis CARROLL *(Alice hinter den Spiegeln)*. Da ruft die kleine Alice völlig entsetzt aus: *„Aber das ist ja **unglaublich!**"* und die Königin erklärt:

> *„Kindchen, du scheinst darin keine Übung zu haben; man muß **trainieren, unglaubliche Dinge zu glauben.** Als ich in deinem Alter war, da habe ich fleißig trainiert, und manchmal schaffte ich es noch vor dem Frühstück, sechs unglaubliche Dinge zu glauben!"*

Danah ZOHAR und Ian MARSHALL machen uns (in ihrem Buch *Quantum Society – Mind, Physics, and a New Social Vision*) darauf aufmerksam, daß die meisten von uns dazu neigen, sich mit Alice zu identifizieren, und die Forderung, **regelmäßig Unglaubliches zu glauben, als**

* Zwar brauchen wir auch diese, weil so neue Fäden ins Netz einge-BUND-en werden, was Begreifen und Merken in Zukunft erleichtert, aber in diesem Modul geht es um physiologische Fitneß im Alter!

absurd verwerfen. Sie schlagen jedoch vor, zu lernen, den Standpunkt der Königin einzunehmen, denn etwas überspitzt ausgedrückt können wir konstatieren: **Ein Gehirn, das nur noch „Glaubliches" zu glauben vermag, ist schon halb tot ...** Kein Wunder, daß auch Katz unterstreicht: *NEUROBICS©* halten unser Gehirn **lebendig**. Deshalb möchte ich Sie einladen, möglichst oft zu trainieren, NEUE Ideen kennenzulernen. Dabei werden Ihnen so manche Thesen begegnen, die Sie zunächst für „total unglaublich" halten. Wiewohl Sie solche unglaublichen Dinge nicht unbedingt **glauben** müssen, sollten Sie m.E. zumindest **lernen**, sie für **theoretisch denkbar** zu halten!

Die meisten Menschen haben panische Angst davor, einen Gedanken zu denken, der **nicht in ihr Weltbild hineinpaßt,** für den sie also noch keine bevorzugte Nervenbahn (= Daten-Autobahn) besitzen; **deshalb** macht er ihnen Angst. Und: **Je weniger geübt jemand darin ist, neue Gedanken zumindest denken zu dürfen** (sprich, einen entsprechenden *Trampelpfad* entlangzugehen), **desto mehr Angst hat er.**

Der amerikanische Mediziner Bernie Siegel stellt fest, wie sehr Menschen ihren Überzeugungen verfallen sind: „Wenn man jemanden von seiner Überzeugung abbringen will, dann verhält er sich wie ein Süchtiger."

NEUROBICS© in der täglichen Praxis

Der Schlüsselgedanke ist **„neu": Neue** Daten-Autobahnen im Gehirn durch **neue** Gedanken oder **neue** Verhaltensweisen. Zu diesen zählen auch Sinneswahrnehmungen, z.B. ein ganz neuer Geruch oder ein **unbekanntes** Nahrungsmittel bietet unseren Sinnesorganen neuen Duft/Geschmack. Aber wir können unsere Sinne auch anders schärfen und **neue** Nervenbahnen aufbauen, indem wir z.B. „blinde Kuh" spielen und alltägliche Tätigkeiten (wie die Türe aufsperren, hineingehen und den Lieblingssessel aufsuchen) **blind durchführen.** Ähnlich ist das alte Kinderspiel, indem wir einen Beutel mit diversen Alltags-Gegenständen füllen und dann in diesen hineingreifen und den richtigen (blind) herausholen wollen. Solche u.ä. Aufgaben dauern jeweils nur **wenige** Minuten, bringen aber immens viel. Daraus leiten sich folgende Variations-Möglichkeiten ab (das Büchlein von Katz bietet Ihnen 83 konkrete Ideen an, die man „nachspielen" kann, wobei diese in Ihnen beim Lesen weitere Ideen auslösen werden). Hier nur ein Überblick:

1. **Neues für die Sinne – neue Wahrnehmungen:** Trinken Sie ein Getränk, das Sie noch nie probiert haben (Papaya-Saft?), essen Sie Neues (schon einmal Sushi probiert?), riechen Sie regelmäßig Neues (Duftstoffe, auch in neuen Kombinationen, z.B. zum Aufwachen, statt Kaffee-Geruch).

2. **Neues für die Sinne – Sinnes-Verlagerungen:** Wenn Sie einen Sinn ausschalten (Ohrstöpsel oder Augen verbinden), dann können etablierte Nervenbahnen nicht „normal" genutzt werden, also verlagert das Gehirn seine Wahrnehmungs-Tätigkeit, und Sie gewinnen neue Nervenbahnen, während Sie sich dem milden Nervenkitzel dieses Spiels aussetzen. **Leichter geht es nicht!**
3. **Neue Tätigkeiten lernen:** Lernen Sie ein neues Hobby oder eine neue Sportart, ein Musikinstrument, neue Lieder oder entdecken Sie einige der Tätigkeiten, die Ihr Lebenspartner **regelmäßig** ausführt, das kann ganz spannend werden ...
4. **Neue Aspekte an alten Tätigkeiten entdecken – aus Routinen ausbrechen:** Jede Routine, aus der Sie bewußt „herausfallen", zwingt Ihr Gehirn aus alten Nervenbahnen „heraus". So können Sie z.B. einen völlig neuen Weg zur Arbeit wählen (vgl. auch S. 38 f. des *Flow*-Moduls). Deshalb betone ich gerne: Jede echte *HERAUS-Forderung* zwingt uns aus alten Denk- und Verhaltens-Bahnen (= bevorzugte Nervenbahnen) HERAUS, sonst sprächen wir ja von der *HINEIN-Forderung!* Eben deshalb stellt jede *HERAUS-Forderung* ein so gutes Gehirn-Training dar!
5. **Neue Varianten alter Tätigkeiten entwickeln (trainieren):** Perfektionieren Sie ein altes Hobby, eine Sportart, ein Spiel ... Lawrence C. Katz trainiert sein Hirn u.a. mit **Fliegen** und mit **Fliegen-Fischen,** wobei „Fliege" in diesem Zusammenhang eine von Hunderten möglicher Köder-Arten beschreibt. Deshalb gilt Fliegen-Fischen in den USA als eine der „professionellsten" Arten zu angeln; auch für Laien (deshalb sein Wortspiel von *Fliegen und Fliegen-Fischen ...)*

PS: Neue Gedanken: KATZ geht auf das Denken neuer Gedanken so gut wie nicht ein. Zwar schlägt auch er vor, **neue Sprachen zu lernen,** weil dies gutes Training sei, aber sein Buch ist vorwiegend auf Sinneswahrnehmungen bezogen und handlungsorientiert. Das zeigen auch seine Kapitel-Einteilungen *(z.B. Nach der Arbeit, Auf dem Weg zur Arbeit ...).* Er hilft uns, **bestimmte Tagesabläufe durch Veränderungen zu Trainings-Einheiten zu machen, die wir ohne großen Zeitaufwand nebenher absolvieren können.** Aber seit man weiß, daß **Gedanken** neurophysiologisch wie **Sinneswahrnehmungen** „ablaufen", es also **auch für Ideen bevorzugte Nervenbahnen gibt,** gilt auch das Aufbrechen alter Gedankenbahnen oder der Aufbau völlig neuer Ideen-Bahnen als Gehirn-Training. Somit können Sie entscheiden, ob Sie zusätzlich zu den **sinn- und körperlichen NEUROBICS©-Übungen** auch **geistige** in Ihr Training einbeziehen wollen ...

T – Parallel-Lernen

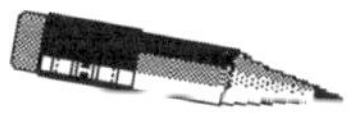

(Bitte ankreuzen)

	ja	nein
1. Würden Sie gern einen spannenden TV-Film sehen*, während Sie *gleichzeitig* etwas lernen?	☐	☐
2. Hören Sie gerne *nebenbei* Radio/CDs?	☐	☐
3. Neigen Sie dazu, beim Fernsehen nebenbei noch etwas zu tun (z.B. Hand- oder Bastelarbeiten, Aufräumen, in einer Illustrierten blättern, lesen, mit anderen Menschen sprechen etc.)?	☐	☐
4. Denken Sie beim Selbstfahren (Auto, Motorrad, Fahrrad) häufig an Dinge, die mit Ihrer Fahrt nichts zu tun haben?	☐	☐
5. Können Sie einem Menschen aufmerksam zuhören, gleichzeitig jedoch bereits über Ihre Antwort nachdenken?	☐	☐
6. Möchten Sie dieses phänomenale Instrument in Ihrem Schädel möglichst optimal (aus-)nutzen?	☐	☐

Falls Sie keine einzige Frage eindeutig mit „Ja" beantworten konnten, dann überspringen Sie diesen Abschnitt.

Aha, Sie lesen ja doch weiter ... Sie wollen mehr wissen! Prima. Es gilt jetzt, drei Fragen abzuklären:

1. Wie und warum funktioniert Parallel-Lernen überhaupt?
2. Welche Arten von Informationen sind dazu geeignet?
3. Wieviel Lernen ist sinnvoll?

Wieviel Lernen ist sinnvoll?

Beginnen wir gleich mit der letzten Frage: *Wieviel Lernen ist sinnvoll?* Im Seminar wird oft die Frage gestellt, ob man denn nicht alles, also auch das Lernen, übertreiben könne. **Antwort:** Solange jemand mehr Lernstoff bewältigen will (oder muß), als Zeit zur Verfügung steht, ist jede Technik, die effizienteres Lernen ermöglicht, sinnvoll! Das kann vor *Prüfungen* der Fall sein, und das gilt

* Sicher können Sie auch „Jein" sagen, aber versuchen Sie bitte festzustellen: Neigt Ihr „Jein" in diesem Fall eher zu Ja oder zu Nein?

auch für Menschen, für die *Lernen eine Notwendigkeit* ist (wie für andere Sport oder ein Hobby)! Wenn man jedoch nur wenig lernen will (z.B. Hausaufgaben), gilt: Je effizienter Ihre Technik, desto eher ist dieser begrenzte Lernstoff „geschafft", d.h. desto mehr **Zeit haben Sie für andere wichtige Dinge!** Also spricht doch absolut nichts gegen Parallel-Lernen, oder?

Welche Art von Information kann per Parallel-Lernen gelernt werden?

Antwort: *Jede Art von Information, die Ihre Allgemeinbildung erweitert* (selbst wenn Sie diesen Stoff für einen Kurs lernen), also Mitschnitte von Schulfunk- oder Dokumentar-Berichten in Radio oder Fernsehen (Audio genügt meist). Auch gibt es zu einigen Wissensgebieten interessante CDs zu kaufen. Außerdem kann man sich wichtige oder faszinierende Informationen aus Lehr- oder Sachbüchern und Artikeln „auf Band" lesen (lassen). Last not least kann man via Parallel-Lernen *Sprache* und *Fremdsprachen* lernen. Mit *Sprache* ist Ihre Muttersprache gemeint: Wenn Sie Passagen von Autoren, deren Sprache Ihnen besonders gefällt, öfter anhören, dann werden neue Wörter und Wendungen, die Sie bisher zwar (passiv) verstanden, aber kaum angewendet haben, Teil Ihres *aktiven Vokabulars.* Oder wenn Sie sich Stellen aus Texten über Sprache (z.B. Wolf Schneider: *Wörter machen Leute,* s. Literaturverzeichnis) „auf Band" lesen, dann wird Ihr Gefühl für Sprachmechanismen zwangsläufig geschärft.

Wenn man bedenkt, wie viele Menschen, deren Denk-*Instrument* die **Sprache** eigentlich sein sollte (denken, sich mitteilen, delegieren, motivieren, entscheiden, verhandeln), sich „wischi-waschi" und/oder grammatikalisch falsch ausdrücken ... Und wenn man weiter bedenkt, daß Sprache maßgeblich von *den* Vorbildern beeinflußt wird, die man *häufig* hört (liest), dann ist klar, daß regelmäßiges Hören um so erfolgreicher sein wird, je besser die „Vorlagen" sind, die Sie wählen.

Was nun „Sprachen", also **Fremdsprachen*** angeht, so gilt: Je öfter Sie kleine Szenen, Dialoge oder Geschichten hören, desto besser ist es natürlich! Aber vergessen Sie nicht, daß Radio- oder TV-Mitschnitte, deren Inhalt Sie noch gar

* Details entnehmen Sie bitte meinem Taschenbuch *Sprachenlernen leichtgemacht (31. Aufl. 2006)* – hier ist Vokabel-Pauken verboten!

nicht verstehen, auch hervorragend geeignet sind: Damit verschaffen Sie sich ein wenig die Atmosphäre des Landes, dessen Sprache Sie lernen; *Ihre rechte Hirnhälfte wird immer vertrauter mit den typischen Klangbildern Ihrer Zielsprache,* und plötzlich merken Sie, daß Sie bestimmte kurze Wörter schon begreifen. Also: **Jedesmal, wenn Sie Ihre Zielsprache hören, auch wenn Sie (noch) nicht alles verstehen, ist dies ein Mini-Urlaub in dem Land!**

Warum funktioniert Parallel-Lemen überhaupt?

Antwort: Um das Prinzip zu verstehen, ist es hilfreich, das Denk-Modell linkes und rechtes Him aus dem „alten" *Stroh im Kopf?* zur Hilfe zu nehmen (⇝ vgl. auch Anhang, S. 257 ff). Herr Links arbeitet linear, Schritt für Schritt, detailliert. Er muß sich konzentrieren, d.h., er wendet sich einer Sache **ganz** zu. Nun ist die linke Hirnhälfte aber auch für **Sprache** zuständig, und unser **bewußtes Denken** ist nichts anderes als ein *Monolog des Herrn Links.* Dadurch kommt es zu einer unzulässigen und gefährlichen Schlußfolgerung (siehe nebenstehender Text), die uns sehr behindern kann, weil wir sie im Sinne der berühmt-berüchtigten selbsterfüllenden Prophezeiung immer wieder „wahrmachen" werden.

Da man mit Worten jeweils nur über *einen* Vorgang (gleichzeitig) nachdenken kann, schlußfolgern wir fälschlicherweise, daß man nur einen Vorgang gleichzeitig ausführen kann!

Deshalb verbieten wir unseren Kindern, bei Mathematik-Aufgaben Radio zu hören! Oder wir ärgern uns über eine Freundin, die während eines Gesprächs mit uns ein kompliziertes Muster strickt. Oder wir lassen nicht zu, daß ein Kind an seinem Flugzeug weiterbastelt, wenn wir mit ihm reden wollen. (Schau mich an, wenn ich mit dir spreche!).

Tatsache aber ist, daß man sehr wohl **mehrere Dinge gleichzeitig tun kann.** Nur: In Worte fassen läßt sich dies nicht sehr gut. Denn hier arbeitet Herr Rechts kräftig mit, der aber kann sich sprachlich (fast) nicht ausdrücken!

Wie „geht" Parallel-Lernen nun genau?

Antwort: Sie werden zwei Dinge gleichzeitig tun: die sogenannte HAUPTSACHE und den sogenannten HINTERGRUND. D. h. **nicht**, daß die **Hintergrund-Tätigkeit** weniger wichtig wäre, sondern: **Ihre Konzentration wird durch die Hauptsache beansprucht, damit** der Hintergrund ins **Unterbewußtsein** dringen kann. Denn das sogenannte Unterbewußtsein ist weitgehend mit der rechten Hirnhälfte identisch! Also geht es wieder einmal darum, beide Hirnhälften **gemeinsam** arbeiten zu lassen. Wenn Sie nun bewußt **sowohl** ein Fachbuch lesen als auch die Nachrichten im Radio hören wollten, dann bekämen Sie höchstwahrscheinlich Probleme*. Würden die Nachrichten jedoch im HINTERGRUND laufen, dann wären Sie erstaunt, wie viele Informationen Sie „ganz nebenbei" einspeichern!

Material: Sie benötigen ein Kassettengerät mit einem *offenen* Kopfhörer (der Umweltgeräusche durchläßt). Des weiteren benötigen Sie eine Tonkassette mit Lerninformationen. Dies könnte natürlich auch eine Sprachkassette sein. Wenn wir *Kassette* sagen, ist immer ein bespielbarer Tonträger gemeint, egal, welche moderne Technik (z.B. CD) Sie nutzen.

Die einzige, aber sehr wichtige „Spielregel": Sie dürfen keinesfalls versuchen, dem Inhalt der Tonkassette zu folgen! Konzentrieren Sie sich ausschließlich auf die Hauptsache (also in unserem Beispiel auf den TV-Film)!

Vorgehen: Als HAUPTSACHE soll uns zunächst ein spannender TV-Film dienen: ein Krimi, Thriller, Western – jedenfalls ein Film, der Ihre Aufmerksamkeit voll in Anspruch nehmen kann. Gleichzeitig läuft die Kassette, allerdings so leise, daß Sie mühelos den Filmdialogen folgen können, ohne sich gestört zu fühlen.

Für die Leser/innen, die zunächst noch skeptisch sind, schlage ich folgenden Test vor: Besorgen Sie sich eine Tonkassette mit einem Inhalt, der für Sie so neu wie möglich ist, z.B. eine Schulfunksendung über eine Person, deren Name Ihnen völlig unbekannt ist. Testen Sie dann die Methode, indem Sie diese Kassette extrem leise parallel laufen lassen. Anschließend hören Sie sich diese Kassette einmal „echt" an (z.B. im Auto, im Badezimmer, also neben einer Tätigkeit, die kaum Worte erfordert), und Sie werden feststellen: Es klingt vieles vertraut! Sie haben wirklich das Gefühl, große Teile schon einmal gehört zu haben. An manchen Stellen „wissen" Sie Einzelheiten, ehe diese auf der Kassette gesagt werden, weil Sie beim Parallel-Lernen eine Menge Informationen aufgenommen hatten, ohne es zu merken!

Wenn Sie Ihre ersten Experimente hinter sich haben, dann werden Sie feststellen, daß die *Haupttätigkeit* eine zweite Lerntätigkeit sein kann. So könnte man bewußt (HAUPTSACHE) Mathe-Aufgaben lösen, während im HINTERGRUND die Englisch-Lektion erklingt. Oder man liest bewußt (HAUPTSACHE), während im HINTERGRUND Informationen zu einem anderen Thema laufen. So läuft bei mir oft Video, während ich Artikel/Bücher schreibe.

---

* Allerdings haben Untersuchungen unseres Instituts gezeigt, daß manche Leute diese Fertigkeit durch Training sehr wohl erlangen können; sogar drei Dinge können bewältigt werden, wenn die Versuchsperson stark motiviert ist und regelmäßig trainiert!

Frust? Wenn Parallel-Lernen Sie aufregt, dann lassen Sie es sein!

Menschen, denen man zu lange eingeredet hat, man könne nur eine Sache auf einmal tun, werden durch Parallel-Lernen oft so nervös, daß sie weder die HAUPTSACHE noch den HINTERGRUND aufnehmen können.

Falls Sie dazugehören:

Verzichten Sie auf Parallel-Lernen, aber reden Sie es bitte anderen nicht aus, die (intuitiv) dazu gefunden haben. Wenn Ihre Kinder bei den Hausaufgaben die Hitparade hören wollen, lassen Sie sie bitte! Oder wenn Ihr Partner beim Fernsehen lesen will: Werden Sie nicht „sauer"!

Übungen

Falls Sie das Gefühl haben, das Parallel-Lernen könnte für Sie durchaus in Frage kommen, Sie aber anfangs noch Probleme haben, dann können Sie durch folgende Übungen Ihre Fähigkeiten zum Parallel-Lernen erhöhen:

Übung 1 Fernsehen:

Schalten Sie beim Fernsehen regelmäßig auf einen zweiten Sender um, so daß Sie quasi zwei Fernsehsendungen parallel sehen. Diese Übung zeigt Ihnen, daß Ihr Gehirn **durchaus** in der Lage ist, zwei Gedankenketten parallel (gleichzeitig) zu verfolgen.

Übung 2 Radio:

Hören Sie Radio (z.B. Nachrichten) und fertigen Sie gleichzeitig eine Abschrift an, z.B. einer Sprachlektion oder eines Zeitungsartikels. Sie können sich auch einige Nachrichtensendungen mitschneiden, damit Sie ca. zehn Minuten lang an einem Stück üben können. Außerdem sind Sie dann nicht an die Zeiten gebunden, in denen Nachrichten gesendet werden!

Übung 3 Musik:

Wenn Sie musikalisch sind, dann versuchen Sie doch einmal, den Text eines Liedes zur Melodie eines anderen zu singen!

Fazit:

Parallel-Lernen nützt die Fähigkeit des Gehirns, parallel vorzugehen, aus. Daher ist es gehirn-gerecht und hilft uns, unsere Fähigkeiten besser zu entwickeln.

Interessanterweise berichten Seminarteilnehmer über einige Aspekte, die anscheinend zufällig – als Nebenprodukt von Parallel-Lernen – auftauchen. Sie sehen also, es lohnt sich durchaus, es zumindest einmal zu probieren:

1. Sie können sich nach den ersten Wochen mit Parallel-Lernen weit besser konzentrieren, wenn Sie normal arbeiten!
2. Sie können einen Gedankengang „halten", wenn Sie plötzlich durch das Telefon oder einen Menschen (Kollegen/Kunden), der in Ihr Zimmer kommt, unterbrochen werden!
3. Sie können auf mehreren Ebenen gleichzeitig denken, also z.B. sowohl die praktische als auch die theoretische Entwicklung eines Vorgangs gleichzeitig bedenken!
4. Sie werden ein besserer Kommunikationspartner, weil Sie sowohl gezielt zuhören als auch Gedanken verfolgen können, die durch die Rede des Partners ausgelöst wurden. (Während die meisten Menschen **entweder** zuhören **oder** selbst nachdenken können!)

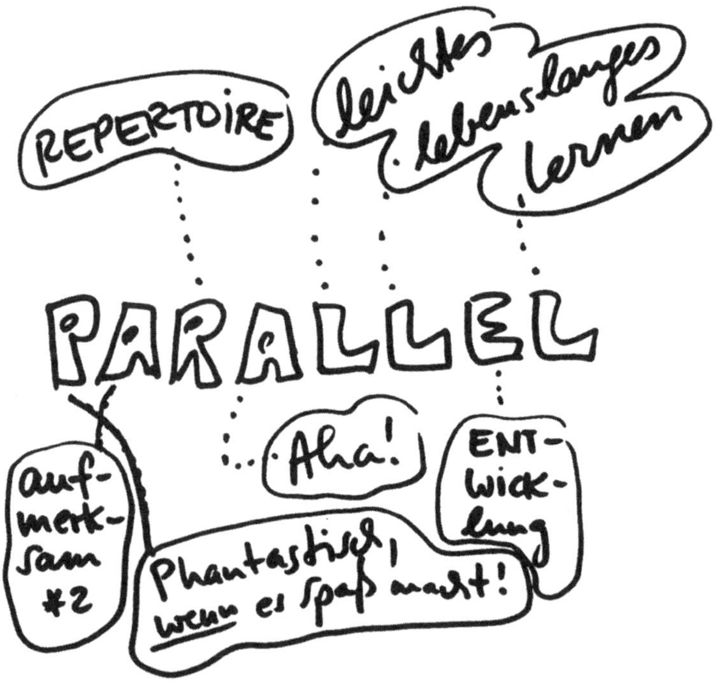

T – Positive Formulierungen

Vorstellungen sind eine Denk-Hilfe fürs Begreifen und Merken; sie sind auch ein starkes Werkzeug (um nicht zu sagen eine gefährliche Waffe), wenn es darum geht, andere Menschen zu beeinflussen. Sei dies nun im positiven Sinne (Motivation) oder im negativen Sinne (Manipulation, Propaganda). Deshalb lohnt es sich, hierüber nachzudenken.

Auch wenn Sie eine Anweisung (an sich oder andere) geben (oder wahrnehmen), machen Sie sich (unbewußt) Vorstellungen. Wiewohl Sie diese meist nicht als „Bild" wahrnehmen, beeinflussen sie Ihr Denken enorm! Beispiel:

Als Vorbereitung für spätere „Schubladen" hatte ich auf meiner Website lange den Hinweis: „Nicht öffnen". Natürlich klickte jede/r sofort und öffnete die Türe. Ähnlich ist es, wenn ich Sie bitten würde, 14 Sekunden lang **keinesfalls** an ein türkises Hochzeitskleid zu denken.

Vorprogrammierte Fehler bei der Delegation

Diese Erkenntnis ist auch wichtig, wenn Sie *delegieren.* Angenommen, Sie erklären Ihrer ganzen Abteilung: *Also, bei dem neuen Fotokopierer ist vieles wie beim alten, aber Sie dürfen nie den Regler für die Kopiengröße hier (deutend) drehen, während der Wagen noch rüberläuft. Okay?* Hier wird man Ihnen ernsthaft zunicken; aber die Gefahr, daß morgen genau das passiert, ist ziemlich groß!

Motivation

Ist dies einer der Gründe, warum wir im Deutschen so furchtbar viele Verbote (Eintritt verboten) haben (müssen?). Anscheinend wird durch die negative Formulierung das Bild des Verbotenen heraufbeschworen und damit vielleicht auch der Impuls ausgelöst. Überlegen Sie einmal, welche Vorstellungen hier ausgelöst werden:

Negativ:	**Positiv:**
Rasen **nicht** betreten	Bitte Spazierwege benutzen
Unpünktlichkeit vermeiden	Bitte pünktlich sein
Nicht waschmaschinenfest	Nur mit der Hand waschen
Nichts vergeuden	Sparsam sein
Nicht zu lange reden	Fasse dich kurz!

Überlegen wir weiter:

⊖ Wenn du deinen Spinat nicht ißt, darfst du später nicht fernsehen.

⊕ Wenn du deinen Spinat ißt, dann darfst du nachher auch femsehen.

⊖ Wenn Sie Ihr Soll nicht schaffen, bekommen Sie natürlich keinen Bonus.

⊕ Nur wer sein Soll übertrifft, hat Anrecht auf einen Bonus.

⊖ Willst du nicht endlich weniger essen?

⊕ Möchtest du ein wenig abnehmen?

Sie sehen, worauf ich hinauswill: Wählen Sie positive Formulierungen!

Aufgaben

1. Notieren Sie bitte alle Anweisungen, Verbote u.ä., die Sie regelmäßig von sich geben (an Kinder, Partner, Mitarbeiter, Kollegen).
2. Sammeln Sie einmal vier Wochen lang solche Anweisungen in Ihrem Umkreis. In Firmen sollte man auch die Anweisungen überprüfen, die Kunden regelmäßig gegeben werden (z.B. bei Einweisungen am Gerät).
3. Überprüfen Sie auch schriftliche Anweisungen (Memos, Briefe an Kunden, Gebrauchsanleitungen). Oft wimmeln diese von negativen FORM-ulierungen.
4. Fragen Sie sich, ob es sich für Sie lohnt, positive FORM-ulierungen zu üben. Es ist nämlich auch eine Geisteshaltung; nicht nur „Grammatik" …

Es lohnt sich wirklich, wenn man Zeit (Energien, Ärger) sparen und besser kommunizieren* möchte.

---

* Weitere Anregungen finden Sie in meinem Taschenbuch *Kommunikationstraining*.

T – Rhetorik und Prüfungen

In diesem Trainings-Modul möchte ich Ihnen u.a. klarmachen, daß die **gehirn-gerechte (und professionelle) Vorbereitung** für eine **Rede** oder eine **Prüfung** identisch sein können! In beiden Fällen soll man später (wenn alles gut läuft) sein Material kennen und „vortragen" können. Ob schriftlich oder mündlich – je besser Sie Ihr Thema beherrschen, desto besser werden Sie abschneiden!

Deshalb bietet Ihnen dieses Trainings-Modul zwei Ansätze an:

1. **Die professionelle Vorbereitungs-Methode,** die ich von 1967 (an der Uni in Amerika) bis 1980 (inzwischen Seminarleiterin) Schritt für Schritt entwickelte und der ich meinen Ruf als Rednerin und meine Mitgliedschaft in der NSA (National Speakers Association, USA) verdanke. Ich habe sie seither immer sowohl zum Lernen als auch zum Vorbereiten rhetorischer „Bausteine" verwendet – ja, oft wußte ich zum Zeitpunkt des Lernens noch gar nicht, ob ich dieses Thema jeweils öffentlich referieren würde (wie in den ersten fünf Jahren meiner Studien zur Quanten-Physik).
2. **Einige wenige Rhetorik-Übungen,** die für mich zum **absoluten Minimum** gehören, wenn man **als „freie/r" Redner/in** agieren möchte – im Gegensatz zum Typ *Vorleser/in* (wobei viele nicht einmal gut ablesen können!).

Professionelle Vorbereitung: Steine-im-(Rede-)Fluß©

Vielleicht haben Sie von Leuten gehört, die über Wasser wandelten, weil sie wußten, wo die Steine im Fluß lagen. ***Steine-im-Fluß***© ist meine Metapher (mein Denk-Bild) für **Wissens-Module** in Ihrem Vortrag.* ***Steine-im-Fluß***© beschreibt **Informations-Einheiten,** die „von Wasser bedeckt" sind (z.B. **neue Infos** in Ihrem Vortrag/Seminar). Nun wissen wir, daß Neues unter Druck (oder Lampenfieber) leicht „abhanden" kommen kann, weil **neue Nervenbahnen bei Streß im Nebel „verschwinden".**

---

* Dies ist der leicht geänderte Text aus meinem Buch *Rhetorik – Redetraining für jeden Anlaß.*

Deshalb bietet Ihnen meine Strategie der *Steine-im-(Rede-)Fluß*© **die nötige Sicherheit,** denn **Sie** wissen genau, wo sich (unter der Wasseroberfläche) Ihre **besten *Steine*** befinden. Daher geben Ihnen diese **gut präparierten** Wissens-Module **jederzeit sicheren „Halt"** (in Ihrem Rede-**Fluß**). Je mehr ***Steine***, desto mehr Sicherheit ...

Zwischen den Steinen im Fluß *fließt* natürlich Wasser. Wenn Sie z.B. gerade (*fließend*) frei sprechen und plötzlich merken, daß Sie im Begriff sind, „ins Schwimmen" zu geraten, dann können Sie **jederzeit** auf einen dieser ***Steine*** hüpfen und **die Sicherheit zurückerlangen,** die Sie jetzt benötigen. Dasselbe gilt, wenn Sie merken, daß Sie den roten Faden verlieren und „uferlos" zu schwatzen beginnen: Der rettende **Sprung** auf einen **bekannten Stein** bringt immer **auch** die Ufer (das Rahmenthema) wieder ins Blickfeld.

Ich stelle diese Strategie seit über zwei Jahrzehnten vor, es ist mein Weg. So gehe ich **immer noch** de facto (fast) täglich vor. Das wollen viele Kollegen/innen kaum glauben, weil sie die **falsche Vorstellung** hegen, wer es einmal als Redner geschafft hätte und, wie Ich, zu den Top-Leuten gehört, die lange ausgebucht und „sehr teuer" sind, der müsse sich nie mehr anstrengen. Ich werde diese Einstellung nie begreifen!

Merke: Neue Infos sind für alle Redner so lange „schwierig", wie sie ihnen noch nicht vertraut sind. Ob die Redner bereits bekannt, berühmt oder völlig unbekannt sind, hat mit dem leidigen Problem, daß Neues im Vortrag zunächst anstrengend ist, absolut nichts zu tun!

Ich kann nur immer wieder betonen: Wenn Sie sich auf einem Gebiet „hervortun" wollen (oder zu müssen glauben), dann entscheiden Sie, **wie professionell Sie es angehen wollen.** Im folgenden stelle Ich Ihnen meinen Weg vor, der **gehirn-gerecht zum Erfolg** führt, so man ihn Schritt für Schritt geht. Die Entscheidung, ob Ihnen das zu „mühsam" ist, treffen Sie!

Da ich jedes Jahr mehrere neue Vorträge (oder Seminar-Module) vorstelle, platziere ich jedes Jahr neue ***Steine-im-(Rede-)Fluß***©, die erst später „poliert" werden. Wobei auf diese Weise im Laufe der Zeit eine **Menge *Steine*** zusammengekommen sind; **das zahlt sich aus,** z.B. wenn man **live** Fragen von Leserinnen beantwortet (vgl. meine DVDs *Vera F. Birkenbihl antwortet* ...). Beim Plazieren eines neuen ***Steines*** gehe ich wie folgt vor:

Schritt 1:

Ich notiere **erste Stichworte** und **Grundgedanken**. Dabei entstehen natürlich jede Menge ANALOGRAFIEN© (⟿ vgl. *ANALOGRAFFITI*©, S. 23 ff.), die mir oft faszinierende neue (weiterführende) Einsichten anbieten, die wiederum zu neuen Stichworten werden können usw..

Zu diesem Zeitpunkt lege ich mir auch interessante Zitate zurecht, die ich vielleicht zitieren (oder paraphrasieren) möchte, und sammle weitere Materialien. Dies kann alles mögliche sein, von Zeitungs- oder Magazin-Ausrissen, fotokopierten Seiten mit Textstellen (für Zitate) über jede Menge**KaWa**©s und **KaGa**©s (⟿ Vgl. *ANALOGRAFFITI*©, S. 23 ff.) bis zu einem Buch über Zaubertricks, wenn ich einen der Tricks als **gehirn-gerechten Einstieg in ein neues Modul** (= einen ***Stein im Fluß***) verwenden will u.ä.

Man nennt heute gerne infotainment, was ich als brain-friendly und als gehirn-gerecht (= der Arbeitsweise des Gehirns gerecht) bezeichne. Deshalb hat die Anzahl der (z.T. bösen) Attacken auf meine unterhaltsame Art, Wissen zu präsentieren, langsam abgenommen. So habe ich von einem **30-Meter-Seil** über **Kinder-Besen** und **1000-Franken-Scheine** (natürlich Schweizer Franken!) bis zu einer **Handpuppe** schon vieles „didaktisch" eingesetzt, **wenn** (und das ist der springende Punkt) **es neue Infos leichter ins Wissens-Netz** meiner Hörer **ein-BIND-en konnte!**

Schritt 2:

Jetzt setze ich mich, umgeben von den in Schritt 1 gesammelten Dingen vor ein **Kassettengerät** und **spreche** die **erste Rohversion** auf Band. (Ich sitze dabei gerne auf dem Bett, wo auch Churchill seine Bücher schrieb.) Daneben ist ein iMac für den Fall, daß ich doch irgendeinen Text „hineinhacken" möchte, aber die meisten Vorbereitungen laufen mit Stift auf Papier, eben ***analografisch!***

Ich spreche immer frei, und ich rate Ihnen dringend, keinen Vortrag schriftlich „auszuformulieren" und abzulesen, da sonst unvermeidlich „Schreibe" entsteht, aber keine lebendige „Spreche". Wenn Ihre **Rohversion Nr. 1** fertig ist, dann ziehen Sie als Erstes eine Kopie der Kassette. Nichts wäre schlimmer als ein Bandriß, wenn es einem gerade gelungen ist, einen sehr schwierigen Sachverhalt einigermaßen klar zu erläutern …

Schritt 3:

Hören Sie diese Variante auf der kopierten Kassette **mehrmals** an, z.B. beim Gassigehen, in der Küche, auf Reisen, beim Joggen usw.. Wenn Sie diese Rohversion anhören, achten Sie auf zwei Aspekte:

1. **Was ist Ihnen besonders gut gelungen?** Wo ist eine Formulierung geglückt? Ist Ihnen spontan ein schönes Fallbeispiel eingefallen? Welche Assoziationen hatten Sie? Bitte beachten Sie, daß Sie bei **jedem** Durchgang **neue** Assoziationen haben können (⇝ vgl. *Wahrnehmen von Wiederholungen,* S. 92 ff.), deshalb ist es sinnvoll, diese schnell (Stichpunkte genügen in der Regel) diktieren zu können. Falls Sie auf Reise sind: Die Mikrophone für „freihändiges" Telefonieren mit dem Handy können auch für Diktiergeräte genutzt werden. Oder Sie sprechen via Handy auf den Anrufbeantworter zu Hause. Diese Variante eignet sich für alle, die öffentlich, z.B. beim Joggen, nicht diktieren wollen, aber keine Hemmungen haben, zu telefonieren. Natürlich weiß niemand, daß Sie in diesem Moment ins Handy „diktieren".

   Jedenfalls gilt: **Halten Sie die beim Hören ausgelösten Ideen unbedingt fest.** Es ist wie mit Träumen: Wir denken „Das merke ich mir" und **merken es uns nur, wenn wir es notieren (diktieren) oder wenn wir es gehirn-gerecht verankern.** Dazu müssen Sie jedoch das Band stoppen und die Info an etwas „aufhängen“, **z.B. an** einer Tier-Liste (⇝ vgl. *T – Inneres Archiv,* S. 110 ff.) oder indem Sie eine Bilderkette „basteln“ u.ä. Wer darin bereits trainiert ist, geht diesen Weg, denn er stellt weiteres Training im **gehirn-gerecht-Machen** von neuen (Lern-)Infos dar (⇝ vgl. auch das gleichnamige *T-Modul,* S. 95 ff.). Allen anderen empfehle ich, vorläufig noch ein externes „Gedächtnis“ zu verwenden und sich momentan auf das Abhören ihres Kassetten-Vortrages zu konzentrieren, sonst wird leicht eine *parallele Situation* daraus (⇝ vgl. *T-Parallel-Lernen,* S. 155 ff), und die liegt nicht jedem. Stellen Sie auch fest:

2. **Was gefällt Ihnen (noch) nicht?** Das fällt Ihnen in der Regel ab dem zweiten Anhören erst auf. Beim ersten sind wir oft noch von unserer eigenen Brillanz beeindruckt. Vor allem am Anfang, wenn wir die Übung die ersten Male machen. Deshalb suchen Sie jetzt, beim kritischen Abhören, die Schwachstellen.

   Merke: Was Ihnen beim zweiten, dritten und vierten Durchgang unangenehm auffällt (z.B. was Sie jetzt langweilt), das stört Ihre Hörer in der Regel beim ersten Hören (wie viele Versuche immer wieder gezeigt haben). Deshalb lehrt Sie dieses Vorgehen zu kürzen, am Ball zu bleiben und auf den jeweiligen Punkt zu kommen! Ich meine, besser Sie langweilen sich im Vorfeld (was Ihnen den Mut gibt, Infos herauszuschneiden, die Sie ursprünglich für notwendig gehalten hatten), als daß Sie später die Leute langweilen, die für Ihre Leistung bezahlt haben, oder?!

Schritt 4 (= vgl. Schritt 2 und 3)

Erst wenn Sie diese beiden Fragen gut beantworten können, hat es Sinn, die **nächste Rohversion** auf Band zu sprechen. Das, was Ihnen bisher **gut** gefallen hatte, das werden Sie bei der nächsten Aufnahme (fast automatisch) wieder „bringen“, eben **weil** es Ihnen gefallen hat und Sie es ja bereits mehrmals gehört haben. Und an denjenigen Stellen, an denen Sie noch schwach waren, arbeiten Sie jetzt. Sie können ja jederzeit zurückspulen und Teile neu sprechen oder pausieren, während Sie nach Worten suchen. Das ist sehr einfach. Danach, so oft wie nötig:

Schritt 5 (= Schritt 3)

Ich mache für manche Vorträge **einige (!)** solcher Roh-Versionen! Ich investiere oft vier bis fünf Tage in ein 45-Minuten-Referat für einen Kongreßbeitrag (insbesondere bei neuem Material). Damit meine ich vier bis fünf **Arbeitstage**, d.h., ich fange **einige Wochen vorher** an, denn ich will ja alle Rohversion-Kassetten mehrmals hören. Ich arbeite jedoch nicht nur an diesem einen Thema. Wenn ich **Wochen vorher** mit der ersten Rohversion **anfange**, mir diese Kassette auf den nächsten zwei, drei Reisen unterwegs im Auto anhöre und anschließend (zu Hause oder unterwegs) die zweite Rohversion auf Band spreche, die ich dann auf der nächsten Reise höre ... Dann habe ich **oft** sechs bis sieben Roh-Versionen von einmaligen und/oder vollkommen neuen Vorträgen gemacht (in Ausnahmefällen noch mehr). Rechnen Sie mit: Sie hören jede Rohfassung mindestens zwei bis drei Mal! Wenn Sie später vor Ihrem **Publikum** stehen, dann gehen **Sie** das Material jetzt zum **20. bis 25. Mal** durch. So merkt kein Mensch, daß es **für Sie** vor kurzem noch **neu** war. Genaugenommen ist es ja für Sie heute im Vortrag **nicht mehr** ganz **neu**, wenn Sie Profi sind ...

Wenn es um Dinge geht, die Ihnen besonders schwerfallen, dann suchen Sie sich Gesprächspartner, die Sie (nach vorheriger Absprache) spontan anrufen können. Sagen Sie, Sie seien mal wieder in den Vorbereitungen für einen neuen Vortrag, und fragen Sie, ob diese Person **jetzt** (oder sehr bald) Zeit für Sie habe. Bei solchen Telefonaten lasse ich **ebenfalls ein Kassettengerät** mitlaufen; sie stellen ja eine weitere Rohversion dar.

Wichtig ist, daß Sie dies **nur mit ausgewählten Menschen** tun, mit denen Sie **vorher** abgeklärt haben, daß sie Ihnen als „sounding board" **helfen wollen**. D. h., die Funktion dieser Menschen während dieses Telefonats besteht darin,

a. Ihnen zuzuhören und

b. aktiv mitzudenken!

Diese Menschen dürfen Ihnen **jetzt nicht** jede erstbeste Assoziation erzählen, die ihnen beim Hören einfällt! **Ausnahme:** Wenn Ihnen zu einem Thema zuwenig einfällt und Sie andere anrufen, **weil Sie Ideen suchen** (⇝ vgl. auch *T – Kreativitäts-Technik 90-Sekunden-Plus©*, S. 143 ff.), dann sollen diese Menschen Ihnen jede „erstbeste" Assoziation sagen. Aber nicht, wenn Sie bereits den erarbeiteten Vortrag üben wollen. Hier wollen Sie eine andere Hilfestellung: Diese Personen helfen Ihnen am meisten, indem sie aufmerksam zuhören, Verständnis-Fragen stellen oder Einwände äußern, **wenn sie einen Fehler finden** oder etwas absolut nicht akzeptieren können. So haben Sie vielleicht behauptet, es gäbe sechs gute Gründe für (etwas), nennen aber dann nur fünf (oder gar sieben), weil Sie bei der Vorbereitung von der einen Version in die andere „umgestiegen" sind und nicht alle Teile Ihrer Notizen dies widerspiegeln. Dann soll unser Helfer natürlich sofort einhaken *(„Wo ist der sechste Grund?"* oder: *„Wieso **siebtens**, Sie sagten doch, es gebe **sechs** Gründe …"* u.ä.).

Diese Menschen geben Ihnen die Gelegenheit, eine gute Roh-Version zu produzieren, bei der die Tatsache, daß Sie Ihre Gedanken einem lebendigen Menschen vortragen (nicht dem Kassettengerät), Ihren Vortrag dramatisch verbessern kann. Und weil dieser Mensch Fragen stellen oder Einwände vorbringen darf, **solange er nicht in persönliche Reflektionen** *(„Ich hatte neulich auch so eine Sache")* **verfällt**, erhalten Sie ein Gefühl dafür, ob Teile des Vortrags vielleicht noch weit unklarer sind, als Sie dachten **(oder umgekehrt!)**.

Natürlich kann so ein Meeting auch **persönlich** (neudeutsch: *face to face*) stattfinden, aber wenn man weit auseinander wohnt … Außerdem arbeiten manche Menschen am Telefon konzentrierter als „in Person".

Wenn Sie regelmäßig so vorgehen, dann schaffen Sie mit der Zeit viele ***Steine-im-Fluß***©. So werden Sie immer sicherer und souveräner, denn im Lauf der Zeit liegen mehr und mehr „Steine" im *Lauf des (Rede-) Flusses*, auf die Sie jederzeit springen können. **Wer nur fünf *Steine im Fluß* hat,** der hat noch relativ wenig (Aus-)Wahl, bei einer Unsicherheit zum Thema XY eine passende Assoziation zu bilden, um auf einen der fünf ***Steine*** zu hüpfen. Haben Sie hingegen *15 Steine im Fluß*, dann fallt es Ihnen bereits weit leichter, und **bei 155 Steinen gibt es kaum ein Thema,** bei dem Sie – falls Sie „ins Schwimmen" geraten sollten – **nicht lässig auf *einen* Ihrer Steine springen können!**

Wir alle kennen den alten Trick: *Schreiben lernt man nur durch Schreiben.** Analog gilt natürlich: *Reden lernt man nur durch Reden!* **Warum benehmen wir uns dann oft so,** als **könnte** man am Schreibtisch sitzend mit Papier oder Computer eine hervorragende **Rede** *schreiben*? Wir wissen, daß das **nicht** geht.

Wenn Sie ein(ig)e Roh-Version(en) durchlaufen haben, dann haben Sie **wirklich** die (Selbst-)**Sicherheit**, die Sie brauchen, wenn Sie dieses Thema zum ersten Mal öffentlich vortragen bzw. in einem richtigen Meeting ansprechen wollen.

Exkurs: Tip für Kollegen,Trainer oder Redner

Schneiden Sie Ihre eigenen Veranstaltungen ab und zu mit! Der **Ton** reicht vollkommen. Heutzutage hat es sich eingebürgert, daß jeder (inkl. der Redner selbst!) mitschneiden kann. Bei kleinen Gruppen möchten Sie jedoch vielleicht mit Ihren Teilnehmerinnen darüber sprechen. Erklären Sie ihnen, daß auch Sie an sich arbeiten und daß Sie das nur für sich aufzeichnen. Betonen Sie, daß Sie eigene Schwachstellen nur finden können, wenn Sie Ihren Vortrag im nachhinein hören. Fragen Sie, ob die Gruppe etwas dagegen hat. **Die Gruppe hat in der Regel nicht nur gar nichts dagegen,** die Teilnehmerinnen finden es sogar toll, daß auch ein/e TrainerIn an sich arbeitet. Ein besseres Signal können Sie gar nicht senden.

Wenn Sie solche Mitschnitte haben und diese z.B. auf Reisen, im Auto wieder hören, **sammeln Sie auch emotionale Reaktionen.** So stellen Sie beim Abhören vielleicht mit großem Erstaunen fest, daß Sie an bestimmten Stellen (Zwischen-)**Applaus, Gelächter** oder andere Anzeichen von Betroffenheit „geerntet" haben. Sie wissen zwar nach dem Vortrag, daß „einiges" besonders gut aufgenommen worden ist, aber bei den Zufalls-Treffern weiß man später oft nicht mehr, welche Gedanken es konkret gewesen sind. Dies ist um so wichtiger, je mehr Sie **frei sprech-denkend** (vgl. S. 173 ff.) arbeiten!

Testen Sie in weiteren Vorträgen in den nächsten Tagen und Wochen, **ob** Sie **beim nächsten Mal** eine ähnliche Reaktion „ernten". Wenn ja, dann wollen Sie dies als kleinen ***Stein*** in den Fluß legen. **So sammeln Sie** einige

* Inzwischen kennen wir eine bedeutsame Ausnahme, denn: Sogar Lesen lernt man durch Schreiben, vgl. S. 81 ff.

Rede-Elemente **mit vorhersagbaren emotionalen Reaktionen!** Auf diese Weise entwickeln Sie im Laufe der Zeit unterschiedliche „Steine" im Fluß: „funny stones", „serious stones" usw. Diese können Sie später **jederzeit gezielt** „anspringen", je nachdem, ob Sie gerade einen ernsthaften oder eher leichteren Touch benötigen.

So sprach ich z.B. in meinem Video-Vortrag *Viren des Geistes* (eine gehirngerechte Einführung in die neue Wissenschaft der Memetik) über Tabu-Themen in unserer Gesellschaft und merkte, daß die ca. 1000 Zuhörer im großen Physik-Hörsaal weit berührter waren, als ich vorhergesehen hatte. Eigentlich hatte ich ja noch vom größten Tabu unserer Gesellschaft (dem Tod) sprechen wollen, aber dank meines Trainings, auch emotionale Reaktionen bewußt „mitzubekommen", registrierte ich die übergroße Betroffenheit und sprang **vorzeitig** auf den nächsten Stein (*Männer und Frauen denken anders*). Dies ist ein Stein, der einige fast kabarettistische „Flecken" hat, und so konnten die Zuhörer sich wieder auf „sicheres Terrain" zurückziehen. Wobei ich davon überzeugt bin, daß die Mehrheit der Anwesenden weder registrierte, daß sie den Folge-Gedanken (vom Tod) nicht mehr gut „verkraftet" hätten, noch daß der Männer-/Frauen-***Stein*** ihnen durch den HUMOR die innere Ruhe zurückgab ...

Im zweiten Teil dieses Moduls möchte ich Ihnen ein Minimum an Rhetorik-Übungen anbieten, nämlich das sogenannte Sprech-Denken. Dabei handelt es sich um die Fähigkeit, die meine amerikanischen Redner-Kollegen als ***thinking on your toes*** bezeichnen. Dies bedeutet wörtlich *auf den Zehen(spitzen) denken* und beschreibt die ideale Haltung eines frei redenden Menschen: Er steht wie der berühmte japanische Zen-Bogenschütze: entspannt, aber bereit. D. h., er steht zwar auf der gesamten Fläche **beider** Füße, aber da er innerlich fast auf dem Sprung ist und da der Sprung damit beginnt, daß man das Gewicht mehr auf die Ballen verlegt (damit die Fersen sich heben können), steht man ruhig und doch (fast) federnd – und vor allem flexibel. Diese Körperhaltung geht mit einer **geistigen Flexibilität** einher* – all das steckt in der Formulierung meiner US-Freunde (*thinking on your toes*), und genau darum geht es bei den drei kleinen Übungen, die ich Ihnen hier ans Herz legen möchte!

* Wenn Sie dieses Thema interessiert, vgl. von Dürckheim: *Hara – Die Erdmitte des Menschen*, s. Literaturverzeichnis.

Rhetorik-Training: Sprechen oder Sprech-Denken

Mit dieser Rhetorik-Übung trainieren Sie, spontan zu einem Thema zu sprechen (sprech-denken).

Vorbereitung: Es gilt, eine Methode zu finden, mit der man schnell einen **Zufalls-Begriff** erhält, mit dem man dann trainieren kann. Wenn Sie die Möglichkeit haben, in einem Buch nachzuschlagen, dann empfiehlt sich die seit Jahrzehnten als Kreativ-Trick bekannte Idee: *Buch irgendwo aufschlagen und mit Nadel (Bleistiftspitze) blind (also ohne Hinsehen) irgendeine Stelle definieren. Dann hinsehen und das dem Punkt am nächsten liegende Wort nehmen.* Manche sagen, man solle von diesem Wort das Hauptwort herleiten (wenn dort z.B. *hingebungsvoll* steht, *Hingabe* ableiten).

Eine besondere Möglichkeit möchte ich Ihnen mit den Wort-Reihen des ***Inneren Archivs***© (⟿ vgl. S. 110 ff.) vorstellen, so können Sie sich ein einfaches **Losverfahren** mit den Buchstaben A bis Z basteln, z.B. in Form von **numerierten Murmeln** (oder anderen kleinen Gegenständen wie „Flohhupferl"-Plastikchips u.ä.). Mit diesen können Sie jederzeit unauffällig (auch umgeben von Leuten, wie in einer vollen U-Bahn!) **in Ihrer Jackentasche „Lotto" spielen** (indem Sie blind eine Kugel oder einen Chip ziehen). Wenn Sie einige Wissens-ABCs© (Tiere, Berufe usw.) fest in Ihrem (Zu-) Griff haben, dann gibt der zufällig gezogene Buchstabe Ihnen Begriffe zum Üben.

Die Erfahrungen der Teilnehmer/innen, die im Pilot-Projekt *Das innere Archiv*© vorab testen konnten, sind sehr positiv. Denn mit den Wissens-Alphabeten© können Sie im Dunkeln üben, z. B. vor dem Einschlafen (vielleicht um sich von einem Thema abzulenken, das Sie sonst „nicht loslassen" würde). Sie können in der Badewanne liegen und kreativ oder rhetorisch „zugange sein", im dunklen Auto (wenn Sie als Beifahrer sich langweilen, aber kein Leselicht anmachen können, das den Fahrer stören würde) usw.. Darüber hinaus gilt: Je mehr Sie mit dem *Inneren Archiv*© „echt arbeiten" (d.h. spielen), desto mehr wird es Ihnen bringen!

Basis-Version: Es gilt, jeweils **ca. 60 Sekunden lang frei** zu Ihrem gerade er-LOS-ten Thema/Stichpunkt zu sprechen (bzw. sprechzudenken, wenn Sie **nicht** alleine sind).

Übrigens können Sie heute in aller Öffentlichkeit Selbst-Gespräche führen, also z.B. eine Sprech-Übung laut ausführen. Wenn Sie sehr schüchtern sind, dann halten Sie einfach Ihr *Handy* (oder eine Attrappe) ans Ohr, manche benützen inzwischen auch außerhalb des Autos eine Freisprecheinrichtung, damit sie beim Joggen und wo immer freihändig quatschen können (weiterer Vorteil: Sie kochen Ihr Gehirn nicht mit der Handy-Abwärme)! Also brauchen Sie nur einen Kopfhörer und ein Miniatur-Mikro irgendwo am Kragen zu tragen, und schon können Sie laut reden, lachen und all das machen, wofür man Leute früher eingesperrt hat. Jetzt meint jeder, Sie täten es „ins Handy". Dies ist „very handy", z.B. zum Üben von (fremdsprachlichen) Texten, z.B. auch für Schauspieler, die sich früher gerne in Kellerräumen oder Waldschneisen versteckten, wenn sie ihre Texte üben wollten. Ebenso günstig ist die neue Entwicklung zum Rezitieren von Gedichten und für alle Trainings-Aufgaben, bei denen lautes (oder halblautes) Sprechen optimal ist.

Variante für Fortgeschrittene: Wieder lautet die Aufgabenstellung, ca. 60 Sekunden lang frei zu Ihrem Thema zu sprechen (Sprech- Denken), aber diesmal ziehen Sie mehrere Murmeln (chips), deren Begriffe Sie in Ihre Rede „einbauen" müssen. Beginnen Sie mit zwei Buchstaben und steigern Sie, solange Sie wollen. Zusatz-Gedanken:

1. **Sprech-Denken** (= innerliches „Sprechen" mit Zungen- und Kehlkopf-**Bewegungen) wird vom Gehirn wie echtes Sprechen verarbeitet** (⇝ vgl. Regel Nr. 4 in *Verhalten + Handlungen TRAINIEREN*, S. 187 ff.).
2. **Nur 60 Sekunden?** Täuschen Sie sich nicht: 60 Sekunden können weit länger sein, als man denkt. Dies registrieren Sie besonders deutlich, wenn Sie die Profi-Variante der Übung durchspielen. Hier sagen Sie so lange „Jetzt fällt mir nichts ein", wie Ihnen nichts einfällt, Sie produzieren also keinerlei „Hmm ...", „Äh" u.ä. Füll-Geräusche. Wenn Sie diese Übungen aufzeichnen und hinterher abhören, werden Sie entsetzt sein, wie viele *„Jetzt fällt mir nichts ein, jetzt fällt mir nichts ein, jetzt fällt mir nichts ein"* hintereinander passen, ehe 60 Sekunden vorüber sind!

3. **Mehr als 60 Sekunden?** Sie können natürlich auch längere Zeiträume wählen, aber beachten Sie dabei diese Regel: Wenn Sie wirklich für **freie Reden** trainieren, dann sollten Sie **immer vorher** eine Zeitspanne wählen und diese dann **einhalten**, weil Sie hier gleichzeitig Ihr **Zeitgefühl trainieren.** Leider haben dies zu viele Redner nicht gelernt, die auf Kongressen ihre Zeit „wüst überziehen", was das Timing für alle Betroffenen bei Kaffeepausen, Wiederanfangs-Zeiten etc. stark beeinträchtigt. Ähnliches gilt für nachfolgende Referenten, die ihre Redezeit oft dramatisch kürzen müssen, weil ein Vorredner (z.B. ein Politiker!) seine Zeit so maßlos überschritten hat. Deshalb sollten Sie immer auch mit einem Auge/Ohr auf die Zeit achten/hören (z.B. akustischen Timer).

4. **Timer hören!** Im Training empfehle ich sprechende Timer als Heinzelmännchen, die Ihnen die Zeit ansagen. Bei kleinen Zeit-Intervallen sprechen sie laufend, z.B. sagt meiner bei der letzten Minute: *Noch eine Minute ... noch 50 Sekunden ... noch 40 Sekunden usw., bis zum Count-down am Ende: zehn ... neun ... acht ...* Bei null ertönt dann das voreingestellte Signal (bei solchen Übungen benutze ich „Autohupe", damit das Geräusch mich laut und unangenehm daran erinnert, daß ich meine Minute überziehe, wenn ich das gerade tue). Übrigens kennen viele Teilnehmer diesen Timer vom Seminar.

5. **Mit anderen spielen?** Die Trainings-Aufgaben können Sie auch als Gruppe spielen, auf Partys (Grillfesten), aber auch „einfach so", z.B. beim Spazierengehen, in der Küche, bei den Backvorbereitungen, im Whirlpool usw..

6. **Immer stehen!** Wenn Sie im Vortrag (Seminar) stehen, dann sollten Sie einige Übungen stehend durchlaufen. Zwar können Sie **auch** sitzend in Auto oder Badewanne üben, aber bei Partys marschieren die Redner nach vorne, *„fast wia im richtigen Leben"* (nach Gerhard POLT), wenn Sie die Übung als **Vorbereitung** fürs Leben sehen.

T – Sprachen lernen – gehirn-gerecht/ BIRKENBIHL-Methode*

Das alte Sprachenlernen

Sehen wir uns das traditionelle Fremdsprachenlernen kurz an. Bitte beachten Sie, daß manche der sogenannten „modernen" Methoden die gleichen Probleme mit sich bringen wie die klassische Methode, z.B. wenn man den Lernenden sagt, sie sollten (dürften, könnten!) von Anfang an (in der Zielsprache) **sprechen**. Deshalb stellen die vielen „modernen" Methoden (wie auch manche Kassetten-Sprachkurse auf dem Markt) den Lernenden vor die gleichen Schwierigkeiten wie das Schullernen.

Die klassische Methode: Vier Schritte

Schritt 1: Vokabeln lernen

Problem: Von den Lernenden wird erwartet, daß sie neue Wörter aussprechen oder zumindest murmeln, von denen sie noch nicht einmal den korrekten Klang kennen. Typische Beispiele: Deutsche, die Englisch lernen, sprechen stumme Buchstaben aus, sie lernen *[knaif]* anstelle von „knife" oder *[wrait]* für „write". Wörter, die neue Laute (z.B. das „th") enthalten, werden völlig verunstaltet. Einer meiner Seminarteilnehmer erzählte, wie er ursprünglich gelernt hatte, für „although" *[altaf]* zu sagen!

Gefahr: Falsche Aussprache führt zu **zwei Nachteilen**:

1. Wenn Lernende später das Wort hören, **können sie es nicht wiedererkennen** (weil die korrekte Aussprache unbekannt ist).
2. Lernende **werden** später **nicht verstanden** (aufgrund der falschen Aussprache).

Bitte bedenken Sie, daß es sehr schwierig ist, später umzulernen, nachdem bestimmte Fehler sich bereits eingeschlichen haben.

---

* Dieser Beitrag entstand ursprünglich als Seminar-Handout, ©1970, 1984, 1993 Vera F. Birkenbihl.

Schritt 2: Der (krampfhafte) Versuch, die Lektion zu verstehen

Problem: Lernende erleben Schwierigkeiten, weil sie – sogar wenn die Vokabeln gut gelernt wurden – die Worte isoliert lernen (z.B. *put* mit vielen *möglichen* Übersetzungen), während im Kontext **nur eine** der Möglichkeiten den Sinn beschreibt. **Welche Übersetzung ist diesmal die richtige?**

Und wenn die Lernenden die Vokabeln nicht gut gelernt haben (was die Regel ist), werden sie sich hilflos, frustriert, ja sogar „dumm" vorkommen und erstens folgern: Fremdsprachenlernen ist sehr schwierig und zweitens: „Ich habe kein Talent dafür."

Gefahr: Dies schafft negative Erwartungen, die später „wahr" werden (sich selbst erfüllende Prophezeiung) und so solche Annahmen wiederum bekräftigen.

Ich wiederhole: Es ist schwierig, solche Annahmen später zu vergessen, deshalb ist es viel schwieriger, Menschen dazu zu bringen, mit der Birkenbihl Methode anzufangen, als sie später bei der Stange zu halten, während normalerweise das Gegenteil zutrifft (die Leute fangen mit Enthusiasmus an, der schnell verpufft).

Schritt 3: Der Versuch, zu sprechen (laut vorzulesen)

Problem: Die Lernenden sollen von Anfang an die Worte richtig aussprechen. Entweder während des Vokabelpaukens oder während des Unterrichts (die Zielsprache vom ersten Augenblick an sprechen). Diese Methode wird zwar als besonders „modern" angesehen, ist aber nicht gehirn-gerecht. Beachten Sie, daß Babys der Sprache monatelang zuhören, bevor sie versuchen, die Klänge nachzuahmen, die sie so und so oft gehört haben, während wir von Sprachenlernern erwarten, daß sie **sofort** Klänge nachahmen, mit denen sie noch gar nicht vertraut sind.

Gefahr: Lernende werden die Worte nicht nur schlecht (oder falsch) aussprechen, sondern sie werden außerdem die unangenehme Fremdheit mit Gefühlen der Frustration und des Versagens verbinden. Diese unerfreulichen Gefühle werden eng mit der Zielsprache verknüpft (oder mit dem Sprachenlernen an sich) und schaffen genau die „negative Einstellung zum Lernen", die so viele Lehrer/Eltern als die vorrangige Ursache für schlechte Ergebnisse bezeichnen.

Schritt 4: Anwendung (z.B. Grammatikaufgaben)

Problem: Von den Lernenden wird erwartet, daß sie an Übungen Gefallen finden, die sie nicht mögen. Beachten Sie: Weniger als 8 % aller Menschen finden Gefallen an Grammatikübungen – nicht einmal in ihrer Muttersprache.

Gefahr: Weitere Erfahrungen von Unfähigkeit und Frustration vertiefen die Abneigung gegen die Zielsprache (oder gegen Sprachenlernen im allgemeinen).

Grundlegende Unterschiede der Birkenbihl-Methode© zu traditionellen Methoden

1. Die Lerner machen sich mit jedem einzelnen Aspekt vertraut, ehe sie ihn zum ersten Mal aktiv ausprobieren. Zum Beispiel werden sie im **vierten Lernschritt** zum ersten Mal sprechen, also erst nachdem sie die Bedeutung der Vokabeln völlig **verstanden** haben (Schritt 1) und sich **gründlich** mit dem **Klang** der Worte vertraut gemacht haben (Schritt 2: Hören/aktiv und Schritt 3: Hören/passiv).

2. Man ist immer (jeweils) nur mit **einem** Aspekt des Lernens beschäftigt. Nämlich:

   In Schritt 1: Die *Bedeutung* der Worte im Zusammenhang **verstehen** (keine isolierten Vokabeln).

   In Schritt 2: Den *Klang* der Worte mit deren *Bedeutung* **verbinden** (Hören/aktiv).

   In Schritt 3: Diese Klänge während einer *passiven Lernphase* **fest im Unterbewußtsein verankern**. Man hört sich kleine Teile der Lektion immer und immer wieder an, während man andere Dinge tut. Stellen Sie sich das bitte vor: Sie sollen *nicht* aktiv zuhören – *Hören/passiv* ist eine *„Hintergrund-Aktivität"* die keine Minute Ihrer kostbaren Zeit verbraucht. Passiv hören kann man während des Fernsehens, beim Lesen, bei Haus- und Gartenarbeiten, Spazierengehen usw..

   Sie lernen nur, was Sie lernen **wollen**. Das Minimalziel ist, **die gesprochene Sprache zu verstehen**, und für einige Menschen ist das genug (z.B. um Satelliten-Programmen folgen zu können). Jeder Lernende entscheidet individuell, welche der drei folgenden Fähigkeiten ihn außerdem noch interessieren:

- **sprechen,**
- **lesen,**
- **schreiben.**

Diese drei Aufgaben werden erst im **vierten Lernschritt** stattfinden, also erst, nachdem das *Verstehen der Bedeutung* und das *Wiedererkennen des Klangs* eines bestimmten Textes (Lektion) *einfach* geworden ist.

Die BIRKENBIHL-Methode©: Vier Lernschritte

Schritt 1: Die Bedeutung der Worte verstehen

Vorgehensweise: Die Aufgabe besteht aus einer Wort-für-Wort-Übersetzung (De-Kodierung©*), wobei wir die Übersetzung direkt unter dem jeweiligen Wort eintragen.

Falls Sie mit alten Sprachkursen arbeiten, können Sie sich den Text unter Zuhilfenahme der Vokabellisten selbst de-kodieren. Da dies aber vielen Menschen zu (zeit-)aufwendig ist, gibt es seit 1990 erste Sprachkurse, die nach der BIRKENBIHL-Methode© aufgebaut sind: mit **De-Kodierung** (= Wort-für-Wort-Übersetzung).

Beispiel (Zielsprache: Italienisch, Ausgangssprache: Deutsch):

Parla	**italiano?**
Sprechen Sie	italienisch?

Wenn Sie de-kodierte Sprachkurse besitzen: Lesen Sie die Wort-für-Wort-Übersetzung (optimal ist es, sie mit einem Textmarker hervorzuheben), um ein erstes Gefühl für die Lektion zu bekommen und sich ein Bild vom Inhalt

* Ich habe erst Jahre nach meiner Entwicklung des De-Kodierens gelernt, daß es ähnliche Versuche auch in der Vergangenheit bereits gegeben hatte. Ich nehme an, es ging den Entwicklern ähnlich wie mir anfangs: Das De-Kodieren wird von Leuten kaputtgeredet, die es nie versucht haben, weil sie behaupten, die Übersetzung müsse eine gute sein. Da die „gute" Übersetzung von *What's up?* nun mal *Was ist los?* lautet, erzeugen wir so die üblichen Fehler (What's lose?) statt via De-Kodieren von *Was ist auf?* zu *What's up?* zu gelangen. Wenn man diesen Punkt erreicht hat, kann man die De-Kodierung getrost vergessen (vgl. nächste Fußnote, S. 180).

Beachten Sie besonders: Wenn Sie bereits ein ansehnliches Wissen haben, werden Sie natürlich gleich den Zielsprachentext ansehen und dabei nur diejenigen Passagen anstreichen, die Sie nicht auf Anhieb verstehen, also nur an kritischen Stellen zur Wort-für-Wort- Übersetzung „springen", während Sie die Zielsprache lesen, wenn das Verstehen schon leichtfällt.

zu machen (wobei beide Hälften des Gehirns in den Lernprozeß einbezogen werden). Auf diese Weise lernen Sie den **Inhalt** der Lektion in Ihrer **Muttersprache**, bevor Sie irgend etwas anderes in Angriff nehmen.

Der **Anfänger** wird sich zu Beginn völlig auf die Wort-für-Wort- Übersetzung konzentrieren, weil ja alle Wörter der Zielsprache zu diesem Zeitpunkt noch unbekannt sind.

Vorteile

1. *Sofortiges Verstehen* schafft ein positives Gefühl. Die Wort-für-Wort Übersetzung macht die neue Sprache **transparent** (in mehr als einer Hinsicht).

2. *Die Satzstruktur der Zielsprache* kann **ohne Grammatikregeln** verstanden werden (analog zum Lernen der Muttersprache damals, als Sie noch klein waren). In unserem Beispiel („Sprechen Sie italienisch?") lernt man „unbewußt", daß man für die beiden Wörter „Sprechen Sie" im Italienischen nur **ein** Wort braucht: „parla". Auf diese Weise werden Sie später *niemals* versucht sein, der Zielsprache die Sprachstruktur Ihrer Muttersprache „aufzudrücken" (was zu den typischen Standardfehlern führt, von denen alle ein Lied singen können, die mit alten Methoden Sprachen gelernt haben!).

3. Die Wort-für-Wort-Übersetzung ist eine „Krücke", deren Sinn nur darin besteht, den Lernenden „zum Laufen zu bringen" und die später **„weggeworfen"** werden kann.* Beim traditionellen Fremdsprachenlernen hingegen wird das Wortpaar „zusammengeklebt" (z.B. Tisch = table), so daß der Lernende sich auch Jahre später noch an die Übersetzung „klammert". Mit der Wort-für-Wort-Übersetzung lernen die Lernenden sehr früh, in der Zielsprache zu *denken*, so daß mit dem Lernfortschritt das muttersprachliche „Gegenstück" schnell „vergessen" wird. Auf diese Weise lernen Sie nicht nur, schnell in der Zielsprache zu denken, Sie haben sich so auch die nötige Plattform für später geschaffen, wenn Sie *in der Zielsprache*

* Auf die Idee kam ich durch Ludwig Wittgenstein, der davon spricht, daß die Sprache per se als Leiter angesehen werden könnte, mit deren Hilfe wir gewisse Höhen erklimmen. Wenn wir jedoch dort angekommen sind, müssen wir die Leiter wegwerfen. (*Tractatus logicus.*) So werfen wir auch die De-Kodierungs-Sprache weg, wenn wir den Punkt des Begreifens erreicht haben …

sprechen, fühlen, lesen und/oder *schreiben wollen,* ohne sich ständig an die Muttersprache zu klammern.

4. Die Pseudo-Übersetzung *kann ziemlich lustig sein.* Die Faustformel sagt: **Entweder ist ein Satz (Ausdruck, Redewendung) der Muttersprache ähnlich oder er ist lustig.** Folglich: Wenn eine Struktur besonders lustig erscheint, erkennen Sie klar die **Struktur der Zielsprache.** Dieser Lernprozeß geschieht völlig „nebenbei" ohne irgendeine bewußte „Arbeit" des Lernenden. Beispiel: Japaner benutzen bestimmte Partikel, die gemäß bestimmten grammatikalischen Regeln auf Hauptwörter folgen. Wenn wir die Regeln vergessen, wollen wir uns einfach an die richtige Stellung der Partikel gewöhnen, so daß wir nach einiger Zeit diese „kleinen Wörter" genauso natürlich „empfinden" wie ein Japaner. Bei der Birkenbihl-Methode© behalten wir demzufolge in der Wort-für-Wort-Übersetzung diese Partikel bei. Der Satz „Sprechen Japaner japanisch?" stellt sich nun folgendermaßen dar:

Nihon-jin-wa nihon-go o hanashimas ka?

Japan-Menschen wa Japan-Sprache o sprechen-tun ist-das-so?

Schritt 2: Hören/aktiv

Vorgehensweise: Man hört den Text vom Tonband/von der CD, während man „entlang" der Wort-für-Wort-Übersetzung liest und sich den Inhalt vorstellt. Mit anderen Worten: Sie lesen zu diesem Zeitpunkt **nur Wörter in Ihrer Muttersprache**. Im Klartext: Sie werden nicht gleichzeitig versuchen, sich die Schreibweise der fremden Wörter einzuprägen. Also lesen Sie z.B. „Tisch", während Sie gleichzeitig den fremden Laut *[table]* hören.

Schritt 2 (Hören/aktiv) bedeutet, daß der Lernende Stück für Stück den Text hört und dabei eingangs die Pause-Taste so oft wie nötig drückt, um sich den gerade gehörten Klang „einzuprägen".

Wiederholtes aktives Zuhören ist einfach und ist begleitet von stetig wachsenden Erfolgserlebnissen, weil man sehr schnell mehr und mehr verstehen kann.

Sobald die Textstellen anfangen, vertraut zu klingen, werden wir immer seltener die Pause-Taste drücken müssen, bis wir die ganze Lektion ohne Unterbrechungen hören können. Das aktive Hören ist „beendet", wenn wir jedes Wort verstehen, und zwar ohne Hilfe der Wort-für-Wort Übersetzung.

Vorteile

1. Ab diesem Zeitpunkt ist es für den/die Lernenden **genauso leicht**, diesen Text in der Zielsprache zu hören wie in seiner Muttersprache. Dieses völlige Verstehen ist bei der BIRKENBIHL-Methode© **normal**, während es bei traditionellen Methoden ein selten erreichtes unrealistisches Ziel bleibt. Aus diesem Grund sind weltweit Milliarden von Menschen unfähig, Sprachen zu verstehen, die sie angeblich jahrelang intensiv gelernt haben – zum Beispiel im Gymnasium (wo sie oft jahrelang 6 bis 14 Stunden pro Woche investiert hatten).

2. Alle Wörter werden in einem **sinnvollen Zusammenhang** gelernt (wie einstmals in der Muttersprache). Wenn das Wort *put* in Zeile drei von Lektion 1 mit einer bestimmten Bedeutung erscheint, das gleiche Wort in der nächsten Lektion in einem anderen Zusammenhang wiederkehrt, dann erkennt der Lernende **allmählich** die vielen Bedeutungen von *put*, ohne zu versuchen, das Wort mit einer Vielzahl seiner Bedeutungen außerhalb des Kontextes zu lernen, wie dies beim traditionellen Lernen der Fall *ist (to put = [hin-]setzen, [hin-]/ [ab-]legen, [auf-]stellen, [an-]bringen...).* Wenn es Sie interessiert, könnten Sie *put* in einem Wörterbuch nachschlagen; Sie finden spaltenweise „Übersetzungen".

3. Es ist **außerordentlich befriedigend**, das stetig wachsende **Selbstbewußtsein** der Lernenden zu beobachten. Innerhalb kürzester Zeit sind sie in der Lage, mehr und mehr der Zielsprache zu verstehen, und auf diese Weise lernen sie auf der Meta-Ebene, *daß sie fähig sind, Fremdsprachen zu lernen.*

Unsere Erfahrung hat gezeigt, daß die meisten Lernenden nicht nur schnell in ihrer gewählten Zielsprache vorankommen, sondern daß sie häufig sogar *eine zweite und dritte Fremdsprache anfangen*, weil es ihnen ein gutes Gefühl gibt, sich zu beweisen, wie fähig sie sind. Einige unserer Kunden nennen es „süchtig werden nach Sprachenlernen".

Schritt 3: Hören/passiv

Vorgehensweise: Man hört sich kurze Abschnitte des Textes wiederholt an, aber **passiv**, d.h., ohne überhaupt bewußt hinzuhören. Während dieser Zeit ist man mit anderen Aktivitäten beschäftigt. Diese Wiederholungen sind mit modernen Tonträgern (wie CD) einfach geworden (früher mußten unsere Lerner sich Lektionsteile auf kurze Sechs-Minuten-Leerkassetten überspielen).

Beachten Sie bitte besonders: Die Kassetten mit dem Stoff für das passive Hören werden im Hintergrund abgespielt. Die Lautstärke kann so gering sein, daß man die Kassette gerade noch hören kann (unabhängig von anderen Geräuschen im Raum, wie z.B. Fernsehen oder Musik).

Vorteile

1. Das Unterbewußtsein wird sich an die Aussprache gewöhnen, weil es ihr ständig ausgesetzt ist. Dieser Schritt **ahmt die Phase in unserer Kindheit nach, in der wir von unserer Muttersprache umgeben waren.**

2. *Beachten Sie besonders*: Jede Phase des passiven Zuhörens gleicht einem *Mini-Aufenthalt* im Lande Ihrer Zielsprache. Je mehr wir passiv hören, desto schneller werden wir die Herrschaft über die Zielsprache erlangen.

3. Die Lerner müssen **keine einzige Minute ihrer kostbaren Zeit** in dieses passive Zuhören investieren. Sie können **nebenbei** hören, während sie bestimmte Routinearbeiten erledigen (das Haus saubermachen, einkaufen gehen etc.), oder sie können aktiv eine andere geistige Arbeit vollbringen, wie ein wissenschaftliches Fachgebiet studieren (in diesem Fall nennen wir das paralleles Lernen ⇝ vgl. *T – Parallel-Lernen*, S. 155 ff.), oder sie können ihre Lieblingsromane lesen oder sogar im Fernsehen einen Thriller anschauen.

4. Trotz der Tatsache, daß die Lerner während der passiven Hörperioden **nicht** bewußt zuhören, werden sie manchmal einige Worte aufschnappen (z.B. während eines ruhigen Moments im TV-Film, den man gerade ansieht). In diesem Augenblick bemerkt man, wie vertraut einem der Text inzwischen erscheint, was wiederum das **Vertrauen** in den Lernprozeß stärkt.

Diese kurzen Augenblicke sind oft von intensiven Gefühlen der Freude und des Selbstvertrauens begleitet. Auf diese Weise werden die „alten Programme" des traditionellen Lernens („Ich bin unfähig") allmählich durch „neue Programme" („Ich kann!") ersetzt, die psychologische Blockaden im Gehirn auflösen.

Die Erfahrung hat gezeigt: Diese Gefühle des Erfolgs wirken sich oft auf andere Lerngebiete (ja, sogar Lebensbereiche!) aus, weil der Lernende im Verlauf ein beachtliches Selbstvertrauen gewinnt.

Schritt 4: Weitere Lernaktivitäten

Der Lernende beherrscht nun

1. die **Bedeutung** der Worte von der Kassette, und er hat sich
2. gründlich mit dem **Klang** vertraut gemacht (lange bevor er selbst zu sprechen versucht).

Wenn **Verstehen** alles ist, was man erreichen will, dann sind die ersten drei Schritte (pro Lektion) genug (z.B. um Satelliten-Programme zu begreifen).

Vorteil

Dieser letzte (vierte) Schritt vermittelt das **Sprechen, Lesen** und/oder **Schreiben** der Zielsprache. Dies ist allein **abhängig davon, welche Fähigkeiten der Lernende zu lernen wünscht**. Es gibt zahlreiche Möglichkeiten, lassen Sie mich nur einige erwähnen, z.B.

Die Chor-Methode©

Hören Sie sich die Lektion über Kopfhörer an, während Sie „im Chor" mit der Kassette/CD sprechen.

Vielleicht erinnern Sie sich, daß man früher in der Schule durch Chorsprechen Griechisch und Latein gelernt hat! Diese Methode war gehirn-gerecht, wurde aber leider abgeschafft. Gottseidank können Sie dank der modernen Technik im Chor sprechen, so daß Sie keine Klasse dazu brauchen.

Übrigens: Zu diesem Zeitpunkt sind die Lerner im allgemeinen in der Lage, die Lektion auswendig aufzusagen. Das bedeutet: Alles, was irgend jemand in der Lektion sagt (denkt), kann unser Lerner ebenfalls mit absoluter Sicherheit in der Zielsprache sagen (oder denken)!

Zuerst wird die Lautstärke des Wiedergabegerätes höher gestellt, während Sie leise mitsprechen. Nach einer Weile verringern Sie allmählich die Lautstärke der Kassette, während Sie mit wachsender Sicherheit lauter sprechen, bis Sie am Ende die Muttersprachler auf der Kassette nicht mehr benötigen.

Manche wollen das, was sie sagen, auf eine andere Kassette aufnehmen. Tun Sie dies bitte erst **am Ende** des vierten Lernschrittes (wenn Sie diesen Teil der Lektion beherrschen). Es ist wichtig, **nicht zu früh** mit dem Aufnehmen zu beginnen (wie im traditionellen Sprachlabor), weil der Muttersprachler auf der Kassette Ihr **Vorbild** bleiben muß. Wenn Sie aber Ihre **eigenen** ersten Versuche zum Vorbild machen, dann werden Sie sich einen Akzent antrainieren!

Das Schatten-Sprechen©

Falls man es noch nicht wagt, die Chor-Methode zu versuchen, kann man das „Schattensprechen" probieren: Sie hören der Kassette zu und sprechen den Text etwa ein bis zwei Silben später als die Muttersprachler, die Sie hören.

Beachten Sie: Üben Sie diese Technik zuerst in Ihrer Muttersprache. Es dauert einige Minuten, bis Sie sich daran gewöhnt haben. Das Verfahren ähnelt der Art, wie ein Dolmetscher spricht, wenn er der Person „hinterherjagt", deren Aussagen er übersetzt.

Die Technik des „Schattensprechens" ist besonders hilfreich, wenn die Zielsprache sich in der Tonalität völlig von der Muttersprache unterscheidet (z.B. wenn Sie Arabisch oder Chinesisch lernen).

Das Lücken-Sprechen©

Kopieren Sie interessante Teile der Lektion und übermalen Sie einige Worte mit Tipp-Ex. Geben Sie später den Text wieder, indem Sie die Lücken ergänzen. Die Erfahrung hat gezeigt, daß diese Übung zu sehr schönen Erfolgsgefühlen führt, weil sie (nach der guten Vorbereitung der Schritte 1 bis 3 zuvor) so leicht ist!

Lesen (Zielsprache)

Diese Lese-Übung gleicht zunächst dem **Hören/aktiv** (Schritt 2), **allerdings** mit einem gewaltigen Unterschied. Wenn Sie **lesen lernen wollen**, nachdem Ihnen Inhalt, Aussprache etc. bereits **völlig vertraut** sind, gehen Sie wie folgt vor: Wiederholen Sie Schritt 2, aber mit einem wesentlichen Unterschied: Damals hatten Sie nur das De-Kodierte (die Wort-für-Wort- Übersetzung) mitgelesen, während Sie **jetzt bewußt** den **zielsprachigen Text** mit den Augen verfolgen. Dabei sehen Sie die De-Kodierung **unbewußt**, was eingangs hilfreich ist.

Am Anfang drücken Sie so oft Sie wollen die Pause-Taste. Nach einer Weile sind keine Stops mehr nötig. Jetzt können Sie den Originaltext in der Zielsprache **mitlesen** (ohne De-Kodierung), und danach können Sie den Text alleine lesen, ohne die Kassette zu hören, während Sie alles verstehen und den richtigen Klang der Wörter kennen, selbst wenn Sie (zu dieser Zeit) noch kein einziges Wort aktiv gesprochen haben. Wenn Sie das mit der Schule vergleichen ...

Schreiben (Zielsprache)

1. *Diktat:* Benutzen Sie für Diktat-Übungen die Kassette.
2. *Die Lücken füllen* (beim Schreiben).

Ablauf: Vgl. *Lücken sprechen.* Zuerst werden Sie die Wörter im Originaltext öfter überprüfen, aber bald werden Sie in der Lage sein, die **Lücken ausgezeichnet zu ergänzen**. Die Erfahrung hat gezeigt, daß auch diese Übung zu einem sehr befriedigenden Anwachsen des **Selbstwertgefühls** führt.

PS: Vgl. Sie dazu auch *Probleme mit dem Lesen?*, denn: Lese-Probleme in der Ziel-Sprache lassen sich am besten durch Schreiben lösen (s. S. 81 ff.).*

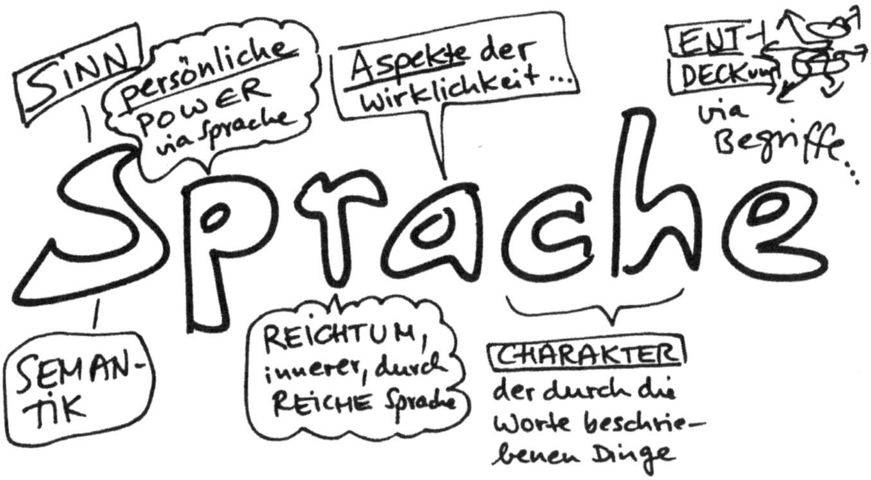

---

* Mehr Infos finden Sie in meinem Buch *Sprachenlernen leicht gemacht!* und im *Merkblatt Nr. 10*, S. 294 ff.

T – Verhalten + Handlungen TRAINIEREN (Gegensatz: Lernen von Wissen), aber wie?

Wenn Sie einen **neuen Bewegungsablauf** lernen wollen, müssen Sie genaugenommen nicht „lernen", sondern **ÜBEN** und **TRAINIEREN**. Dieser Lernprozeß verläuft ganz anders als das Lernen (von WISSEN). Zwar brauchen wir in beiden Fällen im Gehirn gut funktionierende **NERVENBAHNen**, und diese werden durch **WIEDERHOLUNGEN** aufgebaut, aber es gibt doch einen großen Unterschied zwischen dem Lernen von **THEORIE** (Daten, Fakten, Informationen – die man z.B. für Prüfungen benötigt) und **HANDELN** (Sport, Musik, Geschirrabwaschen, Zaubertricks ...).

Stark vereinfacht können wir sagen: Bei WISSEN **wird ein Teil der Wiederholungen vom Gehirn selbst vorgenommen**, und zwar geschieht dies nachts (in der Tiefschlafphase), wenn die neuen Infos (als „upload") vom Hippocampus in den Kortex „geladen" werden, wie wir bei Manfred SPITZER (in: *Geist im Netz*) nachlesen können. Allerdings erklären Lernwissenschaftler den nächtlichen Transfer gern am Beispiel von VOKABELN. Ich meine, damit beschreiben sie jedoch leider eher PAUK-Vorgänge statt intelligentes Lernen, das ich seit Jahrzehnten fordere und als gehirn-gerechtes Vorgehen bezeichne. Vokabeln sind EINES von vielen guten Beispielen, um den **Unterschied** zwischen „dummem" (ineffektivem) Lernen und „intelligentem" Lernen aufzuzeigen. Im Modul *T – Sprachen Lernen* (–> S. 176 ff.) erläutere ich, warum bei meiner Sprachlern-Methode **Vokabel-Pauken verboten ist**. Stattdessen setzen wir auf **intelligente Denkvorgänge** (BE-GREIFEN). NutznießerInnen meiner Methode beweisen seit 1985, daß BEGREIFEN eine Menge **unnötiger Wiederholungen** ersetzen kann: **Wenige intelligente Wiederholungen** bewirken dasselbe (= gehirn-gerechtes Lernen) wie viele dumme (PAUKEN), nur daß wir mit gehirn-gerechtem Vorgehen jede Menge Zeit und Frust sparen. Man muß davon ausgehen, daß durch das **Begreifen** derselbe Impuls ausgelöst wird, der die neuen Infos nachts vom Zwischenspeicher (Hippocampus) in den Langzeitspeicher (Kortex) überfuhrt. Allerdings erhebt sich nun die Frage, ob man das TRAINING von Handlungen/Bewegungsabläufen durch gehirn-gerechtes Vorgehen auf ähnliche Weise **intelligent verkürzen** kann, um Zeit und Nerven zu sparen? Die Antwort lautet **JEIN**:

NEIN insofern, als die Info ins **KLEINHIRN** eingespeichert werden muß, wo alle Abläufe „wohnen", die AUTOMATISCH und ohne bewußtes Denken ablaufen sollen (Rückhand beim Tennis, Verlauf vieler Fingerbewegungen beim Klavierspiel, Handgriffe beim Reifenwechsel in der Box beim Autorennen oder Vorführen eines Zaubertricks etc.). Da diese Abläufe nicht „zwischengespeichert" werden können, um nachts „weiterzuwandern", muß der Gehirn-Besitzer die **vielen Wiederholungen** durchführen, während er **wach** ist. Trotzdem können wir den Prozeß optimieren, also können wir auch sagen:

JA. Meine jahrzehntelangen Versuche haben gezeigt: Wir können durchaus Zeit-Ersparnisse „einbauen", wenn wir die Arbeitsweise des Gehirns respektieren, statt (wie in Schule und Ausbildung leider üblich) gegen sie „anzugehen" und die unnötigen Anstrengungen, zu denen Lernerinnen gezwungen werden, damit zu erklären, daß es halt schwer wäre und man deswegen unentwegt üben müsste. Zwar geht es ohne Üben nicht, aber es geht mit weit weniger, als man uns weismachen will! Diesem Zweck dienen die 10 Regeln in diesem Modul.* Sie wurden in Jahrzehnten entwickelt. Durch die Forschungen ab 2004 sind mehrere neue hinzugekommen, weshalb dieses Modul (anläßlich der 47. Auflage des Buches) massiv ÜBERARBEITET und teilweise NEU GESCHRIEBEN wurde.

Regel Nr. 1: gaaaaaaaaaanz laaaaaaaaaaaangsam ... (slow)

Vielleicht kennen Sie eine meiner Lieblings-Geschichten von Till **Eulenspiegel**? Ein Kutschenbesitzer begegnete ihm im Wald und schrie ihm im schnellen Vorbeifahren zu: „Wie lange noch zur Stadt?" Eulenspiegel: „10 Minuten, wenn Ihr **langsam** fahrt!" Der feine Herr rief eine Beleidigung und drosch auf die Pferde ein. Als Eulenspiegel später zu Fuß um die letzte Kurve zwischen Wald und Stadt bog, da lag die Kutsche im Graben – mit gebrochener Achse! „Nun", meinte der „närrische" Eulenspiegel, „wenn Ihr langsam gefahren wärt, dann wärt Ihr jetzt schon lange dort."

Wir könnten sagen: Wer zu schnell reisen will, den bestrafen die Neuronen.

* Kennen Sie mein (neueres) Modell des **LERNBERGs** (z.B. in dem Taschenbüchlein Eltern-Nachhilfe oder **ab der 3. Auflage** in Trotzdem LEHREN bzw. **ab der 4. Auflage** in *Das innere Archiv* sowie in den beiden DVD-Vorträgen Lehren – Trainieren – Ausbilden von **2006** und **2007** (hier in Zusammenhang mit den so wichtigen Spiegelneuronen)? Wer den LERNBERG einbeziehen will, kann die 10 Tips dieses Moduls am hochgehobenen Lernberg festmachen: **Nr. 1 bis 3**: allgemein (kann **rechts** zugeordnet werden, wo wir den „Methoden-Mix" plazieren); **Nr. 5 = oben** (Ball im Tor I); **Nr. 6 = unten** (Ball im Tor II); **Nr. 4** sowie **8 und 9 = links** (Spiegelneuronen).

Viele Menschen brauchen 10 bis 20 Mal länger, als nötig gewesen wäre, **wenn sie sich am Anfang der Strecke mehr Zeit genommen hätten**. Dies gilt für das Erlernen von **Musikinstrumenten** genauso wie für **Sportarten** und alles, was wir als VERHALTEN (vs. Wissen) beschreiben können. Wenn Sie einmal gesehen haben, wie die Chinesen schattenboxen (Tai-Chi), dann haben Sie ein perfektes Modell für die **Langsamkeit** des Vorgehens! **Tai Chi ist Kung Fu in Zeitlupe** (slow) und somit das beste Training, mit dem wir vieles lernen, was wir für echtes Kung Fu (später) benötigen würden ... Dasselbe gilt für jede Tätigkeit. Diese lernen Sie am schnellsten (haha), indem Sie AUSPROBIEREN, wie LANGSAM Sie sich bewegen können, um später Zeit zu sparen ...

Regel Nr. 2: KURZE EINHEITEN (2 Takte statt 20)

Üben bzw. spielen Sie immer nur einige wenige ... Bei Musik heißt das: Üben Sie nur fünf Töne und gehen Sie erst dann zu den Tönen 6 ++ über, wenn Sie die ersten fünf beherrschen. Beim Erlernen einer fremden Schrift: Schreiben Sie nur wenige Buchstaben, Silben oder Schriftzeichen LANGSAM (Regel Nr. 1) und in kurzen Sitzungen (–> s. Regel Nr. 3), ehe Sie weitere lernen. In der Schule geht man oft zu schnell voran, vor allem wenn man zu Hause nicht LANGSAM trainiert, so daß man kaum eine Chance hat, das Neue einzuüben! **Hier ist weniger mehr**, wie auch bei der folgenden Regel!

Regel Nr. 3: 10 Minuten ergeben 17?

Hier kommt eine heiße Regel. Zwar fehlt noch der neurologische Beweis, aber: **Nachdem fast alle Hypothesen, die ich vor Jahrzehnten** (aufgrund unserer praktischen Versuchsreihen) aufgestellt hatte, inzwischen neurologisch „bewiesen" wurden, nehme ich an, daß das mit dieser Regel ebenfalls geschehen wird. Denn erst laufen Versuchsreihen, danach entscheidet der Erfolg unserer Lernenden in der täglichen PRAXIS und, wie die Amerikaner so schön sagen: Wer recht hat, hat recht. Wenn unsere Leute z.B. mit der Birkenbihl-Methode wesentlich leichter UND schneller Sprachen lernen als Leute mit der Schulmethode, dann erbringen diese Erfolgreichen den Alltags-Beweis, auch wenn man noch nicht in allen Details erläutern kann, WARUM es so ist. Die meisten Lernenden (Schülerinnen wie Erwachsene) geben mehr auf den Praxis-Beweis als auf das akademische Gütesiegel! So ist es auch mit Regel Nr. 3.

Meine Hypothese lautet: So wie beim Sport die Muskeln noch eine Weile „nacharbeiten", wenn wir wieder im Sessel sitzen, so ähnlich arbeiten die NERVEN ein wenig nach („Überstunden"), wenn wir einen Lern- oder Trainings-Vorgang beendet haben. Deshalb weiß man seit langem, daß Schülerinnen beim Lernen die Themen wechseln sollten, weil Chemie nach Physik mit dem neuen Physikwissen INTERFERIEREN könnte, während Aufsatzschreiben die „Überstunden" von Physik nicht stört. Bei WISSEN schätze ich, daß die Überstunden das „Material" für den nächtlichen Transfer vorbereiten. Da es bei BEWEGUNGSABLÄUFEN keinen nächtlichen Transfer gibt, vermute ich, daß die Überstunden (ähnlich wie beim Joggen, d.h. bei sportlichen BEWEGUNGEN) eine Art inneres (mentales, unbewußtes) „Weitermachen" darstellen. Wir können davon ausgehen, daß die Ausbeute für den Lernvorgang von HAND-lungen extrem effizient ist, denn unseren Berechnungen gemäß gilt die Faustregel: **Auf ca. 10 Minuten TRAINING folgen ca. 7 Minuten „Nachbearbeiten"**, d.h., auf 10 Minuten Unterricht kommen ca. 7 Minuten „Hausaufgaben", auch wenn wir derweil im Fernsehsessel sitzen ...

Ob sich das neurophysiologisch bewahrheiten wird oder ob wir es (wie seit einigen Jahren) als DENK-MODELL benutzen, die Praxis hat gezeigt: **Sechsmal am Tag 10 Minuten bringen weit mehr, als einmal eine Stunde**. Stimmt mein Denk-Modell, dann „rechnet" es sich so: Einmal eine Stunde ergibt nur ca. 7 Minuten „Hausaufgaben" des Gehirns, aber sechs Mal je 10 Minuten ergeben 6 x ca. 7 (also 42 Minuten) „Hausaufgaben", das lohnt sich wirklich!

Wohlgemerkt: Wir sprechen immer vom EINSTEIGEN (Fuß des LERNBERGS). Wer schon weiter ist, kann und darf natürlich stundenlang dasselbe Stück oder als Meister dieselbe Passage üben. Wir unterscheiden zwischen dem ERSTANLEGEN von Nervenbahnen (hierbei sollen die 10 Regeln helfen) und hinterher dem ständigen NUTZEN derselben, da gelten andere Regeln!

Regel Nr. 4: REAL – MENTAL – REAL – MENTAL (Spiegelneuronen)

Haben Sie sich schon einmal gefragt, warum manche Kinder monatelang mit einem Stützrad lernen, Fahrrad zu fahren, während andere ohne Stützräder in kürzester Zeit fahren können? Nun, dem ersten Kind hat man überraschend ein Fahrrad geschenkt. Es hat nichts dagegen, aber es war auch nicht direkt „scharf" darauf. Das andere Kind hat schon seit langem sehnsüchtig sämtliche Kinder beobachtet, die mit ihren Fahrrädern vorbeifuhren. Dieses Kind hat bereits sogenannte SPIEGELNEURONEN für Fahrradfahren angelegt, ehe es das erste Mal gefahren ist; genaugenommen ist es bisher nur MENTAL gefahren! Diesen Neuro-Mechanismus sollten wir unbedingt nutzen.

Man nennt Nervenzellen, die „feuern", wenn wir jemandem ZUSEHEN, der etwas VORMACHT, „Spiegelneuronen" (weil sie die Welt im Kopf spiegeln). Dieselben Spiegelneuronen „feuern" jedoch auch, wenn wir es selbst tun, ja, sogar wenn wir nur daran DENKEN, es zu tun. Diese neurologische Tatsache nutzen wir bei Regel Nr. 4.

Inzwischen praktizieren Sportler das regelmäßig, wenn sie vor der Abfahrt entspannen und mental die ganze Strecke auf den Skiern (oder im Bob) hinunterfahren und die SPIEGELNEURONEN für diese Strecke aktivieren. Nun erhebt sich die Frage: Kann auch ein Einsteiger mental trainieren, auch wenn er den Bewegungsablauf noch nicht beherrscht? Nun, es erscheint zwar unlogisch, aber ich habe (1979) bereits einen solchen Ansatz entwickelt.

Denken Sie mit: Wenn Sie eine **neue Handlung** lernen, muß Ihr Gehirn **doppelt arbeiten**. Zum einen muß das **Anlegen der neuen Nervenbahn vorbereitet** und durchgeführt werden, das kostet Ressourcen, Zeit und Energie. **Zum anderen** muß Ihr Gehirn Ihre Bewegungen **ausführen** und **koordinieren**, auch das kostet Zeit und Kraft! Stellen wir uns zwei „Mitarbeiter" im Gehirn vor, die für die beiden Aufgaben zuständig sind: einen LERN-KOORDINATOR, der dafür sorgt, daß die Info letztlich im Kleinhirn landet, ab dann können wir die Bewegung vollautomatisch (unbewußt) ausführen, und den MARIONETTENSPIELER (im Motor-Kortex), der die richtigen „Fäden" ziehen muß, damit wir die Bewegungen bewußt ausführen können.

Weil aber beides **gleichzeitig** geschehen muß, wird ein Teil der Lern-Energie für jene **Gleichzeitigkeit** ausgegeben, so daß **die beiden Anteile** (Nervenbahn aufbauen plus Tätigkeit ausführen) **mehr als ein Ganzes ergeben**. Angenommen, die Tätigkeit jedes der beiden metaphorischen Mitarbeiter würde **50 Energie-Punkte** kosten, dann kosten beide, wenn sie **gleichzeitig** ausgeführt werden müssen, zusammen nicht 100, sondern **130 bis 150 Punkte**, je nachdem, wie schwer oder leicht sie uns fallen! Haben wir schon ähnliche Abläufe geübt, fallen uns die neuen leichter … Deshalb sollte das ÜBEN neuer Bewegungsabläufe in möglichst kleine Häppchen unterteilt werden. Diese sind **modular** trainierbar und können später aus kleinen funktionierenden Modulen zusammengesetzt werden. Deshalb können **auch und gerade** Einsteigerinnen von Mental-Training profitieren, wenn sie es richtig angehen. Denn es gilt, die Gefahr zu bannen, daß wir falsch trainieren, weil wir den richtigen Bewegungs-Ablauf ja noch gar nicht **kennen**. Daher können wir nur das mental trainieren, was wir soeben, vor einer Sekunde, REAL ausgeführt haben.

Wer alles immer nur „echt" üben will, tut genaugenommen zu viel ... Wenn wir eine Bewegung REAL AUSFÜHREN, sind Muskeln im Spiel, also muß der Marionettenspieler ARBEITEN: Ob er die Muskeln des Sprechapparates oder jene in Arm und Hand (beim Schreiben, Klavierspielen) oder jene, mit denen er dem Fußball hinterherrennt, bewegen muß, ist dabei egal. Es wird immer zu einer gewissen INTERFERENZ mit dem zweiten „Mitarbeiter" (dem LERN-KOORDINATOR) kommen. Wenn wir aber jeweils EINEN Durchgang einer KURZEN Bewegung, eines KURZEN Gesang- oder Musikstückes etc.. REAL durchführen und ihn **sogleich** (solange er noch im **Kurzzeit-Gedächtnis** kreist) MENTAL wiederholen, hat beim MENTALEN Durchgang der Marionettenspieler (fast) frei. Wir wissen inzwischen, daß er **minimale** Muskelbewegungen steuert, aber sie sind so klein, daß sie für das bloße Auge NICHT SICHTBAR sind und erst durch raffinierte Meßmethoden nachgewiesen werden konnten. Diese „Schatten" einer echten Bewegung reichen vollkommen, um die Spiegelneuronen zu trainieren. Und wenn sie ausgebildet sind, wird das eigentliche Einüben extrem leicht. Anweisung (siehe nebenstehender Text):

Gehen Sie die neuen (kurzen) Abläufe einmal REAL (ganz bewußt im Hier und Jetzt!) und einmal MENTAL durch. Beim realen Durchgang registrieren Sie genau, was wie „passiert", also beim Üben mit einem Musik-Instrument beispielsweise: Welcher Finger muß welche Taste mit wieviel Druck wie lange drücken? Oder: Mit welcher Bewegung vollzieht sich der Wechsel zum nächsten Finger? Muß man z.B. über- oder untersetzen, um einen glatten Lauf über mehr Tasten, als man Finger hat, zu erreichen?

Verbinden Sie dies mit Regel Nr. 1: Je langsamer und bewußter Sie dies tun, desto mehr Zeit geben Sie Ihrem Gehirn, und zwar Real-Zeit, um die notwendigen Nerven-Ver-BIND-ungen aufzubauen! Weil Sie am Anfang MEHR REALZEIT investieren, sparen Sie langfristig sehr viel mehr LERNZEIT! Das lohnt sich mit Sicherheit.

Verbinden Sie dies mit Regel Nr. 2: Spielen Sie immer nur einige wenige ... (wenige Takte/Noten bei Musik) oder üben Sie immer nur kurze Abläufe (z.B. Sport, Kalligraphie, eine neue Choreographie etc.), **die später modular zusammengesetzt werden können.**

Verbinden Sie dies mit Regel Nr. 3: Üben Sie jeweils nur ca. 10 Minuten (damit Sie jedesmal ca. 7 Minuten „Überstunden" – oder besser gesagt „Überminuten" – gewinnen ...).

Regel Nr. 5: AUTONOMES ÜBEN MÖGLICH? (BALL IM TOR I)

Wenn ein Junge das Elfmeterschießen übt, braucht er keinen Lehrer, keinen Coach, der ihn beobachtet, denn er sieht ja selbst, ob der BALL ins TOR geht oder nicht. Aber er sieht noch weit mehr, denn er kann auch erkennen, ob er vielleicht dazu neigt, den Ball zu weit rechts oder links zu plazieren, zu kurz oder zu hoch zu schießen etc.. D.h.: Er kann nicht nur AUTONOM lernen, wie man den Ball ins Tor bekommt, er kann auch AUTONOM korrigieren, weil er seine Fehler sieht und unmittelbar reagieren kann! Dies illustriert die Art, wie unser Gehirn funktioniert, wenn es um das Lernen von Handlungen geht.

Wir SEHEN unser Tun sowie das Ergebnis und WISSEN (innerhalb von ca. drei Sekunden), ob wir erfolgreich waren.

Wir merken sofort, ob wir den Fisch mit der Hand gefangen oder mit der Harpune getroffen haben. Wir spüren, ob wir mit unserem Handrücken schnell genug geschlagen haben (um das Insekt zu vertreiben oder um es totzuschlagen, ehe es uns stechen konnte). Die Natur hat uns so angelegt, denn wir befanden uns einst in einer gefährlichen und feindlichen Umwelt, in der wir **überleben** mußten. Daher benötigten wir SOFORTIGE FEEDBACK-Informationen, um unsere nächste (Re-) Aktion zu planen. Also suchten wir einen anderen Fisch, den wir mit der Hand oder Harpune fangen wollten, oder wir begannen, die Wunde zu untersuchen, die das Insekt uns zugefügt hatte ...

Der Elfmeter-Schütze (oben) zeigt uns, daß wir diese von der Natur in uns angelegte Möglichkeit auch **für Lernprozesse unserer Wahl** nutzen können. Die Menschen tun dies (unbewußt) außerordentlich gern. Wir lernen Tätigkeiten mit BALL-IM-TOR-EFFEKT© sehr eifrig: Es beginnt bei einfachen Ballspielen, bei denen wir sofort sehen, ob wir FANGEN und WERFEN können bzw. ob wir die Stelle TREFFEN können, die wir anpeilen (andere Mitspielerinnen, einen Korb, eine bestimmte Stelle im Feld etc.). Das gilt für alle Spiele, bei denen es darum geht, zu ZIELEN und zu TREFFEN (von Darts über Kegeln bzw. Bowling bis zum Ringewerfen auf dem Jahrmarkt).

Verhaltens-Training wird mit eingebautem BALL-IM-TOR-Effekt um vieles leichter. **Komischerweise bleibt die Tatsache in der Schule weitgehend unberücksichtigt.** Deshalb wirken viele Lernprozesse dort so „schwer". Ich habe **einige** dieser Probleme nach vielen Jahren des ständigen „Herumprobierens" gelöst, wobei die neuere Gehirnforschung viele meiner früheren Hypothesen bestätigt hat. Aus heutiger Sicht ist es viel leichter einzusehen, warum wir ANDERS TRAINIEREN sollten, warum wir von Methoden, die wir aus der Schule kennen, **ABLASSEN** müssen. Neben meiner speziellen Sprachlern-Methode (–> s. S. 176 ff.) habe ich z.B. in zehn Jahren Möglichkeiten entwickelt, sogar die vier Grundrechenarten mit BALL-IM-TOR-EFFEKT zu lernen, d.h. weitgehend autonom!*

Regel Nr. 6: HEISS/KALT-SPIELCHEN gefällig? (BALL IM TOR II)

Kennen Sie Spiele, bei denen ein Mitspieler etwas finden bzw. herausfinden soll und die Gruppe hilft ihm, indem sie ihn mit den Worten „heiß", „lauwarm" und „kalt" informiert, wie nahe er dem Gesuchten ist? Manche Gruppen summen auch (je lauter, desto näher ist er dran). Egal wie: Dieses Gruppen-Echo ersetzt das eingebaute FEEDBACK bei **BALL-IM-TOR-I**-Situationen (–> s. Regel Nr. 5), deshalb nenne ich es **BALL IM TOR II**. Gute Lehrkräfte sind oft Ball-im-Tor-II- Designer, wenn sie sich Spielchen ausdenken, mit deren Hilfe die Schülerinnen eine Handlungsabfolge leichter lernen, damit sie diese anschließend üben können ... Wenn IMITATION (–> s. nächste Regel) unmöglich ist, dann sollte eine **BALL-IM-TOR-II**-Routine den Einstieg erleichtern ...

Regel Nr. 7: IMITATION (SPIEGELNEURONEN)?

Wie bei Regel Nr. 4 erläutert, fällt der eigentliche Trainings-Zyklus wesentlich leichter, wenn wir ZUERST **Spiegelneuronen** anlegen können. So wie das Kind, das sehnsüchtig darauf wartet, endlich selbst mit einem Fahrrad fahren zu können, so lernen wir durch Modelle (Vorbilder) zahllose Verhaltensweisen, viele davon sogar unbewußt und oft lange ehe wir diese Verhaltensweisen zum ersten Male aktiv praktizieren werden. Daher stellt sich die Frage nach einem Modell immer. Je besser das Modell die Sache beherrscht, desto besser wird unsere Variante werden. Und im **Zeitalter der Medien** muß das Modell nicht unbedingt anwesend sein bzw. uns die Tätigkeit nicht hundert Mal vormachen: Wir können die Handlung aufnehmen und per Endlosschleife so oft wiederholen, wie wir wollen. Und denken Sie daran: Schauen Sie so lange zu, wie Sie wollen, ehe Sie agieren. Manche schauen lieber länger, manche machen lieber eher aktiv mit. Aber auch solange sie nur schauen, „bauen" sie bereits die ersten SPIEGELNEURONEN an (wie das Kind mit dem Fahrrad der Freunde), also ist das Schauen wertvoll! Und:

* Vgl. meine DVD *Gehirn-gerechtes Rechentraining*.

Starten Sie **langsam** (Regel Nr. 1). Elektronische Medien können wir auch langsamer laufen lassen! Merke: Schneller werden wir ganz von allein.

Regel Nr. 8: PERSIFLAGE (SPIEGELNEURONEN)

Mit Persiflage meinen wir die Übertreibung des WESENT-lichen unter Weglassung aller anderen Aspekte. Was eine Karikatur zeichnerisch darstellt, entspricht der Persiflage im Alltag. Beispiel: Ich rate allen, die Chinesisch lernen und anfangs extreme Probleme mit der Aussprache haben, nicht **gleichzeitig** fremde WÖRTER in einer völlig fremden TONLAGE auszusprechen, weil dies **zuviel Neues** auf einmal ist und das Gehirn streikt. Wenn man aber **zunächst** NUR DEN TONFALL imitiert, also eine Persiflage des Lektionstextes „bietet", lernt man das WESEN-tliche des Tonfalls nachzuahmen. Später, im zweiten Schritt, versuchen wir dann, die Worte selbst in die **bereits gelernte** SPRACHMELODIE einzulagern.*

* Da ich beim Update eines einzelnen Moduls verhindern will, daß sich alle Seitenzahlen dahinter verschieben (weil meine Bücher oft in Klassenzimmern und Seminarräumen verwendet werden und Teilnehmer verschiedene Auflagen besitzen können), finden Sie den Rest dieses Moduls im Anhang (–> ab S. 296).

T – TV-Gewohnheiten

Sind Sie bereit, kritisch über Ihr Fernseh-Verhalten nachzudenken?

❑ **Ja** – dann lesen Sie hier weiter.

❑ **Lieber nicht** – dann überspringen Sie diesen Beitrag unbedingt.

Mini-Quiz

1. **Wie viele Stunden pro Woche** sehen Sie fern, wenn Sie wirklich ehrlich (inkl. Nachrichten) **alles**, aber auch **alles** (!) zusammenzählen?

   Ich sehe ca. ________ Stunden pro Woche fern.

2. **Welche Arten** von Sendungen sehen Sie am meisten?

____

____

3. **Welche Sendungen** (konkrete Titel!) sehen Sie, wenn **möglich**, *jedes Mal*, wenn sie ausgestrahlt werden?

____

____

4. **Warum?** Was geben Ihnen diese Sendungen? (Worin liegt Ihr Nutzen, wenn Sie sie sehen?)

____

____

Wenn Sie ein **Grippemittel** in der Apotheke kaufen, dann erhalten Sie einen ellenlangen Beipackzettel, der Ihnen mitteilt, welche **entsetzlichen Nebenwirkungen** Sie eventuell (möglicherweise) erleiden **könnten**. Sie kennen die **Warnung** vom Fernsehen *(„Fragen Sie Ihren Arzt oder Apotheker“).* Wenn Sie hingegen ein Fernseh-Gerät kaufen, dann werden Sie **nicht** nur **NICHT gewarnt**, viel schlimmer: Weder Ihr Arzt noch Ihr Apotheker haben (in der Regel) auch nur die leiseste Ahnung davon, wie sehr Sie sich mit dem Fernsehen schaden können. Deshalb möchte ich Sie heute warnen:

Ich möchte Sie warnen: Es besteht eine reale Gefahr, daß Sie mit normalem Fernsehverhalten Ihrem Gehirn schaden. Dazu muß es nicht kommen, wenn Sie einige wenige Spielregeln einhalten.

Wenn Sie einige wenige Spielregeln einhalten, können Sie diesem Medium (inkl. Video, DVD etc.) das Beste „entnehmen". Aber zunächst gilt es, den Sinn dieser Regeln zu verstehen. Beginnen wir mit folgender Frage: *Welchen zwei Gefahren setzen Sie sich höchstwahrscheinlich aus, wenn Sie so **häufig wie bisher** fernsehen?*

Gefahr Nr. 1: Der physische Sehvorgang

Unser Auge ist so eingerichtet, daß es sich ständig bewegt. Deshalb können wir auch Dinge sehen, die sich **nicht** bewegen – im Gegensatz zum Frosch; sein Auge ist starr, deshalb existiert für ihn nur, was sich bewegt. Mit Bewegung des Auges sprechen wir hier nicht nur von willkürlichen Bewegungen des Augapfels, die Sie ausführen, wenn Sie etwas mit den Blicken verfolgen; wir meinen vor allem die **bewußt nicht wahrgenommenen** Minimal-Bewegungen, die **ständig** ablaufen und **ohne die wir blind wären**. Dies können Sie mit folgendem Experiment leicht nachvollziehen (siehe nebenstehender Text):

Legen Sie eine Hand leicht auf den (anderen) Unterarm (vorher Ärmel zurückschieben, wenn nötig) und bewegen Sie dann weder Hand noch Arm. Nach kurzer Zeit spüren Sie Ihre Hand nicht mehr. Erst wenn Sie Arm oder Hand wieder bewegen, können die Sinnesrezeptoren wieder „etwas" registrieren.

Im Auge ist es ähnlich, nur daß die Sinnesrezeptoren im Augeninneren weit kleiner sind, demzufolge reichen auch weit kleinere Bewegungen. Diese aber sind absolut notwendig für den Seh-Vorgang, auch wenn Sie normalerweise nichts davon wissen. (Diese Minimalbewegungen kann man normalerweise nur durch ein Betäubungsmittel stoppen.)

Wenn Sie „normal in die Gegend" gucken, dann sehen Sie diese Gegend nur aufgrund der Bewegungen Ihres Augapfels. Wenn Sie ins Kino oder Theater gehen, dann haben Sie die große Leinwand oder Bühne vor sich, also können sich Ihre Augen auch hier frei bewegen. Ebenso wandern Ihre Augen ständig über ein Bild (Foto, Zeichnung etc.). Ja, sogar, wenn Sie Ihrem „Liebling" in die Augen sehen wollen, dann stellen Sie fest, wie schwierig dies ist, weil sich Ihre beiden **Pupillen andauernd bewegen**.

Nur beim Fernsehen mit relativ kleinen Bildschirmen (die wir derzeit noch nutzen) ist es anders*, hier wird das Gehirn „ausgetrickst“: Weil sich das Bild (auf einer zu kleinen Fläche) bewegt, wird der normale Bewegungs-Mechanismus unseres Auges weitgehend außer Kraft gesetzt, was normalerweise nur geschieht, wenn wir „ins Leere starren“. Deshalb verfallen wir ins „Glotzen“ (die *Glotze* heißt nicht grundlos so). Wir verfallen also in dieses eigentümliche TV-Starren, d.h., **unsere Augen** werden relativ stark „fixiert“ und **bewegen sich ausnahmsweise** (fast) **nicht**. Dadurch entsteht kurzfristig eine Art hypnotischer **Trance-Zustand**, der jedoch durch permanente plötzliche Schnitte und abrupte Szenenwechsel **andauernd unterbrochen** wird. Sonst könnte man die Trance ja meditativ nutzen. Dies ist mit „stillen“ Videos sogar möglich: vom Holzscheit im Kamin über freie Natur (Wolken, Berglandschaften, Tiere, Wiesen) bis zum TV-Aquarium.

Beim Fernsehen aber entsteht nur eine **sehr kurze Pseudo-Trance**, die sofort wieder unterbrochen wird, und kurz darauf fallen wir wieder „hinein“ (nach dem altbekannten Motto: *„Rin in die* Kartoffeln, *raus aus die* Kartoffeln ...“)

Dadurch wird der wache Intellekt weitgehend matt gesetzt. Böse Zungen behaupten, hinter diesem Wahnsinn stecke Methode. Noch bösere sagen gar hinter vorgehaltener Hand, Aldous Huxley habe sich in *Schöne neue Welt* geirrt, das *Soma* wird uns **per TV verabreicht**, da auch bei uns ein Großteil des *Stimmviehs (pardon*, „mündige“ Bürger) in permanenter **Un-Mündigkeit** lebt, denn (siehe 1. und 2. nebenstehend):

Viele Menschen, die sich jenem Femseh-Sonder-Starr-Status sehr häufig aussetzen, klagen über *Ein- und Durchschlaf-* wie auch akute *Konzentrationsprobleme*; sie sind oft *gereizt* und fühlen sich *gestreßt*, sie sind *ruhelos* (als wollte der Geist die mangelnde Augenbewegung durch geistige Ruhelosigkeit kompensieren). Kurz, sie klagen über einen *überreizten Geist*!

1. In diesem Zustand „sausen“ die meisten Informationen am wachen Zensor unseres Bewußtseins vorbei auf dem direkten Weg ins Unbewußte. Auf diese Weise nehmen wir viele Informationen auf (wir lassen sie in unser Inneres!), bei denen unser bewußter Geist nicht sagen kann: „So ein Mist“, denn wir können einen Gedanken weder bewerten noch verwerfen, den wir nicht bewußt registriert haben.

2. Je häufiger man sich freiwillig in diesen Zustand begibt, desto ausgeprägter sind die Nachwirkungen, so daß bei manchen die Nachwirkungen von gestern in die Pseudo-Trance von heute münden ...

* Auch „große“ Bildschirme sind in diesem Zusammenhang „klein“. Erst wenn die Größe mindestens der einer „kleinen“ Leinwand (vgl. Dia-Projektion) entspricht, wird der Mechanismus, über den wir gerade nachdenken, aufgehoben.

Tip 1: Gezielt wegsehen!

Blicken Sie beim Fernsehen regelmäßig ge-ZIEL-t „weg", im Klartext: **Lassen Sie Ihre Augen durch den Raum schweifen, damit die Pseudo-Trance nicht „greifen" kann.**

Dieses ge-ZIEL-te Wegsehen erlaubt es Ihnen u.a., sich z.B. bei be-MERK-enswerten Infos (also wenn Sie sich viel MERK-en wollen) Notizen zu machen oder überhaupt etwas Beruhigendes zu tun (damit die Hände nicht ständig nach etwas Eßbarem suchen ... da sind Zeichenübungen oder Hand- bzw. Bastelarbeiten sicher kalorienärmer).

Wenn Sie lernen, **nur ungefähr ein Drittel der Zeit** (mit **kurzen** Kontroll-Blicken) **auf die Mattscheibe** zu sehen, dann wird aus Fernsehen *das bessere Radio*.

> Früher, als man beim Radiohören mehr als Kartoffelchips bewegte (z.B. Näh-, Stick-, Strick- oder Häkelnadeln, Bastelschere oder Perlen, die man auf Fäden reihte etc.), da begab sich der **Geist** in eine offene (**AUF**-nehmende, **AUF-MERK**-same) innere Haltung, also **MERK**-te man sich auch weit mehr!

Übrigens hat das ununterbrochene Hinschauen noch einen weiteren Nachteil: Wenn Sie z.B. einen Auslands-Bericht sehen, in dem Slums mit kleinen Kindern gezeigt werden, und der Kommentator berichtet gerade, wie viele dieser Kinder das fünfte Lebensjahr niemals erreichen werden, dann ist es **außerordentlich wahrscheinlich**, daß sich in diesem wichtigen Moment etwas **bewegen** wird, z.B. fährt ein **Bus** an der Kamera vorbei (oder eine andere Bewegung, die Sie von der Information ablenkt!).

Nun haben Sie diesen **Bus im Bewußtsein**, weil im Zweifelsfall **Bilder immer Vorfahrt im Gehirn** haben. Sie kennen das alte chinesische Wort, ein Bild sage mehr als 1000 Wörter. Es beschreibt, **daß** Bilder im Gehirn **vorgezogen** werden, weil sie schneller und ganzheitlicher verarbeitet werden.

Die moderne Forschung hat uns dasselbe gezeigt: Im Zweifelsfall haben Bilder neuro-physiologische Vorfahrt und damit Vorrang gegenüber Worten. Zu dem Zeitpunkt, an dem der Bus Sie also ge-ZIEL-t ablenkt, hören Sie demnach so gut wie nichts.

Die eigentliche Information des Kommentators hatte also **so gut wie keine Chance**, zu Ihrem **Wach-Bewußtsein** durchzudringen.

Frage: Warum stört der Bus die Info-Aufnahme all jener Zuschauerinnen, die sehr genau hinschauen, weil sie besonders viel lernen wollen?

Antwort: Es gibt ein **ungeschriebenes Gesetz**, an das sich fast alle Regisseure und Cutter halten, nämlich: *Es muß sich immer etwas bewegen.* Darum erleben (erleiden!) wir die vielen plötzlichen schnellen Schnitte (den ständigen Bildwechsel) nach maximal 30 Sekunden für ältere Zielgruppen! Denn bei den Teenies rasen die Bildschnitte bereits mit zehnfacher Geschwindigkeit! Diese ständigen actions aber lenken total „professionell" vom Inhalt ab, was **um so störender** ist, **je mehr Inhalt** angeboten wird – also **besonders bei Sendungen, bei denen wir etwas lernen wollen!** Hauptsache, Sie zappen nicht weg, **auch wenn Sie das, was Sie sehen, nicht richtig wahrnehmen können, weil sich laufend etwas bewegt.***

Gefahr Nr. 2: Prägung

Viele Dinge in unserem Leben lernen wir durch Imitation (⟿ vgl. *T – Verhalten + Handlungen TRAINIEREN*, S. 187 ff.), d. h.: **Wir übernehmen Verhaltensweisen, die uns andere durch ihre Handlungen vormachen (vorleben).** Meistens bemerken wir das nicht bewußt. Wir tun dies auch als Erwachsene (unser ganzes Leben lang) – und natürlich läuft dieser unbewußte Prozeß **auch beim Fernsehen** ab. Vor der Glotze **lernen** Sie eine ganze Menge, ohne es zu merken. Denken Sie an eine Sendung vom Typ *Denver, Dallas* o.ä. Hier lernen Sie z.B.:

- Du darfst niemandem trauen, weil alle so fies sind wie du selbst.
- Du mußt die anderen schnell (= ohne langes Nachdenken) bekämpfen, sonst kommen sie dir zuvor.
- Alle Männer wollen viel von dem einen (außer sie saufen so intensiv, daß das nicht mehr geht).
- Wenn Männer saufen, dann sind sie Männer (bis sie weiße Mäuse sehen, dann landen sie im Krankenbett), wenn aber Frauen saufen, dann sind sie haltlose, charakterlose Luder, die von ihren Ehemännern in luxuriöse/n Reha-Kliniken gesteckt werden.

---

* Übrigens habe ich dieses Thema kurz in meinem Video-Vortrag *Gehirn-gerechte Einführung in die Komplexitäts-Theorie* aufgegriffen (Stichwort: *Tiefe und Bedeutung von TV-Sendungen*).

- Wenn du ein Problem hast, dann mußt du zum Sideboard gehen und dir als erstes einen Whiskey einschenken usw..

Erstellen Sie Ihre eigene Liste, was Sie bei **den** Filmen, die Sie gerne sehen, „zwischen den Zeilen" lernen können, das ist eine der spannendsten Übungen, die Sie je absolviert haben!

Falls Ihnen dies im Augenblick (noch) unglaubhaft oder „lächerlich" erscheint, dann denken Sie bitte über nebenstehendes Beispiel in Ruhe nach:

Die amerikanischen Autofahrer wollten sich zunächst partout nicht anschnallen. Dann entschied man, daß Personen in Film und Fernsehen sich anschnallen müßten (inkl. Detektive in Krimis!). Innerhalb der nächsten Jahre erhöhten sich die Anschnall-Quoten dramatisch.

Das Gleiche passierte (zeitversetzt) in Deutschland. Es dauert immer ein wenig, bis die amerikanischen Produktionen gekauft, übersetzt, synchronisiert und gesendet werden.

Tip 2: Was sehen Sie häufig/regelmäßig?

Prüfen Sie bitte, was Sie sich **regelmäßig** anschauen, denn es wird Sie prägen, ob es Ihnen paßt oder nicht! Das wußte schon Goethe, als er sagte: *„Weiß ich, womit du dich beschäftigst, so weiß ich, was aus dir werden kann."* Würde der Geheimrat heute leben, dann hätte er wohl gesagt: *„Sage mir, mit welchen TV-Sendungen und Figuren du dich ständig umgibst ..."* Womit umgeben Sie sich häufig oder regelmäßig? (Vergleichen Sie Ihre Antworten im Quiz, S. 196.) Sehen wir uns häufig Filme an, in denen

- **Konflikte mit Pistolen ausgetragen** (aber **nie gelöst**) werden,
- man **nicht (wirklich) miteinander spricht**,
- man sich beim **Erkennen eines Problems** erst **einen einschenkt,**
- man sich **gewohnheitsmäßig gegenseitig belügt** und betrügt usw.,

dann **wird uns** das **prägen**! Deshalb rate ich Ihnen: Wählen Sie sehr bewußt, was Sie (regelmäßig oder gewohnheitsmäßig) an sich heranlassen (womit Sie sich umgeben)! Wenn Sie z.B. Krimis mögen, schauen Sie lieber *Columbo* als handelsübliche Detektive, die pro Serie mindestens dreimal ihre Waffen benutzen.

- Bei *Columbo* lernen Sie (unbewußt), wie man höflich miteinander umgeht.
- Er zeigt uns, wie man mit Achtung/Respekt mit einer Person kommunizieren **kann**, auch wenn man bereits **weiß, sie ist schuldig** (weshalb man sie hinter Gitter bringen will).
- Er ruft seine Frau an, wenn er unerwartet aufgehalten wird, ohne Angst, das könnte seine männliche Ausstrahlung (die ihm sogar Männer bescheinigen) gefährden.
- *Columbo* beweist jedesmal aufs neue, daß (und wie!) man sich **Problemen denkend nähern** kann statt mit Gewalt.

Ähnlich ist es bei *Quincy*, wobei dasselbe Team diese Denk-Krimis gemacht hat. (Wußten Sie, daß Peter FALK bei einigen *Columbo*-Filmen das Drehbuch schrieb und einige als Produzent herausgebracht hat?)

Tip 3: Nachrichten-Sendungen NICHT MEHR LIVE

Neil Postman stellt uns (in seinem brillanten und wieder erhältlichen* Buch: *Wir amüsieren uns zu Tode*) vor diese faszinierende Situation: Sie sehen in der Tagesschau eine brennende Lagerhalle.

Frage: Welchen Nachrichtenwert hat diese Information für Sie? (Es ist ja schließlich eine Nachrichten-Sendung!!)

Antwort: *Null.* Diese Botschaft **könnte** für Sie einen Nachrichtenwert haben, wenn es sich um Ihre eigene Lagerhalle handelte, aber dann würden Sie es auch ohne Fernsehen erfahren!

Wir werden immer von allem, was uns begegnet, „angemutet" (d.h. emotional gefärbt). Deshalb gilt: Sie können beim besten Willen nicht ständig Negatives hören und davon nicht betroffen sein.

Genausowenig Info-WERT haben für Sie der nächste Flugzeugabsturz, ein weiteres Eisenbahnunglück oder noch ein Kidnapping- oder Vergewaltigungsopfer! Aber solche **Negativ-Nachrichten** von Abstürzen, Unglücken, Verbrechen **ziehen Sie emotional hinab**!

Falls Sie das nicht glauben, kreieren Sie eine Seminar-Situation mit einigen Freunden (Sie brauchen keinen Trainer, nur einen Spielleiter) und machen Sie Rollenspiele, z.B. nebenstehende:

1. A läßt sich zwei Minuten lang negativ über Gott und die Welt aus (vorher Zettel mit Stichworten bereitlegen, es fällt vielen nämlich gar nicht leicht, das Meckern/Kritisieren 120 Sekunden lang durchzuhalten).
2. A wird eine/n konkrete/n Mitspieler/in (Los-Entscheid!) in der Gruppe zwei Minuten lang persönlich angreifen (kritisieren).

Während der 120 Sekunden sagt das „Opfer" sich ständig innerlich: *Es ist ja nur ein (Rollen-)Spiel!*

Und sehen Sie in beiden Fällen, wie schnell die Stimmung sinkt.

Falls Sie es **immer noch nicht glauben**, dann holen Sie Ihren **Hausarzt** und vollziehen Sie die Übungen, indem Sie ständig sämtliche Werte messen, die mit relativ wenig Aufwand gemessen werden können.

So beweisen Sie sich selbst, was großangelegte Streß-Studien bereits bewiesen haben: Schauspieler/innen leiden nicht „im Spiel", sondern „total real", wenn sie negative, pessimistische, deprimierende Szenen spielen. Dann steigen die Streßwerte rasant und bleiben (bis ca. 30 Minuten später) oben, während **die Anzahl der T-Zellen** fällt (T-Zellen sind die wichtigen Abwehrkämpfer unseres Immun-Systems)!

Spielen Schauspieler hingegen positive/optimistische, „helle" Szenen, dann sinken ihre Streß-Werte und die **Anzahl der T-Zellen** steigt.

* Es war lange vergriffen; im *Merkblatt Nr. 11* auf S. 322 f., finden Sie drei Möglichkeiten, wie Sie vergriffene Bücher doch noch „zu packen" bekommen können.

Ich rate Ihnen: Schauen Sie Nachrichten in Zukunft nur noch (zeitversetzt) von Video.

Dasselbe erleben Rollen-Spieler, wenn sie lernen, ihre Gefühle besser wahrzunehmen (vgl. hierzu auch die Übungen am **Gefühlsrad** in meinem Taschenbuch ***Kommunikationstraining***).

Wenn Sie die Nachrichtensendung von Video sehen, dann können Sie mit Hilfe der FF-Taste alles überspringen, was Ihnen **nicht** hilft/nützt. Sie entwickeln bald ein Gefühl dafür, welches die **für Sie relevanten** Nachrichten sind, und können sich gezielt diese (nur diese!) in aller Ruhe ansehen. **Dabei ergibt sich ein völlig anderes Fernseh-Gefühl,** denn Sie sind nicht mehr passiver, hilfloser TV-Konsument, sondern Sie nehmen Ihr Leben wieder aktiv selbst in die Hand. Selbst bei einer „Nebensache" wie dem Fernsehen registriert Ihr Unterbewußtsein sehr wohl, ob Sie sich zum Opfer jener machen, die mit Ihnen umspringen, wie es ihnen beliebt. Zum Beispiel indem die Werbung nicht an den von den Herstellern vorgesehenen Stellen „passiert", sondern mitten im Satz in Szenen bricht, die Ihr Einfühlungsvermögen ansprechen, oder indem man Ihnen nachts in Filmen wie ***Unsere kleine Familie*** die ordinäre Telefon-Sex-Werbung minutenlang zumutet, inkl. Stöhnen, „Ruf mich an" (und Peitschenknall) und Schlimmeres. All das „mutet" uns an und prägt uns maßgeblich, außer wir sehen via Video und haben die „FF-Kontrolle" über unser Erleben ... **Dabei sparen Sie neben einer Menge Streß-Hormone auch noch jede Menge Zeit.**

Vergleichen Sie: Ich brauche im Schnitt zum Sehen der Aufzeichnung einer Nachrichten-Sendung von ursprünglich einer halben Stunde nur noch sieben bis zwölf Minuten, um das (wenige) zu sehen, was ich wirklich sehen will (z.B. den Fortschritt von Friedensbemühungen irgendwo).

Wenn Sie diese nebenstehende Strategie übernehmen, dann **sparen Sie ca. 20 Minuten jeden Tag** – das sind 20 Minuten, in denen Sie **nicht** mit **negativen** Dingen belastet werden, wobei Sie trotzdem gut informiert bleiben. In diesen 20 Minuten täglich können Sie ganz andere Dinge unternehmen, von Meditation über Fitneß-Bewegungen bis hin zu 20 Minuten Lesen pro Tag. (Der Trend zum Zweitbuch ist trotz ***e-book*** nicht mehr aufzuhalten.) Übers Jahr gerechnet sparen Sie fünf 24-Stunden-Tage Realzeit (= weit mehr „Arbeitstage" mit acht Stunden)! Und wenn Sie die Zeit nur für Meditation und Entspannung genutzt hätten, wäre sie besser für Ihre Gesundheit gewesen, als alle diese negativen Gedanken in sich „reinzufressen" ...

Tip 4: Andere Sendungen (inkl. Spielfilme) ebenfalls zeitversetzt sehen

Wenn Sie die Zeitersparnis bei Spielfilmen berücksichtigen: Sie können durch rasches Vorspulen nicht nur den Werbeblöcken bei den Privaten entgehen, sondern jede langweilige oder schädliche Filmszene redigieren. So spule ich z.B. bei jeder Kampfszene, aber auch bei anderen Szenen, die mir nicht gefallen, schnell vor. **Das ist ja die große Freiheit, die Video und andere Aufzeichnungs-Systeme uns bieten!**

Wenn Sie auch **Spielfilme** (zeitversetzt) via Video sehen, dann können Sie in weit stärkerem Maße Regisseur spielen. Deutsche Privatsender halten sich bei US-Produktionen nie an die eingebauten „Soll-Bruch- Stellen" für Werbung, sondern sie unterbrechen **meist mitten im Satz.** Wo kämen wir denn da hin, wenn man die Zuseher respektieren würde? So kann es durchaus passieren, daß mitten in einer emotional geladenen Sterbeszene, bei der Sie vielleicht sogar zu Tränen gerührt sind, plötzlich und ohne Warnung eine Werbung hereinbricht – womöglich auch noch für Tampons. Das paßt zu der Sterbeszene wie die berühmte Faust aufs Auge, und ähnlich geschlagen (d.h. gestreßt) reagiert Ihr gesamter Immun- und Hormonhaushalt (siehe S.225), auch wenn Sie sich in die bunten lauten Werbe-Bildchen „hineinziehen" lassen und gar nicht merken, wie solche Ein-SCHNITTE in Ihre Gesundheit schneiden. Wenn Sie den Film jedoch **auf Video** aufgezeichnet haben, **dann** können Sie die oft acht bis neun Minuten Werbezeit in Sekunden mit der FF-Taste durchrasen und **sofort genau dort** weitermachen, wo Sie so rüde unterbrochen worden waren.

Sie können sich ausrechnen, daß Sie **sowohl** Ihre Lieblingsfilme (und bevorzugten Shows) im Fernsehen sehen **als auch** einige wichtige Dinge unternehmen oder Bücher lesen können, weil Sie bei reinen Unterhaltungs-Shows noch mehr Zeit einsparen können (z.B. indem Sie jede Pop-Gruppe überspringen, deren Lied, Sound, Lärm, nackte Haut oder was immer Ihnen **nicht wirklich gefällt**). Sie werden bei dieser Übung u.a. auch lernen, weit differenzierter wahrzunehmen und zu beurteilen, Sie bauen nämlich völlig neue Beobachtungs-Kategorien auf (⇝ vgl. *Kategorien Denken*©, S. 54 ff. und *T– NEUROBICS*©, S. 164 ff), denn: In der Phase vor der Fernbedienung lernten viele, als passive (hilflose) Opfer fernzusehen. Wer wollte denn schon ständig zum Apparat springen, um manuell einen anderen Sender zu suchen (meine jüngeren Leser können sich das vielleicht gar nicht vorstellen, aber so war es vor gar nicht allzu langer Zeit!). Dann kamen festeingestellte Sender und die Möglichkeit, diese durch einen Knopfdruck anzuwählen, was dann die Möglichkeit schaffte, diesen Knopfdruck aus einer gewissen Entfernung vorzunehmen. Heute aber bieten uns moderne Aufzeichnungs-Möglichkeiten die Sahne auf dem Kuchen (wenn ich Video sage, meine ich natürlich immer auch DVD oder was immer Ihr Lieblings-Medium sein wird). Sie können weit mehr Regie führen als je zuvor, und das ist die nächsthöhere Stufe des Fernsehens. Kein TV-Konsum mehr, sondern bewußte Wahl, wann Sie was überspringen, sehen oder sogar noch einmal sehen oder PAUS-ieren lassen, z.B. um zu schnell wegspringende Namen zu lesen! Die Namens-Einblendung ist immer zu kurz, weil die Macher nur berechnen, wie lange der Durchschnittsmensch zum Lesen braucht, nicht aber begreifen, daß dieser Mensch unbewußt zuerst den momentanen Satz zu Ende hört, ehe er mit dem Auge auf den Namen springt, aber da ist es zu spät, denn er sieht ihn gerade noch entschwinden ... (Wie gesagt, boshafte Leute behaupten, es sei System hinter diesem Irrsinn!)

Inventur-Aufgabe für Mutige, die es wissen wollen

Sie könnten Ihre ursprünglichen Angaben im Eingangs-Quiz später mit den Werten vergleichen, die sich ergeben, wenn Sie eine Woche lang **vorher** festhalten, was Sie alles sehen **wollen**. **Des weiteren** streichen Sie im Programmheft Sendungen dick durch, die Sie **wirklich** gesehen haben (inkl. jener, in die Sie so nebenbei mal hineinge-ZAPP-t sind ...) Das ergibt eine hohe Summe der Zeit-Differenzen bei Privaten plus noch mehr eingesparte Zeit, weil Sie mit Hilfe der Video-Technik so manches (wie den berüchtigten Vielredner in einer Diskussion oder in einem Spielfilm jede langweilige Szene) überspringen können ...

Tip 5: Wissens-Kassetten: Von Woche zu Woche gescheiter werden

1975 übertrug ich meine alte Radio-Technik (Audio-Kassetten) auf Video. Diese Variante gefällt den meisten Teilnehmern noch besser.

TRAININGS-Technik: Ihr Wissens-Netz mühelos erweitern

Nachdem ich erkannt hatte, daß **alles Kopf-Können** vom Gedächtnis abhängt (und über das **Gedächtnis** unsere **intellektuellen** wie **kreativen** Leistungen), wurde mir klar, daß wir ein möglichst ausgedehntes Wissens-Netz brauchen. Das ist heute im Info-Zeitalter wahrer denn je. Aber als ich damit begann, meinen Seminar-Teilnehmer/innen davon zu „predigen" (**täglich etwas** lernen = der Königsweg zum Gehirn-Benutzer), mußte ich feststellen, wie viele von ihnen in ihrer Schulzeit so große Scheu (um nicht zu sagen Angst oder Haß) gegen Buch-Wissen jeder Art entwickelt haben, daß sich nebenstehendes Paradoxon ergab:

Je weniger Fäden vorhanden sind, desto mehr profitiert der Mensch von einer Er-WEIT-erung seines Horizonts (Wissens- Netzes). Aber: Je weniger Fäden vorhanden sind, desto größer ist natürlich die fatale Ab-NEIGUNG der Betroffenen, etwas zu lernen (- neue Fäden Ins Netz einzu-RIND-en), sonst hätte der Mensch ja mehr Fäden!

Also beißt sich die Katze hier in den Schwanz? Nun, ich kann Ihnen jetzt die gute Nachricht verkünden: Ich habe einen Weg gefunden, wie wir unser **Wissens-Netz ständig erweitern** können, **ohne zu lernen**.

Im Klartext: Ständige schmerzlose Wissens-Netz-Erweiterung, **ohne (Sach- bzw. Fach-)Bücher zu lesen** oder im Sinne der Schul-Erfahrungen zu lernen, also garantiert **ohne Pauken, Büffeln, stures Auswendiglernen** etc..

Sie brauchen einen Video- oder DVD-Rekorder, den Sie programmieren können, (was ja im Zeitalter nach *ShowView* wirklich leicht geworden ist). Wenn Sie ein „Ohrentyp" sind, können Sie natürlich mit Tonkassetten arbeiten, die Sie genauso „nebenbei" hören können. Quellen sind Sendungen mit sogenannten Wortbeiträgen (vom Schulfunk über bestimmte Magazin-Sendungen bis hin zu Hörspielen). Aber obwohl die meisten Tteilnehmer/innen zwar gerne behaupten, sie sähen „nie" fern (was nur ca. acht bis zwölf Stunden pro Woche bedeutet!), ist die Fernseh-Technik mit Abstand die beliebteste.

Studieren Sie das Fernsehprogramm für die kommende Woche (spätestens am Wochenende) und suchen Sie sich Sendungen heraus, die Sie **normalerweise nicht** gesehen hätten. Dabei wählen Sie Sendungen dieser Kategorien aus:

1. **„Dazu habe ich leider absolut keine Zeit"** und
2. nach dem Motto: **„Das langweilt mich/interessiert mich nicht."**

Tip: Beobachten Sie, wie Leute sich verhalten, wenn sie sagen: *„(Dieses Thema) langweilt mich"* und bleiben Sie dann genau an diesem Thema „kleben". Die Menschen werden sehr bald sauer.

Denn das sogenannte *Langweilige* befindet sich häufig **außerhalb** des **Wissens-Netzes** der Betroffenen. Damit aber fühlen sie sich überfordert. Sie wollen kein **geistiges Bungee-Jumping!**

Aber Sie wollen beides: sowohl Sendungen, für die Ihnen die Zeit fehlt, als auch solche, die Ihnen **geistiges Bungee** anbieten (allerdings „schmerzlos"). Deshalb streichen Sie jetzt solche Sendungen an (z.B. über den *Flötenbau im Mittelalter, vom Liebesleben der Meeresschnecken* o. ä.).

Nun sorgen Sie (per automatischer Programmierung) dafür, daß Sie einige leere Kassetten mühelos zu **Wissens-Kassetten** umwandeln. Wohlgemerkt: Wir sprechen hier von Sendungen, die Sie **nicht** gesehen haben. Sehr interessante Dokumentationen werden Sie übrigens im Programm früh zwischen zwei und sechs Uhr finden, aber mit Vorprogrammierung ist auch das problemlos. Überlegen Sie: Noch vor einigen Jahren hätten Sie eine Person gebraucht, die solche Wissens-Kassetten für Sie anlegt, heute geht das fast von allein. Sie müssen nur die richtigen Kassetten einlegen, bis die Technik den nächsten Schritt erlaubt und Sie sich das, was Sie wollen, wann Sie wollen auf eine „Platte" laden und Ihr TV-Programm selbst machen. Dies wiederum wird übrigens die letzte Stufe vor der *Star-Trek*-Zukunft sein. Dann werden wir uns nämlich **nur noch** holen, **was** wir gerade **wollen**. Es wird dann keine offiziellen Sendezeiten mehr geben.

Jetzt wird es spannend. Was können Sie mit den Wissens-Kassetten anfangen? Hier einige erste Anregungen. Beginnen wir mit meinem Lieblings-Tip, der bei meinen Teilnehmerinnen im Seminar seit Jahren großen Anklang findet. Oft höre/lese ich, wie erfolgreich „Ehemalige" inzwischen damit umgehen und was es ihnen gebracht hat.

Das ist die **Sahne** auf dem **Privat-TV-Kuchen**, wenn Sie **dort** unbedingt live sehen und **Werbeblocks** (zur gehirn-gerechten Wissens-Netz-Erweiterung) **nutzen** wollen (z.B. bei einem Sport-Event).

1. **Wissens-Kassette** in Video.
2. TV-**Sendung sehen** bis Werbung.
3. **PLAY**-Taste/**Video** und gleichzeitig **Start-Taste** am **Timer** (voreingestellt auf fünf Minuten) drücken.
4. **Video sehen**, bis Timer piepst.

5. **Jetzt** haben Sie immer noch genügend Zeit, um Ihre Blase zu leeren oder etwas zum Füllen derselben zu holen usw., denn die Werbeblocks dauern in der Regel zwischen sechs und sieben (oft sogar neun) Minuten!

Wenn Sie auf diese Weise pro Woche nur **eine einzige** TV-Veranstaltung mit drei Werbeblöcken sehen, dann entspricht dies **einer Stunde pro Monat**, das ergibt nach Adam Riese bereits **zwölf Stunden im Jahr**. Vergleichen Sie dies mit einem Seminarbesuch: Realzeit eines normalen Seminars ist sechs Stunden Seminarzeit (**ohne** Kaffeepausen, Mittagessen etc.), also entspricht dies **zwei Nonstop-Info-Angebots-Seminartagen,** völlig **kostenlos** und **bequem** zu Hause im **Pantoffel-Kino**. Aber die meisten meiner Teilnehmer/innen haben bald „Blut geleckt" und nutzen diesen Tip **öfter**, vor allem, wenn sie **alleine** fernsehen. Hätten Sie gedacht, daß bei nur zwei so genutzten **Sendungen pro Woche** ein kompletter 24-Stunden-Tag **nonstop Wissens-Netz-Erweiterung** (pro Jahr) für Sie „herausspringt", also schon vier Seminartage bzw. drei normale Arbeitstage à acht Stunden? Und wenn Ihr TV-Verhalten relativ normal ist, dann **könnten** Sie diese Technik theoretisch sogar **einmal pro Tag** an **sechs TV-Tagen einsetzen** (insbesondere Menschen, die viel zu Hause sind). Also, bei täglich einmal an sechs Tagen werden ??? Stunden daraus. Rechnen Sie es aus, ehe Sie Ihr Ergebnis mit der Tabelle, S.232, vergleichen.

Manche meiner Teilnehmer befürchten eine Ablenkung vom Thema der Sendung (z.B. von der Handlung des Films oder vom Diskussions-Thema einer Talkshow). Nun, abgesehen davon, daß ich bisher überwiegend an Sport-Events, Live-Präsentationen (z.B. die Oscar-Verleihung) oder reine Unterhaltungs-Sendungen (*„Die lustigen Oberkrainer"* etc.) gedacht hatte, gilt selbst bei Spielfilmen: Sie können sich **von einer Vielzahl Werbespots ablenken** lassen **oder von einem einzigen Thema**. Zwar sagen viele jetzt, sie würden den Ton bei der Werbung **immer** ausschalten, aber dann **schauen** sie doch regelmäßig hin, um zu **sehen**, ob die Sendung weitergeht und werden durch die Bilder doch beeinflußt, insbesondere, da Bilder ja im Gehirn immer Vorrang haben (wie schon besprochen). Weit häufiger stellt man nur den Ton leiser, damit man es **hört**, wenn es weitergeht. Glauben Sie wirklich allen Ernstes, Ihr Gehirn fände diese „Belästigung" angenehmer als ein neutrales Thema? **Wissens-Kassetten** sollten keine politisch brisanten Themen enthalten, sondern relativ zeitlose Infos bieten, die **Ihr Wissens-Netz und Ihren geistigen Horizont vergrößern!** Das ist doch das erklärte Ziel, nicht wahr?

	A	B	C	D
1	**1 x pro Woche**	15 Min./Woche	12 Std./Jahr	
2	**2 x pro Woche**	30 Min./Woche	24 Std./Jahr	1 24-Std.-Tag
3	**3 x pro Woche**	45 Min./Woche	36 Std./Jahr	
4	**4 x pro Woche**	1 Std./Woche	48 Std./Jahr	2 24-Std.-Tage
5	**5 x pro Woche**	1 Std. 15 Min./Woche	60 Std./Jahr	
6	**6 x pro Woche**	1 Std. 30 Min./Woche	72 Std./Jahr	3 24-Std.-Tage

Weitere Möglichkeiten, bei denen ich selbst regelmäßig Wissens-Kassetten nutze, sind beispielsweise:

1. **Beim Zeichnen/Basteln** – denn kurze Kontroll-Blicke sind besser als glotzen (vgl. S. 219 ff.).

2. **Bei Arbeiten, die mich langweilen („nebenbei").** Hier taucht manchmal im Seminar folgende Kritik auf: *Was ist, wenn ich den Weg des Zen-Buddhismus gehen und alles, auch langweilige Tätigkeiten, voll bewußt ausüben will?* Meine Antwort: Dann werden Sie sicher genauso voll bewußt lernen wollen und räumen dem Sehen von Wissens-Kassetten eigene Zeiten ein. Das bewußte Leben spricht keinesfalls gegen Wissens-Kassetten, nur dagegen, sich das Wissen lässig und nebenbei „reinzuziehen" ...

3. **Einfach** so! Die Frage taucht regelmäßig auf: *Was ist, wenn mir eine Wissens-Video wider Erwarten so gefällt, daß ich keinesfalls bis zur nächsten Gelegenheit warten will?* Das müssen Sie entscheiden, aber ich „darf" auch einfach so gucken.

4. **Beim Fitneß-WALK-ing (drinnen)!*** Ich bin zwischen Februar 1999 und Februar 2000 auf meinem Skywalker über 700 Meilen ge-WALK-t. Dafür habe ich ca. 230 Stunden gebraucht. Da ich inzwischen weiß, daß es viele interessiert, womit ich diese Zeiten für mich erträglich mache, hier die Info: Ungefähr ein Drittel dieser Zeit habe ich mit Video-Aufzeichnungen verbracht, zu denen ich normalerweise keine

* Beim Laufen sehe ich ein Drittel der Zeit ausschließlich Sendungen, die mich als Privatmensch **nicht** interessieren, von denen ich aber eine Ahnung haben muß, weil meine Kunden danach fragen.

Zeit gehabt hätte. Das entspricht über drei 24- Stunden-Tagen Sehzeit. Ein weiteres Drittel ist der spielerischen und mühelosen Wissens-Netz-Er-WEIT-erung gewidmet und das letzte Drittel der Zeit nutze ich ganz privat für das Lesen von SF-Romanen.

5. **Beim Fitneß-WALK-ing (draußen)!** Hier greift ein weiterer Trick, da ich seit Jahren nur mit Walkman WALK-e: Manche Wissens-Kassetten, aber auch „Fremdsprachen-Material" (z.B. *Columbo* auf Französisch, *Deep Space 9* auf Italienisch) will ich natürlich mehr als einmal hören (⇝ vgl. *T – Sprachen lernen*, S. 194 ff.). Aber ich brauche sie nicht jedesmal zu sehen, denn ich kenne die Bilder bereits. Also höre ich den Ton solcher Videos auf Audio-Kassetten (übrigens auch bei Autofahrten …).

Fragen Sie sich, ob Sie einige der Tips in diesem Abschnitt in Ihre tägliche Praxis umsetzen wollen, zumindest probeweise. Machen Sie die Probe aufs Exempel, es kostet nichts! Es ist schließlich Ihr Gehirn, das Sie verseuchen bzw. durch gute Femseh-Gewohnheiten stärken. Und es ist Ihr Wissens-Netz, das regelmäßig wachsen und gedeihen sollte, wenn lebenslanges Lernen kein Lippenbekenntnis bleiben soll. Jetzt müssen Sie nur entscheiden:

1. **Machen Sie mit?** Und
2. **Wann begannen Sie womit?**

Hier sehen Sie übrigens meine Lieblings-Assoziationen zu *Walking*, wie sehen Ihre aus?

T – Zeitraffer-Technik

(Bitte ankreuzen)
ja nein

☐ ☐ 1. Wenn Ihnen jemand langatmig und umständlich etwas erzählt – werden Sie dann ungeduldig?

☐ ☐ 2. Gibt es viele Menschen (mehr als 50 %), die Ihrer Meinung nach „zu langsam" sprechen?

☐ ☐ 3. **Sprechen** Sie selbst eher „zu schnell"?

4. Es geht um Ihre **Lesegeschwindigkeit**:

☐ ☐ 4a. (**Wenn Sie wissen, wie schnell Sie lesen**): Lesen Sie mehr als 300 Wörter pro Minute?

☐ ☐ 4b. (**Wenn Sie Ihre Lesegeschwindigkeit nicht kennen**) Schätzen Sie bitte: Lesen Sie „relativ" schnell?

☐ ☐ **Zusatz zu 4a und 4b:** Ziehen Sie **Spaltenlesen** (z. B. in einer Tageszeitung) einem breiten Satzspiegel (z. B. bei Büchern) vor?

☐ ☐ 5. **Schreiben** Sie relativ flott?

Wenn Sie alles verneint haben, dann ist die Zeitraffer-Technik für Sie wahrscheinlich nicht geeignet. Trotzdem möchten Sie vielleicht einen Versuch machen, ehe Sie müde abwinken.

Je mehr Fragen Sie bejahen konnten, desto besser ist Ihr Gehirn bereits auf die Zeitraffer-Technik vorbereitet!

Was ist die Zeitraffer-Technik?

Antwort: **Es ist eine Technik, die unsere Lern-Geschwindigkeit vervielfacht!** Sie können in weit weniger Zeit mehr lernen als früher! Denn unser normales Wach-Bewußtsein befindet sich auf einer anderen **Zeitebene** als andere Teile unseres Körpers/Geistes. Neuere Untersuchungen (⇝ vgl. NØRRETRANDERS, S. 76) bestätigen Studien aus den 50er Jahren des letzten Jahrhunderts: Unser bewußtes Verarbeiten von Reizen wie auch unsere bewußten Denkprozesse verlaufen wesentlich langsamer als ihre unbewußten Pendants, deren Geschwindigkeiten um 400 bis 2000mal schneller sind. Somit stellt unser „normales" Zeitempfinden eigentlich eine Art Super-Zeitlupe dar.

Des weiteren gilt: Es hat immer schon Menschen gegeben, die weit schneller denken/lesen konnten als andere (z.B. John F. Kennedy!). So erzählt man sich von Napoleon, er habe in seinem Kommando-Zelt im Feld oft vier Schreiber **gleichzeitig** beschäftigt, wenn er vier Briefe **gleichzeitig** diktierte (davon oft zwei in anderen Sprachen!). Er diktierte jeweils einen Satz (zu Brief Nr. 1) an den ersten Schreiber, dann einen Satz (zu Brief Nr. 2) an den zweiten Schreiber usw., um nach dem Satz an den vierten Schreiber dem ersten den nächstfolgenden Satz zu seinem Brief zu sagen.

Experimente in den USA haben gezeigt, daß *alle* Menschen ihr derzeitiges Lern- und Denk-Tempo um mindestens 10 % verbessern können. Und daß diejenigen, die sowieso schneller als der Durchschnitt waren, ihr Tempo in der Regel noch einmal um ein Vielfaches steigern konnten!

Material

Man benötigt die Möglichkeit, einen gesprochenen Text schneller als normal ablaufen zu lassen.

Am Anfang können Sie *experimentieren*, indem Sie mit einem Diktiergerät mit zwei Geschwindigkeiten *arbeiten* (langsam aufnehmen, schnell abspielen). Dabei stellen Sie einen „Micky-Maus-Effekt" fest; Sie merken aber, daß Sie sehr wohl noch verstehen können ...

Sollten Sie die Zeitraffer-Technik jedoch ernsthaft nutzen wollen, dann bräuchten Sie ein spezielles Gerät. Es erlaubt eine stufenlose (bis zu doppelter) Abspielgeschwindigkeit ohne „Micky-Maus-Effekt": Man verändert nämlich zusätzlich zu „speed" noch „pitch", dadurch wird die Stimme künstlich „heruntergedrückt", also „tiefer" gemacht. Dieser Effekt hebt die „Micky-Maus-Qualität" auf. Zwar klingt die Stimme etwas eigentümlich, aber durchaus gut verständlich.

Solche Geräte laufen unter Bezeichnungen wie *Sound-Pacer, Fastrac* oder ähnlich. Fragen Sie im Fachhandel nach, welche Möglichkeiten es dort gibt.

Vorgehen

Das Vorgehen ist denkbar einfach: Sie spielen Lerninhalte schneller ab. Mit dem oben erwähnten Gerät können Sie die Geschwindigkeit stufenlos einstellen, was besser ist als fest eingebaute Geschwindigkeiten. Sie können bis zu doppelter Geschwindigkeit, aber auch bis zu 20 % langsamer abspielen!

Beginnen Sie mit einfachen Texten, die Ihnen bereits vertraut sind. Somit beweisen Sie sich zunächst, daß man schnellere Sprache sehr wohl verstehen kann! Testen Sie dann mit einem für Sie neuen Lerninhalt. Letztlich können Sie sogar die Zeitraffer-Technik mit Parallel-Lernen koppeln, wenn Sie das Gefühl haben, daß Sie das schaffen. (Ca. 10 % unserer Seminarteilnehmer/innen haben diese Möglichkeit mit gutem Erfolg angewendet!)

Wenn Sie merken, daß Sie mit der Zeitraffer-Technik gut arbeiten können, dann sollten Sie überlegen, ob Sie sich mit Schnell-Lese-Techniken befassen wollen. Die meisten Menschen lesen mit einer Richtgeschwindigkeit von **160 WPM (Worte pro Minute),** weil unser Schulsystem zwar lehrt, Buchstaben (oder Silben) aneinanderzureihen, aber nicht, ganze Wortgruppen mit einem Blick zu erfassen!

Fazit

Die Zeitraffer-Technik zeigt, welche ungeahnten (und meist brachliegenden) Möglichkeiten in uns schlummern! **Teilnehmer/innen, die die Zeitraffer-Technik eingesetzt haben,** berichten:

1. Ihre Konzentrationsfähigkeit ist gestiegen.
2. Ihre Lesegeschwindigkeit ist auch ohne spezielles Training um ca. 10 % schneller geworden.

Teilnehmer/innen, die **sowohl** Parallel-Lernen **als auch** Zeitraffer-Technik anwenden (nicht unbedingt in Kombination, auch einzeln), berichten regelmäßig, sie beginnen zu erahnen, daß noch weit mehr möglich sein müsse, d.h., **sie trauen sich ganz allgemein plötzlich mehr zu!**

Diese Verbesserung des Selbstwertgefühls geht übrigens mit jeder Technik einher, die man beherrschen lernt, auch bei Sport, Musik, Tanz etc.. Warum also nicht bei gehirn-gerechtem Arbeiten?

T – Zum Schluß: Etwas Denk-Sport

Damit Sie Ihre grauen Zellen ein wenig trainieren können, folgen jetzt einige Denksportaufgaben, die nur ganzhirnig zu lösen sind!

Denk- Sport-Übungen

Curiosity killed the cat. Das ist ein englisches Sprichwort („Neugierde hat die Katze getötet!"). Neugierde ist ein Symptom eines ***gut funktionierenden rechten Hirns*** und eben deshalb für Linkshirnler suspekt! Ausgezeichnetes Training für gezielte Neugierde und Bilder-Machen sind Denksportaufgaben! Hier folgen fünf Appetit-Happen, falls Sie *sofort* anfangen wollen. Vielleicht machen sie Ihnen Lust, sich einige Denk-Bücher zu besorgen, um alleine oder im Familien- und Freundeskreis möglichst bald weiterzumachen?

Übung Nr. 1: Das Armband

Sie haben ein Armband, welches aus sieben Ringen besteht. (Fertigen Sie selbst eine Skizze an!) Sie sind mit Ihrer Miete im Rückstand und werden erst in einer Woche (in sieben Tagen) bezahlen können. Der Vermieter ist einverstanden, pro Tag einen (weiteren) Ring als Pfand zu akzeptieren. Aber er macht zur Bedingung, daß nur ein einziger Ring Ihres schönen Armbandes zerschnitten werden darf, damit Ihr Schaden nicht zu groß wird. Wie gehen Sie vor?

Nun, Sie haben die Aufgabe doch gelöst*, ehe Sie hier weiterlesen?! Falls nicht, beachten Sie bitte: Je leichter es Ihnen fällt, desto näher sind Sie dem Ziel sowieso! Das macht Spaß! Je schwieriger es ist, desto notwendiger ist es, wenn Sie kein Gehirn-Muffel bleiben wollen! Also, werden Sie spätestens jetzt bitte die Aufgabe lösen?

Übung Nr. 2: Der Nußkuchen

Sie haben einen runden Nußkuchen gekauft. Ursprünglich hatten Sie sechs Gäste erwartet, aber jetzt kommen sieben, so daß mit Ihnen acht Personen da sind. Teilen Sie den Kuchen mit nur drei (!) Schnitten in 8 Stücke auf!

---

* Falls Sie Ihre Lösungen vergleichen wollen, so finden Sie diese im *Merkblatt Nr. 7*, S. 306 ff.

Kleiner Hinweis: Ohne Vorstellung (rechte Hemisphäre) oder Zeichnung geht es nicht!

Übung Nr. 3: Die Billardkugeln

Bitte machen Sie diesmal (noch) keine Notizen! Gehen Sie so vor, daß Sie jeden Satz lesen, sich die Situation kurz vorstellen, dann den nächsten Satz lesen, sich die neue Situation vorstellen etc..

1. Stellen Sie sich eine weiße Billardkugel vor.
2. Fügen Sie links von der weißen Kugel eine rote hinzu.
3. Fügen Sie rechts von der weißen eine blaue hinzu.
4. Fügen Sie rechts von der blauen eine gelbe hinzu.
5. Schieben Sie die gelbe zwischen die rote und die weiße Kugel.
6. Fügen Sie ganz rechts eine grüne hinzu.

Jetzt tragen Sie die Reihenfolge der Kugeln hier ein (möglichst ohne den Text ein zweites Mal zu lesen!):

__________ __________ __________ __________ und __________.

Übung Nr. 4: Das kaputte Treppenhaus

Sie wissen, manchmal ist ein Lift kaputt. Dann müssen alle zu Fuß gehen. Heute ist aber das Treppenhaus nicht zugänglich, also müssen alle Leute, die das Haus betreten, den Lift benutzen. Im Erdgeschoß ist ein Buchladen; im 1. Stock eine Anwaltskanzlei; im 2. Stock ein Massage-Salon (dessen „Massagen" die Krankenkasse allerdings nicht bezahlt); im 3. Stock ist die Wohnung des Anwalts; im 4. Stock ist ein „richtiger" Massage-Salon, und im 5. Stock ist ein kleines Cafe, in dem Klienten des 1., 2. und 4. Stockwerks z.T. warten, wenn sie zu früh dran sind. Nun, keiner kann das Treppenhaus benützen. Frage: Welcher Knopf im Lift wird heute am häufigsten gedrückt?

Es folgt ein Zitat aus einem enorm vergnüglichen Denk-Trainings-Buch mit dem Titel: *Denken als Spiel**. Es ist optimal geeignet, allen zu helfen, die auf dem Weg vom Gehirn-Besitzer zum Gehirn-Benutzer sind**. Deshalb möch-

* Quelle: Willi Hochkeppel, *Denken als Spiel*, S. 103 ff.

** Leider ist das Buch seit Jahren vergriffen, aber es gibt drei Wege, um an vergriffene Bücher heranzukommen (vgl. *Merkblatt Nr. 11*, S. 295 f.).

te ich den Verlegern des damals noch erhältlichen Buches danken, daß ich Ihnen diese Aufgabe hier anbieten darf. Das folgende **Sprach-Rätsel** kann man **alleine** oder **mit Freunden** *(Motto: Wer schafft's zuerst?)* angehen, wenn Sie Spiele mit Wettbewerbs-Charakter mögen. Es kann sehr spannend werden, wie die Seminar-Arbeit immer wieder gezeigt hat.

Übung Nr. 5: Ein Sprachrätsel (nach Hochkeppel)

Die Idee zum (folgenden) Spiel stammt von der US-Armee, die während des Zweiten Weltkrieges sprachbegabte Leute suchte. Kluge Köpfe entwarfen einen Text in einer völlig logischen künstlichen Sprache. Die Prüflinge sollten möglichst viele Sinn- und Formengesetze entdecken und mit ihrer Hilfe andere kurze Texte in diese Kunstsprache übersetzen. Diesem Prinzip sind wir bei der nun folgenden Aufgabe nachgegangen. (Alle wirklichen, lebendigen Sprachen sind natürlich bis zu einem gewissen Grade unlogisch – wie das Wesen, das sie produziert hat.)

In den unwegsamen Gebirgen Zentralasiens war die uralte Kultur der Eborier beheimatet. Dr. Niegenug, der deutsche Privatgelehrte, widmete ihr einen beträchtlichen Teil seiner Lebensarbeit. In jahrzehntelangen Ausgrabungen stellte er genügend Material sicher, um eine Grammatik und Formenlehre des Eborischen zusammenstellen zu können. Allerdings: Sein Lebenswerk war völlig ungeordnet, als ihn bei seiner letzten Expedition ein tückischer zentralasiatischer Bazillus hinwegraffte.

Seine Erben standen vor einem scheinbar unlösbaren Problem: Aus einem Wust losen Zettelmaterials galt es, eine Systematik des Eborischen aufzubauen – und außerdem die Übersetzungen ins Eborische zu klären, die Dr. Niegenug sozusagen als Steckenpferd angefertigt hatte. Zunächst fielen den Ordnern des Nachlasses **drei Zettel** in die Hände.

- Der erste enthielt einen kleinen Wortkatalog,
- der zweite einige Bemerkungen zur Formenlehre und
- der dritte zwei Zeilen, die offenbar einen Übersetzungsversuch darstellten.

Den findigen Nachlaß-Ordnern gelang es, mit Hilfe der ersten beiden Zettel herauszufinden, daß der dritte die Übersetzung eines Gedicht-Anfangs aus der deutschen Literatur war.

Zwei Erkenntnisse von Dr. Niegenug halfen ihnen dabei: **Erstens**, daß das Eborische eine agglutinierende, d. h. durch Anfügungen von Silben, arbeitende Sprache war, und **zweitens**, daß es eine aufs höchste stilisierte und formalisierte literarische Technik kannte, vergleichbar der Liedkunst der nordgermanischen Skalden.

Erster Zettel:

jaku	der Schritt
höpu	das Gesprochene, das Wort
wawras	gebären
*frï*ch	
grito	dein

Zweiter Zettel:

-nu-	Partizip-Suffix*
-mbo-	Passiv-Suffix
-ro	Anrede-, Vokativ-Suffix
-ke-	Vergangenheits-Suffix
-pe-	Zukunfts-Suffix
-tla	Höflichkeits-, Verehrungs-Partikel
-xin	Suffix der Verneinung

Auf dem dritten Zettel stand nun:

frito wawrasnukemboro, höpaske wawrasnuketla:
fri jakaspe – gri jakaspexin

Wenn Sie erraten (besser: erschließen), was dieser Text bedeutet, wären Sie ein qualifizierter Nachlaßverwalter von Dr. Niegenug. (Auflösung im Anhang, S. 282 ff.)

Sie sehen, ohne die Vor-Stellung geht es nicht. Wenn man aber mit dem ganzen Hirn arbeitet, dann „fallen einem die Schuppen von den Augen". Oder? Hatten Sie Schwierigkeiten? Fühlen Sie sich vielleicht doch ein wenig

* Suffix = Nachsilbe.

frustriert, weil Sie zu keiner Lösung kamen? Nun, dann sollten Sie schleunigst ein paar Rätsel-Bücher kaufen und öfter mal mit dem Hirn „joggen" ...

Aber zurück zu den Übungen zu *Brainjogging* (ohne Bindestrich) nach Siegfried Lehrl. Wenn Sie mitmachen wollen, finden Sie inzwischen über 100 Bücher hierzu. Des weiteren gibt es jede Menge anderer Denksport- und Rätsel-Bücher, so daß dem Brain-Jogging oder dem Brainjogging nichts im Wege steht außer Ihrer eigenen Trägheit. Nein – Sie doch nicht ...?

Beiträge aus der Wandzeitung zum Thema „Lernen"

(Ab 43. Auflage NEU)

Stichwort: Lernlibido

(Ich versuche, einem schwachen Schüler zu helfen)

Eine Insiderin schrieb:

Liebe Frau VFB,
ich habe in der Zeitschrift GEOWissen (Bildung) Nr. 31, Seite 58, einen Begriff gefunden, der Ihnen bestimmt auch gefallen wird: „Lernlibido". Er wurde von einem gewissen Herrn Sloterdijk im Zusammenhang mit Montessori-Schule und der Wissbegierde seiner Tochter kreiert. Ob es diese Art der Libido auch an den Pflichtschulen gibt???

vfb: Da nicht jeder das Heft zur Hand haben wird, wäre ein wenig mehr Info interessant gewesen, damit man Ihren Gedankengang nachvollziehen kann. Außerdem: Ist jener Sloterdijk der Philosoph Sloterdijk, oder handelt es sich um eine zufällige Namens-Gleichheit? Aber zum Begriff LERN-LIBIDO: davon rede ich doch seit Jahren! In meinem Buch (*Das innere Archiv*) spreche ich von der Lern-LUST (statt Lern-LAST): Je gehirn-gerechter es wird, desto mehr FREUDE macht es, denn unser Gehirn ist auf Lernen eingerichtet, es ist seine Hauptaufgabe. Wenn Lernen also behindert wird, ist das eine Art geistiger Anorexa Nervosa (oder Bulimie; hier wurde der Hunger nach Nahrung pervertiert), im normalen Schulsystem wird für zu viele der Hunger nach Infos, Lernen etc. kaputtgemacht. Wie kann da eine „Libido" entstehen???

Vielen Dank für Ihr Engagement in der Wandzeitung, welches nicht selbstverständlich ist. Ich schau jeden Tag rein, was es Neues gibt ... Ich bräuchte dringend Ihren Rat. Ich betreue schon über drei Jahre eine Familie in schwierigen Verhältnissen. Der jüngste Sohn ist schon einmal sitzen geblieben und hat dieses Jahr eine Wiederholungsprüfung in Deutsch. Er geht in die 7. Klasse Hauptschule. Ich hatte mit ihm letzten Sommer erfolgreich für die Englisch-WP gelernt.

vfb: Was ist eine WP? „P" steht sicher für Prüfung, aber „W"???

Viel taktiles Lernen und die gängigen Merktechniken und Eselsbrücken. Ihre Methode, die Sprache zu lernen bzw. zu lehren, war in diesem Fall nicht zielführend, da ich aus seinem bisherigen Lebenslauf annehme, dass er nach Abschluss der Schule sich für Englisch nicht sonderlich interessieren wird.

vfb: Für die Birkenbihl-Methode spricht, daß man weit weniger lernen muß und weit bessere Ergebnisse erzielt, DAS erst löst vielleicht später Lust an der Sprache aus – nicht umgekehrt. In der Regel quält man solche Schüler leider mit ineffizientem Vokabel-Lernen, damit garantiert man sein späteres Des-Interesse und dann kann man sagen: „Wir haben es doch gleich gewußt!" Das finde ich sehr traurig. Genauso wie schlechte Leser „Übungs-Texte" (das langweiligste vom langweiligen) zu „lesen" bekommen, was garantiert, daß sie keinen Bock auf Lesen entwickeln können. So zerstören wir den Rest an Lernfähigkeit: weil ein Schüler schlecht ist, wird er nur noch „geschleppt", lernt weder interessante Texte noch interessante neue Lernmethoden kennen und weiß danach noch genauer, daß das alles sch... ist.

Schade. Echt schade! Die Helfer meinen es gut, aber sie können oft viel weiteren Schaden anrichten ...

> **vfb:** Komischerweise wollen alle Helfer immer an den Schwächen ansetzen! Man kann aber doch nicht ständig an SCHWÄCHEN herumdoktern und behaupten, man wolle die Psyche stärken!! Zuerst muß man einen Punkt finden, in dem er stark ist (z.B. Pop-Musik), dann setzt man da an (z.B. englische Pop-Songs de-kodieren) – in Null Komma Nichts beginnen sie etwas zu BEDEUTEN. Dann könnte man den schul-englischen Text nach Begriffen durchsuchen, die im Pop-Song aufgetaucht waren und diese (in einer Fotokopie des Textes) gelb anmalen. Dann wird ihm klar, daß er schon $^1/_4$ des Textes begreift. Dann unterstreichen wir alle Begriffe ROT, die er ebenfalls alleine de-kodieren kann, dann sind wir in der Regel bei mehr als 50 % des Textes. Und all das dauert einige Minuten und schon ist die Aufgabe um die Hälfte geschrumpft und wir beginnen mit dem, was er weiß, statt mit dem, was er nicht weiß. Aber das geht nur mit ganzheitlichen gehirn-gerechten Ansätzen, nicht mit isoliertem Vokabel-Pauken!

Außerdem macht er nur etwas, wenn ich dabei bin. Er ist nicht unwillig, jedoch fehlt vom Elternhaus jegliches Interesse. Ihm ist die Schule auch egal.

> **vfb:** Wäre es mir auch, wenn ich keinerlei Interesse für das Angebot entwickeln könnte. Und wenn Sie ehrlich sind, müssen Sie zugeben: das ginge Ihnen auch nicht anders! Ich entwickle gerade die ultimative Checkliste (Ist es gehirn-gerecht?) und stelle immer wieder fest, daß man die Schuld für Nicht-Lernen immer bei den Opfern sucht. In der Kommunikationstheorie gilt seit langem, daß ZUNÄCHST einmal der Sender verantwortlich ist; nur Lehrerinnen, Helferinnen und ähnliche Leute suchen die Schuld nach wie vor beim Opfer des Systems. Manchmal sind auch ihre Eltern schuld, deshalb sind die armen Kinder dann leider „de-motiviert", wenn man sie ZU TODE LANGWEILT. Schon spannend, gell? Bitte bedenken Sie: Schule funktioniert umso besser, je bereiter die Schüler sind, innerhalb des Systems zu arbeiten. Schüler, denen von Zuhause die Erziehung zur Schule hin fehlt, zeigen uns nur, daß unser System niemanden echt faszinieren kann. Was interessiert es einen solchen Jungen, wie ein Wort geschrieben wird? Viel wichtiger wäre es doch, ihm zu zeigen, daß auch er seine Gedanken zum Ausdruck bringen kann. Im neuen *Stroh im Kopf?* (ab 36. Auflage) berichte ich über die Methode Dr. Reichen (Lesen durch Schreiben) und stelle fest, daß die Kinder nur SINNVOLLE TEXTE schreiben. Keine Pseudo-Texte, die sich Leute aus-

denken, für die solche „Fingerübungen" ohne tieferen Sinn ein „Klacks" sind. Und dann geht man hin und versucht Jungen wie den, den Sie betreuen, dahinzubringen, diesen „Klacks" mit viel Mühe und intensiver Arbeit auch zu schaffen – und er fragt sich die ganze Zeit: WOZU? Denn außerhalb des Schulsystems gibt es KEINEN EINZIGEN SINNVOLLEN GRUND für diese Quälerei.

Es ist aber sehr wichtig für uns vom Jugendamt, dass er den Hauptschulabschluss macht, damit er eine Möglichkeit hat, sich anders als seine Eltern zu entwickeln.

vfb: Sie sagen, es ist wichtig FÜR SIE VOM JUGENDAMT – das ist wahr. Es zählt nicht, was dem Jungen wichtig ist, nur was die BEHÖRDE wichtig findet. Aber bedenken Sie, er bezieht seine Information darüber, was wichtig ist, von anderen Menschen! Die Vorbilder, die er bewundert, prägen ihn in weit stärkerem Maße als das Vorbild einer Helferin aus einer anderen sozialen Schicht, mit einer anderen persönlichen Geschichte, mit der ihn genaugenommen kaum etwas VERBINDET. Warum soll ihr Vorbild ihn interessieren? Sie hat doch mit seinem Leben ähnlich wenig zu tun, wie einst die Missionare den „Eingeborenen" helfen wollten. Sie brachten FREMDE Zwänge, FREMDE Zielstellungen, FREMDE Verhaltensweisen (Schreiben ohne Sinn) mit sich und zwangen die Einheimischen, alles in Frage zu stellen, was sie einst wichtig gefunden hatten. Wichtig ist: Wer lebt in seiner Nähe? Mit wem hängt er „rum", wenn Sie nicht da sind? Hängt er mit anderen Typen rum, die keine Zukunft für sich sehen? Das ist wichtig! Oder kann man ihn mit anderen jungen Leuten zusammenbringen, die sich eine Zukunft er-LEISTEN wollen? Sehen Sie da Chancen??? Das ist übrigens der große gemeinsame Nenner, warum Menschen aus Slum-Gegenden so oft versagen: Die prägenden Vorbilder der Peer-Gruppe (der sozial Gleichgestellten). In „besseren" Gegenden wollen die Peers etwas aus ihrem Leben machen, in armen Gegenden haben die Peers oft schon selber aufgegeben …

Ich stehe nun vor dem Dilemma, in möglichst kurzer Zeit den Jungen in die Möglichkeit zu versetzen, einen selbst laut gelesenen Text zu verstehen sowie die Rechtschreibung etwas zu verbessern.

vfb: Aber solange Sie ihm nicht klarmachen können, warum die „Missionare" (die Kolonialmacht) das von ihm fordert und herausbekom-

> men, ob er das auch wirklich möchte, solange nützen Ihre Bemühungen wenig – vor allem ihm.

Ich hatte mir schon ein eBook besorgt über Rechtschreibung und NLR. Didaktisch ganz gut, doch sehr zeitaufwendig.

> **vfb:** Es ist immer zeitaufwendig, wenn der Ist-Zustand sehr schlimm ist. Man muß einige Wochen lang intensivster Arbeit investieren, selbst wenn man ihm mit gehirngerechten Mitteln zeigt, wie es geht. Aber zuerst muß man den BRENNENDEN WUNSCH erwecken, dort überhaupt HIN zu wollen!!! Es haben immer wieder Menschen geschafft (vom Tellerwäscher aufwärts), aber diese Leute hatten das brennende Verlangen, ihren Slum hinter sich zu lassen und in die Welt der „Kolonialmacht" aufzusteigen. Wer das nicht will, wird auch die notwendigen TÄTIGKEITEN nicht ausführen wollen, so aber sehe ich kaum eine Chance.

Ich stehe echt an, wie ich gehirn-gerecht seine Schwächen im verstehenden Lesen und der Rechtschreibung etwas verbessern kann.

> **vfb:** Man kann nicht ständig nur an SCHWÄCHEN herumdoktern! Wenn Sie keine STÄRKEN finden, an denen man weiterbauen kann, ist es sinnlos. Und diese Leute haben oft wunderbare Stärken, die niemand ihnen zu entwickeln geholfen hat. Ob sie gut werken, Dinge zusammenbauen, reparieren etc. können oder eine tolle Beobachtungsgabe haben, man muß es herausfinden und zum zentralen Punkt des „Aufbaus" machen. Alles andere ist dasselbe Flickwerk, das die Schule auch bietet – mit denselben katastrophalen Resultaten für Menschen, denen das GANZE (noch) nicht einleuchtet, weil sie keinen einzigen persönlichen Vorteil für sich sehen. Die Aussage, daß DAS AMT (oder die Gesellschaft) es wichtig findet, hilft leider nicht. Wenn jemand Ihnen sagen würde, Sie müßten jetzt Chinesisch lernen, weil DAS AMT das wichtig finde – würden Sie dann nicht wissen wollen, welchen persönlichen Vorteil Sie davon haben? Und wenn die Antwort nur lautet: Damit du mal Arbeitslosen-STÜTZE bekommen kannst, wenn du keinen Job hast (oder ähnlich), ist das dann den gigantischen Aufwand wert? Wenn Sie aber Interesse hätten und es faszinierend fänden, dann … tja, dann … dann wäre alles anders. Gell?

Da ich ziemlich oft mit Kindern und Lernproblemen zu tun habe, wäre ich Ihnen auch sehr dankbar, wenn Sie mir das Passwort für das Lehrerforum geben würden.

> **vfb:** Das bekommen Sie, es ist übrigens das Paßwort für ALLE FOREN, dann sucht man sich diejenigen, in denen man arbeiten will.

Viele Grüße!

Liebe Frau Birkenbihl, ich habe mich sehr über Ihre Antwort gefreut. Ich kann Sie sehr gut verstehen, dass Sie verärgert waren. Die kurzen Infos ließen ja keinen anderen Schluss zu. Mein „Schüler" hat doch echt die Bauernzeitungen gebracht. Die Texte sind ziemlich anspruchsvoll, aber er kämpft sich da durch. Dann müssten zur Prüfung die Texte aus dem Lehrbuch für ihn viel einfacher sein.

> **vfb:** Stop. Nicht unbedingt, wenn sie ihn zu Tode langweilen nicht. Die meisten Menschen finden einen „leichten", aber langweiligen Text viel schlimmer als einen „schweren", der uns jedoch brennend interessiert!

Ich habe ihn heute eine ABC-Liste zum Thema Bauernhof machen lassen. Die Worte, die falsch geschrieben waren, hat er dann auf einer neuen Liste noch einmal richtig geschrieben. Diese Liste hat er dann mit anderen schon einmal falsch geschriebenen Worten vervollständigt. Ich hatte ihn die Worte aus der ersten ABC-Liste zählen lassen (40).

> **vfb:** 40 = brillant!! Haben Sie ihm das gesagt??

Acht davon waren falsch geschrieben, das hat ihn mächtig gefreut, dass er doch nicht so viele Fehler gemacht hat, wie es aussah.

> **vfb:** Und er hat eine überdurchschnittlich hohe Ausbeute gebracht. Gratulieren Sie ihm bitte von mir!

Nun hat er aus den Worten mit „K" ein Kreuzworträtsel gebastelt. Für das ganze ABC reicht seine Konzentration noch nicht aus. KaWas haben wir auch schon gemacht. Was ihm auch Spaß macht sind die Übungsworte, die falsch geschrieben wurden, ohne hinzuschauen ganz gerade und in Schönschrift auf eine Linie zu schreiben.

vfb: Sehen Sie, jeder Mensch findet die eine oder andere Variation, die ihm Spaß macht, die andere gar nicht reizen würde, sehr schön.

Ich glaube das fordert die Konzentration und die bildliche Vorstellung?

vfb: Vor allem, weil es ihm Spaß macht – Lern-LUST (Libido)!

Außerdem ist es nicht so öde, wie das klassische Diktat schreiben.

vfb: Das ist dann kontra-libidinös ...

Es sieht jetzt wieder so aus, als ob ich mich nur auf die Fehler konzentriere.

vfb: Tja, so wurden Sie ja geprägt, da muß man erst mal raus.

Wie aber anders? Denn die Worte, die richtig geschrieben sind, kann er ja. Er jammert zwar immer noch, wenn er in den Ferien für die Schule etwas machen muss – ich denke jedoch, dass das ganz normal ist bei dieser Hitze! Wenn ich ihn frage, ob Diktat oder ABC-Liste, schlägt das Pendel eindeutig in Richtung ABC-Liste aus.

vfb: Sehr gut.

Vielen Dank noch einmal für Ihre Antwort, hat echt gut getan.

vfb: Gern geschehen. :-)

Viele Grüße!

Liebe Frau Birkenbihl, zum Abschluss möchte ich Ihnen noch mitteilen, dass der Schüler die Deutschprüfung gemeistert hat und somit in die letzte Klassenstufe aufsteigen kann. Er hat mit „4" bestanden und im Teilgebiet „Lesen" sogar eine „3" erreicht.

vfb: Das ist wunderschön. Ich gratuliere Ihnen – Ihnen allen: Ihnen und ihm! Super. Toll. Ich freue mich mit Ihnen und für Sie!

Er und seine Familie (und ich auch) freuen sich sehr.

vfb: Dazu haben Sie ja auch allen Grund!

Liebe Frau Birkenbihl, heute konnte ich Florian endlich ihr neuestes Büchlein 30 Minuten-WISSENs-QUIZ inkl. Widmung, überreichen.

> **vfb:** Das war das erste Exemplar, frisch vom Drucker, das ich Ihnen am Ende des Vortrags an der TU für ihn mitgegeben habe, nicht wahr?

Er war ganz stolz und möchte das Buch gleich morgen mit in die Schule nehmen. Vielleicht gefällt es ja dem einen oder anderen Schüler, oder sogar Lehrerin? In der Familie herrschte auch gleich großes Interesse an ihrem Buch.

> **vfb:** Bitte um Feedback, wenn mehrere Leute in Ihrem „Dunstkreis" hineingesehen haben. Würde mich sehr freuen …

Da wir heute unbedingt Mathe lernen mußten, blieb leider keine Zeit, mit ihm das Buch gemeinsam anzuschauen. Das werden wir aber in 14 Tagen, zum nächsten Termin, nachholen. Ich bin schon ganz gespannt, was sich bis dahin getan hat und werde Sie auf jeden Fall weiter informieren.

> **vfb:** Danke, bin sehr gespannt und finde Ihre Arbeit absolut großartig!

P.S.: Könnten Sie bitte eine andere Schlagzeile vorschlagen? „Lernlibido" find' ich nicht mehr besonders passend für unseren Austausch.

> **vfb:** Ich habe verschiedenen Leuten gesagt, sie möchten diesen Beitrag vielleicht lesen, weil ich ihn so typisch finde für das, was hier „passiert", daher wäre ein Ändern des Namens nachträglich nicht gut. Bitte um Nachsicht. Außerdem ist der Titel nicht schlecht, schließlich war das ja die Ausgangssituation, als wir begonnen haben. Was meinen Sie? Wenn es Sie trotzdem sehr stört, schlagen Sie einen neuen vor, aber wir sollten dann Lernlibido in Klammer dahinter setzen – als Kompromiß. Was meinen Sie?

Viele liebe Grüße

> **vfb:** Ihnen auch, grüßen Sie Ihren Schüler!

PS zu Lernlibido

Liebe Frau Birkenbihl, voller Spannung bin ich letzte Woche zum Termin zu meinem Schüler gefahren. Ich war so neugierig: Welche Erfahrung hat er in der Schule gemacht, als er Ihr Büchlein inkl. Autogramm zeigte? Gab es Interesse der Lehrerin?

> **vfb:** Achtung, überfordern Sie ihn nicht? Noch oll den Jahren negativer Erfahrung und ersten positiven Ergebnissen können Sie doch nicht erwarten, daß er wie ein Missionar herumläuft und allen möglichen Leuten davon erzählt. Das ist erstens noch viel zu früh und könnte zweitens Sie enttäuschen, wenn er es nicht tut.

Das waren nur meine Gedanken im Rückblick. Ich hatte das WQS- Büchlein ihm wirklich nur mit schönen Grüßen von Ihnen gegeben. Er allein ist auf die Idee gekommen, es mit in die Schule zu nehmen und dort zu zeigen. Das Einzige, wofür ich mich schuldig bekenne war, dass ich ihm sagte, die Idee sei gar nicht so schlecht. Auf der Heimfahrt hab' ich mir so ausgesponnen, dass sein Stolz eine Ressource sein könnte.

> **vfb:** Ja, aber die meisten Lehrer LERNEN nicht gern, schon gar nicht von einem SCHÜLER. Also ist hier die Gefahr akut, daß er „dumm angeredet" werden könnte (von ca. 73 der Lehrerinnen nämlich).

Leider hat er das Buch nicht mit in die Schule genommen, erzählt hat er den anderen auch nichts.

> **vfb:** Sehen Sie! Kein Wunder ...

Mit „erzählt" meinte ich das Autogramm, nicht den Inhalt des Buches.

> **vfb:** Schüchterne Leute rennen nicht herum und brüsten sich mit etwas, und er scheint mir nicht gerade der extrovertiertesten einer zu sein!

Das sieht aus der Entfernung immer so einfach aus, aber ich bin ein Mensch und kein Computer. Ich kann mir nicht vorstellen, dass nach langem, intensiven Kontakt zu Menschen keine Erwartungshaltungen – und wenn es nur ganz kleine sind, wie z.B. ein Autogramm in der Schule zeigen – entstehen. Ich glaube, wenn man keine Erwartungen mehr an seine Mitmenschen hat, ist man heilig.

> **vfb:** Schon, aber unrealistische Erwartungen kennt er ja von der Schule her genügend. Deshalb helfen Sie ihm doch. Allein von dem, was Sie mir von ihm berichtet haben, hätte ich ihn anders eingeschätzt.

Als ich ihn bat, dass wir beide uns Ihr Buch noch einmal gemeinsam anschauen, wusste er noch nicht einmal, wohin er es gegeben hat. :-(

vfb: Eine typische Abwehr-Reaktion nach ursprünglicher erster Euphorie. Es überwiegen solange die „mehreren" Erfahrungen, wie die negativen die „mehreren" sind.

Ihre Grüße habe ich auch bestellt, keine Reaktion von ihm, noch nicht einmal ein „Danke".

vfb: Klar, derzeit GEFÄHRDET ihn das ganze ja. Und das WQS-Büchlein sollte er ja nicht alleine lesen, sondern ich dachte mit Ihnen zusammen. Es ist viel zu schwer für jemanden, der bis vor einigen Wochen kaum lesen konnte, wenn er es alleine durcharbeiten soll.

Ich hatte es ihm nicht mit dem Auftrag zu lesen überreicht, sondern wollte lediglich mit ihm gemeinsam das Buch noch einmal anschauen, das hatten Sie mir doch aber empfohlen.

vfb: Ja, damals beim Übergeben sollten Sie ihm anbieten, es mit Ihnen zu lesen, WENN ER LUST DARAUF HÄTTE. Das ist etwas anderes, als es ihm zu geben und zu einem viel späteren Zeitpunkt zu sagen: „Komm, wir lesen es jetzt zusammen." Damit wird ihm wieder einmal die freie Wahl genommen, die er ja angeblich haben sollte. Und wenn ich freie Wahl habe, kann ich das Buch auch verlegen. Am Ende hat er es einem Menschen verliehen (oder sogar weitergeschenkt), den er sehr schätzt, und DAS ist ihm jetzt peinlich, wer weiß?

Wenn ich nicht mit Ihren Methoden arbeiten würde, hätte ich bei ihm überhaupt keine Chance, ihn zu erreichen. (Ich hoffe immer noch auf das Samenkorn, welches vielleicht doch einmal aufgehen kann :-)

vfb: EIN Samenkorn reicht halt nicht, mehrere wird es schon brauchen, bis ein erstes Pflänzchen wächst; dieses kann weitere Samen produzieren, aber das dauert Zeit. Erinnern Sie sich, wie ich Ihnen beim ersten Mal vorwarf, ihn zu sehr zu drängen und nach Ihrem Bild formen zu wollen? Ein wenig könnte dies jetzt wieder passieren. Sie MEINEN es ja gut, aber Sie könnten ihn auch zu sehr be-DRÄNGEN, gerade weil Sie es gut meinen.

Da kenne ich mich jetzt nicht aus, ich hatte meine Hoffnungen doch nur Ihnen mitgeteilt. Sicher wird er beim zweiten Besuch meine Neugierde gespürt haben. Wenn ich Interesse an seinen Erfahrungen bekunde, ist das so schlimm?

> **vfb:** Ja. Sie sind eine FRAU, er ist ein MANN. Vielleicht wollen Sie sich mal mein Video Männer/Frauen – mehr als der kleine Unterschied? ansehen. Männer denken anders und fühlen sich von Frauen ständig be-DRÄNGT, was Frauen aufgrund ihrer anderen Gehirn-Architektur absolut nicht einsehen können (bis sie die Zusammenhänge einmal begreifen). Was habe ich Männer früher in die Enge getrieben, weil ich dies auch nicht wußte.

Wir alle müssen doch lernen, mit dem Interesse und den Erwartungen anderer Menschen zu leben. Für Menschen, die Erfahrungen wie mein Schüler sammeln mussten, ist das sicher schwer auszuhalten.

> **vfb:** Tja, aber wenn er so könnte, wie jede/r es von ihm fordert, wären Sie ja gar nicht seine Betreuerin geworden, dann hätte er sich ja „normal" entwickelt, oder??? Er ist doch ein HÄRTEFALL, den können Sie doch nicht wieder mal mit Ihrem Maßstab messen. Je öfter er erlebt, daß er wieder mal „gewogen und für zu leicht befunden" wurde, desto mehr wird er sich zurückziehen.

Ich weiß, was Sie mit be-DRÄNGEN und über-FORDERN meinen und habe trotzdem die Erfahrung gemacht, daß es gut sein kann, immer wieder vorzupreschen.

> **vfb:** Sicher, aber es kann auch schief gehen. Und wenn es schief geht, dürfen Sie nicht „beleidigt" reagieren – aber ich befürchte, daß Sie das diesmal (wieder) tun. Ich weiß, daß es für Helfer entsetzlich frustrierend sein kann, aber es gibt auch die Momente (etwa als er die Prüfung BESTAND), die m.E. alles wettmachen.

Ich mache das Angebot „spring auf"; geht er darauf nicht ein, ist es auch nicht tragisch, dann machen wir eben weiter wie bisher.

> **vfb:** Doch, es ist eben schon tragisch – für Sie. Jetzt kommunizieren wir schon wieder mal intensivst, weil es eben tragisch für Sie ist. Sowohl Sie als auch ich haben in diese letzten Mails unsere wertvolle Zeit investiert, weil Sie es eben NICHT AKZEPTIEREN konnten, daß er ihr gut-GEMEINTES Angebot abgelehnt hat. Und genau das merkt er, und genau das macht ihm ANGST, und genau deshalb zieht er sich wieder mal zurück. Schade!

Aber nach einiger Zeit mache ich das Angebot wieder ... und er ist schon gesprungen, nicht oft, aber doch. Ich lass ihn nicht fallen wie eine heiße Kartoffel.

> **vfb:** Das sollen Sie ja auch nicht. Nur wäre es schön, wenn Sie echte Angebote machen würden (wie einladen, wo jeder, der an den Regalen vorbeigeht, selbst entscheiden darf, was er kaufen will). Dann helfen Sie ihm wirklich und dann kann er mehr akzeptieren.

Außerdem möchte ich oft von ihm wissen, warum er manche Dinge annimmt, andere dagegen wieder ablehnt.

> **vfb:** Ja, aber jede FORDERUNG nach einer Erklärung – ob nun im Geist oder ob Sie ihn wirklich FRAGEN (be-DRÄNGEN) – beweist doch wieder einmal, daß es kein freischwebendes Angebot ist. Wenn er sich im Falle einer Ablehnung vor Ihnen RECHTFERTIGEN muß, wo ist dann seine Freiheit zu entscheiden? Bedenken Sie auch, daß das kein 11-jähriger kleiner Junge ist; das ist ein zwar junger, aber doch erwachsener Mann, mit dem Sie hier arbeiten. Ein Mann mit vielen schmerzhaften Erfahrungen der Ablehnung, des sich rechtfertigen müssen, des be-DRÄNGT werden, etc. etc. etc..

Ich werte seine Handlungen nicht, sondern möchte die Hintergründe wissen, damit wir Zusammenarbeiten können und nicht gegeneinander.

> **vfb:** Aber schon die Tatsache, daß Sie von ihm FORDERN, die „Hintergründe“ zu erläutern, bedeutet, daß Sie sich in die Machtposition eines Chefs begeben und er der Untergebene ist, der sich im Zweifelsfalle rechtfertigen muß. Ist das so schwer einzusehen? Denken Sie an Leute, denen gegenüber Sie sich rechtfertigen mußten (Eltern, Lehrer, Chefs), wobei Frauen prinzipiell bereit sind, über Gründe zu reden, Männer hingegen In der Regel NICHT.

Mit dem Samenkorn meinte ich die Zeit, in welcher ich nicht mehr mit ihm arbeiten kann, z.B. die Lehrzeit.

> **vfb:** Das Samenkorn ist das HEUTE GEPFLANZTE etwas, das SPÄTER aufgehen kann, nicht wahr? Je weniger DRUCK Sie heute machen, so daß er ein wenig Selbstwertgefühl entwickeln kann, desto mehr haben Sie ihm für später geholfen, wenn Sie nicht an seiner Seite sein werden. Aber dazu müßten Sie sich „zurücknehmen“ und seine Entwicklung

> an erste Stelle stellen – und das fällt Helfern, insbesondere weiblichen Helferinnen, extrem schwer. Deshalb wäre es gut, wenn mehr Männer helfen würden. Da aber das helfen wollen bei Frauen stärker ausgeprägt ist, wird es immer nur extrem wenige Frauen geben, die Männern wirklich gut helfen können, ohne sie unter Druck zu setzen. Traurig, aber wahr. Ich weiß, Sie meinen es wahnsinnig gut, aber GUT GEMEINT ist nicht sehr hilfreich, wenn es (auch) bedrängt, bedrückt, gefährdet etc..

Das 30 Minuten-WISSENs-Quiz fand ich persönlich sehr aufschlußreich.

> **vfb:** Sicher, Sie sind ja auch die „Zielgruppe"; Ihr Schüler (allein) ist es nicht.

Durch die zwei Varianten der Fragestellungen zum gleichen Text ist mir die Wichtigkeit der Qualität der Fragen besonders eindrücklich vor Augen gestellt worden.

> **vfb:** Schön, aber es sind vier Variationen. Denn nach dem ersten Vergleich (mit vier Fragen) folgen die beiden längeren Variationen ZUM SELBEN THEMA von einem Herrn und einer Dame, somit werden es vier Variationen zum selben Artikel. Die ersten sind Mini-WQS.s (unter fünf Fragen), die anderen sind lange Versionen.

Ich bezog mich nur auf die lange Version, weil diese für mich den AHA- Effekt lieferte.

> **vfb:** Fein, aber das wußte ich nicht. Da das Buch mit zwei Gegenüberstellungen BEGINNT, dachte ich zuerst an diese. Sorry.

Mit diesem Buch habe ich eine viel genauere Vorstellung bekommen, wie genau die Fragen sein müssen. Ich habe das Buch jetzt auch für mich bestellt und werde es dann an meine Söhne weitergeben. Der größere macht dieses Schuljahr sein Abi, vielleicht ist diese Art der Vorbereitung etwas für ihn.

> **vfb:** Ja, er kann es sicher ALLEINE lesen, aber Ihren Schüler könnte es überfordert haben. Ich hatte nicht gemeint, daß er es lesen soll, sondern daß er sich über die Widmung freut und es ins Regal stellt. Ohne jeden Druck, hätte er von sich aus vielleicht doch mal drin herumgeblättert ...

Hatten Sie vielleicht auch positive Hintergedanken und ich habe es jetzt vermasselt?

vfb: Vielleicht. Nur sind Sie keine Betroffene mit einem extrem angeschlagenen Selbstwertgefühl, die noch kaum je im Leben Erfolgsgefühle hatte; d.h. meine Frau-zu-Frau Kommunikation dürfte für Sie nicht „gefährlich" werden. Deshalb habe ich Sie nicht als leidendes Opfer eingestuft, bei dem ich anders argumentieren müßte. Oder hätte ich das tun sollen? Sie kommen mir recht gebildet, hilfsbereit und kompetent vor. Bitte bedenken Sie auch: Wenn ich Sie nicht für GUT gehalten hätte, hätte ich keinen Versuch unternommen, Sie BESSER zu machen. Außerdem haben Sie sich an mich gewandt mit Ihren Klagen über die Situation, während Sie zu Ihrem Schüler gingen und ihn ohne seinen Wunsch bedrängten. Nicht ganz vergleichbar – aber im Vergleich extrem lehrreich, was ich meinte. Aber Sie scheinen ihm das Lesen ja aufgetragen zu haben, sonst hätten Sie ja wohl kaum gehofft, daß er es weitererzählt.

Stimmt so nicht (siehe oben).

vfb: Und wenn Schüler mit Lernproblemen solche Sachen ihren Lehrern zeigen, sind diese in der Regel gar nicht glücklich. Vielleicht hat er es sogar versucht, ist aber abgewehrt worden? Wer weiß?

Könnte sein, hätte er mir vielleicht erzählt, um sich zu beschweren.

vfb: Oder er ahnte das und hat es deshalb gleich sein gelassen???

Liebe Frau Birkenbihl, ich habe mir unseren Dialog jetzt sehr oft durchgelesen. Sender und Empfänger sprachen nicht über die gleiche Sache. Sie nahmen an (glaube ich), ich hätte den Schüler dazu verdonnert, Ihr Büchlein zu lesen? Nie und nimmer ...

vfb: Das haben wir ja inzwischen geklärt.

Ich sende Ihnen trotzdem meine spontanen Antworten. Schreiben Sie mir wieder?

vfb: Siehe oben. Ich bin auch ein Helfer und reagiere deshalb. Ich habe Sie ja kurz kennengelernt und fand Sie sehr sympathisch. Ich finde auch Ihren Einsatz wunderbar und deshalb würde ich mich freuen, wenn mein „Coaching" helfen könnte, Leuten wie Ihren Schüler in Zukunft noch besser zu helfen, indem man sie weniger unter Druck setzt und mehr Angebote macht. Übrigens brauchte ich selbst über ein Jahr von dem Zeitpunkt, an dem ich IM SEMINAR sagte: „Alles, was ich vortrage, ist ein metaphorischer Supermarkt: Sie kaufen nur, was Ihnen gefällt!" und dem Zeitpunkt, an dem ich NICHT sofort alles verteidigte, was jemand in Frage stellte. Es ist extrem schwer, wirklich nur anzubieten und nicht verletzt zu sein, wenn der Mensch nicht annehmen will. Ich habe über ein Jahr gebraucht, weil das nicht über Nacht geht. Vielleicht hilft Ihnen das, weil Frauen im Vergleich lernen, während Männer an ähnlichen Erlebnissen oft wenig Interesse haben, denn es gibt ihnen das Gefühl, man wollte ihre eigene Erfahrung mindern. Frauen hingegen lieben solche Vergleiche, weil es ihre eigene Erfahrung validiert. So groß sind die Unterschiede in der Art zu denken!

Viele liebe Grüße.

vfb: Ihnen auch.

PPS zu Lernlibido

Liebe Frau Birkenbihl, da Sie mich und meinen Schüler schon seit einiger Zeit begleiten, möchte ich Sie weiter auf dem Laufenden halten. Mein Schüler schrieb neulich in Mathe die zweitbeste Schularbeit.

vfb: Wow! Das ist super! Gratuliere – und zwar Ihnen beiden! Super!

Es gab nur eine „1" und dann kam seine Arbeit. Sie hätten sehen sollen, wie er gestrahlt hat. Nach diesem Erfolgserlebnis fällt ihm Mathe viel leichter und er sieht, dass Ausdauer zum Ziel führen kann.

vfb: Ja, wenn man an seinen Stärken arbeiten darf, dann macht es Spaß, und das haben Sie ihm inzwischen gezeigt. Schön!

Auch seine Leseleistungen sind besser geworden. Er erzählte mir, daß sie jetzt in der Schule jeden Tag laut lesen müssen. Ich finde es sehr schön, daß die Lehrerin das Lesen nicht nur als Hausaufgabe delegiert. So haben auch die Schüler aus „schwierigen" häuslichen Verhältnissen eine Chance, mit dem Schulabschluß wirklich lesen zu können.

vfb: Ja, aber! Wenn Sie im *Stroh im Kopf?* das Modul über das Lesen (s. S. 81) einmal durcharbeiten würden, dann würden Sie u.a. lernen, daß man LESEN nicht durch LESEN lernt, sondern durch SCHREIBEN. Lautes Lesen für Schülerinnen, die schlecht lesen können ist NICHT die beste Methode! Falls Sie andere Schülerinnen coachen, gehen Sie bitte wie dort beschrieben vor ... Jedenfalls super. Grüßen Sie ihn von mir!

12.12.03:
Liebe Frau Birkenbihl, der Hinweis mit den Mann/Frau-Unterschieden war extrem hilfreich für mich. Sie haben Recht, ich habe meinen Schüler erschlagen mit meinen ewigen Fragereien. War ja ekelhaft. Aus meiner Sicht fand ich das wirklich nicht bedrohlich – naja, eben als Frau. Jetzt verstehe ich auch seine Abwehr ... Vielen Dank, für die Zeit, die Sie mir geschenkt haben.

vfb: Gerne, wenn es Ihnen und vor allem Ihrem Schützlingen hilft, ist die Zeit wohl investiert gewesen und auch von Herzen gern.

Stichwort: Schule

Ein Insider schrieb: Hallo Frau Birkenbihl, ich lese gerade *Stroh im Kopf* und habe den „Wiedereinsteigerkurs Englisch" angefangen, um Ihre Methode auszuprobieren. Mein Problem ist im Moment mein Sohn, 10 Jahre alt, 4. Schuljahr. Ich wollte ihn ein Jahr zurückstellen, bekomme aber die Zustimmung der Klassenlehrerin nicht. Sein Problem ist das Tempo oder die Langsamkeit, mit der er den Soff in der Schule sowie zu Hause erarbeitet. Er braucht für 15- bis 30-minütige Arbeiten zwei bis drei Stunden. Aber nicht, weil er sie nicht begreift, sondern weil er viel träumt und sich von allem ablenken läßt. Im Moment reduziere ich auf eine Stunde, egal, was er geschafft hat. Aber ich habe auch keine Lust, ihn alles Fehlende am Wochenende nachholen zu lassen. Was für ein Wochenende! Für ihn so wie für uns. Auch wenn er im nächsten Jahr in die 5. Klasse kommt, für Klassenarbeiten haben sie nun mal nur eine begrenzte Zeit zur Verfügung.
Wie soll er mit solch einem Tempo den Stoff für sich erarbeiten, so daß er auch noch Kind sein darf? Haben Sie Erfahrung oder eine Idee, wie ich mit ihm sein Tempo erhöhen kann? Hilfe von Seiten der Schule bekomme ich nicht. Wenn Sie meinen Namen (weglassen) würden.

Vielen Dank.

vfb: Es gibt kurze Fragen, die kann man nicht in einigen Zeilen beantworten – beim besten Willen nicht. Ihre ist so eine.

Merke: Wenn eine solche Frage eine kurze knappe Antwort hätte, dann wäre der Autor dieser Antwort über Nacht Multibilliardär. Es gibt Millionen von Schülern, die im System nicht klarkommen und systematisch versaut werden. Ich habe in diversen Vorträgen die drei Aspekte der Intelligenz (nach David Perkins, Harvard) erklärt. Es gibt von ihm Bücher auf deutsch, aber leider nicht das wichtigste (Outsmarting IQ.), meine Erklärung hierzu finden Sie kurz in *Das innere Archiv*, ausführlicher im Video-Seminar LISTENDENKEN, etwas kürzer im Video-Seminar Von nix kommt nix (vielleicht sogar im Video-on-demand-Angebot bei www.arcor.de; wir haben leider keinen Einfluß darauf, welche Videos arcor ins Programm nimmt). Dabei geht es im ersten Aspekt um die neuronale Geschwindigkeit; die neuronal Langsamen sind im Alter vor der Pubertät benachteiligt, aber später wird ihr Vorteil von Jahrzehnt zu Jahrzehnt besser, wenn sie gewisse Konsequenzen daraus ziehen (auch ich bin neuronal langsam, das Thema ist auch schon in der Wandzeitung aufgetaucht). Desweiteren lernen Jungen anders als Mädchen (das wird nächstes Jahr im Juni-Seminar in Winterthur thematisiert) und Regelschulen sind für Jungen (6 bis 12) besonders schädlich, insbesondere für neuronal langsamere. Hier wird ADHD regelrecht produziert; es gäbe nur ca. 10 % der „Fälle“, der Rest wird durch das steife, sture Schulsystem produziert – aber auch das kann man nicht in drei Zeilen in der Wandzeitung erklären.

Mein Vorschlag: Ihr Junge wäre wahrscheinlich in einem System, das nicht auf Zeiten pocht, besser aufgehoben. Die meisten Kinder wie Ihr Junge wachsen mit der Pubertät aus dem Träumerei-Stil heraus, wenn man ihnen bis dahin nicht das Gefühl gegeben hat, sie wären nicht okay. Und genau das tun Sie als liebende Mutter auch – mit mehr Geduld als die Schule, aber auch Sie versuchen, ihn in dasselbe Schema zu pressen – und es ist dieses Schema F, das zwei Drittel unserer Schüler (davon 89 % Jungen) KRANK macht. Es ist eine Katastrophe. Vielleicht wollen Sie den Wandzeitungs-Beitrag „Lernlibido“ lesen (er ist relativ lang), er beschreibt einen Jungen, der so wurde, wie Ihrer möglicherweise werden könnte, wenn man ihn in knappe Zeiten pressen will, ehe er neurologisch kann.

Stichwort: Sprachen lernen leicht gemacht

Eine Insiderin schrieb: Hallo Frau Birkenbihl, ich habe gestern Ihr Buch durchgearbeitet und versuche mir nun, wie vorgeschlagen, eine Gesamtstrategie „zusammen zu basteln“. Ich habe aber noch Verständnisprobleme: Soll man die vier Punkte immer jeweils mit einem Text durcharbeiten? Und dann den nächsten? Oder viele Texte auf einmal und diese dann alle zusammen hören und später sprechen? Oftmals war mir das nicht ganz klar.

vfb: Ja. Nehmen wir an, Sie hätten einen Text und wir betrachten uns die ersten 100 Zeilen. Beginnen Sie mit einem Teil, je fremdartiger das Material (z.B. chinesisch, arabisch o.ä.), desto kürzer die zu wählende Passage (z.B. drei Zeilen), andernfalls können Sie eine halbe oder ganze „Lektion“ (Kapitel etc.) auswählen. Nun durchlaufen Sie

Schritt 1: de-kodieren bzw. sich die De-Kodierung bewußt betrachten und

Schritt 2: AKTIV HÖREN (und das De-kodierte mitlesen). Wenn Sie den Text verstehen, ohne das De-kodierte mitlesen zu müssen, gehen Sie zu

Schritt 3: PASSIV HÖREN, ab jetzt können Sie mit dem nächsten Textabschnitt AKTIV zu arbeiten beginnen (Schritt 1 und 2), d.h. das PASSIVE HÖREN dauert am längsten, denn in dieser Phase müssen Nervenbahnen angelegt werden. Das geht zwar Gottseidank UNBEWUSST, aber man kann es nicht schneller machen, als Mutter Natur arbeitet.

Wer täglich vier Stunden PASSIV hört, kommt natürlich schneller durch als jemand, der vier Wochen benötigt, um vier Stunden passives Hören zu schaffen, denn das passive Hören löst die BAUPROZESSE aus: das Hören selbst plus die Nacht danach, insbesondere wenn wir abends hören. Irgendwann später, wenn Ihnen das Material schon sehr vertraut erscheint, sind die Nervenbahnen angelegt und jetzt können Sie zu

Schritt 4: AKTIVITÄTEN übergehen und gemäß Ihrem Wunsch SPRECHEN, LESEN und/oder SCHREIBEN lernen, ganz wie Sie wollen.

Alles klar?

Stichwort: ADS

Eine Insiderin schrieb: Sehr geehrte Frau Birkenbihl,

vor einiger Zeit bin ich als Mutter einer Tochter, die Lernprobleme hat, auf Ihre Veröffentlichungen gestoßen.

vfb: Achtung, die meisten Lernprobleme werden von Lehrkräften und Eltern ausgelöst, seien Sie also vorsichtig, ehe Sie sich innerlich darauf einstellen, ihre arme Tochter HÄTTE Lernprobleme.

Seitdem bin ich ein uneingeschränkter Fan von Ihnen. Meine Tochter hat trotz Schulwechsel zur Waldorfschule Probleme, ihre Aufmerksamkeit auf den Schulstoff zu lenken. Könnte dieser NORMAL (für viele Kinder langweilig oder unverständlich) sein??? Sie kann dem Unterricht zeitlich nur begrenzt folgen.

vfb: Das verstärkt meinen Verdacht ...

Jetzt habe ich erfahren, dass Günter Haffelder, ein Physiker und Psychologe, ein Messverfahren entwickelt hat. Es wird dabei eine spectral-analytische Messung durchgeführt und auf dieser Basis eine Aufbau- und Lateralisierungs-CD extra für das Kind erstellt. Durch Hören der CD beim Lernen sollen damit Konzentrationsprobleme abgebaut werden. Grundsätzlich möchte ich jede wirkliche Chance (ausser Ritalin) wahrnehmen, bin aber aufgrund fehlendem Fachwissen zu einer Beurteilung nicht imstande. Ich kenne außer Ihnen niemanden, dem ich in diesem Bereich vertrauen würde.

vfb: Sorry, ich kenne den Herrn nicht und kann daher überhaupt nichts sagen. Aber **1.** Betreff RITALIN: Nach den Amerikanern sind wir Deutsche Weltmeister im Verschreiben dieses SUCHTMITTELS, das im Gehirn wie KOKAIN wirkt, nur mit dem Unterschied, daß der Eingangskick fehlt (den z.B. auch Zigaretten bieten). Mittel MIT KICK sind „stark suchtgefährdend", d. h. schon ein oder einige Male festigen die physiologische Sucht, weil die entsprechenden Neurotransmitter im Gehirn NICHT MEHR SELBST PRODUZIERT WERDEN, was die ABHÄNGIGKEIT auslöst! Mittel wie Ritalin hingegen sind „schwach suchtgefährdend", was nichts anderes heißt, als daß die SUCHT sich langsam EINSCHLEICHT; es dauert also länger, bis sie sich ausbildet, weil das Gehirn länger braucht, um zu „begreifen", daß gewisse Stoffe jetzt von außen kommen, woraufhin es die Produktion dieser Stoffe einstellt. Ich würde es mir also sehr genau überlegen, ehe ich Ritalin einsetze, insbesondere unter Berücksichtigung folgender Tatsache: Nicht nur verschreiben wir Deutsche heute zehn Mal mehr als vor acht Jahren (!), sondern ein Drittel der Rezepte für Ritalin kommen von den falschen Ärzten, die nicht auf die Therapie von solchen Kindern spezialisiert sind, bis hin zu Hals-Nasen-Ohren- und Zahnärzten, wie die Bildungsbeauftragte unserer Regierung neulich festgestellt hat. Wenn wir davon ausgehen, daß mindestens die Hälfte der anderen Rezepte von Hausärzten kommen, die ebenfalls fachlich nicht besonders ausgebildet sind, dann bedeutet das, daß zwei Drittel der Rezepte eher Gefälligkeiten für Eltern sind als medizinisch überprüfte letzte Maßnahmen für die ca. 10 bis 15 % der Ritalin-Kinder, fur die das Medikament die letzte Hilfe darstellen mag.

2. Was die sogenannte AUFMERKSAMKEIT angeht, so meint man meistens Konzentration (also „ZU-merk-samkeit"), denn AUF-merksamkeit impliziert einen OFFENEN Geist, damit man sich gut MERKEN kann, was man auf-MERK-sam wahrgenommen hat. Fragen und „weiche Formulierungen" ÖFFNEN den Geist (vgl. mein Buch *Das innere Archiv*, insbesondere die Module über neue Forschungsergebnisse und das für Lehrer, die mal einen Traum hatten), während Aussagen (Frontalunterricht) den Geist schließen. In dem Maß, in dem Lehrkräfte vorher mit ABC-Listen, KaWa.s u.ä. VORARBEITEN, um den Geist zu öffnen, ehe der „eigentliche Vortrag" folgt, haben ihre Schülerinnen weit weniger sogenannte Aufmerksamkeits-Probleme.

3. Bezüglich AUFMERKSAMKEIT weist Prof. Ellen J. Langer (Harvard) darauf hin, daß Kinder wie Erwachsene immer irgend etwas Aufmerksamkeit schenken, nur oft nicht dem, was andere fordern! Aufmerksamkeit wird dorthin gelenkt, wo dies INTERESSANT ist. Die meisten Lernprobleme werden demzufolge von Eltern und Lehrkräften ausgelöst. Zwar gibt es sehr gute Waldorfschulen, aber auch andere. Wie sicher sind Sie, daß diese eine gute ist? Fragen Sie z.B.: Wie lang bleiben die Kinder dort? Wenn relativ viele Kinder nach ein bis zwei Jahren in die Regelschulen zurückgehen (flüchten), dann würde ich nicht gleich annehmen, mit dem Kind stimmte etwas nicht! Was ist denn zu Hause los? Kann Ihre Tochter beim Spielen aufmerksam sein? Oft können Kinder zu Hause stundenlang höchst aufmerksam „spielen", was beweisen würde, daß diese Kinder kein Aufmerksamkeitsproblem haben, sondern daß sie sich lediglich weigern, ihre Aufmerksamkeit auf Dinge zu lenken, die sie langweilen, frustrieren oder verunsichern! Vielleicht wollen Sie sich auch die Vorschau auf ein Zwillings-Buch-Projekt vom nächsten Jahr herunterladen und die doppelte Checkliste für gehirn-gerechten Unterricht studieren? „Schauen" (d.h. klicken) Sie „mir" (der gezeichneten Figur auf der Homepage) ÜBER (auf) die RECHTE Schulter (Was ich gerade schreibe) und holen Sie sich das Dokument LONG (in drei Teilen). Leider haben Sie nicht gesagt, wie alt Ihre Tochter ist, aber erstens können Sie selber aufgrund der Schilderungen den Unterricht beurteilen, ob er gehirn-gerecht ist, zweitens kann ein Kind ab ca. 10 bis 12 Jahren dies bereits selber tun! Vielleicht möchten Sie zuerst den Unterricht testen, ehe Sie Ihre Tochter als lernbehindert einstufen? **Ich würde mich sehr freuen, wenn Sie mir einen Rat erteilen können.**

Liebe Frau Birkenbihl, vielen Dank für Ihre ausführliche Antwort. Ergänzend möchte ich hinzufügen, dass Elisa neun Jahre alt ist. Sie ist zunächst auf die Regelschule gegangen. Nach einem halben Jahr bekam sie Schulprobleme. Sie hatte Schwierigkeiten, dem Unterrichtsgeschehen zu folgen, ließ sich sehr leicht ablenken und hatte daher auch sehr umfangreiche Hausaufgaben zu erledigen.

> **vfb:** Umfangreiche Hausaufgaben in der 1. Klasse? Da sollen doch eigentlich noch (so gut wie) KEINE HAUSAUFGABEN aufgegeben werden?

Da sie große Schwierigkeiten mit dem Leselernprozess hatte, konnte sie häufig die Arbeitsanweisungen auf den Arbeitsblättern nicht eindeutig erfassen und so verstärkten sich die Probleme bis hin zu körperlichen und psychischen Auswirkungen.

> **vfb:** Kein Wunder. Ständiger Mißerfolg kann schon von Erwachsenen nicht ver-KRAFT-et werden, von Kindern schon gar nie nicht!!!

Ihre Klassenlehrerin bezeichnete sie als chaotisch und unstrukturiert.

> **vfb:** Da die Welt unser Spiegel ist, sagt das einiges über die Lehrerin, die ein Kind mit solchen Be-URTEIL-ungen ver-URTEILT.

Da in ihrer Klasse der Einfluss der Eltern enorm groß war, verstärkte sich die Problematik. Seit dem Wechsel zur Waldorfschule hat dieses Kind wieder an Selbstbewußtsein gewonnen und ist vor allen Dingen wieder glücklich.

> **vfb:** Gut.

Trotz allem läßt sich Elisa schnell ablenken und hat sehr unterschiedliche Tagesverfassungen.

> **vfb:** Das ist normal. Es ist unnormal, Kinder wie Soldaten zu behandelt und von ihnen gleichförmig tagtäglich dieselbe „Form" zu erwarten, während Zivilpersonen genau wissen, daß man ohne viel Disziplin der Welt nicht täglich „dasselbe Gesicht" bieten kann. Wieso erwarten wir, daß Kinder dies können müssen, wenn es 80 % der Erwachsenen nicht schaffen?

Zu ihren schulischen Schwierigkeiten kommen ihre persönlichen Probleme. Sie ist das mittlere Kind von drei Mädchen. Elisa stellt häufig die Frage: Bin ich klein oder groß?

vfb: Könnte es sein, daß Sie Ihre Töchter als die GROSSE und die KLEINE bezeichnen und dann keine Bezeichnung für das mittlere Kind haben? Viele Eltern tun das, ohne nachzudenken. Aber es wäre besser, alle Kinder mit Namen zu bezeichnen, nicht mit GROSS, KLEIN oder älter/jünger etc.. Kinder hassen es, an einem Attribut außer ihrer Gewalt identifiziert zu werden.

Seit mir Elisas Schwierigkeiten bewusst sind, bin ich auf der Suche nach dem Warum und wie kann ich helfen. Ich habe unzählige Bücher und Intemetseiten gelesen, arbeite mit Elisa kinesiologisch, massiere sie und werde immer am Ball bleiben. Ich bin mir sicher, dass Elisa noch einiges im Leben erreichen wird. Elisa ist nicht lernbehindert, sondern überdurchschnittlich begabt.

vfb: Wo liegen denn ihre besonderen Begabungen? Kann man die nicht besser einbeziehen, damit sie auf diesem Gebiet Erfolgserlebnisse erleben kann? Irgendwie muß sie doch mal ein Gefühl der Sicherheit auf einigen Gebieten schaffen können. Mit ständigem „man-muß-ihr-helfen", sind Sie zwar hilfsbereit, aber Sonderbehandlungen sind nicht unbedingt das Beste für ein Kind.

Da Sie mir so ausführlich geantwortet haben, kam in mir das Bedürfnis, Ihnen so ausführlich zu schreiben. Es gibt heutzutage nur wenige Menschen, die an anderen so stark interessiert sind.

vfb: Ich wünsche Ihrer Tochter alles Gute.

Ich werde weiter Ihre Veröffentlichungen lesen.

Stichwort: Innere Kritik abstellen

Ein Insider schrieb: Liebe Frau Birkenbihl, meine Frage an Sie zu folgender Problemstellung: Für eine Prüfung habe ich einen recht einfachen Text auswendig zu lernen. Nun ist es so, daß ich den Autor des Textes eigentlich persönlich ablehne. Inhaltlich finde ich den Text (wahrscheinlich deshalb) recht unglücklich bis mißlungen. Ich sagte zu mir: „Thomas, es geht lediglich darum, den Text für die Prüfung auswendig und perfekt vorzutragen! Inhalt und Autor spielen dabei keine Rolle!" Jetzt habe ich aber beim Lernen trotzdem ständig den inneren Konflikt, daß ich mich dabei ertappe, wie ich Textteile umformuliere und den Inhalt kritisch betrachte (obwohl ich das doch gar nicht will!). Irgendwie ist Hindurch dieses erst jetzt bewußt geworden, daß meine innere Kritik an Dingen, Personen und Sachverhalten eigentlich ein Lebensprinzip von mir ist und ich deshalb ständig kritisiere (aber zumeist innerlich, seltener nach außen!). Viele Chancen habe ich mir dadurch selbst genommen. Das ist eine Erkenntnis, die ich erst jetzt mit 37 Jahren habe.

vfb: Achtung: Wichtige Mitteilung! Es gibt zwei Dinge, die müssen Sie beachten, ehe Sie Ihre FÄHIGKEIT ZU KRITISIEREN kritisieren!!!

1. Es gibt Menschen, die sehen im Zweifelsfall das, was verBINDET, das, was „passt“, das, was „okay“ ist etc.. Diese Menschen wirken weit liebenswürdiger auf ihre Umwelt als Leute, die ständig kritisieren und meckern, aber die Meckerer-vom-Dienst (ich bin auch einer) haben eine besondere Gabe: Sie sehen im Zweifelsfall das, was „rausfällt“, sie erkennen früh, wenn gewisse (Gewohnheits-)Muster sich verändern, sie erkennen Gefahren früher als andere und deshalb braucht jede Gesellschaft und jede Organisation solche. Ekelt man sie raus, ist die Gesellschaft/Firma gefährdet. Man erkennt dies inzwischen und bemüht sich um solche Leute. Die Frage ist nur, ob man seine Kritik immer laut sagen muß, oder ob man lernen kann, sie teilweise zurückzuhalten. Dabei hilft es, eine Art von Kritik-Buch zu führen und Dinge, die man der Welt nicht mitteilt, aufzuschreiben. Erstens ist dann der DRUCK raus, zweitens können solche Aufzeichnungen im Lauf der Zeit gewisse TRENDS aufzeigen, die faszinierend sein können.

2. Wir lieben zwar im ersten Ansatz Menschen, die eher optimistisch denken, aber das pessimistische Denken (das hinter dem Kritisieren stehen kann), ist ja gerade die Fähigkeit, eine Gefahr so rechtzeitig zu erkennen, damit wir handeln können, um sie zu vermeiden (nach M. Seligman). Deshalb sollte nicht das „negative“ Denken als solches kritisiert werden, sondern wir uns fragen, wann es sinnvoll ist und wann nicht. Wenn Sie, um einen Kurs zu bestehen, einen Text lernen müssen, den Sie innerlich nicht gut finden, möchte ich Ihnen raten: LERNEN SIE IHN MIT DEM BEWUSSTSEIN, daß Sie nach dem Test (und in einem anderem Rahmen) diesen Text vortragen und alle seine Mängel aufzeigen werden. Sehen Sie das Lernen also einerseits als nötig für den Kurs an, andererseits aber auch als Vorbereitung für eine Art von Rede, in der Sie diesen Text später Zeile für Zeile „zerpflücken“, denn – und das ist ein VORTEIL jener, die wie wir sind – wenn Sie viel lernen, sind Sie die GE-

BORENEN KRITIKER und einen GUTEN KRITIKER zuhören/lesen, kann in sich ein Genuß werden. Wenn Sie meine Vorträge näher analysieren, werden Sie feststellen, daß sie viel Kritisches enthalten, das jedoch, ähnlich wie im Kabarett, so raffiniert „auf- und zubereitet" wurde, daß die Leute erst lachen und später nachdenken. Diese Fähigkeit können Sie ebenfalls gezielt entwickeln, wenn Sie wollen.

Ich will das sofort abstellen, da es mir auf die Nerven geht, mich ständig in Nebensächlichkeiten (durch meine Kritik) zu verlieren!!!

vfb: Der Versuch „es" sofort abzustellen, wird zum Scheitern verurteilt sein. Sie können lernen, Ihre Kritik nicht immer auszusprechen (s. oben, Kritik-Journal), aber die Neigung, alles eher kritisch zu sehen, ist höchstwahrscheinlich ein GENETISCHER Zug und solche können MODIFIZIERT, aber nicht wegerzogen werden. Ich empfehle hierzu ein Buch ***(Unsere Gene – eine Gebrauchsanweisung für ein besseres Leben)***, das auch zeigt: angeborene (genetische) Tendenzen können modifiziert, aber nicht völlig „abgeschafft" werden!

Ich möchte in Zukunft auf diese Art der inneren Kritik verzichten.

vfb: Nicht verzichten, nur reduzieren und öfter mal schweigen, nach dem Motto: Der Genießer (der inneren kritischen Gedanken) „genießt" und schweigt (ha ha).

(Falls Sie diese E-Mail erreicht) ...

vfb: Wieso: Falls es mich erreicht? Sie sehen doch, die Wandzeitung ist voll von Fragen, die mich erreicht haben! Oder gehören Sie zu denen, die gleich fragen, ohne vorher gelesen zu haben? Das wäre schade, gell? Übrigens haben mich sooooooo viele Fragen erreicht, daß sich inzwischen soooooooo viel Tolles in der Wandzeitung befindet (plus einige Texte in der Text-Schublade), daß wir ein Büchlein herausgebracht haben für alle jene, die keine Lust haben, sich 100 Seiten einzeln auszudrucken bzw. alles am Bildschirm zu lesen. Ein Redakteur hat lange „gewühlt" und hat seine Lieblinge „rausgezogen", demzufolge heißt das Büchlein auch: BEST OF.de ... das nur nebenbei.

... hätten Sie nicht einen praktischen Tipp und einen Buchtipp für mich, der es mir leichter macht???

vfb: Betreff „praktischer Tip" (ich bevorzuge die alte Schreibweise), siehe oben. Konkret zum Buchtip: Neben dem oben erwähnten ***Unsere Gene – eine Gebrauchsanweisung für ein besseres Leben*** möchten Sie vielleicht Seligman lesen (Pessimisten küßt man nicht), weil er hilft, den Unterschied zwischen unsinnigem und sinnvollem pessimistischen Denken herauszuarbeiten, aber alles oben Gesagte bleibt.

Ihre vfb

Stichwort: Eine weitere Idee zum inneren Kritiker

Ein Insider schrieb: Liebe Frau Birkenbihl, ich weiß ja nicht, wie umfangreich der Text ist, den Sie lernen sollten und ob Sie das Thema sonderlich interessiert. Aber immerhin erwähnen Sie, daß Sie beim Lernen ständig dabei waren, „umzuformulieren". Und dazu hatte ich auch meine „Lösungsidee", bevor ich die Antwort von Frau Birkenbihl gelesen hatte. Ich dachte mir, ich würde mir in so einem vertrackten Fall versprechen, daß ich nicht nur die „verhasste" Version auswendig lernen würde, sondern auch mein eigenes Verständnis und meine Gedanken zu dem Thema formulieren würde. So kann man auch bei einer unangenehmen Aufgabe etwas (über sich) lernen. Ich fand es für mich sehr lehrreich, in der Antwort von Frau Birkenbihl zu lesen, daß ein innerer Kritiker durchaus auch eine wichtige Funktion hat. Der quält mich nämlich auch des öfteren und gerade an diesem Tag kam ein Brief von meiner Schwester und ich sagte zu mir: Kann ich das denn nicht einfach mal lesen, ohne da und dort etwas zu ent-decken??? Danke für die Offenbarung, daß der innere Kritiker durchaus nützlich und wichtig ist! Ich übe mich jetzt darin, ihn anzunehmen und mich dabei aber nicht zu Ver-ur- teilungen hinreißen zu lassen. Herzliche Grüße!

vfb: Das ist ein schönes Feedback. Freut mich. Danke!

Stichwort: Wie komme ich von Mindmaps weg?

Ein Insider schrieb: Hallo Frau Birkenbihl, mit großer Begeisterung habe ich Ihre beiden Bücher *Stroh im Kopf?* und *Das innere Archiv* verschlungen. Die sind wirklich sehr gelungen!

Momentan absolviere ich ein Fernstudium zum Wirtschafsinformatiker und beschäftige mich deshalb seit geraumer Zeit mit verschiedensten Lernmethoden. Nach stupidem Auswendiglernen und Karteikartensystem bin ich schließlich bei Mindmapping (Tony Buzan) hängengeblieben. Letztendlich komme ich hier aber nicht weiter, weil es auch auf Auswendiglernen hinausläuft. Da habe ich Ihre Bücher entdeckt und muss sagen: Ich bin begeistert von den Ideen und bin auch sicher, daß es funktioniert. (Soll heißen, ich weiß, dass ich die richtige Methode jetzt gefunden habe, aber kann sie leider noch nicht richtig einsetzen).

Nur habe ich ein Problem dabei, ich weiß nicht, wie ich konkret anfangen soll. Gehirn-gerechtes Aufbereiten des Lernmaterials habe ich zwar gelesen, aber wie ich jetzt konkret bei 12 Lektionen von 50 Seiten, die ich zu lesen habe und bei denen mir fast alles als wichtig erscheint, vorzugehen habe, bekomme ich einfach nicht auf die Reihe.

Des weiteren befürchte ich, dass ich einfach irgendwelche Details „vergesse". Habe momentan das Fach „Steuerlehre" zu bearbeiten und habe die einzelnen Lektionen auch schon alle gelesen, aber es ist nichts hängen geblieben, alles schien irgendwie wichtig zu sein. Soll ich jetzt als erstes wichtige Begriffe rausziehen (es scheinen mir aber mehr als 70 % des gesamten Textes wichtig zu sein) oder eine ABC-Liste erstellen oder vielleicht gleich ein KaWa erstellen?

> **vfb:** ABC-Listen und KaWa.s sind die besten Wege, uns von unserem unbewußten Sortierer im Kopf helfen zu lassen. Sie lesen ein Stück Text, legen das Buch weg und dann probieren Sie ein ABC oder ein KaWa mit einem Schlüsselbegriff. Wir haben festgestellt, daß die Menschen manchmal einige Versuche benötigen, bis der unbewußte Mechanismus „angezapft" werden kann, aber beim siebten oder achten Mal beginnt es zu funktionieren. Wie das kommt, wissen wir nicht, nur DASS es so läuft. Ich nehme an, es ist ähnlich wie mit tausend Dingen, die Sie tun können, von denen Sie aber nicht erklären können, wie Sie es tun.

Oder habe ich da grundlegende Zusammenhänge nicht verstanden? Vielleicht haben Sie ja einen Tipp, wie ich das am besten angehen könnte. Werde diese Probleme auch für die nächsten Fächer immer wieder haben – sehr viel Text, viele wichtige Infos und wenig Zeit, aber trotzdem lernen …

> **vfb:** Bitte bedenken Sie: Die meisten Wörter sind FÜLLWÖRTER zwischen den wenigen wesentlichen BEGRIFFEN. Wenn Sie den Trick einmal raus haben (es dauert ein wenig, aber es lohnt sich), werden Sie feststellen, wie viele Füllwörter einem ursprünglich wichtig erschienen. In meinem neuen Büchlein (Intelligente Wissens-Spiele) erzähle ich von einer 45-Minuten-Doku über Winterbären, die aber extrem wenig darüber und viel Ballast enthielt – durch ABC-Listen merken wir dies und lassen uns von dem ununterbrochenen „Kommentar" nicht länger betrügen. Es führt auch in die Technik des WISSENs-Quiz-SPIELs ein (das noch neuere 5,90-Euro-Büchlein: *30 Minuten: Anleitung zu WISSENs-Quiz-SPIELen* enthält die Anleitung für das Basteln derselben). Unsere Tester im Vorfeld sind begeistert: Lernen kann wirklich wesentlich einfacher und vor allem entspannter, ja spielerisch werden. Alles Gute und wenn Sie weitere Fragen haben, nachdem Sie ein wenig geübt haben – gerne. :-)

Danke schon mal im Voraus für Ihre Antwort.

Mit freundlichen Grüßen!

Stichwort: Senioren

Eine Insiderin schrieb: Liebe Frau Birkenbihl! Ich bin nun schon seit geraumer Zeit Birkenbihl-Konsumentin. Kenne die meisten Ihrer Bücher und bin wirklich begeistert, immer wieder Neues darin zu finden. Bin allerdings auch schon dankbar für Wiederholungen, wie Sie selbst auf die Wichtigkeit von Wiederholungen hinweisen. Liebe es, mir immer wieder ein schon gelesenes Buch zur Hand zu nehmen und neuerlich darin zu lesen. Nun kenne ich auch seit neuestem Ihre drei letzten Videos „Wissensspiele", „Fragend lernen" und „Wortlos Denken". Jedes ein Unikat für sich. Genau wie Ihre Bücher.

Bin sehr dankbar, daß es sie und Sie gibt. Bewundere, wie Sie dies abwickeln und entwickeln. Schön langsam gehe ich auch in die eigene Gebrauchsphase.

vfb: Wunderbar. Vielleicht wollen Sie probieren, was ein Briefleser mir in der Hotline am Telefon schilderte: Sehen Sie die Videos drei- bis viermal mit Freunden, Nachbarn etc., wobei Sie jedesmal bei den kleinen Übungen mitmachen. Dies führt aus seiner Erfahrung erstens dazu, daß man zwischen den Video-Seminaren mal beginnt, mit einer Mini-Übung herumzuspielen, und zweitens, daß man einige Lücken füllt, die beim ersten Durchgang bleiben, wenn die Sachen relativ neu sind. Drittens meinte er, die Diskussionen mit den anderen ergäben echten Seminar-Charakter. Mir hat das sehr eingeleuchtet. Ich gehe übrigens mit Video-Vorträgen (aus den USA) ähnlich vor.

Nun, mein erstes Anliegen: Bin seit kurzem Lima-Trainerin, das ist ein Training für Senioren, auf Bewegung und Gedächtnis aufgebaut, um dem Abbau im Alter entgegenzuwirken und die Selbständigkeit lange zu erhalten. Da juckt es mich, einiges von Ihnen einzubringen. Allerdings fürchte ich doch ein bisserl, wie es von älteren Menschen aufgenommen wird. Würde mich interessieren, welche Erfahrungswerte es bezüglich Senioren gibt.

vfb: Ausgezeichnete. Unter meinen „Versuchskaninchen", mit denen neue Techniken (inkl. diese der ersten beiden Karlsfelder Videos) getestet wurden, sind Menschen von 75 und 84 Jahren! Sie fanden es AUFREGEND!!! Sie hätten sich nie vorstellen können, daß die Aufnahme von Info (Wissens-Spiele) so einfach wäre bzw. wie das Stellen von Fragen das Lernen verändert (zweites Video). Außerdem machen viele von den Senioren inzwischen regelmäßig ABC-Listen und KaWas – einer unserer ältesten Seminarteilnehmer war 80 Jahre beim ersten und 81 Jahre beim zweiten Mal (vor 2 Jahren), er ist immer noch fleißig dabei! Wenn sie unsicher sind, sagen Sie, es sei ein Experiment – mal sehen, was passiert. Das nimmt den Druck von den Teilnehmern, irgend etwas im ersten Ansatz „gut" hinzukriegen – wir probieren ja nur mal so rum. Einigen gelingt es auf Anhieb, die sind ganz begeistert und dann geht es weiter. Gehen Sie in *Stroh im Kopf?* (ab 36. Auflage) in das Modul NEUROBICS, dort finden Sie zahlreiche tolle Übungen und Experimente, die das Gehirn jung halten!

Daher komme ich auch gleich zum zweiten Anliegen: Bitte Sie um das Forumpasswort. Danke schön.

vfb: Hat Ihnen unsere Redakteurin unten hineingeschrieben. Wir haben neuerdings ein tolles ABC-Forum und eines für die Non-Learning Learning Strategie Nr. 10: Zitate! Bitte mitmachen!

Ein drittes Anliegen Mein Sohn geht ab September in eine neu gegründete Schule. Abgespalten von einer Waldorfschule. Die innovativsten, menschlichsten Lehrer wurden gekündigt und diese machen nun eine neue Schule auf.

vfb: Leider haben sich bei so manchen Waldorfschulen verkrustete Strukturen verselbständigt, da muß man ja die guten rausschmeißen, damit die Nullen weiter wurschteln können ...

Nix mehr Waldorfschule, aber doch was Neues.

vfb: Könnte ein großartiger Neu-Anfang sein, vielleicht sogar gehirngerecht??

Kleiner, feiner Rahmen. Es wird eine sogenannte Oberstufe, in der immer zwei Schulstufen zusammengenommen werden. Die obere wiederholt und vermittelt sozusagen und die untere empfangt von oberen. Würde eventuell dazu Ihre Meinung gerne wissen.

vfb: Brillant! Durch lehren lernen wir – wie schon die alten Römer wußten. Es gibt nichts Besseres! Wenn die Schülerinnen dann noch das Tempo und die Reihenfolge ein wenig mitbestimmen können, haben Sie großartige Voraussetzungen für den Erfolg aller – Lehrerinnen wir Schülerinnen!

Weiters juckt es mich, denen Birkenbihl vorzustellen, habe ein bisserl Angst als Dreinmischerin und Besserwisserin dazustehen. Die Lehrer sind eben wunderbar kreativ und voll initiativ, aber man kann sich ja nie genug verbessern, das meine ich. Wie soll ich nun reagieren? Und wenn, wie bringe ich welche Initialzündung rüber?

vfb: Wenn es möglich wäre, daß aus der Gruppe jemand zu dem Abend in Odelzhausen käme (steht schon unter Vorträge/Seminare, rechts oben), mit Ihnen natürlich, da würde ich Ihnen ja zeigen, was los ist! Ich demonstriere da den neuen Ansatz der Wissens-Spiele, das wäre doch ein Einstieg. Dann könnten Sie denen die SA-GE-Technik (Video 1 von Karlsfeld „Wissens-Spiele") zeigen, aber die Frage-Technik ist eh die wichtigere, wenn man die Dinge echt begreifen will. Die Reise mag vielleicht weit sein (weiß nicht, wo sie wohnen), aber bei einem Eintritt von sieben Euro könnte man das vielleicht auf sich nehmen. Wenn nur ein bis zwei Lehrer dieser Gruppe mitkommen, kann man vor Ort eine Kopie des Videos bestellen (unabhängig davon, ob wir sie später publizieren oder nicht), dann hätten sie sie für alle Kollegen. Ist das was?

Stichwort: Gehirn-gerecht-machen von Informationen

Ein Insider schrieb: Guten Tag, Frau Birkenbihl, ich bin nun schon seit geraumer Zeit vfb-Fan und habe bereits eine Sammlung ihrer Werke. Mir gefällt auch besonders Ihre Empfehlungsschublade. Die dort aufgeführten Bücher sind auch sehr lesenswert.

Ich habe aber trotzdem noch ein paar Fragen zum gehirn-gerecht machen von Informationen. Ich muß immer wieder für Seminare und Prüfungen sehr viele Ordner gefüllt mit Informationen aufnehmen (unendliche Weiten). Wie gehe ich da am dümmsten (ich meine klügsten) vor. Ist hier ihre 5-Phasen-Methode, die im „Das neue *Stroh im Kopf?*" beschrieben wird, ein Patentrezept?

vfb: Ja, insbesondere mit zwei Erweiterungen: 1. gleichnamiges Modul im *Das innere Archiv*, 2. Schritt 1 bis 2 sind ja nur GANZ AM ANFANG nötig, dann heißt es ja nur noch: 3-4-5 (mit je einer gewissen Menge an Daten/Fakten/Infos). Das neueste sind ja die in diesem Jahr entwickelten Wissens-Spiele. Das Buch hierzu erscheint im Oktober, aber schon bald wird unter WAS ICH GERADE SCHREIBE ein Modul aus diesem Buch ins Internet gesetzt, nämlich über die WISSENs-Quiz- SPIELe. Die ersetzen dann Schritt 3 und 4.

Mit diesem Schlachtplan arbeiten seit Monaten einige Testpersonen – mit ausgezeichneten Ergebnissen! Das ist schon fast der Stein der Weisen für „ernstes Lernen", nur daß wir es SPIELerisch, also un-ernst gestalten. Es macht eine Menge Spaß: Lernen ist fast schon die Sahne auf dem kognitiven Kuchen.

Desweiteren ist die 10. meiner Non-Learning Learning Strategien immer sehr spannend (siehe kostenloses E-Book unter meinen „Kopf': Was ich gerade denke): Von nix kommt nix (zum gleichnamigen Video, das man inzwischen auch als Video-on-demand bekommen müßte).

Der Witz ist der: Je mehr NEURO-MECHANISMEN Sie aktivieren können, desto gehirn-gerechter und desto leichter wir das Lernen.

Ich denke, dass sich für große Stoffmengen auch die ABC-Listen gut einsetzen lassen. Das große Problem bei vielen Informationen ist, dass man sich NICHT in Kleinigkeiten verfängt. Haben Sie eine kleine Leitlinie von Techniken?

vfb: ABC-Listen haben verschiedene Funktionen und können viel helfen (nur nicht versuchen, fertige Listen auswendig zu lernen). Lieber das Thema so oft SPIELEN (neue ABCs erstellen, analog Stadt-Land-Fluß spielen – nur zum Lernthema), bis immer wieder dieselben Begriffe mit dabei sind. Die Vorteile von ABCs sind u.a.:

Wir aktivieren den Neuro-Mechanismus des SPIEL-erischen Denkens (wie Stadt- Land-Fluß, nur eben senkrecht!, erzeugt also auch den Stadt-Land-Fluß Effekt, WENN MAN EIN THEMA OR GENUG GESPIELT HAT!!)

Wir aktivieren den Neuro-Mechanismus des ASSOZIATIVEN Denkens.

Wir können sie immer schnell mal zwischendurch machen (Werbepause beim Fernsehen, Warteschlangen, sogar auf dem gewissen Örtchen, ha ha) – sowohl mental als auch auch Papier.

Sie stellen immer eine Momentaufnahme (Inventur) dar und zeigen uns, wie wenig oder viel wir wie schnell „daherbringen" können – also ein guter Indikator für den Lernerfolg DAVOR.

Sie helfen uns, unbewußtes Wissen anzuzapfen (weil die Mitarbeiter in unseren „Katakomben des Unbewussten" die Kisten/Kasten öffnen müssen, wenn wir als Gehirn-Besitzer IMMER WIEDER zum selben Thema Infos haben wollen). So wird bald mehr und mehr „auftauchen".

Ist es richtig, daß es besser für die Aufnahme von Informationen ist, wenn man diese schneller liest und öfters wiederholt, statt zweimal und langsam?

vfb: Das muß jeder selbst entscheiden. Je langsamer Ihre Neuronen feuern (ich bin z.B. ein neuronal langsamer Mensch), desto besser ist es, in Zeitlupe vorzugehen. Die neuronal „Schnellen" können anders vorgehen. (Wenn Sie unter dem Stichwort „Neuronal" oder Perkins suchen, müßten Sie auf einen Beitrag hierzu stoßen, der vor ca. 4 bis 6 Wochen in die Wandzeitung kam, da bot ich einen ersten vorsichtigen Test an, um herauszufinden, ob man langsam ist.)

Wo ich auch immer mal wieder Probleme habe, ist beim Merken von vielen Formeln. Ich habe wohl diese schlecht konstruiert! Haben Sie da auch noch einen Rat?

vfb: Also über Formeln wurde in der Wandzeitung auch schon geredet. Lesen Sie die Beiträge eigentlich auch? Bitte ab jetzt erst mit dem Stichwort suchen, ehe Sie schreiben. Denn ich beantworte Fragen gern, aber ich fühle mich etwas „verarscht", wenn immer wieder sehr ähnliche Fragen auftauchen. Bitte um Verständnis. Es kostet sehr viel Zeit, die Wandzeitung kostenlos zu managen, da will ich NEUE Fragen sehen. Bitte!

Vielen Dank im Voraus für die Beantwortung meiner Fragen.

vfb: Weitgehend gerne (ha ha).

Stichwort: Ende Gehirnlähmung durch VFB-Denk-Tools!

Ein Insider schrieb: Hallo Frau Birkenbihl, immer wieder bin ich sehr überrascht über Ihre neuen/erweiterten Denkansätze ABC-LISTEN (Ka-Wa) bzw. KaGa! Seit ca. 10 Jahren beschäftige ich mich nun mit allen möglichen Techniken, speziell Mental-Training (NLP, Autogenes Training) oder auch Lerntechniken (MindMaps, Memo-Techniken). Oft war es so, daß ich vieles gleichzeitig lernen wollte und letztlich an meiner Zerstreutheit (oder eher Verwirrung) über: Welche Lerntechnik nehme ich jetzt nur – alles Memorieren und auf Listen ablegen? Kartei-Kasten anlegen? Oder alles in den Computer eintippen (LERNSOFTWARE)? Auf Kassette aufnehmen? Oder Mind-Maps? Je mehr ich Infos über's Lernen las, desto verunsicherter und vor allem VERWIRRTER UND FRUSTRIERTER wurde ich!

Das Ergebnis = waren UNLUST UND VERUNSICHERUNG und vor allem das Gefühl ICH BIN UNGEBILDET – LERNEN IST SCHWER. Irgendwie wußte ich nie so recht, wie ich mich den ganzen Lerngebieten (Medizin, Psychologie, Politik, Geschichte etc.) nähern sollte. Ich wollte immer alles perfekt lernen und begann schließlich auch mit Karteikarten anlegen und diesen „besonderen" Wiederholungsintervallen neuen Lernstoff anzugehen (10 Minuten Pause, erste Wiederholung, dann nach 24 Stunden, nach 3 Tagen, usw. usw.). Nur hatte ich immer das Gefühl: Ich weiß eigentlich nichts soooooooooo richtig. Es machte irgendwie ein schales/ungutes Gefühl; bevor ich Neues lernen wollte, waren dann immer noch diese alten Wiederholungen! – TJA, DAS PAUKEN EBEN. Nachdem ich dann die Mind-Maps nach Buzan angewandt hatte, lernte ich schon auf andere Art (will heißen, ich sah mir neuen Lernstoff an, zeichnete Maps) hmmm?!?!

Jedoch störten mich auch hier, wie mir jetzt klar geworden war, diese Wiederholungen ... das war noch nicht „MEINE IDEALE TECHNIK". Nun gut, um es auf den Punkt zu bringen, Ihre „neuen Tools" – vor allem die ausführlichen ABC-Listen – haben es mir angetan, diese mache ich äußerst gerne (*Das innere Archiv*-Buch gefällt mir sehr, sehr gut), dann habe ich mir gleich das *Das große Analograffiti-Buch** besorgt. Ich wollte Ihnen eigentlich nur sagen, daß ich an mir (ich bin jetzt 31 Jahre) bemerke, daß meine Hirnwindungen mehr

* Neuer Titel: *Birkenbihls Denkwerkzeuge.*

und mehr ins Fließen kommen und das nach ca. 5 Tagen regelmäßigem ABC-LISTEN/KaWas schreiben (unter anderem speziell MEDIZINLISTEN). DANKE FÜR DIESE TOLLE TECHNIK.

> **vfb:** Gern geschehen. Ich habe über 20 Jahre gebraucht, um sie zu entwickeln. Im Nachhinein nicht mehr nachzuvollziehen, weil auch ich lange ähnlich verwirrt war wie Sie und mich Schritt für Schritt von diesen Des-Informationen aus der Schule befreien mußte. Das dauerte bei mir von 1960 bis ca. 1980. Ab jenem Zeitpunkt begannen die Dinge zunehmend klarer zu werden (das war ab dem *Stroh im Kopf?* in der 6. Auflage). Dieser Bogen kam mit der 36. Auflage (2000) zu einem Ende, dem dann sowohl *Das große Analograffiti-Buch** (auch ein Buch-Seminar mit kompletten Anweisungen) als auch die Fortsetzung (*Das innere Archiv*) folgten.

Meine Leser können in wenigen Wochen die Probleme überwinden, die mich Jahrzehnte kosteten. Deshalb freuen mich Reaktionen wie Ihre; sie zeigen, daß es funktioniert. Danke dafür! :-)

Nun weiß ich auch endlich, wie ich mich neuem Lernstoff widmen kann, ohne lästige/stupide Wiederholungen in immer gleichen Hirnwindungen!

> **vfb:** Ja, das ist es!

DANKE DASS DAS EIN ENDE HAT!!! :-)

> **vfb:** Bitte. Und danke für Ihr Feedback. Das macht anderen mehr Mut als alles, was ich selber sagen könnte. Haben Sie schon das Feedback-Kapitel im *Das große Analograffiti-Buch** gelesen? Wenn ja, und wenn Sie selbst eine Anekdote beisteuern könnten, schreiben Sie uns wieder. Die von den Leserinnen beigebrachten Anwendungsbeispiele sind oft so super – da wäre ich im Leben nicht draufgekommen.

Nur ein Problem oder eine Bitte habe ich, denn was ich nicht so recht begreife/verstehe und auch im Alpha-Buch über KaWa.s bzw. im *Das innere Archiv* fand ich dazu nichts (oder habe ich das übersehen?): Wie ich mich neuen Informationen zuwende, die Zahlen/Daten/Werte beinhalten? Also zum Beispiel folgendes möchte ich lernen. Von einer allgemeinen Hypertonie (Bluthochdruck) spricht man, wenn der RR-Wert 160/90 beträgt. Genau um diese 160/90 geht es mir (also um die Zahlen): Wie soll ich dazu eine Liste anfertigen bzw. ein KaWa gestalten???

vfb: Nun, was ich mit Zahlenwerten regelmäßig mache ist, den Wert in ein WORT kleiden und zum Wort ein KaWa anzulegen, oder die Werte in das KaWa zum Begriff einzuarbeiten, z.B. bei BLUTHOCHDRUCK könnte man KONTROLLIEREN hinzufügen. Schon hat man ein „n" für die 90 (NEUNZIG) sowie ein „e" für die 160 (EINHUNDERTUNDSECHZIG). Dies kann man farblich besonders hervorheben, die Zahlen auch besonders groß „malen" und so als eine Info unter anderen einfügen. Die anderen Buchstaben „tragen" andere Ideen des Themas, wie immer. So mache ich es. Habe ich allerdings eine Zahlenkolonne, z.B. die 10 wichtigsten medizinischen Werte für einen gesundheitsbewußten Bürger (oder so ähnlich, um bei Ihrem Beispiel zu bleiben), dann würde ich eher zu einem Zahlen-Abc greifen und diese 10 Werte in ein Gesundheits-ABC eingliedern (unter anderen Begriffen), so daß bei „B" der Bluthochdruckwert stehen könnte, bei „Z" der Zuckerwert (den Sie auch unter „D" für Diabetes „unterbringen" könnten, wenn Sie das „Z" anders belegen wollen). Solche Wissens-ABCs enthalten enorm viel Info, wenn sie fertig sind (vgl. Sie das Modul LISTENDENKEN in *Das innere Archiv*). Übrigens gibt es zum Thema Listendenken auch schon einen Video-Vortrag (in der vfb-Schublade im „Schubladen-Element" auf der Homepage).

Es wäre sehr nett, wenn Sie mir dazu etwas schreiben könnten ...

ICH WÜNSCHE IHNEN VIELE WUNDERBARE GEDANKEN UND VIELE KREATIVE EINFÄLLE – KOMMEN SIE GUT INS NEUE JAHR.

vfb: Danke, bin ich.

Stichwort: Warum überhaupt Lernen?

Ein Insider schrieb: Liebe Frau Birkenbihl, ich hoffe, meine Frage klingt nicht allzu dumm für Sie.

vfb: Es gibt keine (na ja, fast keine) dummen Fragen, jedenfalls kann eine ehrlich gestellte Frage niemals „dumm" sein! Nur die Antwort!

Aber: Ich habe das von Ihnen zu Recht kritisierte „Lernen" in der Schule (von einem Bekannten letzthin als „Fressen und Auskotzen" bezeichnet) hinter mich gebracht, dabei gut funktioniert, aber eben immer nur für Klausuren oder für eine bestimmte Prüfung gelernt.

Jetzt lese ich Ihr Buch *Stroh im Kopf?*, finde es interessant, stelle mir aber immer wieder die Frage: „WARUM soll ich eigentlich lernen?"

> **vfb:** Die Antwort liegt in Ihrer eigenen Aussage oben: Sie haben ja bis jetzt „aber eben immer für Klausuren oder für eine bestimmte Prüfung gelernt". Daher konnten Sie die FASZINATION und Entdecker-FREUDE, die lebendiges, exploratives (gehirn-gerechtes) Lernen mit sich bringt, nie erleben.
> Der Begriff EXPLORATIV beschreibt, wie Lernen sein sollte: ein EXPLORER ist ein Entdecker/Abenteurer, niemand, der für Prüfungen paukt ...
> Außerdem scheinen Sie noch nicht erlebt zu haben, wie es ist, wenn man in einer Situation Daten, Fakten, Infos griffbereit hat und daher schnell, breit und tief DENKEN, REAGIEREN oder ENTSCHEIDEN kann, oder?

Damit ich in irgendwelchen Gesprächen nicht allzu ungebildet erscheine? Um mehr zu wissen als mein Gegenüber (Wissen ist Macht)?

> **vfb:** Wissen ist POWER in dem Sinne, daß es Ihr DENKEN beflügelt und Sie INTELLIGENTER macht!

Ich freue mich, wenn Sie mir ein paar Sätze zu dieser vielleicht etwas philosophischen Frage schreiben könnten, die mich zur Zeit sehr beschäftigt (vielleicht auch, aus welchen Gründen Sie persönlich lernen).

> **vfb:** Ich lerne, weil das Lernen selbst mit LUSTGEFÜHLEN verbunden ist. Falls Sie noch ein Buch zu lesen bereit wären, möchte ich Ihnen mein *Das innere Archiv* ans Herz legen, es gibt darin z.B. ein Modul (Module sind Kapitel, die in jeder beliebigen Reihenfolge gelesen werden können) d. h. DENK-LUST. Ein weiteres berichtet über die Forschungsergebnisse der letzten Jahre (bahnbrechend!), an denen Sie sehen, warum das Schullernen mit Lernen überhaupt nichts zu tun hat. Ein Lehrer-Modul könnte auch dazu beitragen, Ihre Fragen zu beantworten, und das Modul „Listendenken" (zu dem dieser Tage ein neuer Video-Vortrag von mir erscheint) führt Sie in eine Denk-Technik ein (Listendenken ist die Weiterführung eines Denkinstrumentes aus dem Analograffiti-Buch, das nur Denk-Techniken mit vielen Übungen und Fallbeispielen vorstellt!).

Schon vorab vielen Dank!

> **vfb:** Gern geschehen.

Hilfreiches „Altes"*

Analog und digital im doppelten Gehirn

Was passiert, wenn wir ein Wort **begreifen**? Angenommen, Sie hören/lesen *skull*. Sprechen Sie Englisch, dann verstehen Sie, weil Ihr Herr Links das Wort analysiert und an Herrn Rechts „sendet", der jetzt sofort **im Archiv sucht** und prüft, ob Sie zu diesem Begriff bereits ein **Bild** besitzen.** Wenn ja, dann „sendet" er Ihnen dieses, und Sie haben begriffen:

Würde ich Ihnen jedoch einen arabischen Schriftzug (s. nächste Seite) zeigen, dann haben Sie zu dieser digitalen Info höchstwahrscheinlich nichts in Ihrem Archiv, das der Mitarbeiter im rechten Hirn verwaltet.

* Aus dem „alten" *Stroh im Kopf* (vor der 36. Auflage).

** Die zentrale Metapher des alten *Stroh im Kopf?* war die Zweiteilung linkes, rechtes (DENK-)Hirn (mit je einem Mitarbeiter). Inzwischen ist die Forschung weiter, aber als DENKMODELL kann diese Metapher uns immer noch helfen.

Ein Beispiel für Fach-Chinesisch: Die relative Effizienz kumulierter Kommunikationssubstrate basiert auf der funktionalen Relation zwischen der absoluten Kapazität des Rezipienten und dem quantitativen Thesaurus offerierter Informationen.*

Nun beginnt unser Spezialist (rechts), uns verzweifelt *Fragezeichen* zu senden, die wir bei **einem** Begriff als vages Unlustgefühl wahrnehmen. Enthält eine Botschaft aber mehrere solcher unverständlichen Wörter, dann beißt uns der Frust schon sehr deutlich! Übrigens sind solche „schwierigen" Begriffe häufig Wörter (bzw. Vor- oder Nachsilben) aus dem Lateinischen oder Griechischen. Nun ist das Deutsche die einzige Sprache, die ich kenne, die ein „einfaches" Niveau für jedermann hat (*Empfänger, Reiz*) und ein „höheres" Niveau für Gebildete (***Rezipient, Stimulus***). In allen romanischen Sprachen und im Englischen gibt es nur einen Begriff; so kann man bei uns leicht einem Fach-Spanier aufsitzen, selbst wenn man schon Fach-Chinese ist.

Was hat der „komische" Satz tatsächlich ausgedrückt? Antwort: Er enthält zwei Gesetzmäßigkeiten erfolgreicher Gesprächskunst, über die nachzudenken sich auf alle Fälle lohnt. Nehmen wir zunächst den *Rezipienten* (das Wort *Empfänger* hätte man sofort verstanden) und stellen ihn uns als Huhn vor. Lassen Sie die beiden Assistenten im Kopf im Team arbeiten, indem Sie Mr. Rechts aktivieren: Er stellt sich (für uns als Gehirn-Besitzer) das Huhn vor! Nun sehen wir uns die *kumulierten Kommunikations-Substrate* an. Sie bedeuten *angesammelte (= kumulierte) Botschaften (= Kommunikations-Substrate)* für **diesen** Empfänger. Diese Mitteilungen soll Ihr Mr. Rechts nun als Körnchen vor (Ihr geistiges Auge hin-)**stellen**. Nun „sagt" uns der Satz zwei Dinge, nämlich was passiert, wenn viel oder wenig Informationen (Botschaften) vorhanden sind.

---

* Diese Art von halbhirnigem Digital-Geschwafel finden wir bevorzugt bei Autoren, deren Ziel es nicht ist, ihre Leser zu informieren, mitnichten! Sie wollen publizieren. Und darin liegt ein gewaltiger Unterschied.

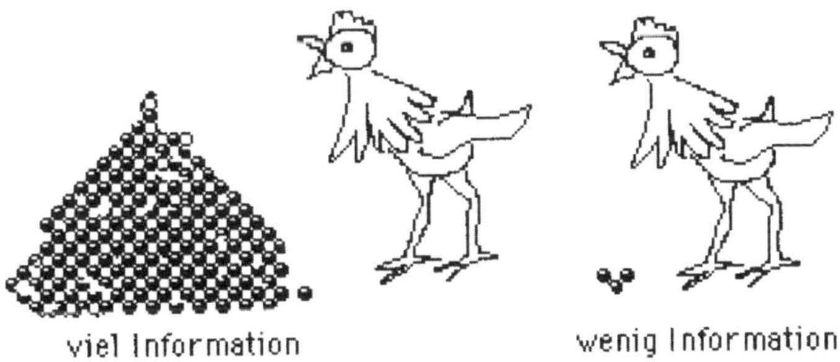

Je mehr Körnchen vorhanden sind, desto mehr wird das Huhn fressen. Mit anderen Worten: Heute findet das normale „Huhn" viel mehr Infos als früher (Radio, TV, Zeitschriften, Magazine, Zeitungen). Also sind wir informierter, weil mehr „Körnchen" vorhanden sind.

Je weniger Körnchen es gibt, desto größer ist die Wahrscheinlichkeit für jedes der wenigen Körnchen, daß es gefressen wird.

Die Botschaft (*Je mehr Körnchen* ...) verführt viele Menschen, die andere überzeugen wollen, ihren „Opfern" zu viele Argumente aufzuzählen, aber das ist ungünstig. Denn dieser Satz beschreibt die allgemeine Lage: Wir sind voll von dem, was uns umgibt, dies gilt auch für Informationen (*Körnchen*), stellt aber keine gehirn-gerechte Verhandlungs-Strategie dar.

Zählen Sie Ihrer Partnerin (dem Kunden) nicht neun Vorteile Ihrer Idee (Ihres Produkts) auf, nennen Sie statt dessen nur drei, die sie (ihn) wirklich interessieren. Damit haben Sie eine hohe Wahrscheinlichkeit, daß Ihr/e Gesprächspartner/in diese drei Gründe auch „frißt"! Oder:

Vielleicht gaben Sie Ihren Mitarbeiter/innen früher gleich zwölf neue Informationen auf einmal, in Zukunft unterteilen Sie die Besprechung lieber in mehrere Blocks (getrennt durch Mini-Pausen) und bieten in jedem Zeitabschnitt nur **einige wenige** „Körnchen" an, wenn Sie wollen, daß man Ihre Infos auch „fressen" (= merken und später beachten!) wird.

Für die Praxis: Wann immer man einen Begriff nicht versteht, weil unser rechtes Hirn hierzu noch keine Vorstellung besitzt, wird dieser Begriff für uns schwierig, auch wenn er für andere Menschen ganz einfach ist. So begreifen unzählige Kunden bestimmte branchen- und firmenspezifische Begriffe oder Abkürzungen nicht, weil sie hierzu noch keine Vorstellung im rechten Hirn haben.

Der Satz (S. 258) ist für viele Menschen aufgrund der Fremdwörter „schwierig". Aber es sind beileibe nicht immer lateinische und griechische Wörter! Denn:

Experiment

Sie finden auf der nächsten Seite einen Satz im Kasten. Lernen Sie ihn bitte (jetzt gleich!) auswendig, aber stellen Sie dabei fest:

Wieviel Zeit haben Sie benötigt?

Antwort: __________ Minuten.

Wie oft mußten Sie den Satz wiederholen?

Antwort: __________ mal.

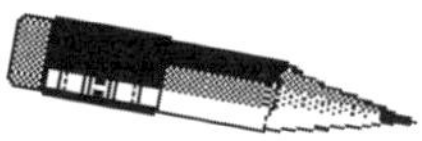

Notieren Sie bitte die exakte Startzeit: Es ist jetzt ____________ Uhr.

Drehen Sie das Buch auf den Kopf, und lernen Sie den Satz bitte jetzt auswendig! Aufgabe: Jetzt gleich, bitte!

Ein Zweibein sitzt auf einem Dreibein und ißt ein Einbein. Da kommt ein Vierbein und nimmt dem Zweibein das Einbein weg. Da nimmt das Zweibein das Dreibein und schlägt das Vierbein.

Nun gibt es zwei Möglichkeiten:

☐ **A: Ich hatte Probleme. Ich mußte den Satz mehr als dreimal wiederholen**, oder:

☐ **B: Ich habe den Satz sehr schnell gelernt. Dabei mußte ich ihn nur ein- bis zweimal durchlesen.**

Bitte lesen Sie nachfolgend denjenigen Abschnitt, der sich auf Ihre gerade gemachte Erfahrung bezieht.

A: Ich hatte Probleme. Ich mußte den Satz mehr als dreimal wiederholen. Wenn Sie in diese Kategorie fallen, haben Sie es schön brav so gemacht wie in der Schule: Sie lasen die einzelnen Wörter, also die digitalen Symbole, und Sie haben krampfhaft versucht, diese in Ihre linke Hirnhälfte einzuspeichern. Diese Art der sturen Paukerei aber macht den Spezialisten rechts „arbeitslos“, während der linke „überlastet“ ist und sich dagegen wehrt! Also kämpft Widerstand 1 gegen Widerstand 2. Wenn Sie hingegen *beide* Hirnhälften im Team einsetzen, dann wird Lernen (im alten Sinne) unnötig. *Bitte lesen Sie noch den B-Text!*

B: Ich habe den Satz sehr schnell gelernt. Dabei mußte ich ihn nur ein- bis zweimal durchlesen. Wenn Sie in diese Kategorie fallen, dann haben Sie sich selbst ein Bild gemacht; d. h. Sie haben den rechten Spezialisten mit einbezogen. Z.B. haben Sie einen Menschen (Zweibein) gesehen, der auf einem Schemel (Dreibein) sitzt und ein Einbein ißt (an einem Hühnerbein nagt). Dann kommt ein Vierbein (Hund) ... usw.. Diese Bilderfolge können Sie (wie einen Zeichentrickfilm) auch in einem halben Jahr wieder rekonstruieren; d.h., Lernen (im alten Sinne des Wortes) ist unnötig! Sie können's ja schon! Wieder sehen wir: Ohne *Vorstellung* geht es nicht! Apropos Vorstellung: Nehmen Sie das Wort bitte wörtlich: Man ***stellt*** etwas ***vor*** das geistige Auge, um es zu betrachten.

Man stellt etwas vor das geistige Auge, um es zu betrachten.

Optimal wäre es, wenn Sie, ehe Sie weiterlesen, noch ein wenig mit dem Zweibein-Satz experimentieren würden. Vielleicht können Sie jetzt gleich einige Leute anrufen (falls Sie allein und ohne Gesprächspartner sind). Sagen Sie allen „Versuchskaninchen“ den Zweibein-Satz auf und bitten Sie die Personen, ihn auswendig zu lernen! Aber verraten Sie absolut nichts von dem Bild! Wenn Sie diesen Versuch durchführen, werden Sie die Ergebnisse (wie Tausende von Seminarteilnehmern) mit Sicherheit bestätigt bekommen:

A – Die meisten Menschen sind Gehirn-Muffel: Sie sind (zunächst) unfähig, die rechte Hirnhälfte aktiv mit einzubeziehen! Also muß man ihnen den Satz fünf-, sechs- oder gar siebenmal vorsagen, bis sie ihn „mit Hängen und Würgen" nachsprechen können. Wenn man sie drei Wochen später wieder anruft und sie bittet, den Satz zu wiederholen, werden sie sauer!

B – Die wenigen Menschen, die ihr Gehirn erfolgreich einsetzen, machen sich sofort und automatisch ein Bild. Sie haben keine Lernprobleme, und sie können den Satz auch Wochen später wieder rekonstruieren!

Im folgenden Abschnitt werden wir uns die Arbeitsweise der beiden Hirn-Hemisphären etwas näher ansehen. Dabei gilt: Wenn wir links sagen, könnten wir *dominant* (= *herrschend*) sagen. Die rechte Hirnhälfte wird in der Gehirn-Forschung oft *sub-dominant* genannt. Falls Sie also später in der Literatur noch mehr über das Gehirn lesen wollen, werden Sie auch auf diese beiden Begriffe stoßen.

Rational *und* kreativ!

LINKS: digital, Detail und Analyse!*

Diese Informationen werden gedacht (in Worten), gesprochen, geschrieben, gelesen, gerechnet, berechnet, analysiert. Linkshirnig ist die Analyse, die Logik, die Ratio, der „kalte" (nüchterne) Verstand; ferner lineares, detailliertes, sequentielles Vorgehen (= ein Schritt nach dem anderen). Wir erkennen den Bezug zu den Haupt-Tätigkeiten in der Schule:

- **Rechnen** (= Arithmetik, innovative und kreative Mathematik ist eher RECHTS-hirnig)
- **Lesen**
- **Schreiben**
- **Analyse** von Textaufgaben (Rechnen)
- **Analyse** von Texten (Inhalt und Form)
- **Analyse** von Sätzen (Grammatik)
- **Stures Auswendiglernen** (Pauken) isolierter Einzel-Informationen (Vokabeln, Fachwörter, Daten, Fakten, Formeln)

---

* Mit freundlicher Genehmigung des Verlages (mi) meinem Artikel *Gehirn und Gedächtnis* („Enzyklopädie für Naturwissenschaft und Technik", 1983) entnommen.

RECHTS: analog, Überblick und Synthese!

Die wichtigsten Stichworte: Überblick/Synthese (Gegenteil der Analyse). Synthetisches Denken setzt detaillierte Informationen zusammen und verschafft uns ein ganzheitliches Problembewußtsein (das an (Hoch-)Schulen noch immer kaum gefordert wird!). Formen und Strukturen bedeutet Wieder-Erkennen von Personen oder Dingen. Unsere Fähigkeit des **Vergleichens** läßt uns Leute sogar dann erkennen, wenn wir sie lange nicht gesehen haben (auch wenn sie sich stark verändert haben).

Es folgt ein vereinfachter Überblick:

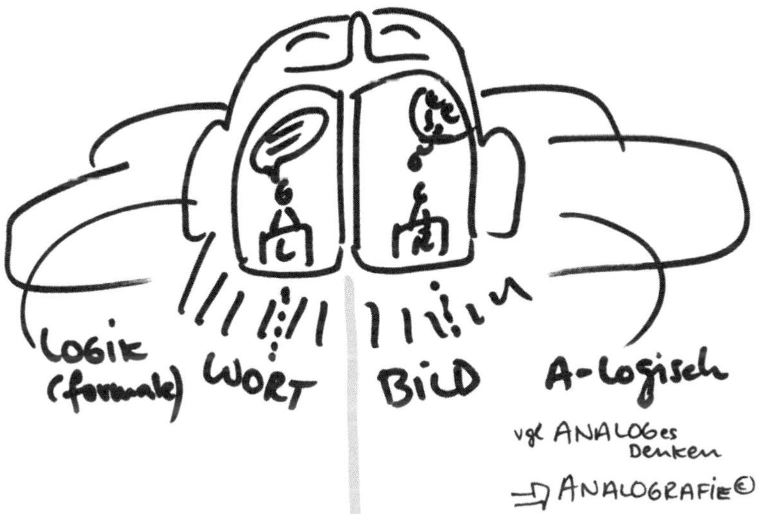

exakte Details	**+ Intuition,**
	+ Innovation &
	+ Imaginations-Kraft
Natur-Wissenschaften,	**+ „weiche" (Geistes-)Wissenschaften,**
Analyse	**+ Synthese**
Schritt-für-Schritt	**+ holistisch, non-linear, parallel**
wörtliche Bedeutung	**+ Abstrakt, Metaphern, Analogien**
Rechnen, Lesen, Schreiben	**+ Mathematik, Kunst, Musik, Tanz ...**
linear/ZEIT	**+ RAUM/räumlich, 3D**

Anhang I – Merkblätter

Es folgen einige Merkblätter, welche entweder einen Gedankengang aus dem Haupttext vertiefen oder zusätzliche Information für besonders wißbegierige Leser anbieten.

MERKBLATT NR. 1: SOZIO-BIOLOGIE

Wie Sie wissen, besteht seit langen Jahren der Streit, ob wir mehr durch die Umwelt (Milieu) oder eher durch unsere Gene (unsere angeborenen Anlagen) geprägt werden. Die Verfechter der Milieu-Theorie (Skinnerianer) sagen, alles Verhalten sei anerzogen, der Mensch habe fast keine biologischen Programme. Andere Wissenschaftler (in den 40er Jahren des letzten Jahrhunderts Szondi, Jahrzehnte später z.B. Richard Dawkins u.a.) behaupten mehr oder weniger, alles Verhalten sei angeboren! Die Gene, sagen sie, bestimmten bis hin zur Partner- und Berufswahl alles, was wir tun und lassen. Diese Gen-These wurde in den 70er Jahren von einem neuen Zweig der Wissenschaft, der **Sozio-Biologie**, aufgegriffen.

Inzwischen gilt es als erwiesen, daß viele unserer Anlagen **angeboren** sind. Aber wir wissen inzwischen auch einiges mehr über die Umwelteinflüsse. Maturana und Varela bezeichnen die gegenseitige Wechselwirkung zwischen Angeborenem und Umwelt (in: *Der Baum der Erkenntnis*) als *strukturale Koppelung*, also können wir aus heutiger Sicht klarstellen, daß erst Umwelteinflüsse das Potential zur Ausgestaltung bringen. Ein Mensch mit seinem angeborenen Sprach-*Potential* wird in einer Umwelt von Stummen erwiesenermaßen nicht sprechen lernen!

Aber die Koppelung vermittelt auch zwischen Genen und Kultur. So muß ein männliches Kind von Kopfjägern bestimmte soziale Programme erlernen: *Töte deinen ersten Feind vor dem 13. Lebensjahr, schrumpfe seinen Kopf und hänge ihn dir an den Gürtel, damit wir dich in unsere Gemeinschaft als Mann aufnehmen!* Das Kind in einer judäisch-christlich geprägten Umgebung hingegen lernt: *Du darfst nicht töten: (Außer, die Regierung steckt dich in eine Uniform ...)* Das Kind eines australischen Aborigine mag im *Spurenlesen* Spitze sein, ein balinesisches Kind mag Nuancen des *traditionellen Tempeltanzes* nachahmen, die wir kaum wahrnehmen können, usw..

Wie Sie sehen, spricht doch einiges dafür, daß die Umwelt uns maßgeblich (mit-)prägt, oder? Und doch spricht auch einiges dafür, daß unsere Gene unser Denken und Handeln weit mehr mitbestimmen, als man glauben könnte. So hat Szondi z.B. schon vor Jahrzehnten behauptet, rezessive Gene würden einander suchen: Gene, die vom „Aussterben" bedroht sind, sorgen dafür, daß der Mensch, zu dem sie gehören, einen Partner sucht, der das gleiche rezessive Gen hat (z.B. für Epilepsie), so daß dieses Paar dann ein Kind bekommt, bei dem die beiden rezessiven Gene sich wieder durchsetzen können. Wer hierüber mehr wissen will, sollte Szondi selbst lesen (s. Literatur-Verzeichnis).

MERKBLATT NR. 2: Etwas LERNPSYCHOLOGIE

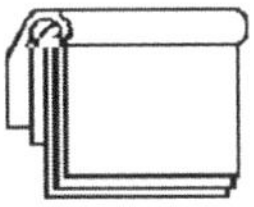

Die Lernpsychologie unterscheidet zwischen drei Arten des Lernens:

1. **Klassischc Konditionierung** (Pawlow)
2. **Operante Konditionierung** (Skinner)
3. **Lernen durch Einsicht** (nach Köhler und Bühler).

1. KLASSISCHE KONDITIONIERUNG

Hierbei handelt es sich um eine Art von Lernen, wie sie der russische Forscher PAWLOW demonstrierte, als er sein inzwischen weltweit bekanntes Experiment machte: Sie wissen, daß Eßbares uns das Wasser im Munde zusammenlaufen läßt. Tatsache ist, daß außer dem Speichel auch andere „Säfte" (z.B. der Bauchspeicheldrüse) abgesondert werden. Dies hat Pawlow an Hunden getestet. Immer wenn er dem Hund Fleisch gab, ließ er eine Glocke ertönen. Somit verband dieser den Reiz *Fleisch* mit *Glocke*, und bald sonderte der Hund auch dann Speichel (u.a. Sekrete) ab, wenn nur die Glocke ertönte. Man spricht hier vom **bedingten Reiz** (Glocke), der eine **bedingte Reaktion** (Absonderung von Sekreten) hervorruft. Im Gegensatz zur **unbedingten Reaktion**, die nicht bedingt **(also ohne Lernprozeß)** erfolgen muß, z. B. wenn ich mit einer Lampe in Ihr Auge leuchte und die Pupille sich zusammenzieht. Dies ist eine **unbedingte (biologisch vorprogrammierte) Reaktion**.

Viele Lernprozesse bei Säuglingen und Kleinkindern entsprechen der klassischen Konditionierung. Zum Beispiel: Jedesmal wenn das Kind Hunger hat und schreit, kommt die Mutter und stillt den Hunger. Bald löst der Anblick der Mutter alleine bereits **Wohlgefühl** aus, als **bedingte Reaktion**! Ähnlich, aber negativ, kann eine klassische Konditionierung in der Schule aussehen: Immer wenn das Kind beim Rechnen einen Fehler macht, wird geschimpft oder es vor den anderen lächerlich gemacht. Bald löst alles, was mit Rechnen zu tun hat, als **bedingte Reaktion** die **Frustrationsgefühle, Ängste, niedriges Selbstwertgefühl** usw. aus!

2. OPERANTE KONDITIONIERUNG

Der Verhaltensforscher Skinner war einer der glühendsten Verfechter der These, daß alles Verhalten nur durch Umwelteinflüsse gelernt wird. Berühmt wurde er durch sein Ratten-Experiment, in dem die Ratte zwischen zwei Hebeln wählen muß, um Futter zu erhalten. Da das Tier hier (im Gegensatz zur klassischen Konditionierung) etwas *tun* muß (lateinisch: *operare*), nennt man diese Art des Lernens *operante Konditionierung.* Sie entspricht der *Versuch- und Irrtum-Methode* und setzt bereits eine gewisse Intelligenz voraus, aber auch primitive Organismen ohne Gehirn können durch Paarung zweier Reize (z.B. Lichtblitz plus elektrischer Schlag) konditioniert werden.*

Die Situation des operanten Konditionierungs-Versuchs kann am besten durch den alten Labor-Treppenwitz verdeutlicht werden, in dem die Ratte einer neu hinzugekommenen erklärt:

> *Wir haben den Mann im weißen Kittel ausgezeichnet dressiert: Jedesmal, wenn wir den linken Hebel drücken, muß er uns Futter geben.*

Sicher ist Ihnen klar, daß ein Großteil dessen, was Sie je gelernt haben (insbesondere Handlungen wie Rad- und Autofahren) auf dieser Lernweise beruht. Aber es gibt noch einen dritten Ansatz, nämlich ...

---

* Überhaupt sollte man vorsichtig sein, primitiven Organismen jede Intelligenz abzusprechen, seit man festgestellt hat, daß sogar Elementar-Teilchen „Entscheidungen" zu treffen scheinen, indem sie ihren Spin (= ihre Drehung) ändern, wenn der Spin ihres „Zwillings" geändert wurde ...

3. LERNEN DURCH EINSICHT

Köhler wies in einer Reihe von klassischen Versuchen mit Affen nach, daß diese sehr wohl zu „Einsicht" imstande seien, d.h. zu einer logisch korrekten Schlußfolgerung. In einem Experiment lag außerhalb des Käfigs eine Banane, und innerhalb lagen zwei Stäbe, von denen jeder zu kurz war, um die Banane zu angeln. Aber man konnte sie zusammenstecken, was ein älterer Affe, der die fruchtlosen „Angel-Versuche" der anderen beobachtet hatte, plötzlich „kapierte". Wie ein Lichtblitz war das Wissen da. Er sprang auf, schob die anderen weg, steckte die Stäbe zusammen und holte sich die Frucht. Dieses plötzliche *Aha!* nannte Kurt Bühler das *Aha-Erlebnis.*

Dies ist die vornehmste Art zu lernen. Jedes *Aha!* ist ein Begreifen mit beiden Hirnhälften, also gehirn-gerecht! So kann man einem kleinen Kind hundertmal sagen, es solle nicht auf die Straße laufen.

Erst wenn es den Zusammenhang das erste Mal wirklich *begriffen* hat, besteht die Chance, daß es das geforderte Verhalten lernen kann! Lernen durch Einsicht ist der schnellste Weg; er ist genauso effizient wie der Königsweg ins Gedächtnis, nämlich das automatische Lernen von Informationen, die das Überleben absichern oder die interessant sind.

Aber: Lernen durch Einsicht schafft *Wissen*, nicht Können!

Falls eine neue Einsicht auch *Verhalten* verändern soll, dürfen wir nicht damit rechnen, daß das Wissen allein bereits das neue Tun garantiert! Dies gilt für eine plötzliche neue Einsicht genauso wie für eine langsam gewachsene. Millionen Menschen rauchen weiter, wiewohl sie inzwischen die Einsicht gewonnen haben, daß Rauchen schädlich ist! Dasselbe gilt für Sicherheitsgurte im Auto und tausend andere Situationen.

PS zur überarbeiteten 36. Auflage:

Immer wieder höre ich in den Seminar-Pausen die Frage: Warum funktioniert die Schule so schlecht? Einige Teil-Antworten:

1. **Kinder dürfen** in der Regel (noch immer) **nicht lernen, neue Infos an Fäden im eigenen Wissens-Netz zu BIND-en,** weil eigene Assoziationen nichts wert zu sein scheinen. Weiteres Indiz: Man darf seine Ideen selten mit Mitschülern austauschen und vergleichen (quatsche nicht!).

2. **So lernen Kinder nicht, auf eigene Stärken im Inneren zu vertrauen.** Wichtig scheint nur, was die Lehrer sagen.

3. **Dadurch lernen Kinder nicht, wie man lernt,** bzw. sie **vergessen** leider vollkommen, was sie **bis zum Schuleintritt** instinktiv wußten, nämlich wie natürlich und schön es ist, sein Wissen(s-Netz) stetig zu vergrößern. Welch brillante Vorbereitung für lebenslanges Lernen ... (Ha!)

Klas MELLANDER (vgl. Literaturverzeichnis) stellt ebenfalls fest:

> *Erstaunlicherweise ereignen sich gigantische Mengen an „Lernen" spontan, ohne daß wir es bewußt registrieren, ziemlich mühelos... Heißt das, daß wir ohne Lehrer leichter lernen? Kurioserweise scheint genau das der Fall zu sein...*

Nun zeigt er auf, wie anders Leute vorgehen, wenn man ihnen die Aufgabe gibt, etwas zu lehren: Hotelpersonal sollte Seminar-Teilnehmer im Gebrauch einer Mausefalle instruieren. Der Unterricht war durch die Bank furchtbar. Als Mellander dann fragte, ob sie das zu Hause ihren Familienmitgliedern ebenso zeigen würden, verneinten alle. Gefragt warum, sagten sie: Hier sollten sie ja unterrichten.

Vergleichen Sie das auch mit dem Ansatz von Dr. Reichen (–> *Probleme mit dem Lesen,* S. 81 ff.): Seine Erstkläßler bringen sich das Schreiben selbst bei (null Frontal-Unterricht!), indem sie Projekte „bearbeiten", bei denen **Schreiben beiläufig** nötig ist. Im zweiten Jahr können sie bereits ziemlich gut lesen, **obwohl ihnen das niemand „beigebracht" hat!** Ebenso wie sie bereits tausend andere Dinge autonom gelernt hatten, ehe sie in die Schule kamen (vgl. auch mein Buch: *Stichwort Schule: Trotz Schule lernen?*). Das sollte nachdenklich machen, oder?

MERKBLATT NR. 3: Die REICHEN-Methode zum Lesen lernen

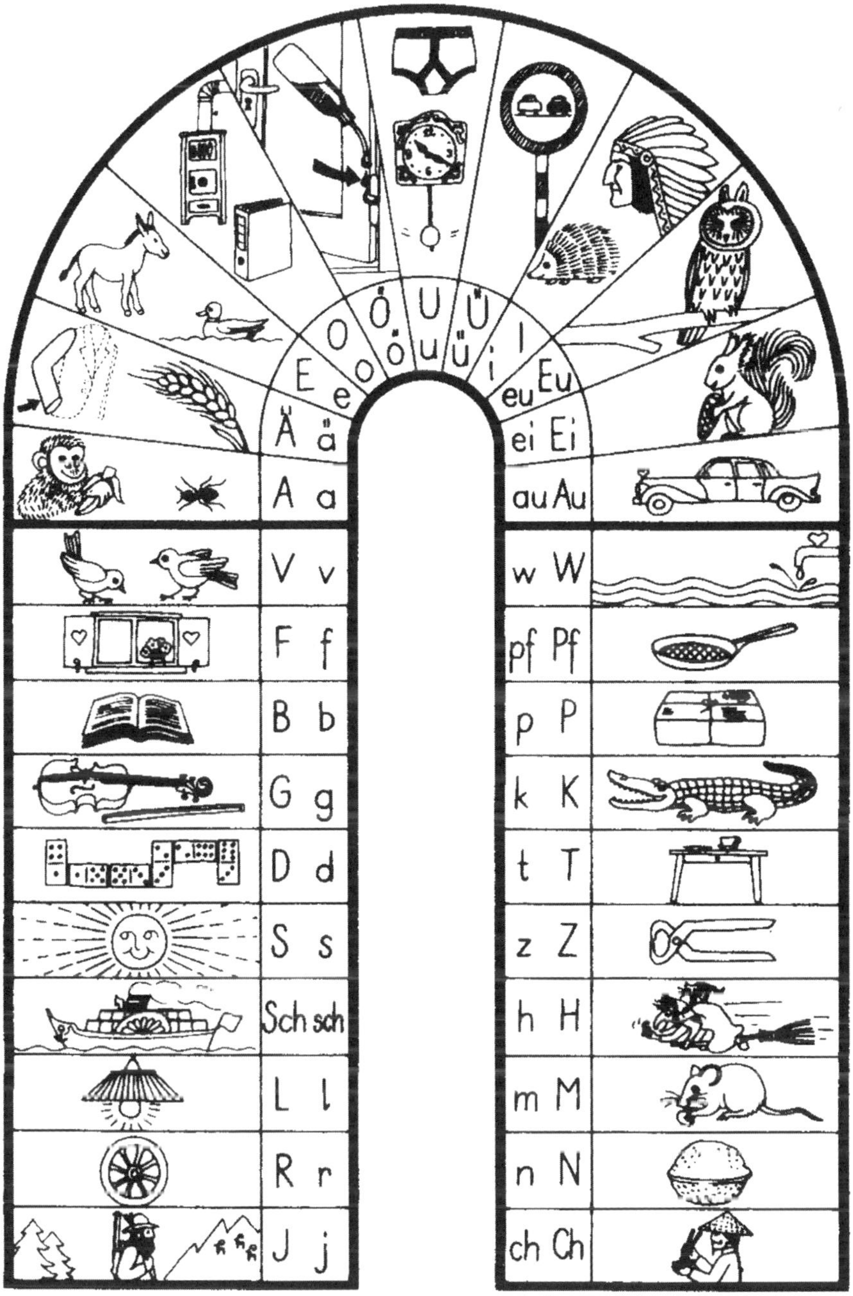

MERKBLATT NR. 4: Mentalität: West und Ost

Der Engländer (und spätere Wahl-Amerikaner) Alan W. Watts gilt als einer der besten Kenner der Philosophie des Zen-Buddhismus. In seinem Buch *The Way of Zen* sagt er in etwa:

> *Der westliche Mensch gleicht in seiner Suche, das Universum zu erkennen und zu begreifen, einem Wissenschaftler, der in einem gigantischen Dom (der das Universum darstellt) mit einer Taschenlampe einzelne Details untersucht und so, über Hunderte von Generationen hinweg, sich ein Bild zu machen versucht. Sein fernöstlicher Kollege hingegen macht oben, an der Decke des Doms, eine Lampe an. Zwar sieht er keine klaren Details, aber er bekommt eine Ahnung von der Gesamt-Struktur!*

Und Watts fügt hinzu: Wir brauchen **beide** Arten von Forschen und Vorgehen; nicht nur die eine oder die andere. Keine ist „besser", beide ergänzen sich wie Yin und Yang!

MERKBLATT NR. 5: Sprache als Instrument des Denkens

Je klarer die Bilder, die Sie (bald) vor Ihrem geistigen Auge sehen (werden), desto interessanter wird es, einmal bewußt über unsere Sprache nachzudenken. Lassen Sie mich versuchen, Ihnen etwas „Appetit" zu machen:

1. Ich habe mich ganz klar ausgedrückt!

Wiewohl wir in der Regel davon ausgehen, wir hätten „alles" gesagt (also 100 % einer Information gesendet), ist dies natürlich nicht möglich. Der Satz „Mein Büromobil hat hinten einen zweiten Handy-Anschluß für die Fax-Karte meines Portablen" setzt voraus, daß Sie wissen, was ein *Büromobil*, ein *Handy*, eine *Fax-Karte* ein *Portabler* ist.

Bei abstrakten Begriffen ist die Gefahr, daß Sie eine andere Vorstellung mit Demokratie, Gerechtigkeit etc. verbinden, noch größer. Aber selbst wenn es sich um eine höchst einfache Situation handelt, kann es sein, daß wir nur 10 bis 20 % der Botschaft senden (und begreifen werden, wenn dem anderen die Situation vertraut ist), wie das folgende Beispiel zeigt.

So sitzen Sie z.B. zu fünft in einem Restaurant und warten bei angenehmer Unterhaltung auf das Essen. Der Ober kommt. **„Schwein?"** Einer von Ihnen sagt prompt: **„Das bin ich."** (Ist er das wirklich?) Der Ober: „Wiener Schnitzel?", und Sie sagen: „Das hatte ich." Natürlich hatten Sie es noch nicht; Sie sollen es ja gerade bekommen! Gemeint war natürlich: „Das hatte ich bestellt", nicht wahr?

Bitte denken Sie nicht, ich wäre jetzt albern oder besonders kleinlich. Denn das Schlüsselwort war, daß der Gesprächspartner mit der Situation (wie im Restaurant) ***vertraut*** ist.

Wenn Sie jedoch **firmeninterne Kürzel** verwenden (von Fachausdrücken Ihrer Branche oder Ihres Spezialgebietes ganz abgesehen), für die das Opfer Ihrer Botschaften (noch) keine Fäden im Netz hat – glauben Sie wirklich, das wäre **gehirn-gerecht**?

2. Was bedeutet ein Wort eigentlich?

Nehmen Sie das Wort „Vor-Stellung" „wörtlich"; es ist relativ harmlos. Interessanter ist die „Enttäuschung": Wenn „Ent-Bindung" bedeutet: „die Bindung hört auf4, dann bedeutet analog dazu „Ent-Täuschung", daß *die Täuschung aufhört.*

Wenn wir uns bewußt den Wörtern zuwenden, die wir verwenden, und versuchen, die „Bilder" zu sehen, die viele Wörter quasi eingebaut haben, dann erreichen wir damit zweierlei:

a. Wir üben uns im Bilder-Machen (sowieso Teil unseres Trainings) und
b. wir lernen, uns – auch mit Worten allein – gehirn-gerecht/er auszudrücken.

Dies ist besonders für Menschen wichtig, die viel *telefonieren.* Da kann man ja, bis jeder Bild-Telefon oder Fax hat, leider keine Bilder zeichnen/zeigen.

3. Inwieweit beeinflußt die Grammatik das Denken?

B. L. Whorf (s. Literaturverzeichnis) weist daraufhin, daß alle indo-europäischen Sprachen ein *Subjekt* und ein *Prädikat* fordern. Daraus ergibt sich, daß wir den Satz „Der Baum spendet Schatten" als „korrekt" (richtig) empfinden, wiewohl er die Wirklichkeit überhaupt nicht beschreibt! Wir machen den Baum zum **Täter**, der er gar nicht ist. Ein Japaner könnte einfach sagen „Des Baumes Schatten" und der Satz wäre komplett.

Des weiteren haben indo-europäische Sprachen eine starke Neigung, die Welt um uns herum nicht zu beschreiben, sondern zu ver-*Ding*-lichen. So sagen wir z.B. *Faust, Blitz, Puls, Welle* (als Hauptwörter), als ob sie Dinge wären. Dabei übersehen wir natürlich völlig, daß wir hier einen pulsierend-dynamischen Aspekt „festgeschrieben" haben. Vielleicht ist das der Grund für die materialistische Grundeinstellung im Westen sowie für die Tatsache, daß wir unsere Umwelt als „tote Sache" empfinden; ganz im Gegensatz zu Völkern (die wir ausrotten, so schnell es geht), die die *Natur* als lebenden, pulsierenden, atmenden **Prozeß** betrachten. Darüber könnte man schon einmal nachdenken ...

4. Gibt es alles, wofür wir Worte haben?

W. Schneider (s. Literaturverzeichnis) weist darauf hin, daß unsere Sprache die Wirklichkeit nicht so sehr **beschreibt**, als sie vielmehr in kleine Stücke zerhackt, die wir dann gerne mit der Realität verwechseln. So führt er als Beispiel an: „Glauben Sie, daß die Natur **Unkraut** und **Ungeziefer** geschaffen hat?" Wenn wir einen Schritt weitergehen, könnten wir uns auch fragen, ob so etwas wie „Gerechtigkeit" überhaupt „vorgesehen" war? Wenn wir nämlich begreifen, daß dies ein **von Menschen geschaffenes Ideal** ist, dann sind wir vielleicht nicht mehr so enttäuscht (s. oben), wenn eine Situation uns mal nicht „gerecht" vorkommt. Dies könnte zu größerem Gleich**mut** (nicht mit Gleichgültigkeit zu verwechseln!) führen, der uns auch Negatives gelassener (und mit weniger Streß) erleben „machen" könnte ...

Wenn Sie mehr über Sprache wissen wollen: Zwei Bücher, die hervorragend geeignet sind:

a) Wolf Schneider: *Wörter machen Leute*, und: b) Benjamin Lee Whorf: *Sprache, Denken, Wirklichkeit.* Beide im Literaturverzeichnis.

MERKBLATT NR. 6*: Ein wenig Gehirn-Forschung**

Hintergrund-Info

Einerseits hat die Gehirnforschung ... unerhörte Ergebnisse gebracht: Langsam fangen wir an zu verstehen, in welche einzelnen „Organe“ das Gehirn unterteilt werden muß (Neuroanatomie), wie Zellen kommunizieren (Neurophysiologie), welche Prozesse innerhalb von Zellen ablaufen (Neurochemie). Andererseits meint ... der geniale Gehirnforscher Eccles***, es werde sicher noch Hunderte von Jahren dauern, bis das Gehirn sich weitgehend selber verstehen könne! Interessanterweise wächst das Nicht-Wissen schneller als das Wissen: Je mehr man herausfindet, desto mehr begreift man, was man alles noch nicht erfassen kann. Deswegen werden neue Wissenszweige geschaffen, die langfristig Klarheit bringen sollen: z.B. molekulare Neurobiologie, Neurogenetik, Neuropharmakologie, Neurokommunikation und Neuromathematik. Wenn aber eine Wissenschaft sich immer mehr in Einzeldisziplinen aufteilt, dann suchen immer mehr hochspezialisierte Fachleute nach Antworten zu Fragen, die sich der „Normalmensch“ überhaupt nicht stellt. Da jedoch die Funktionsweise des Gehirns jeden Gehirn-Benutzer angeht, sollte er nicht damit zufrieden sein, daß Elfenbeinturm-Bewohner sich unter Ausschluß der Öffentlichkeit damit befassen! Die folgende Arbeit wird einige Aspekte der großartigen Detektivarbeit des letzten Jahrhunderts aufzeigen ...

Wenn wir „Gedächtnis“ sagen, meinen wir den Mechanismus oder Prozeß, mittels dessen Informationen, die einmal wahrgenommen wurden, „festgehalten“ werden, so daß man sie später wieder abrufen kann. Wiewohl es nicht Ziel dieser Arbeit sein kann, philosophische Grundfragen anzuschneiden, sollte man jedoch bedenken, daß erst Gedächtnis uns zu „Menschen“ macht; daß also bessere Gedächtnistechniken große Auswirkungen auf unsere Intelligenz, Kreativität und unser Mensch-Sein schlechthin haben müssen. Falls man nämlich Ihr Gedächtnis in einen anderen Menschen transportieren

---

* Alle zitierten Werke werden in Fußnoten angegeben, damit diese Arbeiten nicht im großen Lit.-Verz. (Ende Anhang) „verschwinden“.

** Dieses Merkblatt enthält Auszüge aus meinem Artikel *Gehirn und Gedächtnis*, in der Enzyklopädie Naturwissenschaft und Technik, mi, Landsberg, 1983, S. 136-139.

*** Eccles, J.C.: *The understanding of the brain*, New York, 1973 (dt.: *Das Gehirn des Menschen*, erw. Ausg., München, 1975 [vergriffen]).

könnte, *wo* wären *Sie* dann? Oder, wie Rose es ausdrückt: „Gäbe es ein Individuum ... welches exakt ... meine Erfahrungen und Erinnerungen besäße, dann wäre es ich selbst ... (denn:) Gedächtnis-Inhalte ergeben die ... wichtigsten Charakteristika eines Individuums."*

Spurensuche im Gehirn

Wenn die Justiz einen Täter sucht, so will sie ihn daran hindern, ähnliche Taten in Zukunft zu wiederholen. Sollten die Wissenschaftler hingegen die „Täter" finden, die „Gedächtnis machen", so könnte man ihnen helfen, in Zukunft noch effizienter zu arbeiten. Erste Schritte sieht man in der Spurensicherung, wobei der Gehirnforscher von physiologischen Spuren ausgeht, welche die „Täter" hinterlassen.

Das Engramm

1904 prägte der Zoologe SEMON** das Wort „Engramm" (= das Eingegrabene), weil er davon ausging, jeder Gedächtnis-Inhalt müsse eine physiologische Spur im Gehirn „eingraben". Später versuchte LASHLEY***, diese Engramme empirisch nachzuweisen. Er trainierte Tiere, d. h. er schuf neue Gedächtnis-Inhalte bei ihnen. Nach erfolgreichem Training begann er, deren Kortex (Großhirnrinde) systematisch abzutragen. Seiner Erwartung nach mußte sich jedes Engramm in einem ganz bestimmten Stück Zellgewebe befinden. Durch Wegnahme eben dieses Zellgewebes hätte man dann auch das Engramm, und somit die Erinnerung, weggenommen. Tatsache aber war, daß keines der Versuchstiere seine Erinnerungen verlor, selbst wenn bis zu 50 % des Kortex abgetragen wurden! Zwar schien die Erinnerung nun schwacher und diffuser zu sein, aber sie blieb erhalten. Dies sprach gegen LASHLEYS Hypothese eines spezifischen Gedächtnisses und veranlaßte ihn, 1950 seinen berühmten, halb scherzhaften Satz zu prägen: „Man könnte ... den Schluß ziehen, daß Lernen überhaupt unmöglich ist!" Während also Lashley seine eigene Theorie widerlegte, bewies (ungefähr zur gleichen Zeit) ein anderer Forscher sie! PENFIELD**** stellte bei Gehirnoperationen (an wachen Patienten)

---

* Rose, S.: *The conscious brain*, 1981, S. 208.

** Zitiert von Lausch, E: *Manipulation: Der Griff nach dem Gehirn (Methoden, Resultate, Konsequenzen der Gehirnforschung)*, Reinbek b.Hamburg, 1980 (vergriffen).

*** Lashley, K.S.: *In Search of the Engramm* in: Sy mp. soc. exp. biol., 1950,4 (454-82).

**** Penfield, W: *Memory Mechanisms* in: Ama arch, neurol. Psychiatr, 1952, 67 (178-98).

fest: Wenn man mit einer Elektrode bestimmte Stellen des Hirngewebes (im Kortex) stimulierte, dann ergab sich eine spezifische Erinnerung, z.B. an ein Lied, einen Geruch, ein Gespräch, eine Party-Situation etc.. Stimulierte man dieselbe Stelle wieder, so tauchte wieder dieselbe Erinnerung auf! Jahrelang verursachte das LASHLEY-PENFIELD-Paradoxon große Schwierigkeiten. Schien es doch zwei entgegengesetzte Aussagen gleichzeitig zu bestätigen: 1. Gedächtnis ist unspezifisch (LASHLEY), und 2. Gedächtnis ist spezifisch (PENFIELD). Wir werden später noch einmal auf das Paradoxon zurückkommen.

Nun stellte ECCLES* die These auf, Gedächtnis bestünde aus elektrischen Schwingungskreisen. Dieser Denkansatz wurde zwar durch einige Versuche so gut wie nachgewiesen, später aber durch GLEES** vernichtet: Er unterkühlte nämlich die Gehirne von trainierten Affen bis zu 45 Minuten lang (auf 18-19 °C), so daß jede elektrische Tätigkeit im Gehirn zum Erliegen kam. Trotzdem hatten die Affen anschließend ihr Wissen nicht verloren. Auch hier ein Paradoxon: Wird nun Gedächtnis durch elektrische Schwingungen „gemacht" oder nicht?

Ein anderer Denkansatz stammt aus der Neurobiochemie. Schon 1952 hatten Untersuchungen gezeigt***, daß die Gehirne von Kaninchen, welche in den ersten zehn Lebenswochen sehen durften, wesentlich mehr RNS (**R**ibo**n**uklein**s**äure) aufwiesen als die Gehirne von Kaninchen, die im Dunkeln gehalten wurden. Da Gesehenes ja später wiedererkannt wird, schien zwischen Gedächtnis und vermehrter RNS ein unmittelbarer Zusammenhang zu bestehen. Diese These wurde erhärtet, als HYDEN**** Anfang der 60er Jahre folgendes Experiment machte: Er lehrte Ratten, ein (im 45-Grad-Winkel ansteigendes) Seil hinaufzulaufen, um Futter zu erhalten. Vergleiche mit Kontrolltieren, die nicht seiltanzen konnten, ergaben eine beträchtliche Vermehrung der RNS in den Gehirnen der trainierten Tiere! Etwa gleichzeitig (1962) begann MCCONNELL***** seine berühmt-berüchtigten Versuche mit Sandwürmern (Planaria): Eine Gruppe wurde trainiert, auf einen Lichtblitz zu reagieren, indem sie sich zusammenzogen. Die „wissenden" Würmer wurden dann „geschlachtet" und an Artgenossen verfüttert, die alsbald dieses Wissen besaßen.

---

* Zitiert von Lausch, op. cit.

** Zitiert von Lausch, op. cit.

*** Zitiert von Lausch, op. cit.

**** Hyden, H.: *Activation of Nuclear RNA an Glia in Learning* in: Kimble (Hrsg.): Anatomy of memory, Palo Alto, Calif, 1965.

***** Zitiert von Rose, op. cit.

Also hatten letztere sich das Wissen durch Kannibalismus einverleibt? Die Versuche wurden nicht wegen der Schlagzeilen in der Laienpresse (Schüler werden ihre Lehrer bald essen!) berüchtigt, sondern weil andere Forscher sie *zunächst* nicht wiederholen konnten! (Inzwischen hat man festgestellt, daß auch andere Forscher zu denselben Ergebnissen kamen, wenn die Versuchsanordnung wirklich genau der von McCONNELL entsprach.) Inzwischen ist die biochemische Forschung des Gedächtnisses beträchtlich weiter gekommen: McConnell stellte nämlich bald fest, daß ein Extrahieren der RNS möglich war. Bald wurde nur noch die RNS (per Injektion) verabreicht – mit denselben phantastischen Ergebnissen! Es sah also ganz so aus, als sei die RNS der „Täter". Als Beweis könnten z.B. die Experimente von JACOBSEN* gelten, der durch RNS-Übertragung Wissen (Gedächtnis- Inhalte) sogar von Hamstern auf Ratten übertrug! Wenn dies bei Säugetieren funktionierte, sollte es dann beim Menschen grundsätzlich anders sein?

Nun versuchen Wissenschaftler oft, durch einen Gegen-Versuch Sicherheit zu erlangen. Man wußte, daß Eiweißbildung für diese Prozesse unerläßlich war, und man wußte, daß das Antibiotikum Puromycin Eiweißbildung verhinderte. Also testete AGRANOFF**, ob Lernen durch das Spritzen von Puromycin *verhindert* werden könnte. Die Ergebnisse waren eine direkte Bestätigung: Puromycin vor oder ***unmittelbar*** nach dem Training hatte keine Wirkung auf das momentane Lernen (Kurz-Zeit- Gedächtnis), verhinderte jedoch die Bildung von Erinnerung (**L**ang- **Z**eit-**G**edächtnis)! Puromycin *eine Stunde nach* erfolgtem Training tat der Erinnerung (im LZG) keinen Abbruch. Also wußte man, daß man auf dem richtigen Wege war. Daher leuchtet auch ein, was Ungar et al.*** gelingen konnte: Er trainierte Ratten, entgegen ihrer natürlichen Vorliebe, Dunkelheit zu meiden. (Durch Elektroschocks im Dunkeln wurden die Tiere veranlaßt, sich ins Helle zu retten.) Diese Dunkelangst transferierte er (per Injektion) auf untrainierte Ratten! Dabei stellte er fest, daß die Dunkelangst nicht in der RNS „saß", sondern in einem Peptid, einem Eiweißstoff. (Wenn mehr als 100 Aminosäuren in der Kette zusammenhängen, spricht man von Eiweiß, bei weniger von Peptiden.) Dieses Peptid bestand nur aus 15 Aminosäuren! UNGAR nannte es Skotophobin (Dunkelangst-Macher). Später war sein Kollege PARR sogar in der Lage, Skotopho-

---

* Zitiert von Lausch, op. cit.

** Agranoff, B.W: *Agents that block Memory* in: *Quarton, Melnechuck & Schmitt* (Hrsg.): *The neuro sciences,* New York 1967 (Seite 756-764).

*** Ungar, G. & Irwin, L.N.: *Transfer of Acquired Information by Brain Extracts* in: *Nature*, 1967, 214 (Seite 453-461).

bin synthetisch herzustellen, was in der Laienpresse zu Schlagzeilen (durch Pillen lernen?) führte! Aber so weit sind wir noch lange nicht! 1983 begann man, ein zweites Peptid zu suchen, indem man Goldfische trainierte, grünes Licht zu mögen (während sie normalerweise rotes Licht vorziehen). LAUSCH* schlägt vor, dieses Peptid Chlorophilin zu nennen. Wir sehen also, daß die Neurobiochemie zunächst die RNS, später aber Peptide für die „Täter" hielt. Heute herrscht die Meinung vor, daß erst RNS vorhanden sein müsse, welche dann die Peptide herstellt. Alle bisherigen Erläuterungen bezogen sich auf die Spurensuche nach einem „Täter" bzw. dem Engramm im Gehirn.

Erinnert sich das Seepferdchen?

Erste Engrammsuche fand im Kortex statt, d. h. in der Rinde des neuesten Gehirnteils, des Großhirns. Tierversuche in der Biochemie arbeiteten jedoch auch mit Tieren, die keinen (Würmer) oder nur einen kleinen Kortex (Kaninchen) besitzen. Also kann Gedächtnis nicht nur mit der Großhirnrinde verbunden sein. Unterhalb des Kortex befindet sich das Limbische System, welches den Thalamus wie ein Reifen umschließt. Das größte „Organ" innerhalb dieses L.S. ist das „Seepferdchen" (der Hippocampus). Inzwischen weiß man, daß dieser mit der Fähigkeit, Informationen ins Lang-Zeit-Gedächtnis (LZG) zu transferieren, unmittelbar zu tun hat. Erste Hinweise ergaben sich bei Patienten, denen man den Hippocampus entfernt hatte: Sie waren unfähig, irgendeine neue Information in ihr LZG zu transportieren. Aber ihr Kurz-Zeit-Gedächtnis (KZG) war intakt, sonst hätten sie Fragen, die man ihnen stellte, vergessen, ehe sie diese beantworten konnten (Korsakoff-Syndrom)! Einer dieser Patienten erfuhr täglich „aufs neue", daß sein Onkel gestorben war, ein anderer befand sich schon seit 15 Jahren in der Klinik, meinte aber täglich, gerade erst angekommen zu sein!

Neuerdings erhärtet sich der Verdacht, daß der Hippocampus auch mit Zeit und Raum zu tun hat: Wenn Sie den Satzteil „– als Hans Liese schlug" mit dem Satzteil „– als Liese Hans schlug" vergleichen, so werden Sie feststellen, daß die Reihenfolge (also die Anordnung entlang einer zeitlichen Koordinate) von großer Wichtigkeit für das Verständnis ist. Oder wenn Sie, statt bei der ersten Straße LINKS und der zweiten Straße RECHTS abzubiegen, bei der ersten Straße RECHTS und bei der zweiten Straße LINKS gehen – dann

* Lausch, E., op. cit.

erreichen Sie nicht denselben Ort! Aber für unsere Fragestellung nach dem Gedächtnis ist hauptsächlich die Frage wichtig, ob es ohne Hippocampus eine Langzeit-Speicherung geben kann!

Wenn wir diese verschiedenen Denk-Ansätze betrachten, dann wird uns klar, daß die Gehirn-Forscher immer nur einzelne Teile eines gigantischen Puzzles finden. Manche dieser Teile scheinen sich direkt zu widersprechen:

A: Gedächtnis ist unspezifisch (LASHLEY) versus

B: Gedächtnis ist sehr wohl spezifisch (PENFIELD)!

A: Gedächtnis besteht aus elektrischen Aktivitäten (ECCLES) versus

B: Es kann nicht aus elektrischen Schwingungen bestehen (GLEES).

A: Gedächtnis beim Menschen ist im Kortex lokalisiert (wo PENFIELD einzelne Gedächtnis-Inhalte per Elektrode „fand") versus

B: Gedächtnis könnte im Hippocampus „aufbewahrt" werden, denn ohne Hippocampus ist kein LZG möglich.

Wer sich einmal mit den Ergebnissen der „neuen" Physik befaßt hat – dort hat sich der Paradigmen-Wechsel (nach KUHN*) nämlich bereits ... vollzogen –, kennt ähnliche Paradoxa. (Ist der Elektronenpartikel nun eine Welle oder ein Materie-Teilchen?) Noch sucht die Physik nach einer vereinheitlichten Feld-Theorie, aber nicht nur die Physik!

Interessante Aspekte auf dem Gebiet der Gedächtnis-Forschung bietet der nächste Denkansatz:

Das Gedächtnis – ein Hologramm?

Verschiedene Autoren haben darauf hingewiesen, daß der Mensch seine Gehirn-Analogien immer aus dem derzeit letzten Stand der Technik schöpft. Als das Telefon erfunden war, schien das Gehirn einer immensen Telefon-Zentrale zu gleichen. Als der Computer erfunden war, kamen die Computer-Vergleiche. Wiewohl das Prinzip der Holografie schon Ende der 40er Jahre von

* Kuhn, T: *The Structure of Scientific revolutions*, Chicago, 1970 (dt.: Die Struktur wissenschaftlicher Revolutionen, Frankfurt, 1978).

Gabor erfunden wurde, begann dieses Prinzip erst durch den Laser praktikabel zu werden, so daß die Hologramm-Analogie einige Jahrzehnte auf sich warten ließ. Wenn wir nämlich eine Fotografie mit einer holografischen Abbildung vergleichen, so stellen wir gewisse Unterschiede fest: *Erstens* ist das Foto eine zweidimensionale (flache) Abbildung, während das Hologramm dreidimensional (plastisch) ist. Des weiteren kann man um ein Hologramm herumgehen (wie um das Original), um es von allen Seiten zu betrachten! *Zweitens* enthält jeder Teil einer fotografischen Platte jeweils nur einen Teil des Bildes. Zerbricht man die Platte in der Mitte, so enthält jede Hälfte hinterher nur das halbe Bild. Im Gegensatz dazu enthält jeder Teil der holografischen Platte das gesamte Bild. Zerbricht man die Platte mehrmals, so enthält jeder Teil der Platte trotzdem jeweils das ganze Bild. (Werden die Plattenstückchen ziemlich klein, dann wirkt die Abbildung etwas undeutlicher; ist aber noch ganz zu sehen). *Drittens*: Die Fotoplatte enthält eine Ab-*Bild*-ung, wenn auch im Negativ (helle Stellen auf dem Foto sind auf der Platte dunkel). Die holografische Platte hingegen enthält gar kein Ab-*Bild*! Auf ihr befinden sich sog. Interferenz-Muster. Diese erinnern an die Wellenlinien, wie man sie auf dem Wasser sieht, wenn man mehrere Sternchen gleichzeitig in den See wirft. *Viertens*: Auf der holografischen Platte kann man Hunderte, ja Tausende von Hologrammen speichern, während die Fotoplatte immer nur *ein* Bild enthalten kann!

Wollen wir uns diese Unterschiede, auf das Gedächtnis bezogen, noch einmal ansehen. Wir beginnen mit dem letzten Punkt:

Zum vierten Punkt: Dieses kleine menschliche Gehirn kann mehr Informationen speichern als der größte Computer!

Zum dritten Punkt: Auch das Gehirn scheint keine Ab-*Bild*-ungen zu beinhalten: Ihr Gehirn trägt keine Bilder von kleinen Menschen herum, keine Gebäude, keine Gemälde etc., an die Sie sich jedoch exakt erinnern können!

Zum zweiten Punkt: Jetzt können wir das Lashley-Penfield-Paradoxon auflösen: Wenn Informationen gleichzeitig in allen Teilen der (beteiligten) Gehirn-Areale gespeichert werden, dann konnte das Abtragen einzelner Kortex-Stellen bei Lashleys Tieren keinen Erinnerungs-Verlust herbeiführen. Andererseits ist dieselbe Information an zig Stellen im Gehirn tatsächlich „vorhanden" (in einer Art von Interferenz-Muster?), so daß Penfield einzelne Erinnerungs-Inhalte (auch mehrmals hintereinander) „finden" konnte!

Zum ersten Punkt: Natürlich sind unsere Erinnerungen „plastisch", sonst hätten wir ja das Gefühl, in einer zweidimensionalen Welt zu leben. Auf der anderen Seite befindet sich der weitaus größte Teil unserer „Realität" in unserem Gedächtnis, z.B. die „Realität" eines beständigen „Ich", eines „Selbst". Ohne Gedächtnis wären wir uns vielleicht nur ständig wachsender Eindrücke, von innen wie außen, bewußt. (Meinten die alten Hindus das, als sie sagten, alles sei Illusion?)

Wir sehen also, daß die Analogie mit dem Hologramm bereits viele widersprüchliche Versuchs-Ergebnisse vereinbaren kann!

Der Frust-Lust-Faktor

Was (hier) noch nicht zur Sprache kam, ist ein anderes Paradoxon: Ist Lernen nun eine lustbetonte oder aber eine frustrierende Tätigkeit? Ich habe (in diesem Buch wie auch an anderer Stelle* bereits dargelegt, daß Lernen zunächst ein reiner Überlebensmechanismus ist und daher mit Lust verbunden sein muß! Aber man kann es sich m.E. heutzutage nicht leisten, ein Gehirn-Muffel zu sein! Denn zum einen zwingt uns die fortschreitende Technik im Berufsleben, ständig weiterzulernen: Ein Fachmann, der 1905 sein Diplom bekam, war ca. 30 Jahre lang Fachmann; einer, der heute sein Diplom bekommt, ist schon nach ca. 5 Jahren hoffnungslos out-of-date, wenn er nicht ständig weiterlernt! Zum anderen wird die zunehmende Arbeitszeitverkürzung immer mehr Menschen mehr Freizeit geben, so daß jeder einzelne die Möglichkeit hätte, sich auf allen möglichen Gebieten weiterzubilden, wenn er Lernen (wieder) mit Lust verbinden könnte.

---

* *Freude durch Streß*, 16. Aufl., mvg Verlag, Landsberg 2005 (heute *Intelligentes Stressmanagement*).

MERKBLATT NR. 7: Lösungen zu den Denk-Sport-Übungen

Nr. 1: Das Armband (zu S. 215 f.)

Angenommen, heute ist Montag. Nennen wir die Ringe 1, 2, 3, 4, 5, 6 und 7.

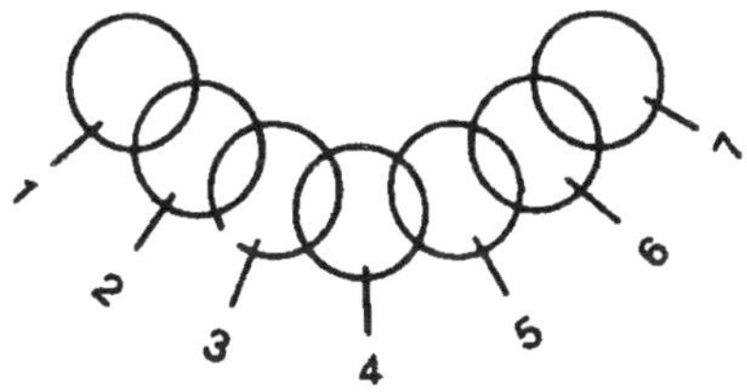

Sie zerschneiden den Ring Nr. 3. Die Verteilung ist wie folgt:

- Montag: **Nr. 3** an Vermieter: bleiben Ihnen Nr. 1+2, 4+5+6+7
- Dienstag: **Nr. 1+2** an Vermieter: Nr. 3 zurück an Sie
- Mittwoch: **Nr. 3** an Vermieter: bleiben Nr. 4+5+6+7
- Donnerstag: **Nr. 4, 5, 6+7** an Vermieter: Nr. 1+2+3 zurück an Sie
- Freitag: **Nr. 3** an Vermieter: bleiben Nr. 1+2
- Samstag: **Nr. 1+2** an Vermieter: Nr. 3 zurück an Sie
- Sonntag: **Nr. 3** an Vermieter: Sie haben keinen
- Montag: **Sie zahlen und bekommen alle sieben Ringe zurück.**

Nr. 2: Der Nußkuchen (zu S. 216)

Erster Schritt: quer! Ergibt 2 Stück. Zweiter Schnitt: Durch die Mitte. Ergibt 4 Stück. Jetzt eine Hälfte auf die andere legen und noch einmal halbieren. Ergibt 2 x 4 = 8 Stück!

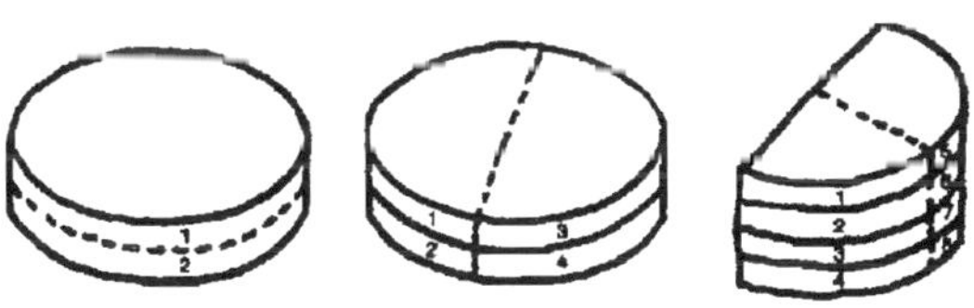

Nr. 3: Die Billardkugeln (zu S. 216)

Falls Sie hier nachsehen wollen, werden Sie enttäuscht! Wenn Sie es nicht schaffen sollten, die Kugeln vor Ihrem geistigen Auge zu sehen, dann zeichnen Sie jede Anweisung!

PS: Die meisten Menschen haben nur sehr vage Vor-Stellungen, aber die reichen! Eine Vor-Stellung ist nicht so klar wie ein Foto oder ein Fernsehfilm! Trotzdem reicht das vage Bild unserem Gehirn vollkommen, wenn wir lernen, diesem „blassen Abbild" zu vertrauen! Ähnliche Übungen können Sie allein machen, z.B. vor dem Einschlafen! Nehmen Sie Blumen, Vögel, Autos – was immer Sie interessant finden –, und schieben Sie erst 3 bis 5, später auch 7 Objekte vor Ihrem geistigen Auge hin und her …

Nr. 4: Das kaputte Treppenhaus (zu S. 216)

Wenn Sie sich die Situation wiederum vor-stellen, dann wird Ihnen klar, worum es geht! Alle Leute, die hinauffahren und zu verschiedenen Stockwerken wollen, müssen auch wieder hinunter! Wenn Sie also die Knöpfe im Lift vor Ihrem geistigen Auge sehen, dann sehen Sie auch, daß alle, die hinunter wollen, E (für Erdgeschoß) drücken werden!

Nr. 5: Ein Sprachrätsel (nach Hochkeppel) (zu S. 216 ff.)

Erschließen wir den zweizeiligen eborischen Text Schritt für Schritt! In der ersten Zeile fällt in den zwei längsten Wörtern der Stamm *wawras*, „gebären", auf. Das erste Wort können wir mit Hilfe des zweiten Zettels (mit den verschiedenen Suffixen oder Morphemen) konstruktiv zerlegen, ebenso das zweite:

wawras (gebären), *nu* (Partizip), *ke* (Vergangenheit), *mbo* (Passiv), *ro* (Vokativ-Anrede), = geboren werden Seiender, o du = **du Geborener**.

wawras (gebären), *nu* (Partizip), *ke* (Vergangenheit), *tla* (Reverenz-Partikel), geboren habende (ehrwürdige, verehrungsvoll angesprochene oder erwähnte) = **ehrwürdige Mutter**.

Wir wissen ferner vom ersten Zettel, daß *fri* „ich" und *grito* „dein" heißt. Kehren wir diese Bildungen um, dann dürfte *frito* „mein" heißen:

frito wawrasnukemboro = du mein Geborener, du mein Sohn.

Nun bleibt für die erste Zeile noch das Wort *höpaske* übrig: *höpu*, so wissen wir, heißt „Wort". Da die Endung as offensichtlich verbalen Charakter hat, dürfte *höpas* soviel heißen wie „reden, sprechen".

höpas (sprechen), *ke* (Vergangenheit) = **redete, sprach**.

Die erste Zeile unseres kleinen eborischen Verses lautet also:

Du mein Sohn, sprach die ehrwürdige Mutter.

Spätestens zu diesem Zeitpunkt ist es den Assistenten von Dr. Niegenug (und wohl auch Ihnen) klar, daß der Verstorbene eine stilisierte eborische Übersetzung des Struwwelpeterverses: *Konrad! sprach die Frau Mama, ich geh aus und du bleibst da!* unternommen hatte. (Ende Zitat)

MERKBLATT NR. 8: Vorbereitung einer Rede

(nach Natalie H. Rogers)

Dieses hervorragende Buch* von Natalie H. Rogers bietet dem **Rhetorik-Neuling**, der vielleicht noch nie eine Rede gehalten hat, absolut *alles*, was er braucht**

- vom **Abbau der Angst** und des **Lampenfiebers**
- über die **Vorbereitungen*****
- bis zur **Präsentation** selbst.

Aber **auch dem Profi** kann dieses Buch eine Menge sagen, selbst wenn er die ersten Kapitel überschlagen möchte. Der Originaltitel lautet: Talk- Power (also *Rede-Macht*); erst im Untertitel heißt es: *How to Speak Without Fear (Wie redet man – ohne Angst)*. Leider hat der deutsche Verlag den Aspekt der Angst im Titel **überbewertet**, was viele Profis davon abhalten wird, es zu lesen.

---

* *Frei reden ohne Angst und Lampenfieber*. TB Ullstein 1996 (vergriffen).

** Vgl. auch meine beiden Rhetorik-Titel. 1. *Rhetorik-Training* (mit 3 Hör-CDs) und 2. Buch: *Rhetorik – Redetraining für jeden Anlaß*.

*** Vgl. *T– Rhetorik & Prüfungen* (meine Vorbereitung: das Steine im Fluß©-Konzept), S. 164 ff.

Deshalb möchte ich Ihnen als Entscheidungs- und Orientierungs-Hilfe **das Grund-Konzept der *Talk-Power-Formel*** kurz vorstellen:

1. **Einführende Worte:** Die Autorin stellt nicht nur fest, daß als Aufhänger ein Witz oder eine Anekdote geeignet ist, sie bietet auch einige Beispiele!

2. **Der Themensatz:** *Die Absicht des sogenannten Themensatzes ist es, Sie (...) und Ihre Zuhörer ganz allgemein in die Richtung zu lenken, in die Ihre Rede weist.* Dieser Satz fungiert für die Zuhörer sozusagen als Wegweiser, er könnte jedoch auch als *Titel* der Rede gesehen werden!

3. **Der Thesensatz:** Nun folgt, im Unterschied zum Themensatz, der Thesensatz. Er enthält die *zentrale Idee* des Referats. Hier sagt Natalie Rogers:

Ihr Thesensatz ist der wichtigste Satz Ihrer Rede. Er bezeichnet den Gedanken, den Ihre Zuhörer hören und deutlich erinnern sollen. Er umfaßt Ihr Hauptanliegen, die zentrale Aussage Ihres Vortrages.

- Er gibt den Zuhörern einen **roten Faden** in die Hand.
- Wenn Sie den Zuhörern sagen, **worauf Sie hinauswollen**, werden diese Sie bei Ihrem Vorhaben **unterstützen**.
- Die Zuhörer entwickeln ein **Gefühl von Sicherheit**, wenn sie eine feste und klare Vorstellung davon haben, was Sie ihnen sagen wollen und was Sie von ihnen **erwarten**. (Jemandem, der seine Absichten frühzeitig offenlegt, ist man eher geneigt zu vertrauen.)
- Der Thesensatz wirkt als **Bezugsrahmen** für **alle** weiteren Aussagen, die Sie machen. Dadurch ergibt sich nur wenig Gelegenheit für Mißverständnisse.

Wenn Sie diese letzte Aussage mit dem **Wissens-Netz** (⟿ vgl. *Gedächtnis wie ein Netz?*, S. 41 ff.) in Bezug setzen, dann ist klar: Durch den Thesensatz lösen Sie **erste eigene Assoziationen** in Ihren Hörern aus, die sich in **deren** Wissens-Netz befinden. Damit wissen Sie die **nachfolgenden** Ideen besser **einzuordnen**. Oder vergleichen Sie es mit dem Kategorien-Denken (*Kategorien-Denken*©, S. 50 ff. und *T-Kategorien-Torten*© zeichnen, S. 136 ff.). Der Thesensatz definiert nämlich die Haupt-Kategorie/n!

Ich meine, daß das Buch von Natalie H. Rogers bei der Vorbereitung einer Rede sehr hilfreich ist, insbesondere weil zu viele Redner nie gelernt haben, wie man die Hörer zum Hauptteil der Rede *hinführt*! Wie denn auch, unsere Schulen vermitteln solche Fertigkeiten nur selten – im Gegensatz zu angelsächsischen Schulen mit ihren Debattier-Clubs. Übrigens sind Sieger von Debattier-Debatten bei der Arbeits-Suche später außerordentlich bevorzugt, dies gilt mehr als gute Noten im Zeugnis … Deshalb finde ich *gerade die Kapitel zu den drei Einführungs-Abschnitten* in diesem Buch sehr hilfreich. Auch, und zwar in ganz besonderem Maße, für Leute, die sich für Rhetorik-Profis halten!

Der Rest des Buches bietet Gedanken zu: Hintergrund, Argumentationsteil, Höhepunkt und Schluß der Rede.

MERKBLATT NR. 9: Drei Wege führen in Ihr Gedächtnis

Den **ersten** Weg hat die Natur erfunden. Damit „schreibt" sie uns wichtige Informationen ins Gedächtnis, damit wir überleben können! Dieser Weg ist sehr einfach, da der Gehirn-Besitzer selbst keine Anstrengung unternehmen muß, denn das Gehirn lernt ohne bewußtes Zutun. Dieser Weg ist (wen wundert's?) höchst effizient! Den **zweiten** Weg hat die Schule erfunden. Er ist unnötig schwierig und frustriert Millionen von Menschen tagtäglich!* Und der **dritte** Weg, das ist natürlich das gehirn-gerechte Vorgehen!

Weg Nr. 1: Natürliches Lernen

Was lernt das Gehirn ohne das bewußte Zutun des Gehirn-Besitzers? Überlegen Sie einmal: Wie oft setzen Sie sich wohl mit dem nackten Hintern in Brennesseln? Aha, nur einmal? Eben! Also lautet die Antwort zunächst: Vollautomatisches Lernen „passiert" mit allen Informationen, die mit dem nackten Überleben zusammenhängen. (Daher der nackte Hintern.)

* Einige Gedanken zur Lernpsychologie finden Sie im Anhang (*Merkblatt Nr. 2*, S. 265).

Ebenso leicht lernt unser Gehirn sofort alles, was uns hilft, Schmerz und Unlust (in Zukunft) zu vermeiden. *Also können wir aus unseren Fehlern lernen, weil auch dies ein Überlebensmechanismus ist.* Fazit: Solche Informationen rutschen vollautomatisch (durch die Hintertür) ins Gedächtnis, vorbei am wachen Bewußtsein des Gehirn-Besitzers, damit er sie nicht aus Versehen zensieren und vergessen könnte! Ursprünglich hatte die Natur diesen Königsweg erfunden, damit das biologische Bedürfnis des Überlebens gesichert ist.

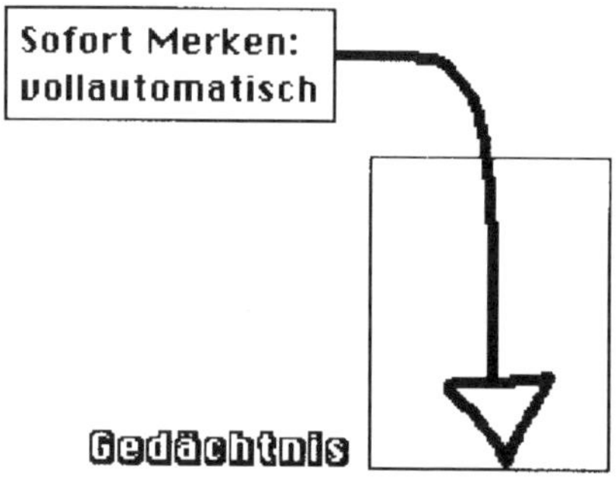

Aber wir lernen nicht nur lebensnotwendige Informationen leicht. Es kann auch alles, was uns *brennend* interessiert, diesen Königsweg ins Gedächtnis gehen. (Daher die *Brenn*-Nessel in unserem Beispiel!) Oder denken Sie an Leute, die über ihr schlechtes Gedächtnis klagen, jedoch über ihr Hobby (Briefmarken, Münzen, Pflanzen, Flugzeuge, Sport) so viel wissen, daß sie Experten sind. Ein Seminarteilnehmer, der anfangs lautstark über sein schlechtes Gedächtnis geklagt hatte, wußte z.B. *sämtliche* Namen aller Quarterbacks beim amerikanischen Football von 1950 bis zum Zeitpunkt des Seminars, 1979 (bei der US-Army)!

Interesse hilft aber nicht nur beim Lernen, es *bestimmt* überhaupt, was wir wahrnehmen können: Als ich 1977 begann, mich für Wohnmobile zu interessieren, waren die deutschen Autobahnen von heute auf morgen mit Wohnmobilen übersät! Sie kennen den Effekt (nach dem Motto: Da muß irgendwo ein Nest sein) sicher auch. Er beginnt schon bei einzelnen Wörtern, die man neulich erstmals gelernt hat. Es ist, als hätten Rundfunk und Presse sich verschworen, diesen Begriff ab jetzt laufend zu verwenden. Tatsache ist, daß er Ihnen jetzt **bewußt** auffällt. Womit Sie sehen, daß **Ihr Interesse Ihre Wahrnehmung steuert**. Dies können Sie testen: Achten Sie ab jetzt darauf, wann von *Terroristen* und wann von *Freiheitskämpfern* die Rede ist! Selbst wenn Sie sich gar nicht darum bemühen, werden Sie nicht umhin können, diese Ausdrücke bewußt wahrzunehmen, wenn sie auftauchen. Wetten, daß?!

Es dürfte klar sein, daß das bewußte Wahrnehmen ein späteres Lernen sehr erleichtern wird. Umgekehrt werden langweilige Infos eben kaum wahrgenommen, wodurch ihre Einspeicherung ins Gedächtnis sehr erschwert wird.

Anders ausgedrückt: Wenn Schule und Ausbildung den Kindern* mehr Informationen anböten, die für die Schüler von brennendem Interesse wären, dann wäre Lernen leicht und würde Spaß machen. Also: *Entweder* eine Info hat für Sie Überlebenswert bzw. interessiert Sie brennend, dann geht sie automatisch und ohne Ihr bewußtes Zutun in Ihr Gedächtnis ein; *oder* aber *Sie* müssen diese Info *selbst aktiv lernen.*

Weg Nr. 2: Schul-Lernen

Da zahlreiche Lehrer, Ausbilder, Trainer sowie viele Autoren von Schulbüchern und Artikeln nicht in der Lage zu sein scheinen, ihre sogenannte trockene Theorie so interessant zu machen, daß man sie leicht lernt, hat man uns immer eingeredet, *Wiederholung* (wörtlich: etwas wieder und wieder herholen) sei die einzige Methode, dieses Etwas ins Gedächtnis einzuspeichern. Das ist natürlich Unsinn, wie wir bereits gesehen haben!

Nehmen wir als Beispiel das Vokabel-Pauken. Diese Technik ist die strategisch unklügste Vorgehensweise, wenn man eine Sprache lernen will! (Auf Neudeutsch: es ist *kontra-produktiv.*) Deshalb ist diese sture Paukerei auch so „schwer", so unlust-auslösend, so frustrierend und so un-effektiv! Die einzige Garantie, die es gibt, ist die, daß man das Wort (fast) garantiert *nicht* „findet", wenn man es später tatsächlich einmal braucht. Ob in einer Prüfung oder bei dem Versuch, die Fremdsprache lesend oder sprechend anzuwenden!

Warum ist dieses Vorgehen nicht effizient? Weil es der Arbeitsweise des Gehirns zuwiderläuft. Denken Sie mit: Sie sollen lernen, daß *Tisch* auf Englisch *table* heißt. Von brennendem Interesse war's wohl nicht, also konnte die Info gar nicht bei der Brennessel landen. Aber wahrgenommen haben Sie sie. Also muß sie irgendwo gelandet sein, aber wo?

Antwort: Im Kurz-Zeit-Gedächtnis. Dort landen auch die Ziffern einer Telefon-Nummer kurzfristig, während Sie wählen! Diese Abteilung im Gehirn stellen wir uns jetzt bitte als ein „Büro" vor, neben dem eigentlichen Gedächtnis. Dort gibt es einen riesengroßen Eingangskorb, in welchen jetzt ein Zettel flattert:

---

* Ähnliches gilt natürlich auch für unsere Hochschulen sowie für die firmeninterne bzw. -externe Erwachsenenbildung, wobei auch viele Kunden-Seminare z.T. entsetzlich halbhirnig angelegt sind!

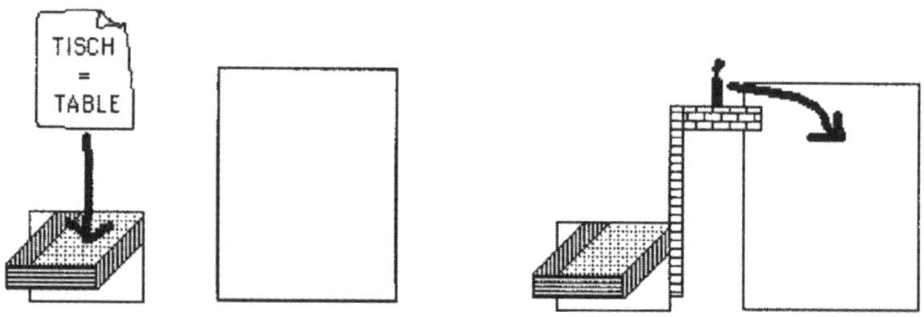

So, wie kommt eine Info nun vom Kurz-Zeit- ins Lang-Zeit-Gedächtnis? Wieder gibt es einen „Mitarbeiter" im Gehirn, einen Assistenten. Dessen Aufgabe ist, Infos aus dem Korb weiterzuleiten. Hierzu muß er eine Leiter hochsteigen und eine Brücke überqueren, um von dort aus die Info mittels eines Computer-Terminals einzugeben.

Übrigens sind Leiter und Brücke Symbole: Die *Leiter* stellt eine Analogie zu der Tatsache dar, daß das Gehirn jetzt von den *elektrischen Schwingungskreisen* (des Kurz-Zeit-Gedächtnisses, wie Eccles sie postulierte) eine Stufe „höher" auf *biochemische Prozesse* umschalten muß. Die Brücke hingegen symbolisiert die (erst teilweise begriffene) Funktion des Hippocampus, ohne welchen Lang-Zeit-Gedächtnis nicht möglich ist. Allerdings hat die Sache noch einen Haken: Sie erinnern sich, daß Sie (als Gehirn-Besitzer und Chef dieses Assistenten) ja bisher nur *einen* Zettel (*Tisch = table*) in den Eingangskorb gelegt hatten.

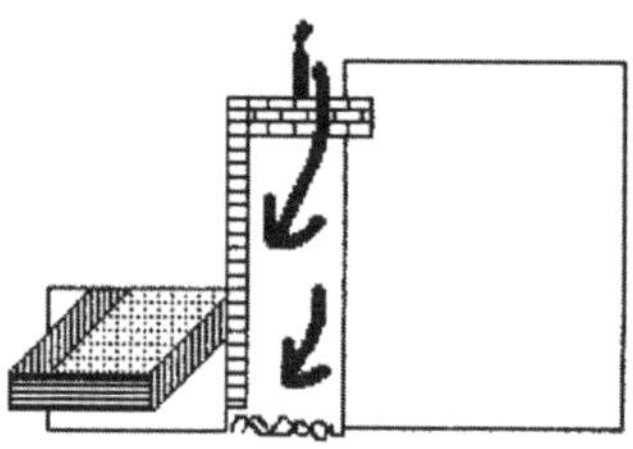

Wenn Ihr Mitarbeiter oben auf der Brücke steht und feststellt, daß er eine Information nur *einmal* besitzt, dann läßt er diesen Zettel sofort fallen! Stellen Sie sich unter der Brücke Wasser vor: Diese Informationen fallen jetzt ins Wasser, statt im Gedächtnis zu landen.

Warum tut der Assistent das? Ist das ein „fauler Hund", oder könnte es einen guten Grund für sein Verhalten geben? Nun, den gibt es in der Tat. Er denkt nämlich:

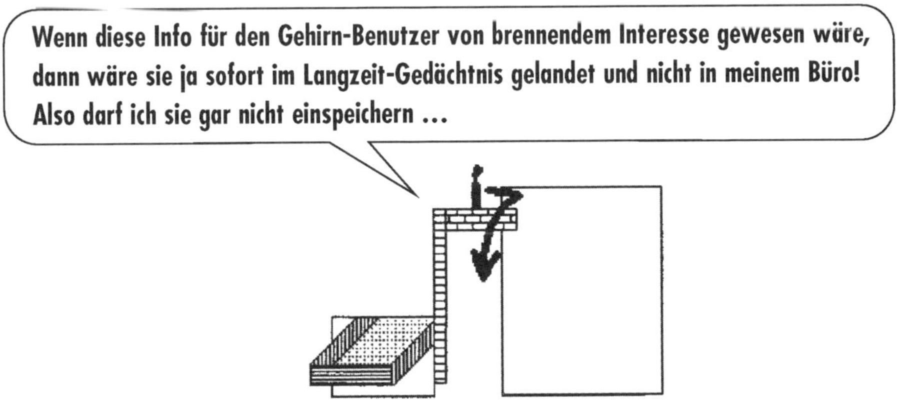

Deshalb hat man in der Schule behauptet, alle Informationen, die man sich merken will, müssen wiederholt werden! Also murmeln (und/oder schreiben) wir jetzt fünf- oder sechsmal:

Tisch = table,
Tisch = table,
Tisch = table,
Tisch = table,
Tisch = table,
Tisch = table
usw..

D.h., daß der Assistent jetzt mehrere Zettel mit derselben Information vorfindet. Diese Tatsache wirkt wie ein Befehl des Gehirn-Besitzers.

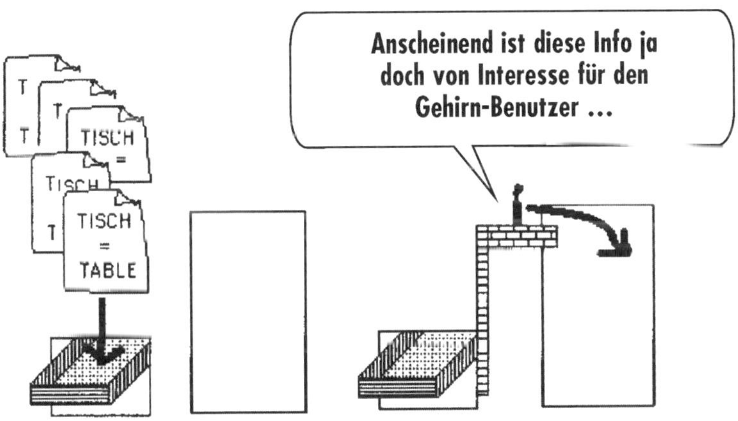

Aber jetzt kommt der Hammer: **Wenn** diese Information jetzt **sofort** richtig im Lang-Zeit-Gedächtnis (neben der Brennnessel) landen **würde, dann** könnten wir absolut ***alles*** mit einigen wenigen Wiederholungen lernen. Wir wissen aber aus schmerzlicher Erfahrung: Stimmt nicht! Warum nicht?

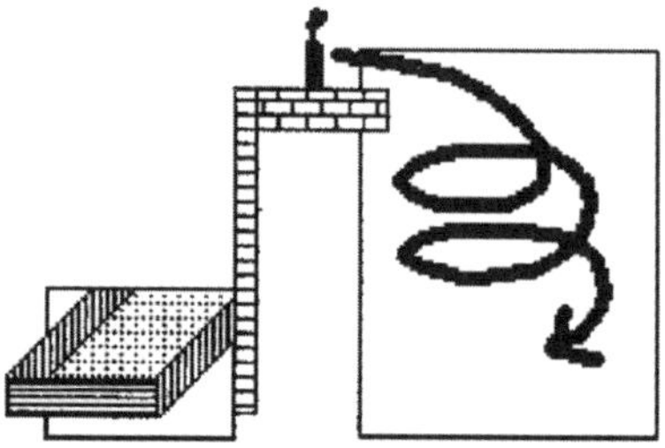

Nun, wenn eine Information vom Assistenten von der Brücke aus eingespeichert wird, dann „fällt" sie nicht gleich ins Lang-Zeit-Gedächtnis hinein, sondern sie kommt zunächst in eine *Warteschleife* wie ein Flugzeug, das auf Landegenehmigung wartet:

Jetzt können nur viele weitere Wiederholungen seitens des Gehirn-Besitzers diese Informationen in der „Warteschleife halten"; und genau hier liegt das Problem des typischen normalen Büffelns, das wir aus der Schule kennen: Denn es ist nichts schlimmer, als diese Information jetzt zwanzig- bis dreißigmal stur wiederholen zu müssen! Das ist langweilig und stößt begreiflicherweise auf den ausgeprägten *Widerstand** des Gehirn-Besitzers. Er wehrt sich. Er gibt vorzeitig auf!

Wenn er dies tut, dann „stürzt" die Information „ab" (wie ein Flugzeug!); d. h., sie verschwindet. Allerdings *nicht spurlos*. Die „Warteschleife" ist eine *Spur*, welche hinterlassen wird. Deshalb kann man sogar Jahre später weiterlernen, und daher fällt es relativ leicht, sogenanntes verschüttetes Wissen später *noch einmal* zu lernen! Denn „noch einmal" bedeutet genaugenommen, daß man an der Stelle „weiterlernt", an der man damals aufgegeben hatte.

Aber im Hier und Jetzt nützt das nicht viel. Im Augenblick scheint die Information „verloren", *wenn* wir die nötige Anzahl an sturen Wiederholungen *nicht* vorzunehmen bereit sind! Spätestens jetzt muß klar sein, warum so viele Menschen glauben, Lernen sei langweilig, anstrengend, nicht erfolgreich (bzw. sie wären zu dumm dazu)!

---

* Vgl. Denk-Modell: Widerstände (Reptilien-Gehirn und Streß-Hormone) machen uns zum hoRmo© sapiens. Siehe dazu auch: *Der Birkenbihl-Power-Tag* (vergriffen).

Hat jetzt gerade eine Glocke in Ihrem Kopf geläutet? Ich hoffe es. Denn es müßte Ihnen spätestens jetzt klar geworden sein, daß unser Assistent (im obigen Denk-Modell) niemand anders ist als Herr Links. Er ist für einzelne Details zuständig, erinnern Sie sich? Während der Mitarbeiter im rechten Gehirn ganzheitlich denkt, für den Überblick sorgt, Details in unser Gesamtwissen integriert, Assoziationen zu Bekanntem herstellt usw..

Bisher sprachen wir vom Vokabel-Lernen, aber ... Dasselbe gilt für alle Arten von Lernen, wenn dieselbe Grundregel gilt: Es werden einzelne isolierte Informations-Einheiten ohne Zusammenhang eingespeichert wie beim Pauken isolierter Vokabeln, Fachausdrücke, Fremdwörter, Namen, Daten, Jahreszahlen usw..

Nun ist der größte Teil des „offiziellen" Lernens/Lehrens in Schule und Ausbildung aber halbhirnig; deshalb wehren sich die „offiziellen" (Hoch-)Schullehrer ja so gegen Autoren, welche es schaffen, schwierige Themen *populär-wissenschaftlich* (sprich: *gehirn-gerecht!*) aufzubereiten! Mein Gott, da könnte ja jeder begreifen, daß nicht die Materie selbst schwierig ist, sondern daß diejenigen, die sie *vermitteln* sollten (man nehme das Wort bitte wörtlich), sie so „trocken" vermitteln. Wo kämen wir denn da hin, wenn jeder Interessierte sich in (fast) jedes beliebige Thema einfach einlesen könnte wie in den USA?!! Deshalb konnte Wolfgang Schmidbauer einmal so schön bissig bemerken, „*... daß in Deutschland Informationen in der Fachpresse eher versteckt als veröffentlicht werden!*"

Nein, nein; da behaupten wir lieber, die Amerikaner seien ohne Kultur, denn es gehört nicht zu *unserem* Kultur-Verständnis, Wissen einfach und verständlich zu vermitteln. Und damit hat es sich dann. Oder hätte es sich gehabt, wenn nicht immer mehr Autoren zeigen würden, daß es auch bei uns möglich ist, Informationen gehirn-gerecht aufzubereiten!?

Und damit sind wir schon mitten im Thema: Der dritte Weg ins Gehirn ist nämlich einfach:

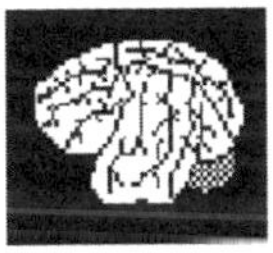

Weg Nr. 3: Gehirn-gerechtes Lernen

Wenn der Assistent (oben) der Herr Links war, der sich verzweifelt bemühte, eine isolierte Info einzuspeichern, **und wenn** gehirn-gerechtes Vorgehen bedeutet, daß wir beide Mitarbeiter im Kopf einsetzen müssen, **dann** leuchtet sicher ein, daß wir uns in unserem **Denk-Modell** für digitale und analoge Infos je ein eigenes Kurz-Zeit-Gedächtnis vorstellen müssen! So ein Denk-Modell kann die tägliche Praxis erfahrungsgemäß sehr erleichtern! Und genau darum geht es uns ja, nicht wahr?

Also fügen wir jetzt zusammen: Die beiden Mitarbeiter LINKS und RECHTS sind es, die jeweils auf der,Leiter" stehen und Infos eingeben sollen. Nur wenn die beiden im Team arbeiten, dann funktioniert es gut **(und wir lernen leicht!!!),** denn: Wird eine Info **simultan** auf beiden Seiten gleichzeitig eingegeben, kann **keiner** der beiden Assistenten sie ins Wasser fallen lassen.

Wenn eine Info **links** (z.B. ein **Wort**) mit einer **Info rechts** (z.B. einem **Bild** zu diesem Wort) ***gleichzeitig*** ankommt, dann landen **beide** zusammen **sofort in der Landeschleife!** Wenn wir mein **neueres Denk-Modell vom Wissens-Netz** zugrunde legen, dann können wir sagen: Die neue Info ist nun einge-BUND-en (ver-BUND-en, verknüpft etc.) und im Netz „gelandet"! Dadurch brauchen wir **null Wiederholungen,** *um in die Landeschleife zu kommen.* Aber selbst danach wird es leichter: **Statt 20 bis 40 (dumme) Wiederholungen brauchen wir *nur einige wenige intelligente!*** Oft sausen die Infos sogar durch und **landen sofort!**

Dazu müssen wir erstens das **Bilder-Machen beherrschen** und zweitens diese **Techniken souverän einsetzen.** Übung macht den Meister, so auch hier.

Deshalb sprach man früher von der *Gedächtnis*-**Kunst**, jeder **Künstler** aber benötigt ein **Repertoire**. Ich stelle mir vor, daß das REPERTOIRE ja nicht im Vakuum schweben kann; es braucht also eine Stütze und die heißt ***Training***.

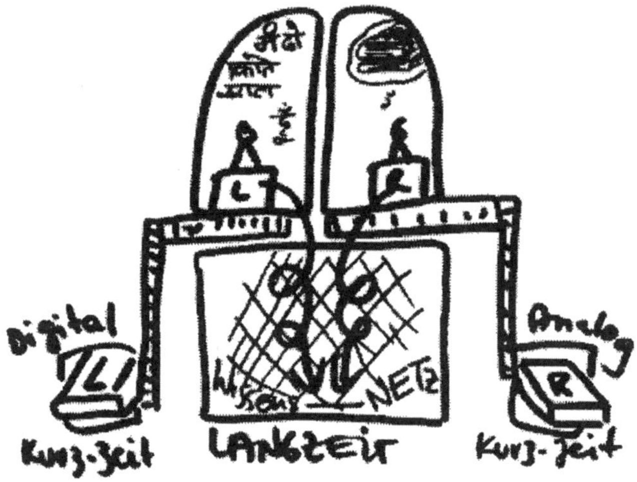

Man kann **alle Tätigkeiten** durch Training verbessern, und da *Gedächtnis* eine **Tätigkeit** ist, worauf auch der Begriff der *Gedächtnis-Leistung* uns hinweist (⟿ vgl. [RE-]KONSTRUKTION S. 47), gilt dies auch hier!

Des weiteren gilt: Mehrmals wenige Minuten täglich (teilweise auch „nebenbei" (⟿ vgl. *T – Inneres Archiv*©, S. 110 ff.) sind besser als ab und zu viele Stunden am Stück!

Alles klar?

PS zur überarbeiteten 36. Auflage:

Aus heutiger Sicht möchte ich anfügen, daß meine **Metapher vom Wissens-Netz** inzwischen **weit wichtiger** geworden ist als meine frühere Metapher von Mr. Links/Rechts. Diese hatte ich aufgrund der ersten Forschungsergebnisse „gebastelt" (im Sinne des gehirn-gerecht-Machens von Infos). Damals war ich begeistert, weil die Metapher endlich eine Antwort auf die Frage gab, warum die Memo-Techniken des Altertums funktionierten und ich diese Antwort brauchte, um auf „typische Linkshirnler" zu reagieren, die trotz jahrelangen Studiums noch nie etwas von Memo-Techniken erfahren hatten und es absolut nicht begreifen konnten, warum sie sich nun „alberne" Bilder „machen" sollten. Nun, seit der Metapher von den beiden kleinen Mitarbeitern im Gehirn leuchtete es allen ein!

Des weiteren ist mir inzwischen immer klarer geworden, daß **Gedächtnis** die **zentrale Instanz** ist, von der **alles andere** abhängt, weshalb die neue Metapher vom Wissens-Netz immer wichtiger wurde. Was sind intelligente Reaktionen (Fragen, Ideen, Lösungen), wenn nicht eigene Assoziationen, die „auftauchen", wenn sie durch Fragen, Probleme etc. ausgelöst wurden? Was ist Kreativität, wenn nicht die Fähigkeit, **mehrere Assoziationen in ganz neuen Ver-BIND-ungen** aus dem Wissens- Netz zu „ziehen"!? Und wie Alzheimer-Patienten uns zeigen: Verlieren wir den Zugriff (bzw. unsere Fäden), dann verlieren wir auch uns selbst. Wie SCHACTER es sagt: Wir SIND Gedächtnis!*

* Schacter, D.: *Wir sind Erinnerung*, vgl. Literaturverzeichnis.

MERKBLATT NR. 10: DVDs nutzen

(zu S. 176 ff.)

Nun kann man auch mit mittleren Kenntnissen mit der Video- Technik arbeiten, wenn man folgende zwei „Tricks" anwendet:

Grundidee: Einen Film in mehreren Versionen abwechselnd ansehen, bis Sie ihn in der/den anderen Sprache/n ausgezeichnet verstehen können. Viele meiner Teilnehmer kommen mit dieser Technik sehr gut klar. Manche haben den Versuch gemacht, wiewohl ihre Kenntnisse noch nicht ganz so weit fortgeschritten waren, und stießen dabei auf Probleme.

Trick 1: Szenen suchen

Wenn Ihnen der ganze Film zunächst noch allzu „spanisch vorkommt", gehen Sie wie folgt vor:

1. Sehen Sie sich zuerst die deutsche Version an und notieren Sie den Zählerstand bei **Szenen, die Sie (inhaltlich) besonders interessieren**.
   Zum Beispiel habe ich damals in der italienischen Version von *Laurence von Arabien* die Wüstenszene, in der einige Männer im Zelt des Scheichs eine interessante Diskussion von ca. fünf Minuten fuhren, zum Startpunkt gemacht.
2. Erarbeiten Sie sich dann diese Szene/n, indem Sie sie mehrmals auf Deutsch sehen und wiederholt in die zielsprachige Version „hineinhorchen", dann zurück zur deutschen Version usw., bis Sie diese Szene(n) wirklich gut verstehen.
3. Kopieren Sie jetzt die Szene/n auf Audio-Kassette, um sie immer wieder zu hören (z.B. bei Haus- und Gartenarbeiten, im Badezimmer, unterwegs etc.).
4. Sehen Sie bei Gelegenheit den deutschen Film noch einmal ganz an, um mit den anderen, bisher nicht „bearbeiteten" Szenen inhaltlich voll vertraut zu werden. Bei längeren Szenen mit spannungsgeladenem Schweigen oder Kampfgeschrei können Sie ja schnell vorspulen.
5. Beginnen Sie jetzt erstmals, den Gesamtfilm in der Zielsprache zu sehen. Nun stoßen Sie immer wieder auf Szenen, die Sie auf-

grund Ihrer „Vorarbeiten" bereits ganz verstehen, wobei Sie in den für Sie noch neuen Szenen aufgrund des Sinnzusammenhanges ebenfalls jetzt bereits erstaunlich viel begreifen werden. Das macht Mut und schafft schöne Erfolgserlebnisse!

Trick 2: Mit dialogarmen Filmen beginnen

Normalerweise betone ich ja immer, daß Filme mit ausgedehnten spannungsgeladenen Kampf- oder langen Schweigeszenen zum Sprachenlernen schlecht geeignet sind, aber wenn Ihre Kenntnisse noch nicht allzuweit fortgeschritten sind, dann können solche Filme **am Anfang** durchaus sinnvoll sein.

„Erarbeiten" Sie, wie unter Trick 1 beschrieben, die (wenigen) Dialog-Szenen, um anschließend den gesamten Film zu „genießen". Auch hier können Sie einen (Audio-)Soundtrack der **Sprechszenen** anlegen, um die Kassetten möglichst **oft** zu hören.

MERKBLATT NR. 11: Vergriffene Bücher suchen: Drei Wege führen zum Erfolg

1. **Anzeige:** Ihr Buchhändler gibt für Sie eine Such-Anzeige auf. Das kostet eine geringe Gebühr, die sich jedoch lohnt. Wir finden seit Jahren ca. 60 % der gesuchten Bücher; oft haben wir sogar mehrere Angebote, so daß man gleich zwei oder drei Exemplare (für Freunde und Familie) erwerben kann. Bei sehr teuren Büchern kann es sein, daß man sie preisreduziert findet ...

2. **Internet:**

   a) Es gibt neben *amazon* zahlreiche Produkt- und Tausch-Börsen. Auch könnte es sein, daß Sie einen Interessenkreis finden, in dem Sie das gesuchte Produkt (oder Buch) zumindest leihweise erhalten können (vgl. auch Punkt 3). Wenn Sie selbst noch nicht surfen, in jedem Internet-Cafe hilft man Ihnen weiter. Vielleicht kennen Sie ja auch einen jungen Menschen in der Nachbarschaft, der das für Sie managen möchte ...?

b) Es gibt Books on Demand *(= Bücher auf Verlangen).* Hier werden **vergriffene Bücher in kleinen Auflagen** elektronisch innerhalb von wenigen Tagen (!) **nachgedruckt** und an den Handel ausgeliefert. Auch diesbezüglich sollten Sie Ihren **Buchhändler** befragen, denn es muß jemand, der die Rechte besitzt, das Buch bei Books on Demand „unterbringen", damit der Handel es dann dort bestellen kann. Ist dies der Fall, dann taucht es im Verzeichnis lieferbarer Titel auf, ganz einfach!

3. **Bibliotheken (Leih-Büchereien):** Tja, daran denken viele Menschen nie, aber es gibt sie! Und es gibt sogenannte Fernabfragen, die Unfreundlicher Bibliothekar gerne für Sie durchführt. Dann erhalten Sie das Buch per Post aus einer anderen Stadt, wenn nötig. Und nun gilt die gesetzliche Regelung, daß man vergriffene Bücher fotokopieren darf, ohne ein Copyright zu verletzen. Übrigens bieten heute manche Bibliotheken von vornherein eine Fotokopie (zum Selbstkostenpreis) an.

MERKBLATT NR. 12: Verhalten + Handlungen TRAINIEREN, aber wie?

(Fortsetzung von S. 195)

Regel Nr. 9: VARIANTE 130 % (SPIEGELNEURONEN)

Die meiste Zeit üben wir nicht 100 % dessen, was wir lernen wollen, sondern weit weniger. Beispiel: Wer ein Gedicht aufsagen soll, „rattert es herunter", leise, undeutlich, mit weniger als 60 % dessen, was zu einer guten Präsentation am Schluß gehören soll. Oder: Wer einen fremdsprachigen Text vorlesen soll, „nuschelt" ihn leise und undeutlich, auch hier bekommen die Zuhörer weit weniger als 70 % dessen zu hören, was möglich wäre. Wenn Sie Schauspielern im Fernsehen genau zuhören, dann HÖREN Sie, welche vom THEATER kommen, denn die mußten damals extrem deutlich artikulieren, damit man sie (ohne Mikrophon) in der letzten Reihe auch noch verstand! Sie reden also nicht LAUTER, sondern DEUTLICHER als Schauspieler, die von Anfang an mit Mikrophonen gearbeitet haben. Diesen Effekt können wir nutzen, indem wir uns vornehmen, 130 % zu üben, damit wir später (z.B. unter Streß) noch 100 % bringen können bzw. bei extremer Nervosität (z.B. Prüfungssituation oder Lampenfieber) noch 80 % erreichen. Jetzt schaffen die, die von Anfang an nur 60-70 % geübt hatten, noch 30 % – nicht genug, um durchzukommen. Diese Regel ist auf alle Situationen, in denen wir sprechen, singen, musizieren, aber auch auf viele Bewegungsabläufe wie z.B. Pantomine, Tanz, Schauspielern etc. gut anzuwenden ...

Regel Nr. 10: Thema mit Variationen

Im Modul über neue Forschungs-Ergebnisse berichte ich (in *Das innere Archiv*) über eines der bahnbrechenden Experimente der Harvard-Professorin Ellen J. LANGER, in dem sie nachwies, daß Leute, die beim Training nach Herzenslust variieren (dürfen), besser vorankommen als jene, die man z.B. beim Klavierspiel von Anfang an zwingt, immer SAUBER zu spielen, d.h., das Tempo (mittels Metronom) und die Lautstärken (piano, fortissimo etc) jedesmal exakt einzuhalten. Wer mal laut, mal leise spielen darf und wer in einer Passage einfach zwischendurch langsamer werden darf (weil er z.B. noch nicht so sicher ist), lernt insgesamt wesentlich schneller. Ich habe eine Hypothese, warum dies so ist: Ein Baby, das erst SEHEN lernen muß, benötigt z. B. eine Weile, bis es erkennen kann, daß ein Stuhl von jedem Blickwinkel aus DASSELBE MÖBELSTÜCK ist, wiewohl es sich von jedem Punkt im Raum aus ANDERS DARBIETET. Wenn man einmal begriffen hat, was das WESEN-tliche an einem Stuhl ist, kann man auch neue Stühle, die man zuvor noch nie gesehen hat, als STUHL erkennen und behandeln. Deshalb reagieren manche Leute so „sauer", wenn MODERNE DESIGNER ihnen irgendein „Was-soll-denn-das-sein" hinstellen und es als „Stuhl" deklarieren, obwohl es sämtlichen Erfahrungen mit Stühlen widerspricht.

Ähnlich ist es in der Musik: Wenn man ein Lied oder ein Musikstück jedesmal so nah wie möglich an 100 % (Perfektion) spielt, lernt man quasi nur **einen** Blickwinkel für den (musikalischen) „Stuhl" kennen, so daß es viel länger dauert, bis das Gehirn die WESEN-tlichen Elemente abstrahieren kann. Ähnlich ist es, wenn wir eine Musik-Darbietung von CD nicht immer nur von einem Interpreten hören, sondern viele Interpretationen verschiedener Künstler. Auch hier lernen wir weit mehr über das Stück.

Singen oder spielen wir von Anfang an ähnlich, aber unterschiedlich (Variationen), muß das Gehirn den **gemeinsamen Nenner** schneller isolieren und erkennen, also lernen wir weit TIEFer als bei einem „perfekten" Üben (wie es viele Musiklehrerinnen leider immer noch fordern).*

LANGER betont, daß viele große Pianisten (von Mozart bis Gould) dieselben Stücke auf mehreren Instrumenten spielten und daß sie bei einem (z.B. Geige oder Orgel) Aspekte entdeckten, die sie auf dem anderen (PIANO) alleine nie entdeckt hätten. Ich habe auf dem Keyboard den Effekt ein wenig nachvollzogen; ein kleines Bach-Menuett klingt wie ein gewaltiges Bach-Kirchenmusikwerk, wenn ich es mit voller Lautstärke als „Orgel" spiele, und es wirkt vollkommen anders als „Gitarre" oder „Cembalo". Je mehr Sie variieren, desto ganzheitlicher lernen Sie die Sache kennen und desto TIEF-er wird Ihr Verständnis, was dann die Ausführung (bei Sport die Tagesform, bei Musik die heutige Interpretation etc.) maßgeblich beeinflussen wird. Probieren Sie es aus …

---

* Auf den LERNBERG bezogen, der in diesem Update von *Stroh im Kopf?* leider keinen Platz mehr findet, heißt das: Je weiter unten (Einsteiger-Bereich) wir noch sind, desto freier, variabler etc. sollten wir vorgehen dürfen. Je weiter nach oben (wo sich der LERNBERG zunehmend verengt) wir kommen, desto klarer und präziser sollten wir auch Details üben, die wir damals, als Einsteiger, noch nicht einmal wahrgenommen haben. Das unterscheidet ja Beginner, Fortgeschrittene und Profis (auf dem Weg zum Meister).

Anhang II – Literaturverzeichnis

1. Agranoff, B. W.: „Agents that block Memory", in: Quarton, Melnechuck & Schmitt (Hrsg.): *The neuro sciences.* New York 1967 (Seite 756 – 764)

2. Assmann, A./Harth, D. (Hrsg.): *Mnemosyne – Formen und Funktionen der kulturellen Erinnerung.* Fischer, Frankfurt 1993 (vergriffen)

3. Baddeley, A.: *Your Memory. A User's Guide.* Carlton Books, London 2004

4. Baddeley, A.: *So denkt der Mensch.* Droemer, München 1988 (vergriffen)

5. Baddeley, A.: *Die Psychologie des Gedächtnisses.* Klett-Cotta, Stuttgart 1979 (vergriffen)

6. Baker, S. S.: *Your Key to Creative Thinking.* Bantam, New York 1968 (vergriffen)

7. Bateson, G.: *Ökologie des Geistes.* Suhrkamp, 8. Auflage, Frankfurt a. Main 2001

8. Berchem, F.: *Noch mehr Gehirn-Jogging.* Mosaik, München 1996 (vergriffen)

9. Berger, L./Pieper, W.: *BRAIN TECH – Das Buch.* O.A., Löhrbach 1989 (vergriffen)

10. Biddulph, S.: *Männer auf der Suche.* Heyne, 3. Auflage, München 2003

11. Biddulph, S.: *Das Geheimnis glücklicher Kinder.* Heyne, 21. Auflage, München 2001

12. Biddulph, S.: *Weitere Geheimnisse glücklicher Kinder.* Heyne, 6. Auflage, München 2001

13. **Biddulph, S.:** *Jungen! Wie sie glücklich heranwachsen.* Heyne, 14. Auflage, München 2002

14. Birkenbihl, V. F.: *Birkenbihls Denkwerkzeuge.* mvg, 3. Auflage, München 2007

15. Birkenbihl, V. F.: *Das Birkenbihl ALPHA-Buch.* mvg, München 2000 (vergriffen)

16. Birkenbihl, V. F.: *Das innere Archiv.* mvg, 4. Auflage, München 2007

17. Birkenbihl, V. F.: *Der Birkenbihl Power-Tag.* mvg, München 1998 (vergriffen)

18. Birkenbihl, V. F.: *Eltern-Nachhilfe.* Ariston, 2. Auflage, München 2007

19. Birkenbihl, V. F.: *Freude durch Streß.* mvg, 16. Auflage, München 2005

20. Birkenbihl, V. F.: *Signale des Körpers.* mvg, 22. Auflage, München 2010

21. Birkenbihl, V. F.: *Erfolgstraining.* mvg, München 2006 (vergriffen)

22. Birkenbihl, V. F.: *Kommunikationstraining.* mvg, 31. Auflage, München 2010

23. Birkenbihl, V. F.: *Rhetorik – Redetraining für jeden Anlaß.* Ariston, 11. Auflage, München 2005

24. Birkenbihl, V. F.: *Rhetorik-Training.* Ariston, 14. erw. Auflage, München 2007

25. Birkenbihl, V. F.: *Sprachenlernen leichtgemacht!.* mvg, 34. Auflage, München 2011

26. Birkenbihl, V. F.: *Stichwort: Schule.* mvg, 19. Auflage, München 2010

27. Birkenbihl, V. F.: *Sprache als Instrument des Denkens.* (vergriffen)

* Wie auf S. 17 versprochen, sind die besonders empfehlenswerten Bücher fett gesetzt.

28. Birkenbihl, V. F.: *Trotzdem LEHREN.* mvg, 5. Auflage, München 2011

29. Birkenbihl, V. F.: „Gegen das Tempo-Limit beim Lesen", in: *Management Wissen,* März 1984

30. Birkenbihl, V. F.: „Gehirn und Gedächtnis", in: *Enzyklopädie Naturwissenschaft und Technik,* Jahresband 1983, Landsberg 1983

31. Birkenbihl, V. F.: „What's in a Name You Can't Remember?", in: *Phil. Lit.* Nr. 2, St. Louis/USA 1969

32. Birkenbihl, V. F.: „Brainstorming for One", in: *Phil. Lit.* Nr. 2, St. Louis/USA 1969

33. Blakemore, C.: *Mechanics of the Mind.* Cambridge University Press, Cambridge 1977 (vergriffen)

34. Blakeslee, T. R.: *Das rechte Gehirn.* J. Kamphausen, Freiburg 1982 (vergriffen)

35. Bloom, H.: *Global Brain.* DVA, Stuttgart 1999 (vergriffen)

36. Blum, D.: *Sex on the Brain.* Penguin Books, New York 1998

37. Bochow, P./Wagner, H.: *Suggestopädie (Superlearning).* Gabal, Speyer 1986 (vergriffen)

38. Borger, R./Seaborne, A. E. M.: *The Psychology Of Learning.* Penguin Books, New York 1982 (vergriffen)

39. Buzan, T.: *Kopftraining.* Goldmann, 20. Auflage, München 1993

40. Buzan, T.: *Nichts vergessen!* Goldmann, 15. Auflage, München 2000

41. Carroll, L.: *Alice hinter den Spiegeln.* Insel, 16. Auflage, Frankfurt 2008

42. Csikszentmihalyi, M.: *Flow: Das Geheimnis des Glücks.* Klett-Cotta, 14. Auflage, Frankfurt 2008

43. Damasio, A. R.: *Descartes' Irrtum. Fühlen.* Ullstein, 5. Auflage, Berlin 2004

44. Davis, R.: *Legasthenie als Talentsignal.* Droemer, München 2001 (auch als Hörbuch erhältlich. Hier fehlen nur die Tests, für die man zu zweit sein muß. Aber alles andere können Menschen, die weniger gut oder gern lesen, in aller Ruhe hören!)

45. Dennett, D. C.: *Philosophie des menschlichen Bewußtseins.* Hoffmann und Campe, Hamburg 1994 (vergriffen)

46. DePorter, B./Hernacki, M.: *Quantum Learning. Unleash The Genius Within You.* Bantam Dell, New York 1992

47. Doman, G.: *Wie kleine Kinder lesen lernen.* Hyperion, Freiburg 1968 (vergriffen)

48. Calvin, W. H./Ojemann, G. A.: *Einsicht ins Gehirn.* Hanser Verlag, München 1995 (vergriffen)

49. CAMPBELL, H. J.: *Der Irrtum mit der Seele.* Scherz, München 1973 (vergriffen)

50. Capra, F.: *Wendezeit.* Scherz, Bern 1983 (vergriffen)

51. Capra, F.: *Das neue Denken.* Scherz, Bern 1987 (vergriffen)

52. Capra, F.: *Das Tao der Physik.* O.W. Barth, rev. u. erw. Neuauflage, Bern 2000

53. DELGADO, J. M. R.: *Gehirnschrittmacher.* Ullstein, Berlin 1982 (vergriffen)

54. DILTS, R. B.: *Einstein. Geniale Denkstrukturen & Neurolinguistisches Programmieren.* Junfermann Verlag, 3. Auflage, Paderborn 2005

55. DÜRCKHEIM, K.: *Im Zeichen der großen Erfahrung.* mvg, Landsberg 1993 (vergriffen)

56. EBBINGHAUS, H.: *Über das Gedächtnis.* Buchgesellschaft, Darmstadt 1992 (vergriffen)

57. ECCLES, J. C.: *Das Gehirn des Menschen.* Piper, München 1990 (vergriffen)

58. ECCLES, J. C.: *The Human Mystery: The Gifford Lectures.* Springer, Heidelberg 1979 (vergriffen)

59. EDELMAN, G. M.: *Göttliche Luft, vernichtendes Feuer.* Piper, München 1995 (vergriffen)

60. EDELMAN, G. M.: *Unser Gehirn – ein dynamisches System.* Piper, München 1993 (vergriffen)

61. **EDWARDS, B.:** *Garantiert zeichnen lernen.* Rowohlt, Reinbek 1998 (vergriffen)

62. FAIR, CH. M.: *Das fehlprogrammierte Gehirn.* Winkler, München 1971 (vergriffen)

63. FERGUSON, M.: *Die sanfte Verschwörung.* Sphinx Verlag, Basel 1983 (vergriffen)

64. FERGUSON, M.: *Geist und Evolution.* Goldmann, München 1986 (vergriffen)

65. GALLWEY, T.: *Tennis und Psyche: das innere Spiel.* Wila Verlag, München 1990 (vergriffen)

66. GARDNER, H.: *So genial wie Einstein.* Klett-Cotta, Stuttgart 1996 (vergriffen)

67. GARDNER, H.: *Abschied vom IQ.* Klett-Cotta, 4. Auflage Stuttgart 2008

68. GARDNER, M.: *Logik unterm Galgen.* Vieweg Friedr. + Sohn, Wiesbaden 1980 (vergriffen)

69. GAZZANIGA, M.: „The Split Brain in Main“, in: HELD (Hrsg.): *Perception – Mechanisms and Models.*
San Francisco 1972 (vergriffen)

70. GENEEN, H., mit MOSCOW, A.: *Manager müssen managen.* mi, Landsberg 1988 (vergriffen)

71. GERKEN, G.: *Der neue Manager.* Haufe, Freiburg 1986 (vergriffen)

72. GLEICK, J.: *Richard Feynman.* Droemer, München 1993 (vergriffen)

73. GRUNEBERG, M./MORRIS, P.: *Theoretical Aspects of Memory.* Routledge, 2. Auflage,London/New York 1994

74. GRUNEBERG, M./MORRIS, P.: *Aspects of Memory.* Routledge, London 1992 (vergriffen)

75. HOCHKEPPEL, W.: *Denken als Spiel.* dtv, Stuttgart 1977 (vergriffen)

76. HOFSTADTER, D. R.: *Gödel, Escher, Bach.* dtv, München 1992

77. HOLLER, J.: *Das neue Gehirn.* Junfermann, Paderborn 1996

78. HOLT, J.: *How Children Fail.* Da Capo Press, Cambridge 1995

79. HOLT, J.: *The Underachieving School.* Sentient, Boulder 2005

80. HOOPER, J./TERESI, D.: *Das Drei-Pfund-Universum.* Econ, Düsseldorf 1986 (vergriffen)

81. Hüholdt, J.: *Wunderland des Lernens.* vfd, Bochum 1998 (vergriffen)

82. Huhn, G.: *Kreativität und Schule.* VWB, Berlin 1990 (vergriffen)

83. Hutchison, M.: *Mega-Brain.* O.A., Basel 1989 (vergriffen)

84. Hunt, M.: *Das Universum in uns.* Piper, München 1986 (vergriffen)

85. Huxley, A.: *Schöne neue Welt.* Fischer, 63. Auflage, Frankfurt 2006

86. Hyden, H.: „Activation of Nuclear RNA and Glia in Learning", in: Kimble (Hrsg.): *Anatomy of Memory,* Palo Alto, California, 1965 (vergriffen)

87. James, J.: *Thinking in the Future Tense.* Free Press, New York 1997

88. James, J.: *The Origin of Consciousness in the Breakdown of the Bicameral Mind.* Mariner Books, Wilmington 2000

89. Jaynes, J.: *Der Ursprung des Bewußtseins durch den Zusammenbruch der bikameralen Psyche.* Rowohlt, Reinbek 1988) (vergriffen)

90. Kahl, R.: *Lob des Fehlers.* (DVD, erhältlich auf www.archiv-der-Zukunft.de)

91. Katz, L. C., Maning, R.: *Neurobics – Fit im Kopf.* Mosaik, München 2001

92. Koestler, A.: *Der Mensch – Irrläufer der Evolution.* Fischer, Frankfurt 1997

93. Kuhn, B.: *Gedächtniskunst im Unterricht.* Iudicium, München 1993 (vergriffen)

94. Kuhn, B.: *Mnemotechnik und Schriftzeichenerwerb.* Groos, Heidelberg 1996 (vergriffen)

95. Kuhn, T.: *The Structure of Scientific Revolutions.* University of Chicago Press, Chicago 1996 (dt.: *Die Struktur wissenschaftlicher Revolutionen,* Suhrkamp, 2. rev. u. erg. Auflage, Frankfurt 2007)

96. Lashley, K. S.: „In Search of the Engramm", in: *Symp. soc. exp. biol.,* 1950, 4

97. Leary, T.: *Neuropolitik.* Sphinx, Basel 1981 (vergriffen)

98. Lehrl, S./Weickmann, E.: *Übung macht den Gedächtnis-Meister.* VLESS Verlag, Ebersberg 1997 (vergriffen)

99. Lehrl, S./Fischer B.: *Gehirn-Jogging – Selber denken macht fit.* VLESS, Ebersberg 1994 (vergriffen)

100. Leonard, G.: *Der längere Atem.* Heyne, München 2006

101. Levy, J.: „Psychobiological Implications of Bilateral Asymmetry", in: Dimond/Beakmont (Hrsg.): *Hemisphere Function in the Human Brain.* New York 1974 (vergriffen)

102. Lozanov, G.: *Suggestology and Outlines of Suggestopedy.* Gordon & Breach Science Publishers, London 1978

103. Luria, A. R.: *The Working Brain.* Basic Books, New York 1978

104. Lutz, R.: *Die sanfte Wende – Aufbruch ins ökologische Zeitalter.* Kösel, München 1984 (vergriffen)

105. MacLean, P.: „The Limbic System (Visceral Brain) in Relation to Central Gray and the Reticulum of the Brain Stem", in: *Psychosom. Med.,* 17 (1955), S. 355 – 366

106. MACLEAN, P.: „The Triune Brain, Emotion, and Scientific Bias", in: SCHMITT (Hrsg.): *The Neurosciences: Second Study Program*, Rockefeller University Press, New York 1970 (vergriffen)

107. MARFELD, A. F.: *Kybernetik des Gehirns.* Rowohlt, Reinbek 1973 (vergriffen)

108. MATURANA/VARELA: *Der Baum der Erkenntnis.* Fischer, Frankfurt 2009

109. MCEVOY, J. P. /ZARATE, O.: *Quantum Theory.* Icon Books, Cambridge 1999 (vergriffen)

110. MEISTER VITALE, B.: *Lernen kann phantastisch sein.* Gabal, Speyer 1993 (vergriffen)

111. **MELLANDER, K.:** *Power-Learning.* mvg, Landsberg 2001 (vergriffen)

112. METZIG, W./SCHUSTER, M.: *Lernen zu lernen.* Springer, 7. verb. Auflage, Berlin 2005

113. MICHALKO, M.: *Erfolgsgeheimnis Kreativität.* mvg, Landsberg 2001 (vergriffen)

114. MILLER, A.: *Am Anfang war Erziehung.* Suhrkamp, Frankfurt 2008

115. MONTESSORI, M.: *Kinder sind anders.* dtv, 24. Auflage, München 2008

116. NAISBITT, J.: *Megatrends.* Heyne, München 1988 (vergriffen)

117. NØRRETRANDERS, T.: *Spüre die Welt.* Rowohlt, Reinbek 1997 (vergriffen)

118. ORNSTEIN, R.: *Die Psychologie des Bewußtseins.* Suhrkamp, Frankfurt 1976 (vergriffen)

119. ORNSTEIN, R./THOMPSON R. F.: *Unser Gehirn.* Rowohlt, Reinbek 1986 (vergriffen)

120. OSTRANDER S./SCHROEDER, L.: *Leichter lernen ohne Streß.* Goldmann, München 1980 (vergriffen)

121. PENFIELD, W.: *The Mystery of the Mind.* O.A., Princeton 1975 (vergriffen)

122. PENFIELD, W.: „Memory Mechanismus", in: *Ama arch. neurol. Psychiatr.,* 1952

123. PENROSE, R.: *Schatten des Geistes.* Spektrum Verlag, Heidelberg/Berlin 1995 (vergriffen)

124. PERT, C. B., PH. D.: *Molecules of Emotion.* Simon & Schuster, New York 1999

125. PETERS, T. J./WATERMANN R. H. M. jun.: *Auf der Suche nach Spitzenleistungen.* mi, Landsberg 1983 (vergriffen)

126. PINKER, S.: *Der Sprachinstinkt.* Kindler, München 1996 (vergriffen)

127. PÖPPEL, E.: *Grenzen des Bewußtseins.* Insel Verlag, Frankfurt 1997 (vergriffen)

128. POPPER, K. R./ECCLES, J. C.: *Das Ich und sein Gehirn.* Piper, München 2008

129. POSTMAN, N.: *Keine Götter mehr.* Berlin Verlag, Berlin 1995 (vergriffen)

130. POUNDSTONE, W.: *Im Labyrinth des Denkens.* Rowohlt, Reinbek 1995 (vergriffen)

131. REICHEN, J.: *Hannah hat Kino im Kopf.* Otto Heinevetter, 4. Auflage, Hamburg 2001

132. RESTAK, R. M.: *The Brain – The Last Frontier.* Doubleday, New York 1979 (vergriffen)

133. RESTAK, R. M.: *Geheimnisse des menschlichen Gehirns.* mvg, Landsberg 1987 (vergriffen)

134. RICO, G.: *Von der Seele schreiben.* Junfermann, Paderborn 1999

135. Rieger, S.: *Speichern/Merken – Die künstliche Intelligenzen des Barock.* Wilhelm Fink Verlag, München 1997

136. Rogers, N.: *Frei reden ohne Angst und Lampenfieber.* Universitas, München 1985 (vergriffen)

137. Rohracher, H.: *Die Arbeitsweise des Gehirns und die psychischen Vorgänge.* Barth 1967 (vergriffen)

138. Rose, C. /Nicholl, M. J.: *Der totale Lernerfolg.* mvg, Landsberg 1998 (vergriffen)

139. Rosenberg, M. B.: *Gewaltfreie Kommunikation.* Junfermann, 8. Auflage, Paderborn 2009

140. Roth, G.: *Schnittstelle Gehirn – Interface Brain.* Benteli Verlag, Bern 1996 (vergriffen)

141. Russel, B.: *Das ABC der Relativitätstheorie.* Rowohlt, Reinbek 1972 (vergriffen)

142. Russel, P.: *Buch: Die erwachende Erde.* Heyne, München 1984 (vergriffen)

143. Sattler, J.B.: *Der umgeschulte Linkshänder.* Auer, 9. Auflage, Donauwörth 2005

144. Schacter, D.: *Wir sind Erinnerung.* Rowohlt, Reinbek 2001 (vergriffen)

145. Schirm, R. W./Schoemen, J./Wagner, H.: *Führungserfolg durch Selbsterkenntnis.* Gabal, Speyer 1987
(vergriffen)

146. Schneider, W.: *Wörter machen Leute.* Piper, 14. Auflage, München 2007

147. Schneider, W.: *Deutsch für Profis.* Goldmann, München 2001

148. Segal, L.: *Das 18. Kamel oder Die Welt als Erfindung.* Piper, München 1988 (vergriffen)

149. Simon, F. B.: *Die Kunst, nicht zu lernen.* Carl-Auer-Systeme, 4. Auflage, Heidelberg 2007

150. Shriver, K.A.: *Dynamics in Document Design – Creating Text for Readers.* Wiley, New York 1996

151. Smits, R.: *Alles mit der linken Hand.* Rowohlt, Reinbek 1995 (vergriffen)

152. Spence, J. D.: *The Memory Palace Of Matteo Ricci.* Penguin Books, New York 1984

153. Sperber, H. G.: *Mnemotechnik im Fremdsprachenerwerb.* Indicium, München 1989

154. Sperry, R. W.: „Hemisphere Disconnection and Unity in Conscious Awareness", in: *American Psychologist 23,* 1968

155. Sperry, R. W./Gazzaniga, M. S./Bogen, J. E.: „Interhemisphere Relationship, the Neocortical Commissures, Syndromes of Hemisphere Disconnection", in: Inken et al. (Hrsg.): *Handbook of Clinical Neurology.* O.A., Amsterdam 1969

156. Spitzer, M.: *Der Geist im Netz.* Spektrum Verlag, Heidelberg 2000

157. Suid, M.: *Demonic Mnemonics.* Aid-Books, Torrance/California 1981 (vergriffen)

158. Taylor, G. R.: *Die Geburt des Geistes.* Fischer, Frankfurt 1979

159. Toffler, A.: *Der Zukunftsschock.* Droemer, München 1974 (vergriffen)

160. Toffler, A.: *Die Zukunftschance.* O.A., München 1980 (vergriffen)

161. Ungar, G./Irwin, L. N.: „Transfer of Acquired Information by Brain Extracts", in: *Nature,* 1967, 214 (Seite 453–461)

162. Urban, D.: *Gestaltung von Piktogrammen.* Bruckmann, München 1995 (vergriffen)

163. Wagner, H.: *Persönliche Arbeitstechniken.* Gabal, Speyer 1987 (vergriffen)

164. Wagner, H.: *Struktogramm-Analyse.* Gabal, Speyer 1986 (vergriffen)

165. Watson, L.: *Der unbewußte Mensch.* mvg, Landsberg 1989 (vergriffen)

166. Watts, A. W.: *Im Einklang mit der Natur – Der Mensch in der natürlichen Welt und die Liebe von Mann und Frau.* Kösel, München 1981 (vergriffen)

167. Watts, A. W.: *Dies ist es, und andere Essays über Zen und spirituelle Erfahrung.* Sehert, Basel 1981 (vergriffen)

168. Watts, A. W.: *Psychotherapie und östliche Befreiungswege.* Kösel, München 1980 (vergriffen)

169. Watts, A. W.: *Die sanfte Befreiung.* Goldmann, München 1968 (vergriffen)

170. Watts, A. W.: *The Way of Zen.* Vintage, New York 1957 (vergriffen)

171. Watts, A. W.: *Psychotherapy East and West.* Vintage, New York 1975 (vergriffen)

172. Watzlawick, P./Beavin, J. H./Jackson, D.: *Menschliche Kommunikation.* Hans Huber, 11. Auflage, Stuttgart 2007

173. Watzlawick, P./Weakland, J. H./Fischer, R.: *Lösungen.* Hans Huber, Bern 1979 (vergriffen)

174. Wenger, W./Poe, R.: *Der Einstein-Faktor.* VAK, 4. Auflage, Freiburg im Breisgau 2004

175. Wilber, K.: *Eine kurze Geschichte des Kosmos.* Fischer, 7. Auflage, Frankfurt 2004

176. Whorf, B.: *Sprache, Denken, Wirklichkeit.* Rowohlt, Reinbek 1984

177. Woolridge, D.: *The Machinery of the Brain.* McGraw-Hill, New York 1963 (vergriffen)

178. Wujec, T.: *Salto Mentale. Fitneß für den Kopf.* Ariston, Kreuzlingen 1998 (vergriffen)

179. Wujec, T.: *Neues aus der Kreativitätsküche.* mvg, München 2007

180. Wurzer, J.: *Realität und virtuelle Welten – Philosophie für eine High-Tech-Gesellschaft.* Verlag Die Blaue Eule, Essen 1997 (vergriffen)

181. Zohar, D./Marshall, I.: *Quantum Society – Mind, Physics, and a new social vision.* Harper Perennial, London 1995

Anhang III – Stichwortverzeichnis

Aborigines 46
Affen 106, 267,275
AGRANOFF, B.W. 276
Aha-Erlebnis/se 82, 267
Alphabet 84, 88, 115, 118
– Listen 111, 116, 119, 120
Alzheimer-Patienten 22, 151, 293
Analograffiti© 23 ff., 38
Assoziation 18 ff., 25, 29 ff., 34 ff., 42 f., 47, 80, 92, 105, 112 f., 115 ff., 120, 143, 145 ff., 167, 169 f., 211, 267, 284, 291, 293
– Experiment 41
Attraktor/en 44, 47
Ausbildung 22, 52, 55, 287, 291
Autobahn/en 77 f., 150, 286
Autogenes Training 80

Ball im Tor I 193 f.
Ball im Tor II 194
Ball-im-Tor-Designer 194
Ball-im-Tor-Effekt 193 f.
BARKER, Joel 108
BARTLETT 30
Basis-Wissen 100
Bewegungen 87, 191, 197, 204
Bewegungsabläufe lernen 191
Bewußt-Machen 58
Bewußtsein 38, 70, 135, 199
Bibel 44, 57
Bild-/er 25 ff., 42, 45, 70 f., 83, 98 f., 122, 128 f., 138 f. 199, 270, 279
– Machen 215, 271, 292
BIRKENBIHL, Michael 17
BLAKEMORE, Susan 60
Buch-Wissen 67, 71, 75, 108, 206
Bus 61, 199
BÜHLER, Kurt 267

CARROLL, Lewis 151
Chor-Methode 184 f.
Columbo 201
Computer 11, 41, 99, 136, 278 ff.
– sprache 116
CSIKSZENTMIHALYI, Mihaly 36 ff., 80

Dallas 200
Daten-Autobahn/en 149 ff.
DAVIS, Ron 81
DAWKINS, Richard 264
De-Kodierung 197 ff.
Denk-
– Ansätze 278
– Bild 25, 41, 70, 164
– Instrument 156
– Kategorie 50, 58, 106, 136, 140
– Modell 47, 101, 107, 157, 291
– Prozeß 18, 136
– Sport 215
– Technik 23 ff.
– Tempo 213
– Vorgänge 144
Denken 24, 32 f., 35 f., 150, 272
Denver 200
Detail 65, 101, 104, 115, 262
DOMAN, Glenn 90
Dr. Niegenug 217 f., 283
Dreibein 260 f.
DS-9 *(Deep Space 9)* 109
EBBINGHAUS, Hermann 68
ECCLES, J.C. 273, 288
EDWARDS, Betty 123 f.
Einbein 261
Einheiten, kurze 184
Einkaufszettel 60
Einspeicherung 21, 95, 286
Einstieg, gehirn-gerecht 166
EISENHAUER, W. 150
Elektriker 120
Engramm 41, 274, 277
Ent-Täuschung 271
Ent-WICK-lung 33
Erfahrungen 19
Erfolg(s) 31
– Hemmung 80
Erinnerung 41, 274 ff.
Eselsbrücke/n 20, 48, 65, 96, 98, 106, 221
EULENSPIEGEL, Till 188

Faden 45 f., 47 f., 72, 117, 118, 284
Feedback, sofortiges 193
Fehler 21, 90, 161, 170
FELDBUSCH, Verona 52
FEYNMAN, Richard 102 f., 109
Filter 51 f.
Fisch 26, 51
Fliegen-Fischen 153 f.
FLOW© 36 f., 80 f.
Fluß 80 f., 164 f., 170
Form/en 26, 83, 86
Fremdsprache/n 85, 89, 156, 182

GABOR 278
GALLWEY, Tim 79
Gedanken 19 f., 24 f., 32 f., 46, 143, 145 f.

Gedächtnis 20 f., 37, 65, 69, 110, 113, 206, 273 f., 278
– Forschung 41, 278
– Leistung/en 21, 41, 48, 95, 293
Geheimschrift 82, 84 ff., 87 ff., 91
– lesen 84
– schreiben 82
Gehirn 41 f., 53 f., 61, 69, 98, 152 f., 174, 199, 262, 273, 279, 285
– Benutzer 52, 97, 151, 216, 273
– Besitzer 52, 97, 151, 285, 288 f.
– Forschung 41, 262, 273
– gerecht 21, 23, 42, 48, 90, 95 ff., 98 f., 105, 149 f., 160, 165 ff., 271, 293
– Jogging© (Ge-Jo) 150
– Muffel 22, 215, 262, 280
– Training 123, 149, 153 f.
Ge-Jo s. Gehirn-Jogging
Gen-Therapie 83
Genetik 45, 83
Gesetz(es) 105, 107
– Kategorie 105 f.
Gespräch 38, 145, 147, 275
Gipfelerfahrung 37
GLEES 275, 278
Gleichzeitigkeit 191
GOETHE, J. W. von 62, 201
Grammatik 262

Handlung/en 26, 75, 187, 200
HARTLEY, Robert 79 f.
Hükeln 47, 101, 105
HERAUS-Forderung 153
Herr Links 125, 128 f., 157, 257, 291
Herr Rechts 157
Hilfsfaden 20, 96
Hippocampus 187, 277 f., 288
Hirnhälften 157, 261, 267
HOCHKEPPEL, W. 217, 282
HOFSTADTER, D. R. 124
Hologramm/en 278 ff.
Hören 92, 181 f., 185
Humor 57, 172
HUXLEY, Aldous 198
HYDEN, H. 275

Ideen 24, 117 f., 143 ff., 152
– Such-Telefonate147
Imitation 60, 75, 194, 200
Imitations-Lernen 60
In-Duktion 65
Info/Information 21 f., 26, 27, 42 ff., 47 ff., 51 ff., 65, 70, 75, 100, 106, 123, 127, 156 ff., 165, 198, 206, 259, 267, 279, 286 ff.
– tainment 67
– Zeitalter 206
Inneres Archiv© 49, 110, 117, 143
Insel 28
Intelligenz 22, 42, 46, 55, 58, 110, 113, 116, 119

Jagd 141
Jonglieren 135
Journal 19
Jura 105 ff.

KaGa© 25 ff., 33, 35, 38
KAHL, Reinhard 82, 88
Karawane 20
Kassette 158, 167, 183 ff.
Kategorie/n 50 ff., 54 ff., 57 f., 100, 105 f., 111 f., 118, 136 ff.
– Denken© 50 ff., 55 ff.,
– Torte© 57, 137 ff., 140, 157
KATZ, L. C. 149 f., 152 ff.
KaWa© 23, 25 f., 29 ff., 32 ff.
– Tips, sechs kleine 34
Kinder 81, 90, 268
Knochen 100, 102
Kommunikation 42, 140
Komplexität 42
Konstruktion 21, 105, 140
Korsika 48
Kortex 187, 274, 277, 279
Können 59, 63, 71, 267
Körnchen 258 f.
kreativ 24, 262
– schummeln 116
Kreative Analografie© 29
Kreativität 22, 55, 110, 113, 116, 120, 293
– Technik: 143 ff.
Kreuzworträtsel 47, 116, 144
KUHN, T. 278
Kunden 53, 75

Lamron 124 ff.
LANGER, Ellen J. 297 ff.
Langsamkeit 189
LASHLEY, K. S. 41, 274 f., 278
LAUSCH, E. 277
Lebens-Themen 140, 141
Lehrkräfte 82, 87
LEHRL, Siegfried 150, 219
LEONARD, George 76
Lernberg 188, 297
Lern-Gebiet/e 105, 107
Lern-Geschwindigkeit 212
Lern-Phasen 101, 106 f.
Lernplateaus 58
Lernprobleme 87, 262
Lern-Training 104
Lernen 41, 48, 68, 97, 156, 187 ff., 276, 280, 286, 291 f.
Lernkurve/n 68 ff., 72 f., 75 ff., 117
Lernprozesse 61, 127
Lernpsychologie 265
Lese-Übung 85, 87, 89

Lesen 25, 45, 60, 81 ff., 83 ff., 87, 88 f., 184
Lesen durch Schreiben 88 f.
Lippenbekenntnisse 60 f.
Lücke/n 38, 42, 115 f., 186

Magnet/en 44, 51, 72
Marshall, Ian 152
Maslow 37
Matratze 54
Matrix 111 f., 118 f.
Maturana/Varela 83, 264
McConnel 275 f.
Medizin 105
Mellander, Klas 102, 104, 268
Memo-Bild 26
mental 190 f.
Merk-Hilfen 30
Montessori, Maria 90
Mozart W. A. 113
Multi-Media 71, 126
Murmeln 173 f.
Musik 130, 159
Muttersprache 180 ff., 185

Nachbearbeiten (7 Minuten) 190 ff.
Nachrichten 49, 202
Namen 101
Namens-**KaWa**© 29, 35
Napoleon 48, 213
Nebel 63, 164
Nenner, gemeinsamer 297
Nervenbahnen 38f., 76, 78, 87, 102, 118, 152, 164, 187 f.
Netz 32 f., 44, 46 ff., 96, 117 f., 119
Neuron/en 42, 51, 150
Neurophysiologie 42, 273
Nørretranders, Tor 70

Ober 296
Ostrander/Schroeder 79 f.

Paradigmen 105
Paradox/on 78 ff., 280
Parallel-Lernen 155 ff., 214
Parr 277
Pauken 21, 54, 187
PAUS-ieren 205
Pawlow 265
Penfield, W. 274 f., 278 f.
Persiflage 195
Pert, Candace 42
Plateau 76 f.
Postman, Neil 202
POTENZ-ial 78
Prozeß 26, 90, 117
Prüfung 104,164
Pseudo-Erinnerungen 69
Pseudo-Trance 198

Qualität 21
Qualle 116 f.
Quanten-Physik 112 f.
Quer-Assoziationen 120
Quincy 202

Radio 45, 57, 156 ff., 159
Ratten-Experiment 266
REAL – MENTAL 190
RE-KONSTRUKTION 21, 48, 95, 140
Reaktion(en) 29, 111, 171, 265
Reden freie 175
Reichen, Jürgen 88 ff., 269
Reifephase 60, 83
Reiz-Flut 51
REM 99 f.
Repertoire 59, 110, 292
Restaurant 271
Rheingold, Howard 64 f.
Rhetorik-Training 173
Rogers, Natalie H. 283 ff.
Rose, S. 274 f.
Rubin, Manning 150

Sage-Technik 144
Schacter, D. 293
Schattensprechen© 185
Schlüssel 116
– Begriff/e 32, 58
Schmidbauer, W. 291
Schneider, Wolf 156, 272
Schreiben 54, 61, 82 ff., 87 ff., 184, 186
Schule 22, 48, 52 ff.
Seepferdchen 277
Seh-Duktion 66
Sehen 128, 134
Selbst 280
– Bewußtsein 55, 182
– Erkenntnis 140
– Gespräche 173
– Verantwortung 95
– Wertgefühl 48, 106
Semon 274
Seneca 97
Siegel, Bernie 152
Simulation/en 63 f., 66
Sinne(s) 152 f.
– organ 70
– rezeptoren 197
Skinner 264 ff.
Slogan 120
Spiegelneuronen 188, 190 ff.
Spiel 110
– Regeln 146 f.
Spitzer, Manfred 187
Sprach-Potential 264
Sprache/n 54, 60, 125, 154, 156 ff., 272
– als Denkinstrument 256
– indo-europäische 272
– Lernen 83 ff.
Sprech-Denken 171 f., 174
Sprechen 172, 184
Stadt-Land-Fluß 110 ff.
Stadt-Tier-Quantenphysik 112

Star Trek 106
Steine-im-(Rede-)Fluß©
164 ff.
Stichwort/e 41, 113, 146, 166

Taschenlampe 47, 144
Tätigkeit/en 95, 153
Telefon 41, 146, 278
Tier/e 106, 112
– Alphabet 114 ff.
Timer 114, 145, 175
Training(s) 23, 45, 48, 59, 78, 95, 110, 117, 187, 292 f.
Trampelpfad 77
Transfer-Möglichkeiten 105
TV 25, 45 f., 48, 61, 155 f., 158 f., 198, 200
– Gewohnheiten 52, 196 ff.

UNGAR, G. 276
Unsinn-Silben 68, 70
Unterbewußtsein 115, 144, 157
Üben, autonomes 193 f.
Überlebensmechanismus 280, 286

VAN GOGH-Liste 116
Variante 130 % 296
Variationen, Thema mit 297 f.
Verbindung/en 32, 42, 55, 109
Verhalten 22, 59 f., 62, 75, 187, 266
Video-Kassetten 45, 295
Virtuelle Realität (V.R.) 63, 104, 108
Vokabel/n 176 f.
– Lernen 176
– Pauken 54, 85, 207
Vor-Bilder 62, 67
Vorgehen, gehirn-gerecht 10 f., 48, 52 ff.
Vorlage/n 25, 121, 122, 156
Vorstellung 81, 107, 165, 271
Voyager-Team 106

Wach-Bewußtsein 69 f., 199, 212
Wachstum 52, 102, 117
wahrgenommen, bewußt 97
Wahrnehmung 44 ff., 46 f., 69, 92, 286
Walking 211
WATTS, Alan W. 270
wegsehen, gezielt 198
Werbe-Kampagne 57
Werkzeug/e 33, 52, 161
WHORF, B.L. 272
Wieder-Erkennen 87, 263
Wiederholung/en 54, 83, 92 ff., 187 f., 287, 290, 292
– intelligente 187 f.
Wiener Schnitzel 271
WIESEL, Torsten 150
Wirklichkeit 46, 81, 125, 272
Wissen(s) 29, 32, 44, 59 ff., 62 ff., 71 ff., 75 f., 102 f., 104, 107, 116 f., 120, 123, 267
– Alphabet/e© 111 f., 113 ff., 117 ff., 173
– Fäden 20, 48 f.
– Kassette 45, 206, 208 ff.
– Kategorie/n 50, 52 f. 111, 140
– Kurve/n 71 ff., 74
– Matrix 117
– Netz© 20, 25, 28, 32, 41 f., 43 ff., 48 ff., 53 f., 65, 69, 73, 88, 95, 106, 110, 113 f., 116 f., 120, 143 ff., 206, 209 f., 267, 284
WITTGENSTEIN, Ludwig 180
Wort 25 f., 29 f., 41, 61, 75, 99, 179, 181, 271

Zeichenpapier 134 f.
Zeichnen 24 f., 121 f., 123, 134, 139
Zeit 76, 122, 175
Zeitlupe 63 f.
Zeitraffer-Technik 212
Zen 135, 172, 210, 270
Zielsprache 157, 176 ff., 180 ff., 294
ZOHAR, Danah 152
Zuhören 92, 181, 183
Zukunftstauglichkeit 110, 118